あなたのクラブに新しい可能性を。

elite grips

www.elitegrips.com

The Passion for Golf Technology

All our dreams can come true - if we have the courage to pursue them.

強く、輝く。

CASIO 所属
石川 遼

GM-B2100D-1AJF
¥77,000（税込）
Bluetooth®搭載タフソーラー

G-SHOCK

gshock.casio.com/jp/

CASIO C●NNECT ❈ **Bluetooth** **TOUGH SOLAR** SOLAR POWERED

●Bluetoothは、Bluetooth SIG. Inc.の登録商標です。
●その他の会社名・商品名は、各社の商標または登録商標です。
●GM-B2100は、日本の電波法の認証を取得しています。
●表示価格は、全てメーカー希望小売価格です。

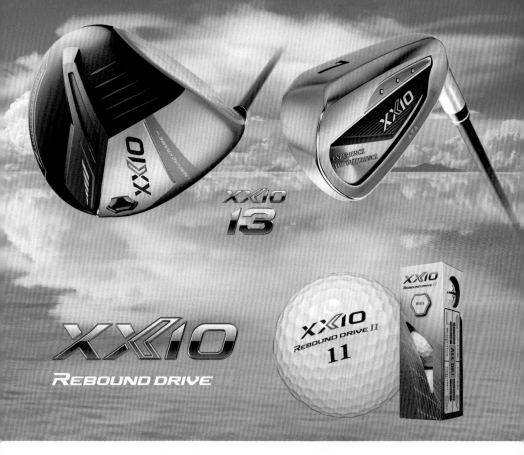

10Kそれはやさしさの新世界基準 ▶

ぶっ飛び系
10Kを体感せよ。

THE ALL-NEW

「10K」それはやさしさの証。高慣性モーメントは、高い寛容性を生みだす。
カーボンウッドで時代をリードする、「ぶっ飛び系」のテーラーメイドは、ついに10Kの時代へ。
「10K＋テーラーメイドスピード」でさらなる未体験のやさしさと初速を体感せよ。

ジャパンゴルフツアー
オフィシャルガイド 2024

ご 挨 拶

　日ごろは一般社団法人日本ゴルフツアー機構の諸活動に多大なるご理解とご協力をいただき、心より厚く御礼を申し上げます。

　昨シーズンも1年を通してジャパンゴルフツアーを開催できましたことは、何よりも大会を主催、ご支援いただきました主催者の皆さま方、協賛社の皆さま方の大変なご尽力と情熱の賜物であります。深く感謝申し上げます。

　昨年から今年にかけ男子ゴルフ界にとって大きな出来事がいくつもありました。

　アマチュアで大学4年生の杉浦悠太選手がツアートーナメント『ダンロップフェニックストーナメント』でツアー史上7人目となるアマチュアでの優勝を飾り、最高の形でプロ宣言をしてJGTOツアーメンバーの仲間入りを果たしました。

　また昨年9月にはJGTOツアーメンバーの久常涼選手が、DPワールドツアー（ヨーロピアンツアー）の『カズー・フランスオープン』で優勝を飾りました。久常選手は年間のポイントランキングでも上位に入り、2024年のPGAツアー出場資格を獲得。さらに、2023年のDPワールドツアーのルーキー・オブ・ザ・イヤーにも輝き、大きく成長した1年となりました。

　同じくDPワールドツアーでプレーする星野陸也選手も今年2月に『カタール・マスターズ』で日本人史上4人目となる優勝を成し遂げれば、3月には幡地隆寛選手がアジアンツアーとオーストラレイジア共催の『ニュージーランドオープン』で優勝するなど、多くのJGTOツアーメンバーが世界各地で活躍。その姿に日本で戦うツアーメンバーもおおいに刺激を受けたに違いありません。

　ここ数年、ジャパンゴルフツアーでは20歳台前半の選手の成長が著しく、今までに増して世代交代が進んでいます。

　昨年はルーキーイヤーの中島啓太選手が23歳で賞金王に輝きました。特にシーズン中盤以降は賞金ランキング2位の22歳蟬川泰果選手や3位の25歳金谷拓実選手らが手に汗握る戦いを繰り広げました。その一方で中堅、ベテラン選手の優勝・活躍もあり、大変見応えのあるシーズンとなりました。

　今年も、たくさんのゴルフファンの皆さま方に選手達の迫力あるプレーを間近でご覧いただき、皆さま方の大きな声援が選手達の背中を押し、それに応えるように選手達が躍動して最高のプレーを披露する。そのようなトーナメントの醍醐味を引き出せる舞台を整えるべく、準備を進めています。

　今シーズンのジャパンゴルフツアーに更なるご期待をいただきまして、引き続きご支援、ご声援をいただきますよう、何卒よろしくお願い申し上げます。

2024年4月吉日

一般社団法人　日本ゴルフツアー機構

会長
諸星　裕

2024年度 ジャパンゴルフツアー選手会 理事会

会長

谷原　秀人

副会長
（ファンプロジェクト委員）

石川　遼

副会長

堀川未来夢

副会長
（広報委員）

阿久津未来也

理事
（ジュニアゴルフ委員）

宮里　優作

理事
（広報委員）

鍋谷　太一

理事
（ファンプロジェクト委員）

岩﨑亜久竜

理事
（ジュニアゴルフ委員）

桂川　有人

理事

Ｔ・ペク

監事
広報委員・英語担当

杉本エリック

CONTENTS

ツアーメンバープロフィール

2024年度 ジャパンゴルフツアートーナメント開催日程

★ツアートーナメント★

2024.3.15現在

週番号	開催日程	トーナメント名称	トーナメント会場	開催地	賞金総額
13 ｜ 15	3.28- 3.31	東建ホームメイトカップ	東建多度カントリークラブ・名古屋	三重	130,000,000
	4.11- 4.14	★Masters Tournament	Augusta National GC	USA	US$18,000,000
17	4.25- 4.28	◆ISPS HANDA 欧州・日本どっちが勝つかトーナメント！	太平洋クラブ 御殿場コース	静岡	320,490,000 ＃
18	5. 2- 5. 5	中日クラウンズ	名古屋ゴルフ倶楽部 和合コース	愛知	110,000,000
19	5. 9- 5.12	For The Players By The Players	THE CLUB golf village	群馬	50,000,000
20	5.16- 5.19	関西オープンゴルフ選手権競技	名神八日市カントリー倶楽部	滋賀	80,000,000
21 ｜		★PGA Championship	Valhalla Golf Club	USA	US$17,500,000
	5.23- 5.26	～全英への道～ミズノオープン	JFE瀬戸内海ゴルフ倶楽部	岡山	100,000,000
23	6. 6- 6. 9	BMW 日本ゴルフツアー選手権 森ビルカップ	宍戸ヒルズカントリークラブ 西コース	茨城	150,000,000
24	6.13- 6.16	◆ハナ銀行 インビテーショナル	Nam Chun Cheon CC	韓国	140,010,000 ＃
25 ｜		★U.S. Open	Pinehurst Resort & Country Club (Course No. 2)	USA	US$20,000,000
	6.20- 6.23	JAPAN PLAYERS CHAMPIONSHIP by サトウ食品	西那須野カントリー倶楽部	栃木	50,000,000
27	7. 4- 7. 7	＊日本プロゴルフ選手権大会	富士カントリー可児クラブ 志野コース	岐阜	150,000,000
28	7.11- 7.14	長嶋茂雄 INVITATIONAL セガサミーカップゴルフトーナメント	ザ・ノースカントリーゴルフクラブ	北海道	150,000,000
29 ｜	7.18- 7.21	★The Open Championship	Royal Troon	SCO	US$16,500,000
32 ｜	8. 8- 8.11	横浜ミナト Championship～Fujiki Centennial～	横浜カントリークラブ	神奈川	120,000,000
34	8.22- 8.25	Sansan KBCオーガスタゴルフトーナメント	芥屋ゴルフ倶楽部	福岡	100,000,000
35	8.29- 9. 1	フジサンケイクラシック	富士桜カントリー倶楽部	山梨	110,000,000
36	9. 5- 9. 8	◆Shinhan Donghae Open	Club 72 Country Club (Ocean Course)	韓国	150,780,000 ＃
37	9.12- 9.15	ANAオープンゴルフトーナメント	札幌ゴルフ倶楽部 輪厚コース	北海道	100,000,000
38	9.19- 9.22	パナソニックオープンゴルフチャンピオンシップ	有馬ロイヤルゴルフクラブ	兵庫	100,000,000
39	9.26- 9.29	バンテリン東海クラシック	三好カントリー倶楽部 西コース	愛知	110,000,000
40	10. 3-10. 6	ACNチャンピオンシップゴルフトーナメント	三木ゴルフ倶楽部	兵庫	100,000,000
41 ｜	10.10-10.13	＊日本オープンゴルフ選手権競技	東京ゴルフ倶楽部	埼玉	210,000,000 ■
45	11. 7-11.10	三井住友VISA太平洋マスターズ	太平洋クラブ 御殿場コース	静岡	200,000,000
46	11.14-11.17	ダンロップフェニックストーナメント	フェニックスカントリークラブ	宮崎	200,000,000
47	11.21-11.24	カシオワールドオープンゴルフトーナメント	Kochi黒潮カントリークラブ	高知	200,000,000
48	11.28-12. 1	ゴルフ日本シリーズJTカップ	東京よみうりカントリークラブ	東京	130,000,000

◆：海外ツアーとの共同開催トーナメント（ジャパンゴルフツアー　ツアートーナメント賞金ランキング加算）
＊：JGA、PGA競技（ジャパンゴルフツアー　ツアートーナメント賞金ランキング加算）
★：海外メジャートーナメント、賞金総額は2023年実績
＃：共同開催トーナメントの賞金総額はUS＄＝￥142.44,KRW＝￥0.1077で換算（規定により2024年1月第4日時点のもの
　　を適用）
■：賞金総額は2023年実績

★海外4大メジャートーナメント★

週番号	開催日程	トーナメント名称	トーナメント会場	開催地	賞金総額
15	4.11- 4.14	Masters Tournament	Augusta National GC (GA)	USA	US $18,000,000
20	5.16- 5.19	PGA Championship	Valhalla Golf Club (KY)	USA	US $17,500,000
24	6.13- 6.16	U.S. Open	Pinehurst Resort & Country Club (Course No.2) (NC)	USA	US $20,000,000
29	7.18- 7.21	The Open Championship	Royal Troon	SCO	US $16,500,000

賞金総額は2023年実績

★ABEMA ツアー★ （チャレンジトーナメント）

週番号	開催日程	トーナメント名称	トーナメント会場	開催地	賞金総額
14	4. 3- 4. 5	Novil Cup	Jクラシックゴルフクラブ	徳島	15,000,000
17	4.24- 4.26	ｉ Golf Shaper Challenge in 筑紫ヶ丘	筑紫ヶ丘ゴルフクラブ	福岡	18,000,000
18	5. 1- 5. 3	JAPAN PLAYERS CHAMPIONSHIP CHALLENGE in FUKUI	越前カントリークラブ	福井	15,000,000
22	5.29- 5.31	太平洋クラブチャレンジトーナメント	太平洋クラブ 江南コース	埼玉	15,000,000
23	6. 5- 6. 7	ジャパンクリエイトチャレンジ in 福岡雷山	福岡雷山ゴルフ倶楽部	福岡	18,000,000
24	6.12- 6.14	LANDIC CHALLENGE 11	芥屋ゴルフ倶楽部	福岡	18,000,000
30	7.24- 7.26	南秋田カントリークラブみちのくチャレンジトーナメント	南秋田カントリークラブ	秋田	15,000,000
35	8.29- 8.31	ダンロップフェニックストーナメントチャレンジ in ふくしま	グランディ那須白河ゴルフクラブ	福島	15,000,000
36	9. 4- 9. 6	PGM Challenge	福岡レイクサイドカントリークラブ	福岡	15,000,000
39	9.25- 9.27	エリートグリップチャレンジ	ゴールデンバレーゴルフ倶楽部	兵庫	15,000,000
40	10. 2-10. 4	石川遼 everyone PROJECT Challenge	ロイヤルメドウゴルフ倶楽部	栃木	15,000,000
42	10.16-10.18	ディライトワークスJGTOファイナル	取手国際ゴルフ倶楽部 東コース	茨城	20,000,000

★その他★

週番号	開催日程	トーナメント名称	トーナメント会場	開催地	賞金総額
49	12. 8	Hitachi 3Tours Championship	未定	未定	57,000,000

2024年度ジャパンゴルフツアー賞金総額
ツアートーナメント　24試合　総額　3,261,280,000円
ABEMAツアー　　　　12試合　総額　　194,000,000円

2024年USPGAツアー開催日程

開催日	トーナメント名称	開催コース
24／1.4〜1.7	The Sentry	Plantation Course at Kapalua
1.11〜 1.14	Sony Open in Hawaii	Waialae CC
1.18〜 1.21	The American Express	Pete Dye Stadium Course
1.24〜 1.27	Farmers Insurance Open	Torrey Pines GC（South）
2. 1〜 2. 4	AT&T Pebble Beach Pro-Am	Pebble Beach Golf Links
2. 8〜 2.11	WM Phoenix Open	TPC Scottsdale（Stadium Course）
2.15〜 2.18	The Genesis Invitational	The Riviera CC
2.22〜 2.25	Mexico Open at Vidanta	Vidanta Vallarta, Mexico
2.29〜 3. 3	Congnizant Classic in The Palm Beaches	PGA National Resort（The Champion）
3. 7〜 3.10	Puerto Rico Open	Grand Reserve GC, Puerto Rico
3. 7〜 3.10	Arnold Palmer Invitational presented by MasterCard	Arnold Palmer's Bay Hill Club & Lodge
3.14〜 3.17	THE PLAYERS Championship	TPC Sawgrass（THE PLAYERS Stadium Course）
3.21〜 3.24	Valspar Championship	Innisbrook Resort（Copperhead Course）
3.28〜 3.31	Texas Children's Houston Oen	Memorial Park GC
4. 4〜 4. 7	Valero Texas Open	TPC San Antonio（Oaks Course）
4.11〜 4.14	Masters Tournament	Augusta National GC
4.18〜 4.21	Corales Puntacana Championship	Puntacana Resort & Club, Dominican Republic
4.18〜 4.21	RBC Heritage	Harbour Town Golf Links
4.25〜 4.28	Zurich Classic of New Orleans	TPC Louisiana
5. 2〜 5. 5	THE CJ CUP Byron Nelson	TPC Craig Ranch
5. 9〜 5.12	Myrtle Beach Classic	The Dunes Golf & Beach Club
5. 9〜 5.12	Wells Fargo Championship	Quail Hollow Club
5.16〜 5.19	PGA Championship	Valhalla GC
5.23〜 5.26	Charles Schwab Challenge	Colonial CC
5.30〜 6. 2	RBC Canadian Open	Hamilton G & CC
6. 6〜 6. 9	the Memorial Tournament presented by Workday	Muirfield Village GC
6.13〜 6.16	U.S. Open Championship	Pinehurst Resort & CC（Course No.2）
6.20〜 6.23	Travelers Championship	TPC River Highlands
6.27〜 6.30	Rocket Mortgage Classic	Detroit GC
7. 4〜 7. 7	John Deere Classic	TPC Deere Run
7.11〜 7.14	Kentucky Championship	Keene Trace GC
7.11〜 7.14	Genesis Scottish Open	The Renaissance Club, Scotland
7.18〜 7.21	Barracuda Championship	Tahoe Mountain Club（Old Greenwood）
7.18〜 7.21	The Open Championship	Royal Troon, Scotland
7.25〜 7.28	3M Open	TPC Twin Cities
8. 1〜 8. 4	Olympic Men's Golf Competition	Le Golf National, France
8. 8〜 8.11	Wyndham Championship	Sedgefield CC
8.15〜 8.18	FedEx St. Jude Championship	TPC Southwind
8.22〜 8.25	BMW Championship	Castle Pines GC
8.29〜 9. 1	TOUR Championship	East Lake GC

2023-2024年DPワールドツアー開催日程

開 催 日	トーナメント名称	開 催 コ ー ス
23/11.23~26	Fortinet Australian PGA Championship	Royal Queensland GC, Australia
11.23~26	Joburg Open	Houghton GC, South Africa
11.30~12. 3	ISPS HANDA Australian Open	The Australian GC, Australia
11.30~12. 3	Investec South African Open Championship	Blair Atholl Golf & Equestrian Estate, South Africa
12. 7~12.10	Alfred Dunhill Championship	Leopard Creek CC, South Africa
12.14~12.17	AfrAsia Bank Mauritius Open	Heritage La Reserve GC,Mauritius
24/1.11~1.14	Dubai Invitational	Dubai Creek Resort, UAE
1.18~ 1.21	Hero Dubai Desert Classic	Emirates GC, UAE
1.25~ 1.28	Ras Al Khaimah Championship	Al Hamra GC, UAE
2. 1~ 2. 4	Bahrain Championship presented by Bapco Energies	Royal GC,Bahrain
2.22~ 2.25	Magical Kenya Open	Muthaiga GC, Kenya
2.29~ 3. 3	SDC Championship	St. Francis Links, South Africa
3. 7~ 3.10	Jonsson Workwear Open	Glendower GC, South Africa
3.21~ 3.24	Porsche Singapore Classic	Laguna National Golf Resort Club, Singapore
3.28~ 3.31	Hero Indian Open	DLF G&CC, India
4.11~ 4.14	Masters Tournament	Augusta National GC, USA
4.18~ 4.21	Korea Championship	Jack Nicklaus Golf Club Korea, South Korea
4.25~ 4.28	ISPS HANDA - CHAMPIONSHIP	太平洋C御殿場C
5. 2~ 5. 5	Volvo China Open	Hidden Grace GC, China
5.16~ 5.19	US PGA Championship	Valhalla GC, USA
5.23~ 5.26	Soudal Open	Rinkven International GC, Belgium
5.30~ 6. 2	European Open	Green Eagle GC, Germany
6. 6~ 6. 9	Volvo Car Scandinavian Mixed	Vasatorps Golfklubb, Sweden
6.13~ 6.16	U.S. Open	Pinehurst Resort & CC (Course No.2), USA
6.20~ 6.23	KLM Open	The International, Netherlands
6.27~ 6.30	Italian Open	Adriatic GC Cervia, Italy
7. 4~ 7. 7	BMW International Open	Golfclub Munchen Eichenried, Germany
7.11~ 7.14	Genesis Scottish Open	The Renaissance Club, Scotland
7.11~ 7.14	Kentucky Championship	Keene Trace GC, USA
7.18~ 7.21	THE 152ND Open	Rolal Troon GC, Scotland
7.18~ 7.21	Barracuda Championship	Tahoe Mt. Club, USA
8. 1~ 8. 4	Olympic Men's Golf Competition	Le Golf National, France
8.15~ 8.18	D+D Real Czech Masters	PGA National OAKS Progue, Czech Republic
8.22~ 8.25	Danish Golf Championship	Lubker Golf Resort, Denmark
8.29~ 9. 1	Betfred British Masters hosted by Sir Nick Faldo	The Belfry, England
9. 5~ 9. 8	Omega European Masters	Crans-sur-Sierre GC, Switzerland
9.12~ 9.15	Amgen Irish Open	Royal County Down GC, Northern Ireland
9.19~ 9.22	BMW PGA Championship	Wentworth Club, England
9.26~ 9.29	acciona Open de Espana presented by Madrid	Club de campo Villa de Madrid, Spain
10. 3~10. 6	Alfred Dunhill Links Championship	Old Course St. Andrews, Carnoustie and Kingsbarns, Scotland
10.10~10.13	FedEx Open de France	Le Golf National, France
10.17~10.20	Estrella Damm N.A. Andalucia Masters	Real Club de Golf Sotogrande, Spain
10.24~10.27	TBA	
11. 7~11.10	Abu Dhabi Championship	Yas Links, UAE
11.14~11.17	DP World Tour Championship	Jumeirah Golf Estates, UAE

2024年度ジャパンゴルフツアー・トーナメント出場有資格者リスト

▽はツアーメンバー未登録者、※は出場義務競技数に達していない者、@はアマチュア、＊は優勝時以降にプロ転向

①ツアートーナメント賞金ランキング第1位者
翌年から5年間

'18　今平　周吾（～2024）
'19　今平　周吾（～2025）
'20-'21　C・キム（～2026）
'22　比嘉　一貴（～2027）
'23　中島　啓太（～2028）

②日本ゴルフツアー選手権、日本オープンゴルフ選手権、日本プロゴルフ選手権の優勝者
翌年から5年間

【日本ゴルフツアー選手権】	【日本オープンゴルフ選手権】	【日本プロゴルフ選手権】
'18　市原　弘大（～2024）	'18　稲森　佑貴（～2024）	'18　谷口　徹（～2024）
'19　堀川未来夢（～2025）	'19　C・キム（～2025）	'19　石川　遼（～2025）
'20-'21　木下　稜介（～2026）	'20-'21　稲森　佑貴（～2026）	'20-'21　▽金　成玹（～2026）
'22　比嘉　一貴（～2027）	'20-'21　S・ノリス（～2026）	'22　堀川未来夢（～2027）
'23　金谷　拓実（～2028）	'22　@蝉川　泰果（～2027）＊	'23　平田　憲聖（～2028）
	'23　岩﨑　亜久竜（～2028）	

③ゴルフ日本シリーズの優勝者
翌年から3年間

'20-'21　C・キム（～2024）
'20-'21　谷原　秀人（～2024）
'22　谷原　秀人（～2025）
'23　蝉川　泰果（～2026）

④ツアー各トーナメントの優勝者
その年と翌年から2年間

【2022年ツアートーナメント】（～2024年）

東建ホームメイトカップ	香妻陣一朗	フジサンケイクラシック	大西　魁斗
関西オープン	比嘉　一貴	Shinhan Donghae Open	比嘉　一貴
ISPS HANDAツアートーナメント	桂川　有人	ANAオープン	大槻　智春
中日クラウンズ	稲森　佑貴	パナソニックオープン	@蝉川泰果＊
アジアパシフィックダイヤモンドカップ	今平　周吾	バンテリン東海クラシック	河本　力
ゴルフパートナーPRO-AM	今平　周吾	For The Players By The Players	小林伸太郎
ミズノオープン	S・ビンセント	日本オープン	@蝉川泰果＊
BMW日本ゴルフツアー選手権	比嘉　一貴	HEIWA・PGM CHAMPIONSHIP	星野　陸也
ASO飯塚チャレンジドゴルフ	池村　寛世	マイナビABCチャンピオンシップ	堀川未来夢
JAPAN PLAYERS CHAMPIONSHIP	稲森　佑貴	三井住友VISA太平洋マスターズ	石川　遼
日本プロゴルフ選手権	堀川未来夢	ダンロップフェニックス	比嘉　一貴
セガサミーカップ	岩田　寛	カシオワールドオープン	C・キム
Sansan KBCオーガスタ	河本　力	ゴルフ日本シリーズJTカップ	谷原　秀人

【2023年ツアートーナメント】（〜2025年）

東建ホームメイトカップ	今平　周吾	Sansan KBCオーガスタ	宋　永漢
関西オープン	蟬川　泰果	フジサンケイクラシック	金谷　拓実
ISPS HANDAツアートーナメント	▽L・ハーバート	Shinhan Donghae Open	高　君宅
中日クラウンズ	岩田　寛	ANAオープン	谷原　秀人
ゴルフパートナーPRO-AM	J・パグンサン	パナソニックオープン	大槻　智春
ミズノオープン	平田　憲聖	バンテリン東海クラシック	木下　裕太
BMW日本ゴルフツアー選手権	金谷　拓実	ACNチャンピオンシップ	稲森　佑貴
ASO飯塚チャレンジドゴルフ	中島　啓太	日本オープン	岩﨑亜久竜
ハナ銀行 インビテーショナル	ヤン　ジホ	マイナビABCチャンピオンシップ	中島　啓太
JAPAN PLAYERS CHAMPIONSHIP	谷原　秀人	三井住友VISA太平洋マスターズ	今平　周吾
セガサミーカップ	J・クルーガー	ダンロップフェニックス	ⓐ杉浦悠太＊
日本プロゴルフ選手権	平田　憲聖	カシオワールドオープン	鍋谷　太一
横浜ミナト Championship	中島　啓太	ゴルフ日本シリーズJTカップ	蟬川　泰果

⑤前年度ツアートーナメント賞金ランキング上位65名までの者

翌年1年間

1 中島　啓太	15 岩﨑亜久竜	29 鈴木　晃祐	43 市原　弘大	57 植竹　勇太
2 蟬川　泰果	16 佐藤　大平	30 ヤン　ジホ	44 河本　力	58 ※朴　相賢
3 金谷　拓実	17 堀川未来夢	31 木下　稜介	45 香妻陣一朗	59 杉本エリック
4 宋　永漢	18 幡地　隆寛	32 清水　大成	46 杉山　知靖	60 小西　貴紀
5 今平　周吾	19 片岡　尚之	33 A・クウェイル	47 T・ペク	61 小浦　和也
6 平田　憲聖	20 J・クルーガー	34 ※高　君宅	48 浅地　洋佑	62 池村　寛世
7 鍋谷　太一	21 星野　陸也	35 J・デロスサントス	49 H・W・リュー	63 平本　世中
8 稲森　佑貴	22 米澤　蓮	36 杉原　大河	50 小林伸太郎	64 石坂　友宏
9 永野竜太郎	23 細野　勇策	37 長野　泰雅	51 出水田大二郎	65 宇喜多飛翔
10 石川　遼	24 S・ノリス	38 宮里　優作	52 大堀裕次郎	66 西山　大広
11 岩田　寛	25 B・ケネディ	39 塚田　陽亮	53 時松　隆光	67 H・リー
12 吉田　泰基	26 小木曽　喬	40 竹安　俊也	54 金子　駆大	68 近藤　智弘
13 大槻　智春	27 阿久津未来也	41 J・パグンサン	55 嘉数　光倫	
14 谷原　秀人	28 木下　裕太	42 前田光史朗	56 勝俣　陵	

◎海外ツアーメンバー資格保有者で、JGTの資格延長適用を受けた者

69 久常　涼
70 小平　智

⑥1973年ツアー制施行後に25勝した者

翌週から永久

青木　功	資格制定前に達成	51勝	倉本　昌弘	'92.10.25に達成	30勝
尾崎　将司	資格制定前に達成	94勝	尾崎　直道	'97. 7.13に達成	32勝
中嶋　常幸	資格制定前に達成	48勝	片山　晋呉	'08.10.19に達成	31勝

⑦特別表彰を受けた者
当該年度を含む10年間

▽松山　英樹

⑧会長が推薦する者
そのツアートーナメント

⑨ツアー各トーナメントの優勝者
翌年から5年間そのツアートーナメント

⑩前年度ツアー各トーナメントの成績上位10位以内の者
そのツアートーナメント

⑪直近のツアートーナメントで成績上位10位以内の者
その年度内に行われる直後のツアートーナメント

⑫前年度ABEMAツアー（チャレンジトーナメント）賞金ランキング第１位者
翌年1年間

生源寺龍憲（～2024）

⑬前年度QTランキング第1位者
翌年1年間

砂川　公佑（～2024）

⑭ABEMAツアー（チャレンジトーナメント）で年間３勝した者
その年の残りのツアートーナメント

⑮JGTOが指定するABEMAツアー（チャレンジトーナメント）優勝者
JGTOが指定するツアートーナメントへの出場に限る

⑯ワールドカップの日本代表出場者又は日韓対抗戦の日本代表出場者
（キャプテン推薦又はリザーブにより出場した者を除く）

⑰ツアートーナメント複数競技優勝者

年間2勝した者にあってはその年と翌年から3年間、年間3勝以上した者にあってはその年と翌年から4年間

【年間2勝】

'20－21　金谷　拓実（～2024）
'20－21　木下　稜介（～2024）
'20－21　S・ビンセント（～2024）
'20－21　S・ノリス（～2024）
'20－21　谷原　秀人（～2024）
'22　今平　周吾（～2025）
'22　稲森　佑貴（～2025）
'22　河本　力（～2025）
'22　堀川未来夢（～2025）
'22　ⓐ蝉川　泰果＊（～2025）
'23　平田　憲聖（～2026）
'23　金谷　拓実（～2026）
'23　谷原　秀人（～2026）
'23　今平　周吾（～2026）
'23　蝉川　泰果（～2026）

【年間3勝以上】

'19　石川　遼（～2024）
'20－21　星野　陸也（～2025）
'20－21　C・キム（～2025）
'22　比嘉　一貴（～2026）
'23　中島　啓太（～2027）

⑱1973年ツアー制施行後の生涯獲得賞金ランキング上位25位以内の者

適用年度として本人が選択する1年間　◇は資格適用済

1　尾崎　将司	6　◇藤田寛之	11　▽B・ジョーンズ	16　青木　功	21　◇鈴木　亨
2　片山　晋呉	7　池田　勇太	12　◇手嶋多一	17　近藤　智弘	22　◇D・イシイ
3　谷口　徹	8　谷原　秀人	13　倉本　昌弘	18　▽金　庚泰	23　◇飯合　肇
4　中嶋　常幸	9　石川　遼	14　◇伊澤利光	19　宮里　優作	24　▽丸山茂樹
5　尾崎　直道	10　宮本　勝昌	15　小田　孔明	20　◇深堀圭一郎	25　◇渡辺　司

⑲トーナメント規程第31条に規定する特別保障制度の適用を受けた者

1　M・ヘンドリー（復帰後20試合）

⑳前年度ABEMAツアー（チャレンジトーナメント）賞金ランキング上位19名

（上記①～⑦、⑫、⑬、⑯～⑱の出場資格を有する者を除く）
第1回リランキングまでに係る出場資格とする

1　富村　真治	5　今野　大喜	9　宮内　孝輔	13　副田　裕斗	17　G・ゴッドフリイ
2　伊藤　誠道	6　長澤　奨	10　徳元　中	14　日高　将史	18　森本　雄
3　伊藤　有志	7　照屋佑唯智	11　久保田皓也	15　原　敏之	19　阿部　裕樹
4　木村　太一	8　小斉平優和	12　金田　直之	16　吉本　翔雄	

㉑前年度QTランキング上位20位までの者

（上記⑬の出場資格を有する者を除く）
第1回リランキングまでに係る出場資格とする

1　片岡　大育	5　篠　優希	9　伴　真太郎	13　小袋　秀人	17　玉城　海伍
2　木下　康平	6　大嶋　港	10　大岩　龍一	14　村上　拓海	18　北川　祐生
3　野呂　涼	7　重永亜斗夢	11　坂本　雄介	15　田中章太郎	19　吉本　翔雄
4　杉本スティーブ	8　岡田　晃平	12　植木　祥多	16　武藤　俊憲	

※⑳と㉑の相互間における出場優先順位は、⑳の上位者、㉑の上位者の順で交互とする。

㉒前年度QTランキング上位者

第1回リランキングまでに係る出場資格とする

2024年度ABEMAツアー(チャレンジトーナメント)出場有資格者リスト

▽はツアーメンバー未登録者、◎はツアートーナメント有資格者、@はアマチュア、＊は優勝時以降にプロ転向

①各トーナメントの優勝者
その年と翌年1年間

【2023年】

Novil Cup	◎杉原　大河	南秋田カントリークラブみちのくチャレンジトーナメント	◎生源寺龍憲
i Golf Shaper Challenge in 筑紫ヶ丘	◎鈴木　晃祐	ダンロップフェニックストーナメントチャレンジinふくしま	◎@杉浦悠太＊
JAPAN PLAYERS CHAMPIONSHIP CHALLENGE in FUKUI	◎鈴木　晃祐	PGM Challenge	今野　大喜
太平洋クラブチャレンジトーナメント	富村　真治	エリートグリップチャレンジ	木村　太一
LANDIC CHALLENGE 10	長澤　奨	石川遼 everyone PROJECT Challenge	▽@清水蔵之介
ジャパンクリエイトチャレンジ in 福岡雷山	◎生源寺龍憲	ディライトワークス JGTO ファイナル	伊藤　有志

②前年度各トーナメントの成績上位5位以内の者
そのチャレンジトーナメント

③各トーナメントの成績上位15位以内の者
その年度内に行われる直後のチャレンジトーナメント

④会長が推薦する者

⑤特別保障制度を受けた者

高山　忠洋 （復帰後6試合）
白　　佳和 （復帰後6試合）

⑥前年度賞金ランキング上位19名
(ツアートーナメント出場資格①〜⑦、⑫、⑬、⑯〜⑱を有する者を除く)
第1回リランキングまでに係る出場資格とする

1	富村　真治	5	今野　大喜	9	宮内　孝輔	13	副田　裕斗	17	G·ゴッドフリイ
2	伊藤　誠道	6	長澤　奨	10	徳元　中	14	日高　将史	18	森本　雄
3	伊藤　有志	7	照屋佑唯智	11	久保田皓也	15	原　敏之	19	阿部　裕樹
4	木村　太一	8	小斉平優和	12	金田　直之	16	吉本　翔雄		

⑦前年度QTランキング上位20位までの者
(ツアートーナメント出場資格⑬を有する者を除く)
第1回リランキングまでに係る出場資格とする

1	片岡　大育	5	篠　優希	9	伴　真太郎	13	小袋　秀人	17	玉城　海伍
2	木下　康平	6	大嶋　港	10	大岩　龍一	14	村上　拓海	18	北川　祐生
3	野呂　涼	7	重永亜斗夢	11	坂本　雄介	15	田中章太郎	19	吉本　翔雄
4	杉本スティーブ	8	岡田　晃平	12	植木　祥多	16	武藤　俊憲		

※⑥と⑦の相互間における出場優先順位は、⑥の上位者、⑦の上位者の順で交互とする。

⑧前年度QTランキング上位者

2024年度
ツアーメンバー
プロフィール

青木　功

Isao AOKI

出場資格：永久

所属：フリー
生年月日：1942(S17).8.31
身長、体重：180cm／80kg
血液型：B型
出身地：千葉県
出身校：我孫子中学
スポーツ歴：野球
ゴルフ歴：14歳〜
プロ転向：1964年
デビュー戦：
　'65関東プロ
得意クラブ：サンドウェッジ
'85以降ベストスコア：63
　('91ブリヂストンオープン2R)
プレーオフ：4勝9敗

'73以降ツアー51勝、その他5勝
('71) 関東プロ
('72) 関東プロ
('73) コールドベック、中日クラウンズ、ペプシ、札幌とうきゅうオープン、KBCオーガスタ、日本プロ
('74) 東西対抗、日英対抗、関東オープン、関東プロ、産報クラシック
('75) 中日クラウンズ、関東オープン
('76) 東海クラシック
('77) 東北クラシック、ジュンクラシック、日米対抗
('78) 中日クラウンズ、日本プロマッチプレー、札幌とうきゅうオープン、関東プロ、日米対抗、日本シリーズ
('79) 中日クラウンズ、日本プロマッチプレー、関東プロ、日本シリーズ
('80) 中日クラウンズ、よみうりオープン、KBCオーガスタ、関東オープン、ジュンクラシック
('81) 静岡オープン、日本プロマッチプレー、日本プロ
('82) 日本プロマッチプレー
('83) 札幌とうきゅうオープン、関東プロ、日本オープン、日本シリーズ
('86) 札幌とうきゅうオープン、日本プロ、KBCオーガスタ、関東オープン
('87) ダンロップ国際、全日空オープン、日本オープン、日本シリーズ
('89) 東海クラシック、カシオワールドオープン
('90) 三菱ギャラン
('91) ブリヂストンオープン
('92) 三菱ギャラン、カシオワールドオープン

インターナショナルツアー4勝
('78) ワールドマッチプレー(欧州)
('83) ハワイアンオープン(米国)、欧州オープン
('89) コカ・コーラクラシック(豪州)

シニア9勝
('94) 日本シニアオープン、('95) アメリカンエキスプレス・グランドスラム、日本シニアオープン、('96) 日本シニアオープン、('97) 日本シニアオープン、('00) N.CUPシニアオープン、('02) N.CUPシニアオープン、('07) 日本シニアオープン、('08) 鬼ノ城シニアオープン

海外シニア9勝
('92) ネーションワイド選手権、('94) バンクワンクラシック、ブリックヤードクロッシング選手権、('95) バンク・オブ・ボストンクラシック、('96) ベルサウス・クラシック、クローガークラシック、('97) エメラルド・コースト・クラシック、('98) ベルサウス・シニアクラシック、('02) インスティネットクラシック

　中学卒業後、東京都民ゴルフ場にキャディとして就職。その後、我孫子GCなどで腕を磨き、1964年にプロ入り。71年の『関東プロ』で初優勝を飾った。持ち球をフックからフェードに変えた73年に5勝と大活躍。当時は波の大きいゴルフだったが徐々に粘りのゴルフに転換し、76年には1勝ながら初の賞金王を手にした。

　78年からは4年連続賞金王。同時に海外でも活躍し始めた。78年に英国開催の『ワールドマッチプレー』で優勝し、80年の『全米オープン』ではジャック・ニクラウスと争って2位。同年の『全英オープン』3日目には当時のメジャータイ記録である63をマークした。

　81年には米国ツアーのライセンスを取得。83年の『ハワイアンオープン』で初優勝を果たした。82、83年に

は米国ツアーでサンドセーブ率1位に輝いている。89年には豪州ツアーの『コカ・コーラクラシック』を制し、日米欧豪の4ツアーで優勝という快挙も達成した。

　92年からは米国シニアツアーに参戦し、通算9勝。97年の『エメラルド・コースト・クラシック』2日目には当時同ツアー新記録の60をマークした。

　04年には日本人男子初の世界ゴルフ殿堂入りを果たし、13年には日本プロゴルフ殿堂入り。15年には旭日小綬章を受章した。16年にJGTO会長に就任。同年の『中日クラウンズ』で73歳241日の史上最年長出場新記録(73年のツアー制度施行後)をつくり、17年の同大会でその記録を74歳239日に更新した。この大会以降はトーナメントの出場はない。

海外グランドシニア3勝
('03)クローガークラシック、グレータヒッコリークラシック、ジョージアパシフィックグランドチャンピオンズチャンピオンシップ

その他
('04)世界ゴルフ殿堂入り
('08)紫綬褒章受章
('13)日本プロゴルフ殿堂入り
('15)旭日小綬章受章

代表歴：ワールドカップ('73、'74)、ダンヒルカップ('85、'99、'00)
　　　　世界選手権('85、'87、'88)、日米対抗('75〜'83)
　　　　ダイナスティカップ・キャプテン('03、'05)
　　　　日韓対抗戦キャプテン('10、'11、'12)

'23のツアー全成績：出場ナシ

'23部門別データ

賞金	ナシ
メルセデス・ベンツ トータルポイント	―
平均ストローク	―
平均パット	―
パーキープ率	―
パーオン率	―
バーディ率	―
イーグル率	―
ドライビングディスタンス	―
フェアウェイキープ率	―
サンドセーブ率	―
トータルドライビング	―
生涯獲得賞金	980,652,048円(16位)

賞金と順位(◎は賞金ランクによる出場権獲得)

◎'73=	31,595,926円	2位	◎'86=	78,341,666円	3位	'99=0円	
◎'74=	20,711,666円	4位	◎'87=	47,939,450円	5位	'00= 1,236,320円 168位	'13=0円
◎'75=	26,375,833円	4位	◎'88=	34,009,853円	13位	'01= 880,000円 175位	'14=0円
◎'76=	40,985,801円	1位	※'89=	53,125,400円	4位	'02=0円	'15=0円
◎'77=	31,425,073円	2位	◎'90=	36,648,500円	21位	'03= 637,000円 185位	'16=0円
◎'78=	62,987,200円	1位	◎'91=	74,237,850円	5位	'04=0円	'17=0円
◎'79=	45,554,211円	1位	※'92=	71,009,733円	10位	'05=0円	'18=ナシ
◎'80=	60,532,660円	1位	'93=	10,818,000円	95位	'06=0円	'19=ナシ
◎'81=	57,262,941円	1位	'94=	11,331,358円	97位	'07=0円	'20-21=ナシ
◎'82=	45,659,150円	2位	'95=	2,389,600円	163位	'08=0円	'22=ナシ
◎'83=	58,508,614円	2位	'96=0円			'09=0円	'23=ナシ
◎'84=	36,851,411円	8位	'97=0円			'10=0円	
◎'85=	38,638,332円	6位	'98=	958,500円	188位	'11=0円	※は規定試合数不足

'12=0円	

尾崎直道

Naomichi Joe OZAKI

所属:国際スポーツ振興協会
生年月日:1956(S31).5.18
身長、体重:174cm／76kg
血液型:B型
出身地:徳島県
出身校:千葉日大一高
スポーツ歴:野球
ゴルフ歴:15歳〜
プロ転向:1977年
デビュー戦:
　'77ミズノプロ新人
得意クラブ:ウェッジ
'85以降ベストスコア:62
　('94日本シリーズ1R)
プレーオフ:5勝3敗

ツアー32勝
('84)静岡オープン、札幌とうきゅうオープン、KBCオーガスタ
('85)日経カップ
('86)ペプシ宇部
('87)関東プロ
('88)札幌とうきゅうオープン、NST新潟オープン、全日空オープン、日本シリーズ
('89)テーラーメイド瀬戸内海オープン
('90)日本プロマッチプレー、ジュンクラシック、日本シリーズ
('91)日経カップ、サントリーオープン、カシオワールドオープン、日本シリーズ
('92)インペリアル、サントリーオープン、ラークカップ
('94)アコムインターナショナル
('96)フィリップモリス
('97)PGAフィランスロビー、ヨネックスオープン広島
('99)つるやオープン、日本プロ、日本オープン
('00)日本オープン
('03)ブリヂストンオープン
('05)つるやオープン、中日クラウンズ

シニア3勝
('12)スターツシニア、コマツオープン
('14)日本プロゴルフシニア選手権

　2人の兄を追うように飛び込んだプロの世界。初勝利は8年目の1984年と遅咲きだったが、同年に3勝を挙げて賞金ランク2位に躍進した。88、89年と長兄・将司に及ばず賞金王を逃したが、91年には残り3試合時点で賞金ランク4位から『カシオワールドオープン』『日本シリーズ』と連勝。逆転で賞金王の座に就いた。

　93年には米国ツアーのシード権を獲得して01年までプレーした。最高成績は2位。その間、国内でも結果を残してきた。97年の『ヨネックスオープン広島』で通算25勝に到達して永久シードを獲得。99年には米国ツアーシード権を守りながら国内では3勝を挙げて2度目の賞金王に輝いた。この年は未勝利だった『日本プロ』と『日本オープン』を制し、村上隆、尾崎将司、青木功、中嶋常幸に続く史上5人目の日本タイトル4冠を達成している。

　05年には48歳で『つるやオープン』『中日クラウンズ』で2週連続優勝を果たす。50歳となった06年には再び米国に渡ってチャンピオンズツアーに参戦。同年の『フォードプレーヤーズ選手権』ではツアータイ記録となる8連続バーディをマークした。プレーオフで敗れた07年の『ボーイングクラシック』など2位は2度あるが、優勝にはあと一歩届かなかった。

　12年には初めて国内シニアツアーに本格参戦し、2勝を挙げて賞金王に輝いた。14年には『日本プロシニア』制覇するなどシニアでは計3勝。21年度には日本プロゴルフ殿堂顕彰者に選出されている。

その他
（'21）日本プロゴルフ殿堂入り

代表歴：ワールドカップ（'85）、
ダンヒルカップ（'86、'88、'89、'96）
世界選手権（'85、'86、'89、'00）、
日米対抗（'84〜'87）、プレジデンツカップ（'98）、
ザ・ロイヤルトロフィキャプテン（'07、'09、'10、'11、'12）

'23のツアー全成績：出場ナシ

'23部門別データ

賞金	ナシ
メルセデス・ベンツ トータルポイント	—
平均ストローク	—
平均パット	—
パーキープ率	—
パーオン率	—
バーディ率	—
イーグル率	—
ドライビングディスタンス	—
フェアウェイキープ率	—
サンドセーブ率	—
トータルドライビング	—
生涯獲得賞金	1,545,609,713円（5位）

賞金と順位（◎は賞金ランクによる出場権獲得）

'77=	405,000円	111位	◎'89= 79,690,766円	2位	※'01= 17,475,250円	59位	'13=	701,280円 201位
'78=	2,209,000円	67位	◎'90= 85,060,727円	4位	◎'02= 52,931,571円	16位	'14=	1,367,300円 142位
'79=	4,873,847円	39位	◎'91=119,507,974円	1位	◎'03= 45,996,492円	17位	'15=	1,140,800円 159位
'80=	6,412,512円	36位	◎'92=130,880,179円	2位	◎'04= 21,856,416円	52位	'16=	1,704,300円 166位
◎'81= 11,624,218円		22位	◎'93= 60,073,657円	11位	◎'05= 54,909,332円	18位	'17=0円	
◎'82= 22,979,527円		13位	◎'94= 91,685,057円	4位	'06= 3,547,094円	123位	'18=0円	
◎'83= 22,550,418円		13位	※'95= 29,470,550円	43位	'07= 2,040,000円	140位	'19=	262,800円 186位
◎'84= 53,717,214円		2位	◎'96= 70,651,005円	6位	'08= 1,354,000円	165位	'20-21=ナシ	
◎'85= 36,390,695円		8位	※'97= 96,994,361円	4位	'09= 846,800円	163位	'22=ナシ	
◎'86= 42,304,700円		6位	※'98= 53,853,954円	17位	'10= 5,078,000円	103位	'23=ナシ	
◎'87= 35,581,791円		12位	※'99=137,641,796円	1位	'11= 6,250,200円	97位		
◎'88= 83,782,697円		2位	※'00= 45,805,100円	17位	'12= 4,001,333円	110位	※は規定試合数不足	

尾崎将司

Masashi OZAKI

出場資格：永久

'73以降ツアー94勝、その他18勝

('71)日本プロ、瀬戸内サーキット広島、ゴルフダイジェスト、日米対抗、日本シリーズ
('72)ウイザード、全日本ダブルス、札幌オープン、旭国際、千葉県オープン、
　　関東オープン、ファーストフライト、グランドモナーク、日本シリーズ
('73)関東プロ、全日空札幌オープン、東北クラシック、太平洋クラブマスターズ、
　　東海クラシック
('74)東北クラシック、全日空札幌オープン、日本プロ、サントリーオープン、日本オープン、
　　日本シリーズ
('75)東北クラシック
('76)関東オープン、千葉県オープン、広島オープン、産報クラシック
('77)ペプシウイルソン、関東オープン、東海クラシック、日本シリーズ
('78)ペプシウイルソン、広島オープン
('80)ダンロップ国際、フジサンケイクラシック、日本シリーズ
('82)関東オープン
('83)ジュンクラシック
('84)かながわオープン、広島オープン
('85)かながわオープン
('86)フジサンケイクラシック、日経カップ、マルマン日本海オープン、ジュンクラシック
('87)中日クラウンズ、フジサンケイクラシック、ジュンクラシック
('88)ダンロップオープン、日経カップ、マルマンオープン、日本オープン、
　　ゴルフダイジェスト、ブリヂストントーナメント
('89)フジサンケイクラシック、日本プロマッチプレー、仙台放送クラシック、
　　ヨネックスオープン広島、日本プロ、全日空オープン、日本オープン
('90)フジサンケイクラシック、ヨネックスオープン広島、マルマンオープン、
　　ダイワKBCオーガスタ
('91)日本プロ、ジュンクラシック
('92)ダンロップオープン、中日クラウンズ、PGAフィランスロピー、サンコーグランドサマー、
　　全日空オープン、日本オープン、VISA太平洋クラブマスターズ
('93)フジサンケイクラシック、日本プロ、ゴルフダイジェスト
('94)ダンロップオープン、ヨネックスオープン広島、全日空オープン、日本オープン、
　　ダイワインターナショナル、住友VISA太平洋マスターズ、ダンロップフェニックス
('95)中日クラウンズ、ヨネックスオープン広島、全日空オープン、ダンロップフェニックス、
　　日本シリーズ
('96)中日クラウンズ、日本プロ、三菱ギャラン、JCBクラシック仙台、
　　久光製薬KBCオーガスタ、ジュンクラシック、ダンロップフェニックス、日本シリーズ
('97)東建コーポレーションカップ、中日クラウンズ、三菱ギャラン、
　　久光製薬KBCオーガスタ、ブリヂストンオープン
('98)ヨネックスオープン広島、久光製薬KBCオーガスタ、フィリップモリス

所属:フリー
生年月日:1947(S22).1.24
身長、体重:181cm／90kg
血液型:B型
出身地:徳島県
出身校:徳島県立海南高校
スポーツ歴:野球('64選抜高
　校野球優勝、プロ野球西
　鉄ライオンズ入団)
ゴルフ歴:21歳〜
プロ転向:1970年
デビュー戦:
　'70関東プロ
得意クラブ:ドライバー、
　サンドウェッジ
'85以降ベストスコア:61
　('91日本プロ4R、'97東建
　コーポレーションカップ3R)
プレーオフ:12勝8敗

1964年春、徳島海南高校のエースとして選抜高校野球大会を制し、翌年、プロ野球・西鉄ライオンズに入団した。実働3年で退団してプロゴルファーに転身。プロデビュー2年目の71年には9月の『日本プロ』で初優勝を飾ったのを皮切りに、わずか3カ月で5勝。ジャンボ時代の幕が上がった。

賞金ランキング制が始まった73年に初代賞金王の座に就く。80年代前半に低迷期があったが、よりレベルアップして復活。94年からの5年連続を含む計12度の賞金王に輝いた。96年の『ダンロップフェニックス』では前人未踏のプロ通算100勝を達成。その数を113(うちツアー94勝)にまで伸ばした。

8打差逆転が4度もあるなど何度も奇跡的なプレーを演じてきたこともカリスマ性を高めている。02年の『全日空オープン』では55歳という73年ツアー制度施行後の最年長優勝記録を樹立している。

海外でも73年の『マスターズ』で日本選手メジャー初のトップ10となる8位に入るなど活躍。89年の『全米オープン』では最終日のインで一時首位に並んでメジャー制覇の期待を抱かせてくれた(最終結果は6位)。

66歳で迎えた13年、『つるやオープン』初日に62をマーク。ツアー史上初のエージシュートを成し遂げ、17年『HONMA TOURWORLD CUP』で2度目の快挙を達成した。近年はゴルフアカデミーを開くなど後進の育成にも尽力。原英莉花さん、笹生優花さん、西郷真央さんら門下生の女子が大活躍している。

('99)東建コーポレーションカップ、ヨネックスオープン広島
('00)サン・クロレラクラシック
('02)全日空オープン

インターナショナルツアー1勝
('72)ニュージーランドPGA

その他
('10)世界ゴルフ殿堂入り

代表歴：ワールドカップ('74、'88)
　　　　世界選手権('86、'87、'89)
　　　　日米対抗('71〜'73、'75、'77〜'81)
　　　　プレジデンツカップ('96)

'23のツアー全成績：出場ナシ

'23部門別データ

賞金	ナシ
メルセデス・ベンツ トータルポイント	—
平均ストローク	—
平均パット	—
パーキープ率	—
パーオン率	—
バーディ率	—
イーグル率	—
ドライビングディスタンス	—
フェアウェイキープ率	—
サンドセーブ率	—
トータルドライビング	—
生涯獲得賞金	2,688,836,653円(1位)

賞金と順位(◎は賞金ランクによる出場権獲得)

◎'73=	43,814,000円	1位	◎'86=	80,356,632円	2位	◎'99=	83,517,969円	6位	'12=0円
◎'74=	41,846,908円	1位	◎'87=	76,981,199円	2位	◎'00=	88,940,087円	7位	'13=	308,400円	232位
◎'75=	27,658,148円	2位	◎'88=125,162,540円	1位	◎'01=	64,570,178円	11位	'14=0円
◎'76=	24,608,872円	3位	◎'89=108,715,733円	1位	◎'02=	67,821,342円	11位	'15=0円
◎'77=	35,932,608円	1位	◎'90=129,060,500円	1位	◎'03=	50,460,916円	15位	'16=0円
◎'78=	29,017,286円	2位	◎'91=	99,060,539円	4位	◎'04=	19,833,670円	55位	'17=0円
◎'79=	20,134,693円	8位	◎'92=186,816,466円	1位	'05=	10,225,504円	82位	'18=0円
◎'80=	35,415,876円	3位	◎'93=144,597,000円	2位	'06=	5,064,333円	111位	'19=0円
◎'81=	9,722,902円	28位	◎'94=215,468,000円	1位	'07=	2,808,725円	127位	20-21=ナシ
◎'82=	16,699,314円	16位	◎'95=192,319,800円	1位	'08=	2,246,375円	138位	'22=ナシ
◎'83=	31,129,261円	6位	◎'96=209,646,746円	1位	'09=	2,712,361円	114位	'23=ナシ
◎'84=	19,541,606円	19位	◎'97=170,847,633円	1位	'10=	1,639,200円	122位	
◎'85=	33,389,931円	9位	◎'98=179,627,400円	1位	'11=	1,116,000円	150位	

片山晋呉

Shingo KATAYAMA

ツアー31勝
- ('98)サンコーグランドサマー
- ('99)JCBクラシック仙台
- ('00)キリンオープン、マンシングウェアオープンKSBカップ、ダンロップフェニックス、ゴルフ日本シリーズJTカップ、ファンケルオープンin沖縄
- ('01)東建コーポレーションカップ、キリンオープン、サントリーオープン
- ('02)サントリーオープン、ゴルフ日本シリーズJTカップ
- ('03)日本プロ、ABCチャンピオンシップ
- ('04)中日クラウンズ、ウッドワンオープン広島
- ('05)日本オープン、ABCチャンピオンシップ
- ('06)中日クラウンズ、フジサンケイクラシック、ABCチャンピオンシップ
- ('07)UBS日本ゴルフツアー選手権宍戸ヒルズ、ブリヂストンオープン
- ('08)日本プロ、日本オープン、三井住友VISA太平洋マスターズ
- ('13)コカ・コーラ東海クラシック
- ('14)カシオワールドオープン
- ('15)三井住友VISA太平洋マスターズ
- ('16)マイナビABCチャンピオンシップ
- ('17)ISPSハンダマッチプレー選手権

ABEMAツアー(チャレンジ)2勝
('93)水戸グリーンオープン(アマチュア時代)、('95)後楽園カップ第5回

代表歴：ダイナスティカップ('05)、日韓対抗戦('10、'11)、オリンピック('16)

所属:イーグルポイントGC
生年月日:1973(S48).1.31
身長、体重:171cm／70kg
血液型:B型
出身地:茨城県
出身校:日本大学
スポーツ歴:スキー
ゴルフ歴:2歳〜
プロ転向:1995年
ツアーデビュー戦:
　'95カシオワールドオープン
得意クラブ:サンドウェッジ
ベストスコア:62
　('02ゴルフ日本シリーズJTカップ1R、'06中日クラウンズ3R、'06ABCチャンピオンシップ4R、'10ブリヂストンオープン3R、'12つるやオープン1R)
プレーオフ:5勝3敗
アマ時代の主な優勝歴:
　('92)日本アマ・マッチプレー、
　('93)日本オープンローアマ、水戸グリーンオープン、
　('94)日本学生、関東アマ

　茨城・水城高校から日本大学に進み、3年時の1993年には『日本オープン』3位、グローイング競技(現ABEMAツアー)の『水戸グリーンオープン』優勝など、将来の活躍を予感させる活躍を見せていた。
　プロ転向後は米国でミニツアーに参戦するなどし、初シード獲得は3年目の97年。翌年春に胸部椎間板ヘルニアの手術を受けて復帰が危ぶまれていたが6月にツアーに戻ると8月の『サンコーグランドサマー』で初優勝を飾った。00年には最大で約6504万円差をつけられていたが最後の4戦で3勝をマークして大逆転で初の賞金王に輝く。04年からは3年連続賞金王。07年の『日本ゴルフツアー選手権』で日本タイトル4冠も達成した。08年の『日本オープン』でツアー25勝となり史上7人目の永久シード選手に。同年は青木功に並ぶ歴代2位、通算5度目の賞金王にも輝いた。
　ゴルフ界きっての理論派であり早くからショートウッドを採用するなど合理的なクラブ選びや高い技術でパワー不足を補って海外でも活躍。01年『全米プロ』では2日目に首位に並ぶなどして4位に入り、09年の『マスターズ』でも4位に食い込んでいる。
　15年には尾崎将司に次ぐ史上2人目の生涯獲得賞金20億円突破を成し遂げ、16年はリオデジャネイロ五輪出場に史上6人目の通算30勝と次々に新たな歴史を刻んでいった。シニアデビューした23年はサンドセーブ率で歴代最高の69.091％をマークして1位に輝くが、賞金シードは歴代2位の25季連続でストップした。

'23のツアー全成績：16試合

東建ホームメイトカップ …………26T	三井住友VISA太平洋マスターズ…6T
関西オープン……………………予落	
ISPS HANDA 欧州・日本……予落	
中日クラウンズ …………………30T	
～全英への道～ミズノオープン …予落	
BMW日本ゴルフツアー選手権森ビルカップ…31T	
ASO飯塚チャレンジドゴルフ ……42T	
長嶋茂雄INVITATIONALセガサミーカップ…予落	
日本プロゴルフ選手権 …………49T	
横浜ミナトChampionship ……予落	
フジサンケイクラシック …………棄権	
パナソニックオープン……………予落	
バンテリン東海クラシック ………68T	
日本オープン …………………32T	
マイナビABCチャンピオンシップ…予落	

'23部門別データ

賞金	11,582,699円	（74位）
メルセデス・ベンツトータルポイント	619	（84位）
平均ストローク	72.111	（70位）
平均パット	1.7874	（75位）
パーキープ率	84.058	（53位）
パーオン率	61.353	（95位）
バーディ率	3.000	（99位）
イーグル率	46.000	（97位）
ドライビングディスタンス	273.93	（93位）
フェアウェイキープ率	57.895	（36位）
サンドセーブ率	69.091	（ 1位）
トータルドライビング	129	（87位）
生涯獲得賞金	2,283,377,451円	（ 2位）

賞金と順位（◎は賞金ランクによる出場権獲得）

'95=0円		◎'02=129,258,019円	3位	◎'09=113,678,535円	4位	◎'16= 63,219,233円	9位
'96=0円		◎'03=117,192,413円	4位	◎'10= 49,191,763円	16位	◎'17= 81,289,975円	8位
◎'97= 21,910,072円	55位	◎'04=119,512,374円	1位	◎'11= 63,637,028円	13位	◎'18= 22,669,138円	46位
◎'98= 44,807,900円	22位	◎'05=134,075,280円	1位	◎'12= 53,921,858円	18位	◎'19= 30,536,757円	30位
◎'99= 76,114,008円	8位	◎'06=178,402,190円	1位	◎'13=112,557,810円	3位	◎'20-21= 32,491,097円	29位
◎'00=177,116,489円	1位	◎'07=141,053,934円	2位	◎'14= 85,535,243円	6位	◎'22= 19,516,250円	41位
◎'01=133,434,850円	2位	◎'08=180,094,895円	1位	◎'15= 90,577,641円	5位	'23= 11,582,699円	74位

倉本昌弘

Masahiro KURAMOTO

所属:フリー
生年月日:1955(S30).9.9
身長、体重:164cm／66kg
血液型:AB型
出身地:広島県
出身校:日本大学
スポーツ歴:スキー
ゴルフ歴:10歳〜
プロ転向:1981年
デビュー戦:
　'81和歌山オープン
得意クラブ:サンドウェッジ
'85以降ベストスコア:59
　('03アコムインターナショナル1R)
プレーオフ:6勝4敗
アマ時代の主な優勝歴:
　('75、'77、'80)日本アマ
　('74、'75、'76、'77)日本学生
　('76、'78)関東アマ
　('74)関東学生
　('74、'75)朝日杯全日本学生
　('80)中四国オープン

ツアー30勝
('80)中四国オープン(アマチュア時代)
('81)日本国土計画サマーズ、中国オープン、全日空札幌オープン、東海クラシック
('82)日本プロ、中国オープン
('83)中国オープン、東海クラシック
('84)中四国オープン、ブリヂストントーナメント
('85)ジュンクラシック、ブリヂストントーナメント
('86)全日空オープン、東海クラシック
('87)マルマンオープン、中国オープン
('88)仙台放送クラシック、よみうりサッポロビールオープン、関西プロ、KBCオーガスタ、
　　　中四国オープン
('90)テーラーメイド瀬戸内海オープン
('91)アコムインターナショナル
('92)日本プロ、ブリヂストンオープン、大京オープン
('94)JCBクラシック仙台
('95)サントリーオープン
('03)アコムインターナショナル

シニア8勝
('07)ビックライザックシニアオープン仙台
('10)日本シニアオープン、HANDA CUP シニアマスターズ(欧州シニアツアーとの共催)
('14)日本シニアオープン、いわさき白露シニア
('15)広島シニア選手権
('16)いわさき白露シニア
('19)スターツシニア

海外シニア1勝
('12)バン・ランスコット・シニアオープン(欧州)

　中学3年で広島GCのクラブチャンピオンとなり、日本大学時代は空前絶後の『日本学生』4連覇など多くのタイトルを手にした。アマチュア時代の1980年、『中四国オープン』で優勝を飾り、翌年プロテストに合格。初戦となった7月の『和歌山オープン』(賞金ランク対象外)でいきなり優勝すると、ツアー競技でもアッという間に4勝を挙げて賞金ランク2位に入った。
　プロ2年目の82年には『全英オープン』で日本選手歴代最高の4位に入り、翌週の『日本プロ』では初出場初優勝の快挙を達成。レギュラーツアーでは賞金王こそ獲得できなかったが常に上位で活躍した。
　92年の『ブリヂストンオープン』でツアー25勝目(プロ入り後)に到達して永久シード入り。同年、米国ツアーのQスクールをトップで通過して93年は米国中心でプレー。結果は残せずに1年で撤退したが、運営方法など多くのことを学び、ツアー改革に尽力。その後のJGTO設立にもつながっている。00年には心臓弁膜症の手術を受けて選手生命が危ぶまれたが翌年復帰。03年の『アコムインターナショナル』初日にはツアー初の59をマークして通算30勝目を挙げた。
　シニアでも存在感を示す。12年に欧州シニアツアーで優勝し国内では2度の賞金王に輝くなど通算8勝。14年からは日本プロゴルフ協会会長を8年間務めた。67歳で迎えた23年『関西オープン』では10年ぶりの予選通過を歴代2位の年長記録で彩り、24年1月には23年度の日本プロゴルフ殿堂入りが発表された。

その他
('23)日本プロゴルフ殿堂入り

代表歴：ダンヒルカップ（'85、'92）、世界選手権（'88、'90）
日米対抗（'82、'83、'86、'87）、ザ・ロイヤルトロフィ
キャプテン（'06）

'23のツアー全成績：6試合
関西オープン……………………65
ゴルフパートナーPRO-AM ……予落
ASO飯塚チャレンジドゴルフ……予落
日本プロゴルフ選手権…………予落
横浜ミナトChampionship ……予落
パナソニックオープン……………予落

'23部門別データ

賞金	180,000円 （210位）
メルセデス・ベンツトータルポイント	—
平均ストローク	73.879 （参考）
平均パット	1.8295 （参考）
パーキープ率	79.762 （参考）
パーオン率	51.190 （参考）
バーディ率	2.143 （参考）
イーグル率	—
ドライビングディスタンス	251.83 （参考）
フェアウェイキープ率	57.868 （参考）
サンドセーブ率	48.000 （参考）
トータルドライビング	—
生涯獲得賞金	1,020,095,189円（13位）

賞金と順位（◎印は賞金ランクによる出場権獲得）

◎'81= 32,345,130円	2位	◎'92=116,361,950円	4位	◎'03= 35,868,656円	29位	'14=ナシ	
◎'82= 37,151,927円	6位	※'93= 41,725,036円	25位	'04= 8,305,900円	92位	'15=ナシ	
◎'83= 49,247,776円	3位	◎'94= 62,655,316円	12位	'05= 7,472,916円	92位	'16=ナシ	
◎'84= 41,252,311円	6位	◎'95= 88,227,209円	4位	'06= 654,342円	188位	'17=ナシ	
◎'85= 58,767,582円	2位	◎'96= 37,115,572円	26位	'07= 8,196,666円	91位	'18=ナシ	
◎'86= 53,812,650円	4位	'97= 7,806,960円	102位	'08=0円		'19=0円	
◎'87= 49,171,300円	4位	◎'98= 17,648,510円	72位	'09= 4,270,102円	103位	'20~21=0円	
◎'88= 63,329,816円	4位	◎'99= 20,005,409円	53位	'10= 8,192,900円	83位	'22=0円	
'89= 25,059,860円	27位	'00= 2,064,666円	153位	'11= 3,166,571円	112位	'23=	180,000円 210位
◎'90= 58,206,633円	11位	◎'01= 17,132,444円	60位	'12= 4,186,166円	109位		
◎'91= 53,755,585円	15位	'02= 5,034,328円	109位	'13= 1,723,000円	147位	※は規定試合数不足	

中嶋常幸

Tommy NAKAJIMA

出場資格：永久

所属:静ヒルズCC
生年月日:1954(S29).10.20
身長、体重:180cm／88kg
血液型:O型
出身地:群馬県
出身校:樹徳高校
スポーツ歴:スキー、水泳
ゴルフ歴:10歳～
プロ転向:1975年
ツアーデビュー戦:
　'76ペプシウイルソン
得意クラブ:すべて
'85以降ベストスコア:63
　('93中日クラウンズ1R、
　'93ゴルフダイジェスト4R、
　'95三菱ギャラン3R、
　'96ペプシ宇部興産3R、
　'01東建コーポレーションカップ
　2R、'04JCBクラシック仙台
　3R)
プレーオフ:7勝6敗
アマ時代の主な優勝歴:
　('72)全日本パブリック選手権
　('73)日本アマ

ツアー48勝
('76)ゴルフダイジェスト
('77)日本プロ
('80)三菱ギャラン
('82)ダンロップ国際、フジサンケイクラシック、長野県オープン、東西対抗、日本シリーズ
('83)静岡オープン、日本プロマッチプレー、三菱ギャラン、日本プロ、東西対抗、サントリーオープン、全日空札幌オープン、日米ゴルフ
('84)日本プロ、関東オープン
('85)よみうりサッポロビールオープン、関東プロ、全日空札幌オープン、日本オープン、太平洋クラブマスターズ、ダンロップフェニックス
('86)日本プロマッチプレー、三菱ギャラン、美津濃オープン、関東プロ、日本オープン、ゴルフダイジェスト
('87)東海クラシック
('90)関東プロ、全日空オープン、日本オープン
('91)よみうりサッポロビールオープン、日本オープン
('92)ペプシ宇部興産、NST新潟オープン、日本プロマッチプレー
('93)全日空オープン、ゴルフ日本シリーズ日立カップ
('94)ダイドー静岡オープン、つるやオープン、ペプシ宇部興産
('95)フジサンケイクラシック
('02)ダイヤモンドカップ、三井住友VISA太平洋マスターズ
('06)三井住友VISA太平洋マスターズ

シニア5勝
('05)日本シニアオープン
('06)日本プロゴルフシニア選手権、日本シニアオープン
('08)日本シニアオープン
('13)スターツシニア

　父・巖氏の英才教育で腕を磨き、1973年の『日本アマ』を当時最年少となる18歳で優勝。75年にプロ入りし、翌年初勝利。77年には『日本プロ』を22歳で制した。82年には4年連続キングの青木功を抑えて初の賞金王に輝く。83年には年間最多勝記録の8勝をマーク。同年の『日米ゴルフ』ではジョニー・ミラーとの9打差を逆転して優勝している。85年には多くの海外選手を向こうに回して『太平洋クラブマスターズ』と『ダンロップフェニックス』に連勝し、史上初の年間1億円を達成。98年『中日クラウンズ』では1番パー4でホールインワンを決めている。
　海外での活躍も目覚ましかった。86年の『全英オープン』では1打差2位で最終日を迎えグレッグ・ノーマンと最終組でプレー。77と崩れて8位に終わったが日本のファンをわかせた。88年『全米プロ』ではメジャー最高位となる3位。メジャー4大会すべてでトップ10に入った初めての日本選手でもある。
　賞金王に輝くこと計4回。90年代後半から不振に陥るが02年の『ダイヤモンドカップ』で7年ぶりの復活優勝。04年からはシニアツアーでも実力を発揮して『日本シニアオープン』と『日本プロシニア』を制し、レギュラーツアーと合わせて史上初の日本タイトル6冠を達成。『日本アマ』を加えれば"日本7冠"となる。
　17年にスポーツ功労者文部科学大臣顕彰を受け、18年度には日本プロゴルフ殿堂入り。後進の育成にも力を入れ22、23年女王の山下美夢有さんも門下生だ。

その他
('17)スポーツ功労者文部科学大臣顕彰
('18)日本プロゴルフ殿堂入り

代表歴：ワールドカップ('96)
　　　　ダンヒルカップ('86)
　　　　世界選手権('85～'88)
　　　　日米対抗('77～'80、'82～'86)
　　　　ダイナスティカップ('03)

'23のツアー全成績：出場ナシ

'23部門別データ	
賞金	ナシ
メルセデス・ベンツ トータルポイント	—
平均ストローク	—
平均パット	—
パーキープ率	—
パーオン率	—
バーディ率	—
イーグル率	—
ドライビングディスタンス	—
フェアウェイキープ率	—
サンドセーブ率	—
トータルドライビング	—
生涯獲得賞金 1,664,953,541円(4位)	

賞金と順位(◎印は賞金ランクによる出場権獲得)							
◎'76= 10,678,928円	17位	◎'91=111,639,213円	3位	※'06= 46,881,260円	25位	'22=ナシ	
◎'77= 24,440,839円	5位	◎'92=108,674,116円	5位	'07= 8,595,166円	88位	'23=ナシ	
◎'78= 20,439,005円	8位	◎'93=130,842,771円	3位	※'08= 18,710,000円	58位		
◎'79= 14,166,735円	14位	◎'94=115,771,280円	3位	※'09= 13,192,285円	68位		
◎'80= 17,069,408円	10位	◎'95= 66,872,554円	11位	'10= 1,281,000円	130位		
◎'81= 29,600,960円	3位	◎'96= 45,939,531円	18位	'11= 2,979,428円	116位		
◎'82= 68,220,640円	1位	◎'97= 29,983,700円	43位	'12= 5,620,666円	99位		
◎'83= 85,514,183円	1位	◎'98= 26,650,404円	48位	'13= 4,785,280円	105位		
◎'84= 40,145,992円	7位	'99= 9,585,561円	81位	'14= 1,446,311円	138位		
◎'85=101,609,333円	1位	'00= 4,683,546円	116位	'15= 1,968,775円	137位		
◎'86= 90,202,066円	1位	◎'01= 68,378,345円	9位	'16= 345,000円	239位		
◎'87= 34,366,716円	13位	◎'02= 89,788,484円	6位	'17=0円			
◇'88= 26,771,355円	20位	◎'03= 17,064,886円	61位	'18=0円			
◎'89= 46,807,186円	9位	◎'04= 19,043,000円	59位	'19=0円		◇は特別保障制度適用	
◎'90= 96,979,100円	2位	'05= 7,218,533円	94位	'20-'21=ナシ		※は規定試合数不足	

阿久津未来也

Mikiya AKUTSU

ツアー未勝利

'23のツアー全成績：25試合

東建ホームメイトカップ	11T
関西オープン	29T
中日クラウンズ	9T
ゴルフパートナー PRO-AM	予落
～全英への道～ミズノオープン	予落
BMW日本ゴルフツアー選手権森ビルカップ	予落
ASO飯塚チャレンジドゴルフ	9T
ハナ銀行インビテーショナル	35T
JPC by サトウ食品	22T
長嶋茂雄INVITATIONALセガサミーカップ	20T
日本プロゴルフ選手権	18T
横浜ミナトChampionship	19T
Sansan KBCオーガスタ	49T
フジサンケイクラシック	57T
Shinhan Donghae Open	19T
ANAオープン	予落
パナソニックオープン	47T
バンテリン東海クラシック	45T
ACNチャンピオンシップ	5T
日本オープン	18T
マイナビABCチャンピオンシップ	13
三井住友VISA太平洋マスターズ	20T
ダンロップフェニックス	予落
カシオワールドオープン	18T
ゴルフ日本シリーズJTカップ	12T

所属：フリー
生年月日：1995（H7）.3.17
身長、体重：180cm／78kg
血液型：A型
出身地：栃木県
出身校：日本大学
ゴルフ歴：3歳～
プロ転向：2016年
プロ転向後ツアーデビュー戦：
　'17関西オープン
得意クラブ：パター
ベストスコア：63
　（'22関西オープン1R）
アマ時代の主な戦歴：
　（'16）日本学生優勝

物心つくころには祖母らとゴルフをしていた。作新学院高校1年の2010年に『関東ジュニア』優勝。同年は『フジサンケイジュニア』にも勝ち、翌11年は『フジサンケイクラシック』でツアー初体験。23位に入った。日本大学進学後は結果を出せない年が続いたが4年時に復調して『日本学生』を制覇。プロの道に進む気持ちが固まった。

16年のQTはサードで敗退もプロ宣言。17年はプロテストに合格し、『日本プロゴルフ新人選手権』で優勝した。18年の『日本プロ』では最終日に一時は首位に並ぶ展開に。14番のダブルボギーで後退したが6位に踏みとどまった。ABEMAツアー賞金9位で前半戦出場権を得た21年は『東建ホームメイトカップ』で自己最高の3位に入るなどして初シードをつかむ。22年の『関西オープン』では初日63で初めての首位を経験した。23年は平均ストローク自己最高をマーク。安定感が増して予選落ちは前年から半減した。

'23部門別データ

賞金	32,533,413円	（27位）
メルセデス・ベンツトータルポイント	349	（27位）
平均ストローク	71.126	（18位）
平均パット	1.7532	（28位）
パーキープ率	86.049	（20位）
パーオン率	66.914	（31位）
バーディ率	3.867	（32位）
イーグル率	12.857	（52位）
ドライビングディスタンス	278.07	（83位）
フェアウェイキープ率	57.506	（40位）
サンドセーブ率	50.000	（45位）
トータルドライビング	123	（79位）
生涯獲得賞金	102,178,004円	（302位）

賞金と順位（◎は賞金ランク、△はABEMAツアーランクによる出場権獲得）

'17＝0円
'18＝　6,121,071円　103位
△'19＝11,949,125円　71位
◎'20-21＝34,501,853円　27位
◎'22＝17,072,542円　49位
◎'23＝32,533,413円　27位

浅地洋佑

Yosuke ASAJI

賞金ランキング48位

ツアー 3勝
('19) アジアパシフィックダイヤモンドカップゴルフ、ANAオープン、('21) マイナビABCチャンピオンシップ

ABEMAツアー（チャレンジ）2勝
('12) ISPS・CHARITYチャレンジ、('15) ミュゼプラチナムチャレンジ

所属:フリー
生年月日:1993(H5).5.24
身長、体重:169cm／68kg
血液型:A型
出身地:東京都
出身校:杉並学院高校
スポーツ歴:野球、サッカー
ゴルフ歴:6歳～
プロ転向:2011年
プロ転向後ツアーデビュー戦:
　'12東建ホームメイトカップ
得意クラブ:サンドウェッジ
ベストスコア:64
　('17日本オープン1R、
　'21ゴルフパートナー PRO-
　AM4R、'22HEIWA・PGM
　選手権2R、'23セガサミー
　カップ1R)
プレーオフ:1勝0敗
アマ時代の主な戦歴:
　('08)日本ジュニア優勝、
　('11)関東アマ優勝、
　日本アマ3位

'23のツアー全成績:22試合

東建ホームメイトカップ	21T
ISPS HANDA 欧州・日本	14T
中日クラウンズ	予落
ゴルフパートナー PRO-AM	予落
～全英への道～ミズノオープン	19T
BMW日本ゴルフツアー選手権森ビルカップ	予落
ASO飯塚チャレンジドゴルフ	予落
ハナ銀行インビテーショナル	42T
JPC by サトウ食品	10T
長嶋茂雄INVITATIONALセガサミーカップ	13T
横浜ミナトChampionship	35T
Sansan KBCオーガスタ	35T
フジサンケイクラシック	予落
Shinhan Donghae Open	予落
ANAオープン	予落
パナソニックオープン	57T
バンテリン東海クラシック	6T
ACNチャンピオンシップ	7T
マイナビABCチャンピオンシップ	予落
三井住友VISA太平洋マスターズ	53T
ダンロップフェニックス	45T
カシオワールドオープン	36T

　タイガー・ウッズをテレビで見たことがゴルフを始めるきっかけ。杉並学院高校2年時の2010年には『ダイヤモンドカップ』で2日目を終えて2位につけて話題となった。

　11年にプロ宣言し、12年はチャレンジで初勝利。19歳14日は当時の最年少優勝記録で、ツアーでも初シードをつかんだ。だが翌年シードを落とすと低迷が続いた。17年にシード復帰を果たしてから本格化。19年、初めて首位で最終日を迎えた『ダイヤモンドカップ』最終ホールでバンカーからパーセーブし、1打差で初勝利をつかむ。さらに『ANAオープン』ではツアー史上最多5人でのプレーオフを制して2勝目を挙げた。

　21年前半は『中日クラウンズ』から3試合連続で最終日最終組を回りながら勝ち切れなかったが11月の『マイナビABC選手権』で3位から逆転。溜飲を下げた。22年はスイング改造から不振に陥ったが23年はやや良化。賞金シードに復帰した。

'23部門別データ

賞金	20,814,376円 (48位)
メルセデス・ベンツトータルポイント	365 (30位)
平均ストローク	71.584 (38位)
平均パット	1.7410 (13位)
パーキープ率	85.957 (22位)
パーオン率	64.583 (64位)
バーディ率	3.750 (43位)
イーグル率	12.000 (44位)
ドライビングディスタンス	281.74 (74位)
フェアウェイキープ率	59.068 (32位)
サンドセーブ率	51.485 (35位)
トータルドライビング	106 (52位)
生涯獲得賞金	231,625,283円 (155位)

賞金と順位（◎は賞金ランク、△はABEMAツアーランクによる出場権獲得）

◎'12=	15,253,865円	67位		◎'18=	18,794,166円	56位
'13=	10,081,553円	77位		◎'19=	69,797,845円	9位
'14=	936.100円	165位		◎20-21=	65,094,311円	14位
△'15=	5,191,133円	101位		'22=	8,010,849円	86位
'16=	6,752,277円	97位		◎'23=	20,814,376円	48位
◎'17=	10,898,808円	77位				

池村寛世

Tomoyo IKEMURA

ツアー 2勝
('21)ISPS HANDA ガツーンと飛ばせツアートーナメント、('22)ASO飯塚チャレンジド
ゴルフ

ABEMAツアー(チャレンジ)3勝
('15)LANDIC CHALLENGE 2015 ASSOCIA MANSION GOLF TOURNAMENT、
elite grips challenge、('16)南秋田カントリークラブみちのくチャレンジ

所属:ディライトワークス
生年月日:1995(H7).8.30
身長、体重:166cm／72kg
血液型:O型
出身地:鹿児島県
出身校:志布志中学校
スポーツ歴:サッカー、水泳
ゴルフ歴:10歳〜
プロ転向:2013年
プロ転向後ツアーデビュー戦:
　'14ダンロップ・スリクソン
　福島オープン
得意クラブ:ドライバー
ベストスコア:63
　('22ASO飯塚チャレンジ1R)
アマ時代の主な優勝歴:
　('11)国民体育大会個人

'23のツアー全成績:24試合

東建ホームメイトカップ	36T
ISPS HANDA 欧州・日本	35T
中日クラウンズ	35T
ゴルフパートナー PRO-AM	37T
〜全英への道〜ミズノオープン	予落
BMW日本ゴルフツアー選手権森ビルカップ	15T
ASO飯塚チャレンジドゴルフ	予落
ハナ銀行インビテーショナル	42T
JPC by サトウ食品	予落
長嶋茂雄INVITATIONALセガサミーカップ	予落
日本プロゴルフ選手権	予落
横浜ミナトChampionship	予落
Sansan KBCオーガスタ	35T
フジサンケイクラシック	36T
Shinhan Donghae Open	予落
ANAオープン	予落
パナソニックオープン	57T
バンテリン東海クラシック	23T
ACNチャンピオンシップ	7T
日本オープン	18T
マイナビABCチャンピオンシップ	54T
三井住友VISA太平洋マスターズ	予落
ダンロップフェニックス	予落
カシオワールドオープン	36T

'23部門別データ

賞金	14,411,156円	(62位)
メルセデス・ベンツトータルポイント	505	(55位)
平均ストローク	71.951	(61位)
平均パット	1.7669	(46位)
パーキープ率	84.722	(39位)
パーオン率	64.985	(58位)
バーディ率	3.434	(76位)
イーグル率	15.200	(64位)
ドライビングディスタンス	298.25	(17位)
フェアウェイキープ率	45.523	(105位)
サンドセーブ率	50.893	(39位)
トータルドライビング	122	(78位)
生涯獲得賞金	179,571,416円	(204位)

　実家はサツマイモ農家。地元・鹿児島県の「めだかクラブ」でゴルフを覚え、尚志館高校1年時の2011年に『国体少年男子個人』で優勝。翌年、オーストラリアに留学して半年ほど腕を磨いた。帰国すると高校を中退しアジアンツアーのQTに挑戦してプロ転向した。日本では14年にツアーデビュー。15年にチャレンジで2勝を挙げ、17年に初シードを獲得した。

　初優勝を飾ったのは21年の『ISPS HANDA ガツーンと飛ばせ』。5打差2位で迎えた最終日にインで30を叩き出して鮮やかに逆転した。22年は『ASO飯塚チャレンジド』で初日から首位を守って優勝。トップ5は計4回あり賞金ランクは自己最高の15位に浮上した。

　23年は3月に豪州ツアー『ニュージーランドオープン』で2位と好スタートを切る。だが国内では『日本プロ』で初日首位タイから予選落ちするなど本来の力が出せず大苦戦。何とかシードは守った。

賞金と順位(◎は賞金ランク、△はABEMAツアーランクによる出場権獲得)

'14=0円		◎'20-'21= 45,078,559円	22位
△'15= 7,052,400円	88位	◎'22= 53,631,848円	15位
'16= 1,758,092円	165位	◎'23= 14,411,156円	62位
◎'17= 11,841,432円	74位		
◎'18= 24,902,163円	39位		
◎'19= 20,895,766円	42位		

石川　遼
Ryo ISHIKAWA

賞金ランキング10位

ツアー18勝

('07)マンシングウェアオープンKSBカップ（アマチュア時代）、('08)マイナビABCチャンピオンシップ、('09)〜全英への道〜ミズノオープンよみうりクラシック、サン・クロレラクラシック、フジサンケイクラシック、コカ・コーラ東海クラシック、('10)中日クラウンズ、フジサンケイクラシック、三井住友VISA太平洋マスターズ、('12)三井住友VISA太平洋マスターズ、('14)長嶋茂雄INVITATIONALセガサミーカップ、('15)ANAオープン、ゴルフ日本シリーズJTカップ、('16)RIZAP KBCオーガスタ、('19)日本プロ、長嶋茂雄INVITATIONALセガサミーカップ、ゴルフ日本シリーズJTカップ、('22)三井住友VISA太平洋マスターズ

所属:CASIO
生年月日:1991(H3).9.17
身長、体重:175cm／75kg
血液型:O型
出身地:埼玉県
出身校:杉並学院高校
スポーツ歴:水泳、サッカー、
　陸上
ゴルフ歴:6歳〜
プロ転向:2008年
プロ転向後ツアーデビュー戦:
　'08東建ホームメイトカップ
得意クラブ:サンドウェッジ
ベストスコア:58
　('10中日クラウンズ4R)
プレーオフ:5勝4敗
アマ時代の主な優勝歴:
　('07)マンシングウェアオープンKSBカップ、日本ジュニア15歳〜17歳の部

代表歴：ザ・ロイヤルトロフィ('09、'10、'11、'12、'13)、プレジデンツカップ('09、'11)、日韓対抗戦('10、'11、'12)、ワールドカップ('13、'16)

'23のツアー全成績：22試合(内、海外メジャー1試合)

東建ホームメイトカップ …………………3T	バンテリン東海クラシック …………予落
関西オープン ……………………………31T	日本オープン ……………………………2
ISPS HANDA 欧州・日本……………31T	三井住友VISA太平洋マスターズ ……9T
中日クラウンズ …………………………4	ダンロップフェニックス …………………60
〜全英への道〜ミズノオープン ………18	カシオワールドオープン …………………予落
BMW日本ゴルフツアー選手権森ビルカップ…予落	ゴルフ日本シリーズJTカップ …………7T
ASO飯塚チャレンジドゴルフ …………予落	☆は賞金ランキングに加算する海外競技
☆全米オープン …………………………63	
JPC by サトウ食品 ……………………26T	
長嶋茂雄INVITATIONALセガサミーカップ…24T	
日本プロゴルフ選手権 …………………5T	
横浜ミナトChampionship ……………予落	
Sansan KBCオーガスタ ………………16T	
フジサンケイクラシック …………………19T	
Shinhan Donghae Open …………11T	
ANAオープン ……………………………6T	

　2007年に『マンシングウェアオープンKSBカップ』を15歳で制して時の人に。翌年プロ転向すると17歳にして1億円を稼ぎ、09年には18歳の史上最年少賞金王に。10年の『中日クラウンズ』最終日には世界主要ツアー初の58をマークした。13年からは米国ツアーを主戦場に。2位は2度あったが未勝利。17年秋から国内に戻った。
　18、19年は選手会長を務める。19年の『日本プロ』では劇的なイーグルでプレーオフを制して3年ぶりの優勝。同年の『日本シリーズ』では優勝で史上14人目、最年少28歳での生涯獲得賞金10億円突破を達成した。
　以降は優勝から遠ざかっていたが22年の『三井住友VISA太平洋マスターズ』で星野陸也とのプレーオフを制して3年ぶりの通算18勝目。10代、20代、30代で同一大会を制する快挙でもあった。23年は優勝こそなかったが『日本オープン』2位、米国ツアー『ZOZO選手権』4位など見せ場をつくった。

'23部門別データ

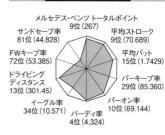

メルセデス・ベンツ トータルポイント
9位(267)
サンドセーブ率　81位(44.828)　　平均ストローク　9位(70.689)
FWキープ率　72位(53.385)　　平均パット　15位(1.7429)
ドライビングディスタンス　13位(301.45)　　パーキープ率　29位(85.360)
イーグル率　34位(10.571)　　パーオン率　10位(69.144)
バーディ率　4位(4.324)

トータルドライビング＝85（21位）
獲　得　賞　金＝69,388,441円（10位）
生涯獲得賞金＝1,214,004,291円（9位）

賞金と順位(◎は賞金ランクによる出場権獲得)

◎'08=106,318,166円	5位	◎'14= 52,856,504円	19位	◎'21-2= 55,311,607円	18位
◎'09=183,524,051円	1位	◎'15= 87,788,433円	6位	◎'22= 76,949,337円	10位
◎'10=151,461,479円	3位	◎'16= 44,371,593円	19位	◎'23= 69,388,441円	10位
◎'11= 98,282,603円	3位	◎'17= 14,148,888円	68位		
◎'12= 78,178,145円	7位	◎'18= 47,692,054円	22位		
◎'13= 14,920,000円	65位	◎'19=132,812,990円	3位		

石坂友宏

Tomohiro ISHIZAKA

ツアー未勝利

所属：都築電気
生年月日：1999(H11).9.21
身長、体重173cm／75kg
血液型：
出身地：神奈川県
出身校：日本ウェルネススポーツ
　大学
スポーツ歴：野球
ゴルフ歴：10歳〜
プロ転向：2019年
プロ転向後ツアーデビュー戦：
　'20フジサンケイクラシック
得意クラブ：アプローチ、パター
ベストスコア：64
　('21ダンロップ・スリクソン
　福島オープン2R、'21日本
　オープン1R)
プレーオフ：0勝1敗
アマ時代の主な戦歴：('18)
　関東アマ優勝、('19)日本オー
　プンローアマ、日本アマ4位、
　茨城国体個人・団体優勝

'23のツアー全成績：23試合

東建ホームメイトカップ	予落
関西オープン	31T
中日クラウンズ	35T
ゴルフパートナー PRO-AM	29T
〜全英への道〜ミズノオープン	予落
BMW日本ゴルフツアー選手権森ビルカップ	予落
ASO飯塚チャレンジドゴルフ	25T
ハナ銀行インビテーショナル	予落
JPC by サトウ食品	41T
長嶋茂雄INVITATIONALセガサミーカップ	予落
日本プロゴルフ選手権	5T
横浜ミナトChampionship	33T
Sansan KBCオーガスタ	16T
フジサンケイクラシック	18
ANAオープン	予落
パナソニックオープン	予落
バンテリン東海クラシック	58T
ACNチャンピオンシップ	31T
日本オープン	53T
マイナビABCチャンピオンシップ	54T
三井住友VISA太平洋マスターズ	60T
ダンロップフェニックス	予落
カシオワールドオープン	予落

神奈川県横須賀市出身。小さいころは野球をしていたが、10歳でゴルフを始める。地元のスクールで学ぶなどして、ほどなく全国大会に出場するほどの腕前になり中学時代は『関東ジュニア』など数々の大会で優勝する。高校、大学は通信制の日本ウェルネススポーツに在籍。大学時代は2018年『関東アマ』優勝、19年『国体成年男子』で団体、個人の2冠、さらに『日本オープン』でローアマ獲得と存在感を見せつけた。

同年QTに挑みファイナルまで進んでプロ宣言。20年の『ダンロップフェニックス』で金谷拓実と新人プロで現役大学生同士というプレーオフを戦い、惜しくも敗れた。以降も度々優勝争いに加わり最終日最終組で回ること計4回。初優勝には届かなかったが賞金ランク17位でシードを獲得した。ここ2年は優勝争いに顔を出せていないがシードは維持。22年の『ジャパンプレーヤーズ選手権』ではアルバトロスを達成している。

'23部門別データ

賞金	13,766,880円	(64位)
メルセデス・ベンツトータルポイント	529	(62位)
平均ストローク	71.878	(55位)
平均パット	1.7645	(41位)
パーキープ率	83.934	(58位)
パーオン率	64.715	(62位)
バーディ率	3.662	(53位)
イーグル率	—	
ドライビングディスタンス	273.71	(94位)
フェアウェイキープ率	57.585	(38位)
サンドセーブ率	53.922	(25位)
トータルドライビング	132	(90位)
生涯獲得賞金	86,783,897円	(329位)

賞金と順位（◎は賞金ランクによる出場権獲得）

◎'20-'21=	56,204,216円	17位
◎'22=	16,812,801円	50位
◎'23=	13,766,880円	64位

出水田大二郎

Daijiro IZUMIDA

ツアー1勝
（'18）RIZAP KBCオーガスタ

ABEMAツアー（チャレンジ）1勝
（'12）きみさらずGL・GMAチャレンジ

所属:TOSS
生年月日:1993（H5).2.5
身長、体重:183cm／90kg
血液型:AB型
出身地:鹿児島県
出身校:樟南高校
ゴルフ歴:9歳〜
プロ転向:2011年
プロ転向後ツアーデビュー戦:
　'12中日クラウンズ
得意クラブ:ショートアイアン
ベストスコア:63
　（'18アジアパシフィックダイ
　ヤモンドカップ1R)
アマ時代の主な戦歴:
　（'07〜'10）九州ジュニア優勝

'23のツアー全成績：23試合

東建ホームメイトカップ	36T
関西オープン	39T
ISPS HANDA 欧州・日本	16T
中日クラウンズ	13T
ゴルフパートナー PRO-AM	棄権
〜全英への道〜ミズノオープン	8T
BMW日本ゴルフツアー選手権森ビルカップ	62T
ASO飯塚チャレンジゴルフ	予落
ハナ銀行インビテーショナル	26T
JPC by サトウ食品	45T
長嶋茂雄INVITATIONALセガサミーカップ	39T
日本プロゴルフ選手権	58T
横浜ミナトChampionship	予落
Sansan KBCオーガスタ	41T
フジサンケイクラシック	6T
Shinhan Donghae Open	33T
ANAオープン	20T
パナソニックオープン	16T
バンテリン東海クラシック	予落
ACNチャンピオンシップ	予落
日本オープン	予落
ダンロップフェニックス	26T
カシオワールドオープン	予落

　子供のころ、横峯さくらプロの父親・良郎氏主宰の「めだかクラブ」でゴルフを始めた。樟南高校時代は1年時の2008年から『九州ジュニア（15〜17歳の部）』で3連覇を達成。高校卒業直後にプロ宣言した。

　12年にチャレンジでプロデビューし、2戦目の『きみさらずGL・GMAチャレンジ』で19歳にして初優勝を果たした。ただ、その後はチャレンジでもQTでも好成績を残せない年が続く。流れが変わったのは16年。

チャレンジ賞金ランク7位で出場権を得ると、翌17年は『日本プロ』で10位に入るなどして初シードを獲得した。

　そして18年、初めて最終日最終組で回った『RIZAP KBCオーガスタ』で首位タイから逃げ切り。初優勝を飾った。20－21年は予選通過率約8割の安定感でシードを守る。22年は『日本シリーズ』など2位が2回あり賞金ランクは自己最高の22位に。23年はシーズン終盤に苦戦したがシードは維持した。

'23部門別データ

賞金	19,575,450円	(51位)
メルセデス・ベンツトータルポイント	376	(35位)
平均ストローク	71.364	(31位)
平均パット	1.7896	(77位)
パーキープ率	85.786	(24位)
パーオン率	68.543	(14位)
バーディ率	3.740	(45位)
イーグル率	15.400	(65位)
ドライビングディスタンス	294.80	(26位)
フェアウェイキープ率	59.572	(29位)
サンドセーブ率	47.561	(65位)
トータルドライビング	55	(4位)
生涯獲得賞金	157,565,095円	(230位)

賞金と順位（◎は賞金ランク、△はABEMAツアーランクによる出場権獲得）

'12=0円		◎'19= 23,274,912円	39位
'14= 113,500円	249位	◎20-21= 24,637,553円	41位
'15=0円		◎'22= 40,809,355円	22位
△'16=0円		◎'23= 19,575,450円	51位
◎'17= 14,386,479円	66位		
◎'18= 34,767,846円	28位		

市原弘大

Kodai ICHIHARA

ツアー2勝
('18)日本ゴルフツアー選手権森ビルカップShishido Hills、ダンロップフェニックス

ABEMAツアー（チャレンジ）1勝
('03)カニトップ杯チャレンジ

所属:フリー
生年月日:1982(S57).5.29
身長、体重:171cm／78kg
血液型:A型
出身地:東京都
出身校:埼玉平成高校
スポーツ歴:水泳
ゴルフ歴:3歳〜
プロ転向:2001年
プロ転向後ツアーデビュー戦:
　'01キリンオープン
ベストスコア:63
　('10ANAオープン4R、
　'18ダンロップフェニックス4R、
　'21ゴルフパートナー PRO-
　AM4R、'21ダンロップフェ
　ニックス1R)
アマ時代の主な優勝歴:
　('97)日本ジュニア、
　全国高校ゴルフ選手権中学
　の部春季・夏季、
　('00)日本ジュニア

'23のツアー全成績:24試合

東建ホームメイトカップ	26T
関西オープン	予落
ISPS HANDA 欧州・日本	予落
中日クラウンズ	予落
ゴルフパートナー PRO-AM	14T
〜全英への道〜ミズノオープン	予落
BMW日本ゴルフツアー選手権森ビルカップ	62T
ASO飯塚チャレンジゴルフ	予落
ハナ銀行インビテーショナル	50T
JPC by サトウ食品	予落
長嶋茂雄INVITATIONALセガサミーカップ	予落
日本プロゴルフ選手権	予落
横浜ミナトChampionship	予落
Sansan KBCオーガスタ	49T
フジサンケイクラシック	予落
Shinhan Donghae Open	予落
ANAオープン	33T
パナソニックオープン	63
バンテリン東海クラシック	4T
ACNチャンピオンシップ	31T
マイナビABCチャンピオンシップ	39T
三井住友VISA太平洋マスターズ	3T
ダンロップフェニックス	37T
カシオワールドオープン	予落

埼玉平成高校時代に『日本ジュニア』を制し、高校卒業後すぐにプロ転向。まずはアジアンツアーに参戦したがパターイップスにかかり撤退。2003年にチャレンジで1勝するが、05年には腰部のヘルニアで1年近くクラブを握れない時期があった。その後、アジアでもプレーしながら10年に初シードを獲得。16年には『全英オープン』で初の予選通過も果たした。

17年に2度目のシード陥落を経験するが18年に最高の形で巻き返す。まず5打差5位で迎えた『日本ゴルフツアー選手権』最終日に66をマークしての逆転でツアー初優勝。プロ18年目の悲願達成だった。11月には大会連覇中のB・ケプカも参戦していた『ダンロップフェニックス』で5打差8位から63でまたもや逆転勝ち。大輪の花を咲かせた。以降、優勝はないがシードは維持。23年は予選落ちが多く苦戦していたが『三井住友VISA太平洋マスターズ』3位でシード圏内に飛び込んだ。

'23部門別データ

賞金	20,990,561円	(43位)
メルセデス・ベンツトータルポイント	566	(72位)
平均ストローク	72.051	(67位)
平均パット	1.7674	(47位)
パーキープ率	84.568	(43位)
パーオン率	61.034	(97位)
バーディ率	3.250	(87位)
イーグル率	14.400	(60位)
ドライビングディスタンス	279.15	(77位)
フェアウェイキープ率	52.532	(77位)
サンドセーブ率	58.559	(11位)
トータルドライビング	154	(99位)
生涯獲得賞金	287,690,840円	(132位)

賞金と順位（◎は賞金ランク、△はABEMAツアーランクによる出場権獲得）

'01=	761,250円	181位	◎'10=	18,566,998円	58位	'16=	34,644,807円	33位	◎'23= 20,990,561円 43位
'02=	1,416,000円	159位	◎'11=	18,064,751円	60位	'17=	8,066,892円	88位	
'04=	799,700円	185位	'12=	13,598,732円	72位	'18=	82,245,918円	4位	
'07=	0円		'13=	2,224,000円	132位	'19=	13,102,632円	60位	
'08=	0円		◎'14=	17,105,442円	57位	20-21=	16,532,270円	55位	
△'09=	ナシ		◎'15=	23,244,476円	48位	◎'22=	16,326,411円	52位	

稲森佑貴

Yuki INAMORI

賞金ランキング8位

ツア 5勝
('18)日本オープン、('20)日本オープン、('22)中日クラウンズ、JAPAN PLAYERS CHAMPIONSHIP by サトウ食品、('23)ACNチャンピオンシップ

ABEMAツアー(チャレンジ)1勝
('14)seven dreamers challenge in Yonehara GC

その他1勝
('11)日本プロゴルフ新人選手権

所属:国際スポーツ振興協会
生年月日:1994(H6).10.2
身長、体重:169㎝／68kg
血液型:A型
出身地:鹿児島県
出身校:鹿児島城西高校
ゴルフ歴:6歳〜
プロ転向:2011年
プロ転向後ツアーデビュー戦:
　'12日本プロゴルフ選手権
得意クラブ:ドライバー
ベストスコア:62
　('22 Shinhan Donghae
　Open 2R)
プレーオフ:1勝0敗
アマ時代の主な戦歴:
　('10)日本アマベスト32、
　南日本選手権優勝

'23のツアー全成績：24試合

東建ホームメイトカップ …………予落	日本オープン …………………18T
ISPS HANDA 欧州・日本…………16T	マイナビABCチャンピオンシップ ……14T
中日クラウンズ …………………30T	三井住友VISA太平洋マスターズ …29T
ゴルフパートナー PRO-AM …………6	ダンロップフェニックス ……………10T
〜全英への道〜ミズノオープン …28T	カシオワールドオープン ……………41T
BMW日本ゴルフツアー選手権森ビルカップ…2T	ゴルフ日本シリーズJTカップ …………5
ASO飯塚チャレンジドゴルフ ………9T	
ハナ銀行インビテーショナル ………6T	
JPC by サトウ食品 ……………10T	
長嶋茂雄INVITATIONALセガサミーカップ…予落	
日本プロゴルフ選手権 ……………9T	
横浜ミナトChampionship ………5T	
Sansan KBCオーガスタ ………予落	
フジサンケイクラシック …………36T	
ANAオープン ……………………20T	
パナソニックオープン ……………11T	
バンテリン東海クラシック …………8T	
ACNチャンピオンシップ …………優勝	

　1番ウッドの精度にますます磨きがかかり2023年は3季連続で歴代最高記録を塗り替える79.269%のフェアウェイキープ率をマーク。8季連続1位に輝いた。『ACNチャンピオンシップ』ではプレーオフを制して通算5勝目。トップ10は単一年では自己最多の11回を記録した。

　自宅は鹿児島市内の練習場。父親の兼隆さんは『日本シニアオープン』出場歴があるほどの腕前で、自然にクラブを握れる環境で育つ。高校2年時の11年にプロテストに挑み、見事一発で合格した。

　14年に出場7試合で初シードを獲得。18年『日本オープン』では3打差首位で迎えた最終日に1度もフェアウェイを外すことなく68にまとめて初優勝を飾った。20年の『日本オープン』で2度目の優勝。谷原秀人との競り合いを最終ホールのバーディで制しての劇的Vだった。22年には自身初の年間2勝をマーク。パー3の累計スコアでは3季連続1位を継続中だ。

'23部門別データ

メルセデス・ベンツ トータルポイント
19位(315)
サンドセーブ率 57位(48.276)
平均ストローク 5位(70.323)
FWキープ率 1位(79.269)
平均パット 22位(1.7498)
ドライビングディスタンス 106位(260.17)
パーキープ率 3位(89.877)
イーグル率 91位(30.000)
バーオン率 3位(72.901)
バーディ率 27位(3.889)

トータルドライビング=107（53位）
獲 得 賞 金=72,849,628円（8位）
生涯獲得賞金=481,344,908円（75位）

賞金と順位(◎は賞金ランクによる出場権獲得)

'12=0円		◎'18= 85,301,742円	3位
'13= 1,407,250円	155位	◎'19= 17,356,426円	49位
◎'14= 11,734,857円	75位	◎'20-21= 93,271,283円	6位
◎'15= 37,256,211円	29位	◎'22= 73,001,240円	11位
◎'16= 39,956,809円	26位	◎'23= 72,849,628円	8位
◎'17= 49,209,462円	20位		

今平周吾

Shugo IMAHIRA

ツアー 9勝
（'17）関西オープン、（'18）ブリヂストンオープン、（'19）ブリヂストンオープン、ダンロップフェニックス、（'21）フジサンケイクラシック、（'22）アジアパシフィックダイヤモンドカップ、ゴルフパートナー PRO-AM、（'23）東建ホームメイトカップ、三井住友VISA太平洋マスターズ

ABEMAツアー（チャレンジ）2勝
（'14）HEIWA・PGM Challenge I、JGTO Novil FINAL

所属:ロピア
生年月日:1992（H4).10.2
身長、体重:165cm／67kg
血液型:AB型
出身地:埼玉県
出身校:創学舎高校
ゴルフ歴:8歳〜
プロ転向:2011年
プロ転向後ツアーデビュー戦:
　'13つるやオープン
得意クラブ:サンドウェッジ
ベストスコア:61
　（'22ゴルフパートナー
　PRO-AM3R）
プレーオフ：1勝1敗
アマ時代の主な戦歴:
　（'06、'07）関東ジュニア優勝、
　（'08）日本ジュニア優勝、
　（'09）全米ジュニア選手権
　ベスト8

'23のツアー全成績：24試合

東建ホームメイトカップ	優勝
関西オープン	21T
ISPS HANDA 欧州・日本	予落
中日クラウンズ	6T
ゴルフパートナー PRO-AM	棄権
〜全英への道〜ミズノオープン	8T
BMW日本ゴルフツアー選手権森ビルカップ	20T
ASO飯塚チャレンジドゴルフ	25T
ハナ銀行インビテーショナル	12T
長嶋茂雄INVITATIONALセガサミーカップ	15T
日本プロゴルフ選手権	予落
横浜ミナトChampionship	25T
Sansan KBCオーガスタ	28T
フジサンケイクラシック	4T
Shinhan Donghae Open	63T
ANAオープン	4T
バンテリン東海クラシック	27T
ACNチャンピオンシップ	4
日本オープン	18T
マイナビABCチャンピオンシップ	28T
三井住友VISA太平洋マスターズ	優勝
ダンロップフェニックス	予落
カシオワールドオープン	棄権
ゴルフ日本シリーズJTカップ	9

'23部門別データ

メルセデス・ベンツ トータルポイント 24位（332）
サンドセーブ率 73位（46.667）
FWキープ率 33位（59.036）
ドライビングディスタンス 52位（286.68）
イーグル率 70位（16.600）
平均ストローク 7位（70.404）
平均パット 68位（1.7806）
パーキープ率 5位（88.353）
バーオン率 6位（70.817）
バーディ率 18位（4.012）

トータルドライビング＝85（21位）
獲得賞金＝102,043,499円（5位）
生涯獲得賞金＝773,748,120円（28位）

埼玉栄高校1年時の2008年『日本ジュニア』で松山英樹らを抑えて優勝し、翌09年に高校を中退して渡米。フロリダ州のIMGゴルフアカデミーで2年間腕を磨いた。米国滞在中には『全米ジュニア』でベスト8に入っている。

帰国後、11年に19歳でプロ転向し、14年はチャレンジで2勝を挙げて賞金王に。翌15年に初シードをつかむと16年は未勝利で賞金ランク10位に入り、17年の『関西オープン』で初日から首位を守って初優勝。18年は1勝ながらトップ10が14試合という安定感で賞金王に上り詰めた。1勝での頂点は76年の青木功以来2人目だった。

19年は2勝を挙げて史上5人目の2年連続賞金王に輝いた。20−21年も勝利を加え、22年は自身初の2週連続優勝をマーク。ともに逆転でつかんだ勝利だった。23年には2勝して3季ぶり4度目の1億円突破。現在継続中の選手では最長の6季連続優勝を記録している。

賞金と順位（◎は賞金ランク、△はABEMAツアーランクによる出場権獲得）

'13=	1,832,992円	141位
△'14=	4,325,000円	106位
◎'15=	45,257,908円	24位
◎'16=	61,603,069円	10位
◎'17=	101,483,329円	6位
◎'18=	139,119,332円	1位
◎'19=	168,049,312円	1位
◎'20-21=	81,377,658円	9位
◎'22=	68,656,021円	12位
◎'23=	102,043,499円	5位

岩﨑亜久竜

Aguri IWASAKI

ツアー1勝
('23)日本オープン

所属:フリー
生年月日:1997(H9).12.17
身長、体重:181cm／86kg
血液型:A型
出身地:静岡県
出身校:日本大学
プロ転向:2020年
プロ転向後ツアーデビュー戦:
'21ANAオープン
得意クラブ:
ベストスコア:63
　('22HEIWA・PGM 選手
　権3R、'22カシオワールド
　オープン3R、'23Shinhan
　Donghae Open2R)
アマ時代の主な戦歴:
　('18)関東アマ3位、
　('19)日本アマ4位T、関東
　アマ4位T

'23のツアー全成績:15試合	
東建ホームメイトカップ	18T
ISPS HANDA 欧州・日本	予落
中日クラウンズ	予落
ASO飯塚チャレンジドゴルフ	予落
日本プロゴルフ選手権	予落
横浜ミナトChampionship	予落
Shinhan Donghae Open	79
ANAオープン	39T
ACNチャンピオンシップ	54T
日本オープン	優勝
マイナビABCチャンピオンシップ	26T
三井住友VISA太平洋マスターズ	57T
ダンロップフェニックス	57T
カシオワールドオープン	予落
ゴルフ日本シリーズJTカップ	22T

　静岡県駿東郡清水町出身。クラーク記念国際高校から日本大学に進み、大きな大会での優勝歴はないが2018年『関東アマ』3位、19年『日本アマ』4位など上位の成績を収めていた。

　20年のQTで25位に入り翌年はABEMAツアー中心にプレー。抜群の飛距離が話題になっていた。ツアーにフル参戦した22年は開幕戦で初の最終日最終組を経験して5位。これを皮切りに度々上位に顔を出し『日本ゴルフツアー選手権』2日目には首位を初体験。『パナソニックオープン』では当時アマだった蝉川泰果に惜しくも競り負けた。2位が計3回。未勝利ながら賞金ランク3位に入り欧州ツアー出場権もつかんだ。

　23年は欧州で結果を出せず、国内でも苦戦していた。だが3打差7位で最終日を迎えた『日本オープン』で非凡な素質が開花する。上位が伸び悩む中65を叩き出し、石川遼との争いを制してビッグタイトルで初優勝を飾ってみせた。

'23部門別データ		
賞金	48,008,492円	(15位)
メルセデス・ベンツトータルポイント	604	(80位)
平均ストローク	72.373	(86位)
平均パット	1.7758	(59位)
パーキープ率	81.019	(95位)
パーオン率	64.236	(68位)
バーディ率	3.688	(47位)
イーグル率	9.600	(25位)
ドライビングディスタンス	296.61	(22位)
フェアウェイキープ率	49.258	(96位)
サンドセーブ率	37.778	(106位)
トータルドライビング	118	(74位)
生涯獲得賞金	144,679,062円	(243位)

賞金と順位(◎は賞金ランク、□はQTランクによる出場権獲得)

□'20-'21=0円
◎'22= 96,670,570円　　3位
◎'23= 48,008,492円　　15位

岩田　寛

Hiroshi IWATA

ツアー5勝
('14)フジサンケイクラシック、('15)長嶋茂雄INVITATIONALセガサミーカップ、
('21)中日クラウンズ、('22)長嶋茂雄INVITATIONALセガサミーカップ、('23)中日クラウンズ

所属:フリー
生年月日:1981(S56).1.31
身長、体重:178cm／74kg
血液型:O型
出身地:宮城県
出身校:東北福祉大学
スポーツ歴:野球
ゴルフ歴:14歳〜
プロ転向:2004年
プロ転向後ツアーデビュー戦:
　'04JCBクラシック仙台
得意クラブ:すべて
ベストスコア:62
　('15タイランドオープン2R)
プレーオフ:0勝2敗

'23のツアー全成績:25試合(内、海外メジャー1試合)

東建ホームメイトカップ	棄権
関西オープン	60
ISPS HANDA 欧州・日本	4T
中日クラウンズ	優勝
〜全英への道〜ミズノオープン	予落
BMW日本ゴルフツアー選手権森ビルカップ	2T
ASO飯塚チャレンジドゴルフ	42T
ハナ銀行インビテーショナル	棄権
JPC by サトウ食品	26T
長嶋茂雄INVITATIONALセガサミーカップ	39T
☆全英オープン	予落
日本プロゴルフ選手権	棄権
横浜ミナトChampionship	予落
Sansan KBCオーガスタ	10T
フジサンケイクラシック	42T
Shinhan Donghae Open	25T
ANAオープン	39T
パナソニックオープン	30T
バンテリン東海クラシック	31T
日本オープン	棄権
マイナビABCチャンピオンシップ	18T
三井住友VISA太平洋マスターズ	棄権
ダンロップフェニックス	17T
カシオワールドオープン	41T
ゴルフ日本シリーズJTカップ	22T

☆は賞金ランキングに加算する海外競技

東北福祉大学時代にビッグタイトルはなかったがプロ入り後に力をつけて2006年に初シード獲得。2位を3回、3位を5回経験した後、14年の『フジサンケイクラシック』で初優勝を飾った。同年11月の『WGC-HSBCチャンピオンズ』で1打差3位に入り、15年の『全米プロ』では2日目にメジャータイ記録(当時)の63を叩き出す。16年は米国ツアーに参戦。『AT＆Tペブルビーチナショナルプロアマ』で4T に入ったがシード獲得には至らず、17年から日本に軸足を戻した。

日本復帰後はなかなか優勝には届かなかったが21年『中日クラウンズ』最終日に63をマークして7位から逆転。6年ぶりの勝利をつかんだ。22年は『セガサミーカップ』で2度目の優勝。翌日、夏の甲子園で東北勢初優勝を果たす母校の仙台育英にパワーを送った。23年の『中日クラウンズ』で通算5勝目。40歳を過ぎてから3年連続で勝利を手にしている。

'23部門別データ

賞金	57,383,800円	(11位)
メルセデス・ベンツトータルポイント	272	(10位)
平均ストローク	71.231	(22位)
平均パット	1.7627	(38位)
パーキープ率	86.222	(17位)
パーオン率	66.889	(32位)
バーディ率	3.907	(24位)
イーグル率	12.500	(50位)
ドライビングディスタンス	296.90	(21位)
フェアウェイキープ率	55.630	(55位)
サンドセーブ率	57.407	(13位)
トータルドライビング	76	(15位)
生涯獲得賞金	708,531,997円	(38位)

賞金と順位(○は賞金ランクによる出場権獲得)

'04=	223,666円 257位	◎'10=	28,939,299円 30位	'16=	4,794,857円 109位	◎'23=	57,383,800円 11位
'05=	2,780,800円 126位	◎'11=	20,598,566円 50位	◎'17=	27,114,280円 42位		
◎'06=	17,530,649円 62位	◎'12=	18,323,527円 59位	◎'18=	50,847,216円 21位		
◎'07=	43,912,967円 16位	◎'13=	22,946,899円 43位	◎'19=	28,457,981円 32位		
◎'08=	54,245,000円 21位	◎'14=	97,794,191円 4位	◎'20-21=	59,463,592円 16位		
◎'09=	25,627,985円 39位	◎'15=	60,229,333円 14位	◎'22=	87,317,389円 6位		

植竹勇太

Yuta UETAKE

賞金ランキング57位

ツアー未勝利

所属:セガサミーホールディングス
生年月日:1995(H7).10.16
身長、体重:163cm／63kg
血液型:A型
出身地:北海道
出身校:東北福祉大学
スポーツ歴:サッカー、スケート、スキー
ゴルフ歴:4歳～
プロ転向:2017年
プロ転向後ツアーデビュー戦:
　'18長嶋茂雄INVITATIONAL
　セガサミーカップ
得意クラブ:ドライバー
ベストスコア:62
　('21ブリヂストンオープン
　4R)
アマ時代の主な戦歴:
　('17)国民体育大会個人・
　団体優勝

'23のツアー全成績：25試合

東建ホームメイトカップ	64T
関西オープン	予落
ISPS HANDA 欧州・日本	35T
中日クラウンズ	予落
ゴルフパートナー PRO-AM	45T
～全英への道～ミズノオープン	予落
BMW日本ゴルフツアー選手権森ビルカップ	47T
ASO飯塚チャレンジドゴルフ	14T
ハナ銀行インビテーショナル	59T
JPC by サトウ食品	3T
長嶋茂雄INVITATIONALセガサミーカップ	予落
日本プロゴルフ選手権	予落
横浜ミナトChampionship	19T
Sansan KBCオーガスタ	41T
フジサンケイクラシック	24T
Shinhan Donghae Open	予落
ANAオープン	予落
パナソニックオープン	30T
バンテリン東海クラシック	37T
ACNチャンピオンシップ	予落
日本オープン	36T
マイナビABCチャンピオンシップ	予落
三井住友VISA太平洋マスターズ	50T
ダンロップフェニックス	17T
カシオワールドオープン	56T

北海道の幕別町出身。小学生のころは地元のサッカー少年団に在籍しており、1学年上には後にスピードスケートで五輪金メダリストになる高木美帆さんもいた。ゴルフも小さいころからやっており、帯広柏葉高校2年時の2012年には『北海道ジュニア』などで優勝。プロゴルファーを目指す気持ちが強くなった。東北福祉大学では比嘉一貴らと同期で17年の国体では団体、個人ともに優勝。同年は『北海道アマ』も制している。

17年11月にプロ宣言。18年は結果を残せなかったが19年のQT7位でツアー出場のチャンスをつかんだ。20～21年は2位が2回で初シード入り。ただ『ジャパンプレーヤーズ選手権』では最終ホールの3パットが響いての1打差負け、『ISPS HANDAガツーンと飛ばせ』では5打差首位から逆転負けと共に悔しい2位だった。22、23年とシードを維持。両年とも2打差3位が1回ずつ。今季は初優勝をつかみたい。

'23部門別データ

賞金	15,653,583円	(57位)
メルセデス・ベンツトータルポイント	551	(69位)
平均ストローク	71.971	(62位)
平均パット	1.7872	(73位)
パーキープ率	83.672	(65位)
パーオン率	65.718	(47位)
バーディ率	3.488	(69位)
イーグル率	41.000	(96位)
ドライビングディスタンス	276.09	(88位)
フェアウェイキープ率	65.998	(6位)
サンドセーブ率	50.000	(45位)
トータルドライビング	94	(36位)
生涯獲得賞金	64,733,223円	(382位)

賞金と順位(◎は賞金ランク、□はQTランクによる出場権獲得)

'18=	416,250円	223位
□'19=0円		
◎'20-'21=	25,934,883円	38位
◎'22=	22,728,507円	37位
◎'23=	15,653,583円	57位

宇喜多飛翔

Tsubasa UKITA

ツアー未勝利

所属:フリー
生年月日:2001(H13).5.16
身長、体重:177cm／83kg
血液型:A型
出身地:岡山県
出身校:関西高校
スポーツ歴:
ゴルフ歴:10歳〜
プロ転向:2022年
プロ転向後ツアーデビュー戦:
　'23関西オープン
得意クラブ:
ベストスコア:62
　('23ゴルフパートナーPRO-
　AM1R)
アマ時代の主な優勝歴:
　('22)中国アマ、日本学生、
　関西オープンローアマ(7
　位)

'23ツアーの全成績：17試合

関西オープン	3T
中日クラウンズ	21T
ゴルフパートナーPRO-AM	29T
BMW日本ゴルフツアー選手権森ビルカップ	予落
ASO飯塚チャレンジドゴルフ	51T
JPC by サトウ食品	予落
長嶋茂雄INVITATIONALセガサミーカップ	57T
横浜ミナトChampionship	59T
Sansan KBCオーガスタ	7T
フジサンケイクラシック	予落
ANAオープン	51T
パナソニックオープン	47T
バンテリン東海クラシック	58T
ACNチャンピオンシップ	予落
マイナビABCチャンピオンシップ	20T
三井住友VISA太平洋マスターズ	42T
カシオワールドオープン	51T

　岡山県和気町出身。小学校5年からレッスンを受けて本格的にゴルフに取り組んだ。関西高校時代に『中国高校選手権春季大会』など数々の大会を制覇。大阪学院大学2年の2021年には『関西オープン』で初日3位発進して注目を集めた。翌22年は4月に『関西オープン』で7位に入ってローアマを獲得し、5月に『中国アマ』で初優勝。8月には『日本学生』で通算22アンダーの好スコアを叩き出して学生日本一に輝いた。

　この優勝でサードからの出場資格を得てQTに挑戦。ファイナルに進んでプロ転向した。23年はプロとしてのツアー初戦『関西オープン』で初日首位タイ発進して3位フィニッシュと好スタート。ただ、以降は優勝争いに加われない。『ゴルフパートナーPRO-AM』と『カシオワールドオープン』でも初日首位タイだったが好結果につながらなかった。それでも初シードは獲得。今季は高い爆発力を生かして初優勝を目指す。

'23部門別データ

賞金	13,581,273円	(65位)
メルセデス・ベンツトータルポイント	504	(54位)
平均ストローク	720130	(72位)
平均パット	1.7660	(45位)
パーキープ率	83.056	(74位)
パーオン率	66.759	(33位)
バーディ率	3.883	(29位)
イーグル率	10.000	(27位)
ドライビングディスタンス	289.78	(41位)
フェアウェイキープ率	52.556	(76位)
サンドセーブ率	30.000	(107位)
トータルドライビング	117	(69位)
生涯獲得賞金	13,581,273円	(745位)

賞金と順位(◎は賞金ランクによる出場権獲得)

◎'23= 13,581,273円　65位

大槻智春

Tomoharu OTSUKI

賞金ランキング13位

ツア 3勝
('19)関西オープン、('22)ANAオープン、('23)パナソニックオープン

ABEMAツアー（チャレンジ）1勝
('17)ザ・ロイヤルゴルフクラブチャレンジ

所属：真清創設
生年月日：1990(H2).1.26
身長、体重：172cm／94kg
血液型：A型
出身地：茨城県
出身校：鹿島学園高校
ゴルフ歴：7歳〜
プロ転向：2010年
プロ転向後ツアーデビュー戦：
　'11サン・クロレラクラシック
得意クラブ：サンドウェッジ
ベストスコア：60
　('21ゴルフパートナー
　PRO-AM1R)
プレーオフ：2勝2敗
アマ時代の主な成績：
　('09)日本アマベスト32
　('10)日本アマベスト8

'23のツアー全成績：24試合

東建ホームメイトカップ …………………11T	ダンロップフェニックス ………………45T
関西オープン ……………………………17T	カシオワールドオープン ………………18T
ISPS HANDA 欧州・日本 …………72	ゴルフ日本シリーズJTカップ …………25
中日クラウンズ …………………………6T	
ゴルフパートナー PRO-AM…………棄権	
〜全英への道〜ミズノオープン ……12T	
BMW日本ゴルフツアー選手権森ビルカップ…9T	
ASO飯塚チャレンジドゴルフ…………51T	
ハナ銀行インビテーショナル…………52T	
JPC by サトウ食品 ……………………3T	
長嶋茂雄INVITATIONALセガサミーカップ…48T	
日本プロゴルフ選手権 …………………22T	
横浜ミナトChampionship …………予落	
Sansan KBCオーガスタ …………………28T	
フジサンケイクラシック ………………45T	
Shinhan Donghae Open …………44T	
ANAオープン ……………………………29T	
パナソニックオープン …………………優勝	
バンテリン東海クラシック ……………18T	
日本オープン ……………………………10T	
マイナビABCチャンピオンシップ ……14T	

鹿島学園高校時代の2007年に『関東ジュニア』で優勝。日本大学2年時の10年には『日本アマ』でベスト8に入った。同年、大学を中退して11月にプロ宣言した。当初は苦戦したが17年にチャレンジ賞金王に。これで流れに乗った。

初めてツアーにフル参戦した18年に初シードとなり19年の『関西オープン』では4位から65でプレーオフに持ち込むと4ホール目のバーディで星野陸也を破って初優勝を飾った。

以降は何度も優勝争いするが勝ち切れない試合が続く。20−21年はメルセデス・ベンツトータルポイントなど3部門で1位も未勝利。プレーオフ負け2回を含む8回の2位を経た後に22年『ANAオープン』のプレーオフで劇的イーグル。石川遼を下して2勝目をつかんだ。同年の『ASO飯塚チャレンジド』初日には3イーグルを記録している。23年は『パナソニックオープン』で逆転優勝。予選落ちはわずか1回の安定感だった。

'23部門別データ

賞金	51,519,401円	（13位）
メルセデス・ベンツトータルポイント	234	（ 6位）
平均ストローク	71.007	（13位）
平均パット	1.7516	（24位）
パーキープ率	85.125	（31位）
パーオン率	66.726	（35位）
バーディ率	4.161	（10位）
イーグル率	7.750	（13位）
ドライビングディスタンス	293.60	（28位）
フェアウェイキープ率	59.969	（26位）
サンドセーブ率	48.760	（54位）
トータルドライビング	54	（ 3位）
生涯獲得賞金	283,773,244円	（134位）

賞金と順位（◎は賞金ランク、△はABEMAツアーランクによる出場権獲得）

'11=0円	◎'22= 84,902,380円　　8位
'12= 294,800円 202位	◎'23= 51,519,401円　　13位
△'17= 957,857円 195位	
◎'18= 24,650,775円 40位	
◎'19= 40,072,989円 24位	
◎'20-21= 81,375,042円 10位	

大西魁斗

Kaito ONISHI

出場資格：'22フジサンケイクラシック優勝

ツアー1勝
('22)フジサンケイクラシック

'23のツアー全成績：6試合
フジサンケイクラシック ………………61T
日本オープン…………………………48T
マイナビABCチャンピオンシップ ……50T
三井住友VISA太平洋マスターズ …予落
ダンロップフェニックス ………………61
カシオワールドオープン ……………13T

所属:ZOZO
生年月日:1998(H10).10.13
身長、体重:177cm／70kg
血液型:O型
出身地:愛知県
出身校:南カリフォルニア大学
ゴルフ歴:5歳〜
プロ転向:2021年
プロ転向後ツアーデビュー戦：
　'21ゴルフパートナー PRO
　－AM
得意クラブ:パター、ウェッジ
ベストスコア:62
　('21ゴルフパートナー PRO-
　AM3R、'22ISPS HANDA
　欧州・日本3R)
プレーオフ:1勝0敗
アマ時代の主な戦績
　('18)Pac-12Freshman of
　the Year、('19)All American、
　('19、'21)Pac-12First Team

　5歳でゴルフを始め、練習環境を求めて9歳で渡米。13歳でIMGアカデミーに入って腕を磨いた。南カリフォルニア大学時代にはオールアメリカンに選ばれるなど活躍。『全米ジュニア』では2016、17年と予選を突破してマッチプレーに進出。16年は初戦で敗退したが、17年はベスト16に入った。『全米アマ』にも19、20年と出場。米国滞在中には丸山茂樹に度々指導を受けていた。

　21年にプロ転向し、日本でプロ生活をスタート。7試合に出場して最高成績は10位。シードには届かなかったが非凡なところを見せ、ABEMAツアーでは賞金ランク15位に入った。これで前半戦出場権を得た22年は序盤から度々上位に入り、9月の『フジサンケイクラシック』でプレーオフを制して初優勝。飛躍の1年となった。23年は米国下部のコーンフェリーツアーで戦ったがポイントランクは100位にとどまり米国ツアー出場権はつかめなかった。

'23部門別データ		
賞金	5,534,600円	(96位)
メルセデス・ベンツトータルポイント		—
平均ストローク	73.033	(参考)
平均パット	1.8155	(参考)
パーキープ率	77.273	(参考)
パーオン率	58.838	(参考)
バーディ率	3.045	(参考)
イーグル率	22.000	(参考)
ドライビングディスタンス	284.71	(参考)
フェアウェイキープ率	42.105	(参考)
サンドセーブ率	50.000	(参考)
トータルドライビング		—
生涯獲得賞金	81,218,876円	(344位)

賞金と順位(◎は賞金ランク、△はABEMAツアーランクによる出場権獲得)		
△'20-'21=	7,498,000円	83位
◎'22=	68,186,276円	13位
'23=	5,534,600円	96位

大堀裕次郎

Yujiro OHORI

賞金ランキング52位

ツアー未勝利

ABEMAツアー（チャレンジ）3勝

('15) 富士ホームサービスチャレンジカップ、('22) PGM Challenge、ディライトワークス JGTOファイナル

所属:Shot Navi
生年月日:1991(H3).11.20
身長、体重:182cm／80kg
出身地:兵庫県
出身校:大阪学院大学
ゴルフ歴:10歳〜
プロ転向:2013年
プロ転向後ツアーデビュー戦:
'14東建ホームメイトカップ
ベストスコア:63
('17 HONMA TOURWORLD CUP 2R)
アマ時代の主な戦歴:('13)日本アマ優勝、関西アマ優勝、関西オープンローアマ

'23のツアー全成績：23試合

東建ホームメイトカップ	49T
関西オープン	6T
中日クラウンズ	26T
ゴルフパートナー PRO-AM	37T
〜全英への道〜ミズノオープン	47T
BMW日本ゴルフツアー選手権森ビルカップ	予落
ASO飯塚チャレンジゴルフ	9T
ハナ銀行インビテーショナル	12T
JPC by サトウ食品	19T
長嶋茂雄INVITATIONALセガサミーカップ	予落
日本プロゴルフ選手権	49T
横浜ミナトChampionship	15T
Sansan KBCオーガスタ	28T
フジサンケイクラシック	42T
ANAオープン	16T
パナソニックオープン	予落
バンテリン東海クラシック	51T
ACNチャンピオンシップ	予落
日本オープン	48T
マイナビABCチャンピオンシップ	46T
三井住友VISA太平洋マスターズ	29T
ダンロップフェニックス	26T
カシオワールドオープン	59T

'23部門別データ

賞金	18,375,327円	(52位)
メルセデス・ベンツトータルポイント	417	(42位)
平均ストローク	71.406	(33位)
平均パット	1.7732	(54位)
パーキープ率	84.590	(41位)
パーオン率	69.775	(8位)
バーディ率	3.810	(38位)
イーグル率	16.800	(72位)
ドライビングディスタンス	285.87	(56位)
フェアウェイキープ率	57.617	(37位)
サンドセーブ率	45.455	(78位)
トータルドライビング	93	(34位)
生涯獲得賞金	122,016,166円	(267位)

10歳でゴルフを始め、高校1年時の2007年には石川遼らと共にチームジャパン・ジュニアに選ばれていた。一時、1Wのイップスで苦しんだが大阪学院大学4年時の13年に『関西アマ』と『日本アマ』で優勝。同年はツアー初挑戦の『関西オープン』で2日目を終えて単独首位に。最終的には9位に入った。

その後、肋骨を骨折してQTをキャンセルするがプロ宣言。プロ初戦の14年『東建ホームメイトカップ』では2日目まで首位タイにつけていた。16年に初シードを獲得し、17年は『RIZAP KBCオーガスタ』など2試合で最終日最終組を経験。初優勝間近かと思われていたが19年は右足首の捻挫などでシード陥落し翌20年には捻挫が悪化して手術した。ABEMAツアーが主戦場となった22年は最終戦に勝って逆転で賞金王の座に就く。久しぶりにツアーにフル参戦した23年は予選通過率8割超の堅実な成績で4季ぶりのシード復帰を果たした。

賞金と順位（◎は賞金ランク、△はABEMAツアーランクによる出場権獲得）

'14=	1,646,666円	130位	'20-21=	1,514,714円	147位
△'15=	403,900円	213位	△'22=	8,262,793円	84位
◎'16=	29,976,937円	41位	◎'23=	18,375,327円	52位
◎'17=	35,145,092円	30位			
◎'18=	24,041,362円	43位			
'19=	2,649,375円	112位			

小木曽 喬

Takashi OGISO

ツアー未勝利

ABEMAツアー（チャレンジ）3勝
('16)JGTO Novil FINAL、('22)南秋田カントリークラブみちのくチャレンジ、エリートグリップチャレンジ

所属:フロンティアの介護
生年月日:1997(H9).3.19
身長、体重:178cm／72kg
血液型:B型
出身地:愛知県
出身校:福井工業大学
スポーツ歴:サッカー
ゴルフ歴:6歳〜
プロ転向:2015年
プロ転向後ツアーデビュー戦:
　'16中日クラウンズ
得意クラブ:サンドウェッジ
ベストスコア:63
　('19関西オープン4R、'22ゴ
　ルフパートナーPRO-
　AM1R)
アマ時代の主な戦歴:('13・
　15)中部アマ優勝、
　('14)日本アマ優勝、世界
　アマ代表

'23のツアー全成績：24試合

東建ホームメイトカップ	5T	ダンロップフェニックス	26T
関西オープン	49T	カシオワールドオープン	13T
中日クラウンズ	21T	ゴルフ日本シリーズJTカップ	7T
ゴルフパートナーPRO-AM	20T		
〜全英への道〜ミズノオープン	36T		
BMW日本ゴルフツアー選手権森ビルカップ	53T		
ASO飯塚チャレンジドゴルフ	34T		
ハナ銀行インビテーショナル	62T		
JPC by サトウ食品	65T		
長嶋茂雄INVITATIONALセガサミーカップ	13T		
日本プロゴルフ選手権	54T		
横浜ミナトChampionship	11T		
Sansan KBCオーガスタ	49T		
フジサンケイクラシック	35		
ANAオープン	11T		
パナソニックオープン	11T		
バンテリン東海クラシック	8T		
ACNチャンピオンシップ	27T		
日本オープン	60T		
マイナビABCチャンピオンシップ	28T		
三井住友VISA太平洋マスターズ	16T		

愛知県で生まれ育ち、テレビでゴルフ中継を見たことがきっかけでクラブを握った。中学時代に福井県に移り福井工業大学附属福井高校3年の2014年に日本選手に限れば当時最年少の17歳115日で『日本アマ』制覇。福井工業大学に進んだ15年にはQTに挑戦し、72位に入ってプロ転向した。

ルーキーイヤーの16年、ABEMAツアー最終戦の『Novil FINAL』で首位から逃げ切って初優勝を飾る。レギュラーツアーでは18年の『マイナビABCチャンピオンシップ』初日に65をマークして初めての首位を経験した。22年はABEMAツアーで2勝を挙げて賞金ランク1位に立っていたが最終戦で大堀裕次郎に逆転された。23年は開幕戦で自己ベストの5位に入って勢いをつけ『パナソニックオープン』では初の最終日最終組を経験。出場24試合すべてで4日間戦い抜き、初シード獲得だけでなく『日本シリーズ』初出場も果たした。

'23部門別データ

賞金	36,372,778円	（26位）
メルセデス・ベンツトータルポイント	324	（21位）
平均ストローク	71.061	（16位）
平均パット	1.7528	（27位）
パーキープ率	86.574	（13位）
パーオン率	66.377	（39位）
バーディ率	3.906	（25位）
イーグル率	10.667	（36位）
ドライビングディスタンス	283.59	（67位）
フェアウェイキープ率	57.185	（43位）
サンドセーブ率	48.246	（58位）
トータルドライビング	110	（56位）
生涯獲得賞金	56,303,522円	（408位）

賞金と順位(◎は賞金ランク、△はABEMAツアーランクによる出場権獲得)

△'16=	727,200円	204位
'17=	162,575円	259位
'18=	10,501,614円	80位
'19=	3,925,789円	105位
ｸﾞﾗﾝﾄﾞ=	1,525,633円	146位
△'22=	3,087,933円	113位

◎'23= 36,372,778円　26位

小田孔明

Koumei ODA

出場資格：生涯獲得賞金ランク25位以内

ツアー8勝
('08)カシオワールドオープン、('09)東建ホームメイトカップ、カシオワールドオープン、
('10)東建ホームメイトカップ、('11)ダイヤモンドカップゴルフ、('13)ANAオープン、
('14)関西オープン、ブリヂストンオープン

代表歴：ザ・ロイヤルトロフィ('10)、日韓対抗戦('10、'11)

所属:フリー
生年月日:1978(S53).6.7
身長、体重:176cm／85kg
血液型:A型
出身地:福岡県
出身校:東京学館浦安高校
ゴルフ歴:7歳〜
プロ転向:2000年
プロ転向後ツアーデビュー戦:
　'03マンシングウェアオープ
　ンKSBカップ
得意クラブ:アイアン
ベストスコア:61
　('15ANAオープン3R)
プレーオフ:2勝1敗

'23のツアー全成績：23試合

東建ホームメイトカップ	42T	三井住友VISA太平洋マスターズ	62T
関西オープン	54T	ダンロップフェニックス	予落
ISPS HANDA 欧州・日本	56T	カシオワールドオープン	予落
中日クラウンズ	35T		
ゴルフパートナー PRO-AM	37T		
〜全英への道〜ミズノオープン	予落		
BMW日本ゴルフツアー選手権森ビルカップ	62T		
ASO飯塚チャレンジドゴルフ	51T		
ハナ銀行インビテーショナル	予落		
JPC by サトウ食品	35T		
長嶋茂雄INVITATIONALセガサミーカップ	予落		
日本プロゴルフ選手権	72		
横浜ミナトChampionship	予落		
Sansan KBCオーガスタ	64T		
フジサンケイクラシック	予落		
ANAオープン	棄権		
パナソニックオープン	予落		
ACNチャンピオンシップ	予落		
日本オープン	予落		
マイナビABCチャンピオンシップ	予落		

　名前の由来は三国志の諸葛孔明。ゴルフの師でもある父・憲翁さんが名付けた。初シードはプロ8年目の2007年という遅咲きだったがそこから一気にトッププロの地位を固める。08年には『カシオワールドオープン』で初優勝。同年は平均パット1位に輝いた。09年は自身初の1億円突破を果たし、11年はトップ10がシーズン最多の12試合を数えた。

　13年に2度目の1億円超え。そして14年秋、『ブリヂストンオープン』で賞金王を争っていた藤田寛之を1打抑えて優勝。賞金ランク1位を奪回すると、そのまま押し切って念願の賞金王に輝いた。

　翌15年からは未勝利ながらもシードは守り続け、選手会副会長を務めた22年は史上15人目の生涯獲得賞金10億円突破を果たした。しかし、45歳になった23年は賞金ランク102位で15季続けていた賞金シードを手放した。今季は生涯獲得賞金25位以内の資格での参戦となる。

'23部門別データ

賞金	4,198,158円 (102位)
メルセデス・ベンツトータルポイント	815 (106位)
平均ストローク	72.852 (94位)
平均パット	1.8087 (94位)
パーキープ率	82.007 (88位)
パーオン率	62.935 (81位)
バーディ率	3.045 (96位)
イーグル率	33.500 (94位)
ドライビングディスタンス	278.98 (78位)
フェアウェイキープ率	51.334 (86位)
サンドセーブ率	38.462 (104位)
トータルドライビング	164 (100位)
生涯獲得賞金	1,006,213,246円 (15位)

賞金と順位(◎は賞金ランクによる出場権獲得)

'03=	8,703,800円	84位	◎'09=118,774,176円	3位	◎'15= 63,701,077円	10位	◎'22= 17,699,421円	44位
'04=	7,690,212円	95位	◎'10= 65,125,901円	12位	◎'16= 43,654,025円	22位	'23= 4,198,158円	102位
'05=	1,343,200円	149位	◎'11= 92,046,659円	6位	◎'17= 42,589,504円	25位		
'06=	12,648,994円	81位	◎'12= 72,340,492円	11位	◎'18= 23,432,121円	44位		
◎'07=	60,509,893円	9位	◎'13=112,506,906円	4位	◎'19= 28,464,750円	31位		
◎'08=	66,853,285円	13位	◎'14=137,318,693円	1位	◎'20-21= 26,611,979円	36位		

嘉数光倫

Terumichi KAKAZU

ツアー未勝利

ABEMAツアー（チャレンジ）1勝
（'17）HEIWA・PGMチャレンジI

所属:エナジック
生年月日:1989(H1).12.5
身長、体重168cm／72kg
血液型:A型
出身地:沖縄県
出身校:東海大学
スポーツ歴:サッカー、水泳
ゴルフ歴:9歳～
プロ転向:2012年
プロ転向後ツアーデビュー戦:
　'13ANAオープン
得意クラブ:ドライバー
ベストスコア:65
　（'18RIZAP KBCオーガス
　タ3R、'22HEIWA・PGM
　選手権3R、'23横浜ミナト
　選手権2R）
プレーオフ:0勝1敗
アマ時代の主な戦歴:
　（'10）全国大学対抗戦個
　人1位T、（'11）日本アマベス
　ト16

'23のツアー全成績：19試合

東建ホームメイトカップ	23T
関西オープン	31T
ISPS HANDA 欧州・日本	45T
中日クラウンズ	55T
ゴルフパートナー PRO-AM	予落
～全英への道～ミズノオープン	36T
BMW日本ゴルフツアー選手権森ビルカップ	43T
ASO飯塚チャレンジドゴルフ	予落
ハナ銀行インビテーショナル	52T
JPC by サトウ食品	予落
長嶋茂雄INVITATIONALセガサミーカップ	36T
日本プロゴルフ選手権	33T
横浜ミナトChampionship	15T
Sansan KBCオーガスタ	棄権
日本オープン	18T
マイナビABCチャンピオンシップ	予落
三井住友VISA太平洋マスターズ	9T
ダンロップフェニックス	17T
カシオワールドオープン	予落

　沖縄県名護市出身。父親の森勇さんはゴルフインストラクターで以前は現女子プロの諸見里しのぶさんや比嘉真美子さんらも教えていた。自身は9歳でゴルフを開始。父親は厳しさよりも楽しく教えることを主眼に置いていたという。

　アマチュア時代は『日本アマ』でベスト16などの成績を残して2012年にプロ転向。翌13年には『北海道オープン』で優勝している。17年にチャレンジで初優勝。18年『日本オープン』では3位に入り、同年11月の『カシオワールドオープン』7位で初シードを決めた。

　だが19年に約40万円差でシード落ち。20～21年は低迷した。22年は予選会で出場権を得た『日本プロ』で4位に食い込み、同じく予選会から出た『日本オープン』では最終日に追い上げて6位。この2試合でシード復帰を手繰り寄せた。23年は左膝を痛めて夏場からしばらく休養。復帰後に約882万円を上積みしてシードを守った。

'23部門別データ

項目	値	順位
賞金	16,610,072円	（55位）
メルセデス・ベンツトータルポイント	515	（57位）
平均ストローク	71.816	（49位）
平均パット	1.7637	（39位）
パーキープ率	83.510	（70位）
パーオン率	64.286	（67位）
バーディ率	3.683	（48位）
イーグル率	15.750	（67位）
ドライビングディスタンス	279.41	（76位）
フェアウェイキープ率	61.130	（20位）
サンドセーブ率	45.070	（79位）
トータルドライビング	96	（40位）
生涯獲得賞金	73,653,019円	（362位）

賞金と順位（◎は賞金ランクによる出場権獲得）

年	賞金	順位
'13=	1,284,375円	157位
'14=0円		
'15=	284,700円	237位
'16=	540,000円	219位
'17=	909,000円	199位
◎'18=	23,352,000円	45位
'19=	12,156,930円	68位
20～21=	245,942円	207位
◎'22=	18,270,000円	43位
◎'23=	16,610,072円	55位

片岡尚之

Naoyuki KATAOKA

ツアー1勝
('21) JAPAN PLAYERS CHAMPIONSHP by サトウ食品

所属:CS technologies
生年月日:1997(H9).12.28
身長、体重:171㎝／67kg
血液型:B型
出身地:北海道
出身校:東北福祉大学
ゴルフ歴:2歳～
プロ転向:2019年
プロ転向後ツアーデビュー戦:
　'20フジサンケイクラシック
ベストスコア:63
　('21ブリヂストンオープン
　2R)
アマ時代の主な戦歴:
　('14)日本ジュニア15～17
歳の部優勝

'23のツアー全成績：26試合

東建ホームメイトカップ	予落
関西オープン	予落
ISPS HANDA 欧州・日本	予落
中日クラウンズ	棄権
ゴルフパートナー PRO-AM	予落
～全英への道～ミズノオープン	70
BMW日本ゴルフツアー選手権森ビルカップ	棄権
ASO飯塚チャレンジドゴルフ	66T
ハナ銀行インビテーショナル	59T
JPC by サトウ食品	29T
長嶋茂雄INVITATIONALセガサミーカップ	2T
日本プロゴルフ選手権	49T
横浜ミナトChampionship	42T
Sansan KBCオーガスタ	予落
フジサンケイクラシック	2
Shinhan Donghae Open	予落
ANAオープン	51T
パナソニックオープン	8T
バンテリン東海クラシック	予落
ACNチャンピオンシップ	41T
日本オープン	10T
マイナビABCチャンピオンシップ	39T
三井住友VISA太平洋マスターズ	23T
ダンロップフェニックス	14
カシオワールドオープン	予落
ゴルフ日本シリーズJTカップ	15

'23部門別データ

賞金	40,480,622円	(19位)
メルセデス・ベンツトータルポイント	529	(62位)
平均ストローク	72.173	(77位)
平均パット	1.7102	(2位)
パーキープ率	83.401	(71位)
パーオン率	56.775	(104位)
バーディ率	3.585	(61位)
イーグル率	10.250	(31位)
ドライビングディスタンス	275.93	(89位)
フェアウェイキープ率	52.398	(78位)
サンドセーブ率	55.634	(16位)
トータルドライビング	167	(103位)
生涯獲得賞金	133,198,688円	(257位)

　北海道江別市出身。ゴルフ関係の仕事をしていた父親の影響でクラブを握り、スクールで腕を磨いた。『北海道小学生選手権』『北海道ジュニア』など多くの大会で優勝を飾り、札幌光星高校2年時の2014年には『北海道アマ』を16歳の大会最年少で制した。同年は『日本ジュニア』で北海道の選手として初めての優勝。15年はナショナルチームメンバーとして海外競技にも参戦。『ノムラカップアジア太平洋チーム選手権』で日本の26年ぶりの優勝に貢献するなど輝かしい戦績を残した。

　東北福祉大学4年の19年にQTファイナルに進んでプロ宣言。そして自身4戦目の21年『ジャパンプレーヤーズ選手権』で9位から逆転して初優勝を飾った。以降も度々上位に入り賞金ランク19位でシードをつかんだ。ここ2年、優勝はないが22年『日本プロ』など2位には3回入っている。プロ入り後3季の平均パット順位が1位、2位、2位というパットの名手だ。

賞金と順位(◎は賞金ランクによる出場権獲得)

◎'21= 52,292,225円　19位
◎'22= 40,425,841円　23位
◎'23= 40,480,622円　19位

勝俣　陵
Ryo KATSUMATA

賞金ランキング56位

ツアー未勝利

所属:JPアセット証券
生年月日:1995(H7).12.27
身長、体重:174cm／73kg
血液型:AB型
出身地:埼玉県
出身校:日本大学
ゴルフ歴:14歳〜
プロ転向:2017年
プロ転向後ツアーデビュー戦:
　'20日本オープン
得意クラブ:アイアン
ベストスコア:62
　('22ゴルフパートナー
　PRO-AM2R)
アマ時代の主な戦歴:
　('16)埼玉オープン優勝、
　('17)関東アマ3位T

'23のツアー全成績：23試合	
東建ホームメイトカップ	53T
関西オープン	57T
中日クラウンズ	予落
ゴルフパートナー PRO-AM	11T
〜全英への道〜ミズノオープン	69
BMW日本ゴルフツアー選手権森ビルカップ	62T
ASO飯塚チャレンジドゴルフ	37T
ハナ銀行インビテーショナル	予落
JPC by サトウ食品	53T
長嶋茂雄INVITATIONALセガサミーカップ	45T
日本プロゴルフ選手権	42T
横浜ミナトChampionship	19T
Sansan KBCオーガスタ	3T
フジサンケイクラシック	28T
Shinhan Donghae Open	58T
ANAオープン	48T
パナソニックオープン	57T
バンテリン東海クラシック	37T
ACNチャンピオンシップ	19T
マイナビABCチャンピオンシップ	14T
三井住友VISA太平洋マスターズ	57T
ダンロップフェニックス	予落
カシオワールドオープン	55

埼玉県三芳町出身。中学2年までは将来の甲子園出場を目標に野球に打ち込んでいたが両ヒザの故障などで断念。父親の勧めで始めたゴルフでプロを目指す決意をして高校は強豪ゴルフ部のある埼玉栄へ進んだ。3年生になった2013年には『関東高校選手権』で団体・個人の2冠を達成。同年は団体で全国制覇も成し遂げた。日本大学3年の16年にはプロに交じって『埼玉オープン』を制している。
　プロ転向当初は好結果を残せなかったが21年『日本プロ』で9位に入るなど徐々にプロの世界に慣れて同年のABEMAツアーでは賞金ランク12位に入った。これで前半戦出場権を得た22年は苦戦を強いられていたが主催者推薦で出場した『三井住友VISA太平洋マスターズ』で3位に。賞金ランク102位から一気にシード圏内に飛び込んだ。23年は堅実に予選を通過してシードを守り、『マイナビABC』初日にはツアータイ記録の3イーグルをマークしている。

'23部門別データ		
賞金	16,359,332円	(56位)
メルセデス・ベンツトータルポイント	452	(46位)
平均ストローク	71.897	(56位)
平均パット	1.8054	(91位)
パーキープ率	84.109	(52位)
パーオン率	67.183	(25位)
バーディ率	3.547	(64位)
イーグル率	5.733	(5位)
ドライビングディスタンス	300.72	(14位)
フェアウェイキープ率	54.447	(60位)
サンドセーブ率	43.750	(85位)
トータルドライビング	74	(12位)
生涯獲得賞金	37,066,880円	(486位)

賞金と順位（◎は賞金ランク、△はABEMAツアーランクによる出場権獲得）		
△'20-'21=	4,655,435円	101位
◎'22=	16,052,113円	54位
◎'23=	16,359,332円	56位

桂川有人

Yuto KATSURAGAWA

出場資格：'22ISPS HANDA ツアートーナメント優勝

ツアー1勝
('22)ISPS HANDA 欧州・日本、とりあえず今年は日本トーナメント！

ABEMAツアー（チャレンジ）1勝
('21)石川遼everyone PROJECT Challenge

所属：国際スポーツ振興協会
生年月日：1998(H10).10.9
身長、体重：167cm／70kg
血液型：B型
出身地：愛知県
出身校：日本大学
ゴルフ歴：4歳〜
プロ転向：2020年
プロ転向後ツアーデビュー戦：
'21中日クラウンズ
得意クラブ：アイアン
ベストスコア：63('22ISPS
HANDA 欧州・日本2R、'22バ
ンテリン東海クラシック2R）
プレーオフ：0勝1敗
アマ時代の主な戦歴：
('17)文部科学大臣杯日本
学生優勝、朝日杯争奪日本
学生優勝、('18)日本学生優
勝、('19)日本オープンローア
マチュア

'23のツアー全成績：9試合(内、海外メジャー1試合)

ISPS HANDA 欧州・日本	23T
中日クラウンズ	13T
☆全米オープン	58
フジサンケイクラシック	9T
バンテリン東海クラシック	予落
日本オープン	27T
三井住友VISA太平洋マスターズ	37T
ダンロップフェニックス	45T
カシオワールドオープン	51T

☆は義務試合数不足により賞金ランキングに加算しない海外競技

クラブチャンピオン経験のある祖父の手ほどきでゴルフを始める。中学卒業後はフィリピンのマニラ近郊へゴルフ留学。通信制の高校で学びながら3年間ゴルフの腕を磨いた。

帰国後は日本大学に進学。1年生で『朝日杯』と『文部科学大臣杯』を制した。2018年には『日本学生』2日目に60を記録して優勝。ナショナルチームでも活躍し、19年の『ネイバーズトロフィー』では団体、個人の2冠を手にした。

20年にプロ宣言。21年は出場全8試合で予選を通過し、ABEMAツアーでは勝利を挙げた。22年は開幕戦でプレーオフ負けを喫したが3戦目で早くも初優勝。その後も度々優勝争いに加わって賞金ランク5位に入り最優秀新人賞を獲得。パーオン率は歴代最高の75.585％を記録した。23年は米国下部のコーンフェリーツアーを主戦場としたがポイントランク130位に終わり米国ツアーの出場権を得ることはできなかった。

'23部門別データ

賞金	10,588,199円	(80位)
メルセデス・ベンツトータルポイント		—
平均ストローク	71.320	(参考)
平均パット	1.7907	(参考)
パーキープ率	82.407	(参考)
パーオン率	63.889	(参考)
バーディ率	3.433	(参考)
イーグル率	30.000	(参考)
ドライビングディスタンス	290.22	(参考)
フェアウェイキープ率	69.471	(参考)
サンドセーブ率	32.000	(参考)
トータルドライビング		—
生涯獲得賞金	105,562,729円	(296位)

賞金と順位(◎は賞金ランク、△はABEMAツアーランクによる出場権獲得)

△'20-'21=	7,003,833円	87位
◎'22=	87,970,697円	5位
'23=	10,588,199円	80位

金谷拓実

Takumi KANAYA

ツアー 5勝
('19)三井住友VISA太平洋マスターズ(アマチュア時代)、('20)ダンロップフェニックス、('21)東建ホームメイトカップ、('23)BMW日本ゴルフツアー選手権森ビルカップ、フジサンケイクラシック

インターナショナルツアー　1勝
('23)インターナショナルシリーズ　オマーン(アジア)

所属:Yogibo
生年月日:1998(H10).5.23
身長、体重:172cm／75kg
血液型:O型
出身地:広島県
ゴルフ歴:5歳〜
プロ転向:2020年
プロ転向後ツアーデビュー戦:
　'20日本オープン
得意クラブ:パター
ベストスコア:62
　('23ASO飯塚チャレンジド
　ゴルフ1R)
プレーオフ:1勝1敗
アマ時代の主な成績:
　('15)日本アマ優勝、('15、
　'17、'18)日本オープンローア
　マ、('18)アジア・パシフィッ
　クアマ優勝、('19)マスターズ
　トーナメント出場、全英オー
　プン出場、三井住友VISA
　太平洋マスターズ優勝、オー
　ストラリアンオープン3位、
　('20)全米オープン出場

'23のツアー全成績：20試合(内、海外メジャー1試合)

東建ホームメイトカップ	8T
ISPS HANDA 欧州・日本	12T
中日クラウンズ	13T
〜全英への道〜ミズノオープン	3T
BMW日本ゴルフツアー選手権森ビルカップ	優勝
ASO飯塚チャレンジドゴルフ	2
長嶋茂雄INVITATIONALセガサミーカップ	9T
☆全英オープン	予落
日本プロゴルフ選手権	2T
Sansan KBCオーガスタ	7T
フジサンケイクラシック	優勝
ANAオープン	16T
パナソニックオープン	16T
バンテリン東海クラシック	3
日本オープン	27T
マイナビABCチャンピオンシップ	8T
三井住友VISA太平洋マスターズ	3T
ダンロップフェニックス	37T
カシオワールドオープン	7T
ゴルフ日本シリーズJTカップ	2T

☆は賞金ランキングに加算する海外競技

2年ぶりに国内を主戦場にした2023年は『日本ゴルフツアー選手権』など2勝を挙げて予選落ちゼロ。中島啓太と抜きつ抜かれつの賞金王争いは敗れたが見事な存在感でツアーを盛り上げ、海外ではアジアンツアーで初優勝を飾った。

広島国際学院高校2年時の15年、『日本アマ』で17歳51日の最年少優勝を成し遂げ、『日本オープン』では11位で最年少ローアマを獲得。一気に名を広めた。東北福祉大学に進んだ17年には『日本オープン』で池田勇太と優勝を争い1打差2位に。18年には『アジア・パシフィックアマ』を制し、翌19年の『マスターズ』に参戦。予選を突破した。同年11月には『三井住友VISA太平洋マスターズ』で史上4人目(73年以降)のアマ優勝を果たし、20年10月にプロ宣言。20—21年は2勝を挙げて賞金ランク2位に入った。22年は欧州を中心に海外で数多くプレー。『WGCマッチプレー』では9位の成績を残した。

'23部門別データ

メルセデス・ベンツ トータルポイント
3位(186)

サンドセーブ率 21位(54.321)
平均ストローク 2位(69.408)
FWキープ率 9位(64.623)
平均パット 6位(1.7295)
ドライビングディスタンス 39位(290.06)
パーキープ率 1位(90.863)
イーグル率 −
パーオン率 2位(72.953)
バーディ率 3位(4.434)

トータルドライビング=48(1位)
獲　得　賞　金=141,162,332円(3位)
生涯獲得賞金=292,427,770円(128位)

賞金と順位(◎は賞金ランクによる出場権獲得)

◎'2↑?=119,803,605円　　2位
※'22= 31,461,833円　　29位
◎'23=141,162,332円　　3位

※規定試合数不足

金子駆大

Kota KANEKO

賞金ランキング54位

ツアー未勝利

所属:フリー
生年月日:2002(H14).9.4
身長、体重:177cm／83kg
血液型:B型
出身地:愛知県
出身校:ルネサンス豊田高校
ゴルフ歴:3歳～
プロ転向:2020年
プロ転向後ツアーデビュー戦:
　'21中日クラウンズ
ベストスコア:65
　('21ゴルフパートナーPRO-
　AM3R、'22中日クラウンズ
　1R、'23ASO飯塚チャレンジ
　ドゴルフ4R)
アマ時代の主な戦歴:('19)
　中部高校ゴルフ選手権春
　季大会優勝、中部ジュニア
　2位T、愛知県アマ4位

'23のツアー全成績：18試合

東建ホームメイトカップ	予落
関西オープン	21T
中日クラウンズ	35T
ゴルフパートナーPRO-AM	66T
～全英への道～ミズノオープン	予落
BMW日本ゴルフツアー選手権森ビルカップ	24T
ASO飯塚チャレンジドゴルフ	37T
JPC by サトウ食品	予落
長嶋茂雄INVITATIONALセガサミーカップ	予落
横浜ミナトChampionship	15T
Sansan KBCオーガスタ	予落
フジサンケイクラシック	40T
ANAオープン	予落
パナソニックオープン	40T
バンテリン東海クラシック	31T
ACNチャンピオンシップ	43T
日本オープン	3T
カシオワールドオープン	予落

名古屋市出身。祖母と練習場に行ったのがきっかけでゴルフを始め、ジュニアスクールに入って練習を重ねた。中学2年の2016年に『中部ジュニア（12～14歳の部）』で優勝。同年の『日本ジュニア（12～14歳の部）』では2位に入っている。ルネサンス豊田高校2年の19年に『中部高校選手権春季大会』優勝。同年は『日本アマ』にも出場して36位に入った。

高校3年になった20年にプロテストに挑み、一発合格する。

21年のQTでファイナルに進み、迎えた22年は『中日クラウンズ』2日目に初めての首位を経験。ABEMAツアーでは『大山どりカップ』で惜しくもプレーオフ負けを喫したが賞金ランク17位で23年前半戦の出場権を獲得する。23年はコツコツと賞金を積み重ねた後、『日本オープン』で初トップ10となる3位に食い込んで一気にシード圏内に突入した。将来の目標は欧州ツアー参戦。同い年久常涼の同ツアー優勝は大きな刺激だ。

'23部門別データ

賞金	16,673,775円	(54位)
メルセデス・ベンツトータルポイント	639	(88位)
平均ストローク	71.760	(46位)
平均パット	1.7873	(74位)
パーキープ率	84.387	(49位)
パーオン率	63.506	(76位)
バーディ率	3.345	(82位)
イーグル率	—	
ドライビングディスタンス	284.29	(62位)
フェアウェイキープ率	54.624	(59位)
サンドセーブ率	43.182	(88位)
トータルドライビング	121	(76位)
生涯獲得賞金	20,508,441円	(621位)

賞金と順位(◎は賞金ランク、△はABEMAツアーランクによる出場権獲得)

'20-'21=	142,666円	219位
△'22=	3,692,000円	110位
◎'23=	16,673,775円	54位

河本 力

Riki KAWAMOTO

賞金ランキング44位

ツアー 2勝
('22) Sansan KBCオーガスタ、バンテリン東海クラシック

ABEMAツアー（チャレンジ）1勝
('21) TIチャレンジin東条の森（アマチュア時代）

所属:大和証券
生年月日:2000(H12).3.3
身長、体重:183cm／86kg
血液型:O型
出身地:愛媛県
出身校:日本体育大学
ゴルフ歴:7歳〜
プロ転向:2021年
プロ転向後ツアーデビュー戦:
　'22東建ホームメイトカップ
ベストスコア:63
　('22三井住友VISA太平洋
　マスターズ'3R)
アマ時代の主な戦績:
　('21)TIチャレンジin東条の
　森優勝、
　('20)日本オープンローアマ
　チュア

'23のツアー全成績:25試合

東建ホームメイトカップ …………………42T	ダンロップフェニックス ………………予落
関西オープン ………………………………6T	カシオワールドオープン …………………予落
ISPS HANDA 欧州・日本 ……………予落	
中日クラウンズ …………………………61	
ゴルフパートナー PRO-AM…………予落	
〜全英への道〜ミズノオープン ……19T	
BMW日本ゴルフツアー選手権森ビルカップ…予落	
ASO飯塚チャレンジドゴルフ…………25T	
ハナ銀行インビテーショナル ……………5	
JPC by サトウ食品 ……………………6	
長嶋茂雄INVITATIONALセガサミーカップ…9T	
日本プロゴルフ選手権 …………………42T	
横浜ミナトChampionship …………予落	
Sansan KBCオーガスタ ……………24T	
フジサンケイクラシック ………………28T	
Shinhan Donghae Open…………予落	
ANAオープン ……………………………20T	
パナソニックオープン …………………予落	
バンテリン東海クラシック　………………8T	
ACNチャンピオンシップ …………………予落	
日本オープン ……………………………予落	
マイナビABCチャンピオンシップ ……予落	
三井住友VISA太平洋マスターズ …50T	

7歳のころ、現プロゴルファーの姉・結さんの影響でゴルフを始めた。愛媛の松山聖陵高校2年時に『全国高校選手権春季大会』で優勝。日本体育大学3年の2020年には初出場の『日本オープン』で2日目終了時に首位に立ち、最終的には5位でローアマを獲得した。21年はABEMAツアーの『TIチャレンジin東条の森』最終日に6打差33位から64を叩き出して大逆転。同ツアー4人目のアマチュア優勝を成し遂げている。

ルーキーイヤーの22年、破壊的な飛距離を武器に存在感を示す。まず8月の『Sansan KBCオーガスタ』で初優勝を飾ると5週間後の『バンテリン東海クラシック』で早くも2勝目。ともに最終ホールバーディでの1打差Vだった。平均飛距離は後続を10ヤード以上引き離す圧倒的1位。ファンを魅了した。

23年はパットに苦戦して未勝利。それでも平均飛距離は歴代最高の322.58ヤードを記録して2年連続1位に輝いた。

'23部門別データ

賞金	20,960,475円	(44位)
メルセデス・ベンツトータルポイント	412	(39位)
平均ストローク	71.642	(40位)
平均パット	1.7954	(81位)
パーキープ率	83.547	(69位)
パーオン率	68.234	(18位)
バーディ率	4.026	(16位)
イーグル率	5.200	(3位)
ドライビングディスタンス	322.58	(1位)
フェアウェイキープ率	49.587	(95位)
サンドセーブ率	43.011	(89位)
トータルドライビング	96	(40位)
生涯獲得賞金	98,726,596円	(309位)

賞金と順位（◎は賞金ランクによる出場権獲得）

◎'22= 77,766,121円 　　9位
◎'23= 20,960,475円 　44位

木下裕太

Yuta KINOSHITA

ツア　2勝
('18)マイナビABCチャンピオンシップ、('23)バンテリン東海クラシック

ABEMAツアー（チャレンジ）1勝
('09)トーシンチャレンジ

所属:光莉リゾート&GOLF
生年月日:1986(S61).5.10
身長、体重:174cm／78kg
血液型:O型
出身地:千葉県
出身校:日本大学
ゴルフ歴:8歳〜
プロ転向:2007年
プロ転向後ツアーデビュー戦:
　'08セガサミーカップ
得意クラブ:ドライバー
ベストスコア:64
　('23バンテリン東海クラシック1R)
プレーオフ:1勝0敗
アマ時代の主な戦歴:
　('03)関東ジュニア優勝、
　('04)全日本パブリック選手権優勝、('06)日本アマベスト8

'23のツアー全成績：23試合

東建ホームメイトカップ	53T
関西オープン	予落
中日クラウンズ	49T
ゴルフパートナー PRO-AM	予落
〜全英への道〜ミズノオープン	予落
BMW日本ゴルフツアー選手権森ビルカップ	24T
ASO飯塚チャレンジドゴルフ	20T
ハナ銀行インビテーショナル	31T
JPC by サトウ食品	棄権
長嶋茂雄INVITATIONALセガサミーカップ	棄権
日本プロゴルフ選手権	71
横浜ミナトChampionship	62T
Sansan KBCオーガスタ	予落
ANAオープン	棄権
パナソニックオープン	66T
バンテリン東海クラシック	優勝
ACNチャンピオンシップ	50T
日本オープン	51T
マイナビABCチャンピオンシップ	予落
三井住友VISA太平洋マスターズ	予落
ダンロップフェニックス	17T
カシオワールドオープン	41T
ゴルフ日本シリーズJTカップ	28

　千葉県生まれで実家近くの北谷津ゴルフガーデンで腕を磨いた。泉高校2年時の2003年に『関東ジュニア』で優勝。翌04年には『全日本パブリック選手権』を制している。日本大学進学後の06年は『日本アマ』でベスト8に進出。07年にはナショナルチームにも選ばれた。
　プロデビュー2年目の09年にはチャレンジで優勝したが以降は長く低迷。それでも18年の『マイナビABC』で川村昌弘とのプレーオフを制して初優勝と初

シードをつかみ取った。
　20ー21年はシード当落線上から『カシオワールド』2日目にエースを決め17位に入って確定させる。22年は初戦から9連続予選落ちを喫したが10月の『HEIWA・PGM』最終日17番のエースで7位となりシード圏内に飛び込んだ。23年も苦戦が続いていたが『バンテリン東海クラシック』で星野陸也、金谷拓実との最終組対決を制して5年ぶりの優勝。堂々とシードを守った。

'23部門別データ

賞金	31,958,582円	(28位)
メルセデス・ベンツトータルポイント	650	(90位)
平均ストローク	72.867	(95位)
平均パット	1.8096	(95位)
パーキープ率	79.890	(101位)
パーオン率	60.642	(99位)
バーディ率	3.324	(83位)
イーグル率	8.875	(20位)
ドライビングディスタンス	286.38	(54位)
フェアウェイキープ率	54.865	(58位)
サンドセーブ率	50.000	(45位)
トータルドライビング	112	(59位)
生涯獲得賞金	131,781,470円	(259位)

賞金と順位(◎は賞金ランクによるシード権獲得)

'08=0円		◎'18= 55,347,688円	18位
'09= 1,247,666円	144位	'19= 7,012,850円	87位
'10=0円		◎'20-21= 15,588,034円	60位
'11=0円		◎'22= 11,329,850円	70位
'15=0円		◎'23= 31,958,582円	28位
'17= 9,296,800円	83位		

木下稜介

Ryosuke KINOSHITA

ツアー2勝
('21)日本ゴルフツアー選手権 森ビルカップ Shishido Hills、ダンロップ・スリクソン
福島オープン

ABEMAツアー(チャレンジ)1勝
('18)ISPS HANDA燃える闘魂‼チャレンジカップ

所属:ハートランド
生年月日:1991(H3).7.16
身長、体重174cm／75kg
血液型:B型
出身地:奈良県
出身校:大阪学院大学
スポーツ歴:野球、水泳
ゴルフ歴:10歳～
プロ転向:2013年
プロ転向後ツアーデビュー戦:
　'14東建ホームメイトカップ
得意クラブ:アイアン
ベストスコア:62
　('21ダンロップ・スリクソン
　福島オープン4R)
プレーオフ:1勝0敗
アマ時代の主な戦歴:
　('09)全国高校選手権2位、
　('13)日本アマベスト16、トッ
　プアマゴルフトーナメント優
　勝、朝日杯日本学生優勝

'23のツアー全成績:20試合

東建ホームメイトカップ	26T
ISPS HANDA 欧州・日本	68T
中日クラウンズ	42T
～全英への道～ミズノオープン	47T
BMW日本ゴルフツアー選手権森ビルカップ	予落
ASO飯塚チャレンジドゴルフ	6T
ハナ銀行インビテーショナル	42T
長嶋茂雄INVITATIONALセガサミーカップ	9T
日本プロゴルフ選手権	12T
横浜ミナトChampionship	42T
Sansan KBCオーガスタ	49T
フジサンケイクラシック	28T
Shinhan Donghae Open	予落
ANAオープン	27T
パナソニックオープン	予落
バンテリン東海クラシック	4T
日本オープン	10T
マイナビABCチャンピオンシップ	39T
ダンロップフェニックス	10T
カシオワールドオープン	36T

　奈良県出身で高校は香川西へ。大阪学院大学4年時の2013年に『朝日杯日本学生』で優勝した。14年にプロデビュー。『ダンロップ・スリクソン福島オープン』で2位に入ったがシードは逃した。18年の『フジサンケイクラシック』で初の最終日最終組を経験。4位に入って初シードを引き寄せた。

　19年の『ミズノオープン』では"令和初"のアルバトロスを達成し、20－21年に大きく飛躍。21年『日本ゴルフツアー選手権』で逃げ切って初優勝をつかみ取ると次戦の『ダンロップ・スリクソン福島オープン』では最終日62で5打差を追いつきプレーオフで勝利。日本選手初となる初優勝からの連勝を飾った。『日本オープン』の3位で賞金1億円突破一番乗り。その後、逆転されるが賞金ランク3位でシーズンを終えた。

　22、23年は未勝利もメルセデス・ベンツトータルポイント3季連続10位以内のデータは総合力の高さを示している。

'23部門別データ

賞金	29,052,582円	(31位)
メルセデス・ベンツトータルポイント	262	(8位)
平均ストローク	71.147	(19位)
平均パット	1.7561	(32位)
パーキープ率	84.985	(32位)
パーオン率	67.643	(22位)
バーディ率	3.865	(33位)
イーグル率	7.400	(10位)
ドライビングディスタンス	288.00	(47位)
フェアウェイキープ率	57.529	(39位)
サンドセーブ率	52.778	(28位)
トータルドライビング	86	(23位)
生涯獲得賞金	247,464,516円	(146位)

賞金と順位(◎は賞金ランクによる出場権獲得)

'14=	7,089,641円	90位	◎'20-'21=	115,001,239円	3位
'15=	609,500円	193位	◎'22=	42,069,422円	21位
'16=	7,488,485円	94位	◎'23=	29,052,582円	31位
'17=	1,472,750円	167位			
◎'18=	19,198,487円	54位			
◎'19=	25,482,410円	34位			

C・キム（キム チャン）

Chan KIM

出場資格：'20−21賞金ランキング1位

ツアー8勝
（'17）〜全英への道〜ミズノオープン、長嶋茂雄INVITATIONALセガサミーカップ、HEIWA・PGM CHAMPIONSHIP、（'19）日本オープン、（'20）ゴルフ日本シリーズJTカップ、（'21）バンテリン東海クラシック、ダンロップフェニックス、（'22）カシオワールドオープン

'23のツアー全成績：1試合

ISPS HANDA 欧州・日本 ………予落

所属：国際スポーツ振興協会
生年月日：1990（H2）.3.24
身長、体重：188cm／102kg
血液型：B型
出身地：アメリカ
出身校：アリゾナ州立大
ゴルフ歴：12歳〜
プロ転向：2010年
日本でのツアーデビュー戦：
　'15東建ホームメイトカップ
得意クラブ：ドライバー、ウェッジ
ベストスコア：62（'19日本ゴルフツアー選手権4R、'22カシオワールドオープン4R）
アマ時代の主な戦歴：
　（'07）Hawaii State Amateur優勝、（'08、'09、'10）Arizona State Amateur優勝、（'08）Pacific coast Amateur優勝

　韓国で生まれ2歳でハワイに移住。子供のころは野球やサッカーなどに親しんだがやがてゴルフが好きになり、2007年に腕を磨くため米国本土に移った。
　10年にプロ転向。北米、アジアなどでプレー後、14年に日本のQTで1位となり日本で戦うことに。17年には3勝を挙げて一時は賞金ランク1位に立つが終盤は腰痛に苦しんで3位に終わり、18年は左手首骨折で1年を棒に振った。そんな苦難を乗り越えて19年の『日本オープン』で涙の復活優勝。8打差17位からの大逆転だった。
　20−21年は3勝をマークして、ついに賞金王に上り詰める。22年は『カシオワールドオープン』ではツアー記録の32アンダーを叩き出して通算8勝目。存在感を示した。
　ドライビングディスタンス1位3度の飛ばし屋は23年、米国下部のコーンフェリーツアーを主戦場にすると2勝を挙げてポイントランク2位と活躍。米国ツアー出場権をつかんだ。

'23部門別データ

賞金	0円
メルセデス・ベンツトータルポイント	—
平均ストローク	72.691（参考）
平均パット	1.8077（参考）
パーキープ率	83.333（参考）
パーオン率	72.222（参考）
バーディ率	3.500（参考）
イーグル率	—
ドライビングディスタンス	—
フェアウェイキープ率	57.143（参考）
サンドセーブ率	0.000（参考）
トータルドライビング	—
生涯獲得賞金	471,978,614円（78位）

賞金と順位（◎は賞金ランクによる出場権獲得）

'15=	5,275,846円	99位
◎'16=	14,090,942円	69位
◎'17=	132,326,556円	3位
◎'19=	105,880,318円	4位
◎'20-21=	127,599,803円	1位
◎'22=	86,805,149円	7位
'23=0円		

A・クウェイル（クウェイル　アンソニー）

Anthony QUAYLE

賞金ランキング33位

ツアー未勝利

インターナショナルツアー 2勝
（'20）クイーンズランドオープン（豪州）、（'22）クイーンズランドPGA選手権

'23のツアー全成績：19試合

東建ホームメイトカップ	26T
中日クラウンズ	失格
～全英への道～ミズノオープン	予落
BMW日本ゴルフツアー選手権森ビルカップ	47T
ASO飯塚チャレンジドゴルフ	予落
ハナ銀行インビテーショナル	12T
JPC by サトウ食品	61T
長嶋茂雄INVITATIONALセガサミーカップ	2T
日本プロゴルフ選手権	12T
横浜ミナトChampionship	予落
Sansan KBCオーガスタ	35T
フジサンケイクラシック	予落
Shinhan Donghae Open	3T
バンテリン東海クラシック	予落
ACNチャンピオンシップ	予落
日本オープン	36T
マイナビABCチャンピオンシップ	50T
三井住友VISA太平洋マスターズ	予落
ダンロップフェニックス	41T

所属：キャロウェイゴルフ
生年月日：1994(H6).8.25
身長、体重193cm／82kg
血液型：A型
出身地：オーストラリア
出 身 校：Hills International College
ゴルフ歴：7歳～
プロ転向：2017年
日本でのツアーデビュー戦：
　'18レオパレス21ミャンマーオープン
得意クラブ：60°ウェッジ
ベストスコア：61
　（'22中日クラウンズ1R）
プレーオフ：0勝1敗

オーストラリア北中部に位置するGoveという町で生まれ育ち、子供のころは自宅の周囲にブリキの缶をカップ代わりにした"ゴルフ場"をつくって遊んでいた。14歳で本格的にゴルフを学ぶためゴルフプログラムのあるヒルズ・インターナショナル・カレッジに入学。やがて豪州アマランク2位となる。2016年には豪州ツアーでプレーオフを戦い2位に入った。

翌17年にプロ転向。18年から日本を主戦場とし、『中日クラウンズ』の2位が効いてシードを獲得した。19年の『カシオワールドオープン』では2打差首位で最終日を迎えたが終盤スコアを落として3位に終わる。20年に豪州ツアー初優勝し、22年に2勝目。同年は5月の『ミズノオープン』4打差首位で日本初優勝に王手をかけたがS・ビンセントに追いつかれてプレーオフで敗れた。23年の『セガサミーカップ』では最終日に64と猛追するが届かず日本で3回目の2位だった。

'23部門別データ

賞金	28,358,126円	（33位）
メルセデス・ベンツトータルポイント	380	（36位）
平均ストローク	71.737	（45位）
平均パット	1.7077	（ 1位）
パーキープ率	82.486	（81位）
パーオン率	63.748	（71位）
バーディ率	4.254	（ 8位）
イーグル率	11.800	（53位）
ドライビングディスタンス	304.36	（ 9位）
フェアウェイキープ率	43.462	（107位）
サンドセーブ率	55.814	（15位）
トータルドライビング	116	（67位）
生涯獲得賞金	136,625,460円	（253位）

賞金と順位（◎は賞金ランクによる出場権獲得）

◎'18=	18,489,240円	57位
◎'19=	32,925,863円	29位
*20~21=	11,908,370円	67位
◎'22=	44,943,861円	19位
◎'23=	28,358,126円	33位

＊はコロナ入国保障制度
適用による出場権獲得

J・クルーガー（クルーガー ジェイブ）

Jbe KRUGER　　　　　　　　　**賞金ランキング20位**

ツアー2勝
（'19）Shinhan Donghae Open、（'23）長嶋茂雄INVITATIONALセガサミーカップ

インターナショナルツアー 6勝
（'09）ザンビアオープン（サンシャイン）、（'10）ジンバブエオープン（サンシャイン）、
（'12）アバンサマスターズ（インド・欧州／アジア）、（'14）ゴールデン・ピルスナー・ジンバブ
エオープン（サンシャイン）、（'17）サンカーニバルシティ・チャレンジ（サンシャイン）,（'21）
ハウテン選手権（サンシャイン）

所属:Serengeti Estates
生年月日:1986(S61).6.23
身長、体重:166cm／61kg
血液型:A型
出身地:南アフリカ
出身校:
ゴルフ歴:3歳〜
プロ転向:2007年
日本でのツアーデビュー戦:
　'11アジアパシフィックパナソニックオープン
得意クラブ:アイアン
ベストスコア:63
　（'22ASO飯塚チャレンジドゴルフ4R、
　Shinhan Donghae Open4R)

'23のツアー全成績：13試合
ISPS HANDA 欧州・日本…………59T
中日クラウンズ …………………9T
〜全英への道〜ミズノオープン ………5T
BMW日本ゴルフツアー選手権森ビルカップ…予落
ASO飯塚チャレンジゴルフ ………予落
ハナ銀行インビテーショナル…………59T
長嶋茂雄INVITATIONALセガサミーカップ…優勝
日本プロゴルフ選手権…………………29T
横浜ミナトChampionship …………予落
Shinhan Donghae Open …………33T
ANAオープン ……………………予落
カシオワールドオープン …………予落
ゴルフ日本シリーズJTカップ …………29

　南アフリカのキンバリー出身。父親の手ほどきでゴルフを始め、走り込みで小柄ながら強じんな下半身をつくりあげた。
　アマチュア時代に多くのタイトルを手にして2007年にプロ転向。母国のサンシャインツアーでは10年に賞金ランク4位に入っている。日本ツアー初参戦は11年の『アジアパシフィックパナソニックオープン』で初日に64をマークして3打差の首位に立っている。12年には欧州とアジアの共催競技で優勝。19年

は日韓亜3ツアー共催の『Shinhan Donghae Open』を制して以降は日本を主戦場とした。
　20年は来日できず欧州中心にプレー。21年3月にはサンシャインツアーで通算5勝目を挙げた。同年から再び日本で戦い始め、23年の『セガサミーカップ』では3打差首位から逃げ切りで日本ツアー2勝目を飾った。
　日本と母国、さらにはアジアでも試合をこなし22、23年と2年連続で年間35試合に出場というタフネスぶりだ。

'23部門別データ		
賞金	39,865,928円	（20位）
メルセデス・ベンツトータルポイント	382	（37位）
平均ストローク	71.451	（34位）
平均パット	1.7437	（16位）
パーキープ率	83.995	（55位）
パーオン率	68.386	（16位）
バーディ率	4.024	（17位）
イーグル率	14.000	（58位）
ドライビングディスタンス	284.06	（64位）
フェアウェイキープ率	60.508	（23位）
サンドセーブ率	40.000	（99位）
トータルドライビング	87	（25位）
生涯獲得賞金	120,616,640円	（268位）

賞金と順位（◎は賞金ランクによる出場権獲得）			
'11=	5,490,000円 102位	'17=	9,985,766円 81位
'12=	1,050,000円 147位	'18=	954,500円 190位
'13=	660,000円 202位	◎'19=	34,028,792円 28位
'14=0円		'20-'21=	6,780,475円 89位
'15=ナシ		◎'22=	18,717,050円 42位
'16=	3,084,129円 130位	◎'23=	39,865,928円 20位

B・ケネディ（ケネディ ブラッド）

Brad KENNEDY

ツアー3勝
('12)〜全英への道〜ミズノオープン、('13)関西オープン、
('18)長嶋茂雄INVITATIONALセガサミーカップ

インターナショナルツアー6勝
('10)ウェスタンオーストラリアンオープン(豪州)、('11)ニュージーランドオープン(豪州)、
('13)クイーンズランドPGA選手権(豪州)、('16)ホールデンNZ PGA選手権(豪州)、
('20)ニュージーランドオープン(豪州／アジア)、('21)TPSビクトリア(豪州)

所属:アクシネット
生年月日:1974(S49).6.18
身長、体重:180cm／82kg
血液型:B型
出身地:オーストラリア
スポーツ歴:フットボール
ゴルフ歴:13歳〜
プロ転向:1994年
日本でのツアーデビュー戦:
　('03)2002アジア・ジャパン
　沖縄オープン
ベストスコア:61
　('22ゴルフパートナー
　PRO-AM1R)
プレーオフ：0勝1敗

'23ツアー全成績：19試合

関西オープン	12T
ISPS HANDA 欧州・日本	70T
ゴルフパートナー PRO-AM	14T
〜全英への道〜ミズノオープン	予落
BMW日本ゴルフツアー選手権森ビルカップ	棄権
日本プロゴルフ選手権	12T
横浜ミナトChampionship	予落
Sansan KBCオーガスタ	41T
フジサンケイクラシック	52T
Shinhan Donghae Open	50T
パナソニックオープン	予落
バンテリン東海クラシック	予落
ACNチャンピオンシップ	12T
日本オープン	3T
マイナビABCチャンピオンシップ	6
三井住友VISA太平洋マスターズ	29T
ダンロップフェニックス	4T
カシオワールドオープン	予落
ゴルフ日本シリーズJTカップ	14

　父親がテニスのコーチだった影響で子供のころはテニスがメインのスポーツだった。13歳の時に初めてゴルフのレッスンを受けて夢中に。父親が自宅につくってくれたアプローチグリーンや近所のゴルフ場で毎日のように練習していた。

　プロ転向後は母国のほか欧州やアジアでもプレー。日本ツアーには2011年から参戦し、翌12年の『ミズノオープン』で初優勝。13年は単独首位で3日目を終えていた『関西オープン』最終日が悪天候で中止になり2勝目を挙げた。18年の『セガサミーカップ』では4打差8位で迎えた最終日に64で回って5年ぶりの3勝目をマークしている。

　20−21年はコロナ禍で日本でのプレーは少なかったが豪州ツアーでは2勝を挙げて賞金王に輝いた。再び日本に軸足を戻した22年は予選落ち1回のみの安定感でシードに返り咲いた。23年もシード維持。今年で50歳を迎えるが巧みな小技を軸にした堅実なゴルフは健在だ。

'23部門別データ

項目	数値	順位
賞金	36,857,888円	(25位)
メルセデス・ベンツトータルポイント	410	(38位)
平均ストローク	71.341	(29位)
平均パット	1.7524	(26位)
パーキープ率	85.979	(21位)
パーオン率	63.492	(77位)
バーディ率	3.460	(72位)
イーグル率	21.000	(86位)
ドライビングディスタンス	276.61	(86位)
フェアウェイキープ率	64.846	(8位)
サンドセーブ率	61.333	(5位)
トータルドライビング	94	(36位)
生涯獲得賞金	518,302,815円	(68位)

賞金と順位(◎は賞金ランクによる出場権獲得)

年	賞金	順位		年	賞金	順位		年	賞金	順位
'03=	457,500円	197位	◎	'15=	49,582,075円	21位	◎	'22=	51,298,021円	16位
'06=	430,000円	205位	◎	'16=	55,524,605円	11位	◎	'23=	36,857,888円	25位
◎ '11=	33,781,510円	29位	◎	'17=	47,063,090円	21位				
◎ '12=	44,330,044円	23位	◎	'18=	53,308,681円	20位				
◎ '13=	52,835,054円	18位	◎	'19=	52,039,313円	18位				
◎ '14=	39,134,534円	29位	✽	20-21=	1,660,500円	139位				

✽はコロナ入国保障制度
適用による出場権獲得

高　君宅（コ　グンテク）

Guntaek KOH　　　**出場資格：'23Shinhan Donghae Open 優勝**

ツア　1勝
('23) Shinhan Donghae Open

'23のツアー全成績：4試合

ハナ銀行インビテーショナル…………50T
Shinhan Donghae Open…………優勝
カシオワールドオープン…………………50
ゴルフ日本シリーズJTカップ…………26T

所属:フリー
生年月日:1999(H11).10.24
身長、体重:
血液型:
出身地:韓国
出身校:
スポーツ歴:
ゴルフ歴:
プロ転向:
日本でのツアーデビュー戦:
　'22Shinhan Donghae
　Open
得意クラブ:
ベストスコア:66
　('23Shinhan Donghae
　Open 2R、3R)
プレーオフ:1勝0敗
アマ時代の主な戦歴:
　韓国ナショナルチームメンバー

　韓国・済州島出身。アマチュア時代には韓国ナショナルチームのメンバーに選ばれている。2020年から韓国ツアーに参戦。21年の『ジェネシス選手権』では3打差首位で迎えた最終日に78と崩れて3位に終わるなど当初は勝利に恵まれなかった。

　ブレークしたのは23年。まず開幕戦の『DB Insurance Promy Open』で最終日に65をマークして逆転で韓国ツアー初優勝を飾る。7月にはプレーオフを制して2勝目。そして9月、日韓亜3ツアーの共同主管競技で韓国開催の『Shinhan Donghae Open』を迎えた。初日は26位という静かなスタートだったが2日目に66で4位に急浮上。3日目も66で首位に並んだ。最終日は先に首位でホールアウトしていたP・コンワットマイに18番のバーディで追いつきプレーオフで勝利。シーズン3勝目を挙げ、日本ツアーの出場権も手にした。韓国ツアーではポイントランク、賞金ランクともに4位に入っている。

'23部門別データ	
賞金	27,442,559円　(34位)
メルセデス・ベンツトータルポイント	―
平均ストローク	71.900　(参考)
平均パット	1.7526　(参考)
パーキープ率	84.028　(参考)
パーオン率	65.972　(参考)
バーディ率	4.250　(参考)
イーグル率	5.333　(参考)
ドライビングディスタンス	290.00　(参考)
フェアウェイキープ率	58.482　(参考)
サンドセーブ率	41.667　(参考)
トータルドライビング	―
生涯獲得賞金	27,442,559円　(548位)

賞金と順位

'22=0円
※'23= 27,442,559円　34位

※は規定試合数不足

香妻陣一朗

Jinichiro KOZUMA

ツアー2勝
('20)三井住友VISA太平洋マスターズ、('22)東建ホームメイトカップ

ABEMAツアー（チャレンジ）1勝
('16) elite grips challenge

所属:国際スポーツ振興協会
生年月日:1994(H6).7.7
身長、体重:165cm／71kg
血液型:A型
出身地:鹿児島県
出身校:日章学園高校
ゴルフ歴:2歳〜
プロ転向:2012年
プロ転向後ツアーデビュー戦:
　'13つるやオープン
得意クラブ:アプローチ
ベストスコア:60
　('18ダンロップ・スリクソン
　福島オープン3R)
プレーオフ:1勝0敗
アマ時代の主な戦歴:
　('11)全国高校ゴルフ選手
　権2位、('12)日本アマ3位、
　九州アマ優勝

'23のツアー全成績：20試合

東建ホームメイトカップ	26T
ISPS HANDA 欧州・日本	35T
中日クラウンズ	13T
〜全英への道〜ミズノオープン	19T
BMW日本ゴルフツアー選手権森ビルカップ	15T
ASO飯塚チャレンジドゴルフ	予落
ハナ銀行インビテーショナル	52T
長嶋茂雄INVITATIONALセガサミーカップ	24T
日本プロゴルフ選手権	予落
横浜ミナトChampionship	予落
Sansan KBCオーガスタ	13T
フジサンケイクラシック	50T
Shinhan Donghae Open	予落
ANAオープン	8T
パナソニックオープン	21T
バンテリン東海クラシック	31T
日本オープン	10T
三井住友VISA太平洋マスターズ	45T
ダンロップフェニックス	31T
カシオワールドオープン	予落

子供のころは横峯さくらプロの父親・良郎氏主宰の『めだかクラブ』に入り、姉で現プロの琴乃さんらとともに腕を磨いた。中学2年時に故郷の鹿児島から宮崎の日章学園に移り高校卒業まで同校に在籍。高校3年時の2012年に『九州アマ』優勝、『日本アマ』3位などの実績で松山英樹とともに『世界アマ』の代表に選ばれている。

同年11月にプロ宣言。なかなか芽が出なかったが16年9月にチャレンジで初優勝するとツアーでも10月の『マイナビABC』4位で初シードを決めた。18年は自身最終戦最終ホールで1mのパットを外してシード落ちするが翌年復帰。そして20年の『三井住友VISA太平洋マスターズ』で最終ホールのイーグルが効いて初優勝。琴乃さんに続く姉弟優勝となった。22年は『東建ホームメイトカップ』で桂川有人をプレーオフで下して2勝目。23年は『ANAオープン』最終日を単独首位で迎えたが74と崩れ3勝目は成らなかった。

'23部門別データ

賞金	20,953,732円 (45位)
メルセデス・ベンツトータルポイント	412 (39位)
平均ストローク	71.224 (21位)
平均パット	1.7386 (12位)
パーキープ率	84.603 (40位)
パーオン率	62.698 (85位)
バーディ率	3.829 (37位)
イーグル率	17.500 (76位)
ドライビングディスタンス	304.63 (8位)
フェアウェイキープ率	45.603 (104位)
サンドセーブ率	52.083 (29位)
トータルドライビング	112 (59位)
生涯獲得賞金	241,307,661円 (151位)

賞金と順位(◎は賞金ランクによる出場権獲得)

'13=	1,154,800円	164位	◎'19=	26,786,215円	33位
'14=	5,100,620円	101位	◎'20-21=	83,284,384円	8位
'15=	3,823,746円	110位	◎'22=	46,138,125円	18位
◎'16=	17,035,322円	62位	◎'23=	20,953,732円	45位
◎'17=	22,919,437円	45位			
'18=	14,111,280円	70位			

小浦和也

Kazuya KOURA

ツアー未勝利

所属:NEXTEP
生年月日:1993(H5).3.25
身長、体重:165cm／68kg
血液型:A型
出身地:宮崎県
出身校:専修大学
ゴルフ歴:9歳～
プロ転向:2014年
プロ転向後ツアーデビュー戦:
　'15ANAオープン
ベストスコア:66
　('14日本オープン3R=アマ
　チュア時代、'23ゴルフパー
　ト　ナ　ーPRO-AM1R、'23
　ASO飯塚チャレンジドゴル
　フ2R、3R、4R、'23横浜ミナ
　ト選手権1R、'23パナソニッ
　クオープン3R、'23カシオ
　ワールドオープン1R)
アマ時代の主な戦歴:('12、
　'14)朝日杯日本学生優勝、
　('13、'14)日本オープンロー
　アマ

'23のツアー全成績：19試合

東建ホームメイトカップ	70T
関西オープン	31T
ゴルフパートナーPRO-AM	55T
～全英への道～ミズノオープン	58T
BMW日本ゴルフツアー選手権森ビルカップ	39T
ASO飯塚チャレンジドゴルフ	6T
JPC by サトウ食品	53T
長嶋茂雄INVITATIONALセガサミーカップ	予落
日本プロゴルフ選手権	22T
横浜ミナトChampionship	38T
Sansan KBCオーガスタ	予落
フジサンケイクラシック	63
ANAオープン	44T
パナソニックオープン	11T
バンテリン東海クラシック	65T
ACNチャンピオンシップ	27T
マイナビABCチャンピオンシップ	予落
ダンロップフェニックス	31T
カシオワールドオープン	18T

生まれ育った宮崎県の日章学園高校から専修大学に進み、素質が開花した。2年の『朝日杯日本学生』では松山英樹を逆転し、4年の同大会では比嘉一貴の追い上げを交わして優勝。3、4年時には『日本オープン』で大会史上7人目の2年連続ローアマに輝く。4年時の『九州アマ』では8打差の圧勝。ナショナルチームメンバーとして『世界アマ』や『アジア大会』など国際舞台も経験した。
　プロ入り後、ABEMAツアーで2017年にプレーオフに進むなど優勝にあと一歩。やがて血液の難病で入院しゴルフを続けられない危険性もあった。体調が落ち着くにつれて結果も出始め、22年はABEMAツアーで再び優勝争いできるほどに。QT自己最高の13位で迎えた23年は『ASO飯塚チャレンジド』で初トップ10となる6位に。当落線上で迎えたラスト2試合で約368万円を加えて初シードに滑り込んだ。リカバリー率は4位という小技の名手だ。

'23部門別データ

賞金	14,413,226円	(61位)
メルセデス・ベンツトータルポイント	521	(58位)
平均ストローク	71.812	(48位)
平均パット	1.7833	(70位)
パーキープ率	86.667	(12位)
パーオン率	62.778	(83位)
バーディ率	3.086	(91位)
イーグル率	14.000	(58位)
ドライビングディスタンス	269.29	(100位)
フェアウェイキープ率	62.615	(16位)
サンドセーブ率	50.588	(43位)
トータルドライビング	116	(67位)
生涯獲得賞金	15,282,826円	(713位)

賞金と順位(◎は賞金ランク、□はQTランクによる出場権獲得)

'15=0円		
'16=	170,000円	258位
'17=	372,000円	234位
'18=0円		
'20-'21=0円		
□'22=	327,600円	199位

◎'23= 14,413,226円　61位

小平　智

Satoshi KODAIRA

所属:Admiral
生年月日:1989(H1).9.11
身長、体重:172cm／70kg
血液型:O型
出身地:東京都
出身校:駒場学園高校
ゴルフ歴:10歳〜
プロ転向:2010年
プロ転向後ツアーデビュー戦:
　'11つるやオープン
得意クラブ:全部
ベストスコア:62
　('15日本オープン2R、
　'16ブリヂストンオープン3R、
　'19マイナビABC選手権3R)
プレーオフ:1勝1敗
アマ時代の主な戦歴:
('06)日本ジュニア2位、
('08)日本アマ2位、('09)日本
オープンセカンドアマ、朝日杯
日本学生優勝、('10)関東
アマ優勝、鳩山カントリー
クラブ・GMAチャレンジ優勝

ツアー7勝
('13)日本ゴルフツアー選手権Shishido Hills、('14)ダンロップ・スリクソン福島オープン、
('15)日本オープン、('16)ブリヂストンオープン、('17)トップ杯東海クラシック、
三井住友VISA太平洋マスターズ、('18)ゴルフ日本シリーズJTカップ

ABEMAツアー(チャレンジ)2勝
('10)鳩山カントリークラブ・GMAチャレンジ(アマチュア時代)、('12)PGA・JGTOチャレンジカップII in 房総

インターナショナルツアー 1勝
('18)RBCヘリテージ（米国）

代表歴：ワールドカップ('18)

'23のツアー全成績：5試合

〜全英への道〜ミズノオープン ……予落
BMW日本ゴルフツアー選手権森ビルカップ…棄権
ハナ銀行インビテーショナル…………52T
Sansan KBCオーガスタ …………予落
フジサンケイクラシック ………………36T

元レッスンプロの父・健一さんの影響でゴルフを始め、駒場学園高校から日本大学に進むがQT受験のため2年で中退。プロ転向前の2010年にはチャレンジ史上2人目のアマチュア優勝を飾っている。

ツアー初優勝は13年の『日本ゴルフツアー選手権』。15年には『日本オープン』を制し、16年の『ブリヂストンオープン』では初日91位からの大逆転優勝。17年は2勝を挙げて賞金ランク1位で最終戦へ。宮里優作に逆転されて賞金王は逃したが、ポイントランキング賞など部門賞を4個受賞した。

18年はスポット参戦した『RBCヘリテージ』でプレーオフの末、日本人選手5人目の米国ツアー制覇。これを機に同ツアーの本格参戦に踏み切った。ただ以降は苦戦が続いている。23年は米国ツアーポイントランク152位にとどまり、5位以内なら出場権を得られたQTでは惜しくも6位。国内では10季ぶりに賞金シードに入れなかった。

'23部門別データ

賞金	978,872円	(152位)
メルセデス・ベンツトータルポイント		—
平均ストローク	72.603	(参考)
平均パット	1.7887	(参考)
パーキープ率	79.060	(参考)
パーオン率	60.684	(参考)
バーディ率	3.385	(参考)
イーグル率	13.000	(参考)
ドライビングディスタンス	301.29	(参考)
フェアウェイキープ率	57.865	(参考)
サンドセーブ率	41.176	(参考)
トータルドライビング		—
生涯獲得賞金	589,051,134円	(56位)

賞金と順位(◎は賞金ランクによる出場権獲得)

'11=	11,265,150円	78位	◎'17=	161,463,405円	2位
'12=	8,182,046円	87位	◎'18=	75,982,987円	6位
◎'13=	62,034,804円	12位	◎'19=	19,936,729円	45位
◎'14=	47,914,628円	21位	◎'20-21=	15,796,146円	59位
◎'15=	66,776,437円	9位	◎'22=	35,045,259円	26位
◎'16=	83,674,671円	6位	'23=	978,872円	152位

小西貴紀
Takanori KONISHI

ツア 未勝利

所属:フリー
生年月日:1992(H4).1.16
身長、体重:175cm／81kg
血液型:B型
出身地:東京都
ゴルフ歴:9歳～
プロ転向:2013年
プロ転向後ツアーデビュー戦:
　'13日本プロ日清カップヌードル杯
得意クラブ:アイアン
ベストスコア:63
　('22JPC byサトウ食品4R)

'23のツアー全成績：23試合

東建ホームメイトカップ	23T
関西オープン	26T
中日クラウンズ	32T
ゴルフパートナー PRO-AM	50T
～全英への道～ミズノオープン	28T
BMW日本ゴルフツアー選手権森ビルカップ	11T
ASO飯塚チャレンジドゴルフ	69
ハナ銀行インビテーショナル	8T
JPC by サトウ食品	予落
長嶋茂雄INVITATIONALセガサミーカップ	予落
日本プロゴルフ選手権	予落
横浜ミナトChampionship	予落
Sansan KBCオーガスタ	21T
フジサンケイクラシック	57T
ANAオープン	予落
パナソニックオープン	40T
バンテリン東海クラシック	68T
ACNチャンピオンシップ	12T
日本オープン	予落
マイナビABCチャンピオンシップ	60T
三井住友VISA太平洋マスターズ	60T
ダンロップフェニックス	53
カシオワールドオープン	51T

　東京都葛飾区生まれ。小さいころからクラブを握り、ほぼ独学で上達。小学生時代は大会での優勝歴もあった。その後はしばらくゴルフから遠ざかっていたが同学年石川遼の活躍に刺激を受けてゴルフで身を立てることを決意。高校卒業後に千葉県のゴルフ場で研修生となった。

　2012年に20歳でプロテスト合格。翌13年には『日本プロゴルフ新人選手権』を制した。以降は苦戦が続いていたが19年にツアー外競技の『近畿オープン』でツアー優勝経験者らを抑えて優勝。同年のQTでは4位に入った。20−21年は『関西オープン』2日目に3位につける見せ場はあったが結果には結びつかず。QT8位から再挑戦した22年はリカバリー率5位に入った小技でスコアをまとめ、『Sansan KBCオーガスタ』の4位などトップ10は計4試合。ついに初シードをつかんだ。23年はトップ10が『ハナ銀行』の8位だけだったが堅実に予選を通過して賞金ランクを上げた。

'23部門別データ

賞金	14,453,820円	(60位)
メルセデス・ベンツトータルポイント	612	(82位)
平均ストローク	72.077	(69位)
平均パット	1.7977	(84位)
パーキープ率	83.681	(64位)
パーオン率	65.278	(52位)
バーディ率	3.550	(63位)
イーグル率	26.667	(90位)
ドライビングディスタンス	278.60	(81位)
フェアウェイキープ率	54.163	(65位)
サンドセーブ率	50.394	(44位)
トータルドライビング	146	(96位)
生涯獲得賞金	39,170,574円	(471位)

賞金と順位(◎は賞金ランク、□はQTランクによる出場権獲得)

'13=0円	□20-21= 2,914,413円	119位
'14= 1,213,600円 149位	◎'22= 13,794,741円	62位
'15=0円	◎'23= 14,453,820円	60位
'17=0円		
'18= 468,000円 219位		
□'19= 6,326,000円 93位		

小林伸太郎

Shintaro KOBAYASHI

賞金ランキング50位

ツアー1勝
('22) For The Players By The Players

所属:栃木ミサワホーム
生年月日:1986(S61).8.22
身長、体重:177cm/87kg
血液型:A型
出身地:群馬県
出身校:東北福祉大学
ゴルフ歴:10歳～
プロ転向:2009年
プロ転向後ツアーデビュー戦:
　'09つるやオープン
得意クラブ:アイアン
ベストスコア:62
　('21ダンロップ・スリクソン
　福島オープン4R)
アマ時代の主な戦歴:('04)日
　本ジュニア優勝、('07)日本
　アマ優勝

'23のツアー全成績：25試合

東建ホームメイトカップ	予落
関西オープン	31T
ISPS HANDA 欧州・日本	予落
中日クラウンズ	13T
ゴルフパートナー PRO-AM	23T
～全英への道～ミズノオープン	12T
BMW日本ゴルフツアー選手権森ビルカップ	7T
ASO飯塚チャレンジドゴルフ	20T
ハナ銀行インビテーショナル	12T
JPC by サトウ食品	29T
長嶋茂雄INVITATIONALセガサミーカップ	5T
日本プロゴルフ選手権	33T
横浜ミナトChampionship	予落
Sansan KBCオーガスタ	予落
フジサンケイクラシック	52T
Shinhan Donghae Open	70T
ANAオープン	33T
パナソニックオープン	予落
バンテリン東海クラシック	予落
ACNチャンピオンシップ	予落
日本オープン	予落
マイナビABCチャンピオンシップ	予落
三井住友VISA太平洋マスターズ	42T
ダンロップフェニックス	予落
カシオワールドオープン	予落

10歳でゴルフを始め、高校は故郷群馬を離れてゴルフ部のある栃木県の佐野日大に進学。3年時には『日本ジュニア』を制した。東北福祉大学3年の2007年には田村尚之との41ホールに及ぶ熱戦を制して『日本アマ』王者に輝いている。

09年にプロデビュー。初シードまでは7年かかった。16年の『マイナビABC』では初めて単独首位で最終日へ。優勝した片山晋呉には惜しくも1打及ばなかった。17年にシード喪失。

低迷期が続いたが21年の『パナソニックオープン』で4位に入り4季ぶりのシード復帰を手繰り寄せた。そしてプロ14年目、22年の『For The Players By The Players』で歓喜の時が訪れる。生まれ育った群馬県榛名町(現高崎市)に近い安中市で開催された同大会で単独首位から逃げ切って初優勝。駆け付けた大応援団に祝福された。23年は『セガサミーカップ』最終日に最終組で2勝目を目指したが後半伸び悩んで5位に終わった。

'23部門別データ

項目	数値	順位
賞金	19,651,509円	(50位)
メルセデス・ベンツトータルポイント	507	(56位)
平均ストローク	71.769	(47位)
平均パット	1.7685	(49位)
パーキープ率	83.761	(62位)
パーオン率	63.675	(74位)
バーディ率	3.744	(44位)
イーグル率	9.750	(26位)
ドライビングディスタンス	290.13	(38位)
フェアウェイキープ率	53.352	(74位)
サンドセーブ率	42.045	(93位)
トータルドライビング	112	(59位)
生涯獲得賞金	123,258,285円	(266位)

賞金と順位(◎は賞金ランク、△はABEMAツアーランクによる出場権獲得)

年	賞金	順位		年	賞金	順位		年	賞金	順位
'09=	291,085円	202位		◎'16=	33,431,975円	36位		◎'23=	19,651,509円	50位
'10=	440,000円	188位		'17=	5,074,117円	103位				
'11=	688,500円	178位		'18=	2,000,000円	148位				
'12=	420,457円	183位		△'19=	4,640,000円	102位				
'14=	399,600円	208位		◎'20-21=	18,869,999円	49位				
◎'15=	15,533,438円	63位		◎'22=	21,817,605円	38位				

近藤智弘

Tomohiro KONDO

ツアー6勝
('06)日本プロ、ANAオープン、('07)JCBクラシック、('08)中日クラウンズ、
('11)つるやオープン、('14)HEIWA・PGM CHAMPIONSHIP in 霞ヶ浦

代表歴：ダイナスティカップ('03、'05)、日韓対抗戦('04、'11、'12)

所属：三甲ゴルフ倶楽部
生年月日：1977(S52).6.17
身長、体重：167cm／64kg
血液型：B型
出身地：愛知県
出身校：専修大学
スポーツ歴：野球
ゴルフ歴：12歳〜
プロ転向：2000年
プロ転向後ツアーデビュー戦：
　'00つるやオープン
得意クラブ：ドライバー
ベストスコア：59
　('22ゴルフパートナー
　PRO-AM4R)
プレーオフ：2勝5敗
アマ時代の主な優勝歴：
　('94)日本ジュニア選手権、
　('97、'99)日本アママッチ
　プレー選手権、
　('98)日本学生、アジア大会
　金メダル(個人、団体)

'23のツアー全成績：12試合

東建ホームメイトカップ	77T
関西オープン	予落
中日クラウンズ	予落
ゴルフパートナー PRO-AM	29T
ANAオープン	予落
パナソニックオープン	16T
バンテリン東海クラシック	37T
ACNチャンピオンシップ	7T
マイナビABCチャンピオンシップ	20T
三井住友VISA太平洋マスターズ	23T
ダンロップフェニックス	17T
カシオワールドオープン	25T

愛知県で生まれ育ち、高校を東京学館浦安へ。2年時に『日本ジュニア』を制した。専修大学時代にも多くのタイトルを獲得し、2000年にプロ転向。翌01年に早くもシード入りした。初優勝は06年の『日本プロ』。2度のプレーオフ負けを含む6度の2位を経験した後につかんだものだった。

08年の『中日クラウンズ』で念願の地元優勝し、14年には自身初の1億円突破。最終戦まで賞金王の可能性を残していた。

16年間守ってきた賞金シードを手放したのが40歳になった17年。以降、復帰と陥落を経験し20─21年に2度目の復帰を果たした。22年は『ゴルフパートナーPRO-AM』最終日にツアー史上5人目の「50台」となる59をマークしてプレーオフに持ち込む。惜しくも敗れたが存在感を示した。23年は腰を痛めて5月から4カ月余り離脱するピンチ。それでも復帰後は初戦以外すべて予選を通過してギリギリでシードに滑り込んだ。

'23部門別データ

賞金	12,836,116円	(68位)
メルセデス・ベンツトータルポイント	359	(29位)
平均ストローク	71.480	(35位)
平均パット	1.7771	(62位)
パーキープ率	86.243	(16位)
パーオン率	66.402	(37位)
バーディ率	3.595	(59位)
イーグル率	8.400	(16位)
ドライビングディスタンス	277.64	(84位)
フェアウェイキープ率	56.729	(47位)
サンドセーブ率	63.380	(3位)
トータルドライビング	131	(88位)
生涯獲得賞金	951,232,157円	(17位)

賞金と順位(◎は賞金ランクによる出場権獲得)

'00=	4,453,300円 123位	◎'06=	75,490,851円 10位	◎'12=	44,009,377円 24位	◎'18=	15,899,188円 66位
◎'01=	35,312,706円 30位	◎'07=	74,841,936円 5位	◎'13=	53,783,167円 17位	'19=	7,095,558円 86位
◎'02=	51,121,536円 18位	◎'08=	60,044,383円 18位	◎'14=	107,089,056円 3位	◎'20-21=	14,172,880円 63位
◎'03=	30,628,557円 41位	◎'09=	69,605,178円 14位	◎'15=	39,773,618円 28位	◎'22=	17,464,907円 46位
◎'04=	54,420,941円 13位	◎'10=	24,451,886円 43位	◎'16=	34,850,307円 32位	◎'23=	12,836,116円 68位
◎'05=	38,945,605円 33位	◎'11=	78,374,189円 7位	'17=	6,566,915円 94位		

佐藤大平

Taihei SATO

ツアー未勝利

ABEMAツアー（チャレンジ）2勝
（'18）LANDIC CHALLENGE6、elite grips challenge

所属:クリヤマホールディングス
生年月日:1993(H5).7.9
身長、体重:174cm／72kg
血液型:AB型
出身地:兵庫県
出身校:東北福祉大学
スポーツ歴:水泳
ゴルフ歴:8歳〜
プロ転向:2015年
プロ転向後ツアーデビュー戦:
　'16関西オープン
ベストスコア:62
　（'23ゴルフパートナー
　PRO-AM4R）
アマ時代の主な戦歴:
　（'11）台湾アマ優勝
　（'15）ユニバーシアード大
　会金メダル（団体）

'23のツアー全成績：26試合

東建ホームメイトカップ …………42T	カシオワールドオープン …………32T
関西オープン …………10T	ゴルフ日本シリーズJTカップ …………10T
ISPS HANDA 欧州・日本 ……予落	
中日クラウンズ …………42T	
ゴルフパートナー PRO-AM …………2T	
〜全英への道〜ミズノオープン ……12T	
BMW日本ゴルフツアー選手権森ビルカップ …11T	
ASO飯塚チャレンジドゴルフ…………25T	
ハナ銀行インビテーショナル…………3	
JPC by サトウ食品 …………7T	
長嶋茂雄INVITATIONALセガサミーカップ…52T	
日本プロゴルフ選手権 …………22T	
横浜ミナトChampionship …………5T	
Sansan KBCオーガスタ …………予落	
フジサンケイクラシック …………50T	
Shinhan Donghae Open …………50T	
ANAオープン …………11T	
パナソニックオープン …………16T	
バンテリン東海クラシック …………14T	
ACNチャンピオンシップ …………50T	
日本オープン …………27T	
マイナビABCチャンピオンシップ …………5	
三井住友VISA太平洋マスターズ …20T	
ダンロップフェニックス …………49T	

兵庫県宝塚市の中山五月台中学3年時の2008年に『全国中学選手権』で優勝した。高校は茨城県の水城に進み10、11年に『関東高校選手権』を連覇。ナショナルチームメンバーに選ばれ、同年9月には『台湾アマ』で日本人選手として大会初優勝を飾っている。12年に東北福祉大学に進学。『日本アマ』ベスト8などの成績を残したほか国際大会にも出場し、15年の『ユニバーシアード』では日本の金メダルに貢献している。

15年にプロ転向するもQTで好成績を残せず、17年は中国でプレーした。18年はABEMAツアーで2勝して賞金王に。19年は中国で1勝し国内では賞金ランク54位で初シードをつかんだ。以降、賞金ランクは年々上昇。22年の『ジャパンプレーヤーズ選手権』では初の最終日最終組を経験した。23年は『ゴルフパートナー PRO-AM』で自己最高の2位に入るなど賞金ランクは16位に。出場26試合で予選落ち2回の堅実さが光った。

'23部門別データ

賞金	45,837,085円	（16位）
メルセデス・ベンツトータルポイント	233	（5位）
平均ストローク	70.786	（11位）
平均パット	1.7494	（21位）
パーキープ率	87.333	（8位）
パーオン率	67.056	（29位）
バーディ率	4.050	（14位）
イーグル率	12.500	（50位）
ドライビングディスタンス	275.54	（90位）
フェアウェイキープ率	66.405	（4位）
サンドセーブ率	61.290	（6位）
トータルドライビング	94	（36位）
生涯獲得賞金	106,984,463円	（291位）

賞金と順位（◎は賞金ランク、△はABEMAツアーランクによる出場権獲得）

'16=0円
△'18= 1,226,442円 171位
◎'19= 15,696,477円 54位
◎'20-21= 23,241,866円 42位
◎'22= 20,982,593円 40位
◎'23= 45,837,085円 16位

清水大成

Taisei SHIMIZU

賞金ランキング32位

ツアー未勝利

所属:ロピア
生年月日:1999(H11).1.17
身長、体重:175cm／74kg
血液型:O型
出身地:福岡県
出身校:日本大学
スポーツ歴:
ゴルフ歴:9歳～
プロ転向:2020年
プロ転向後ツアーデビュー戦:
　'21東建ホームメイトカップ
得意クラブ:
ベストスコア:61
　('23横浜ミナトChampion-
　ship2R)
アマ時代の主な戦歴:
　('15)九州オープン2位、
　('17)日本学生優勝、
　('17、'18、'19)ブリヂストン
　オープンローアマ

'23のツアー全成績：24試合

東建ホームメイトカップ	18T
関西オープン	31T
ISPS HANDA 欧州・日本	予落
中日クラウンズ	予落
～全英への道～ミズノオープン	12T
BMW日本ゴルフツアー選手権森ビルカップ	予落
ASO飯塚チャレンジドゴルフ	25T
ハナ銀行インビテーショナル	予落
JPC by サトウ食品	7T
長嶋茂雄INVITATIONALセガサミーカップ	24T
日本プロゴルフ選手権	33T
横浜ミナトChampionship	3
Sansan KBCオーガスタ	10T
フジサンケイクラシック	9T
Shinhan Donghae Open	予落
ANAオープン	11T
パナソニックオープン	21T
バンテリン東海クラシック	45T
ACNチャンピオンシップ	予落
日本オープン	27T
マイナビABCチャンピオンシップ	11T
三井住友VISA太平洋マスターズ	42T
ダンロップフェニックス	54T
カシオワールドオープン	予落

　時松隆光を育てた篠塚武久氏の指導を受け、握りは時松と同じベースボールグリップ。小学生時代から九州地区の大会で優勝するなど活躍していた。高校はゴルフ部のない東福岡に入り個人で活動。2年時の2015年には『九州オープン』で2位に食い込んでいる。

　日本大学に進み、17年の『日本学生』では21年ぶりの1年生王者に輝く。ツアーでも活躍し、『ブリヂストンオープン』では17年から3年連続でベストアマに。しかも順位は10位、15位、6位という堂々たるものだ。

　プロ宣言をして臨んだ20年のQTで5位に食い込むと翌年はプロ2戦目にトップ10入りを果たすなど堅実な成績を残して初シードを獲得した。22年は地元開催の『Sansan KBCオーガスタ』で自己最高の3位に。23年は『横浜ミナト』2日目に61を叩き出すなど見せ場をつくった。賞金ランクは少し下がったが平均ストロークやバーディ率は上昇している。

'23部門別データ

賞金	28,936,965円	(32位)
メルセデス・ベンツトータルポイント	327	(23位)
平均ストローク	71.231	(22位)
平均パット	1.7191	(3位)
パーキープ率	84.350	(50位)
パーオン率	63.144	(78位)
バーディ率	4.256	(7位)
イーグル率	11.714	(42位)
ドライビングディスタンス	298.53	(16位)
フェアウェイキープ率	46.951	(101位)
サンドセーブ率	60.317	(8位)
トータルドライビング	117	(69位)
生涯獲得賞金	81,784,693円	(342位)

賞金と順位(○は賞金ランクによる出場権獲得)

○'20-21= 16,796,499円　53位
○'22= 36,051,229円　25位
○'23= 28,936,965円　32位

生源寺龍憲

Tatsunori SHOGENJI

出場資格：'23ABEMAツアーランク1位

ツアー未勝利

ABEMAツアー（チャレンジ）2勝
（'23）ジャパンクリエイトチャレンジ in 福岡雷山、南秋田カントリークラブみちのくチャレンジ

所属：エー・エム・エス
生年月日：1998（H10）.5.15
身長、体重：162㎝／65kg
血液型：O型
出身地：山口県
出身校：同志社大学
スポーツ歴：
ゴルフ歴：10歳〜
プロ転向：2020年
プロ転向後ツアーデビュー戦：
　'21日本オープン
得意クラブ：
ベストスコア：63
　（'23JPC by サトウ食品2R）
アマ時代の主な戦歴：
　（'19）関西学生2位、
　（'20）関西学生会長杯優勝

'23ツアーの全成績：13試合

ゴルフパートナーPRO-AM	予落
JPC by サトウ食品	9
長嶋茂雄INVITATIONALセガサミーカップ	予落
日本プロゴルフ選手権	12T
横浜ミナトChampionship	予落
Sansan KBCオーガスタ	16T
ANAオープン	27T
パナソニックオープン	11T
バンテリン東海クラシック	45T
ACNチャンピオンシップ	27T
日本オープン	18T
ダンロップフェニックス	54T
カシオワールドオープン	56T

　山口県山陽小野田市出身。サッカーをしていたが父親と練習場に行ってゴルフが好きになった。高校は岡山県の作陽に入学。渋野日向子さんとは同級生だ。高校3年の2016年に『ミズノオープン』で初めてツアーの舞台を経験。その後、同志社大学に進学し大学3年の19年に『関西学生』2位、翌20年には『関西学生会長』で優勝した。

　20年のQTに参加してプロ転向。21、22年はABEMAツアー中心にプレーして少しずつ成績

を上げていくと23年は飛躍の年となった。6月に『ジャパンクリエイトチャレンジin福岡雷山』でABEMAツアー初優勝を飾ると、次戦も制して連勝。歴代最多賞金額で賞金王に輝いた。レギュラーツアーでも『ジャパンプレーヤーズ選手権』で初トップ10となる9位に入っている。24年1月にはアジアンツアーのQTを2位で通過した。

　名字は天台宗の開祖・最澄生誕の地といわれる滋賀県の生源寺が由来となっている。

'23部門別データ

項目	数値	順位
賞金	12,339,466円	（71位）
メルセデス・ベンツトータルポイント	375	（34位）
平均ストローク	71.234	（24位）
平均パット	1.7596	（34位）
パーキープ率	84.541	（46位）
パーオン率	65.942	（43位）
バーディ率	4.000	（19位）
イーグル率	23.000	（87位）
ドライビングディスタンス	289.21	（43位）
フェアウェイキープ率	58.605	（34位）
サンドセーブ率	50.000	（45位）
トータルドライビング	77	（16位）
生涯獲得賞金	16,270,466円	（695位）

賞金と順位（△はABEMAツアーランクによる出場権獲得）

'20-'21＝0円
　'22＝　3,931,000円　108位
△'23＝12,339,466円　71位

杉浦悠太

Yuta SUGIURA

出場資格：'23ダンロップフェニックス優勝

ツアー1勝
('23)ダンロップフェニックス(アマチュア時代)

ABEMAツアー(チャレンジ)1勝
('23)ダンロップフェニックスチャレンジ in ふくしま(アマチュア時代)

'23ツアーの全成績：2試合

カシオワールドオープン …………予落
ゴルフ日本シリーズJTカップ …………18T

所属:日本大学
生年月日:2001(H13).9.12
身長、体重:172cm／74kg
血液型:A型
出身地:愛知県
出身校:日本大学
スポーツ歴:
ゴルフ歴:3歳〜
プロ転向:2023年
プロ転向後ツアーデビュー戦:
　'23カシオワールドオープン
得意クラブ:アプローチ
ベストスコア:64
　('23ダンロップフェニックス
　1R＝アマチュア時代)
アマ時代の主な優勝歴:
　('18)日本ジュニア、('22)ノ
　ムラカップアジア太平洋ア
　マ(個人・団体)、('23)ダン
　ロップフェニックスチャレン
　ジ、ダンロップフェニックス

　愛知県高浜市出身で高校は福井工大附属福井へ。2年時の2018年『日本ジュニア』で1学年上の中島啓太らを抑えて優勝した。高校時代からナショナルチームでも活躍。日本大学3年になった22年の『ノムラカップアジア太平洋アマ』では個人1位で日本の団体優勝に貢献している。同年の『日本オープン』ではアマで優勝した蝉川泰果に注目が集まる中、しっかり3位に食い込んでみせた。

　大学最終年の23年もナショナルチームとして海外を飛び回り、国内では9月にABEMAツアー『ダンロップフェニックスチャレンジ』最終日に64をマークして9位から逆転優勝を果たす。これで出場権をつかんだ『ダンロップフェニックス』では2日目に単独首位に立つとそのまま逃げ切って史上7人目(73年以降)のアマ優勝を成し遂げた。

　その日のうちにプロ転向して翌週の『カシオワールド』でプロデビュー。本格始動する今季は大きな注目が集まる。

'23部門別データ		
賞金	1,765,593円	(127位)
メルセデス・ベンツトータルポイント		—
平均ストローク	73.435	(参考)
平均パット	1.7761	(参考)
パーキープ率	78.704	(参考)
パーオン率	62.037	(参考)
バーディ率	3.167	(参考)
イーグル率		—
ドライビングディスタンス	286.50	(参考)
フェアウェイキープ率	54.762	(参考)
サンドセーブ率	25.000	(参考)
トータルドライビング		—
生涯獲得賞金	1,765,593円	(1623位)

賞金と順位

'23= 1,765,593円　127位

杉原大河

Taiga SUGIHARA

ツアー未勝利

ABEMAツアー（チャレンジ）2勝
（'19）石川遼everyone PROJECT Challenge（アマチュア時代）、（'23）Novil Cup

所属：フリー
生年月日：1999(H11).11.4
身長、体重：175cm／80kg
血液型：A型
出身地：徳島県
出身校：東北福祉大学
ゴルフ歴：5歳〜
プロ転向：2021年
プロ転向後ツアーデビュー戦：
　'21ダンロップフェニックス
　トーナメント
ベストスコア：64
　（'23ASO飯塚チャレンジド
　ゴルフ3R）
アマ時代の主な優勝：（'18）国
　民体育大会個人・団体、
　東北アマ、関東学生、（'19）
　石川遼everyone PROJ
　ECT Challenge、日本学
　生ゴルフ王座決定戦、
　（'20）日本オープンローアマ

'23のツアー全成績：20試合	
東建ホームメイトカップ	予落
関西オープン	予落
中日クラウンズ	9T
ゴルフパートナーPRO-AM	予落
〜全英への道〜ミズノオープン	28T
BMW日本ゴルフツアー選手権森ビルカップ	予落
ASO飯塚チャレンジドゴルフ	34T
JPC by サトウ食品	予落
長嶋茂雄INVITATIONALセガサミーカップ	5T
横浜ミナトChampionship	予落
Sansan KBCオーガスタ	予落
フジサンケイクラシック	予落
ANAオープン	48T
パナソニックオープン	予落
バンテリン東海クラシック	45T
ACNチャンピオンシップ	12T
マイナビABCチャンピオンシップ	28T
三井住友VISA太平洋マスターズ	3T
ダンロップフェニックス	31T
カシオワールドオープン	18T

　徳島市出身。ハンディ3の父親の影響でゴルフを始める。2011年『全国小学生大会』を制し、13年には『全国中学選手権』で優勝。翌14年には『世界ジュニア（13〜14歳の部）』も制覇した。徳島・生光学園高校から東北福祉大学に進み19年にはABEMAツアー史上3人目のアマ優勝。20年の『日本オープン』では5位となり、大会史上初めてアマに門戸を開いた21年『日本ゴルフツアー選手権』で堂々3位に食い込んだ。

　同年の『三井住友VISA太平洋マスターズ』では8位に。すると、プロなら10位以内で次戦の出場権が得られることからプロ転向を決断。翌週の『ダンロップフェニックス』でプロデビューした。22年はABEMAツアー賞金ランク10位に。23年はABEMAツアー開幕戦でプロ初勝利を挙げて勢いをつけ、『三井住友VISA太平洋マスターズ』の3位で初シードを確定させた。ドライビングディスタンス2位の飛距離が魅力だ。

'23部門別データ	
賞金	26,408,906円 （36位）
メルセデス・ベンツトータルポイント	440 （44位）
平均ストローク	71.693 （42位）
平均パット	1.7619 （36位）
パーキープ率	84.767 （37位）
パーオン率	65.860 （46位）
バーディ率	4.000 （19位）
イーグル率	31.000 （92位）
ドライビングディスタンス	312.99 （2位）
フェアウェイキープ率	44.983 （106位）
サンドセーブ率	48.193 （60位）
トータルドライビング	108 （54位）
生涯獲得賞金	27,120,306円 （550位）

賞金と順位（◎は賞金ランク、△はABEMAツアーランクによる出場権獲得）

'20-'21＝0円
△'22＝　　711,400円　164位
◎'23＝26,408,906円　36位

杉本エリック

Eric SUGIMOTO

ツア　未勝利

ABEMAツアー(チャレンジ)1勝
('19)大山どりカップ

所属:加賀電子
生年月日:1993(H5).11.1
身長、体重:170cm／63kg
血液型:A型
出身地:千葉県
出身校:南カリフォルニア大学
ゴルフ歴:7歳〜
プロ転向:2016年
デビュー戦:'16 69 vianca
　Colombia Open
日本ツアーデビュー戦:
　'17長嶋茂雄INVITATIONAL
　セガサミーカップ
ベストスコア:63
　('21ゴルフパートナー
　PRO-AM1R・4R、
　'22ISPS HANDA 欧州・
　日本1R)
アマ時代の主な戦歴:
　('13)Big West Conference
　優勝、全米パブリックリンクス
　ベスト4、('14)PAC12チャンピ
　オンシップ4位、('15)NCAA
　団体戦準優勝

'23のツアー全成績：24試合

東建ホームメイトカップ	予落
関西オープン	29T
中日クラウンズ	棄権
ゴルフパートナー PRO-AM	予落
〜全英への道〜ミズノオープン	予落
BMW日本ゴルフツアー選手権森ビルカップ	予落
ASO飯塚チャレンジゴルフ	予落
ハナ銀行インビテーショナル	39T
JPC by サトウ食品	10T
長嶋茂雄INVITATIONALセガサミーカップ	予落
日本プロゴルフ選手権	42T
横浜ミナトChampionship	13T
Sansan KBCオーガスタ	41T
フジサンケイクラシック	予落
Shinhan Donghae Open	予落
ANAオープン	予落
パナソニックオープン	6T
バンテリン東海クラシック	予落
ACNチャンピオンシップ	予落
日本オープン	予落
マイナビABCチャンピオンシップ	20T
三井住友VISA太平洋マスターズ	57T
ダンロップフェニックス	予落
カシオワールドオープン	10T

千葉県生まれで本名は拓也。両親とも専修大学ゴルフ部だった。1歳の時に父親の仕事の関係で米国カリフォルニア州サンディエゴに移住。小さいころから地元のプロにゴルフを教わって腕を上げ、南カリフォルニア大学2年時の2012年には『全米パブリックリンクス』でベスト4。東京五輪金メダルのX・シャウフェレとは幼なじみだ。

大学卒業後にプロ転向。17年『セガサミーカップ』の予選会参戦のため来日して出場権をつかむと初日4位発進して注目を集めた。これを機に日本でプレーすることになり19年はABEMAツアーでプロ初優勝。賞金ランク3位に食い込んだ。21年『ジャパンプレーヤーズ選手権』では最終日に猛追。18番のボギーで1打差2位に終わったが初シード獲得につなげた。22年もシードを守り、23年は『カシオワールド』の10位で圏外から逆転シード入りを決めた。今年は弟のスティーブも日本ツアーに参戦する。

'23部門別データ

賞金	15,090,395円	(59位)
メルセデス・ベンツトータルポイント	493	(52位)
平均ストローク	71.904	(58位)
平均パット	1.7742	(55位)
パーキープ率	84.494	(47位)
パーオン率	64.511	(65位)
バーディ率	3.478	(71位)
イーグル率	11.167	(39位)
ドライビングディスタンス	276.43	(87位)
フェアウェイキープ率	64.111	(10位)
サンドセーブ率	48.052	(61位)
トータルドライビング	97	(43位)
生涯獲得賞金	58,444,419円	(403位)

賞金と順位(◎は賞金ランク、△はABEMAツアーランクによる出場権獲得)

'17= 2,644,285円 128位
'18= 2,231,012円 137位
△'19=0円
◎'20-'21= 21,345,427円 47位
◎'22= 17,133,300円 48位
◎'23= 15,090,395円 59位

杉山知靖

Tomoyasu SUGIYAMA

賞金ランキング46位

ツアー1勝
('21)ブリヂストンオープン

ABEMAツアー（チャレンジ）1勝
('21)JAPAN PLAYERS CHAMPIONSHP CHALLENGE

所属:中央日本土地建物
　グループ
生年月日:1993(H5).4.28
身長、体重:173cm／75kg
血液型:A型
出身地:神奈川県
出身校:中央学院大学
スポーツ歴:競泳、野球
ゴルフ歴:5歳〜
プロ転向:2015年
プロ転向後ツアーデビュー戦:
　'16 〜全英への道〜ミズノ
　オープン
得意クラブ:ユーティリティ2番
ベストスコア:62
　('21)ブリヂストンオープン3R)
アマ時代の主な戦歴:('13)日
　本アマ準優勝、
　('14)神奈川県アマ優勝、
　('15)関東学生準優勝

'23のツアー全成績：23試合

東建ホームメイトカップ	60T
関西オープン	予落
ISPS HANDA 欧州・日本	59T
中日クラウンズ	42T
ゴルフパートナー PRO-AM	29T
〜全英への道〜ミズノオープン	64T
BMW日本ゴルフツアー選手権森ビルカップ	棄権
ASO飯塚チャレンジドゴルフ	予落
ハナ銀行インビテーショナル	予落
JPC by サトウ食品	41T
長嶋茂雄INVITATIONALセガサミーカップ	39T
Sansan KBCオーガスタ	予落
フジサンケイクラシック	予落
Shinhan Donghae Open	予落
ANAオープン	10
パナソニックオープン	11T
バンテリン東海クラシック	58T
ACNチャンピオンシップ	59T
日本オープン	32T
マイナビABCチャンピオンシップ	予落
三井住友VISA太平洋マスターズ	9T
ダンロップフェニックス	15T
カシオワールドオープン	13T

横浜市出身。祖母の影響でクラブを握り、実家近くの練習場で内田豊プロに教わって腕を上げた。高校は高知県の明徳義塾に進学。『四国ジュニア』や『四国高校選手権』などで優勝を飾った。中央学院大学2年時の2013年には初出場の『日本アマ』で2位に入っている。

大学4年時の15年にプロ宣言。マンデーから出場の18年『セガサミーカップ』では最終日最終組を初体験した。同年の『日本オープン』ではアルバトロスを達成している。19年はABEMAツアーで賞金ランク6位に入り、翌シーズン前半戦の出場権を手にした。

飛躍したのは21年。まず7月にABEMAツアーで初優勝。10月には『ブリヂストンオープン』3日目に大会タイの62を叩き出して初めて首位で最終日へ向かうと、そのまま押し切ってレギュラーツアーでも初優勝をつかんだ。23年は平均飛距離が大幅上昇。イーグルは自己最高の10個を記録した。

'23部門別データ

賞金	20,848,070円	(46位)
メルセデス・ベンツトータルポイント	435	(43位)
平均ストローク	71.845	(52位)
平均パット	1.7706	(50位)
パーキープ率	84.296	(51位)
パーオン率	65.630	(48位)
バーディ率	3.680	(49位)
イーグル率	7.500	(11位)
ドライビングディスタンス	295.56	(23位)
フェアウェイキープ率	55.778	(54位)
サンドセーブ率	40.230	(97位)
トータルドライビング	77	(16位)
生涯獲得賞金	95,322,033円	(314位)

賞金と順位(◎は賞金ランク、△はABEMAツアーランクによる出場権獲得)

'16=	0円	
'17=	2,464,800円	133位
'18=	2,337,800円	133位
△'19=	251,000円	188位
◎'20-21=	43,877,089円	24位
◎'22=	25,543,274円	35位

◎'23= 20,848,070円　46位

鈴木晃祐

Kosuke SUZUKI

ツア 未勝利

ABEMAツアー（チャレンジ）2勝
（'23）i Golf Shaper Challenge in 筑紫ヶ丘、JAPAN PLAYERS CHAMPIONSHIP in FUKUI

所属:ロピア
生年月日:2000（H12）.7.30
身長、体重:172cm／63kg
血液型:AB型
出身地:千葉県
出身校:東北福祉大学
スポーツ歴:
ゴルフ歴:8歳〜
プロ転向:2022年
プロ転向後ツアーデビュー戦:
'23関西オープン
得意クラブ:
ベストスコア:63
　（'22アジアパシフィックオープンダイヤモンドカップ4R＝アマチュア時代）
アマ時代の主な戦歴:（'17）日本ジュニア優勝、（'19）日本アマ4位、（'21）日本アマ3位、（'22）アジアパシフィックオープン2位

'23ツアーの全成績：18試合

関西オープン	3T
中日クラウンズ	予落
ゴルフパートナーPRO-AM	予落
〜全英への道〜ミズノオープン	7
BMW日本ゴルフツアー選手権森ビルカップ	15T
JPC by サトウ食品	予落
長嶋茂雄INVITATIONALセガサミーカップ	5T
横浜ミナトChampionship	5T
Sansan KBCオーガスタ	3T
フジサンケイクラシック	9T
ANAオープン	44T
パナソニックオープン	40T
ACNチャンピオンシップ	19T
日本オープン	予落
マイナビABCチャンピオンシップ	54T
三井住友VISA太平洋マスターズ	予落
カシオワールドオープン	32T
ゴルフ日本シリーズJTカップ	22T

千葉県野田市出身。家族で楽しめるようにと始めたゴルフでジュニア時代から頭角を現し、西武台千葉高校2年の2017年に『日本ジュニア』を制覇した。東北福祉大時代は『日本アマ』で19年4位、21年3位に入り、『日本オープン』では初出場の20年から3年連続で決勝ラウンドに進出。22年の『アジアパシフィックオープン』最終日に難関大洗GCで63を叩き出し、7打差19位から優勝戦線に急浮上。最終的には1打差2位に食い込んだ。8月には『全米アマ』の大舞台も経験している。

プロデビューした23年は初戦の『関西オープン』で最終日にホールインワンを決めるなどして3位に食い込む。すると翌週はABEMAツアーで初優勝を飾り、次戦でも優勝。勢いに乗ってレギュラーツアーで夏場に4戦連続トップ10に入って初シードを不動にした。賞金ランク1、2位の中島啓太、蝉川泰果らと同じ00年生まれ。受ける刺激を初優勝につなげたい。

'23部門別データ

項目	数値	順位
賞金	30,371,582円	（29位）
メルセデス・ベンツトータルポイント	318	（20位）
平均ストローク	71.043	（15位）
平均パット	1.7466	（19位）
パーキープ率	83.871	（60位）
パーオン率	67.115	（28位）
バーディ率	4.258	（6位）
イーグル率	7.750	（13位）
ドライビングディスタンス	293.93	（27位）
フェアウェイキープ率	56.978	（45位）
サンドセーブ率	38.272	（105位）
トータルドライビング	72	（11位）
生涯獲得賞金	30,371,582円	（523位）

賞金と順位（◎は賞金ランクによる出場権獲得）

◎'23= 30,371,582円　29位

砂川公佑

Kosuke SUNAGAWA

出場資格：QTランク1位

ツアー未勝利

所属:オークラ輸送機
生年月日:1998(H10).4.23
身長、体重:166cm／74kg
血液型:O型
出身地:兵庫県
出身校:大阪学院大学
スポーツ歴:
ゴルフ歴:5歳〜
プロ転向:2020年
プロ転向後ツアーデビュー戦:
　'21東建ホームメイトカップ
得意クラブ:
ベストスコア:64
　('23ゴルフパートナーPRO-
　AM1R、4R)
アマ時代の主な戦歴:
　('16)関西ジュニア優勝、
　('17)日本アマ2位、('19)日
　本学生優勝、朝日杯全日
　本学生優勝

'23ツアーの全成績：13試合

東建ホームメイトカップ	予落
関西オープン	棄権
ゴルフパートナーPRO-AM	29T
〜全英への道〜ミズノオープン	予落
BMW日本ゴルフツアー選手権森ビルカップ	予落
ASO飯塚チャレンジドゴルフ	42T
JPC by サトウ食品	58T
長嶋茂雄INVITATIONALセガサミーカップ	30T
横浜ミナトChampionship	予落
Sansan KBCオーガスタ	35T
フジサンケイクラシック	予落
ANAオープン	16T
パナソニックオープン	予落

　兵庫県高砂市出身。物心つくころには短く切ったクラブを使って庭で遊んでいた。滝川二高3年の時『関西ジュニア』で2日間13アンダーを叩き出して6打差の圧勝。大阪学院大学に進み、1年時の2017年には『日本アマ』で1打差2位。最終ホールのボギーが響いた。3年になった19年には『日本学生』と『朝日杯』の2冠を達成。『ブリヂストンオープン』では6位に食い込んで清水大成と共にベストアマを獲得している。

　20年にプロ転向。21年のQTはファイナルに進めず、22年はABEMAツアーが主戦場となった。全14戦に出場してトップ10が2回。『ジャパンクリエイトチャレンジin福岡雷山』では首位タイで最終日に入ったが6位に終わっている。

　QT10位で臨んだ23年はツアー自己最多の13試合に出場した。シードには届かなかったが経験を積み、12月のファイナルQTでは見事に優勝。今季の出場権をつかんだ。

'23部門別データ

賞金	3,751,416円	（109位）
メルセデス・ベンツトータルポイント	415	（41位）
平均ストローク	72.127	（71位）
平均パット	1.7543	（30位）
パーキープ率	85.470	（27位）
パーオン率	66.382	（38位）
バーディ率	3.667	（52位）
イーグル率	19.500	（84位）
ドライビングディスタンス	273.63	（95位）
フェアウェイキープ率	63.119	（14位）
サンドセーブ率	61.538	（4位）
トータルドライビング	109	（55位）
生涯獲得賞金	4,814,516円	（1136位）

賞金と順位(□はQTランクによる出場権獲得)

'20-'21=	703,100円	172位
'22=	360,000円	192位
□'23=	3,751,416円	109位

蟬川泰果

Taiga SEMIKAWA

賞金ランキング2位

ツアー　4勝
('22)パナソニックオープン（アマチュア時代）、日本オープン（アマチュア時代）、('23)関西オープン、ゴルフ日本シリーズJTカップ

ABEMAツアー（チャレンジ）1勝
('22)ジャパンクリエイトチャレンジin福岡雷山（アマチュア時代）

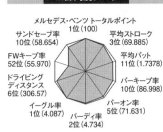

所属:アース製薬
生年月日:2001（H13）.1.11
身長、体重:175cm／77kg
血液型:A型
出身地:兵庫県
出身校:東北福祉大学
スポーツ歴:
ゴルフ歴:1歳〜
プロ転向:2022年
プロ転向後ツアーデビュー戦:
'22マイナビABCチャンピオンシップ
得意クラブ:
ベストスコア:61
（'22パナソニックオープン
3R＝アマチュア時代、
'23バンテリン東海クラシック1R）
アマ時代の主な優勝歴:
('17)関西ジュニア、('18)
国民体育大会、('22)ジャパンクリエイトチャレンジin福岡雷山、パナソニックオープン、日本オープン

'23ツアーの全成績：26試合(内、海外メジャー1試合)

東建ホームメイトカップ	11T
関西オープン	優勝
ISPS HANDA 欧州・日本	45T
中日クラウンズ	3
ゴルフパートナー PRO-AM	2T
〜全英への道〜ミズノオープン	5T
BMW日本ゴルフツアー選手権森ビルカップ	15T
ASO飯塚チャレンジドゴルフ	14T
ハナ銀行インビテーショナル	31T
JPC by サトウ食品	22T
長嶋茂雄INVITATIONALセガサミーカップ	30T
☆全英オープン	予落
日本プロゴルフ選手権	2T
横浜ミナトChampionship	2
Sansan KBCオーガスタ	予落
フジサンケイクラシック	19T
ANAオープン	6T
パナソニックオープン	予落
バンテリン東海クラシック	13
ACNチャンピオンシップ	12T
日本オープン	36T
マイナビABCチャンピオンシップ	3T
三井住友VISA太平洋マスターズ	予落
ダンロップフェニックス	2T
カシオワールドオープン	10T
ゴルフ日本シリーズJTカップ	優勝

☆は賞金ランキングに加算する海外競技

賞金王は同い年の中島啓太に譲ったがフル参戦1年目で『日本シリーズ』など2勝を挙げて賞金ランク2位と活躍。歴代最多23個のイーグルを奪うなど攻撃的なプレーでも魅了した。

兵庫県加東市出身。名前・泰果の由来はタイガー・ウッズだ。ジュニア時代から実力は高く大阪・興国高校時代には『関西ジュニア』などで優勝している。東北福祉大学4年になった2022年には歴史的な偉業を成し遂げる。まずは6月にABEMAツアーの『ジャパンクリエイトチャレンジin福岡雷山』で最終日に63を叩き出して優勝。夏にはナショナルチームの一員として『世界アマ』に挑み個人2位。帰国後9月の『パナソニックオープン』3日目にアマ新記録の61をマークして首位に並ぶと、最終日は岩﨑亜久竜に競り勝って史上6人目（73年以降）のアマ優勝を果たした。10月には『日本オープン』まで制して史上初のアマ2勝目を挙げ、同月31日にプロ転向を表明した。

'23部門別データ

メルセデス・ベンツ トータルポイント
1位（100）
サンドセーブ率 10位（58.654）
平均ストローク 3位（69.885）
FWキープ率 52位（55.970）
平均パット 11位（1.7378）
ドライビングディスタンス 6位（306.57）
パーキープ率 10位（86.998）
イーグル率 1位（4.087）
パーオン率 5位（71.631）
バーディ率 2位（4.734）

トータルドライビング＝58（6位）
獲得賞金＝155,819,749円（2位）
生涯獲得賞金＝167,139,092円（218位）

賞金と順位（◎は賞金ランクによるシード権獲得）

'22= 11,319,343円　71位
◎'23=155,819,749円　2位

宋　永漢（ソン　ヨンハン）

Young-Han SONG

ツアー 2勝
（'16）SMBCシンガポールオープン、（'23）Sansan KBCオーガスタ

所属:Shinhan Financial Group
生年月日:1991(H3).7.12
身長、体重:179cm／71kg
血液型:O型
出身地:韓国
出身校:韓国体育大学
スポーツ歴:サッカー
ゴルフ歴:12歳〜
プロ転向:2011年
日本でのツアーデビュー戦:
　'13タイランドオープン
得意クラブ:パター、3番ウッド
ベストスコア:63
　（'16SMBCシンガポール
　オープン2R、'21ゴルフパー
　トナー PRO-AM3R、'23パ
　ナソニックオープン1R）
プレーオフ:0勝2敗

'23のツアー全成績：24試合

東建ホームメイトカップ	11T
関西オープン	17T
中日クラウンズ	42T
ゴルフパートナー PRO-AM	予落
〜全英への道〜ミズノオープン	36T
BMW日本ゴルフツアー選手権森ビルカップ	2T
ASO飯塚チャレンジドゴルフ	14T
ハナ銀行インビテーショナル	8T
JPC by サトウ食品	26T
長嶋茂雄INVITATIONALセガサミーカップ	15T
日本プロゴルフ選手権	11
横浜ミナトChampionship	13T
Sansan KBCオーガスタ	優勝
フジサンケイクラシック	19T
Shinhan Donghae Open	25T
ANAオープン	2T
パナソニックオープン	2T
ACNチャンピオンシップ	2
日本オープン	51T
マイナビABCチャンピオンシップ	7
三井住友VISA太平洋マスターズ	9T
ダンロップフェニックス	17T
カシオワールドオープン	2T
ゴルフ日本シリーズJTカップ	4

アマ時代に『世界大学選手権』など多くの国際舞台を経験し20歳でプロ転向。2013年から日本を主戦場として同年賞金シードを獲得する。15年には『日本ゴルフツアー選手権』で2位に入るなどして賞金ランク15位に上昇。最優秀新人賞に輝いた。

16年は『SMBCシンガポールオープン』で当時世界ランク1位のJ・スピースを1打抑える大金星で初優勝を飾る。10月の『HONMA TOURWORLD CUP』では池田勇太と2日がか

り計9ホールのプレーオフを戦い惜しくも敗退。賞金ランクは自己最高の4位に入った。

19年から兵役に入り、21年に復帰。10位以内4回の堅実さで3年越しのシード維持を果たした。22年は終盤まで大苦戦していたが『カシオワールド』の6位で逆転シード。23年は『Sansan KBCオーガスタ』で7年ぶりの優勝をつかんだほか予選落ち1回だけの堅実さで自身初の1億円超えを記録。パーオン率は1位に輝いた。

'23部門別データ

メルセデス・ベンツ トータルポイント
4位（227）

サンドセーブ率 26位（53.409）
平均ストローク 4位（70.040）
FWキープ率 21位（60.760）
平均パット 58位（1.7747）
ドライビングディスタンス 49位（287.15）
パーキープ率 1位（90.130）
イーグル率 55位（13.429）
パーオン率 1位（74.291）
バーディ率 11位（4.117）

トータルドライビング=70（9位）
獲 得 賞 金=110,545,499円（4位）
生涯獲得賞金=432,369,596円（86位）

賞金と順位(◎は賞金ランクよる出場権獲得)

◎'13=	16,228,130円	61位	'19=ナシ	
◎'14=	22,922,807円	49位	◎'20-'21= 22,929,517円	44位
◎'15=	59,972,148円	15位	◎'22= 16,411,975円	51位
◎'16=	91,562,130円	4位	◎'23=110,545,499円	4位
◎'17=	69,269,309円	10位		
◎'18=	22,528,081円	47位		

竹安俊也

Shunya TAKEYASU

賞金ランキング40位

ツアー未勝利

所属:フリー
生年月日:1992(H4).10.12
身長、体重:175cm／77kg
血液型:O型
出身地:兵庫県
出身校:東北福祉大学
スポーツ歴:野球
ゴルフ歴:10歳～
プロ転向:2014年
プロ転向後ツアーデビュー戦:
　'15東建ホームメイトカップ
得意クラブ:アイアン
ベストスコア:64
　('21ISPS HANDA ガツー
　ンと飛ばせ3R、'23ASO飯
　塚チャレンジド2R、マイナビ
　ABC選手権4R):
アマ時代の主な戦歴:
　('07)関西ジュニア優勝、
　('10)全国高校ゴルフ選手
　権優勝、('14)国体成年男
　子個人・団体優勝

'23のツアー全成績:24試合

東建ホームメイトカップ	53T
ISPS HANDA 欧州・日本	予落
中日クラウンズ	35T
ゴルフパートナー PRO-AM	予落
～全英への道～ミズノオープン	8T
BMW日本ゴルフツアー選手権森ビルカップ	24T
ASO飯塚チャレンジドゴルフ	9T
ハナ銀行インビテーショナル	52T
JPC by サトウ食品	41T
長嶋茂雄INVITATIONALセガサミーカップ	予落
日本プロゴルフ選手権	18T
横浜ミナトChampionship	15T
Sansan KBCオーガスタ	予落
フジサンケイクラシック	24T
Shinhan Donghae Open	25T
ANAオープン	棄権
パナソニックオープン	26T
バンテリン東海クラシック	8T
ACNチャンピオンシップ	63
日本オープン	55T
マイナビABCチャンピオンシップ	8T
三井住友VISA太平洋マスターズ	53T
ダンロップフェニックス	予落
カシオワールドオープン	56T

兄の練習についていったことからゴルフに興味を持つ。父親の教えで腕を上げ、中学3年の2007年に『関西ジュニア』で優勝。高校は故郷兵庫県を離れて茨城県の強豪・鹿島学園に。3年時には『全国高校選手権』で優勝を果たしている。

東北福祉大学4年時の14年にQTに挑戦してプロ宣言。16年には戦いの場をアジアンツアーに求め、下部ツアーで2戦目に優勝する。アジアンツアーでも『トーナメント・プレーヤーズ選手権』で2位に入るなどしてシードを手にした。17年は国内を主戦場にして初シード獲得。18年の『日本オープン』では最終日最終組を初体験した。

19年にシード落ち。巻き返しを図った22年は決勝ラウンドに進めなかったのが2試合だけの堅実さで賞金ランクは自己最高の39位に食い込み、3季ぶりのシード復帰を果たした。23年もその座を維持。『ASO飯塚チャレンジド』2日目にはアルバトロスを達成した。

'23部門別データ

賞金	22,433,152円	(40位)
メルセデス・ベンツトータルポイント	372	(33位)
平均ストローク	71.499	(36位)
平均パット	1.7645	(41位)
パーキープ率	84.553	(45位)
パーオン率	64.837	(60位)
バーディ率	3.780	(40位)
イーグル率	13.667	(57位)
ドライビングディスタンス	286.93	(50位)
フェアウェイキープ率	57.367	(41位)
サンドセーブ率	64.655	(2位)
トータルドライビング	91	(29位)
生涯獲得賞金	99,732,789円	(306位)

賞金と順位(◎は賞金ランクによる出場権獲得)

'15=	1,154,366円	155位	
'16=	0円		
◎'17=	16,860,881円	57位	
◎'18=	21,639,458円	49位	
'19=	8,648,306円	79位	
20-21=	7,220,750円	85位	

◎'22= 21,775,876円　39位
◎'23= 22,433,152円　40位

谷口　徹

Toru TANIGUCHI

出場資格：'18日本プロ優勝

ツアー20勝
('98)三菱ギャラン、('00)アコムインターナショナル、フィリップモリス、
('02)東建コーポレーションカップ、タマノイ酢よみうりオープン、アコムインターナショナル、
ジョージア東海クラシック、('04)日本オープン、ブリヂストンオープン、
('05)カシオワールドオープン、('06)ザ・ゴルフトーナメントin御前崎、
('07)ウッドワンオープン広島、長嶋茂雄INVITATIONALセガサミーカップ、日本オープン、
('09)ANAオープン、('10)日本プロ日清カップヌードル杯、('11)ブリヂストンオープン、
('12)日本プロ日清カップヌードル杯、ブリヂストンオープン、('18)日本プロ

所属:フリー
生年月日:1968(S43).2.10
身長、体重:169cm／72kg
血液型:O型
出身地:奈良県
出身校:同志社大学
スポーツ歴:テニス、野球
ゴルフ歴:13歳〜
プロ転向:1992年
プロ転向後ツアーデビュー戦:
　'92全日空オープン
得意クラブ:パター
ベストスコア:61
　('02東建コーポレーション
　カップ4R,'10ゴルフ日本シ
　リーズJTカップ4R)
プレーオフ:3勝4敗

シニア2勝
('19)日本シニアオープン、('21)スターツシニア

代表歴:ワールドカップ('08)、ザ・ロイヤルトロフィ('07、'09)、日韓対抗戦('12)

'23のツアー全成績：14試合

東建ホームメイトカップ	66T
関西オープン	予落
中日クラウンズ	予落
〜全英への道〜ミズノオープン	予落
BMW日本ゴルフツアー選手権森ビルカップ	予落
長嶋茂雄INVITATIONALセガサミーカップ	56
日本プロゴルフ選手権	予落
パナソニックオープン	予落
バンテリン東海クラシック	予落
ACNチャンピオンシップ	43T
マイナビABCチャンピオンシップ	予落
三井住友VISA太平洋マスターズ	予落
ダンロップフェニックス	54T
カシオワールドオープン	予落

　大学時代までは目立った活躍はなくプロ入り後も無名時代が続いたが、1998年の『三菱ギャラン』で初優勝してから頭角を現す。2000年は最終戦で片山晋呉に逆転されたが賞金ランク2位の最高額を記録。02年には4勝を挙げて賞金王に輝いた。07年には2度目の『日本オープン』制覇など3勝して片山の4年連続賞金王を阻止。12年は藤田寛之と最終戦まで賞金王を争って2位。自身8度目の年間1億円突破も果たしている。

　18年の『日本プロ』では最終ホールのバーディで藤本佳則に並びプレーオフで勝利。大会最年長の50歳で頂点に立ち、ツアー史上10人目の通算20勝にも到達した。『日本プロ』『日本オープン』は合わせて5勝。これは過去7人しか達成していないという快挙である。19年は『日本シニアオープン』を制したがツアーでは22年間維持した賞金シードを失った。今年は『日本プロ』優勝の5年シード最終年。存在感を示したい。

'23部門別データ

賞金	1,481,842円 (133位)
メルセデス・ベンツトータルポイント	812 (105位)
平均ストローク	73.841 (106位)
平均パット	1.7943 (80位)
パーキープ率	78.086 (107位)
パーオン率	54.012 (106位)
バーディ率	2.639 (107位)
イーグル率	—
ドライビングディスタンス	257.04 (107位)
フェアウェイキープ率	53.571 (69位)
サンドセーブ率	53.247 (27位)
トータルドライビング	176 (105位)
生涯獲得賞金	1,666,522,661円 (3位)

賞金と順位(◎は賞金ランク、△はABEMAツアーランクによる出場権獲得)

'92=0円	◎'00=175,829,742円　2位	◎'08= 48,231,595円　26位	◎'16= 10,921,900円　80位
△'93=ナシ	◎'01=111,686,284円　5位	◎'09= 54,841,100円　20位	◎'17= 32,364,700円　32位
'94= 7,955,928円　109位	◎'02=145,440,341円　1位	◎'10=103,020,730円　6位	◎'18= 40,216,992円　26位
'95=0円	◎'03= 34,483,800円　34位	◎'11= 96,888,944円　4位	'19= 4,331,759円　104位
◎'96= 17,651,200円　67位	◎'04=101,773,301円　2位	◎'12=162,686,994円　2位	20-21= 7,173,463円　86位
◎'97= 20,558,070円　59位	◎'05= 64,907,775円　7位	◎'13= 28,773,520円　38位	'22= 2,833,600円　117位
◎'98= 49,515,691円　18位	◎'06=113,468,445円　4位	◎'14= 24,262,860円　47位	'23= 1,481,842円　133位
◎'99= 69,837,799円　11位	◎'07=171,744,498円　1位	◎'15= 23,639,788円　47位	

84

谷原秀人

Hideto TANIHARA

賞金ランキング14位

所属:国際スポーツ振興協会
生年月日:1978(S53).11.16
身長、体重:178cm/80kg
血液型:O型
出身地:広島県
出身校:東北福祉大学
スポーツ歴:野球
ゴルフ歴:12歳～
プロ転向:2001年
プロ転向後ツアーデビュー戦:
　'02東建コーポレーションカップ
得意クラブ:アイアン
ベストスコア:62
　('16ブリヂストンオープン1R)
プレーオフ:3勝2敗
アマ時代の主な優勝歴:
　('97、'98、'99)中国アマ
　('98)アジア大会団体金メダル

ツアー19勝

('03)マンダムルシードよみうりオープン、('04)2003アジア・ジャパン沖縄オープン、('06)JCBクラシック仙台、サン・クロレラクラシック、('07)フジサンケイクラシック、サントリーオープン、('08)マンシングウェアオープンKSBカップ、アジアパシフィックパナソニックオープン、('10)VanaH杯KBCオーガスタ、('13)三井住友VISA太平洋マスターズ、('15)HEIWA・PGM CHAMPIONSHIP、('16)長嶋茂雄INVITATIONALセガサミーカップ、日本プロ 日清カップヌードル杯、HEIWA・PGM CHAMPIONSHIP、('21)三井住友VISA太平洋マスターズ、ゴルフ日本シリーズJTカップ、('22)ゴルフ日本シリーズJTカップ、('23)JAPAN PLAYERS CHAMPIONSHIP by サトウ食品、ANAオープン

ABEMAツアー(チャレンジ)1勝

('02)PRGR CUP関西

代表歴:日韓対抗戦('04、'12)、ワールドカップ('06、'07、'13、'18)、ザ・ロイヤルトロフィ('09)

'23のツアー全成績:15試合

ISPS HANDA 欧州・日本	51T	マイナビABCチャンピオンシップ	14T
中日クラウンズ	13T	三井住友VISA太平洋マスターズ	23T
～全英への道～ミズノオープン	予落	ダンロップフェニックス	41T
BMW日本ゴルフツアー選手権森ビルカップ	24T	ゴルフ日本シリーズJTカップ	6
ASO飯塚チャレンジゴルフ	14T		
JPC by サトウ食品	優勝		
長嶋茂雄INVITATIONALセガサミーカップ	20T		
ANAオープン	優勝		
パナソニックオープン	21T		
バンテリン東海クラシック	23T		
日本オープン	53T		

瀬戸内高校時代に広島・松永CCのクラブ選手権で2年連続優勝。東北福祉大時代には個人のビッグタイトルはなかったが、プロ入り後に素質が開花した。2003年の『マンダムルシードよみうりオープン』で尾崎将司を逆転して初優勝し、05年には米国ツアーにも参戦し、06年の『全英オープン』では5位に入った。12年から3年連続で平均パット1位のパット巧者。16年は池田勇太と賞金王を争って2度目の賞金ランク2位となり生涯獲得賞金10億円突破も果たした。

18、19年は欧州中心に戦い、日本に戻った20～21年は終盤に覚醒。21年の『三井住友VISA太平洋マスターズ』で5年ぶりの優勝を果たすと『日本シリーズ』も制した。選手会長に就任した22年はなかなか優勝争いに加われなかったが『日本シリーズ』で4打差5位から65で逆転。大会連覇を飾った。23年は2勝を挙げて通算19勝に。73年以降11人しか到達していない20勝に王手をかけた。

'23部門別データ

賞金	49,670,033円	(14位)
メルセデス・ベンツトータルポイント	284	(12位)
平均ストローク	70.677	(8位)
平均パット	1.7351	(10位)
パーキープ率	87.548	(7位)
パーオン率	67.720	(21位)
バーディ率	3.966	(21位)
イーグル率	14.500	(61位)
ドライビングディスタンス	274.76	(91位)
フェアウェイキープ率	60.468	(24位)
サンドセーブ率	50.633	(41位)
トータルドライビング	115	(63位)
生涯獲得賞金	1,297,384,409円	(8位)

賞金と順位(◎は賞金ランクによる出場権獲得)

'02=	10,029,600円	78位	◎'08=110,414,719円	4位	◎'14= 77,492,097円	8位	◎20-21=111,599,542円	4位
◎'03= 47,746,180円	16位	◎'09= 93,023,446円	29位	◎'15= 87,208,490円	7位	◎'22= 55,572,143円	14位
◎'04= 70,854,178円	7位	◎'10= 43,886,755円	18位	◎'16=171,902,867円	2位	◎'23= 49,670,033円	14位
※'05= 29,653,800円	42位	◎'11= 15,717,489円	65位	◎'17= 18,746,636円	55位		
◎'06=119,888,517円	2位	◎'12= 67,020,505円	13位	'18=ナシ			
◎'07= 77,622,976円	4位	◎'13= 91,134,436円	6位	'19= 1,600,000円	128位	※規定試合数不足

塚田陽亮

Yosuke TSUKADA

ツアー 1勝
('16)日本ゴルフツアー選手権 森ビルカップ Shishido Hills

所属:ホクト
生年月日:1985(S60).5.24
身長、体重:173cm／80kg
血液型:A型
出身地:長野県
出身校:USA BRADENTON
　　　ACADEMY
スポーツ歴:野球
ゴルフ歴:10歳～
プロ転向:2008年
プロ転向後ツアーデビュー戦:
　'10つるやオープン
得意クラブ:ドライバー
ベストスコア:63
　('15関西オープン4R、
　'23ゴルフパートナー PRO-
　AM4R)
アマ時代の主な戦歴:
　('06)朝日杯日本学生4位

'23のツアー全成績：24試合

東建ホームメイトカップ	予落
関西オープン	予落
中日クラウンズ	予落
ゴルフパートナー PRO-AM	4T
～全英への道～ミズノオープン	36T
BMW日本ゴルフツアー選手権森ビルカップ	56
ASO飯塚チャレンジドゴルフ	6T
ハナ銀行インビテーショナル	42T
JPC by サトウ食品	19T
長嶋茂雄INVITATIONALセガサミーカップ	39T
日本プロゴルフ選手権	12T
横浜ミナトChampionship	58
Sansan KBCオーガスタ	49T
フジサンケイクラシック	61T
Shinhan Donghae Open	25T
ANAオープン	棄権
パナソニックオープン	8T
バンテリン東海クラシック	27T
ACNチャンピオンシップ	31T
日本オープン	予落
マイナビABCチャンピオンシップ	23T
三井住友VISA太平洋マスターズ	29T
ダンロップフェニックス	26T
カシオワールドオープン	18T

　長野県生まれ。10歳でゴルフを始め、中学は群馬県のゴルフアカデミーに通うために同県の新島学園に入学。中学3年時には渡米してIMGアカデミーに4年半在籍。ポーラ・クリーマーらと一緒に腕を磨いた。帰国後は名古屋商科大学に進み、2006年の『朝日杯日本学生』で4位に入っている。

　08年にプロ転向。アジアでも戦いながら腕を上げ、12年にチャレンジ賞金ランク5位でツアーへの道を拓くと翌13年に

シードを獲得した。16年、初優勝を『日本ゴルフツアー選手権』のビッグタイトルで飾る。4打差12位で迎えた最終日に66を叩き出しての逆転劇だった。同年は『全英オープン』で初めてメジャーの舞台も経験している。

　18年にシードを手放すが1年で復帰。現在4季連続でシードを維持している。23年はドライビングディスタンスが自己最高の305.06ヤードを記録して部門7位に。40歳が近づくが若い選手に負けていない。

'23部門別データ

賞金	23,882,872円	（39位）
メルセデス・ベンツトータルポイント	325	（22位）
平均ストローク	71.362	（30位）
平均パット	1.7557	（31位）
パーキープ率	85.163	（30位）
パーオン率	68.366	（17位）
バーディ率	3.965	（22位）
イーグル率	10.625	（35位）
ドライビングディスタンス	305.06	（7位）
フェアウェイキープ率	52.397	（79位）
サンドセーブ率	46.602	（74位）
トータルドライビング	86	（23位）
生涯獲得賞金	210,293,516円	（172位）

賞金と順位(◎は賞金ランク、△はABEMAツアーランクによる出場権獲得)

'10= 2,084,880円 120位	◎'16= 39,816,934円 28位	◎'23= 23,882,872円 39位
'11=0円	◎'17= 16,848,572円 58位	
△'12= 5,553,333円 100位	'18= 4,557,742円 112位	
◎'13= 17,107,142円 58位	◎'19= 12,817,324円 62位	
◎'14= 27,590,393円 42位	◎'20-21= 27,746,961円 33位	
◎'15= 19,469,361円 56位	◎'22= 12,818,002円 64位	

J・デロスサントス（デロスサントス ジャスティン）

Justin De Los SANTOS　　　　　**賞金ランキング35位**

ツアー未勝利

ABEMAツアー（チャレンジ）1勝
（'19）ジャパンクリエイトチャレンジin 福岡雷山

'23ツアーの全成績：25試合

東建ホームメイトカップ …………予落	三井住友VISA太平洋マスターズ ……6T
関西オープン …………………44T	ダンロップフェニックス ……………41T
ISPS HANDA 欧州・日本 ………予落	カシオワールドオープン ……………39T
中日クラウンズ…………………予落	
ゴルフパートナー PRO-AM …………14T	
～全英への道～ミズノオープン ……19T	
BMW日本ゴルフツアー選手権森ビルカップ…9T	
ASO飯塚チャレンジドゴルフ…………25T	
ハナ銀行インビテーショナル…………42T	
JPC by サトウ食品 ……………10T	
長嶋茂雄INVITATIONALセガサミーカップ…57T	
日本プロゴルフ選手権………………49T	
横浜ミナトChampionship …………予落	
Sansan KBCオーガスタ …………7T	
フジサンケイクラシック………………予落	
Shinhan Donghae Open …………44T	
ANAオープン ……………………予落	
パナソニックオープン ………………予落	
バンテリン東海クラシック……………14T	
ACNチャンピオンシップ …………19T	
日本オープン ……………………32T	
マイナビABCチャンピオンシップ ……28T	

所属:JOYXGC上月C
生年月日:1995(H7).9.2
身長、体重:177cm／75kg
血液型:
出身地:フィリピン
出身校:カリフォルニア・ポリ
　テクニック州立大学
スポーツ歴:空手
ゴルフ歴:4歳～
プロ転向:2017年
ツアーデビュー戦:
　カリフォルニア州オープン
日本でのツアーデビュー戦:
　'19関西オープン
ベストスコア:63
　（'21パナソニックオープン
　3R、'23ゴルフパートナー
　PRO-AM4R、JPC by サト
　ウ食品2R、ACN選手権1R）
アマ時代の主な優勝歴:
　ロサンゼルスジュニア、
　（'17）ロサンゼルスシティアマ

　米国カリフォルニア州ロサンゼルス出身。両親はフィリピン人で4歳の時、父親の手ほどきでクラブを握った。子供のころは空手もやっており2段を有している。ジュニア時代に『ロサンゼルスジュニア』で優勝し、カリフォルニア・ポリテクニック州立大学時代は2015年「ビッグウェストカンファレンス」の個人王者に。17年には『ロサンゼルスシティアマ』などで優勝。16、17年には『全米アマ』への出場も果たしている。

　17年にプロ転向し、日本には19年から参戦。ABEMAツアーで1勝した。20-21年は賞金ランク72位でシードにあと一歩届かず。22年は『ISPS HANDA』3日目に首位に並んで初の最終日最終組を経験。『ミズノオープン』4位で初のメジャー切符を手にし、『ANAオープン』ではアルバトロス達成と随所で見せ場をつくり初シードも獲得した。23年もシードを維持。年間で63を3回マークするなど波に乗った時の爆発力は高い。

'23部門別データ

賞金	26,416,396円	（35位）
メルセデス・ベンツトータルポイント	296	（15位）
平均ストローク	71.395	（32位）
平均パット	1.7654	（43位）
パーキープ率	85.401	（28位）
パーオン率	67.119	（27位）
バーディ率	3.884	（28位）
イーグル率	12.286	（47位）
ドライビングディスタンス	291.88	（35位）
フェアウェイキープ率	57.024	（44位）
サンドセーブ率	57.944	（12位）
トータルドライビング	79	（19位）
生涯獲得賞金	64,731,381円	（383位）

賞金と順位（◎は賞金ランクによる出場権獲得）

'19=0円
'20-21= 10,917,028円　72位
◎'22= 27,397,957円　32位
◎'23= 26,416,396円　35位

時松隆光

Ryuko TOKIMATSU

賞金ランキング53位

ツアー 3勝
('16)ダンロップ・スリクソン福島オープン、('17)ブリヂストンオープン、('18)関西オープン

ABEMAツアー(チャレンジ)1勝
('16)ジャパンクリエイトチャレンジin福岡雷山

所属:ロピア
生年月日:1993(H5).9.7
身長、体重:169cm／75kg
血液型:AB型
出身地:福岡県
出身校:沖学園高校
ゴルフ歴:5歳〜
プロ転向:2012年
プロ転向後ツアーデビュー戦:
　'12キヤノンオープン
ベストスコア:63
　('16ダンロップ・スリクソン
　福島オープン3R、'21ダン
　ロップ・スリクソン福島オー
　プン1R)
プレーオフ:0勝3敗
アマ時代の主な戦歴:
　('11)九州アマ優勝

'23のツアー全成績:25試合

東建ホームメイトカップ …………予落	ダンロップフェニックス ……………41T
関西オープン ……………………21T	カシオワールドオープン ……………10T
ISPS HANDA 欧州・日本 ………予落	
中日クラウンズ …………………42T	
ゴルフパートナー PRO-AM…………予落	
〜全英への道〜ミズノオープン ……28T	
BMW日本ゴルフツアー選手権森ビルカップ …予落	
ASO飯塚チャレンジドゴルフ…………63T	
ハナ銀行インビテーショナル …………8T	
JPC by サトウ食品 ………………22T	
長嶋茂雄INVITATIONALセガサミーカップ …30T	
日本プロゴルフ選手権 ……………予落	
横浜ミナトChampionship ………予落	
Sansan KBCオーガスタ …………予落	
フジサンケイクラシック……………予落	
Shinhan Donghae Open …………11T	
ANAオープン ……………………16T	
パナソニックオープン ……………40T	
バンテリン東海クラシック …………14T	
ACNチャンピオンシップ …………予落	
日本オープン ……………………予落	
マイナビABCチャンピオンシップ ……予落	
三井住友VISA太平洋マスターズ …45T	

小さいころに心臓の手術を受けたことから父親が少しでも元気になってもらいたいとクラブを握らせた。当初からベースボールグリップひと筋。沖学園高校1年時の2009年に『全国高校選手権九州大会』で優勝し、11年には『九州アマ』を制した。

12年にプロ転向。本名は源蔵だが登録名は隆光とした。15年まではシードには届かなかったが16年に状況が一変。7月にチャレンジ初優勝を飾ると、これで出場権を得た『ダンロップ・スリクソン福島オープン』でツアー初優勝を飾ったのだ。

17、18年にも1勝を挙げてトッププロの地位を築いていく。コロナ禍の20−21年は選手会長として苦境打開に向けて東奔西走。優勝こそなかったが存在感は際立っていた。

23年は調子が上がらず自身最終戦の『カシオワールドオープン』でようやくシーズン2回目のトップ10。初シード入りした16年から続いていた『日本シリーズ』出場は逃した。

'23部門別データ

賞金	17,734,061円 (53位)
メルセデス・ベンツトータルポイント	481 (49位)
平均ストローク	71.649 (41位)
平均パット	1.7620 (37位)
パーキープ率	86.182 (18位)
パーオン率	65.527 (51位)
バーディ率	3.487 (70位)
イーグル率	78.000 (102位)
ドライビングディスタンス	264.20 (104位)
フェアウェイキープ率	65.261 (7位)
サンドセーブ率	49.573 (51位)
トータルドライビング	111 (58位)
生涯獲得賞金	336,739,419円 (110位)

賞金と順位(◎は賞金ランクによる出場権獲得)

'12=0円			◎'18=	69,530,017円	9位
'13=	8,469,357円	84位	◎'19=	57,748,084円	13位
'14=	6,372,053円	95位	◎'20-21=	41,722,720円	25位
'15=	3,397,500円	112位	◎'22=	43,275,615円	20位
◎'16=	20,980,449円	54位	◎'23=	17,734,061円	53位
◎'17=	67,509,563円	11位			

中島啓太
Keita NAKAJIMA

賞金ランキング1位

ツアー 4勝
('21)パナソニックオープン（アマチュア時代）、('23)ASO飯塚チャレンジドゴルフ、横浜ミナトChampionship、マイナビABCチャンピオンシップ

所属:フリー
生年月日:2000（H12）.6.24
身長、体重:177cm／75kg
血液型:A型
出身地:埼玉県
出身校:日本体育大学
スポーツ歴:
ゴルフ歴:6歳〜
プロ転向:2022年
プロ転向後ツアーデビュー戦:
　'22パナソニックオープン
ベストスコア:63
　（'23ASO飯塚チャレンジドゴルフ3R、'23JPC byサトウ食品2R、'23マイナビABC選手権1R、'23ゴルフ日本シリーズ1R）
プレーオフ：2勝1敗
アマ時代の主な優勝歴:
　（'18）アジア大会個人・団体、オーストラリアンアマ、('21)アジア・パシフィックアマ、日本アマ、パナソニックオープン、('21、'22)世界アマチュアゴルフランキング第1位

'23ツアーの全成績：24試合（内、海外メジャー1試合）

東建ホームメイトカップ	8T
関西オープン	9
ISPS HANDA 欧州・日本	12T
中日クラウンズ	21T
〜全英への道〜ミズノオープン	2
BMW日本ゴルフツアー選手権森ビルカップ	2T
ASO飯塚チャレンジドゴルフ	優勝
ハナ銀行インビテーショナル	2
JPC by サトウ食品	3T
長嶋茂雄INVITATIONALセガサミーカップ	18T
☆全英オープン	予落
日本プロゴルフ選手権	5T
横浜ミナトChampionship	優勝
Sansan KBCオーガスタ	35T
フジサンケイクラシック	4T
Shinhan Donghae Open	3T
パナソニックオープン	8T
バンテリン東海クラシック	予落
日本オープン	10T
マイナビABCチャンピオンシップ	優勝
三井住友VISA太平洋マスターズ	20T
ダンロップフェニックス	2T
カシオワールドオープン	4
ゴルフ日本シリーズJTカップ	2T

☆は賞金ランキングに加算する海外競技

　フル参戦1年目の2023年、見事賞金王に輝いた。6月の『ASO飯塚チャレンジド』で金谷拓実とのプレーオフを制してプロ初勝利を挙げると翌週の『ハナ銀行インビテーショナル』で金谷を抜いて初めて賞金ランク1位に立つ。ここから金谷と激しく賞金王を争い最後は『マイナビABC』優勝で奪い返した1位の座を守り切った。トップ5は13回を数え5週連続最終日最終組など卓越した安定感でつかんだ頂点だった。

　15年、中学3年時の『日本アマ』決勝で金谷と戦い2位。代々木高校時代の18年には『アジア大会』で団体・個人とも金メダルを獲得し、『豪州アマ』も制した。日体大3年の21年には『パナソニックオープン』で史上5人目（73年以降）となるアマチュア優勝。同年には『アジア・パシフィックアマ』を制し、22年『マスターズ』に出場した。多くの栄光を引っ提げて同年9月にプロ転向。いきなりその実力を見せつけた。

'23部門別データ

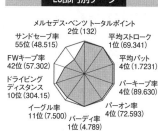

メルセデス・ベンツ トータルポイント 2位（132）
サンドセーブ率 55位（48.515）
平均ストローク 1位（69.341）
FWキープ率 42位（57.302）
平均パット 4位（1.7231）
ドライビングディスタンス 10位（304.15）
パーキープ率 4位（89.630）
イーグル率 11位（7.500）
パーオン率 4位（72.593）
バーディ率 1位（4.789）

トータルドライビング＝52（2位）
獲得賞金＝184,986,179円（1位）
生涯獲得賞金＝199,807,321円（180位）

賞金と順位（◎は賞金ランクによる出場権獲得）

※'22= 14,821,142円　59位
◎'23=184,986,179円　1位

※は規定試合数不足

長野泰雅

Taiga NAGANO

ツアー未勝利

所属:福岡地行
生年月日:2003(H15).5.6
身長、体重:170cm／75kg
血液型:A型
出身地:福岡県
出身校:沖学園高校
スポーツ歴:
ゴルフ歴:9歳〜
プロ転向:2021年
プロ転向後ツアーデビュー戦:
　'22ゴルフパートナー PRO-AM
得意クラブ:
ベストスコア:60
　('23JPC by サトウ食品2R)
プレーオフ:0勝1敗
アマ時代の主な優勝歴:
　('19)国体個人・団体、
　('21)九州ジュニア

'23ツアーの全成績：25試合	
東建ホームメイトカップ	8T
関西オープン	15T
ISPS HANDA 欧州・日本	予落
中日クラウンズ	21T
ゴルフパートナー PRO-AM	50T
〜全英への道〜ミズノオープン	36T
BMW日本ゴルフツアー選手権森ビルカップ	31T
ASO飯塚チャレンジドゴルフ	予落
ハナ銀行インビテーショナル	12T
JPC by サトウ食品	2
長嶋茂雄INVITATIONALセガサミーカップ	15T
日本プロゴルフ選手権	58T
横浜ミナトChampionship	予落
Sansan KBCオーガスタ	49T
フジサンケイクラシック	28T
Shinhan Donghae Open	予落
ANAオープン	予落
パナソニックオープン	4
バンテリン東海クラシック	58T
ACNチャンピオンシップ	予落
日本オープン	36T
マイナビABCチャンピオンシップ	34T
三井住友VISA太平洋マスターズ	29T
ダンロップフェニックス	57T
カシオワールドオープン	予落

福岡県篠栗町出身。九州シニア優勝歴のある父・清一さんの影響でゴルフを始める。沖学園高校1年の2019年に『国体少年男子』で団体・個人の2冠を達成。3年生になった21年にQTに挑み、ファイナルには進めなかったがプロ転向した。

プロでは1年目から躍動する。まず3月にローカル大会の『東急大分オープン』で比嘉一貴をプレーオフで下して優勝。ツアーでは6月に『ASO飯塚チャレンジド』で優勝争いを繰り広げて自身2戦目にして6位に食い込んだ。8月の『Sansan KBCオーガスタ』では2日目に初めての首位も経験し、9月にはプロテストでトップ合格。そして『日本オープン』の3位でシード入りを決定付けた。

23年『ジャパンプレーヤーズ選手権』2日目にはツアータイ記録の1ラウンド12アンダーをマークして首位タイに浮上。3日目以降もスコアを伸ばしたが谷原秀人にプレーオフで敗れ、初優勝はお預けとなった。

'23部門別データ		
賞金	26,368,033円	(37位)
メルセデス・ベンツトータルポイント	371	(32位)
平均ストローク	71.276	(27位)
平均パット	1.7725	(53位)
パーキープ率	84.884	(34位)
パーオン率	69.703	(9位)
バーディ率	4.047	(15位)
イーグル率	12.286	(47位)
ドライビングディスタンス	299.47	(15位)
フェアウェイキープ率	53.372	(73位)
サンドセーブ率	40.164	(98位)
トータルドライビング	88	(27位)
生涯獲得賞金	56,605,392円	(407位)

賞金と順位(◎は賞金ランクによる出場権獲得)

◎'22= 30,237,359円　30位
◎'23= 26,368,033円　37位

永野竜太郎

Ryutaro NAGANO

賞金ランキング9位

ツアー未勝利

所属:フリー
生年月日:1988(S63).5.6
身長、体重:181cm／85kg
血液型:O型
出身地:熊本県
出身校:水城高校
ゴルフ歴:10歳〜
プロ転向:2008年
プロ転向後ツアーデビュー戦:
　'09東建ホームメイトカップ
得意クラブ:ロングアイアン
ベストスコア:63
　('17中日クラウンズ3R、
　'23パナソニックオープン
　1R)
プレーオフ:0勝1敗
アマ時代の主な戦歴:
　('05)日本アマ2位、('06)全
　国高校ゴルフ選手権優勝、
　全日本パブリック選手権優勝

'23のツアー全成績:20試合(内、海外メジャー1試合)

東建ホームメイトカップ	11T
関西オープン	5
ISPS HANDA 欧州・日本	23T
中日クラウンズ	予落
〜全英への道〜ミズノオープン	54T
BMW日本ゴルフツアー選手権森ビルカップ	予落
☆全米オープン	20T
JPC by サトウ食品	29T
長嶋茂雄INVITATIONALセガサミーカップ	4
日本プロゴルフ選手権	29T
横浜ミナトChampionship	4
Sansan KBCオーガスタ	2
フジサンケイクラシック	15T
Shinhan Donghae Open	19T
パナソニックオープン	5
バンテリン東海クラシック	14T
日本オープン	41T
マイナビABCチャンピオンシップ	11T
三井住友VISA太平洋マスターズ	37T
ダンロップフェニックス	予落

☆は賞金ランキングに加算する海外競技

祖父が経営する牧場につくられた練習場で腕を磨き、中学1年で熊本空港CCのクラブ選手権に優勝。水城高校2年時の『日本アマ』では決勝で金庚泰に敗れたがその名を広めた。東北福祉大学2年時の2008年にプロ転向。期待が高かったが3年間は苦戦続きだった。

12年についに初シードを獲得。16年は平均ストロークが初めて71を切り、賞金ランクを18位にまで上げた。18年にシード落ちするがすぐに復帰。21年は『ミ

ズノオープン』の2位で『全英オープン』出場権をつかみ初めてメジャーの舞台に立った。『パナソニックオープン』では1打リードで最終ホールへ。だが、ボギーを叩き、プレーオフで当時アマの中島啓太に敗れた。22年にパーキープ率自己ベストを記録するなど安定感が増し、23年は初出場の『全米オープン』で20位と健闘する。国内では5位以内が5回。初優勝には届かなかったが賞金ランクは自己最高の9位に入った。

'23部門別データ

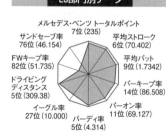

メルセデス・ベンツ トータルポイント
7位(235)
サンドセーブ率 76位(46.154)
平均ストローク 6位(70.402)
FWキープ率 82位(51.735)
平均パット 9位(1.7342)
ドライビングディスタンス 5位(309.38)
パーキープ率 14位(86.508)
イーグル率 27位(10.000)
パーオン率 11位(69.127)
バーディ率 5位(4.314)

トータルドライビング=87 (25位)
獲 得 賞 金=72,067,027円 (9位)
生涯獲得賞金=358,675,168円(104位)

賞金と順位(◎は賞金ランク、□はQTランクによる出場権獲得)

'09=	7,294,457円	88位	◎'15= 48,904,833円	22位	◎'22= 26,665,154円	34位
'10=	3,939,052円	106位	◎'16= 45,927,502円	18位	◎'23= 72,067,027円	9位
'11=	2,006,428円	127位	'17= 30,338,582円	38位		
◎'12=	16,481,404円	62位	□'18= 9,747,394円	84位		
◎'13=	15,671,850円	63位	'19= 16,134,380円	53位		
◎'14=	15,816,847円	62位	'20-21= 47,680,258円	21位		

鍋谷太一

Taichi NABETANI

賞金ランキング7位

ツアー1勝
('23)カシオワールドオープン

所属:国際スポーツ振興協会
生年月日:1996(H8).6.19
身長、体重:177cm／74kg
血液型:A型
出身地:大阪府
出身校:大阪学芸高校
スポーツ歴:
ゴルフ歴:8歳～
プロ転向:2012年
プロ転向後ツアーデビュー戦:
　'12日本オープン
ベストスコア:65
　('13TOSHIN GOLF TOUR-
　NAMENT IN Central 1R、
　'19RIZAP KBCオーガスタ
　3R、'23ゴルフ日本シリーズ
　1R)
アマ時代の主な優勝歴:
　('11)フジサンケイジュニア、
　ロレックスジュニアチャンピ
　オンシップ、('12)関西ジュ
　ニア

'23ツアーの全成績：24試合

東建ホームメイトカップ	予落
関西オープン	予落
ISPS HANDA 欧州・日本	予落
中日クラウンズ	49T
ゴルフパートナー PRO-AM	14T
～全英への道～ミズノオープン	予落
BMW日本ゴルフツアー選手権森ビルカップ	31T
ASO飯塚チャレンジドゴルフ	9T
ハナ銀行インビテーショナル	12T
長嶋茂雄INVITATIONALセガサミーカップ	18T
日本プロゴルフ選手権	棄権
横浜ミナトChampionship	予落
Sansan KBCオーガスタ	3T
フジサンケイクラシック	3
ANAオープン	20T
パナソニックオープン	21T
バンテリン東海クラシック	8T
ACNチャンピオンシップ	棄権
日本オープン	10T
マイナビABCチャンピオンシップ	予落
三井住友VISA太平洋マスターズ	予落
ダンロップフェニックス	17T
カシオワールドオープン	優勝
ゴルフ日本シリーズJTカップ	12T

ティーチングプロの資格を持ち大阪市内で練習場を経営する父親の忠治さんから指導を受けて成長した。大阪学芸高校1年時の2012年に『関西ジュニア』で優勝すると同年はQTに挑戦し9月には16歳でプロ宣言。高校に通いながらプロ生活をスタートさせた。

海外にも積極的に挑戦し、米国のミニツアーやアジアの下部ツアーにも参戦。国内では21年のABEMAツアーで賞金ランク4位に入り、この資格で前半戦出場権を得た22年は開幕戦で自己ベストの6位に食い込んで勢いをつけプロ11年目でついに初シードをつかみ取った。

23年は夏場に2週連続3位に入って地力アップを証明。そして11月の『カシオワールドオープン』では17、18番連続バーディで鮮やかに上位を抜き去って初優勝を飾った。

バーディ率は下がったがパーキープ率が前年の48位から6位に急上昇。スコアメイク力の成長が結果につながった。

'23部門別データ

メルセデス・ベンツ トータルポイント
16位(298)

サンドセーブ率
19位(54.545)

平均ストローク
12位(70.926)

FWキープ率
48位(56.638)

平均パット
17位(1.7438)

ドライビング
ディスタンス
57位(285.48)

パーキープ率
6位(87.556)

イーグル率
37位(10.714)

パーオン率
48位(65.630)

バーディ率
54位(3.653)

トータルドライビング=105（47位）
獲 得 賞 金=73,499,300円（7位）
生涯獲得賞金=119,822,058円（270位）

賞金と順位(◎は賞金ランク、△はABEMAツアーランクによる出場権獲得)

'12=	0円		'18=	3,759,000円	115位
'13=	986,666円	179位	'19=	2,405,750円	115位
'14=	740,000円	173位	△'20-'21=	10,306,250円	75位
'15=	2,079,428円	129位	◎'22=	17,552,455円	45位
'16=	997,250円	195位	◎'23=	73,499,300円	7位
'17=	7,495,959円	92位			

西山大広

Taiko NISHIYAMA

賞金ランキング66位

ツアー未勝利

ABEMAツアー（チャレンジ）1勝
（'22）LANDIC CHALLENGE 9

所属:ロピア
生年月日:1997（H9).12.11
身長、体重:165cm／75kg
血液型:O型
出身地:香川県
出身校:東北福祉大学
ゴルフ歴:9歳〜
プロ転向:2019年
プロ転向後ツアーデビュー戦:
　'20フジサンケイクラシック
ベストスコア:62
　（'23ゴルフパートナーPRO-
　AM1R）
アマ時代の主な戦歴:
　（'15）四国ジュニア優勝、
　（'16）東北アマ優勝

'23のツアー全成績：21試合

東建ホームメイトカップ	予落
関西オープン	予落
中日クラウンズ	予落
ゴルフパートナーPRO-AM	7T
〜全英への道〜ミズノオープン	8T
BMW日本ゴルフツアー選手権森ビルカップ	39T
ASO飯塚チャレンジドゴルフ	予落
ハナ銀行インビテーショナル	予落
JPC by サトウ食品	予落
長嶋茂雄INVITATIONALセガサミーカップ	30T
日本プロゴルフ選手権	61T
横浜ミナトChampionship	予落
Sansan KBCオーガスタ	62T
フジサンケイクラシック	9T
ANAオープン	44T
パナソニックオープン	予落
バンテリン東海クラシック	58T
ACNチャンピオンシップ	43T
日本オープン	棄権
マイナビABCチャンピオンシップ	50T
カシオワールドオープン	13T

香川県三豊市出身。父の勧めで9歳からゴルフを始めた。自宅から数分の場所に強豪ゴルフ部を有する香川西高校があり、同校に進学。『四国ジュニア』や『西日本アマ』など数々の大会を制した。大学は東北福祉大学へ。1年時の2016年に『東北アマ』で5打差の快勝を飾っている。4年になった19年にはQTに挑戦して勝ち上がり、ツアーメンバーの資格を得た。
　ルーキーとして臨んだ20-21年は賞金ランク79位でシード獲得はならなかったが『ダンロップ・スリクソン福島オープン』8位など健闘。『セガサミーカップ』2日目には初めての首位も経験した。ABEMAツアーが主戦場となった22年は『LANDIC CHALLENGE9』で初優勝。賞金ランク4位に入った。
　23年はフル参戦してトップ10が3回と善戦するも『カシオワールドオープン』を迎えた時点では賞金ランク77位とシード圏外。だが13位に食い込み、大逆転で初シードをモノにした。

'23部門別データ

賞金	13,470,499円	（66位）
メルセデス・ベンツトータルポイント	497	（53位）
平均ストローク	71.848	（53位）
平均パット	1.8200	（100位）
パーキープ率	84.462	（48位）
パーオン率	65.104	（54位）
バーディ率	3.391	（81位）
イーグル率	8.000	（15位）
ドライビングディスタンス	287.82	（48位）
フェアウェイキープ率	59.351	（30位）
サンドセーブ率	46.914	（68位）
トータルドライビング	78	（18位）
生涯獲得賞金	25,360,232円	（564位）

賞金と順位（◎は賞金ランク、△はABEMAツアーランクによる出場権獲得）

'20-21=	9,481,233円	79位
△'22=	2,408,500円	127位
◎'23=	13,470,499円	66位

S・ノリス（ノリス ショーン）

Shaun NORRIS

賞金ランキング24位

所属:JOYXGC上月C
生年月日:1982(S57).5.14
身長、体重:188cm／100kg
血液型:O型
出身地:南アフリカ
出身校:Die Wilgers Hoerskool
ゴルフ歴:7歳〜
プロ転向:2002年
日本でのツアーデビュー戦:
　'16レオパレス21ミャンマー
　オープン
ベストスコア:60
　('21ゴルフパートナー
　PRO-AM1R)
プレーオフ:1勝1敗

ツアー6勝

('16)レオパレス21ミャンマーオープン、('17)日本ゴルフツアー選手権森ビルカップShishido Hills、('18)HEIWA・PGM CHAMPIONSHIP、('19)トップ杯東海クラシック、('21)ゴルフパートナー PRO-AM、日本オープン

インターナショナルツアー4勝

('08)アフリカオープン(南ア)、('11)ナッシュアマスターズ(南ア)、
('15)Yeangderトーナメントプレーヤーズ選手権(台湾・アジア)
('22)スティンシティ選手権(欧州・南ア)

'23のツアー全成績：20試合

関西オープン	予落	マイナビABCチャンピオンシップ	2
ISPS HANDA 欧州・日本	棄権	三井住友VISA太平洋マスターズ	37T
〜全英への道〜ミズノオープン	28T	ダンロップフェニックス	17T
BMW日本ゴルフツアー選手権森ビルカップ	6		
ハナ銀行インビテーショナル	予落		
JPC by サトウ食品	45T		
長嶋茂雄INVITATIONALセガサミーカップ	予落		
日本プロゴルフ選手権	予落		
横浜ミナトChampionship	予落		
Sansan KBCオーガスタ	予落		
フジサンケイクラシック	39		
Shinhan Donghae Open	19T		
ANAオープン	予落		
パナソニックオープン	40T		
バンテリン東海クラシック	23T		
ACNチャンピオンシップ	3		
日本オープン	8T		

南アフリカのプレトリア生まれ。ゴルフと並行してラグビーやクリケットなどもやっていたが高校進学時にゴルフを選んだ。2002年にプロ転向し、母国のサンシャインツアーで2勝。15年からはアジアンツアーに参戦して1勝。16年に日亜共同主管競技『レオパレス21ミャンマーオープン』で優勝し、以降は日本ツアーを主戦場にした。

2018、19年は最終戦まで今平周吾と賞金王を争ってランク2位。20年はコロナ禍で来日できず、復帰した21年は『日本オープン』など2勝を挙げて日本での勝利数を「6」に伸ばした。22年は3月に母国開催の『スティンシティ選手権』で欧州ツアー初優勝。母国ツアーとしては11年ぶりの3勝目で21-22年シーズン賞金王に輝いた。同年、日本では出場6試合にとどまったが、23年は再び日本を主戦場に。優勝はなかったが『マイナビABCチャンピオンシップ』2日目に大会新の61を叩き出すなど存在感を示した。

'23部門別データ

賞金	37,043,117円	(24位)
メルセデス・ベンツトータルポイント	343	(26位)
平均ストローク	71.315	(28位)
平均パット	1.7450	(18位)
パーキープ率	84.744	(38位)
パーオン率	66.755	(34位)
バーディ率	3.810	(38位)
イーグル率	10.500	(33位)
ドライビングディスタンス	298.21	(18位)
フェアウェイキープ率	55.909	(53位)
サンドセーブ率	44.444	(83位)
トータルドライビング	71	(10位)
生涯獲得賞金	484,260,868円	(74位)

賞金と順位（◎は賞金ランクによる出場権獲得）

◎'16=	29,534,371円	43位	◎'23= 37,043,117円	24位
◎'17=	85,128,663円	7位		
◎'18=	103,942,450円	2位		
◎'19=	145,044,149円	2位		
◎'20-21=	75,813,047円	12位		
'22=	7,755,071円	88位		

J・パグンサン（パグンサン ジュビック）

Juvic PAGUNSAN

賞金ランキング41位

ツアー2勝
('21)～全英への道～ミズノオープン、('23)ゴルフパートナー PRO-AM

インターナショナルツアー1勝
('07)インドネシア・プレジデント招待（アジア）

その他：'11アジアンツアー賞金王

代表歴：オリンピック('21)

所属:フリー
生年月日:1978(S53).5.11
身長、体重:168cm／62kg
血液型:AB型
出身地:フィリピン
出 身 校:Paglaum National High School
ゴルフ歴:15歳～
プロ転向:2006年
デビュー戦:'06Razon Cup（フィリピン）
日本でのツアーデビュー戦:'08パナソニックオープン
得意クラブ:パター
日本でのベストスコア:63（'23ゴルフパートナー PRO-AM2R）
アマ時代の主な優勝歴:('05)フィリピンアマ、タイランドアマ、マレーシアアマチュアオープン

'23のツアー全成績：23試合

東建ホームメイトカップ	70T
関西オープン	予落
ISPS HANDA 欧州・日本	棄権
中日クラウンズ	35T
ゴルフパートナー PRO-AM	優勝
～全英への道～ミズノオープン	予落
BMW日本ゴルフツアー選手権森ビルカップ	31T
ASO飯塚チャレンジゴルフ	14T
ハナ銀行インビテーショナル	26T
JPC by サトウ食品	51T
長嶋茂雄INVITATIONALセガサミーカップ	予落
日本プロゴルフ選手権	予落
横浜ミナトChampionship	予落
Sansan KBCオーガスタ	予落
パナソニックオープン	34T
バンテリン東海クラシック	31T
ACNチャンピオンシップ	62
日本オープン	55T
マイナビABCチャンピオンシップ	失格
三井住友VISA太平洋マスターズ	64
ダンロップフェニックス	31T
カシオワールドオープン	棄権
ゴルフ日本シリーズJTカップ	26T

プロゴルファーの父親の教えでゴルフを始めた。20代後半まではアマチュアとしてプレーし、母国の『フィリピンアマ』をはじめ、タイやマレーシアのアマチュア選手権など多くのタイトルを獲得している。

2006年にプロ転向し、同年はアジアンツアーで賞金ランク7位に入ってルーキー・オブ・ザ・イヤーを受賞した。11年は未勝利ながらアジアンツアー賞金王に輝き、12年から日本ツアーを主戦場に。残り2ホールで2打リードから逆転された12年『日本オープン』など7回の2位を経験した後、21年の『ミズノオープン』でついに初優勝を飾る。コロナ禍の特例で自らバッグを担ぎ、クラブは11本だけという異例のプレーだったが3打差首位から逃げ切った。同年夏には東京五輪にフィリピン代表として出場している。23年の『ゴルフパートナー PRO-AM』ではおなじみになった"セルフプレー"で蟬川泰果との最終組対決を制して2勝目を飾った。

'23部門別データ

賞金	21,273,881円	(41位)
メルセデス・ベンツトータルポイント	541	(68位)
平均ストローク	71.981	(63位)
平均パット	1.7717	(51位)
パーキープ率	83.942	(56位)
パーオン率	61.416	(94位)
バーディ率	3.671	(51位)
イーグル率	14.600	(62位)
ドライビングディスタンス	281.85	(73位)
フェアウェイキープ率	53.763	(68位)
サンドセーブ率	54.206	(23位)
トータルドライビング	141	(94位)
生涯獲得賞金	278,004,038円	(135位)

賞金と順位（◎は賞金ランクによる出場権獲得）

'08=	1,686,666円	152位	◎'14=	32,191,873円	33位	◎'20-21=	28,987,943円	31位
'09=0円			◎'15=	11,541,375円	72位	◎'22=	15,276,996円	57位
'10=0円			◎'16=	20,982,485円	53位	◎'23=	21,273,881円	41位
'11=	697,500円	173位	◎'17=	30,491,615円	37位			
◎'12=	40,868,107円	27位	◎'18=	21,535,714円	50位			
◎'13=	29,312,118円	37位	◎'19=	23,157,765円	40位			

幡地隆寛

Takahiro HATAJI

ツアー未勝利

インターナショナルツアー1勝
('24)ニュージーランドオープン(豪州)

'23のツアー全成績：23試合

東建ホームメイトカップ	53T
関西オープン	2
中日クラウンズ	予落
ゴルフパートナー PRO-AM	14T
～全英への道～ミズノオープン	36T
BMW日本ゴルフツアー選手権森ビルカップ	失格
ASO飯塚チャレンジドゴルフ	4
ハナ銀行インビテーショナル	予落
長嶋茂雄INVITATIONALセガサミーカップ	予落
日本プロゴルフ選手権	予落
横浜ミナトChampionship	予落
Sansan KBCオーガスタ	失格
フジサンケイクラシック	予落
ANAオープン	予落
パナソニックオープン	47T
バンテリン東海クラシック	18T
ACNチャンピオンシップ	50T
日本オープン	3T
マイナビABCチャンピオンシップ	39T
三井住友VISA太平洋マスターズ	16T
ダンロップフェニックス	4T
カシオワールドオープン	41T
ゴルフ日本シリーズJTカップ	30

所属：ディライトワークス
生年月日：1993(H5).6.30
身長、体重：188cm／98kg
血液型：B型
出身地：広島県
出身校：東北福祉大学
ゴルフ歴：10歳～
プロ転向：2015年
プロ転向後ツアーデビュー戦：
'16東建ホームメイトカップ
得意クラブ：SW
ベストスコア：63
('23ゴルフパートナー PRO-AM4R)
アマ時代の主な戦歴：('14)日本アマベスト16、('15)関東学生優勝

広島県三原市出身。高校はゴルフ部に入るため隣県岡山の作陽へ進み、『日本ジュニア』3位などの成績を残す。東北福祉大学時代4年の2015年には『関東学生』で優勝を手にした。

同年12月にプロ宣言。18年まで予選通過ゼロだったが19年は初シードまであと一歩に迫り、抜群の飛距離でも注目を集めた。翌シーズンは21年の『日本ゴルフツアー選手権』の5位で勢いをつけ、『三井住友VISA太平洋マスターズ』では初の最終日最終組を経験して4位。初シードをつかみ取りドライビングディスタンスではC・キムを抑えて初の1位に輝いた。23年は『関西オープン』最終日66で自己最高の2位を記録。『ダンロップフェニックス』でも66で19位から4位に急上昇するなど最終日の奮闘が目立ち4位以内が4回。賞金ランクを自己ベストの18位に上げた。そして今年3月、豪亜共催の『ニュージーランドオープン』で1打差3位から逆転。プロ初勝利を飾った。

'23部門別データ

賞金	41,719,720円 (18位)
メルセデス・ベンツトータルポイント	353 (28位)
平均ストローク	71.724 (44位)
平均パット	1.7768 (61位)
パーキープ率	82.562 (80位)
パーオン率	67.130 (26位)
バーディ率	4.097 (12位)
イーグル率	5.143 (2位)
ドライビングディスタンス	309.40 (4位)
フェアウェイキープ率	53.426 (71位)
サンドセーブ率	49.438 (53位)
トータルドライビング	75 (13位)
生涯獲得賞金	95,211,976円 (315位)

賞金と順位(◎は賞金ランク、△はABEMAツアーランクによる出場権獲得)

'16=0円
'17=0円
△'18=0円
'19= 12,221,550円　67位
◎'20-21= 25,205,231円　39位
◎'22= 16,065,475円　53位
◎'23= 41,719,720円　18位

比嘉一貴

Kazuki HIGA

出場資格：'22賞金ランキング1位

ツアー6勝
('19) RIZAP KBCオーガスタ、('21) 長嶋茂雄INVITATIONALセガサミーカップ、
('22) 関西オープン、BMW日本ゴルフツアー選手権森ビルカップ、Shinhan Donghae
Open、ダンロップフェニックス

ABEMAツアー（チャレンジ）1勝
('18) 南秋田CCみちのくチャレンジ

所属:フリー
生年月日:1995(H7).4.23
身長、体重:158cm／70kg
血液型:B型
出身地:沖縄県
出身校:東北福祉大学
スポーツ歴:
ゴルフ歴:10歳〜
プロ転向:2017年
プロ転向後ツアーデビュー戦:
　'18関西オープン
得意クラブ:全部
ベストスコア:62
　('22ゴルフパートナー
　PRO-AM3R)
アマ時代の主な優勝歴:
　('15) ユニバーシアード大会
　（個人・団体）
　('17) ネイバーズトロフィー
　チーム選手権（個人・団体）、
　関東学生、東北アマ

'23のツアー全成績：9試合（内、海外メジャー3試合）
☆マスターズ …………………………予落
ISPS HANDA 欧州・日本 ………予落
☆全米プロ ……………………………76
ハナ銀行インビテーショナル ………予落
☆全英オープン ………………………予落
日本プロゴルフ選手権 …………予落
横浜ミナトChampionship …………19T
三井住友VISA太平洋マスターズ …37T
ダンロップフェニックス ……………10T
☆は義務試合数不足により賞金ランキングに加算しない海外競技

沖縄の本部高校時代から宮里優作らの父である優さんに師事。『全国高校選手権春季大会』優勝などの成績を収め、ナショナルチームにも選出された。東北福祉大学時代は16年『日本オープン』ローアマなどのタイトルを獲得。『ユニバーシアード』では15年に団体個人とも金メダル、17年は団体金、個人銀に輝くなど海外でも大いに活躍した。

17年にプロ転向したがQTはサードで失格。戦いの場を求めてアジアンツアーに挑み、18、19年と下部ツアーで優勝した。国内では19年『KBCオーガスタ』で初優勝。20−21年シーズンでも1勝すると22年は『日本ゴルフツアー選手権』最終ホールのバーディで初の日本タイトルをつかみ取るなど計4勝。身長158cm、歴代で最も小柄な賞金王が誕生した。

欧州ツアーに参戦した23年は『ヒーローインディアンオープン』の4位が最高成績。ポイントランクは120位で惜しくもシードには届かなかった。

'23部門別データ		
賞金	7,140,000円	（90位）
メルセデス・ベンツトータルポイント		—
平均ストローク	71.770	（参考）
平均パット	1.7760	（参考）
パーキープ率	81.790	（参考）
パーオン率	59.568	（参考）
バーディ率	3.500	（参考）
イーグル率	18.000	（参考）
ドライビングディスタンス	286.19	（参考）
フェアウェイキープ率	59.766	（参考）
サンドセーブ率	51.852	（参考）
トータルドライビング		—
生涯獲得賞金	333,051,320円	（112位）

賞金と順位（◎は賞金ランクによる出場権獲得）		
◎'18=	16,868,209円	60位
◎'19=	57,401,190円	14位
◎'20-21=	70,043,096円	13位
◎'22=	181,598,825円	1位
'23=	7,140,000円	90位

久常 涼

Ryo HISATSUNE

ツアー未勝利

ABEMAツアー（チャレンジ）3勝
（'21）ジャパンクリエイトチャレンジin福岡雷山、南秋田カントリークラブみちのくチャレンジトーナメント、ISPS HANDAヒーローになれ! チャレンジトーナメント

インターナショナルツアー 1勝
（'23）カズー・フランスオープン（欧州）

その他:（'23）サー・ヘンリー・コットン・ルーキー・オブ・ザ・イヤー（欧州ツアー新人賞）

所属:SBSホールディングス
生年月日:2002（H14）.9.9
身長、体重:175cm／75kg
血液型:B型
出身地:岡山県
出身校:作陽高校
スポーツ歴:
ゴルフ歴:3歳〜
プロ転向:2020年
プロ転向後ツアーデビュー戦:
　'21関西オープン
得意クラブ:
ベストスコア:61
　（'22ASO飯塚チャレンジド
　ゴルフ4R）
アマ時代の主な優勝歴:
　（'17）日本ジュニア（12 〜
　14歳の部）優勝、
　（'18）全国高校選手権優勝

'23のツアー全成績：3試合

東建ホームメイトカップ	23T
ISPS HANDA 欧州・日本	予落
日本オープン	45T

岡山・津山東中3年時の2017年に『日本ジュニア（12 〜 14歳の部）』で7打差の圧勝。作陽高校に進んだ18年には1年生で『全国高校選手権』を制し、『KBCオーガスタ』では11位と健闘。翌19年はナショナルチームにも名を連ねた。

高校3年時の20年にQTに挑み、1次で敗退するがプロ転向に踏み切った。21年は推薦出場で上位に入って自力で出場機会を増やし、ABEMAツアーで次々と勝利を挙げる。9月に3勝目を挙げて規程によりレギュラーツアー出場権をつかむと、短期間で好成績を連発して見事に初シードを獲得した。

22年は国内でシードを守ったほか海外にも積極的に参戦。11月には欧州ツアーQT7位で出場権をつかんだ。すると23年9月に『フランスオープン』で欧州ツアー初優勝。トップ10には計8回入り、ルーキー・オブ・ザ・イヤーも獲得したほかポイントランクは17位で今季の米国ツアー出場権も手にした。

'23部門別データ

賞金	2,418,000円	（118位）
メルセデス・ベンツトータルポイント		—
平均ストローク	71.989	（参考）
平均パット	1.7920	（参考）
パーキープ率	83.333	（参考）
パーオン率	69.444	（参考）
バーディ率	3.200	（参考）
イーグル率	10.000	（参考）
ドライビングディスタンス		—
フェアウェイキープ率	57.143	（参考）
サンドセーブ率	47.619	（参考）
トータルドライビング		—
生涯獲得賞金	58,102,942円	（406位）

賞金と順位（◎は賞金ランクによる出場権獲得）

◎'20-'21= 18,599,070円　50位
◎'22= 37,085,872円　24位
　'23= 2,418,000円　118位

平田憲聖

Kensei HIRATA

賞金ランキング6位

ツアー2勝
('23)〜全英への道〜ミズノオープン、日本プロ

'23のツアー全成績：25試合(内、海外メジャー1試合)

東建ホームメイトカップ	予落
関西オープン	6T
中日クラウンズ	予落
ゴルフパートナー PRO-AM	予落
〜全英への道〜ミズノオープン	優勝
BMW日本ゴルフツアー選手権森ビルカップ	43T
ASO飯塚チャレンジドゴルフ	5
ハナ銀行インビテーショナル	26T
JPC by サトウ食品	予落
長嶋茂雄INVITATIONALセガサミーカップ	予落
☆全英オープン	予落
日本プロゴルフ選手権	優勝
横浜ミナトChampionship	予落
Sansan KBCオーガスタ	24T
フジサンケイクラシック	28T
Shinhan Donghae Open	9T
ANAオープン	33T
パナソニックオープン	26T
バンテリン東海クラシック	23T
ACNチャンピオンシップ	39T
日本オープン	8T
三井住友VISA太平洋マスターズ	29T
ダンロップフェニックス	7T
カシオワールドオープン	25T
ゴルフ日本シリーズJTカップ	10T

☆は賞金ランキングに加算する海外競技

所属:ELECOM
生年月日:2000(H12).11.26
身長、体重:170cm／70kg
血液型:O型
出身地:大阪府
出身校:大阪学院大学
ゴルフ歴:7歳〜
プロ転向:2021年
プロ転向後ツアーデビュー戦:'22東建ホームメイトカップ
得意クラブ:サンドウェッジ
ベストスコア:63('23関西オープン3R)
プレーオフ:1勝0敗
アマ時代の主な戦歴:('21)日本学生優勝、関西学生4位、日本アマ4位T

初シード選手として迎えた2023年に大きく躍進した。まず5月の『ミズノオープン』で同い年の中島啓太をプレーオフで下して初優勝を飾る。7月には蝉川泰果らを抑えて『日本プロ』のビッグタイトルを22歳の若さでつかみ取り、賞金ランクは6位に入った。

大阪府吹田市出身。ジュニア時代は親族のティーチングプロらに教わって腕を上げ、中学3年時の15年、大人に交じって『日刊アマ』で優勝。大阪学院大高校2年の17年には『関西アマ』を制した。大阪学院大学3年時の21年には『日本学生』で優勝。これでサードQTからの出場権への挑戦を決意した。サードQTをクリアしてプロ宣言。ファイナルQTでは2位となり、大学生プロとして臨んだ22年は『日本ゴルフツアー選手権』7位などで1年目からシード入りを果たした。

バーディ率は高くないがリカバリー率は2年連続10位以内。粘り強いプレーが持ち味だ。

'23部門別データ

メルセデス・ベンツ トータルポイント 13位(287)
平均ストローク 10位(70.779)
平均パット 35位(1.7611)
パーキープ率 9位(87.235)
バーオン率 30位(66.931)
バーディ率 31位(3.869)
イーグル率 72位(16.800)
ドライビングディスタンス 55位(286.26)
FWキープ率 27位(59.932)
サンドセーブ率 18位(55.000)

トータルドライビング=82(20位)
獲得賞金=79,236,243円(6位)
生涯獲得賞金=94,375,313円(317位)

賞金と順位(◎は賞金ランク、□はQTランクによる出場権獲得)

□'20-21=ナシ
◎'22= 15,139,070円　58位
◎'23= 79,236,243円　6位

平本世中

Sejung HIRAMOTO

ツアー未勝利

所属:フリー
生年月日:1999(H11).11.4
身長、体重:176cm／75kg
血液型:AB型
出身地:神奈川県
出身校:専修大学
スポーツ歴:
ゴルフ歴:2歳〜
プロ転向:2021年
プロ転向後ツアーデビュー戦:
　'22BMW日本ゴルフツアー
　選手権
得意クラブ:
ベストスコア:65
　('22ANAオープン2R、'23
　関西オープン2R、'23JPC
　by サトウ食品2R、'23日本
　オープン3R)
アマ時代の主な優勝歴:
　('18)神奈川県アマ

'23ツアーの全成績：8試合	
関西オープン	12T
JPC by サトウ食品	10T
長嶋茂雄INVITATIONALセガサミーカップ	予落
日本プロゴルフ選手権	予落
ANAオープン	予落
パナソニックオープン	予落
ACNチャンピオンシップ	12T
日本オープン	3T

　神奈川県相模原市出身。競技ゴルファーの両親と一緒に練習場に行き、物心つくころにはクラブを握っていた。小学生になるとコーチをつけて練習。全国大会に出場している。厚木北高校時代は『関東高校選手権神奈川県大会』で優勝。専修大学1年の2018年には『神奈川県アマ』を制している。

　大学4年になった21年、QTに挑んでプロ宣言。1年目の22年はツアー7試合に出場し、30位が最高位だった。QT59位で臨んだ23年はABEMAツアー中心で未勝利ながら賞金ランク3位に。レギュラーツアーでは出番が少ないながらも『ジャパンプレーヤーズ選手権』で初トップ10となる10位に入るなどの成績を残し、予選会を経て出場した『日本オープン』では3日目を終えて単独首位に。最終日は苦戦したが3位に踏みとどまって初シードをつかんだ。出場数不足で順位はつかないが平均パット1.7224は部門4位に相当する数字である。

'23部門別データ

賞金	14,172,412円	(63位)
メルセデス・ベンツトータルポイント		—
平均ストローク	70.850	(参考)
平均パット	1.7224	(参考)
パーキープ率	86.111	(参考)
パーオン率	69.444	(参考)
バーディ率	3.917	(参考)
イーグル率	12.000	(参考)
ドライビングディスタンス	289.85	(参考)
フェアウェイキープ率	58.036	(参考)
サンドセーブ率	55.556	(参考)
トータルドライビング		—
生涯獲得賞金	16,537,537円	(690位)

賞金と順位(◎は賞金ランクによる出場権獲得)

'22=　2,365,125円　128位
◎'23=14,172,412円　63位

S・ビンセント (ビンセント スコット)

Scott VINCENT　　**出場資格：'22〜全英への道〜ミズノオープン優勝**

ツアー3勝
('21) Sansan KBCオーガスタ、ANAオープン、('22)〜全英への道〜ミズノオープン

ABEMAツアー(チャレンジ)1勝
('19) LANDIC CHALLENGE 7

インターナショナル1勝
('22) インターナショナルシリーズイングランド(アジア)

代表歴：ワールドカップ('18)、オリンピック('21)

所属:JOYXGC上月C
生年月日:1992(H4).5.20
身長、体重:178cm／68kg
血液型:
出身地:ジンバブエ
出身校:バージニア工科大学
プロ転向:2015年
日本でのツアーデビュー戦:
　'17SMBCシンガポール
　オープン
ベストスコア:62
　('21ゴルフパートナー
　PRO-AM4R)
プレーオフ:1勝1敗
アマ時代の主な戦歴:
　('10、'12)世界アマ代表

'23のツアー全成績：2試合

マイナビABCチャンピオンシップ ……23T
ダンロップフェニックス ………………17T

　ジンバブエの首都ハラレ出身。父親の影響でゴルフを始め、大学は米国のバージニア工科大学に。2010、12年には『世界アマ』に出場している。15年にプロ転向。アフリカやカナダ、アジアと世界各地でプレーした。19年から日本を主戦場にすると6月にABEMAツアーで初優勝。レギュラーツアーではシードをつかんだ。
　翌シーズンはコロナ禍のため20年は欧州中心に活動。21年には来日が叶い、夏には東京五輪にジンバブエ代表で参加して16位に入る。4週間後の『KBCオーガスタ』で人生初のレギュラーツアー優勝をつかみ取り、バッグを担いだ夫人と熱い抱擁を交わした。3週間後には『ANAオープン』で2勝目を飾り、賞金ランクは11位に入った。22年は『ミズノオープン』で7打差11位からプレーオフに持ち込んで優勝。翌週はアジアンツアーでも勝利を収めた。23年は海外中心にプレーし、日本では2試合にとどまった。

'23部門別データ

賞金	3,677,333円	(111位)
メルセデス・ベンツトータルポイント		—
平均ストローク	71.182	(参考)
平均パット	1.7941	(参考)
パーキープ率	86.111	(参考)
パーオン率	71.528	(参考)
バーディ率	4.000	(参考)
イーグル率	2.000	(参考)
ドライビングディスタンス	296.56	(参考)
フェアウェイキープ率	50.000	(参考)
サンドセーブ率	10.000	(参考)
トータルドライビング		—
生涯獲得賞金	183,490,307円	(199位)

賞金と順位(◎は賞金ランク、□はQTランクによる出場権獲得)

	'17=	1,264,552円	177位
□	'18=	9,248,765円	85位
◎	'19=	56,823,626円	15位
◎	20-21=	79,989,781円	11位
※	'22=	32,486,250円	27位
	'23=	3,677,333円	111位

※規定試合数不足

T・ペク（ペク トッド）

Todd BAEK

ツアー未勝利

ABEMAツアー（チャレンジ）2勝
('19)HEIWA・PGM Challenge Ⅱ～Road to CHAMPIONSHIP、
TOSHIN CHALLENGE IN 名神八日市CC

所属:フリー
生年月日:1991(H3).10.6
身長、体重:186cm／105kg
血液型:B型
出身地:米国
出身校:サンディエゴ州立大
スポーツ歴:バスケットボール
ゴルフ歴:13歳～
プロ転向:2012年
日本でのツアーデビュー戦:
　'19ミズノオープン
得意クラブ:60°ウェッジ
日本でのベストスコア:61
　('21ゴルフパートナー
　PRO-AM1R)

'23のツアー全成績：25試合

東建ホームメイトカップ	36T
関西オープン	10T
ISPS HANDA 欧州・日本	51T
中日クラウンズ	予落
ゴルフパートナー PRO-AM	予落
～全英への道～ミズノオープン	予落
BMW日本ゴルフツアー選手権森ビルカップ	予落
ASO飯塚チャレンジドゴルフ	60
ハナ銀行インビテーショナル	予落
JPC by サトウ食品	35T
長嶋茂雄INVITATIONALセガサミーカップ	24T
日本プロゴルフ選手権	33T
横浜ミナトChampionship	予落
Sansan KBCオーガスタ	予落
フジサンケイクラシック	45T
Shinhan Donghae Open	44T
ANAオープン	29T
パナソニックオープン	6T
バンテリン東海クラシック	51T
ACNチャンピオンシップ	31T
日本オープン	予落
マイナビABCチャンピオンシップ	34T
三井住友VISA太平洋マスターズ	23T
ダンロップフェニックス	予落
カシオワールドオープン	7T

韓国・ソウル生まれ。父親は柔道家で世界規模の大会での優勝歴あり。自身も2段を有している。9歳の時、父親が柔道のコーチをするためにニュージーランドに移住。そこでゴルフを覚えた。初めての試合で最下位になったことが悔しくて本格的にゴルフに取り組み、翌年その試合で優勝。その後、米国のサンディエゴ州立大学に留学しフレッシュマン（1年生）のオールアメリカンに選ばれた。

2012年にプロ転向。中国や米国下部ツアーなどでプレーし、中国では2勝を挙げた。19年から日本を主戦場に。ABEMAツアーで2勝し、レギュラーツアーではシードを獲得。トータルドライビングとリカバリー率で1位に輝いた。21年『ジャパンプレーヤーズ選手権』で自己最高の2位に入り、22年は堅実な成績を重ねてシードを守った。23年の『カシオワールドオープン』では首位タイで最終日に入ったがスコアを伸ばせず初優勝は持ち越しとなった。

'23部門別データ

賞金	20,816,449円	(47位)
メルセデス・ベンツトータルポイント	442	(45位)
平均ストローク	71.603	(39位)
平均パット	1.7780	(64位)
パーキープ率	84.892	(33位)
パーオン率	68.564	(13位)
バーディ率	3.707	(46位)
イーグル率	16.400	(69位)
ドライビングディスタンス	277.41	(85位)
フェアウェイキープ率	64.105	(11位)
サンドセーブ率	44.681	(82位)
トータルドライビング	96	(40位)
生涯獲得賞金	105,314,686円	(297位)

賞金と順位（◎は賞金ランクによる出場権獲得）

◎'19=	14,039,071円	56位
◎'20-21=	41,657,016円	26位
◎'22=	28,802,150円	31位
◎'23=	20,816,449円	47位

M・ヘンドリー（ヘンドリー　マイケル）

Michael HENDRY

出場資格：特別保障制度適用

ツアー1勝
('15)東建ホームメイトカップ

インターナショナルツアー3勝
('12、'13)ニュージーランドPGA選手権（豪州）、('17)ISPS HANDAニュージーランドオープン（豪州）

代表歴：ワールドカップ('11、'13)

所属:アクシネット
生年月日:1979（S54）.10.15
身長、体重:186cm／95kg
出身地:ニュージーランド
出身校:Long Bay College
スポーツ歴:クリケットニュー
　ジーランド代表
ゴルフ歴:12歳〜
プロ転向:2005年
日本でのツアーデビュー戦:
　'10アジアパシフィックパナ
　ソニックオープン
ベストスコア:63
　（'15ミズノオープン1R）

'23のツアー全成績：1試合

東建ホームメイトカップ ………………11T

子供のころからゴルフと並行してプレーしていたクリケットでは19歳以下のニュージーランド代表に入るほどの腕前だった。その後、肩を故障してクリケットを断念。ゴルフに専念して2005年にプロ転向した。

12年には豪州ツアーで初勝利を挙げて賞金ランク2位に。同年は母国のプレーヤー・オブ・ザ・イヤーを受賞した。日本ツアーには13年から参戦し、シードを獲得。来日3年目の15年に『東建ホームメイトカップ』で3打差4位からの逆転で日本初優勝を飾った。

16年は未勝利ながら賞金ランク自己最高の12位に入る。18年の『ミズノオープン』では首位タイで18番を迎えたがボギーで2勝目のチャンスを逃した。

23年は2月に豪州ツアーで6年ぶりの4勝目を挙げ、日本では開幕戦で最終日最終組を回るなど好調だったが白血病でしばらく離脱。幸い11月に豪州ツアーで復帰し、今季は特別保障制度が適用される。

'23部門別データ

賞金	2,561,000円（116位）
メルセデス・ベンツトータルポイント	—
平均ストローク	69.941（参考）
平均パット	1.6875（参考）
パーキープ率	91.667（参考）
パーオン率	66.667（参考）
バーディ率	4.750（参考）
イーグル率	—
ドライビングディスタンス	—
フェアウェイキープ率	67.857（参考）
サンドセーブ率	57.143（参考）
トータルドライビング	—
生涯獲得賞金	223,213,505円（166位）

賞金と順位（◎は賞金ランク、＊はコロナ入国保障制度適用よる出場権獲得）

'10=	2,256,750円 117位		◎'17=	51,138,926円 17位
'11=	795,000円 167位		◎'18=	16,837,671円 61位
◎'13=	12,874,929円 71位		◎'19=	13,686,024円 58位
◎'14=	21,306,402円 51位		＊'20-21=	1,634,133円 141位
◎'15=	35,697,800円 30位		＊'22=	10,370,142円 74位
◎'16=	54,054,728円 12位		◇'23=	2,561,000円 116位

◇は特別保障制度適用

星野陸也

Rikuya HOSHINO

ツアー 6勝
('18)フジサンケイクラシック、('19)ダンロップ・スリクソン福島オープン('20)フジサンケイクラシック、('21)関西オープン、アジアパシフィックダイヤモンドカップ、('22)HEIWA・PGM CHAMPIONSHIP

ABEMAツアー(チャレンジ)1勝
('17)Novil Cup

インターナショナルツアー1勝
('24)コマーシャルバンクカタールマスターズ(欧州)

代表歴:オリンピック('21)

所属:興和
生年月日:1996(H8).5.12
身長、体重:186cm／80kg
血液型:O型
出身地:茨城県
出身校:日本大学
スポーツ歴:水泳、サッカー、卓球
ゴルフ歴:6歳〜
プロ転向:2016年
プロ転向後ツアーデビュー戦:
　'16RIZAP KBCオーガスタ
得意クラブ:ドライバー
ベストスコア:62
　('17HONMA TOURWORLD CUP
　2R)
プレーオフ:1勝2敗
アマ時代の主な戦歴:
　('13、'14)関東ジュニア優勝、
　('15)日本学生5位T

'23のツアー全成績:7試合(内、海外メジャー2試合)

東建ホームメイトカップ	2
ISPS HANDA 欧州・日本	23T
中日クラウンズ	2
☆全米プロ	62T
☆全英オープン	60T
バンテリン東海クラシック	2
ダンロップフェニックス	26T

☆は義務試合数不足により賞金ランキングに加算しない海外競技

　長身を生かしたゴルフで水城高校時代は『関東ジュニア』で連覇達成。日本大学を2年の6月に中退すると8月のQT挑戦を機にプロ宣言した。

　2017年にフル参戦1年目でシードを獲得。18年は『フジサンケイクラシック』で初優勝するなど賞金ランク7位で最優秀新人賞に輝いた。以降も着実に勝ち星を重ね、21年は序盤に2勝を挙げて東京五輪代表の座を射止めた。22年は地元・茨城開催の『HEIWA・PGM』で優勝。

　賞金ランクこそ2位に甘んじたがメルセデス・ベンツトータルポイントや平均ストローク、バーディ率、サンドセーブ率など多くの部門で1位に輝いた。

　23年は欧州中心にプレーして『BMWインターナショナル』3位などでシードを獲得。国内では出場5試合中2位3回と存在感を示した。欧州の24年シーズンは開幕から2戦連続2位を記録。2月には『カタールマスターズ』で首位タイから68をマークして初優勝をつかんだ。

'23部門別データ

賞金	39,227,199円	(21位)
メルセデス・ベンツトータルポイント		—
平均ストローク	69.535	(参考)
平均パット	1.7176	(参考)
パーキープ率	89.444	(参考)
パーオン率	71.111	(参考)
バーディ率	4.550	(参考)
イーグル率	10.000	(参考)
ドライビングディスタンス	292.13	(参考)
フェアウェイキープ率	58.571	(参考)
サンドセーブ率	55.882	(参考)
トータルドライビング		—
生涯獲得賞金	436,131,140円	(84位)

賞金と順位(◎は賞金ランクによる出場権獲得)

'16=	2,145,000円	151位	◎'23=	39,227,199円	21位
◎'17=	33,116,035円	31位			
◎'18=	73,583,921円	7位			
◎'19=	66,313,846円	11位			
◎'20-21=	107,341,089円	5位			
◎'22=	114,404,050円	2位			

細野勇策

Yusaku HOSONO

ツア 未勝利

'23のツアー全成績：22試合

東建ホームメイトカップ	5T
関西オープン	予落
ゴルフパートナーPRO-AM	4T
～全英への道～ミズノオープン	28T
BMW日本ゴルフツアー選手権森ビルカップ	20T
ASO飯塚チャレンジドゴルフ	予落
JPC by サトウ食品	35T
長嶋茂雄INVITATIONALセガサミーカップ	9T
日本プロゴルフ選手権	45T
横浜ミナトChampionship	42T
Sansan KBCオーガスタ	49T
フジサンケイクラシック	15T
ANAオープン	予落
パナソニックオープン	予落
バンテリン東海クラシック	45T
ACNチャンピオンシップ	43T
日本オープン	18T
マイナビABCチャンピオンシップ	46T
三井住友VISA太平洋マスターズ	9T
ダンロップフェニックス	7T
カシオワールドオープン	7T
ゴルフ日本シリーズJTカップ	16T

所属：三共グループ
生年月日：2003（H15）.1.9
身長、体重：177cm／74kg
血液型：O型
出身地：山口県
出身校：ルネサンス大阪高校
ゴルフ歴：6歳～
プロ転向：2021年
プロ転向後ツアーデビュー戦：
　'22関西オープン
ベストスコア：61
　（'23東建ホームメイトカップ
　2R）

山口県山陽小野田市出身。生後2カ月で心臓を手術。激しい運動ができなかったため父親や兄がやっていた野球を諦めてゴルフを始めた。左利きで最初から左打ち。米国ツアー選手の動画などを見ながら父親とスイングの研究を重ねた。

小学校6年生の時に『全国小学生大会』で優勝し、中学3年で『山口県アマ』制覇。ルネサンス大阪高校2年時の2019年にQTファイナルまで進むが決勝Rに残れずプロ転向は見送った。

21年にプロテスト合格するもQTはサードで落選。22年はQTファイナルに行けなかった選手対象の『ISPS HANDA・ヨーロッパへの道』で優勝して『ISPS HANDA 欧州・日本』の出場権をつかむと2日目に62を叩き出し「19歳のレフティ」として脚光を浴びた。QT8位で臨んだ23年は開幕戦2日目に61をマークして5位に入ると以降も次々上位進出。最終日最終組も2回経験し、初シードをつかみ取った。

'23部門別データ

賞金	38,890,587円	（23位）
メルセデス・ベンツトータルポイント	369	（31位）
平均ストローク	71.090	（17位）
平均パット	1.7637	（39位）
パーキープ率	84.861	（35位）
パーオン率	67.361	（23位）
バーディ率	3.900	（26位）
イーグル率	11.429	（40位）
ドライビングディスタンス	290.72	（37位）
フェアウェイキープ率	55.228	（57位）
サンドセーブ率	41.237	（95位）
トータルドライビング	94	（36位）
生涯獲得賞金	41,092,587円	（458位）

賞金と順位（◎は賞金ランク、□はQTランクによる出場権獲得）

□'22＝　2,202,000円129位
◎'23＝38,890,587円　23位

堀川未来夢

Mikumu HORIKAWA

ツアー 4勝
('19) 日本ゴルフツアー選手権 森ビルカップ Shishido Hills、
('21) カシオワールドオープン、('22) 日本プロ、マイナビABCチャンピオンシップ

所属:Wave Energy
生年月日:1992(H4).12.16
身長、体重:176cm／84kg
血液型:O型
出身地:神奈川県
出身校:日本大学
スポーツ歴:テニス、水泳
ゴルフ歴:4歳〜
プロ転向:2014年
プロ転向後ツアーデビュー戦:
'15東建ホームメイトカップ
得意クラブ:アプローチ、パター
ベストスコア:63
('17パナソニックオープン
3R、'18ダンロップ・スリクソン
福島オープン3R、'21マイナ
ビABC3R)
プレーオフ:0勝1敗
アマ時代の主な戦歴:
('12、'13) 国民体育大会個
人優勝、('12、'14) 関東ア
マ優勝、('14) アジアパシ
フィックアマ2位

'23のツアー全成績：24試合

東建ホームメイトカップ	5T
ISPS HANDA 欧州・日本	45T
中日クラウンズ	5
ゴルフパートナー PRO-AM	55T
〜全英への道〜ミズノオープン	12T
BMW日本ゴルフツアー選手権森ビルカップ	予落
ASO飯塚チャレンジゴルフ	棄権
ハナ銀行インビテーショナル	予落
JPC by サトウ食品	29T
長嶋茂雄INVITATIONALセガサミーカップ	予落
日本プロゴルフ選手権	22T
横浜ミナトChampionship	25T
Sansan KBCオーガスタ	13T
フジサンケイクラシック	予落
ANAオープン	20T
パナソニックオープン	16T
バンテリン東海クラシック	51T
ACNチャンピオンシップ	予落
日本オープン	3T
マイナビABCチャンピオンシップ	3T
三井住友VISA太平洋マスターズ	9T
ダンロップフェニックス	31T
カシオワールドオープン	25T
ゴルフ日本シリーズJTカップ	18T

小学生のころからゴルフの試合に出ていたが中学時代はソフトテニス部に専念して市の大会で優勝したこともあった。厚木北高校に入学してゴルフを再開。高校時代は目立った成績はなかったが、日本大学進学後に力をつけ、『関東アマ』など数々のタイトルを獲得した。

プロデビューした2015年に初シード獲得。1年で陥落するがすぐに奪回し、19年の『日本ゴルフツアー選手権』で初日から首位を譲らず初優勝。21年の『カシオワールド』でも完全優勝を果たしている。

賞金ランク自己最高の4位に入った22年は『日本プロ』で2つ目の日本タイトルを手にするなど計2勝をマーク。予選落ちはわずか2試合という安定感だった。23年は未勝利だったが『日本オープン』3位など存在感を示した。

ゴルフファン獲得へ積極的に情報発信。自身のYouTubeチャンネルは登録者数34万人を超えている（2024年3月時点）。

'23部門別データ

賞金	44,941,249円	(17位)
メルセデス・ベンツトータルポイント	278	(11位)
平均ストローク	71.037	(14位)
平均パット	1.7574	(33位)
パーキープ率	86.412	(15位)
パーオン率	68.407	(15位)
バーディ率	3.916	(23位)
イーグル率	10.375	(32位)
ドライビングディスタンス	270.45	(98位)
フェアウェイキープ率	62.167	(17位)
サンドセーブ率	51.961	(31位)
トータルドライビング	115	(63位)
生涯獲得賞金	426,076,265円	(87位)

賞金と順位（◎は賞金ランクによる出場権獲得）

◎'15=	24,995,207円	41位	
'16=	9,476,239円	87位	
◎'17=	20,481,606円	51位	
◎'18=	54,119,271円	19位	
◎'19=	84,790,750円	6位	
◎'20-21=	91,677,199円	7位	
◎'22=	95,594,744円	4位	
◎'23=	44,941,249円	17位	

前田光史朗
Koshiro MAEDA

ツアー未勝利

'23のツアー全成績：17試合	
東建ホームメイトカップ	36T
関西オープン	予落
ゴルフパートナーPRO-AM	37T
～全英への道～ミズノオープン	47T
BMW日本ゴルフツアー選手権森ビルカップ	24T
ASO飯塚チャレンジドゴルフ	予落
JPC by サトウ食品	53T
長嶋茂雄INVITATIONALセガサミーカップ	予落
横浜ミナトChampionship	19T
Sansan KBCオーガスタ	49T
フジサンケイクラシック	19T
ANAオープン	2T
パナソニックオープン	30T
バンテリン東海クラシック	6T
ACNチャンピオンシップ	7T
マイナビABCチャンピオンシップ	予落
カシオワールドオープン	予落

所属:フリー
生年月日:2000(H12).9.5
身長、体重:174cm／70kg
血液型:A型
出身地:栃木県
出身校:日本大学
ゴルフ歴:8歳～
プロ転向:2022年
プロ転向後ツアーデビュー戦:
'23東建ホームメイトカップ
ベストスコア:64
('23ゴルフパートナーPRO-
AM4R)
アマ時代の主な戦歴:
('18)関東ジュニア優勝、
('19)関東アマ3位、
('22)日本アマ7位

栃木県下野市出身。サッカー少年だったが8歳の時、祖父と練習場に行ってゴルフを好きになった。地元のゴルフスクールに入って上達し、作新学院高校3年の2018年には『関東ジュニア』や『関東高校選手権』を制覇。日本大学時代にはビッグタイトルは手にできなかったが『日本アマ』7位、『関東アマ』3位などコンスタントな成績を残し、21年『日本オープン』では決勝ラウンドに進んで4日間戦っている。

大学4年の22年にQT初参加で11位に食い込み、23年は序盤から堅実に予選を通過。そして迎えた『ANAオープン』で大きなチャンスがやって来た。9位で迎えた最終日に大きくスコアを伸ばして一時単独首位に立ったのだ。終盤苦しんで優勝はできなかったが堂々2位に入って初シードにつながった。

飛距離は出ないが得意のショートゲームでカバー。平均パットは7位、リカバリー率は8位に入った。

'23部門別データ		
賞金	21,070,373円	(42位)
メルセデス・ベンツトータルポイント	292	(14位)
平均ストローク	71.148	(20位)
平均パット	1.7305	(7位)
パーキープ率	86.111	(19位)
パーオン率	64.176	(70位)
バーディ率	4.086	(13位)
イーグル率	11.600	(41位)
ドライビングディスタンス	278.78	(80位)
フェアウェイキープ率	63.625	(12位)
サンドセーブ率	52.000	(30位)
トータルドライビング	92	(30位)
生涯獲得賞金	21,070,313円	(613位)

賞金と順位(◎は賞金ランク、□はQTランクによる出場権獲得)

□'22＝ナシ
◎'23＝ 21,070,373円　42位

宮里優作

Yusaku MIYAZATO

賞金ランキング38位

ツアー7勝
('13)ゴルフ日本シリーズJTカップ、('14)東建ホームメイトカップ、('15)ダンロップフェニックス、('17)中日クラウンズ、日本プロ日清カップヌードル杯、HONMA TOURWORLD CUP、ゴルフ日本シリーズJTカップ

所属:フリー
生年月日:1980(S55).6.19
身長、体重:170cm／70kg
血液型:A型
出身地:沖縄県
出身校:東北福祉大学
スポーツ歴:バスケットボール、
　野球、陸上
ゴルフ歴:3歳～
プロ転向:2002年
プロ転向後ツアーデビュー戦:
　'03東建ホームメイトカップ
得意クラブ:パター
ベストスコア:61
　('17HONMA TOURWORLD CUP
　1R)
アマ時代の主な優勝歴:
　('98)日本ジュニア、
　('00、'01、'02)日本学生、
　('01)日本アマ、
　　日本オープンローアマ

'23のツアー全成績：25試合

東建ホームメイトカップ	26T
関西オープン	予落
ISPS HANDA 欧州・日本	予落
中日クラウンズ	42T
ゴルフパートナー PRO-AM	69
～全英への道～ミズノオープン	予落
BMW日本ゴルフツアー選手権森ビルカップ	予落
ASO飯塚チャレンジドゴルフ	20T
ハナ銀行インビテーショナル	予落
JPC by サトウ食品	予落
長嶋茂雄INVITATIONALセガサミーカップ	予落
日本プロゴルフ選手権	予落
横浜ミナトChampionship	42T
Sansan KBCオーガスタ	3T
フジサンケイクラシック	57T
Shinhan Donghae Open	予落
ANAオープン	予落
パナソニックオープン	予落
バンテリン東海クラシック	51T
ACNチャンピオンシップ	予落
日本オープン	32T
マイナビABCチャンピオンシップ	39T
三井住友VISA太平洋マスターズ	16T
ダンロップフェニックス	4T
カシオワールドオープン	41T

父・優さんの指導で腕を上げ、ジュニア時代から数々のタイトルを獲得してきた。東北福祉大学時代はツアーでも度々優勝争いに加わり出場4試合連続でトップ10に入ったこともある。
　プロ生活は1年目からシードを手にするが初優勝は33歳、16度目の最終日最終組となった2013年の『日本シリーズ』だった。以降は着実に優勝を重ね、16、17年は選手会長も務めた。17年は『中日クラウンズ』『日本プロ』を連勝し、10月の『HONMA TOURWORLD CUP』では72ホールボギーなしで優勝の快挙をやってのける。賞金ランク2位で迎えた『日本シリーズ』では逆転には優勝しかない状況の中で6打差の圧勝。自身初、そして選手会長としても初めて賞金王の座についた。
　18、19年は欧州中心にプレーし、20年から再び日本を主戦場にする。23年は18人目の生涯獲得賞金9億円に到達。また選手会事務局長としてもツアーの盛り上げに尽力した。

'23部門別データ

賞金	24,240,471円	(38位)
メルセデス・ベンツトータルポイント	585	(75位)
平均ストローク	71.922	(59位)
平均パット	1.7866	(72位)
パーキープ率	82.968	(75位)
パーオン率	65.570	(50位)
バーディ率	3.592	(60位)
イーグル率	19.000	(82位)
ドライビングディスタンス	283.79	(65位)
フェアウェイキープ率	56.538	(50位)
サンドセーブ率	46.729	(72位)
トータルドライビング	115	(63位)
生涯獲得賞金	915,517,964円	(19位)

賞金と順位（◎は賞金ランクによる出場権獲得）

◎'03= 18,970,000円	54位	◎'08= 38,197,866円	33位	◎'13= 78,688,291円	7位	◎'18= 16,237,450円	64位
◎'04= 23,904,829円	50位	◎'09= 36,239,021円	31位	◎'14= 64,299,792円	11位	'19= 1,693,523円	123位
◎'05= 29,511,667円	43位	◎'10= 19,653,816円	55位	◎'15=103,999,119円	2位	◎'20-21= 48,840,596円	20位
◎'06= 42,624,094円	27位	◎'11= 42,540,169円	21位	◎'16= 44,166,769円	20位	◎'22= 11,851,827円	66位
◎'07= 48,310,583円	14位	◎'12= 38,716,099円	30位	◎'17=182,831,982円	1位	◎'23= 24,240,471円	38位

宮本勝昌

Katsumasa MIYAMOTO 　出場資格：生涯獲得賞金ランク25位以内

ツアー12勝
('98)つるやオープン、ゴルフ日本シリーズJTカップ、('01)日本ゴルフツアー選手権
イーヤマカップ、ゴルフ日本シリーズJTカップ、('03)サトウ食品NST新潟オープン、
('07)KBCオーガスタ、('08)東建ホームメイトカップ、('10)日本ゴルフツアー選手権
Citibank Cup Shishido Hills、('14)ANAオープン、ゴルフ日本シリーズJTカップ、
('17)ダンロップ・スリクソン福島オープン、('19)中日クラウンズ

シニア3勝
('23)ファンケルクラシック、福岡シニアオープン、いわさき白露シニアゴルフ

代表歴:ダンヒルカップ('98)、ダイナスティカップ('03、'05)、日韓対抗戦('04、'10)

所属:シーミュージック
生年月日:1972(S47).8.28
身長、体重:174cm／76kg
血液型:O型
出身地:静岡県
出身校:日本大学
スポーツ歴:野球
ゴルフ歴:13歳〜
プロ転向:1995年
プロ転向後ツアーデビュー戦:
　'96東建コーポレーションカップ
得意クラブ:ドライバー
ベストスコア:62
　('11トーシントーナメントIN
　レイクウッド4R)
プレーオフ:2勝3敗
アマ時代の主な優勝歴:
　('91)日本アマ

'23のツアー全成績：13試合

東建ホームメイトカップ	予落
関西オープン	予落
中日クラウンズ	35T
BMW日本ゴルフツアー選手権森ビルカップ	棄権
ASO飯塚チャレンジドゴルフ	25T
長嶋茂雄INVITATIONALセガサミーカップ	予落
日本プロゴルフ選手権	22T
横浜ミナトChampionship	棄権
パナソニックオープン	予落
バンテリン東海クラシック	45T
マイナビABCチャンピオンシップ	予落
三井住友VISA太平洋マスターズ	予落
ダンロップフェニックス	45T

　日本大学1年時の1991年、4年生の丸山茂樹を下して『日本アマ』を制覇。プロ入り後は同期の片山晋呉らに先駆けて98年の『つるやオープン』で初優勝した。同年の『日本シリーズ』では尾崎将司をプレーオフで下し、翌99年は米国ツアーに参戦。1年で撤退するが再び日本で活躍し、01年には『日本ゴルフツアー選手権』と『日本シリーズ』を制している。14年の『日本シリーズ』で通算10勝に到達。16年は史上9人目の生涯獲得賞金10億

円突破も果たした。
　18年は18年間守っていた賞金シードから陥落。しかし「令和初のトーナメント」となった19年『中日クラウンズ』で最後にバーディを決め混戦を制して復活した。22年にシニアデビューし、23年は3勝を挙げてシニアツアー賞金王に輝く。ただレギュラーツアーではシード落ち。今季は生涯獲得賞金25位以内の資格を行使する。151試合連続出場がある鉄人。選手会長は計3期務めた。

'23部門別データ

賞金	3,733,513円（110位）
メルセデス・ベンツトータルポイント	—
平均ストローク	72.483（参考）
平均パット	1.7861（参考）
パーキープ率	82.680（参考）
パーオン率	61.275（参考）
バーディ率	3.088（参考）
イーグル率	34.000（参考）
ドライビングディスタンス	277.34（参考）
フェアウェイキープ率	53.878（参考）
サンドセーブ率	57.407（参考）
トータルドライビング	—
生涯獲得賞金1,186,055,503円	（10位）

賞金と順位（◎は賞金ランク、⦿は後援ランクによる出場権獲得）

⦿'96=	1,852,600円	168位	◎'03=	60,574,671円	11位	◎'10=	74,248,316円	9位	◎'17=	54,438,564円	15位
◎'97=	22,396,448円	53位	◎'04=	48,191,300円	19位	◎'11=	22,168,925円	44位	◎'18=	12,334,855円	74位
◎'98=	93,580,618円	5位	◎'05=	39,260,320円	32位	◎'12=	31,394,233円	35位	◎'19=	50,403,092円	20位
'99=	6,019,000円	102位	◎'06=	58,294,663円	16位	◎'13=	20,862,314円	46位	◎'20-21=	26,769,766円	35位
◎'00=	61,921,383円	12位	◎'07=	65,295,008円	7位	◎'14=	91,048,150円	5位	◎'22=	15,340,399円	56位
◎'01=	87,455,177円	8位	◎'08=	61,996,691円	16位	◎'15=	44,424,966円	25位	◎'23=	3,733,513円	110位
◎'02=	41,590,894円	24位	◎'09=	42,366,555円	27位	◎'16=	48,093,082円	14位			

ヤン ジホ

Ji-Ho YANG

ツアー1勝
('23) ハナ銀行インビテーショナル

ABEMAツアー(チャレンジ)1勝
('12) Novil Cup

所属:フリー
生年月日:1989(H1).1.14
身長、体重:183cm/75kg
血液型:O型
出身地:韓国
出身校:
スポーツ歴:
ゴルフ歴:10歳～
プロ転向:2008年
日本でのツアーデビュー戦:
　'12東建ホームメイトカップ
得意クラブ:
ベストスコア:63
　('23カシオワールドオープン
　1R)
アマ時代の主な優勝歴:
　('05)ホンダジュニア優勝

'23ツアーの全成績：11試合

ハナ銀行インビテーショナル	優勝
日本プロゴルフ選手権	棄権
横浜ミナトChampionship	棄権
Shinhan Donghae Open	予落
パナソニックオープン	64T
バンテリン東海クラシック	37T
マイナビABCチャンピオンシップ	46T
三井住友VISA太平洋マスターズ	53T
ダンロップフェニックス	49T
カシオワールドオープン	5T
ゴルフ日本シリーズJTカップ	21

韓国・ソウル出身。ジュニア時代は韓国ナショナルチームに名を連ね、手にしたタイトルは10個。2005年には日本開催の『ホンダ・インターナショナル・ジュニアゴルフチャンピオンシップ』で石川遼らを抑えて優勝している。

プロ転向後、韓国で4年プレーしたあと12年に日本へ。いきなりチャレンジ開幕戦の『Novil Cup』で日韓通じてプロ初優勝を飾った。同年はチャレンジ賞金ランク3位に入り翌13年はツアー16試合に出場。『ミズノオープン』6位などがあったがシード獲得には至らなかった。兵役を経て再度日本のQTに挑戦。17、18年と日本でプレーするが好成績は残せなかった。

韓国でもなかなか結果が出なかったが22年についに初優勝を飾る。そして23年、日韓共催の『ハナ銀行インビテーショナル』で中島啓太を競り落として韓国ツアー2勝目で日本ツアー初優勝。キャディを務めた夫人と喜びを分かち合った。

'23部門別データ

賞金	29,638,264円	(30位)
メルセデス・ベンツトータルポイント	486	(50位)
平均ストローク	72.024	(65位)
平均パット	1.7469	(20位)
パーキープ率	81.481	(93位)
パーオン率	62.963	(80位)
バーディ率	3.861	(34位)
イーグル率	7.200	(8位)
ドライビングディスタンス	293.21	(29位)
フェアウェイキープ率	51.089	(88位)
サンドセーブ率	46.774	(69位)
トータルドライビング	117	(69位)
生涯獲得賞金	39,340,017円	(470位)

賞金と順位(◎は賞金ランク、△はABEMAツアーランクによる出場権獲得)

△'12=	481,100円	178位		◎'23=	29,638,264円	30位
'13=	7,108,360円	92位				
'14=0円						
'17=	470,000円	225位				
'18=	1,110,500円	178位				
'22=	531,793円	—位				

22年はツアーメンバー・プレーヤーではなく、そのため順位はなし

吉田泰基

Taiki YOSHIDA

賞金ランキング12位

ツアー未勝利

所属:東広野GC
生年月日:1998(H10).3.30
身長、体重:173cm／75kg
血液型:B型
出身地:兵庫県
出身校:日本大学
ゴルフ歴:8歳～
プロ転向:2019年
プロ転向後ツアーデビュー戦:
　'20日本オープン
ベストスコア:63
　('23三井住友VISA太平洋
　マスターズ'2R)
アマ時代の主な戦歴:
　('19)関西アマ優勝

'23のツアー全成績：24試合

東建ホームメイトカップ	60T
関西オープン	39T
中日クラウンズ	9T
ゴルフパートナーPRO-AM	11T
～全英への道～ミズノオープン	64T
BMW日本ゴルフツアー選手権森ビルカップ	53T
ASO飯塚チャレンジドゴルフ	予落
ハナ銀行インビテーショナル	6T
JPC by サトウ食品	35T
長嶋茂雄INVITATIONALセガサミーカップ	5T
日本プロゴルフ選手権	予落
横浜ミナトChampionship	56T
Sansan KBCオーガスタ	41T
フジサンケイクラシック	6T
ANAオープン	8T
パナソニックオープン	34T
バンテリン東海クラシック	予落
ACNチャンピオンシップ	54T
日本オープン	10T
マイナビABCチャンピオンシップ	59
三井住友VISA太平洋マスターズ	2
ダンロップフェニックス	7T
カシオワールドオープン	39T
ゴルフ日本シリーズJTカップ	16T

神戸市出身。小学校3年の時、坂田塾に入ってゴルフを始める。高校は香川西に進み、3年時の2015年に『香川県アマ』を制した。日本大学では1年で『関東大学春季対抗戦』個人優勝。4年時の19年には『関西アマ』で優勝した。

同年プロ転向。20－21年は出場7試合中6試合で決勝ラウンドに進んだ。QT43位で臨んだ22年は予選会から出場権を得た『日本プロ』初日に65で単独首位に。2日目以降も粘って自己最高の3位に食い込んだ。ランキングでQT順位を上げた9月以降は出場数が増え、着実に予選を通過。賞金ランク61位で初シードを獲得した。

23年は『ANAオープン』で初めての最終日最終組を経験。この時は踏ん張れなかったが2度目の最終日最終組となった『三井住友VISA太平洋』では最後まで食らいついて2位に入った。賞金ランクは大幅上昇。『日本オープン』では2日目にアルバトロスを達成した。

'23部門別データ

賞金	54,718,187円	(12位)
メルセデス・ベンツトータルポイント	342	(25位)
平均ストローク	71.242	(25位)
平均パット	1.7680	(48位)
パーキープ率	85.802	(23位)
パーオン率	66.049	(42位)
バーディ率	3.756	(42位)
イーグル率	18.000	(78位)
ドライビングディスタンス	292.82	(32位)
フェアウェイキープ率	59.809	(28位)
サンドセーブ率	53.968	(24位)
トータルドライビング	60	(7位)
生涯獲得賞金	74,456,394円	(359位)

賞金と順位(◎印は賞金ランクによる出場権獲得)

²⁰-²¹=	5,466,374円	93位
◎'22=	14,271,833円	61位
◎'23=	54,718,187円	12位

米澤　蓮

Ren YONEZAWA

ツアー未勝利

所属:ティ.エム.プラテック
生年月日:1999(H11).7.23
身長、体重:174cm／
血液型:A型
出身地:岩手県
出身校:東北福祉大学
ゴルフ歴:10歳〜
プロ転向:2021年
プロ転向後ツアーデビュー戦:
　'22アジアパシフィックダイ
　ヤモンドカップ
ベストスコア:63
　('20ダンロップフェニックス
　4R＝アマチュア時代)
アマ時代の主な戦歴:
　('19)関東学生優勝、アジ
　アパシフィックオープンダイ
　ヤモンドカップ2位Tローア
　マチュア、('21)日本オープ
　ンローアマチュア

'23のツアー全成績：19試合

東建ホームメイトカップ	42T
関西オープン	予落
中日クラウンズ	32T
ゴルフパートナーPRO-AM	37T
〜全英への道〜ミズノオープン	予落
BMW日本ゴルフツアー選手権森ビルカップ	7T
ASO飯塚チャレンジドゴルフ	42T
JPC by サトウ食品	53T
長嶋茂雄INVITATIONALセガサミーカップ	24T
横浜ミナトChampionship	予落
Sansan KBCオーガスタ	予落
フジサンケイクラシック	52T
ANAオープン	20T
パナソニックオープン	2T
バンテリン東海クラシック	27T
ACNチャンピオンシップ	19T
マイナビABCチャンピオンシップ	23T
カシオワールドオープン	2T
ゴルフ日本シリーズJTカップ	20

岩手県出身。テレビのゴルフ中継を見て興味を持ち、ほぼ独学で腕を上げて小学生時代から多くの大会で優勝してきた。『東北ジュニア』は各カテゴリーで計5勝。盛岡中央高校時代は『東北高校選手権』を3連覇した。東北福祉大学に進んだ2018年からはナショナルチームでも活躍。同年の『アジア大会』では金谷拓実や中島啓太らとともに5大会ぶりの団体金メダルに貢献した。プロの試合でも存在感を示し、19年の『アジアパシフィッ

クオープン』では15位から68をマークして猛追。優勝した浅地洋佑には1打及ばなかったが2位に食い込んだ。

21年のファイナルQTを55位で終えた時点でプロ転向。当初はパットに苦しみ結果を出せなかったが徐々に復調。23年は春先に豪州ツアーに参戦して最高3位に入り、国内では2位が2回。『カシオワールドオープン』では惜しくも1打及ばず初優勝は持ち越しとなったが初シードはしっかりモノにした。

'23部門別データ

賞金	39,140,406円	(22位)
メルセデス・ベンツトータルポイント	307	(17位)
平均ストローク	71.269	(26位)
平均パット	1.7521	(25位)
パーキープ率	86.683	(11位)
パーオン率	68.056	(19位)
バーディ率	3.853	(35位)
イーグル率	8.500	(18位)
ドライビングディスタンス	286.64	(53位)
フェアウェイキープ率	53.214	(75位)
サンドセーブ率	50.000	(45位)
トータルドライビング	128	(86位)
生涯獲得賞金	39,700,406円	(466位)

賞金と順位(◎は賞金ランク、□はQTランクによる出場権獲得)

□'22= 　　560,000円　175位
◎'23= 39,140,406円　 22位

H・リー (リー ハン)

Han LEE

賞金ランキング67位

ツア 1勝
('12)マイナビABCチャンピオンシップ

'23のツアー全成績：22試合

東建ホームメイトカップ	3T
関西オープン	予落
中日クラウンズ	予落
ゴルフパートナー PRO-AM	55T
～全英への道～ミズノオープン	予落
BMW日本ゴルフツアー選手権森ビルカップ	47T
ASO飯塚チャレンジドゴルフ	55T
ハナ銀行インビテーショナル	予落
JPC by サトウ食品	10T
長嶋茂雄INVITATIONALセガサミーカップ	57T
横浜ミナトChampionship	予落
Sansan KBCオーガスタ	予落
フジサンケイクラシック	40T
Shinhan Donghae Open	予落
ANAオープン	42T
パナソニックオープン	予落
バンテリン東海クラシック	予落
ACNチャンピオンシップ	27T
マイナビABCチャンピオンシップ	予落
三井住友VISA太平洋マスターズ	65T
ダンロップフェニックス	予落
カシオワールドオープン	32T

所属:中京陸運
生年月日:1977(S52).9.2
身長、体重:190cm／91kg
血液型:A型
出身地:アメリカ
出身校:カリフォルニア大学バークレー校
ゴルフ歴:9歳～
プロ転向:2000年
日本ツアーデビュー戦:'08東建ホームメイトカップ
得意クラブ:ロブウェッジ
ベストスコア:62('12ゴルフ日本シリーズJTカップ2R)
アマ時代の主な戦歴:('99、'00)カナディアンアマ優勝

韓国生まれで2歳の時に両親と米国に渡った。ゴルフはハンディ10の母親に教えられてスタート。大学時代には多くのタイトルを手にしている。

プロ転向後は米国下部ツアーなどに出場するが結果を残せず、2007年には活路を求めてアジアンツアーへ。同年に日本のQTで上位に入り、出場機会を得た。参戦1年目の08年にシードを獲得。12年の『マイナビABCチャンピオンシップ』では5打差10位で迎えた最終日に63を叩き出して逆転。初優勝を飾った。

14年終盤に左ヒザを故障して手術。翌15年は右足を痛めて1年を棒に振った。特別保障制度が適用されて臨んだ16年でシードに返り咲くが翌17年は僅差でシード落ち。19年にはわずか22万円弱の差でシード復帰を逃した。それでも22年は序盤に『関西オープン』3位などで勢いをつけ、5季ぶりのシード復帰を果たす。23年も開幕戦『東建ホームメイトカップ』で3位と好発進。シードを守った。

'23部門別データ

賞金	13,069,435円 (67位)
メルセデス・ベンツトータルポイント	607 (81位)
平均ストローク	72.221 (78位)
平均パット	1.7542 (29位)
パーキープ率	83.754 (63位)
パーオン率	60.690 (98位)
バーディ率	3.545 (65位)
イーグル率	33.000 (93位)
ドライビングディスタンス	283.29 (69位)
フェアウェイキープ率	55.375 (56位)
サンドセーブ率	48.387 (56位)
トータルドライビング	125 (83位)
生涯獲得賞金	307,335,358円 (126位)

賞金と順位(◎は賞金ランク、△はABEMAツアーランク、□はQTランクによる出場権獲得)

◎'08= 15,859,066円 67位	◎'14= 26,428,990円 44位	□20-21= 3,950,999円 106位
◎'09= 37,633,279円 30位	◇'15=ナシ	◎'22= 12,814,261円 65位
◎'10= 43,152,532円 19位	◎'16= 15,783,104円 66位	◎'23= 13,069,435円 67位
◎'11= 19,476,725円 54位	'17= 10,136,075円 80位	
◎'12= 66,277,742円 14位	△'18= 757,950円 204位	
◎'13= 29,648,934円 35位	'19= 12,346,266円 66位	◇は特別保障制度適用

H・W・リュー(リュー ヒョヌ)

Hyun-Woo RYU

ツアー2勝
('12)コカ・コーラ東海クラシック、('17)フジサンケイクラシック

代表歴：日韓対抗戦('12)

所属:小野グランドCC
生年月日:1981(S56).9.8
身長、体重:174cm／78kg
血液型:O型
出身地:韓国
スポーツ歴：野球
ゴルフ歴:12歳〜
プロ転向:2002年
日本でのツアーデビュー戦:
　'12東建ホームメイトカップ
得意クラブ:アイアン、パター
ベストスコア:63
　('21ISPS HANDA ガツー
　ンと飛ばせ4R)
プレーオフ:2勝0敗

'23のツアー全成績：19試合

東建ホームメイトカップ	26T
関西オープン	予落
中日クラウンズ	予落
BMW日本ゴルフツアー選手権森ビルカップ	53T
ハナ銀行インビテーショナル	62T
長嶋茂雄INVITATIONALセガサミーカップ	45T
日本プロゴルフ選手権	4
横浜ミナトChampionship	予落
Sansan KBCオーガスタ	予落
フジサンケイクラシック	予落
Shinhan Donghae Open	予落
ANAオープン	33T
パナソニックオープン	70
バンテリン東海クラシック	31T
ACNチャンピオンシップ	7T
マイナビABCチャンピオンシップ	18T
三井住友VISA太平洋マスターズ	29T
ダンロップフェニックス	予落
カシオワールドオープン	13T

2000年に韓国でセミプロの資格を取得してレッスン活動を始める。02年に念願のプロに。しかし兵役などもあり、活躍するまでには時間がかかった。初優勝は09年の『新韓銀行オープン』。K・J・チョイやY・E・ヤンら米国ツアーで活躍する選手らも出場する中での優勝だった。

12年から日本ツアーに参戦。台風の影響で無観客試合となった『コカ・コーラ東海クラシック』で片山晋呉とのプレーオフの末、初優勝。13年は韓国を中心に活動してポイントランク1位に。14年からは日本に軸足を戻し、17年の『フジサンケイクラシック』では6位からプレーオフに持ち込み1ホール目で5年ぶりの優勝を決めた。翌週の『ISPSハンダマッチプレー』でも勝ち進むが、決勝で片山晋呉に敗れている。

バーディ率よりパーキープ率の順位が常に高い堅実なタイプ。18年以降優勝はないが、きっちりと成績を残して23年で9季連続シード入りとなった。

'23部門別データ

賞金	19,932,069円	(49位)
メルセデス・ベンツトータルポイント	453	(47位)
平均ストローク	71.723	(43位)
平均パット	1.8026	(90位)
パーキープ率	84.857	(36位)
パーオン率	67.832	(20位)
バーディ率	3.435	(75位)
イーグル率	12.400	(49位)
ドライビングディスタンス	278.80	(79位)
フェアウェイキープ率	61.290	(19位)
サンドセーブ率	50.617	(42位)
トータルドライビング	98	(46位)
生涯獲得賞金	361,084,888円	(102位)

賞金と順位(◎は賞金ランクによる出場権獲得)

◎'12=	49,296,011円	21位		
'13=	8,161,586円	86位		
◎'14=	35,494,392円	31位		
◎'15=	41,506,218円	26位		
◎'16=	43,942,039円	21位		
◎'17=	80,824,002円	9位		
◎'18=	32,831,380円	32位		
◎'19=	16,274,130円	52位		
◎'20-21=	15,524,783円	61位		
◎'22=	17,298,278円	47位		
◎'23=	19,932,069円	49位		

Hiroki ABE

出場資格:ABEMAツアーランク24位

阿部裕樹

所属:フリー
生年月日:1989(H1).2.23
身長:167cm 体重:66kg
血液型:A型
出身地:栃木県

出身校:日本大学
ゴルフ歴:8歳〜
プロ転向:2010年
プロ転向後ツアーデビュー戦:'11東建ホームメイトカップ
ベストスコア:64('14トーシントーナメントINセントラル2R)
アマ時代の主な戦歴:('10)日本アマ優勝、('08・'10)国体優勝
ツアー未勝利
'23の主なツアー戦績:12試合
日本プロ49位T
'23部門別データ
賞金:1,764,600円(128位)
メルセデス・ベンツトータルポイント:629(87位)
平均ストローク:72.924(98位)
平均パット:1.8671(107位)
パーキープ率:81.944(89位)
パーオン率:68.673(12位)
バーディ率:3.056(95位)
イーグル率:18.000(78位)
ドライビングディスタンス:273.96(92位)

フェアウェイキープ率:63.168(13位)
サンドセーブ率:50.000(45位)
トータルドライビング:105(47位)
賞金と順位(◎は賞金ランク、△はABEMAツアーによる出場権獲得)

'11=0円		'15=	268,400円240位
'12=0円		◎'20-'21=14,708,552円 62位	
'13=	324,000円231位	'22=	5,893,950円101位
'14=	494,600円198位	△'23=	1,764,600円128位

Masamichi ITO

出場資格:ABEMAツアーランク5位

伊藤誠道

所属:エージェント・スミスHD
生年月日:1995(H7).8.8
身長:168cm 体重:78kg
血液型:AB型
出身地:神奈川県

出身校:杉並学院高校
スポーツ歴:水泳
ゴルフ歴:1歳〜
プロ転向:2012年
プロ転向後ツアーデビュー戦:'13つるやオープン
得意クラブ:SW
ベストスコア:67('13つるやオープン1R、'13HEIWA・PGMチャンピオンシップin霞ヶ浦2R)
アマ時代の主な戦歴:('08、'09)関東ジュニア優勝、('09)関東アマ優勝、('09)全日本パブリック優勝、('09)日本アマ2位、('10)日本ジュニア優勝
ツアー未勝利
ABEMAツアー(チャレンジ)1勝:('13)PGA・JGTOチャレンジin房総
'23の主なツアー戦績:3試合
マイナビABCチャンピオンシップ34位T
'23部門別データ
賞金:648,000円(160位)
メルセデス・ベンツトータルポイント:—
平均ストローク:72.537(参考)

平均パット:1.7471(参考)
パーキープ率:78.472(参考)
パーオン率:60.417(参考)
バーディ率:3.375(参考)
イーグル率:—
ドライビングディスタンス:279.63(参考)
フェアウェイキープ率:33.036(参考)
サンドセーブ率:40.000(参考)
トータルドライビング:—
賞金と順位(△はABEMAツアーランクによる出場権獲得)

'13=	2,278,500円131位	'18=	350,000円233位
'14=0円		'19=0円	
'15=0円		'22=	238,250円208位
'16=	444,000円232位	△'23=	648,000円160位

伊藤有志

所属:アイシグリーンシステム
生年月日:1994(H6).12.15
身長:167cm　体重:65kg
血液型:A型
出身地:三重県
出身校:東北福祉大学
スポーツ歴:ソフトボール、空手
ゴルフ歴:10歳〜
プロ転向:2016年
プロ転向後ツアーデビュー戦:'17日本プロ日清カップヌードル杯
得意クラブ:アイアン
ベストスコア65('21ブリヂストンオープン2R、'22ゴルフパートナーPRO-AM3R)
アマ時代の主な戦歴:('14)東北アマ優勝、('16)日本アマ7位、日本学生2位
ツアー未勝利
ABEMAツアー(チャレンジ)1勝
('23)ディライトワークスJGTOファイナル
'23の主なツアー戦績:3試合
三井住友VISA太平洋マスターズ'23位T
'23部門別データ
賞金:1,773,333円(126位)
メルセデス・ベンツトータルポイント:—
平均ストローク:72.024(参考)

平均パット:1.7826(参考)
パーキープ率:80.556(参考)
パーオン率:63.889(参考)
バーディ率:3.625(参考)
イーグル率:—
ドライビングディスタンス:280.83(参考)
フェアウェイキープ率:63.964(参考)
サンドセーブ率:33.333(参考)
トータルドライビング:—
賞金と順位(△はABEMAツアーランクによる出場権獲得)
'17＝　5,415,757円101位　　'20-'21＝10,671,291円 73位
'18＝　1,083,000円182位　　'22＝ 1,649,833円133位
△'19＝　　228,000円193位　△'23＝ 1,773,333円126位

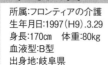

今野大喜

所属:フロンティアの介護
生年月日:1997(H9).3.29
身長:170cm　体重:80kg
血液型:B型
出身地:岐阜県
出身校:日本大学
スポーツ歴:野球
ゴルフ歴:12歳〜
プロ転向:2018年
プロ転向後ツアーデビュー戦:'19東建ホームメイトカップ
得意クラブ:ドライバー
ベストスコア:63('22中日クラウンズ1R)
アマ時代の主な戦歴:('17)日本アマ2位T、('18)世界大学選手権優勝、('15・'18)中部オープン優勝
ツアー未勝利
ABEMAツアー(チャレンジ)1勝:('23)PGM Challenge
'23の主なツアー戦績:4試合
パナソニックオープン47位T
'23部門別データ
賞金:810,666円(155位)
メルセデス・ベンツトータルポイント:—
平均ストローク:72.783(参考)
平均パット:1.8176(参考)
パーキープ率:82.143(参考)
パーオン率:59.127(参考)

バーディ率:2.571(参考)
イーグル率:14.000(参考)
ドライビングディスタンス:290.08(参考)
フェアウェイキープ率:54.500(参考)
サンドセーブ率:40.000(参考)
トータルドライビング:—
賞金と順位(△はABEMAツアーランクによる出場権獲得)
△'19＝　　658,920円155位　　'22＝ 7,268,466円 92位
'20-'21＝ 9,544,568円 78位　△'23＝　810,666円155位

植木祥多

所属:燦英会宮本医院
生年月日:1999(H11).11.11
身長:173cm　体重:76kg
血液型:
出身地:埼玉県

出身校:日本大学
スポーツ歴:
ゴルフ歴:5歳〜
プロ転向:2021年
プロ転向後ツアーデビュー戦:'22アジアパシフィックオープンダイヤモンドカップ
得意クラブ:
ベストスコア:66('22ゴルフパートナーPRO-AM2R)
ツアー未勝利
'23の主なツアー戦績:3試合
セガサミーカップ48位T
'23部門別データ
賞金:759,000円(157位)
メルセデス・ベンツトータルポイント:—
平均ストローク:72.378(参考)
平均パット:1.8476(参考)
パーキープ率:82.222(参考)
パーオン率:60.000(参考)
バーディ率:2.900(参考)
イーグル率:2.500(参考)

ドライビングディスタンス:300.08(参考)
フェアウェイキープ率:48.571(参考)
サンドセーブ率:50.000(参考)
トータルドライビング:—
賞金と順位(□はQTランクによる出場権獲得)
　'22＝　　715,000円163位
　□'23＝　　759,000円157位

大岩龍一

所属:フリー
生年月日:1997(H9).12.17
身長:182cm　体重:92kg
血液型:A型
出身地:千葉県

出身校:日本大学
スポーツ歴:サッカー、水泳
ゴルフ歴:8歳〜
プロ転向:2018年
プロ転向後ツアーデビュー戦:'19RIZAP KBCオーガスタ
得意クラブ:アイアン
ベストスコア:63('21東建ホームメイトカップ2R)
アマ時代の主な戦歴:('15)日本アマベスト16、('18)国体個人優勝
ツアー未勝利
'23の主なツアー戦績:25試合
ハナ銀行インビテーショナル8位T
'23部門別データ
賞金:3,869,355円(107位)
メルセデス・ベンツトータルポイント:674(93位)
平均ストローク:73.583(105位)
平均パット:1.7764(60位)
パーキープ率:79.781(103位)
パーオン率:58.743(103位)
バーディ率:3.311(84位)

イーグル率:10.167(30位)
ドライビングディスタンス:286.70(51位)
フェアウェイキープ率:46.424(102位)
サンドセーブ率:51.376(36位)
トータルドライビング:153(98位)

賞金と順位(◎は賞金ランク、△はABEMAツアーランク、□はQTランクによる出場権獲得)
△'19=0円
◎'20-21=44,376,742円 23位
◎'22=32,051,043円 28位
□'23= 3,869,355円107位

大嶋　港

所属:関西高校
生年月日:2005(H17).5.8
身長:158cm　体重:80kg
血液型:A型
出身地:岡山県

出身校:関西高校
スポーツ歴:
ゴルフ歴:4歳〜
プロ転向:2023年
プロ転向後ツアーデビュー戦:
得意クラブ:アイアン
ベストスコア:71('22関西オープン2R=アマチュア時代)
アマ時代の主な戦歴:('21)日本ジュニア優勝、('22)アジアパシフィックアマ5位、('23)中四国オープン2位、全国高校ゴルフ選手権優勝、中国ジュニア優勝

賞金と順位(□はQTランクによる出場権獲得)
□'23=ナシ

岡田晃平

所属:フリー
生年月日:2002(H14).2.18
身長:173cm　体重:75kg
血液型:AB型
出身地:高知県

出身校:東北福祉大学
スポーツ歴:
ゴルフ歴:9歳〜
プロ転向:2023年
プロ転向後ツアーデビュー戦:
得意クラブ:ドライバー
ベストスコア:66('23日本オープン1R=アマチュア時代)
アマ時代の主な優勝歴:
('18、'19)四国アマ、('22)日本アマ、('23)ネイバーズトロフィーチーム選手権(個人・団体)、日本オープンローアマ(18位T)

賞金と順位(□はQTランクによる出場権獲得)
□'23=ナシ

Daisuke KATAOKA

出場資格:ファイナルQTランク2位

片岡大育

所属:Kochi黒潮CC
生年月日:1988(S63).10.17
身長:167cm　体重:71kg
血液型:O型
出身地:高知県

出身校:香川西高校
スポーツ歴:野球
ゴルフ歴:13歳〜
プロ転向:2007年
プロ転向後ツアーデビュー戦:'08マンシングウェアオープンKSBカップ
得意クラブ:パター
ベストスコア:63('17中日クラウンズ3R)
プレーオフ:0勝1敗
アマ時代の主な戦歴:('06)四国アマ優勝、('07)中四国オープン優勝
ツアー3勝:('15)関西オープン、('16)トップ杯東海クラシック、('17)アジアパシフィックダイヤモンドカップ
'23の主なツアー戦績:4試合
カシオワールドオープン25位T
'23部門別データ
賞金:2,120,000円(123位)
メルセデス・ベンツトータルポイント:—
平均ストローク:72.452(参考)
平均パット:1.7177(参考)
パーキープ率:81.481(参考)
パーオン率:57.407(参考)
バーディ率:4.000(参考)
イーグル率:—
ドライビングディスタンス:261.38(参考)
フェアウェイキープ率:64.286(参考)
サンドセーブ率:41.176(参考)
トータルドライビング:—

賞金と順位(◎は賞金ランク、□はQTランクによる出場権獲得)

'08= 1,646,200円154位		◎'16=86,019,113円 5位
'09= 1,641,200円133位		◎'17=59,158,027円 14位
'10= 924,000円153位		◎'18=32,466,212円 34位
'11=10,632,412円 82位		'19=11,358,647円 73位
'12= 8,807,857円 86位		20-21= 2,222,000円126位
◎'13=20,791,678円 47位		'22= 2,814,000円119位
◎'14=20,025,649円 53位		□'23= 2,120,000円123位
◎'15=56,492,942円 18位		

Naoyuki KANEDA

出場資格:ABEMAツアーランク16位

金田直之

所属:美里ゴルフセンター
生年月日:1996(H8).2.26
身長:174cm　体重:70kg
血液型:O型
出身地:千葉県

出身校:中央学院大学
ゴルフ歴:10歳〜
プロ転向:2017年
プロ転向後ツアーデビュー戦:'23関西オープン
ベストスコア:65('23中日クラウンズ1R、ゴルフパートナーPRO-AM1R)
アマ時代の主な戦歴:('12)関東高等学校ゴルフ選手権優勝
ツアー未勝利
'23の主なツアー戦績:14試合
横浜ミナト選手権9位T、中日クラウンズ13位T
'23部門別データ
賞金:5,362,380円(98位)
メルセデス・ベンツトータルポイント:707(96位)
平均ストローク:72.912(97位)
平均パット:1.7790(67位)
パーキープ率:79.861(102位)
パーオン率:63.611(75位)
バーディ率:3.450(73位)
イーグル率:10.000(27位)
ドライビングディスタンス:283.10(70位)
フェアウェイキープ率:49.201(97位)
サンドセーブ率:40.000(99位)
トータルドライビング:167(103位)
賞金と順位(△はABEMAツアーランクによる出場権獲得)
△'23= 5,362,380円 98位

北川祐生

所属:AZEST-GROUP
生年月日:1990（H2）.12.4
身長:171cm　体重:77kg
血液型:A型
出身地:東京都

出身校:千葉学芸高校
ゴルフ歴:9歳〜
プロ転向:2011年
プロ転向後ツアーデビュー戦:'13ANAオープン
得意クラブ:アイアン
ベストスコア:66（'17ダンロップ・スリクソン福島オープン
1R）
ツアー未勝利
'23の主なツアー戦績:1試合
'23部門別データ
賞金:0円
メルセデス・ベンツトータルポイント:—
平均ストローク:74.235（参考）
平均パット:1.8889（参考）
パーキープ率:66.667（参考）
パーオン率:50.000（参考）
バーディ率:2.500（参考）
イーグル率:—
ドライビングディスタンス:—
フェアウェイキープ率:35.714（参考）

サンドセーブ率:0.000
トータルドライビング:—
賞金と順位（△はABEMAツアーランク、□はQTランクによる
出場権獲得）

'13=0円	'18=0円
'14=　249,700円229位	△'19=　1,658,571円124位
'15=　246,000円245位	20-21=　4,384,234円104位
'16=　3,017,300円132位	□'23=0円
'17=0円	

木下康平

所属:フリー
生年月日:1995（H7）.2.28
身長:173cm　体重:66kg
血液型:A型
出身地:熊本県

出身校:クラーク記念国際高校
ゴルフ歴:3歳〜
プロ転向:2012年
プロ転向後ツアーデビュー戦:'13ANAオープン
ベストスコア:66（'17RIZAP KBCオーガスタ2R）
アマ時代の主な戦歴:（'12）日本オープン出場
ツアー未勝利
'23の主なツアー戦績:2試合
'23部門別データ
賞金:0円
メルセデス・ベンツトータルポイント:—
平均ストローク:73.837（参考）
平均パット:1.8542（参考）
パーキープ率:81.944（参考）
パーオン率:66.667（参考）
バーディ率:3.500（参考）
イーグル率:4.000（参考）
ドライビングディスタンス:—
フェアウェイキープ率:50.909（参考）
サンドセーブ率:50.000（参考）

トータルドライビング:—
賞金と順位（□はQTランクによる出場権獲得）

'13=0円	'18=0円
'15=0円	'19=0円
'16=0円	□'23=0円
'17=　480,000円222位	

Taichi KIMURA

木村太一

所属:ロピア
生年月日:1998(H10).9.28
身長:173cm　体重:72kg
血液型:O型
出身地:愛知県

出身校:日本大学
ゴルフ歴:6歳〜
プロ転向:2020年
プロ転向後ツアーデビュー戦:'21アジアパシフィックダイヤモンドカップゴルフ
ベストスコア:65('23ゴルフパートナーPRO-AM2R)
アマ時代の主な戦歴:('19)日本アマ優勝、中部アマ優勝
ツアー未勝利
ABEMAツアー(チャレンジ)1勝
('23)エリートグリップチャレンジ
'23の主なツアー戦績:7試合
横浜ミナト選手権11位T
'23部門別データ
賞金:4,154,633円(104位)
メルセデス・ベンツトータルポイント:—
平均ストローク:71.621(参考)
平均パット:1.7766(参考)
パーキープ率:85.880(参考)
パーオン率:67.593(参考)
バーディ率:3.958(参考)
イーグル率:8.000(参考)
ドライビングディスタンス:283.40(参考)
フェアウェイキープ率:51.327(参考)
サンドセーブ率:54.839(参考)
トータルドライビング:—
賞金と順位(△はABEMAツアーランクによる出場権獲得)
'20-21=0円　　　　　　　　△'23= 4,154,633円104位
'22= 7,618,050円 90位

Hiroya KUBOTA

久保田皓也

所属:シャトレーゼホールディングス
生年月日:1998(H10).1.13
身長:169cm　体重:68kg
血液型:B型
出身地:兵庫県

出身校:東北福祉大学
ゴルフ歴:10歳〜
プロ転向:2019年
プロ転向後ツアーデビュー戦:'21東建ホームメイトカップ
ベストスコア:67('18関西オープン3R=アマチュア時代)
得意クラブ:パター
アマ時代の主な戦歴:('15)関西アマ優勝、全日本パブリック優勝
ツアー未勝利
'23の主なツアー戦績:2試合
'23部門別データ
賞金:0円
メルセデス・ベンツトータルポイント:—
平均ストローク:74.137(参考)
平均パット:1.8286(参考)
パーキープ率:61.111(参考)
パーオン率:48.611(参考)
バーディ率:2.500(参考)
イーグル率:—
ドライビングディスタンス:263.75(参考)
フェアウェイキープ率:48.148(参考)
サンドセーブ率:33.333(参考)
トータルドライビング:—
賞金と順位(△はABEMAツアーランクによる出場権獲得)
'20-21=　151,333円217位　　△'23=0円

小斉平優和

所属:太平洋クラブ
生年月日:1998(H10).5.22
身長:180cm　体重:85kg
血液型:O型
出身地:大阪府

出身校:高槻第三中学校
スポーツ歴:スノーボード、サッカー、バスケットボール
ゴルフ歴:3歳〜
プロ転向:2016年
プロ転向後ツアーデビュー戦:'17〜全英への道〜ミズノオープン
得意クラブ:パター
ベストスコア:64('19カシオワールドオープン4R、'20ゴルフ日本シリーズ2R、'21ゴルフパートナーPRO-AM4R、'23JPC by サトウ食品2R)
アマ時代の主な戦歴:('12)関西ジュニア優勝、('13)日刊アマ優勝、('15)関西パブリック優勝、('16)日本ジュニア優勝、日本アマ3位、関西アマ優勝
ツアー未勝利
'23の主なツアー戦績:10試合
三井住友VISA太平洋マスターズ6位T、JAPAN PLAYERS CHAMPIONSHIP by サトウ食品10位T
'23部門別データ
賞金:12,542,888円(70位)
メルセデス・ベンツトータルポイント:314(18位)

平均ストローク:71.550(37位)
平均パット:1.7294(5位)
パーキープ率:83.642(67位)
パーオン率:65.895(44位)
バーディ率:4.194(9位)
イーグル率:12.000(44位)
ドライビングディスタンス:295.02(24位)
フェアウェイキープ率:54.241(64位)
サンドセーブ率:54.386(20位)
トータルドライビング:88(27位)
賞金と順位(◎は賞金ランク、△はABEMAツアーランク、□はQTランクによる出場権獲得)
'17=　　730,000円205位　◎20-21=26,239,135円 37位
□'18= 1,099,000円181位　　'22= 6,152,000円100位
□'19= 5,384,337円 95位　△'23=12,542,888円 70位

G・ゴッドフリイ

所属:フリー
生年月日:1998(H10).1.23
身長:190cm　体重:75kg
血液型:
出身地:アメリカ

出身校:The University of Toledo
ゴルフ歴:13歳〜
プロ転向:
日本でのツアーデビュー戦:'22アジアパシフィックダイヤモンドカップ
ベストスコア:70('23JPC by サトウ食品2R)
ツアー未勝利
'23の主なツアー戦績:1試合
'23部門別データ
賞金:0円
メルセデス・ベンツトータルポイント:—
平均ストローク:73.981(参考)
平均パット:1.8571(参考)
パーキープ率:75.000(参考)
パーオン率:77.778(参考)
バーディ率:5.500(参考)
イーグル率:—
ドライビングディスタンス:—
フェアウェイキープ率:39.286(参考)
サンドセーブ率:—

トータルドライビング:—
賞金と順位(△はABEMAツアーランクによる出場権獲得)
'22=0円　　　　　　　　△'23=0円

小袋秀人

所属:戸塚CC
生年月日:1991(H3).4.19
身長:183cm　体重:82kg
血液型:A型
出身地:神奈川県

出身校:日本大学
スポーツ歴:野球、サッカー、水泳
ゴルフ歴:5歳〜
プロ転向:2012年
プロ転向後ツアーデビュー戦:'13ダイヤモンドカップゴルフ
得意クラブ:2アイアン
ベストスコア:66('15東建ホームメイトカップ2R、'21ダンロップフェニックス3R、'22関西オープン1R、'22ゴルフパートナーPRO-AM3R、'23JPC by サトウ食品2R)
アマ時代の主な戦歴:('11)朝日杯日本学生優勝、('12)日本アマ優勝、ネイバーズトロフィーチーム選手権団体優勝
ツアー未勝利
ABEMAツアー(チャレンジ)1勝:
('20)ディライトワークスチャレンジ
'23の主なツアー戦績:2試合
JAPAN PLAYERS CHAMPIONSHIP by サトウ食品51位T

'23部門別データ
賞金:472,500円(169位)
メルセデス・ベンツトータルポイント:—
平均ストローク:72.893(参考)
平均パット:1.7850(参考)
パーキープ率:86.111(参考)
パーオン率:74.306(参考)
バーディ率:3.625(参考)
イーグル率:—
ドライビングディスタンス:295.75(参考)
フェアウェイキープ率:51.786(参考)
サンドセーブ率:20.000(参考)
トータルドライビング:—
賞金と順位(△はABEMAツアー、□はQTランクによる出場権獲得)

'13=	271,200円236位		'18=	0円
'14=	1,512,000円137位		'19=	0円
'15=	747,280円178位	△	'21=	4,838,875円 97位
'16=	609,142円216位		'22=	3,631,100円111位
'17=	266,400円244位	□	'23=	472,500円169位

坂本雄介

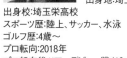

所属:jioworks
生年月日:1998(H10).5.14
身長:174cm　体重:74kg
血液型:O型
出身地:埼玉県

出身校:埼玉栄高校
スポーツ歴:陸上、サッカー、水泳
ゴルフ歴:4歳〜
プロ転向:2018年
プロ転向後ツアーデビュー戦:'19ブリヂストンオープン
得意クラブ:ドライバー
ベストスコア:63('22 ISPS HANDA欧州・日本1R)
アマ時代の主な戦歴:('15)日本アマ4位、埼玉オープン優勝
ツアー未勝利
'23の主なツアー戦績:18試合
関西オープン12位T、ゴルフパートナーPRO-AM14位T
'23部門別データ
賞金:8,262,333円(88位)
メルセデス・ベンツトータルポイント:466(48位)
平均ストローク:71.856(54位)
平均パット:1.7885(76位)
パーキープ率:82.768(76位)
パーオン率:64.689(63位)
バーディ率:3.881(30位)

イーグル率:8.429(17位)
ドライビングディスタンス:302.59(11位)
フェアウェイキープ率:46.424(102位)
サンドセーブ率:51.316(37位)
トータルドライビング:113(62位)
賞金と順位(△はABEMAツアーランク、□はQTランクによる出場権獲得)

□	'19=	1,008,000円136位	□	'22=10,900,704円 72位
△	'20-'21=	1,645,928円140位	□	'23= 8,262,333円 88位

前半戦シード選手

重永亜斗夢

所属:ホームテック
生年月日:1988(S63).9.14
身長:172cm　体重:60kg
血液型:O型
出身地:熊本県

出身校:日本大学
ゴルフ歴:9歳～
プロ転向:2008年
プロ転向後ツアーデビュー戦:'08マンシングウェアオープンKSBカップ
得意クラブ:サンドウェッジ
ベストスコア:63('18東建ホームメイトカップ3R)
ツアー1勝
('18)東建ホームメイトカップ
'23の主なツアー戦績:21試合
三井住友VISA太平洋マスターズ9位T
'23部門別データ
賞金:8,559,421円(85位)
メルセデス・ベンツトータルポイント:589(76位)
平均ストローク:72.416(87位)
平均パット:1.8380(104位)
パーキープ率:83.932(59位)
パーオン率:69.829(7位)
バーディ率:3.077(94位)
イーグル率:10.833(38位)

ドライビングディスタンス:278.58(82位)
フェアウェイキープ率:63.008(15位)
サンドセーブ率:38.750(103位)
トータルドライビング:97(43位)
賞金と順位(◎は賞金ランク、□はQTランクによる出場権獲得)

'08= 273,000円249位	◎'18=55,374,842円 17位	
'11=0円	◎'19=18,525,821円 48位	
'13= 6,426,787円 96位	◎'20-'21=17,054,879円 52位	
◎'14=14,993,377円 65位	◇'22=0円	
◎'15=23,736,250円 46位	□'23= 8,559,421円 85位	
◎'16=30,413,880円 40位	◇は特別保障制度適用	
◎'17=20,971,166円 49位		

篠　優希

所属:フリー
生年月日:1997(H9).4.9
身長:178cm　体重:78kg
血液型:O型
出身地:東京都

出身校:日本ウェルネススポーツ大学
ゴルフ歴:7歳～
プロ転向:2015年
プロ転向後ツアーデビュー戦:'19日本プロ
ベストスコア:65('23東建ホームメイトカップ2R、Sansan KBCオーガスタ3R)
アマ時代の主な戦歴:('15)日本ジュニア15歳～17歳の部優勝
ツアー未勝利
'23の主なツアー戦績:21試合
三井住友VISA太平洋マスターズ16位T、ACNチャンピオンシップ19位T
'23部門別データ
賞金:11,724,960円(72位)
メルセデス・ベンツトータルポイント:526(60位)
平均ストローク:72.043(66位)
平均パット:1.7659(44位)
パーキープ率:83.571(68位)
パーオン率:65.079(57位)
バーディ率:3.600(58位)

イーグル率:17.500(76位)
ドライビングディスタンス:285.48(57位)
フェアウェイキープ率:53.830(66位)
サンドセーブ率:51.579(34位)
トータルドライビング:123(79位)
賞金と順位(□はQTランクによる出場権獲得)

'19=0円	□'22= 4,350,999円106位
□'20-'21=ナシ	□'23=11,724,960円 72位

Steve SUGIMOTO
出場資格:ファイナルQTランク5位

杉本スティーブ

所属:加賀電子
生年月日:1999(H11).7.12
身長:163cm　体重:78kg
血液型:A型
出身地:アメリカ

出身校:サンディエゴ州立大学
スポーツ歴:野球
ゴルフ歴:15歳〜
プロ転向:2022年
プロ転向後ツアーデビュー戦:
ベストスコア:
ツアー未勝利
'23の主なツアー戦績:ナシ

賞金と順位(□はQTランクによる出場権獲得)
□'23=ナシ

Yuto SOEDA
出場資格:ABEMAツアーランク18位

副田裕斗

所属:フリー
生年月日:1994(H6).4.25
身長:180cm　体重:84kg
血液型:A型
出身地:岐阜県

出身校:鹿島学園高校
スポーツ歴:バレーボール
ゴルフ歴:1歳〜
プロ転向:2012年
プロ転向後ツアーデビュー戦:'13トーシントーナメントIN
セントラル
ベストスコア:65('22ISPS HANDA欧州・日本1R)
アマ時代の主な戦歴:('12)国体少年男子個人優勝
ツアー未勝利
ABEMAツアー(チャレンジ)1勝
('22)Novil Cup
'23の主なツアー戦績:13試合
〜全英への道〜ミズノオープン28位T
'23部門別データ
賞金:1,359,200円(140位)
メルセデス・ベンツトータルポイント:—
平均ストローク:73.976(参考)
平均パット:1.8202(参考)
パーキープ率:77.778(参考)
パーオン率:58.333(参考)
バーディ率:2.824(参考)
イーグル率:17.000(参考)
ドライビングディスタンス:303.68(参考)
フェアウェイキープ率:45,895(参考)
サンドセーブ率:32.692(参考)
トータルドライビング:—

賞金と順位(△はABEMAツアーランクによる出場権獲得)
'13=0円	'18=0円
'14=0円	△'19=0円
'15=　578,000円195位	△'20-'21=　4,720,221円100位
'16=　385,333円235位	△'22=　565,000円174位
'17= 2,443,521円134位	△'23= 1,359,200円140位

高山忠洋

所属:スターツ
生年月日:1978(S53).2.12
身長:177cm　体重:83kg
血液型:O型
出身地:和歌山県
出身校:和歌山県立星林高校
スポーツ歴:野球
ゴルフ歴:18歳〜
プロ転向:1999年
プロ転向後ツアーデビュー戦:'00中日クラウンズ
得意クラブ:サンドウェッジ
ベストスコア:62('17アジアパシフィックダイヤモンドカップ1R)
プレーオフ:2勝1敗
ツアー5勝
('05)東建ホームメイトカップ、('06)2005アジア・ジャパン沖縄オープン、('10)サン・クロレラ クラシック、('11)東建ホームメイトカップ、カシオワールドオープン
'23の主なツアー成績:5試合
ゴルフパートナーPRO-AM23位T
'23部門別データ
賞金:1,634,700円(129位)
メルセデス・ベンツトータルポイント:―
平均ストローク:72.202(参考)
平均パット:1.8122(参考)

パーキープ率:82.986(参考)
パーオン率:62.847(参考)
バーディ率:3.375(参考)
イーグル率:16.000(参考)
ドライビングディスタンス:288.75(参考)
フェアウェイキープ率:51.982(参考)
サンドセーブ率:47.368(参考)
トータルドライビング:―

賞金と順位(◎は賞金ランクによる出場権獲得)

'00=	1,607,228円160位	◎'12=	15,501,100円 66位
'01=	1,213,926円163位	◎'13=	24,962,216円 40位
◎'02=	19,095,804円 54位	◎'14=	42,232,041円 27位
◎'03=	34,611,694円 33位	◎'15=	34,061,558円 32位
◎'04=	29,132,882円 38位	◎'16=	46,976,486円 16位
◎'05=	64,426,535円 8位	◎'17=	54,091,093円 16位
◎'06=	40,145,566円 31位	◇'18=	6,325,296円102位
◎'07=	21,895,259円 44位	◇'19=ナシ	
◎'08=	23,624,233円 46位	◇'20-'21=	27,667,368円 34位
◎'09=	29,793,637円 35位	◇'22=	6,682,300円 98位
◎'10=	61,626,320円 14位	◇'23=	1,634,700円129位
◎'11=	98,718,202円 2位		

◇は特別保障制度適用

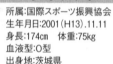

田中章太郎

所属:国際スポーツ振興協会
生年月日:2001(H13).11.11
身長:174cm　体重:75kg
血液型:O型
出身地:茨城県
出身校:日本ウェルネススポーツ大学
ゴルフ歴:9歳〜
プロ転向:2020年
プロ転向後ツアーデビュー戦:'21長嶋茂雄 INVITATIONALセガサミーカップ
ベストスコア:67('22ISPS HANDA欧州・日本2R)
ツアー未勝利
'23の主なツアー戦績:1試合
'23部門別データ
賞金:0円
メルセデス・ベンツトータルポイント:―
平均ストローク:72.481(参考)
平均パット:1.6667(参考)
パーキープ率:86.111(参考)
パーオン率:75.000(参考)
バーディ率:4.500(参考)
イーグル率:―
ドライビングディスタンス:―
フェアウェイキープ率:75.000(参考)
サンドセーブ率:0.000

トータルドライビング:―
賞金と順位(□はQTランクによる出場権獲得)

'20-'21=0円		□'23=0円	
'22=	109,500円227位		

玉城海伍

所属:クリード沖縄
生年月日:1996(H8).5.11
身長:175cm　体重:85kg
血液型:O型
出身地:沖縄県

出身校:大阪学院大学
ゴルフ歴:7歳〜
プロ転向:2018年
プロ転向後ツアーデビュー戦:'19関西オープン
ベストスコア:66('21ダンロップ・スリクソン福島オープン
3R)
アマ時代の主な優勝歴:('13)全国高校選手権春季大
会、('16)九州アマ
ツアー未勝利
'23の主なツアー戦績:5試合
JAPAN PLAYERS CHAMPIONSHIP by サトウ食
品45位T
'23部門別データ
賞金:393,800円(173位)
メルセデス・ベンツトータルポイント:—
平均ストローク:72.972(参考)
平均パット:1.8171(参考)
パーキープ率:82.540(参考)
パーオン率:69.444(参考)
バーディ率:3.429(参考)

イーグル率:—
ドライビングディスタンス:285.50(参考)
フェアウェイキープ率:58.163(参考)
サンドセーブ率:33.333(参考)
トータルドライビング:—
賞金と順位(□はQTランクによる出場権獲得)
　'19=0円　　　　　　　　　'22=　　787,500円159位
　'20-21= 1,034,400円160位　□'23=　393,800円173位

照屋佑唯智

所属:福岡地行
生年月日:1996(H8).3.1
身長:167cm　体重:78kg
血液型:B型
出身地:沖縄県

出身校:本部高校
ゴルフ歴:9歳〜
プロ転向:2015年
プロ転向後ツアーデビュー戦:'17RIZAP KBCオーガスタ
ベストスコア:65('22ASO飯塚チャレンジドゴルフ2R)
ツアー未勝利
'23の主なツアー戦績:1試合
'23部門別データ
賞金:0円
メルセデス・ベンツトータルポイント:—
平均ストローク:72.481(参考)
平均パット:1.7857(参考)
パーキープ率:83.333(参考)
パーオン率:77.778(参考)
バーディ率:5.000(参考)
イーグル率:—
ドライビングディスタンス:—
フェアウェイキープ率:39.286(参考)
サンドセーブ率:—
トータルドライビング:—

賞金と順位(△はABEMAツアーランクによる出場権獲得)
　'17=0円　　　　　　　　　'20-21= 3,382,021円112位
　'18=　258,000円252位　　'22=　246,000円207位
　'19=　370,000円167位　　△'23=0円

Ataru TOKUMOTO

徳元　中

所属:フリー
生年月日:1995(H7).7.6
身長:167cm　体重:62kg
出身地:茨城県
出身校:坂東市立岩井中学校

ゴルフ歴:10歳〜
プロ転向:2012年
プロ転向後ツアーデビュー戦:'18三井住友VISA太平洋マスターズ
ベストスコア:64('23ゴルフパートナーPRO-AM1R)
アマ時代の主な戦歴:('09)日神カップ優勝、('11)茨城県アマ優勝
ツアー未勝利
'23の主なツアー戦績:8試合
ゴルフパートナーPRO-AM23位T
'23部門別データ
賞金:892,000円(153位)
メルセデス・ベンツトータルポイント:—
平均ストローク:73.397(参考)
平均パット:1.8158(参考)
パーキープ率:79.444(参考)
パーオン率:63.333(参考)
バーディ率:3.100(参考)
イーグル率:—
ドライビングディスタンス:282.35(参考)

フェアウェイキープ率:53.737(参考)
サンドセーブ率:57.143(参考)
トータルドライビング:—
賞金と順位(△はABEMAツアーランクによる出場権獲得)
　'18= 1,005,000円183位　△'23= 892,000円153位
　'22= 200,000円216位

Shinji TOMIMURA

富村真治

所属:ザイマックス
生年月日:1991(H3).2.12
身長:175cm　体重:77kg
血液型:A型
出身地:沖縄県

出身校:東北福祉大学
スポーツ歴:空手
ゴルフ歴:9歳〜
プロ転向:2012年
プロ転向後ツアーデビュー戦:'13つるやオープン
得意クラブ:SW、パター
ベストスコア:66('15ダイヤモンドカップゴルフ4R、
'16HONMA TOURWORLD CUP1R、'16HEIWA・PGM
チャンピオンシップ4R、'19東建ホームメイトカップ4R)
アマ時代の主な戦歴:('10)朝日杯日本学生優勝、
('12)東北アマ優勝、日本アマメダリスト
ツアー未勝利
ABEMAツアー(チャレンジ)2勝:('13)everyone
PROJECTチャレンジ石川遼プロデュース、('23)太平洋クラブチャレンジトーナメント
'23の主なツアー戦績:7試合
BMW日本ゴルフツアー選手権20位T
'23部門別データ
賞金:2,684,000円(115位)
メルセデス・ベンツトータルポイント:—

平均ストローク:72.266(参考)
平均パット:1.7578(参考)
パーキープ率:84.596(参考)
パーオン率:64.646(参考)
バーディ率:3.364(参考)
イーグル率:22.000(参考)
ドライビングディスタンス:269.63(参考)
フェアウェイキープ率:55.700(参考)
サンドセーブ率:40.625(参考)
トータルドライビング:—
賞金と順位(◎は賞金ランク、△はABEMAツアーランクによる出場権獲得)
　△'13= 240,900円246位　　'18= 4,899,500円108位
　'14=10,475,317円 82位　　'19= 1,196,550円134位
　◎'15=10,589,583円 74位　'20-'21=0円
　'16= 7,584,214円 93位　　'22=0円
　'17= 1,454,332円168位　△'23= 2,684,000円115位

Sho NAGASAWA　出場資格:ABEMAツアーランク10位

長澤　奨

所属:山田商会
生年月日:1997(H9).8.24
身長:180cm　体重:90kg
血液型:A型
出身地:山梨県
出身校:星槎国際高校
スポーツ歴:柔道
ゴルフ歴:3歳～
プロ転向:2016年
プロ転向後ツアーデビュー戦:'17長嶋茂雄
INVITATIONALセガサミーカップ
ベストスコア:68('17ダンロップ・スリクソン福島オープン
1R、'21JPC by サトウ食品2R、'22日本プロ2R)
アマ時代の主な戦歴:('14)山梨オープン優勝
ツアー未勝利
ABEMAツアー(チャレンジ)1勝
'23LANDIC CHALLENGE10
'23の主なツアー戦績:2試合
Sansan KBCオーガスタ68位T
'23部門別データ
賞金:219,000円(204位)
メルセデス・ベンツトータルポイント:―
平均ストローク:73.588(参考)
平均パット:1.7647(参考)
パーキープ率:83.333(参考)
パーオン率:62.963(参考)
バーディ率:3.333(参考)
イーグル率:―
ドライビングディスタンス:298.50(参考)
フェアウェイキープ率:47.619(参考)
サンドセーブ率:0.000
トータルドライビング:―
賞金と順位(△はABEMAツアーランクによる出場権獲得)
'17＝　120,000円265位　　'22＝　857,500円154位
'19＝0円　　　　　　　　　△'23＝　219,000円204位
'20-'21＝ 1,786,285円136位

Ryo NORO　出場資格:ファイナルQTランク4位

野呂　涼

所属:イデアムーヴ
生年月日:1997(H9).8.18
身長:163cm　体重:66kg
血液型:
出身地:千葉県
出身校:東北福祉大学
ゴルフ歴:10歳～
プロ転向:2019年
プロ転向後ツアーデビュー戦:'21日本オープン
ベストスコア:65('23Sansan KBCオーガスタ4R)
アマ時代の主な戦歴:('19)千葉県アマ優勝
ツアー未勝利
'23の主なツアー戦績:18試合
ACNチャンピオンシップ5位T、BMW日本ゴルフツアー
選手権11位T
'23部門別データ
賞金:11,472,833円(76位)
メルセデス・ベンツトータルポイント:528(61位)
平均ストローク:72.143(74位)
平均パット:1.7902(78位)
パーキープ率:82.440(82位)
パーオン率:63.095(79位)
バーディ率:3.429(77位)
イーグル率:7.000(6位)
ドライビングディスタンス:288.52(46位)
フェアウェイキープ率:56.833(46位)
サンドセーブ率:50.820(40位)
トータルドライビング:92(30位)
賞金と順位(△はABEMAツアーランク、□はQTランクによる
出場権獲得)
'20-'21＝0円　　　　　　　□'23＝11,472,833円　76位
△'22＝　978,333円149位

白　佳和

所属:武田産業
生年月日:1979(S54).11.15
身長:179cm　体重:85kg
血液型:A型
出身地:大阪府

出身校:広島朝鮮学園
スポーツ歴:サッカー
ゴルフ歴:14歳〜
プロ転向:2000年
プロ転向後ツアーデビュー戦:'01ジョージア東海クラシック
得意クラブ:アイアン
ベストスコア:63('21ダンロップ・スリクソン福島オープン1R)
ツアー未勝利
ABEMAツアー(チャレンジ)2勝
('19)太平洋クラブチャレンジ、JGTO Novil FINAL
'23の主なツアー戦績:3試合
ASO飯塚チャレンジドゴルフ42位T
'部門別データ
賞金:452,166円(171位)
メルセデス・ベンツトータルポイント:―
平均ストローク:72.601(参考)
平均パット:1.7937(参考)
パーキープ率:85.556(参考)
パーオン率:70.000(参考)
バーディ率:3.500(参考)
イーグル率:―
ドライビングディスタンス:254.75(参考)
フェアウェイキープ率:65.714(参考)
サンドセーブ率:45.455(参考)
トータルドライビング:―

賞金と順位(◎は賞金ランク、△はABEMAツアーランク、＊はコロナ入国保障制度適用による出場権獲得)

'01=	2,317,333円139位	◎'12=	18,003,957円　60位
'02=	408,000円208位	◎'13=	14,573,358円　67位
'03=	2,501,900円133位	'14=	10,937,058円　79位
'04=	7,187,108円　99位	'15=	4,457,766円104位
◎'05=	18,427,817円　62位	'16=	158,200円259位
◎'06=	30,401,032円　37位	'18=	0円
◎'07=	13,793,521円　66位	△'19=	555,000円157位
'08=	6,131,000円100位	'20-'21=	4,571,533円102位
△'09=	3,006,000円110位	＊'22=	8,349,737円　83位
◎'10=	24,621,190円　41位	◇'23=	452,166円171位
◎'11=	19,304,726円　55位		

◇は特別保障制度適用

原　敏之

所属:YAGOKORO
生年月日:1991(H3).4.4
身長:167cm　体重:69kg
血液型:AB型
出身地:香川県

出身校:藤井学園寒川高校
ゴルフ歴:10歳〜
プロ転向:2012年
プロ転向後ツアーデビュー戦:'12トーシンゴルフin涼仙
ベストスコア:64('22ISPS HANDA 欧州・日本1R)
アマ時代の主な戦歴:('09、'11)四国アマ優勝、('11)日本アマベスト32
ツアー未勝利
'23の主なツアー戦績:14試合
日本プロ33位T、BMW日本ゴルフツアー選手権39位T
'23部門別データ
賞金:1,963,000円(124位)
メルセデス・ベンツトータルポイント:720(98位)
平均ストローク:73.225(101位)
平均パット:1.8442(105位)
パーキープ率:78.241(106位)
パーオン率:61.728(92位)
バーディ率:2.944(101位)
イーグル率:7.200(8位)
ドライビングディスタンス:291.53(36位)
フェアウェイキープ率:51.889(81位)
サンドセーブ率:42.857(90位)
トータルドライビング:117(69位)

賞金と順位(△はABEMAツアーランクによる出場権獲得)

'12=	0円	'18=	920,000円193位
'15=	366,000円219位	'19=	0円
'16=	0円	△'22=	219,000円211位
'17=	0円	△'23=	1,963,000円124位

Shintaro BAN　伴　真太郎

所属:キャロウェイゴルフ
生年月日:1996(H8).2.27
身長:172cm　体重:76kg
血液型:A型
出身地:アメリカ
出身校:ネバダ大学ラスベガス校
ゴルフ歴:5歳～
プロ転向:2018年
ツアーデビュー戦:'18年PGA Tour Shriners Hospital Tournament
日本でのツアーデビュー戦:'23東建ホームメイトカップ
アマ時代の主な戦歴:('18)オールアメリカン1stチーム、全米オープン、全米アマ出場
ベストスコア:65('23ゴルフパートナーPRO-AM1R)
ツアー未勝利
'23の主なツアー戦績:19試合
フジサンケイクラシック6位T
'23部門別データ
賞金:9,677,649円(81位)
メルセデス・ベンツトータルポイント:592(78位)
平均ストローク:72.154(75位)
平均パット:1.7961(82位)
パーキープ率:82.613(79位)
パーオン率:63.683(73位)
バーディ率:3.519(67位)

イーグル率:13.500(56位)
ドライビングディスタンス:310.88(3位)
フェアウェイキープ率:50.730(90位)
サンドセーブ率:46.970(67位)
トータルドライビング:93(34位)
賞金と順位(□はQTランクによる出場権獲得)
　□'22=ナシ　　　　　　　　□'23= 9,677,649円 81位

Masashi HIDAKA　日高将史

所属:フリー
生年月日:1986(S61).5.4
身長:170cm　体重:66kg
血液型:A型
出身地:宮崎県
出身校:九州東海大学
ゴルフ歴:10歳～
プロ転向:2007年
プロ転向後ツアーデビュー戦:'12日本プロ日清カップヌードル杯
ベストスコア:64('17HONMA TOURWORLD CUP 1R)
アマ時代の主な戦歴:('05)九州学生優勝
ツアー未勝利
ABEMAツアー(チャレンジ)1勝
('15)ジャパンクリエイトチャレンジin福岡雷山
'23の主なツアー戦績:13試合
横浜ミナトChampionship35位T、～全英への道～ミズノオープン36位T
'23部門別データ
賞金:2,280,616円(120位)
メルセデス・ベンツトータルポイント:678(94位)
平均ストローク:72.706(92位)
平均パット:1.8174(98位)
パーキープ率:82.310(84位)

パーオン率:64.181(69位)
バーディ率:2.763(105位)
イーグル率:19.000(82位)
ドライビングディスタンス:262.09(105位)
フェアウェイキープ率:66.229(5位)
サンドセーブ率:51.220(38位)
トータルドライビング:110(56位)
賞金と順位(◎は賞金ランク、△はABEMAツアーランク、□はQTランクによる出場権獲得)
　'12=　 295,680円201位　　□'18= 9,769,438円 83位
　'13=0円　　　　　　　　　　'19=0円
　'14=0円　　　　　　　　　　'20-'21=0円
△'15= 1,408,500円144位　△'22=0円
　'16= 1,171,166円186位　△'23= 2,280,616円120位
◎'17=11,016,500円 75位

Kosuke MIYAUCHI

宮内孝輔

所属:フリー
生年月日:1995(H7).8.25
身長:161cm　体重:61kg
血液型:A型
出身地:千葉県
出身校:東北福祉大学
スポーツ歴:バスケットボール
ゴルフ歴:4歳〜
プロ転向:2018年
プロ転向後ツアーデビュー戦:
ツアー未勝利
'23の主なツアー戦績:ナシ

出場資格:ABEMAツアーランク13位

賞金と順位(△はABEMAツアーランクによる出場権獲得)
△'23=ナシ

Toshinori MUTO

武藤俊憲

所属:フリー
生年月日:1978(S53).3.10
身長:173cm　体重:78kg
血液型:O型
出身地:群馬県
出身校:前橋育英高校
スポーツ歴:サッカー
ゴルフ歴:15歳〜
プロ転向:2001年
プロ転向後ツアーデビュー戦:'03マンシングウェアオープ
ンKSBカップ
得意クラブ:ドライバー
ベストスコア:63('11ダンロップフェニックス3R、'12ミズノ
オープン4R)
プレーオフ:1勝1敗
ツアー7勝
('06)マンシングウェアオープンKSBカップ、('08)コカ・
コーラ東海クラシック、('09)The Championship by
LEXUS、('11)ダンロップフェニックス、('12)関西オープ
ン、('15)ISPSハンダグローバルカップ、('19)パナソニッ
クオープン
'23の主なツアー戦績:18試合
〜全英への道〜ミズノオープン12位T
'23部門別データ
賞金:6,519,950円(93位)

出場資格:ファイナルQTランク17位

メルセデス・ベンツトータルポイント:486(50位)
平均ストローク:72,170(76位)
平均パット:1.7774(63位)
パーキープ率:81.845(90位)
パーオン率:65.179(53位)
バーディ率:3.839(36位)
イーグル率:5.600(4位)
ドライビングディスタンス:297.89(19位)
フェアウェイキープ率:56.577(49位)
サンドセーブ率:40.541(96位)
トータルドライビング:68(8位)

賞金と順位(◎は賞金ランク、□はQTランクによる出場権獲得)

'03=	819,300円175位	◎'13=31,471,393円	32位
'04=	500,000円206位	◎'14=48,180,455円	20位
'05=10,387,333円	80位	◎'15=56,005,368円	19位
◎'06=57,672,877円	17位	◎'16=51,292,990円	13位
◎'07=20,717,750円	50位	◎'17=32,296,438円	33位
◎'08=78,382,804円	10位	◎'18=32,804,339円	33位
◎'09=55,621,648円	19位	◎'19=51,204,475円	19位
◎'10=20,281,530円	52位	20-21= 3,747,921円109位	
◎'11=77,694,778円	8位	□'22= 9,217,574円	77位
◎'12=68,680,607円	12位	□'23= 6,519,950円	93位

Takumi MURAKAMI　出場資格:ファイナルQTランク15位

村上拓海

所属:フリー
生年月日:1999(H11).10.4
身長:177cm　体重:75kg
血液型:
出身地:千葉県

出身校:千葉学芸高校
ゴルフ歴:3歳～
プロ転向:2021年
プロ転向後ツアーデビュー戦:'21日本ゴルフツアー選手権
得意クラブ:ドライバー
ベストスコア:66('22～全英への道～ミズノオープン1R、
BMW日本ゴルフツアー選手権3R)
アマ時代の主な戦歴:('17)全国高校選手権優勝
ツアー未勝利
'23の主なツアー戦績:3試合
横浜ミナトChampionship56位T
'23部門別データ
賞金:418,800円(172位)
メルセデス・ベンツトータルポイント:—
平均ストローク:72.700(参考)
平均パット:1.8586(参考)
パーキープ率:83.889(参考)
パーオン率:55.556(参考)
バーディ率:2.600(参考)
イーグル率:5.000(参考)

ドライビングディスタンス:288.17(参考)
フェアウェイキープ率:55.556(参考)
サンドセーブ率:70.588(参考)
トータルドライビング:—
賞金と順位(□はQTランクによる出場権獲得)
　□'20-21=　116,666円222位　　□'23=　418,800円172位
　　'22= 2,900,090円114位

前半戦シード選手

Yu MORIMOTO　出場資格:ABEMAツアーランク23位

森本　雄

所属:フリー
生年月日:1990(H2).12.3
身長:170cm　体重:67kg
血液型:AB型
出身地:愛知県

出身校:東北高校
ゴルフ歴:10歳～
プロ転向:2009年
プロ転向後ツアーデビュー戦:'10つるやオープン
ベストスコア:65('21ゴルフパートナーPRO-AM2R)
アマ時代の主な戦歴:('07)全国高校ゴルフ選手権優
勝、中部オープン2位
ツアー未勝利
ABEMAツアー(チャレンジ)2勝('15)グッジョブチャレン
ジsupported by 丸山茂樹ジュニアファンデーション、南
秋田カントリークラブチャレンジ
'23の主なツアー戦績:5試合
横浜ミナトChampionship33位T
'23部門別データ
賞金:590,000円(161位)
メルセデス・ベンツトータルポイント:—
平均ストローク:73.005(参考)
平均パット:1.8623(参考)
パーキープ率:82.870(参考)
パーオン率:63.889(参考)

バーディ率:2.500(参考)
イーグル率:12.000(参考)
ドライビングディスタンス:270.75(参考)
フェアウェイキープ率:62.573(参考)
サンドセーブ率:50.000(参考)
トータルドライビング:—
賞金と順位(△はABEMAツアーランク、□はQTランクによる
出場権獲得)
　'10=0円　　　　　　　　　'17= 2,916,737円123位
　'11=0円　　　　　　　□'19=ナシ
　'12=0円　　　　　　　□'20-21= 2,587,535円121位
　△'15=　385,500円215位　'22=　629,000円169位
　'16= 3,080,671円131位　△'23=　590,000円161位

吉本翔雄

所属:三輝
生年月日:2000(H12).6.30
身長:167cm　体重:67kg
血液型:O型
出身地:香川県
出身校:至誠館大学
スポーツ歴:
ゴルフ歴:5歳〜
プロ転向:2022年
プロ転向後ツアーデビュー戦:'23日本オープン
ベストスコア:72('23日本オープン2R)
アマ時代の主な優勝歴:('21)中国アマ
ツアー未勝利
'23の主なツアー戦績:1試合
'23部門別データ
賞金:0円
メルセデス・ベンツトータルポイント:—
平均ストローク:73.867(参考)
平均パット:2.0476(参考)
パーキープ率:72.222(参考)
パーオン率:58.333(参考)
バーディ率:1.000(参考)

イーグル率:—
ドライビングディスタンス:—
フェアウェイキープ率:64.286(参考)
サンドセーブ率:33.333(参考)
トータルドライビング:—
賞金と順位(△はABEMAツアーランクによる出場権獲得)
△'23=0円

Hirotaka ASHIZAWA　　　賞金=0円　　　　　平均S=75.458(参考)

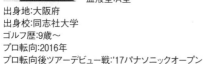

芦沢宗臣

ファイナルQT:53位
所属:田辺CC
生年月日:1995(H7).3.6
身長:182cm　体重:85kg
血液型:A型

出身地:大阪府
出身校:同志社大学
ゴルフ歴:9歳〜
プロ転向:2016年
プロ転向後ツアーデビュー戦:'17パナソニックオープン

ベストスコア:64('22関西オープン1R)
ツアー未勝利
'23の主なツアー戦績:2試合
賞金と順位
　'17=0円
　'18=　290,400円248位
　'19=0円
'21=　2,724,500円120位
'22=　1,358,500円140位
'23=0円

Gyu-Min LEE(イ ギュミン)　　　賞金=0円　　　　　平均S=72.338(参考)

李　圭ミン

ファイナルQT:64位
所属:フリー
生年月日:2000(H12).8.19
身長:177cm　体重:80kg
血液型:O型

出身地:韓国
出身校:
ゴルフ歴:9歳〜

プロ転向:2018年
日本でのツアーデビュー戦:'23ハナ銀行インビテーショナル
ベストスコア:68('23ハナ銀行インビテーショナル1R)
ツアー未勝利
'23の主なツアー戦績:1試合
賞金と順位
　'23=0円

Sang-Hee LEE(イ サンヒ)　　　賞金79位=10,711,068円　　平均S=72.135(73位)

李　尚熹

ファイナルQT:29位
所属:フリー
生年月日:1992(H4).4.20
身長:178cm　体重:70kg
血液型:B型

出身地:韓国
出身校:韓国体育大学
スポーツ歴:テコンドー
ゴルフ歴:10歳〜
プロ転向:2010年
日本でのツアーデビュー戦:
　'13タイランドオープン
得意クラブ:ドライバー、アイアン

ベストスコア:63('19RIZAP KBCオーガスタ4R)
アマ時代の主な優勝歴:('08)ホンダジュニア選手権
ツアー未勝利
'23の主なツアー戦績:19試合
横浜ミナトChampionship5位T
賞金と順位(◎は賞金ランクによる出場権獲得)
◎'13=14,212,802円　69位　　◎'18=46,259,489円　23位
◎'14=40,609,395円　28位　　◎'19=25,320,318円　35位
◎'15=22,900,447円　50位　　'20-'21=ナシ
◎'16=16,466,713円　64位　　◎'22=23,757,276円　36位
◎'17=46,796,649円　23位　　'23=10,711,068円　79位

Utena IGAI

亥飼　台

ファイナルQT:37位
所属:日本ウェルネススポーツ大学
生年月日:2003(H15).2.3
身長:168cm　体重:70kg
血液型:A型
出身地:茨城県
出身校:日本ウェルネス高校
ゴルフ歴:8歳〜
プロ転向:2022年
プロ転向後ツアーデビュー戦:

ベストスコア:
ツアー未勝利

Yuta IKEDA

池田勇太

ファイナルQT:88位
所属:フリー
生年月日:1985(S60).12.22
身長:177cm　体重:77kg
血液型:O型

出身地:千葉県
出身校:東北福祉大学
ゴルフ歴:6歳〜
プロ転向:2007年
プロ転向後ツアーデビュー戦:'08東建ホームメイトカップ
得意クラブ:サンドウェッジ
ベストスコア:59('22ゴルフパートナーPRO-AM1R)
プレーオフ:4勝2敗
アマ時代の主な優勝歴:('03)世界ジュニア、('03、'07)
日本オープンローアマ、('05、'06)日本学生、('06)世界
大学ゴルフ選手権
ツアー21勝:('09)日本プロ、VanaH杯KBCオーガスタ、
キヤノンオープン、ブリヂストンオープン、
('10)TOSHIN GOLF TOURNAMENT IN Lake
Wood、ANAオープン、ブリヂストンオープン、ダンロップ
フェニックス、('11)サン・クロレラクラシック、('12)キヤ
ノンオープン
('13)マイナビABCチャンピオンシップ、('14)日本オープ
ン、('15)RIZAP KBCオーガスタ('16)パナソニックオー
プン、HONMA TOURWORLD CUP AT TROPHIA

賞金69位=12,667,037円　平均S=72.329(84位)

GOLF、カシオワールドオープン、('17)RIZAP KBCオーガス
タ、ANAオープン、日本オープン、('18)アジアパシフィックダ
イヤモンドカップ、('19)〜全英への道〜ミズノオープンatザ・
ロイヤルゴルフクラブ
ABEMAツアー(チャレンジ)1勝:('08)エバーライフカップ
チャレンジ
代表歴:ザ・ロイヤルトロフィ('11)、日韓対抗戦('10、'11、
'12)、ワールドカップ('11)
オリンピック('16)
'23の主なツアー戦績:25試合
マイナビABCチャンピオンシップ8位T
賞金と順位(◎は賞金ランクによる出場権獲得)

◎'08=	20,824,400円	52位	◎'16=	207,901,567円	1位
◎'09=	158,556,695円	2位	◎'17=	126,240,438円	4位
◎'10=	145,043,030円	4位	◎'18=	79,671,825円	5位
◎'11=	71,703,534円	11位	◎'19=	53,870,134円	11位
◎'12=	88,948,069円	4位	◎'20-21=	61,892,074円	15位
◎'13=	78,056,124円	9位	◎'22=	49,568,510円	17位
◎'14=	77,552,862円	7位	'23=	12,667,037円	69位
◎'15=	99,380,317円	3位			

Taichiro IDERIHA

出利葉太一郎

ファイナルQT:75位
所属:日本大学
生年月日:2001(H13).5.12
身長:180cm　体重:87kg
血液型:B型

出身地:福岡県
出身校:沖学園高校
ゴルフ歴:8歳〜

プロ転向:2023年
アマ時代の主な戦歴:('18)国民体育大会個人優勝、('19、'20、
'22)九州アマ優勝、('21)日本アマ2位、('22)日本学生2位、
日本アマ4位

Shingo ITO

伊藤慎吾

ファイナルQT:42位
所属:かねますフルーツ
生年月日:1991(H3).11.28
身長:177cm　体重:85kg
血液型:B型

出身地:三重県
出身校:大阪学院大学
スポーツ歴:サッカー
ゴルフ歴:6歳〜
プロ転向:2013年

賞金=0円　平均S=73.651(参考)

プロ転向後ツアーデビュー戦:'14〜全英への道〜ミズノオー
プン
得意クラブ:アイアン
ベストスコア:66('22JPC by サトウ食品2R)
アマ時代の主な戦歴:('10)日本学生3位、('12)日本アマベ
スト32
ツアー未勝利
ABEMAツアー(チャレンジ)1勝:('21)太平洋クラブチャレンジ
'23の主なツアー戦績:2試合
賞金と順位

'14=0円		'20-21=0円	
'15=0円		'22=	145,200円223位
'16=0円		'23=0円	
'19=0円			

Tatsuji ITONAGA

糸永達司

ファイナルQT:83位
所属:ジャパンPGA GC
生年月日:1985(S60).6.18
身長:169cm　体重:70kg
血液型:O型

出身地:熊本県

出身校:北稜高校
ゴルフ歴:15歳〜
プロ転向:2003年
プロ転向後ツアーデビュー戦:

Masamichi UEHIRA

上平栄道

ファイナルQT:82位
所属:フリー
生年月日:1977(S52).12.27
身長:158cm　体重:62kg
出身地:広島県

出身校:桃山学院大学
ゴルフ歴:14歳〜
プロ転向:2001年
プロ転向後ツアーデビュー戦:'02日本オープン
ベストスコア:63('12トーシンゴルフin涼仙2R)
アマ時代の主な戦歴:('99)関西学生優勝
ツアー未勝利

ABEMAツアー(チャレンジ)5勝:('03)アイフルチャレンジカップ・オータム、('06)東京ドームカップ、('08)有田東急JGTOチャレンジI、サンロイヤルGCカップ、('15)JGTO Novil FINAL

賞金と順位(◎は賞金ランク、△はABEMAツアーランクによる出場権獲得)

'02=	516,000円193位	◎'12=63,101,010円 16位
△'03=0円		◎'13=17,419,976円 56位
'04=	914,633円175位	'14= 6,704,760円 92位
'05=	681,000円180位	△'15= 3,004,000円119位
'06=	4,309,700円119位	'16= 2,828,737円138位
'07=	2,508,000円132位	'17= 8,720,500円 85位
△'08=	842,142円195位	'18= 2,152,750円140位
'09=	8,264,456円 85位	'19= 391,200円164位
◎'10=18,060,666円 61位		20-21= 227,000円211位
◎'11=15,319,522円 68位		'22=0円

Tomohiro UMEYAMA

梅山知宏

ファイナルQT:62位
所属:アイスグリーンシステム
生年月日:1991(H3).8.27
身長:169cm　体重:79kg
血液型:AB型

出身地:栃木県
出身校:東北福祉大学
スポーツ歴:卓球
ゴルフ歴:11歳〜
プロ転向:2013年
プロ転向後ツアーデビュー戦:'14長嶋茂雄INVITATIONALセガサミーカップ

賞金158位=756,000円　平均S=74.452(参考)

得意クラブ:SW
ベストスコア:63('21ゴルフパートナーPRO-AM1R)
アマ時代の主な戦歴:('13)日本学生2位
ツアー未勝利
ABEMAツアー(チャレンジ)2勝:('17)LANDIC CHALLENGE 2017 THE 5th ASSOCIA MANSION、('18)太平洋クラブチャレンジ
'23の主なツアー戦績:2試合
日本オープン63位
賞金と順位(△はABEMAツアーランクによる出場権獲得)

'14=0円		'19= 3,467,400円109位
'15=0円		20-21= 1,855,375円133位
'16= 1,820,175円161位		'22= 974,285円151位
'17= 1,908,933円154位		'23= 756,000円158位
△'18= 7,278,832円 93位		

Akira ENDO

遠藤 彰

ファイナルQT:63位
所属:フリー
生年月日:1979(S54).5.11
身長:175cm　体重:80kg
血液型:AB型

出身地:山形県
出身校:長井北中学校
スポーツ歴:スキー
ゴルフ歴:19歳〜
プロ転向:2006年
プロ転向後ツアーデビュー戦:'07マンシングウェアオープンKSBカップ
得意クラブ:パター

賞金182位=328,500円　平均S=74.684(参考)

ベストスコア:66('11トーシントーナメントINレイクウッド2R、'16日本プロ日清カップヌードル杯1R)
ツアー未勝利
ABEMAツアー(チャレンジ)1勝:('10)トーシンチャレンジ
'23主なツアー戦績:2試合
日本プロ67位T
賞金と順位

'07=0円		'16= 1,418,571円177位
'09=0円		'17= 1,767,000円157位
'10= 328,300円197位		'18=0円
'11= 178,800円214位		'19=0円
'12=0円		20-21=0円
'13= 3,325,366円115位		'22= 1,512,000円136位
'14=0円		'23= 328,500円182位
'15= 1,294,228円151位		

Kenta ENDO

遠藤健太

ファイナルQT:41位
所属:チェリーゴルフ
生年月日:1996(H8).9.15
身長:168cm　体重:58kg
血液型:B型

出身地:香川県
出身校:東北福祉大学
ゴルフ歴:14歳〜
プロ転向:2018年

賞金151位=1,022,100円　平均S=72.833(参考)

プロ転向後ツアーデビュー戦:'21アジアパシフィックダイヤモンドカップ
ベストスコア:65('23ASO飯塚チャレンジゴルフ2R)
アマ時代の主な優勝歴:('12)四国アマ、('18)朝日杯日本学生
ツアー未勝利
'23の主なツアー戦績:12試合
横浜ミナト Campionship38位T
賞金と順位(△はABEMAツアーランクによる出場権獲得)
'20-'21= 1,995,000円130位　　'23= 1,022,100円151位
△'22= 1,060,500円145位

Tomofumi OUCHI

大内智文

ファイナルQT:57位
所属:レイクグリーンGC
生年月日:1996(H8).10.29
身長:178cm　体重:72kg
血液型:B型

出身地:岐阜県
出身校:中部学院大学
ゴルフ歴:9歳〜
プロ転向:2018年
プロ転向後ツアーデビュー戦:'21東建ホームメイトカップ
ベストスコア:62('23ゴルフパートナーPRO-AM2R)

賞金94位=5,859,200円　平均S=72.316(83位)

アマ時代の主な戦歴:('18)岐阜県アマ2位、中部アマ5位、中部学生5位
ツアー未勝利
'23の主なツアー戦績:15試合
ゴルフパートナーPRO-AM7位T、Sansan KBCオーガスタ10位T
賞金と順位(△はABEMAツアーランク、□はQTランクによる出場権獲得)
□'20-'21= 3,018,000円117位　　'23= 5,859,200円 94位
△'22= 1,674,900円132位

Takara OSHIMA

大嶋　宝

ファイナルQT:47位
所属:フリー
生年月日:2003(H15).4.30
身長:162cm　体重:69kg
血液型:A型

出身地:岡山県
出身校:関西高校
ゴルフ歴:6歳〜
プロ転向:2021年

プロ転向後ツアーデビュー戦:
アマ時代の主な戦歴:('17)全国中学校ゴルフ選手権優勝、中国ジュニア優勝、('18)日本ジュニア12〜14歳の部2位、('21)中国ジュニア15〜17歳の部3位

Keisuke OTAWA

大田和桂介

ファイナルQT:46位
所属:麻倉GC
生年月日:1989(H1).2.13
身長:166cm　体重:77kg
血液型:B型

出身地:東京都
出身校:日本大学
ゴルフ歴:4歳〜
プロ転向:2010年
プロ転向後ツアーデビュー戦:'11長嶋茂雄
INVITATIONALセガサミーカップ

賞金0円　平均S=74.776(参考)

ベストスコア:65('22ASO飯塚チャレンジゴルフ4R)
アマ時代の主な戦歴:('08、'09)日本学生優勝、('08)日本オープンローアマ、('10)日本アマ3位
ツアー未勝利
ABEMAツアー(チャレンジ)1勝:('20)TIチャレンジ
'23の主なツアー成績:2試合
賞金と順位(△はABEMAツアーランクによる出場権獲得)
'11=0円　　　　　　　　　'18= 840,000円198位
'12=0円　　　　　　　　　'19=1,758,500円122位
'13=1,063,475円169位　　△'20-'21= 126,500円221位
'14= 417,600円205位　　'22=2,545,285円123位
'16= 592,500円217位　　'23=0円
'17= 233,800円252位

Taiki OTSUKA

大塚大樹

ファイナルQT:69位
所属:A-TRUCK
生年月日:1997(H9).2.3
身長:180cm　体重:89kg
血液型:AB型

出身地:千葉県
出身校:東北福祉大学
ゴルフ歴:6歳〜
プロ転向:2018年

賞金=0円　　　　平均S=76.902(参考)

プロ転向後ツアーデビュー戦:'23ACNチャンピオンシップ
ベストスコア:76('23ACNチャンピオンシップ2R)
ツアー未勝利
'23の主なツアー戦績:1試合
賞金と順位
　'23=0円

Kousuke OMURA

大村浩輔

ファイナルQT:86位
所属:オオムラ
生年月日:1999(H11).12.17
身長:171cm　体重:70kg
血液型:O型

出身地:熊本県
出身校:東海大学
ゴルフ歴:7歳〜
プロ転向:2021年

プロ転向後ツアーデビュー戦:'22〜全英への道〜ミズノオープン
ベストスコア:73('22〜全英への道〜ミズノオープン1R)
ツアー未勝利
賞金と順位
　'22=0円

Ryo OKAMURA

岡村　了

ファイナルQT:26位
所属:平川CC
生年月日:1996(H8).9.29
身長:170cm　体重:70kg
血液型:A型

出身地:福岡県
出身校:東北福祉大学
ゴルフ歴:14歳〜
プロ転向:2018年
プロ転向後ツアーデビュー戦:'22ASO飯塚チャレンジド
ゴルフ

賞金86位=8,446,500円　　平均S=72.870(96位)

ベストスコア:66('22ASO飯塚チャレンジドゴルフ1R、'23
ASO飯塚チャレンジドゴルフ1、2、4R、'23JPC by サトウ食
品2R、'23セガサミーカップ4R)
ツアー未勝利
'23の主なツアー戦績:19試合
ASO飯塚チャレンジドゴルフ3位
賞金と順位(□はQTランクによる出場権獲得)
□'22=　390,000円188位　　'23= 8,446,500円 86位

Keisuke OZAKI

尾崎慶輔

ファイナルQT:71位
所属:平川CC
生年月日:1991(H3)1.14
身長:173cm　体重:85kg
血液型:A型

出身地:徳島県
出身校:東北福祉大学
ゴルフ歴:15歳〜
プロ転向:2012年
プロ転向後ツアーデビュー戦:'17日本プロ
得意クラブ:パター

賞金131位=1,608,140円　平均S=73.307(103位)

ベストスコア:62('23ゴルフパートナーPRO-AM1R)
アマ時代の主な戦歴:('08)高知アマ優勝
ツアー未勝利
'23の主なツアー戦績:13試合
〜全英への道〜ミズノオープン36位T、ゴルフパートナー
PRO-AM37位T
賞金と順位(△はABEMAツアーランク、□はQTランクによる
出場権獲得)
　'17=0円　　　　　　　　　△'22= 2,022,000円130位
　'19=0円　　　　　　　　　'23= 1,608,140円131位
□20-21=ナシ

Yuto KATSUMATA

勝亦悠斗

ファイナルQT:38位
所属:フジゴルフセンター
生年月日:1994(H6).8.13
身長:163cm　体重:69kg
血液型:O型

出身地:静岡県
出身校:明治大学
ゴルフ歴:10歳〜
プロ転向:2016年
プロ転向後ツアーデビュー戦:'18日本オープン
ベストスコア:63('23JPC by サトウ食品3R)

賞金95位=5,844,189円　　平均S=72.018(64位)

アマ時代の主な優勝歴:('12)全国高校選手権、関東高校選手権
ツアー未勝利
'23の主なツアー戦績:17試合
JPC Byサトウ食品10位T
賞金と順位
　'18=0円
　20-21=　220,000円213位
　'22=4,668,722円105位
　　　　　　　　　　　　'23=　5,844,189円 95位

Toshihide KATO

加藤俊英

ファイナルQT:34位
所属:フリー
生年月日:1990(H2).2.26
身長:173cm　体重:67kg
血液型:O型

出身地:栃木県
出身校:足利高校
ゴルフ歴:
プロ転向:2011年

賞金=0円　　平均S=76.530(参考)

プロ転向後ツアーデビュー戦:'16日本プロゴルフ選手権
ベストスコア:73('23ゴルフパートナーPRO-AM1R)
ツアー未勝利
'23の主なツアー戦績:2試合
賞金と順位
　'16=0円
　'22=0円
　　　　　　　　　　　　'23=0円

Yuki KATO

加藤勇希

ファイナルQT:44位
所属:霞ヶ関CC
生年月日:1996(H8).5.5
身長:169cm　体重:77kg
血液型:

出身地:三重県
出身校:専修大学
ゴルフ歴:3歳〜
プロ転向:2019年

プロ転向後ツアーデビュー戦:'22日本プロゴルフ選手権
ベストスコア:73('22日本プロ2R)
ツアー未勝利
賞金と順位
　'22=0円

Ryutaro KATO

加藤龍太郎

ファイナルQT:81位
所属:フリー
生年月日:1993(H5).8.24
身長:175cm　体重:74kg
血液型:A型

出身地:岡山県
出身校:明治大学
ゴルフ歴:10歳〜
プロ転向:2014年
プロ転向後ツアーデビュー戦:'15〜全英への道〜ミズノオープン

賞金197位=236,000円　　平均S=73.094(参考)

ベストスコア:68('21アジアパシフィックダイヤモンドカップ2R)
ツアー未勝利
'23の主なツアー戦績:1試合
ANAオープン57位
賞金と順位
　'15=0円
　'19=0円
　20-21=　360,000円196位
　'22=0円
　'23=　236,000円197位

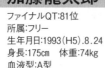

Keiichi KANEKO

金子敬一

ファイナルQT:67位
所属:フリー
生年月日:1975(S50).11.14
身長:180cm 体重:68kg
出身地:埼玉県

出身校:サンディエゴゴルフアカデミー
ゴルフ歴:13歳～
プロ転向:1999年
デビュー戦:ロンドンミャンマーオープン
日本ツアーデビュー戦:'15ダンロップ ・ スリクソン福島
オープン

ベストスコア:66('16ダンロップ・スリクソン福島オープン1R)
アマ時代の主な戦歴:カリフォルニア州ゴールデンステートツアー30勝
ツアー未勝利
ABEMAツアー(チャレンジ)3勝:('15)HEIWA・PGM ChallengeⅡin霞ヶ浦、PGA・JGTOチャレンジカップin房総、('17)南秋田カントリークラブみちのくチャレンジ
賞金と順位(△はABEMAツアーランクによる出場権獲得)
△'15= 160,800円258位　'17=0円
'16= 245,000円254位　'18=0円

Kunihiro KAMII

上井邦浩

ファイナルQT:30位
所属:三好CC
生年月日:1982(S57).10.28
身長:180cm 体重:78kg
血液型:A型

出身地:大阪府
出身校:名古屋商科大学
スポーツ歴:ソフトボール、軟式野球
ゴルフ歴:15歳～
プロ転向:2005年
プロ転向後ツアーデビュー戦:
'05中日クラウンズ
得意クラブ:ドライバー
ベストスコア:62('13東建ホームメイトカップ3R)
アマ時代の主な戦歴:('02)中部アマ優勝、('03)日本

賞金77位=11,064,357円　平均S=71.117(参考)

学生2位、('04)日本アマベスト4、世界アマ日本代表、世界大学選手権日本代表
ツアー未勝利
ABEMAツアー(チャレンジ)1勝
('16)FIDRA Classic
'23の主なツアー戦績:9試合
ゴルフパートナーPRO-AM7位T、日本プロ9位T
賞金と順位(◎は賞金ランク、□はQTランクによる出場権獲得)

'05=0円	'15= 5,366,977円 98位
'06= 4,351,400円117位	'16= 2,837,085円135位
'07= 2,592,460円130位	◎'17=19,637,050円 53位
◎'08=21,744,167円 51位	◎'18=20,994,945円 52位
◎'09=24,845,683円 41位	□'19= 8,806,450円 78位
◎'10=36,730,879円 26位	◎'20-21=34,395,570円 28位
◎'11=30,880,790円 33位	◇'22= 6,891,034円 95位
◎'12=52,893,647円 19位	◎'23=11,064,357円 77位
◎'13=36,405,673円 27位	◇は特別保障制度適用
◎'14=12,688,707円 69位	

Itsuki KINJO

金城五貴

ファイナルQT:60位
所属:フリー
生年月日:1999(H11).5.28
身長:175cm 体重:76kg
血液型:A型

出身地:沖縄県

出身校:大阪学院大学
ゴルフ歴:5歳～
プロ転向:2022年

Shiso GO

呉　司聡

ファイナルQT:25位
所属:フリー
生年月日:1998(H10).5.18
身長:170cm 体重:70kg
血液型:A型

出身地:神奈川県
出身校:東テネシー州立大
ゴルフ歴:5歳～
プロ転向:2021年
プロ転向後ツアーデビュー戦:'22日本オープン

賞金92位=6,745,333円　平均S=72.280(82位)

ベストスコア:63('23ゴルフパートナーPRO-AM2R)
アマ時代の主な戦歴:NCAA Cle Elum Regional優勝、SoCon Championship 優勝、Hoakalei Invitational 優勝
ツアー未勝利
'23の主なツアー戦績:18試合
ゴルフパートナーPRO-AM11位T、日本プロ12位T
賞金と順位(△はABEMAツアーランクによる出場権獲得)
△'22=0円　'23= 6,745,333円 92位

Yuki KONO 河野祐輝

賞金－0円　　　平均S－72.235（参考）

ファイナルQT:72位
所属:NTT西日本アセット・プランニング
生年月日:1988(S63).5.20
身長:171cm　体重:75kg
血液型:A型
出身地:愛媛県
出身校:香川西高校
ゴルフ歴:12歳〜
プロ転向:2008年
プロ転向後ツアーデビュー戦:'10ANAオープン
得意クラブ:ドライバー

ベストスコア:62('21ゴルフパートナーPRO-AM4R)
ツアー未勝利
ABEMAツアー（チャレンジ）3勝:('12)秋田テレビ・南秋田CC・JGTOチャレンジI、東急那須リゾートJGTOチャレンジII、('18)JGTO Novil FINAL
'23の主なツアー戦績:1試合
賞金と順位(◎は賞金ランク、△はABEMAツアーランク、□はQTランクによる出場権獲得)

'10＝ 539,000円178位		'17＝0円
'11＝ 265,200円211位		△'18＝ 1,580,000円158位
△'12＝ 2,777,833円121位		□'19＝ 481,000円159位
◎'13＝30,707,856円 33位		²⁰⁻²¹＝ 3,730,850円110位
'14＝ 7,196,215円 89位		'22＝ 204,800円215位
'15＝ 7,525,833円 87位		'23＝0円
'16＝ 360,000円238位		

Tatsuya KODAI 小鯛竜也

賞金75位＝11,509,196円　　平均S＝71.823(50位)

ファイナルQT:32位
所属:フリー
生年月日:1990(H2).2.1
身長:179cm　体重:74kg
血液型:AB型
出身地:大阪府
出身校:クラーク記念国際高校
スポーツ歴:野球
ゴルフ歴:5歳〜
プロ転向:2007年
プロ転向後ツアーデビュー戦:'11トーシントーナメントINレイクウッド
得意クラブ:

ベストスコア:63('20ダンロップフェニックス4R)
アマ時代の主な戦歴:('04)日本ジュニア2位
ツアー1勝
('17)マイナビABCチャンピオンシップ
ABEMAツアー（チャレンジ）1勝
('16)Novil Cup
'23の主なツアー戦績:22試合
日本プロ18位T
賞金と順位(◎は賞金ランク、△はABEMAツアーランクによる出場権獲得)

'11＝0円	◎'18＝16,779,938円 62位
'14＝0円	◎'19＝13,792,719円 57位
'15＝ 571,666円197位	²⁰⁻²¹＝13,316,436円 65位
△'16＝ 1,034,500円193位	'22＝11,408,833円 67位
◎'17＝39,580,855円 27位	'23＝11,509,196円 75位

Daisuke KOTERA 小寺大佑

ファイナルQT:40位
所属:ハマテック
生年月日:2001(H13).6.2
身長:171cm　体重:65kg
血液型:A型
出身地:兵庫県
出身校:大阪学院大学

ゴルフ歴:8歳〜
プロ転向:2023年
アマ時代の主な戦歴:('18)関西ジュニア優勝、('19)関西高等学校ゴルフ選手権2位、('23)関西学生3位T、関西アマ3位T

Takumi KONNO 今野 匠

賞金＝0円　　　平均S＝77.693(参考)

ファイナルQT:80位
所属:船橋CC
生年月日:1998(H10).5.28
身長:175cm　体重:77kg
血液型:O型
出身地:宮城県
出身校:東北福祉大学
ゴルフ歴:2歳〜
プロ転向:2021年

プロ転向後ツアーデビュー戦:'22〜全英への道〜ミズノオープン
ベストスコア:73('22フジサンケイクラシック1R)
アマ時代の主な戦歴:('19)日本学生2位T
ツアー未勝利
'23の主なツアー戦績:1試合
賞金と順位

'22＝0円	'23＝0円

Katsuyuki SAKURAI

賞金182位=328,500円　平均S=73.716（参考）

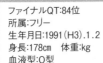

櫻井勝之

ファイナルQT:84位
所属:フリー
生年月日:1991(H3).1.2
身長:178cm　体重:kg
血液型:O型

出身地:東京都
出身校:明治大学
ゴルフ歴:10歳～
プロ転向:2011年
プロ転向後ツアーデビュー戦:'12東建ホームメイトカップ
ベストスコア:69('14ANAオープン1、3R、'15セガサミー

カップ2R)
アマ時代の主な戦歴:('10)日本学生優勝、('11)日本アマ
優勝
ツアー未勝利
'23の主なツアー戦績:3試合
日本プロ67位T
賞金と順位
'12=0円		'16=	820,000円200位
'13=	302,900円233位	'17=	740,000円204位
'14=	385,000円209位	'22=0円	
'15=	357,375円221位	'23=	328,500円182位

Akio SADAKATA

賞金73位=11,648,929円　平均S=71.832(51位)

貞方章男

ファイナルQT:43位
所属:アイダ設計
生年月日:1979(S54).4.24
身長:174cm　体重:70kg
血液型:O型

出身地:奈良県
出身校:Brevard Community College
スポーツ歴:テニス、サッカー、スキー
ゴルフ歴:12歳～
プロ転向:2001年
日本でのツアーデビュー戦:'02住建産業オープン広島
得意クラブ:アイアン
ベストスコア:63('19東建ホームメイトカップ1R、'19ブリ
ヂストンオープン2R、'22ゴルフパートナーPRO-AM4R)

アマ時代の主な戦歴:('99)フロリダ州ゴルフトーナメント、
('00)ニューイヤーズ招待選手権
ツアー未勝利
ABEMAツアー(チャレンジ)1勝
('12)紫CCすみれ・GMAチャレンジ
'23の主なツアー戦績:23試合
日本オープン17位、バンテリン東海クラシック18位T
賞金と順位(◎は賞金ランク、□はQTランクによる出場権獲得)
'02=0円	'15=21,767,685円 53位
'04= 246,400円239位	'16= 9,876,360円 84位
◎'08=31,851,140円 35位	'17= 4,845,200円106位
◎'09=16,921,820円 56位	□'18=0円
◎'10=20,106,214円 54位	◎'19=20,200,499円 43位
'11=11,070,533円 80位	◎'20-21=16,260,884円 57位
◎'12=18,759,000円 58位	'22=11,390,799円 69位
◎'13=16,819,650円 59位	'23=11,648,929円 73位
◎'14=19,484,657円 54位	

Masaya SHIBATA

賞金=0円　平均S=74.059(参考)

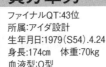

柴田将弥

ファイナルQT:58位
所属:センチュリーGC
生年月日:1996(H8).2.27
身長:184cm　体重:92kg
血液型:O型

出身地:滋賀県
出身校:立命館大学
ゴルフ歴:10歳～

プロ転向:2018年
プロ転向後ツアーデビュー戦:'23東建ホームメイトカップ
ベストスコア:71('23バンテリン東海クラシック2R)
ツアー未勝利
'23の主なツアー戦績:2試合
賞金と順位
　'23=0円

Suguru SHIMOKE

下家秀琉

ファイナルQT:68位
所属:ELECOM
生年月日:2002(H14).2.23
身長:180cm　体重:
血液型:A型

出身地:大阪府
出身校:大阪学院大学

ゴルフ歴:5歳～
プロ転向:2023年
アマ時代の主な戦歴:('21)関西アマ2T、('22)関西アマ2位、
日本学生3位、('23)関西学生優勝、日本アマ4位T、日本学
生6位T

Bo-Wen XIAO（シャオ　ボーウェン）

肖　博文

ファイナルQT:51位
所属:フリー
生年月日:1990(H2).2.1
身長:172cm　体重:71kg
出身地:中国
プロ転向:2012年

日本ツアーデビュー戦:'18SMBCシンガポールオープン
ベストスコア:70('18レオパレス21ミャンマーオープン1R)
ツアー未勝利
インターナショナルツアー1勝:('17)アジアンゴルフ・チャンピオンシップ（中国・アジア）
賞金と順位
　'18=0円

Jigen SERIZAWA

芹澤慈眼

ファイナルQT:33位
所属:SANETSU
生年月日:1999(H11).9.2
身長:173cm　体重:72kg
血液型:AB型
出身地:大分県
出身校:東北福祉大学
ゴルフ歴:

賞金121位=2,273,500円　平均S=71.955(参考)

プロ転向:2021年
プロ転向後ツアーデビュー戦:'22アジアパシフィックオープンダイヤモンドカップ
ベストスコア:68('23関西オープン1R、'23日本オープン4R)
ツアー未勝利
'23の主なツアー戦績:4試合
関西オープン17位T
賞金と順位
　'22=0円　　　　　　　　　　'23= 2,273,500円121位

Tatsuhiko TAKAHASHI

髙橋竜彦

ファイナルQT:85位
所属:ジャパンクリエイト
生年月日:1974(S49).6.6
身長:179cm　体重:80kg
血液型:A型
出身地:福岡県
出身校:日本大学
ゴルフ歴:12歳〜
プロ転向:1997年
プロ転向後ツアーデビュー戦:'98デサントクラシックマンシングウェアカップ
ベストスコア:63('06ゴルフ日本シリーズ4R)
アマ時代の主な戦歴:('91)全国高校ゴルフ選手権優勝、('93)関東学生優勝、('96)朝日杯日本学生優勝
プレーオフ:0勝1敗

賞金214位=134,400円　平均S=73.128(参考)

ツアー2勝:('05)アイフルカップ、('06)UBS日本ゴルフツアー選手権宍戸ヒルズ
ABEMAツアー（チャレンジ）1勝:('99)信和ゴルフクラシック
'23の主なツアー戦績:2試合
ゴルフパートナーPRO-AM62位T
賞金と順位（◎は賞金ランクによる出場権獲得）

'98=0円		'11= 5,879,740円100位
'99= 4,449,000円117位		'12= 758,742円168位
'00= 5,215,140円111位		'13=0円
'01= 6,613,640円102位		'14= 135,142円243位
'02= 1,252,800円165位		'15= 1,396,250円146位
'03= 7,441,012円 92位		'16= 260,480円252位
'04= 3,820,063円120位		'17= 115,500円266位
◎'05=46,858,399円 25位		'18= 124,400円266位
◎'06=48,177,563円 23位		'19=0円
◎'07=18,094,525円 57位		20-21=0円
'08=10,036,224円 81位		'22=0円
◎'09= 2,082,100円127位		'23= 134,400円214位
'10=0円		

Yoshitaka TAKEYA

竹谷佳孝

ファイナルQT:87位
所属:エー・エム・エス
生年月日:1980(S55).1.27
身長:169cm　体重:69kg
血液型:B型
出身地:山口県
出身校:九州ゴルフ専門学校
ゴルフ歴:18歳〜
プロ転向:2006年
プロ転向後ツアーデビュー戦:'07日本プロゴルフ選手権
ベストスコア:65('14東建ホームメイトカップ2R、'14日本ゴルフツアー選手権2R、'14トーシントーナメント2R、4R、'14マイナビABCチャンピオンシップ2R、'15関西オープン4R、'15HONMATOURWORLD CUP2R、'15ダンロップフェニックス1R、'17ダンロップ・スリクソン福島

賞金97位=5,383,023円　平均S=72.451(88位)

オープン4R、'18東建ホームメイトカップ3R、'21日本ゴルフツアー選手権1R、'22カシオワールドオープン3R)
ツアー1勝:('14)日本ゴルフツアー選手権 森ビルカップ Shishido Hills
ABEMAツアー（チャレンジ）1勝
('13)JGTO Novil FINAL
'23の主なツアー戦績:18試合
ANAオープン11位T
賞金と順位（◎は賞金ランク、△はABEMAツアーランク、□はQTランクによる出場権獲得）

'07=0円		◎'16=19,163,200円 58位
'08= 1,583,485円159位		'17= 5,624,752円 98位
'09= 1,602,850円134位		'18=10,139,355円 82位
'10=0円		◎'19=12,564,132円 65位
'11= 688,500円178位		◎20-21=16,624,573円 54位
△'13= 1,488,320円151位		□'22= 9,919,732円 75位
◎'14=64,538,290円 10位		'23= 5,383,023円 97位
◎'15=24,662,451円 43位		

Kosei TAKEYAMA

竹山昂成

ファイナルQT:66位
所属:フリー
生年月日:1999(H11).4.2
身長:181cm　体重:84kg
血液型:AB型

出身地:兵庫県
出身校:東北福祉大学
ゴルフ歴:8歳〜
プロ転向:2021年

賞金=0円　　　　平均S=72.910(参考)

プロ転向後ツアーデビュー戦:'22東建ホームメイトカップ
ベストスコア:'66('22ISPS HANDA欧州・日本)
アマ時代の主な戦績:('21)東北アマ8位、関西オープンロー
アマチュア
ツアー未勝利
'23の主なツアー戦績:4試合
賞金と順位
　'22=454,000円182位　　　　　'23=0円

Hiroki TANAKA

田中裕基

ファイナルQT:65位
所属:名阪急配
生年月日:2002(H14).10.21
身長:　体重:
血液型:

出身地:奈良県
出身校:
ゴルフ歴:
プロ転向:2020年
プロ転向後ツアーデビュー戦:'21日本オープン
ベストスコア:64('23東建ホームメイトカップ2R、ゴルフ
パートナーPRO-AM4R)

賞金84位=8,690,996円　平均S=71.899(57位)

ツアー未勝利
ABEMAツアー(チャレンジ)1勝
('22)i Golf Shaper Challenge in 筑紫ヶ丘
'23の主なツアー戦績:20試合
Sansan KBCオーガスタ24位T、フジサンケイクラシック24
位T
賞金と順位(△はABEMAツアーランクによる出場権獲得)
　'20-'21=0円　　　　　　　'23= 8,690,996円 84位
△'22= 2,455,714円125位

Motoki TANAKA

田中元基

ファイナルQT:22位
所属:ドラッグコーエイ
生年月日:2002(H14).4.26
身長:173cm　体重:68kg
血液型:AB型

出身地:福岡県
出身校:沖学園高校
ゴルフ歴:8歳〜
プロ転向:2020年

賞金=0円　　　　平均S=78.867(参考)

プロ転向後ツアーデビュー戦:'23日本オープン
ベストスコア:77('23日本オープン2R)
ツアー未勝利
'23の主なツアー戦績:1試合
賞金と順位
　'23=0円

Mitsumasa TAMURA

田村光正

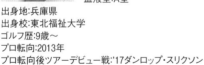

ファイナルQT:39位
所属:徳田鋼鉄
生年月日:1991(H3).8.25
身長:166cm　体重:70kg
血液型:A型

出身地:兵庫県
出身校:東北福祉大学
ゴルフ歴:9歳〜
プロ転向:2013年
プロ転向後ツアーデビュー戦:'17ダンロップ・スリクソン
福島オープン

賞金148位=1,039,160円　平均S=74.262(107位)

ベストスコア:61('22ゴルフパートナーPRO-AM3R)
ツアー未勝利
'23の主なツアー戦績:22試合
ゴルフパートナーPRO-AM45位T
賞金と順位(◎は賞金ランク、□はQTランクによる出場権獲得)
　'17=0円　　　　　　　□'20-'21= 2,185,000円127位
　'18= 1,286,100円165位　◎'22=15,921,407円 55位
　'19=0円　　　　　　　'23= 1,039,160円148位

Rakhyun CHO（チョウ ラクヒョン）

R・チョウ

ファイナルQT:52位
所属:フリー
生年月日:1992(H4).11.30
身長:　体重:
血液型:

出身地:韓国
出身校:オレゴン大学

ゴルフ歴:7歳〜
プロ転向:2014年

Taichi TESHIMA

手嶋多一

ファイナルQT:50位
所属:ミズノ
生年月日:1968(S43).10.16
身長:172cm　体重:70kg
血液型:A型

出身地:福岡県
出身校:東テネシー州立大学
ゴルフ歴:7歳〜
プロ転向:1993年
プロ転向後ツアーデビュー戦:'94ミズノオープン
得意クラブ:パター
ベストスコア:61('01宇部興産オープン2R)
プレーオフ:2勝4敗
ツアー8勝:('99)ファンケル沖縄オープン、('01)日本
オープン、('03)アイフルカップ、('06)アンダーアーマー
KBCオーガスタ、ブリヂストンオープン、('07)カシオワー
ルドオープン、('14)日本プロ日清カップヌードル杯、
('15)〜全英への道〜ミズノオープン
ABEMAツアー(チャレンジ)2勝:('95)サンコー72オープ
ン、後楽園カップ第4回
シニア2勝:('19)金秀シニア沖縄オープン、('21)日本シ
ニアオープン
代表歴:ワールドカップ('97)、ダイナスティカップ('03)、
日韓対抗戦キャプテン('04)

賞金168位＝479,500円　　平均S＝73.304（参考）

'23の主なツアー戦績:4試合
Sansan KBCオーガスタ41位T
賞金と順位（◎は賞金ランク、△はABEMAツアーランクによる
出場権獲得）

'94=	0円	◎'09=	32,168,499円　33位
△'95=	4,456,679円136位	◎'10=	28,358,009円　33位
◎'96=	25,560,848円　47位	◎'11=	20,497,539円　52位
◎'97=	36,327,734円　31位	◎'12=	33,665,900円　33位
◎'98=	24,411,715円　50位	◎'13=	13,787,693円　70位
◎'99=	81,901,760円　7位	◎'14=	58,703,792円　14位
◎'00=	40,968,733円　22位	◎'15=	48,850,267円　23位
◎'01=	112,356,544円　4位	◎'16=	23,376,839円　50位
◎'02=	34,264,987円　29位	◎'17=	22,128,596円　47位
◎'03=	93,688,731円　5位	'18=	8,880,762円　88位
◎'04=	33,995,275円　30位	'19=	7,622,341円　84位
◎'05=	54,163,490円　19位	'20-21=	10,316,737円　74位
◎'06=	96,488,270円　5位	'22=	2,881,085円115位
◎'07=	32,455,350円　27位	'23=	479,500円168位
◎'08=	61,749,416円　17位		

Souta TRIUMI

鳥海颯汰

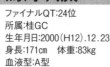

ファイナルQT:24位
所属:桂GC
生年月日:2000(H12).12.23
身長:171cm　体重:83kg
血液型:A型

出身地:北海道
出身校:北海道音更高校
ゴルフ歴:3歳〜
プロ転向:2020年
プロ転向後ツアーデビュー戦:'23ANAオープン
ベストスコア:68('23ANAオープン1R)
ツアー未勝利

賞金198位＝233,000円　　平均S＝73.344（参考）

'23の主なツアー戦績:1試合
ANAオープン58位
賞金と順位
'23= 233,000円198位

Hirotaro NAITO

内藤寛太郎

賞金82位=9,374,499円　平均S=72.274(81位)

ファイナルQT:54位
所属:ロピア
生年月日:1982(S57).5.20
身長:172cm　体重:77kg
血液型:O型
出身地:福島県
出身校:東北福祉大学
スポーツ歴:サッカー
ゴルフ歴:14歳〜
プロ転向:2006年
プロ転向後ツアーデビュー戦:'07日本プロゴルフ選手権
得意クラブ:ドライバー
ベストスコア:64('21ゴルフパートナーPRO-AM1R、
'22ASO飯塚チャレンジドゴルフ4R)
ツアー未勝利

ABEMAツアー(チャレンジ)2勝
('08)静ヒルズトミーカップ、('13)elite grips ・ JGTOチャレンジⅢ
'23の主なツアー戦績:18試合
ANAオープン4位Ⅰ、ノジサンケイクラシック9位T
賞金と順位(◎は賞金ランク、△はABEMAツアーランク、□はQTランクによる出場権獲得)

'07=0円			'16=0円		
△'08=0円			'17=	990,000円	190位
'09	721,333円	171位	'18=	2,640,566円	129位
'10=0円			'19=	328,500円	176位
'12=	373,200円	187位	◎'20-'21=	24,815,657円	40位
'13=	3,310,687円	116位	□'22=	9,618,135円	76位
'14=	1,241,100円	147位	'23=	9,374,499円	82位
'15=0円					

Masanori NAGATA

長田真矩

ファイナルQT:36位
所属:ソループ
生年月日:1995(H7).1.8
身長:168cm　体重:62kg
血液型:A型
出身地:福岡県
出身校:日本経済大学
ゴルフ歴:10歳〜

プロ転向:2017年
プロ転向後ツアーデビュー戦:
ベストスコア:
アマ時代の主な戦歴:('15)九州学生ゴルフ選手権優勝

Yuki NAKAMURA

中村勇貴

ファイナルQT:77位
所属:フリー
生年月日:2001(H13).12.15
身長:167cm　体重:75kg
血液型:B型
出身地:埼玉県
出身校:明治大学中退

ゴルフ歴:7歳〜
プロ転向:
プロ転向後ツアーデビュー戦:
ベストスコア:
アマ時代の主な戦歴:('17)関東ジュニア優勝、('18)全国高等学校ゴルフ選手権春季大会2位
ツアー未勝利

Kenya NAKAYAMA

中山絹也

賞金136位=1,417,371円　平均S=72.508(参考)

ファイナルQT:23位
所属:フリー
生年月日:1997(H9).5.18
身長:167cm　体重:65kg
血液型:A型
出身地:三重県
出身校:中部学院大学
ゴルフ歴:8歳〜
プロ転向:2019年
プロ転向後ツアーデビュー戦:'21〜全英への道〜ミズノオープン

ベストスコア:67('22パナソニックオープン4R)
ツアー未勝利
'23の主なツアー戦績:3試合
バンテリン東海クラシック51位T
賞金と順位

'20-'21=0円		'23=	1,417,371円 136位
'22=	1,024,800円 148位		

Shohei HASEGAWA

賞金166位=495,000円　　平均S=72.578(参考)

長谷川祥平

ファイナルQT:28位
所属:ELECOM
生年月日:1993(H5).7.27
身長:181cm　体重:78kg
血液型:A型
出身地:広島県
出身校:大阪学院大学
ゴルフ歴:5歳〜
プロ転向:2015年
プロ転向後ツアーデビュー戦:'16東建ホームメイトカップ
得意クラブ:パター

ベストスコア:65('14トーシンゴルフトーナメント1R=アマチュア時代)
アマ時代の主な戦歴:('13)アジアパシフィックアマ2位、('15)日本学生優勝、朝日杯日本学生優勝
ツアー未勝利
'23の主なツアー戦績:4試合
日本プロ45位T
賞金と順位
'16=0円
'17=0円

	20-21=	1,596,125円145位
	'23=	495,000円166位

Daiki HASEGAWA

長谷川大晃

ファイナルQT:79位
所属:フリー
生年月日:1997(H9).6.25
身長:170cm　体重:75kg
出身地:北海道
出身校:東北福祉大学
ゴルフ歴:3歳〜
プロ転向:2019年

プロ転向後ツアーデビュー戦:'21〜全英への道〜ミズノオープン
ベストスコア:70('19ANAオープン2R=アマチュア時代)
アマ時代の主な戦歴:('19)北海道アマ優勝
ツアー未勝利
賞金と順位
20-21=0円　　　　　　　　　　'22=0円

Masaya HATTORI

賞金105位=3,918,333円　　平均S=70.560(参考)

服部雅也

ファイナルQT:48位
所属:ホットスタッフ
生年月日:2000(H12).10.26
身長:174cm　体重:69kg
血液型:A型
出身地:愛知県
出身校:中部学院大学
ゴルフ歴:8歳〜
プロ転向:2022年
プロ転向後ツアーデビュー戦:'23中日クラウンズ
ベストスコア:64('23ゴルフパートナーPRO-AM4R)

ツアー未勝利
'23の主なツアー戦績:2試合
中日クラウンズ6位T
賞金と順位
'23=　3,918,333円105位

Takuyoshi HANDA

賞金209位=181,600円　　平均S=73.627(参考)

半田匠佳

ファイナルQT:78位
所属:草津CC
生年月日:1995(H7).8.18
身長:177cm　体重:83kg
血液型:O型
出身地:栃木県
出身校:日本大学
スポーツ歴:サッカー、水泳
ゴルフ歴:6歳〜
プロ転向:2017年

プロ転向後ツアーデビュー戦:'20日本オープン
ベストスコア:70('23関西オープン1、2R)
ツアー未勝利
'23の主なツアー戦績:1試合
'23関西オープン64位
賞金と順位
20-21=0円　　　　　　　'23=　181,600円209位
'22=0円

Yasuki HIRAMOTO

平本　穏

賞金144位＝1,264,800円　平均S＝73.427(104位)

ファイナルQT:55位
所属:フリー
生年月日:1986(S61).5.11
身長:172cm　体重:60kg
血液型:O型

出身地:広島県
出身校:名古屋商科大学(中退)
スポーツ歴:サッカー
ゴルフ歴:10歳〜
プロ転向:2007年
プロ転向後ツアーデビュー戦:'08セガサミーカップ

ベストスコア:62('23JPC by サトウ食品2R)
ツアー未勝利
'23の主なツアー戦績:13試合
横浜ミナト Championship38位T
賞金と順位〈◎は賞金ランク、□はQTランクによる出場権獲得〉
'08＝0円　　　　　　　　　'17＝ 1,398,000円171位
'11＝0円　　　　　　　　　'18＝ 1,686,000円155位
'12＝ 5,433,971円103位　'19＝0円
'13＝ 2,430,075円130位　'20-21＝ 601,700円178位
◎'14＝13,084,777円 68位　□'22＝ 200,000円216位
◎'15＝11,603,397円 71位　'23＝ 1,264,800円144位
'16＝ 2,004,050円154位

Ryunosuke FURUKAWA

古川龍之介

賞金＝0円　　　　　　　　　平均S＝72.193(参考)

ファイナルQT:61位
所属:フリー
生年月日:2001(H13).2.17
身長:175cm　体重:66kg
血液型:B型

出身地:福島県
出身校:日本大学
ゴルフ歴:6歳〜
プロ転向:2022年

プロ転向後ツアーデビュー戦:'23ゴルフパートナーPRO-AM
ベストスコア:66(23ゴルフパートナーPRO-AM1R)
アマ時代の主な戦歴:('21)東北アマ優勝、文部科学大臣
杯日本学生優勝、('22)世界大学ゴルフ選手権個人2位、
団体優勝、日本アマ2位
ツアー未勝利
'23の主なツアー戦績:1試合
賞金と順位
'23＝0円

Dylan PERRY(ディラン　ペリー)

D・ペリー

賞金87位＝8,417,973円　　平均S＝72.261(80位)

ファイナルQT:56位
所属:JOYXGC上月C
生年月日:1995(H7).3.2
身長:184cm　体重:80kg
血液型:

出身地:オーストラリア
出身校:St. Josephs High School
ゴルフ歴:13歳〜
プロ転向:2018年
日本でのツアーデビュー戦:'19東建ホームメイトカップ
得意クラブ:アイアン
日本でのベストスコア:62('23ASO飯塚チャレンジドゴ
ルフ4R)

ツアー未勝利
'23の主なツアー戦績:16試合
ゴルフパートナーPRO-AM7位T、
横浜ミナト Championship9位T
賞金と順位(◎は賞金ランク、＊はコロナ入国保障制度適用に
よる出場権獲得)
◎'19＝23,998,300円 36位　＊'22＝ 600,000円
＊'20-21＝13,290,916円 66位　'23＝ 8,417,973円 87位

Shintarou MIYAGI

宮城慎太郎

ファイナルQT:45位
所属:霞ヶ関CC
生年月日:2000(H12).2.15
身長:164cm　体重:66kg
血液型:A型

出身地:沖縄県
出身校:東北福祉大学
ゴルフ歴:5歳〜

プロ転向:2022年
アマ時代の主な戦歴:('19)福島県アマ3位、('21)宮城県ア
マ2位T、東北アマ4位、日本アマ4位T

ファイナルQT

Shun MURAYAMA 賞金=0円　　平均S=74.402（参考）

村山　駿

ファイナルQT:74位
所属:六甲国際GC
生年月日:1993(H5).5.5
身長:166cm　体重:78kg
血液型:O型

出身地:広島県
出身校:東北福祉大学
ゴルフ歴:6歳〜
プロ転向:2016年

プロ転向後ツアーデビュー戦:'16日本オープン
得意クラブ:パター
ベストスコア:64('22ISPS HANDA 欧州・日本2R)
アマ時代の主な戦歴:('13)日本学生優勝
'23の主なツアー戦績:1試合
ツアー未勝利
賞金と順位
'16=0円	'22=　631,500円168位
'18=　1,420,000円162位	'23=0円
'20-21=0円	

Daisuke YASUMOTO 賞金83位=9,363,454円　平均S=72.054(68位)

安本大祐

ファイナルQT:35位
所属:テラモト
生年月日:1987(S62).1.20
身長:175cm　体重:55kg
血液型:A型

出身地:北海道
出身校:東北福祉大学
スポーツ歴:体操、野球
ゴルフ歴:10歳〜
プロ転向:2008年
プロ転向後ツアーデビュー戦:'10サン・クロレラクラシック
得意クラブ:3W
ベストスコア:63('23 ASO飯塚チャレンジドゴルフ4R)

アマ時代の主な戦歴:('07・'08)北海道アマ優勝
ツアー未勝利
ABEMAツアー(チャレンジ)1勝:('21)LANDIC CHALLENGE8
'23の主なツアー戦績:19試合
JPC by サトウ食品10位T、ASO飯塚チャレンジドゴルフ14位T
賞金と順位(△はABEMAツアーランク、□はQTランクによる出場権獲得)
'10=　1,848,500円121位	'17=0円
'11=0円	'18=　2,916,000円122位
'12=0円	□'19=　1,640,500円126位
'13=　2,523,235円126位	△'20-21=10,959,625円 71位
'14=0円	'22=　5,651,980円102位
'15=0円	'23=　9,363,454円 83位
'16=0円	

Taisei YAMADA 賞金101位=4,201,816円　平均S=72.359(85位)

山田大晟

ファイナルQT:31位
所属:相模原GC
生年月日:1995(H7).5.15
身長:178cm　体重:80kg
血液型:B型

出身地:東京都
出身校:専修大学
スポーツ歴:水泳
ゴルフ歴:10歳〜
プロ転向:2017年
プロ転向後ツアーデビュー戦:'20日本オープン

ベストスコア:65('21ゴルフパートナーPRO-AM1R、'23関西オープン1R)
アマ時代の主な戦歴:('13)国体4位
ツアー未勝利
ABEMAツアー(チャレンジ)1勝
('22)太平洋クラブチャレンジ
'23の主なツアー戦績:18試合
JPC by サトウ食品19位T、フジサンケイクラシック19位T
賞金と順位(△はABEMAツアーランクによる出場権獲得)
| '20-21=　1,771,350円138位 | '23=　4,201,816円101位 |
| △'22=　2,741,714円121位 | |

Shodai YAMANOKUCHI 賞金=0円　　平均S=74.005(参考)

山ノ口章大

ファイナルQT:73位
所属:三甲GC京和C
生年月日:1989((H1).5.8
身長:170cm　体重:65kg
血液型:O型

出身地:鹿児島県
出身校:樟南高校
ゴルフ歴:12歳〜
プロ転向:2009年

プロ転向後ツアーデビュー戦:'12トーシンゴルフトーナメントin涼仙
ベストスコア:70('12トーシンゴルフトーナメントin涼仙1、2R、'23バンテリン東海クラシック2R)
ツアー未勝利
'23の主なツアー戦績:2試合
賞金と順位
| '12=0円 | '23=0円 |
| '14=0円 | |

Kento YAMAWAKI

山脇健斗

ファイナルQT:27位
所属:フリー
生年月日:2001(H13).6.30
身長:174cm　体重:68kg
血液型:A型

出身地:アメリカ
出身校:La Costa Canyon
ゴルフ歴:9歳〜
プロ転向:2023年

賞金=0円　　　　　　　　　　　　　　平均S=ー

プロ転向後ツアーデビュー戦:'23ゴルフパートナーPRO-AM
ベストスコア:
ツアー未勝利
'23の主なツアー戦績:1試合
賞金と順位
　'23=0円

Gunn YANG

ヤン ガン

ファイナルQT:76位
所属:フリー
生年月日:1993(H5).9.30
身長:180cm　体重:75kg
血液型:
出身地:韓国

出身校:サンディエコ州立大学
ゴルフ歴:10歳〜
プロ転向:2017年
アマ時代の主な戦歴:('14)全米アマ優勝

Atsushi YUGE

弓削淳詩

ファイナルQT:70位
所属:三木よかわCC
生年月日:1992(H4).2.22
身長:178cm　体重:83kg
血液型:O型

出身地:沖縄県
出身校:東北福祉大学
ゴルフ歴:10歳〜
プロ転向:2013年

プロ転向後ツアーデビュー戦:'16日本プロ
ベストスコア:67('22ISPS HANDA 欧州・日本2R)
アマ時代の主な戦歴:('13)宮城県アマ2位
ツアー未勝利
賞金と順位
　'16=0円　　　　　　　　　　'20-'21=0円
　'19=0円　　　　　　　　　　'22=　219,000円211位

Sung-Po YU(ヨ ショウハク)

余　松柏

ファイナルQT:21位
所属:フリー
生年月日:1996(H8).9.20
身長:185cm　体重:84kg
血液型:

出身地:台湾
出身校:
ゴルフ歴:9歳〜
プロ転向:2022年

Linqiag LI(リ リンチャン)

李　林強

ファイナルQT:59位
所属:フリー
生年月日:2003(H15).11.2
身長:178cm　体重:95kg
血液型:

出身地:中華人民共和国
出身校:
ゴルフ歴:10歳～
プロ転向:2022年

Lloyd Jefferson Go(ロイド·ジェファーソン·ゴー)

L・J・ゴー

ファイナルQT:49位
所属:フリー
生年月日:1995(H7).2.2
身長:171cm　体重:68kg
血液型:

出身地:フィリピン
出身校:シートン・ホール大学
ゴルフ歴:8歳～
プロ転向:2018年

an invitation
to the
never before.

dentsu

70
（出店予定含む）
PLACES

IN JAPAN

KACHIDOKI
HACCHOBORI
NIHONBASHIHAMACHO
NIPPORI
HIKIFUNE
KICHIJOJI
HACHIOJI
FUCHU
DOJIMA
TEZUKAYAMA
FUKUSHIMA
SHINFUKUSHIMA
TANIMACHI6CHOME
MINAMIHORIE
NANBA
NAKATSU
SAKURANOMIYA
SHINYOKOHAMA
YOKOHAMAWEST
YOKOHAMAMOTOMACH
YOKOHAMAEAST
NOBORITO
SAPPOROMARUYAMA
SENDAI
TAKASAKI
UTSUNOMIYA
OYAMA
SHINURAYASU
SHIZUOKASHIMIZU
KYOTOKAWARAMACHI
KOBESANNOMIYA
MATSUE
MARUGAME
FUKUOKAKEGO

MUSASHIKOYAMA
SHINAGAWASHIMAZUYAMA
OMORI
TOGOSHI
DENENCHOFU
KAMATA
AKEBONOBASHI
YOTSUYA3CHOME
KAGURAZAKA
HIROOTENGENJI
EBISUMINAMI
YOYOGI
NAKAMEGURO
MEGUROAOBADAI
SEIJOGAKUENMAE
JIYUGAOKA
FUTAKOTAMAGAWA
OTSUKA

JIMBOCHO
ICHIGAYA
ROPPONGI
GAIENMAE
SHIODOME
TORANOMON
AKASAKA
ROPPONGI2
AKASAKAMITSUKE
AZABUJUBAN
SHIBAURA
SHIROKANETAKANAWA
MITAISARAGO
HIROO
OIMACHI
GOTANDA

Courses

LOUNGE RANGE

〜ゴルフをもっとあなたのそばに〜　完全個室　会員制インドアゴルフ場

International Tour
DUNLOP PHOENIX TOURNAMENT

November 14. 15. 16. 17 2024

PHOENIX SEAGAIA RESORT, MIYAZAKI, JAPAN
TOTAL PURSE ¥200,000,000 WINNER'S SHARE ¥40,000,000 http://dpt.gr.jp

日本ゴルフツアー機構 Information

JGTO公式Instagram
https://www.instagram.com/japangolftour/

JGTO公式Facebook
https://www.facebook.com/japangolftour/

JGTO公式 X
https://x.com/JGTO_official

JGTO公式You Tube
https://www.youtube.com/user/JGTOInterview

ABEMA TOUR
ABEMAスポーツチャンネル
https://abema.tv/timetable/channels/world-sports

ゴルフのある人生を選んだ人たちへ。

「日本ゴルフツアー選手権」連続開催。
メジャークオリティを誇る
チャンピオンコース『宍戸ヒルズカントリークラブ』。

「ホテルを併設」広大な敷地を巡る
リゾート融合型『静ヒルズカントリークラブ』。

自然が織りなす景観を、匠が生み出す設計を、
ゴルフを愛する人たちへ。
経験も知識も、技術も戦略も超えた
ゴルフの喜びを多くの方へ。

『自然のヒルズ』で、お迎えします。

ゴルフにも、ヒルズクオリティ。
森ビルゴルフリゾート株式会社

SHISHIDO HILLS
Country Club
宍戸ヒルズカントリークラブ

SHIZU HILLS
Country Club
静ヒルズカントリークラブ

HILLS GOLF
Academy
ヒルズゴルフアカデミー

森ビル株式会社
森ビルゴルフリゾート株式会社
www.hillsgolf.jp

BMW 日本ゴルフツアー選手権 森ビルカップ 2023　優勝　金谷拓実選手

最新の情報は総合インフォメーションサイト
ヒルズゴルフ Web で

HILLS GOLF *Web*

あなたの目が、
ゲームだけ追えるように。

プロフェッショナルたちの神技のみを
心行くまで堪能していただくための舞台創りをお手伝いしています。

私たちは、ゴルフトーナメントを中心に
さまざまなイベントを、裏方としてがんばっています。
最高の瞬間を、最高の環境で。大宣の願いです。

株式会社 大宣

〒591-8041 大阪府堺市北区東雲東町4-4-10　TEL(072)253-5050 FAX(072)258-3399　　**Daisen**

Enjoy a world of benefits anytime, anywhere.

Experience the events, offers and insights included with your membership to The Wall Street Journal. Sign in at **WSJplus.com**

WSJ+

EVENTS + OFFERS + INSIGHTS

ジャパンゴルフツアー

2023年度ツアートーナメント成績
歴代優勝者

東建ホームメイトカップ

開催期日　2023年3月30日～4月2日	賞金総額　130,000,000円
競技会場　東建多度CC・名古屋	出場人数　132名
トータル　7,062Y：パー71 (35,36)	天　候　晴・曇・晴・曇

1日目　穏やかな天候の中、23年シーズンが開幕。7アンダー64で回った今平周吾と金谷拓実が首位でスタートし、細野勇策と浅地洋佑が1打差3位につけた。2日目大会コース記録の61をマークした20歳のレフティ細野が通算16アンダーで首位に立った。4打差2位で今平が続く。3日目　細野は76と苦戦して9位に後退。64で回った星野陸也と66の石川遼が通算14アンダーで首位に並んだ。1打差3位

にM・ヘンドリー、2打差4位に金谷拓実、宋永漢、小木曽喬、H・リー、今平の5人がつけた。最終日　星野、石川の首位2人が順調にスコアを伸ばしていたが、中盤以降は伸び悩む。最終組の2組前を行く今平がアウトで2つ伸ばした後インで6アンダー30を叩き出し通算20アンダーとして逆転。星野に2打差をつけて通算8勝目を挙げた。石川はリーと並んで3打差3位に終わった。

【優勝】今平　周吾　264　64・66・71・63　26,000,000円

順位	氏名	トータルスコア	1R	2R	3R	4R	賞金額 (円)	順位	氏名	トータルスコア	1R	2R	3R	4R	賞金額 (円)
2	星野　陸也	266	68	67	64	67	13,000,000		出水田大二郎	276	71	69	69	67	663,000
3	ハン・リー	267	66	68	67	66	7,540,000		篠　優希	276	75	65	69	67	663,000
	石川　遼	267	67	66	68	66	7,540,000		安森　一貴	276	68	68	68	72	663,000
5	堀川未来夢	269	67	68	70	64	4,723,333	42	ブレンダン・ジョーンズ	277	70	70	67	70	494,000
	細野　勇策	269	65	61	76	67	4,723,333		佐藤　大平	277	67	70	71	69	494,000
	小木曽　喬	269	70	64	67	68	4,723,333		河本　力	277	71	65	72	69	494,000
8	長野　泰雅	270	71	65	70	64	3,679,000		藤田　寛之	277	72	67	70	68	494,000
	中島　啓太	270	69	70	67	64	3,679,000		米澤　蓮	277	66	69	70	72	494,000
	金谷　拓実	270	64	71	66	69	3,679,000		中里光之介	277	72	66	72	67	494,000
11	大槻　智春	271	68	66	69	68	2,561,000		小田　孔明	277	69	71	70	67	494,000
	蝉川　泰果	271	69	65	69	68	2,561,000	49	安本　大祐	278	68	70	70	70	367,900
	永野竜太郎	271	68	68	67	68	2,561,000		大堀裕次郎	278	66	70	72	70	367,900
	杉浦　悠太	271	69	69	65	68	アマチュア		ディラン・ペリー	278	74	66	70	68	367,900
	阿久津未来也	271	68	68	66	69	2,561,000		内藤寛太郎	278	66	69	68	75	367,900
	宋　永漢	271	67	67	67	70	2,561,000	53	勝俣　陵	279	71	67	69	72	318,128
	マイケル・ヘンドリー	271	66	66	68	71	2,561,000		竹安　俊也	279	72	67	69	71	318,128
18	岩﨑亜久竜	272	71	68	69	64	1,854,666		幡地　隆寛	279	67	71	69	72	318,128
	アンドルー・エバンス	272	69	69	67	67	1,854,666		海老根文博	279	71	67	71	70	318,128
	清水　大成	272	69	68	66	69	1,854,666		伴　真太郎	279	70	68	67	74	318,128
21	S・J・パク	273	69	69	66	69	1,586,000		木下　裕太	279	68	70	72	69	318,128
	浅地　洋佑	273	65	71	68	69	1,586,000		重永亜斗夢	279	73	67	71	68	318,128
23	久常　涼	274	67	69	71	67	1,326,000	60	貞方　章男	280	71	66	70	73	296,400
	嘉数　光倫	274	69	71	66	68	1,326,000		吉田　泰基	280	70	70	69	71	296,400
	小西　貴紀	274	71	65	69	69	1,326,000		中山　絹也	280	69	71	70	70	296,400
26	池田　勇太	275	74	65	68	68	945,100		杉山　知靖	280	72	66	70	72	296,400
	木下　稜介	275	70	69	68	68	945,100	64	植竹　勇太	281	70	69	69	73	288,600
	香妻陣一朗	275	70	69	68	68	945,100		阿部　裕樹	281	71	69	71	70	288,600
	片山　晋呉	275	67	71	68	69	945,100	66	武藤　俊憲	282	69	69	69	75	284,700
	田中　裕基	275	68	64	72	71	945,100		副田　裕斗	282	70	69	70	73	284,700
	松本　将汰	275	69	68	67	71	945,100		光田　智輝	282	67	69	73	73	284,700
	市原　弘大	275	69	68	67	71	945,100		谷口　徹	282	71	69	71	71	284,700
	アンソニー・クウェイル	275	71	68	72	64	945,100	70	小鯛　竜也	283	67	68	71	77	284,700
	H・W・リュー	275	67	68	70	70	945,100		小浦　和也	283	70	69	71	73	284,700
	宮里　優作	275	67	68	68	72	945,100		ジュビック・パグンサン	283	70	69	72	72	284,700
36	トッド・ペク	276	70	70	67	69	663,000		中島　徹	283	69	72	71	71	284,700
	前田光史朗	276	70	67	69	70	663,000	74	尾崎　慶輔	284	69	72	71	72	284,700
	池村　寛世	276	69	69	68	70	663,000	75	永井　源	285	70	70	72	73	284,700

76	松村 景太	286	71	69	73	73	284,700
77	近藤 智弘	287	69	71	71	76	284,700
	田村 光正	287	73	67	72	75	284,700

	高山 忠洋	287	71	69	74	73	284,700

140ストローク(−2)までの79名が予選通過

氏名	トータルスコア	1R	2R	氏名	トータルスコア	1R	2R	氏名	トータルスコア	1R	2R	氏名	トータルスコア	1R	2R
砂川 公佑	141	74	67	呉 司聡	142	72	70	柴田 将弥	144	72	72	中川 将太	147	73	74
石坂 友宏	141	70	71	張 棟圭	142	71	71	若原 亮太	144	71	73	金子 駆大	148	78	70
平田 憲聖	141	72	69	ジャスティン・デロスサントス	142	74	68	山田 大晟	144	72	72	新井 隆一	148	73	75
杉本エリック	141	71	70	鍋谷 太一	142	70	72	上井 邦浩	144	71	73	久保谷健一	148	73	75
西岡 宏晃	141	71	70	塚田 陽亮	142	68	74	稲森 佑貴	144	73	71	日高 将史	148	74	74
勝亦 悠斗	141	70	71	大岩 龍一	142	72	70	青山 晃大	144	74	70	佐藤 佑樹	149	75	74
平本 穏	141	72	69	作田 大地	142	70	72	白水 将司	144	74	70	板東 寿匡	151	72	79
朴 相賢	141	70	71	遠藤 健太	142	72	70	小林伸太郎	145	72	73	吉永 智一	152	75	77
坂本 雄介	141	72	69	李 尚熹	142	71	71	宮本 勝昌	145	68	77	石過功一郎	153	78	75
小林 正則	141	69	72	野呂 涼	142	72	71	西山 大広	145	73	72	片岡 尚之	154	78	76
三島 泰哉	141	69	72	比嘉 拓也	143	72	71	高野 碧輝	145	73	72	岩田 寛		75	棄
大澤 和也	141	72	69	杉原 大河	143	75	68	荒木 一貴	146	75	71				
原 敏之	142	72	70	時松 隆光	143	75	68	大内 智文	147	73	74				
岡村 了	142	70	72	竹谷 佳孝	144	75	69	徳光 祐哉	147	72	75				

【歴代優勝者】

年	優勝者	スコア	2位	差	コース	パー/ヤード
東建コーポレーションカップ						
1993	飯合 肇	276—68・70・69・69	T・ハミルトン	2	祁答院GC	72/7045Y
1994	クレイグ・ウォーレン	208—70・68・70	尾崎将司	1	祁答院GC	72/7072Y
1995	トッド・ハミルトン	281—70・71・68・72	P・シニア	1	祁答院GC	72/7097Y
1996	金子柱憲	275—69・74・67・65	B・ジョーブ	1	祁答院GC	72/7097Y
1997	尾崎将司	269—71・65・61・72	C・フランコ	1	祁答院GC	72/7115Y
1998	飯合 肇	272—70・71・67・64	尾崎将司	1	祁答院GC	72/7115Y
1999	尾崎将司	273—72・65・69・67	谷口 徹	1	祁答院GC	72/7100Y
2000	芹澤信雄	281—68・70・73・70	東聡、桑原克典	1	祁答院GC	72/7135Y
2001	片山晋呉	205—69・63・73	中嶋常幸	2	多度CC名古屋	71/6968Y
2002	谷口 徹	272—71・64・67・61	宮瀬博文	2	祁答院GC	72/7135Y
東建ホームメイトカップ						
2003	アンドレ・ストルツ	278—65・71・71・71	米山剛、高山忠洋、増田伸洋	1	東建多度CC名古屋	71/7047Y
2004	藤田寛之	281—70・68・74・69	片山晋呉、C・ウィ	2	東建多度CC名古屋	71/7083Y
2005*	高山忠洋	205—67・72・66	川原 希	0	東建多度CC名古屋	71/7083Y
2006	ウェイン・パースキー	267—64・67・69・67	上田諭尉、B・ジョーンズ	2	東建塩河CC	72/6906Y
2007	上田諭尉	276—66・74・71	ドンファン	1	東建多度CC名古屋	71/7083Y
2008	宮本勝昌	276—71・66・73・66	手嶋多一	1	東建多度CC名古屋	71/7062Y
2009*	小田孔明	274—69・70・67・68	金 鍾徳	0	東建多度CC名古屋	71/7081Y
2010*	小田孔明	283—74・70・68・71	広田 悟、丸山大輔	0	東建多度CC名古屋	71/7081Y
2011	高山忠洋	276—70・68・68・70	片山晋呉	2	東建多度CC名古屋	71/7081Y
2012	ブレンダン・ジョーンズ	269—68・69・70・62	小田龍一	2	東建多度CC名古屋	71/7081Y
2013	塚田好宣	275—72・71・63・69	小田孔明、上井邦浩	4	東建多度CC名古屋	71/7081Y
2014	宮里優作	270—71・66・68・65	岩田 寛	1	東建多度CC名古屋	71/7109Y
2015	マイケル・ヘンドリー	269—67・69・69・64	山下和宏	1	東建多度CC名古屋	71/7081Y
2016*	金 庚泰	271—68・67・67・69	近藤共弘	0	東建多度CC名古屋	71/7081Y
2017	梁 津萬	268—69・65・66・68	藤本佳則	2	東建多度CC名古屋	71/7081Y
2018	重永亜斗夢	272—64・72・63・73	石川 遼	1	東建多度CC名古屋	71/7081Y
2019	ブレンダン・ジョーンズ	269—65・69・71・64	M・グリフィン	1	東建多度CC名古屋	71/7081Y
2020	〈新型コロナウイルス感染拡大のため中止〉					
2021	金谷拓実	202—67・65・70	ⓐ中島啓太	1	東建多度CC名古屋	71/7081Y
2022*	香妻陣一朗	270—66・69・66・69	桂川有人	0	東建多度CC名古屋	71/7062Y
2023	今平周吾	264—64・66・71・63	星野陸也	2	東建多度CC名古屋	71/7062Y

*はプレーオフ、ⓐはアマチュア

ツアー成績

【過去の18ホール最少ストローク】

61（−11）	尾崎　将司	1997年3R	祁答院GC	PAR72/7115ヤード
61（−11）	谷口　徹	2002年4R	祁答院GC	PAR72/7135ヤード
61（−10）	細野　勇策	2023年2R	東建多度CC名古屋	PAR71/7062ヤード

関西オープンゴルフ選手権競技

開催期日　2023年4月13日～16日	賞金総額　80,000,000円
競技会場　泉ヶ丘CC	出場人数　150名
トータル　7,051Y・パー71 (35,36)	天　候　晴・曇・雨　曇後晴

1日目　プロデビュー戦の宇喜多飛翔が7アンダー64をマークし、永野竜太郎と並んで首位に立った。**2日目**　68で回った永野が通算10アンダーで単独首位に。宇喜多は平本世中と並んで1打差2位。倉本昌弘が2アンダーの39位で歴代2番目の年長記録となる67歳217日で予選を通過した。**3日目**　降雨の影響でスタートが1時間遅延。4打差12位にいた蝉川泰果が64で回り通算13アンダーの首位に躍り出る。

永野は71と伸ばせず3打差2位に後退。宇喜多、河本力、平田憲聖、T・ペク、D・ペリーの5人が4打差3位で続いた。**最終日**　6番までパーが続いた蝉川だったが7番で初バーディを奪ってからスコアを伸ばし、通算17アンダーで幡地隆寛に4打差をつけてプロ初優勝、通算3勝目を挙げた。プロデビュー戦の鈴木晃祐がホールインワンを含む67をマークして宇喜多と並ぶ3位に入った。

【優勝】蝉川　泰果　267　69・67・64・67　16,000,000円

順位	氏　　名	トータルスコア	1R	2R	3R	4R	賞金額(円)	順位	氏　　名	トータルスコア	1R	2R	3R	4R	賞金額(円)
2	幡地　隆寛	271	67	71	67	66	8,000,000	39	田中　裕基	284	69	69	72	74	360,000
3	鈴木　晃祐	272	68	67	70	67	4,640,000		吉田　泰基	284	71	65	75	73	360,000
	宇喜多飛翔	272	64	69	71	68	4,640,000		比嘉　拓也	284	72	69	70	73	360,000
5	永野竜太郎	273	64	68	71	70	3,200,000		出水田大二郎	284	70	71	71	72	360,000
6	大堀裕次郎	274	70	69	68	67	2,653,333		山下　勝将	284	69	69	69	77	アマチュア
	平田　憲聖	274	73	68	63	70	2,653,333	44	岡田　絋希	285	73	66	72	74	288,000
	河本　力	274	69	67	68	70	2,653,333		ジャスティン・デロスサントス	285	72	68	71	74	288,000
9	中島　啓太	275	69	69	69	68	2,256,000		小斉平優和	285	70	70	72	73	288,000
10	佐藤　大平	276	71	67	67	71	2,016,000		ブレンダン・ジョーンズ	285	68	70	74	73	288,000
	トッド・ペク	276	67	68	69	72	2,016,000		大内　智文	285	70	71	72	72	288,000
12	坂本　雄介	277	72	69	68	68	1,616,000	49	榎本　剛志	286	72	69	70	75	226,400
	ブラッド・ケネディ	277	69	67	71	70	1,616,000		小木曽　喬	286	67	72	71	76	226,400
	平本　世中	277	68	65	74	70	1,616,000		貞方　章男	286	70	71	71	74	226,400
15	長野　泰雅	278	72	68	68	70	1,336,000		内藤寛太郎	286	72	69	71	74	226,400
	ディラン・ペリー	278	65	69	70	74	1,336,000		田中　愛士	286	69	68	76	73	アマチュア
17	芹澤　慈眼	279	68	70	72	69	1,108,000	54	中西　直人	287	71	67	75	74	202,666
	宋　永漢	279	70	67	70	72	1,108,000		小田　孔明	287	69	72	72	74	202,666
	大槻　智春	279	71	65	71	72	1,108,000		海老根文博	287	72	72	73	73	202,666
	島野　璃央	279	69	65	72	73	1,108,000	57	勝亦　悠斗	288	66	69	74	79	192,000
21	今平　周吾	280	73	66	71	70	822,400		勝俣　陵	288	68	70	78	72	192,000
	山田　大晟	280	65	70	73	72	822,400		池田　勇太	288	72	69	76	71	192,000
	時松　隆光	280	70	64	73	73	822,400	60	岩田　寛	289	71	68	74	76	186,400
	上井　邦浩	280	72	69	66	73	822,400	61	尾崎　慶輔	290	71	68	74	77	184,800
	金子　駆大	280	71	68	68	73	822,400		多田　旺生	290	69	70	77	74	アマチュア
26	呉　司聡	281	70	65	75	71	656,000	63	日高　将史	291	70	71	75	75	183,200
	小西　貴紀	281	73	68	70	70	656,000	64	半田　匠佳	292	72	70	74	78	181,600
	篠　優希	281	71	66	71	73	656,000	65	倉本　昌弘	293	71	69	75	78	180,000
29	杉本エリック	282	69	68	74	71	576,000		砂川　公佑		71	70	75	棄	
	阿久津未来也	282	71	70	70	71	576,000								
31	石川　遼	283	69	68	73	73	459,000								
	石坂　友宏	283	72	68	71	72	459,000								
	清水　大成	283	71	70	69	73	459,000								
	小浦　和也	283	72	69	67	75	459,000								
	小林伸太郎	283	72	68	68	75	459,000								
	野呂　涼	283	68	72	73	70	459,000								
	嘉数　光倫	283	68	73	73	69	459,000								
	小寺　健大	283	74	67	74	68	459,000								

141ストローク(－1)までの66名が予選通過

ツアー成績

関西オープンゴルフ選手権

氏 名	トータルスコア	1R	2R	氏 名	トータルスコア	1R	2R	氏 名	トータルスコア	1R	2R	氏 名	トータルスコア	1R	2R
三島 泰哉	142	69	73	鍋谷 太一	143	73	70	杉原 大河	146	73	73	平本 穏	149	75	74
武藤 俊憲	142	67	75	高野 碧輝	144	71	73	谷口 徹	146	76	70	@河﨑涼太	149	76	73
宮本 勝昌	142	73	69	藤田 寛之	144	70	74	安森 一貴	146	71	75	原 敏之	149	72	77
片山 晋呉	142	73	69	@松岡翔太郎	144	72	72	櫻井 隆輔	146	71	75	金田 直之	150	79	71
ショーンノリス	142	71	71	ジュビックパグンサン	144	73	71	山浦 一希	146	71	75	若原 亮太	150	73	77
西山 大広	142	74	68	杉山 知靖	144	71	73	横田 真一	146	72	74	@香川大樹	150	76	74
米澤 蓮	142	70	72	遠藤 健太	144	73	71	松本 将汰	146	77	69	白井 温視	150	75	75
阿部 裕樹	142	67	75	アンドルー・エバンス	144	71	73	@竹葉光希	147	75	72	今井 健	150	75	75
H・W・リュー	142	72	70	石川 大翔	144	71	73	片岡 尚之	147	73	74	玉城 海伍	151	75	76
田村 光正	142	68	74	小鯛 竜也	144	73	71	松田 高明	147	73	74	藤本 佳則	151	77	74
細野 勇策	142	72	70	@河合慈英	144	72	72	植竹 勇太	147	74	73	@皿木大智	151	77	74
近藤 智弘	142	71	71	@尾﨑敬也	144	71	73	@須藤大和	147	73	74	徳元 中	153	79	74
前田光史朗	142	70	72	高柳 直人	145	70	75	@玉木海凪	148	75	73	@中田康太郎	154	81	73
@釣浦郁真	143	71	72	ハン・リー	145	75	70	@下家秀琉	148	74	74	杉浦 斎	154	76	78
宮里 優作	143	69	74	@小林 匠	145	78	67	副田 裕斗	148	75	73	細川 和広	154	77	77
@和泉健太郎	143	71	72	@小寺大佑	145	72	73	@阪 幸樹	148	72	76	石過功一郎	155	76	79
松村 大輝	143	73	70	西岡 宏晃	145	72	73	重永亜斗夢	148	73	75	森本 英明	157	78	79
竹谷 佳孝	143	71	72	安本 大祐	145	74	71	@亀井康生	148	74	74	@植田剛央	158	82	76
長谷川祥平	143	71	72	市原 弘大	145	72	73	伴 真太郎	148	72	76	@はアマチュア			
@鈴木千貴	143	73	70	木下 裕太	145	77	68	鈴木 敬太	148	75	73				
塚田 陽亮	143	71	72	水田 竜昇	145	71	74	岡村 了	148	76	72				
大岩 龍一	143	73	70	櫛山 勝弘	145	71	74	@津田浩平	149	74	75				

【歴代優勝者】

年	優勝者	スコア	2位	差	コース	パー／ヤード
1926	福井覚治	154—72・82	中上数一	8	茨木CC	
1927	中上数一	156—77・79	G・ノリス	6	鳴尾GC	
1928	宮本留吉	155—77・78	福井覚治	5	茨木CC	
1929*	森岡二郎	156—78・78	宮本留吉	0	鳴尾GC	
1930	石角武夫	145—73・72	宮本留吉	1	茨木CC	
1931	宮本留吉	150—73・77	村木章	1	鳴尾GC	
1932	森岡二郎	160—79・81	石井治作	1	広野GC	
1933	戸田藤一郎	152—73・79	宮本留吉	1	茨木CC	
1934	森岡二郎	142—71・71	宮本留吉	5	鳴尾GC	
1935*	森岡二郎	148—73・75	石井治作	0	鳴尾GC	
1936	上堅岩一	145—75・70	村木章	0	茨木CC	
1937	村木 章	142—67・75	上田悌造	4	鳴尾GC	
1938*	戸田藤一郎	146—76・70	小谷金孝	0	広野GC	
1939	戸田藤一郎	137—69・68	行田虎夫	7	鳴尾GC	
1940~1948〈第二次世界大戦で中止〉						
1949	戸田藤一郎	144（詳細不明）	不明		宝塚GC	
1950	宮本留吉	145（詳細不明）	不明		鳴尾GC	
1951*	宮本留吉	151（詳細不明）	寺本金一、石井哲雄	0	宝塚GC	
1952	山田弥助	314—87・71・75・81	石井迪夫	1	広野GC	
1953	石井迪夫	296—69・71・77・79	上田悌造	2	茨木CC	
1954	木本三次	296—74・74・77・71	石井迪夫、石井哲雄	2	鳴尾GC	
1955	石井迪夫	293—76・73・69・75	島村祐正	2	広野GC	
1956	石井哲雄	301—75・78・74・74	藤井武人	5	宝塚GC	
1957	島村祐正	289—74・71・71・73	磯村行雄	6	茨木CC	
1958	橘田 規	284—72・68・70・74	森岡比佐志	1	鳴尾GC	
1959	石井迪夫	289—70・66・74・79	森岡比佐志	1	愛知CC東山	
1960	新井 進	285—70・71・73・71	杉原輝雄	3	奈良国際GC	
1961	石井哲雄	282—71・70・71・70	戸田藤一郎	1	名古屋GC	
1962	橘田 規	284—74・70・71・69	細石憲二	4	西宮CC	
1963	橘田 規	290—70・74・75・71	能田征二	7	広野GC	
1964	杉原輝雄	285—68・73・71・73	森岡比佐志	1	古賀GC	
1965	杉原輝雄	282—67・74・70・71	宮本省三、鈴村久	6	鳴尾GC	

年	優勝	スコア	2位	差	コース	
1966	宮本省三	277—67・70・72・68	杉原輝雄	3	茨木CC東	
1967	鈴村照男	277—68・69・67・73	島田幸作	3	四日市CC	
1968	杉原輝雄	275—69・72・65・69	細石憲二	2	下関GC	
1969	内田 繁	280—70・71・67・72	宮本省三	8	広野GC	
1970	島田幸作	280—70・67・71・72	杉原輝雄	9	鳴尾GC	
1971	杉原輝雄	278—69・71・68・70	新井進	2	茨木CC東	
1972	吉川一雄	283—70・70・72・71	杉原輝雄、中村通	1	広野GC	
1973	杉原輝雄	273—69・68・68・68	島田幸作	2	西宮CC	72／6701Y
1974	杉原輝雄	287—70・70・75・72	島田幸作	4	奈良国際GC	72／7023Y
1975	杉原輝雄	279—69・70・71・69	山本善隆	6	小野GC	72／6970Y
1976	前田新作	273—67・69・70・67	金本章鋏	1	琵琶湖CC	72／6335m
1977	山本善隆	285—74・71・70・70	久保四郎、橘田規、宮本康弘、入江勉	3	日野GC	72／6440m
1978＊	金本章生	284—70・73・70・71	宮本康弘	0	近江GC	72／6380m
1979	宮本康弘	283—70・74・72・67	中村 通	1	六甲国際GC	72／6465m
1980	浦西武光	284—75・71・72・66	島田幸作、中村 通	6	花屋敷GCよかわ	72／6405m
1981	金本章生	278—70・68・71・69	寺本一郎、甲斐俊光	2	名神八日市CC	71／6018m
1982	杉原輝雄	285—72・68・75・70	中村 通	4	六甲国際GC	72／6460m
1983	脇田 進	284—70・72・71・71	杉原輝雄	2	有馬ロイヤルGC	72／6437m
1984	中村 通	281—70・75・67・69	山本善隆	2	日野GC	72／6420m
1985	入江 勉	280—68・71・75・66	井上久雄、山本善隆	3	有馬ロイヤルGC	72／6452m
1986	磯村芳幸	284—69・72・69・74	前田新作、吉川一雄、市川良翁	3	六甲国際GC	72／6504m
1987	木村政信	292—72・71・74・75	中村通	1	旭国際東條CC	72／7198Y
1988	曽根保夫	286—76・70・70・70	前田新作	3	北六甲CC東	72／6974Y
1989	山本善隆	211—67・74・70	中村通、金山和雄、中川敏明	1	花屋敷GCひろの	72／6740Y
1990	杉原輝雄	282—71・67・71・73	大山雄三	1	パインレークGC	72／7034Y
1991	杉原敏一	283—72・70・69・72	杉原輝雄	1	ライオンズCC	72／6974Y
1992	木村政信	272—66・69・68・69	井戸木鴻樹	13	万壽GC	72／6976Y
1993	中瀬 壽	283—73・67・73・70	杉原敏一	3	美奈木GC	72／7057Y
1994	金山和雄	281—70・70・71・70	大條丈人	1	旭国際東條CC	72／7204Y
1995	赤澤全彦	281—73・69・69・70	高崎龍雄	2	オータニにしきCC	72／6956Y
1996	平石武則	277—71・67・72・67	高崎龍雄	10	グランデージGC	72／7079Y
1997	高崎龍雄	280—73・68・71・68	谷口 徹	4	センチュリー吉川GC	72／7038Y
1998	杉本周作	280—72・67・71・70	大井手哲	3	滋賀GC	72／6934Y
1999＊	平石武則	276—69・66・69・72	K・デュルース、谷昭範	0	小野グランドCC	72／6923Y
2000＊	山口 治	209—71・66・72	林 栄作	3	池田CC	71／6841Y
2001	星野英正	206—71・67・68	林 栄作	3	三木GC	72／6934Y
2002	上出裕也	209—68・70・71	木原辰哉、井上憲之、北澤数司	1	奈良国際GC	71／6933Y
2003	大井手哲	207—68・69・70	北澤数司、G・マイヤー、井上忠久	3	東広野GC	72／7131Y
2004	井上忠久	204—66・65・73	中川勝弥、廣田恭司	2	琵琶湖CC	72／6912Y
2005	山下和宏	207—68・70・69	上平栄道	4	城陽CC東	72／6818Y
2006	田保龍一	206—64・72・70	林 栄作	3	洲本GC	72／7002Y
2007	山本幸路	206—67・68・71	藤本博誉	1	加古川GC	72／6957Y
2008	石川 遼	276—65・70・72・69	池田勇太	4	滋賀GC	72／7080Y
2009	藤田寛之	264—69・66・61・68	平塚哲二、近藤共弘	2	宝塚GC新	71／6682Y
2010	野仲 茂	269—68・65・68・68	矢野 東	3	田辺CC	70／6810Y
2011	趙 珉珪	270—65・68・68・69	白 佳和	4	小野GC	71／6920Y
2012	武藤俊憲	266—64・65・68・69	金 亨成	1	泉ヶ丘CC	71／6929Y
2013	ブラッド・ケネディ	206—69・70・67	S・J・パク	1	オリムピックGC	72／7298Y
2014	小田孔明	273—71・66・69・67	藤本佳則	2	六甲CC	72／7037Y

関西オープンゴルフ選手権

2015	片岡大育	267—66・67・67・67	B・ケネディ	3	名神八日市CC	71／6900Y
2016	趙　炳旻	278—69・70・69・70	近藤共弘、S・ストレンジ	1	橋本CC	71／7127Y
2017	今平周吾	275—67・69・69・70	片岡大育	6	城陽CC	71／7037Y
2018	時松隆光	278—68・68・71・71	上井邦裕、今平周吾	1	小野東洋GC	72／7124Y
2019＊	大槻智春	269—73・65・66・65	星野陸也	0	KOMACC	72／7043Y
2020	〈新型コロナウイルス感染拡大のため中止〉					
2021	星野陸也	270—66・67・68・69	C・キム	2	有馬ロイヤルGCロイヤル	71／7103Y
2022	比嘉一貴	270—65・67・68・70	星野陸也	1	よみうりCC	71／7180Y
2023	蟬川泰果	267—69・67・64・67	幡地隆寛	4	泉ヶ丘CC	71／7051Y

＊はプレーオフ。1973年〜1991年までツアー競技。2009年からツアー競技に復活。

【過去の18ホール最少ストローク】

| 61（−10） | 藤田　寛之 | 2009年3R | 宝塚GC新 | PAR71／6682ヤード |
| 61（−10） | N・ベーシック | 2011年2R | 小野GC | PAR71／6920ヤード |

ISPS HANDA 欧州・日本どっちが勝つかトーナメント！

開催期日　2023年4月20日～23日	賞金総額　260,020,000円
競技会場　PGM石岡GC	出場人数　144名
トータル　7,039Y・パー70 (35,35)	天候　晴　晴　曇　晴

1日目 欧州、日本両ツアーによる初の共催競技。メジャー4勝のE・エルスも参戦した。7アンダー63で回ったA・サリバンと金榮沐が首位発進。日本勢は中島啓太らの6位が最上位だった。2日目 通算10アンダーで元日本ツアーメンバーのJ・ジェーンワタナノンドら欧州勢3人が首位に並ぶ。日本勢は2打差5位の金谷拓実が最上位。3日目 64をマークしたA・コカリルが8位から通算13アンダーの首位へ浮上した。1打差2位にはD・ローとL・ハーバート。2打差4位で星野陸也、金谷ら3人が続いた。最終日 星野、金谷が後退して欧州勢が上位を占める中、13位にいた岩田寛が65を出して追い上げるが2打差4位まで。優勝争いは通算15アンダーで並んだハーバートとコカリルのプレーオフにもつれ込み、2ホール目でバーディを奪った豪州出身のハーバートが日本初優勝、欧州通算3勝目を挙げた。

【優勝】 ルーカス・ハーバート　265　67・63・68・67　44,203,400円

(プレーオフ2ホール目、L・ハーバートがバーディで優勝)

順位	氏名	トータルスコア	1R	2R	3R	4R	賞金額(円)
2	アーロン・コカリル	265	64	69	64	68	28,602,200
3	カラム・ヒル	266	67	67	67	65	16,381,260
4	岩田 寛	267	68	66	68	65	12,012,924
	グラント・フォレスト	267	68	62	69	68	12,012,924
6	ロバート・マッキンタイア	269	66	72	67	64	7,800,600
	ヤニック・パウル	269	67	70	67	65	7,800,600
	ジョーダン・スミス	269	66	66	69	68	7,800,600
9	ホロ・カンピヨ	270	66	72	65	67	5,269,738
	デオン・ガミ シュイズ	270	64	68	70	68	5,269,738
	ジャズ・ジェーンワタナノンド	270	67	63	70	70	5,269,738
12	中島 啓太	271	65	69	72	65	4,329,333
	金谷 拓実	271	66	66	67	72	4,329,333
14	浅地 洋佑	272	65	70	69	68	3,900,300
	マークス・ヘリグキルデ	272	67	68	69	68	3,900,300
16	稲森 佑貴	273	66	67	73	67	3,261,393
	ジャック・クルイスウィジク	273	65	70	70	68	3,261,393
	アレクサンデル・ビョルク	273	64	72	67	70	3,261,393
	ラスムス・ホイゴール	273	66	67	70	70	3,261,393
	出水田大二郎	273	67	69	67	70	3,261,393
	マクシミリアン・キーファー	273	66	65	70	72	3,261,393
	デービッド・ロー	273	66	68	64	75	3,261,393
23	桂川 有人	274	67	70	69	68	2,587,199
	マルツェル・ジーム	274	66	68	71	69	2,587,199
	ウィル・ベッセリング	274	66	67	72	69	2,587,199
	永野竜太郎	274	65	70	70	69	2,587,199
	ダニエル・ヒリアー	274	65	69	69	71	2,587,199
	グイド・ミリオッツィ	274	69	68	64	73	2,587,199
	ラファエル・カブレラベリョ	274	67	66	67	74	2,587,199
	星野 陸也	274	67	67	65	75	2,587,199
31	石川 遼	275	69	67	71	68	2,119,163
	リチャード・マンセル	275	70	67	66	72	2,119,163
	李 昊桐	275	70	63	69	73	2,119,163
	ロバン・スジオシエグリスト	275	67	67	73	68	2,119,163
35	植竹 勇太	276	68	69	70	69	1,666,728
	マシュー・サウスゲート	276	68	69	69	70	1,666,728
	マチュー・パボン	276	69	69	69	69	1,666,728
	アントワヌ・ロズネ	276	67	71	69	69	1,666,728
	池村 寛世	276	68	65	73	70	1,666,728
	香妻陣一朗	276	67	67	72	70	1,666,728
	スコット・ジェーミソン	276	66	69	71	70	1,666,728
	アレクサンデル・クナッペ	276	69	64	71	72	1,666,728
	ルーカス・チチ	276	70	67	67	72	1,666,728
	オリバー・フンデボル	276	68	66	68	74	1,666,728
45	堀川未来夢	277	68	69	70	70	1,248,096
	蟬川 泰果	277	66	70	70	71	1,248,096
	ロマン・ランガスケ	277	67	68	70	72	1,248,096
	王 情訓	277	71	67	67	72	1,248,096
	嘉数 光倫	277	66	67	71	73	1,248,096
	ニクラス・ルンド	277	71	63	69	74	1,248,096
51	ルイ・イテン	278	66	71	72	69	967,274
	マルセル・シュナイダー	278	65	72	71	70	967,274
	トッド・ベク	278	69	64	73	72	967,274
	谷原 秀人	278	68	68	68	74	967,274
	アンヘル・イダルゴ	278	68	68	66	76	967,274
56	アレクサンデル・レビ	279	71	66	74	68	832,064
	小田 孔明	279	66	70	72	71	832,064
	アンディ・サリバン	279	63	70	69	77	832,064
59	ジェイブ・クルーガー	280	67	71	72	70	767,059
	杉山 知靖	280	71	66	69	74	767,059
61	呉 阿順	281	67	69	73	72	702,054
	ジョン・パリー	281	67	70	72	72	702,054
	セバスティアン・ソーデルベリ	281	67	68	73	73	702,054
64	ソレンセン	282	69	71	70	72	611,047
	デジャガー	282	71	67	70	74	611,047
	ニコライ・フォンディングリングハウゼン	282	68	69	70	75	611,047
	マルクスト・キンラフスト	282	66	68	72	76	611,047
68	木下 稜介	283	68	67	72	76	533,041
	アーニー・エルス	283	70	66	71	76	533,041
70	ダビド・ラベト	286	67	67	76	76	442,034
	ブランデン・グレース	286	65	72	71	78	442,034
72	大槻 智春	287	67	70	75	75	389,602

138ストローク(-2)までの72名が予選通過

ISPS HANDA 欧州・日本どっちが勝つかトーナメント！

氏　　名	トータルスコア	1R	2R	氏　　名	トータルスコア	1R	2R	氏　　名	トータルスコア	1R	2R	氏　　名	トータルスコア	1R	2R
塩見　好輝	139	68	71	今平　周吾	140	69	71	パブロ・ララサバル	142	74	68	ジェオン・ウェオン・コ	144	74	70
ジャスティン・デロスサントス	139	71	68	イエンス・ダントルプ	140	68	72	藤本　佳則	142	68	74	ギャビン・グリーン	144	70	74
朴　　相賢	139	70	69	馬　　成姚	140	68	72	クリストファー・ブリン	142	70	72	市原　弘大	144	70	74
サンティアゴ・タリオ	139	69	70	長野　泰雅	140	76	64	マシュー・ジョーダン	142	71	71	久常　　涼	145	72	73
ナチョ・エルビラ	139	68	71	ヨハネス・バーマン	140	69	71	チェース・ハナ	142	72	70	ブライス・イーストン	145	74	71
ダニエル・ガビンズ	139	67	72	アドリ・アルナウス	140	68	72	ニコラス・コルサールツ	142	71	71	ファブリシオ・サノッティ	145	72	73
ポール・ウォリング	139	68	71	ジョン・アクセルセン	140	70	70	フレディ・ショット	142	73	69	カレ・サモーヤ	145	70	75
ウィー・ビー	139	70	69	宮里　優作	140	70	70	ギャリー・ハーリー	142	67	75	トッド・クレメンツ	146	71	75
中西　直人	139	70	69	小林伸太郎	141	73	68	時松　隆光	142	70	72	大岩　龍一	146	71	75
金　　榮洙	139	63	76	ザンダー・ロンバード	141	72	69	李　　尚熹	142	73	69	ジュリアン・エ・ゲリエ	146	71	75
川村　昌弘	139	73	66	シュバンカル・シャルマ	141	72	69	トーマス・ビョン	143	72	71	マルティン・シモンセン	146	70	76
河本　　力	139	70	69	クリスチャン・ベザイデンハウト	141	70	71	鍋谷　太一	143	77	66	ヨアキム・ラーゲルグレン	147	75	72
岩﨑亜久竜	139	68	71	竹安　俊也	141	73	68	トム・マッキビン	143	71	72	マーカス・アーミテージ	148	73	75
キラデク・アフィバーンラト	139	67	72	ジャスティン・ウォルターズ	141	73	68	佐藤　大平	143	69	74	ミカエル・リンドベリ	149	76	73
ジャジーア	139	70	70	ジェームズ・モリソン	141	70	71	タピオ・プルッカネン	143	68	75	片岡　尚之	151	71	80
リッチー・ラム	140	72	68	ダリウス・ファンドリール	141	71	70	池田　勇太	144	77	67	ブレンダン・ローラー	158	81	77
チャン・キム	140	71	69	オリバー・ウィルソン	142	73	69	片山　晋呉	144	73	71	ショーン・ノリス		73	棄
清水　大成	140	71	69	比嘉　一貴	142	72	70	マシュー・ボールドウィン	144	74	70	ジュビック・パグンサン		71	棄

【歴代優勝者】

年	優勝者	スコア	2位	差	コース	パー／ヤード
ISPS HANDA 欧州・日本、とりあえず今年は日本トーナメント！						
2022　桂川有人	260—67・63・65・65	星野陸也		1	PGM石岡GC	71／7071Y
ISPS HANDA 欧州・日本どっちが勝つかトーナメント！						
2023＊L・ハーバート	265—67・63・68・67	A・コカリル		0	PGM石岡GC	70／7039Y

＊はプレーオフ

【過去の18ホール最少ストローク】

62（－9）	古川　雄大	2022年1R	PGM石岡GC	PAR71／7071ヤード
62（－9）	細野　勇策	2022年2R	PGM石岡GC	PAR71／7071ヤード
62（－9）	T・クロンパ	2022年2R	PGM石岡GC	PAR71／7071ヤード
62（－9）	大西　魁斗	2022年3R	PGM石岡GC	PAR71／7071ヤード
62（－8）	G・フォレスト	2023年2R	PGM石岡GC	PAR70／7039ヤード

中日クラウンズ

開催期日	2023年4月27日～30日	賞金総額	110,000,000円
競技会場	名古屋GC和合C	出場人数	105名
トータル	6,557Yパ：パ 70 (05,05)	天候	晴 晴 曇 雨

1日目 共に大会初出場の金田直之と吉田泰基が5アンダー65で首位。1打差で金谷拓実と堀川未来夢が追い、2打差5位には21年大会覇者の岩田寛ら7人がつけた。**2日目** 66をマークした星野陸也が通算7アンダーで首位。1打差2位で服部雅也、岩田、堀川、金田の4人が続く。**3日目** 星野が通算11アンダーに伸ばして首位を守り1打差で岩田が続く。4打差3位には蟬川泰果と堀川。4番でホールイ

ンワンを決めた石川遼が通算5アンダーの6位に浮上した。**最終日** 蟬川が1番から4連続バーディを奪い、石川がバーディ、イーグル発進と序盤からチャージをかける一方で首位の星野は停滞。そんな中、2位にいた岩田が着実にバーディを重ねて首位に立ち、後続との差を広げていく。岩田は18番をボギーとしたが通算15アンダーで星野に3打差をつけて2年ぶりの大会2勝目を飾った。

ツアー成績

【優勝】岩田 寛 265 67・67・66・65 22,000,000円

順位	氏 名	トータルスコア	1R	2R	3R	4R	賞金額(円)	順位	氏 名	トータルスコア	1R	2R	3R	4R	賞金額(円)
2	星野 陸也	268	67	66	66	69	11,000,000		竹安 俊也	281	70	71	72	68	550,000
3	蟬川 泰果	269	70	66	67	66	7,480,000		池村 寛世	281	70	71	72	68	550,000
4	石川 遼	270	69	69	67	65	5,280,000		石坂 友宏	281	67	72	74	68	550,000
5	堀川未来夢	272	66	68	69	69	4,400,000	42	小鯛 竜也	282	71	70	69	72	396,000
6	大槻 智春	273	72	66	69	66	3,648,333		宮里 優作	282	70	70	70	72	396,000
	今平 周吾	273	71	68	68	68	3,648,333		佐藤 大平	282	73	66	70	73	396,000
	服部 雅也	273	67	67	70	69	3,648,333		宋 永漢	282	69	70	73	70	396,000
9	杉原 大河	274	71	71	66	66	2,772,000		杉山 知靖	282	72	70	71	69	396,000
	吉田 泰基	274	65	72	70	67	2,772,000		木下 稜介	282	72	69	72	69	396,000
	ジェイブ・クルーガー	274	71	67	68	68	2,772,000		時松 隆光	282	69	71	73	69	396,000
	阿久津未来也	274	67	69	69	69	2,772,000	49	木下 裕太	283	71	69	71	72	305,066
13	出水田大二郎	276	70	69	72	65	1,749,000		鍋谷 太一	283	70	71	70	72	305,066
	小林伸太郎	276	71	68	72	65	1,749,000		竹谷 佳孝	283	71	72	71	69	305,066
	上井 邦浩	276	70	72	67	67	1,749,000	52	今野 大喜	284	70	72	71	71	278,666
	谷原 秀人	276	69	70	69	68	1,749,000		小林 正則	284	71	72	70	71	278,666
	金谷 拓実	276	66	72	69	69	1,749,000		山田 大晟	284	71	71	74	68	278,666
	桂川 有人	276	73	69	64	70	1,749,000	55	嘉数 光倫	285	71	67	76	71	266,200
	金田 直之	276	65	69	71	71	1,749,000		貞方 章男	285	70	71	73	71	266,200
	香妻陣一朗	276	70	66	69	71	1,749,000	57	水田 竜昇	288	68	69	74	77	257,950
21	小木曽 喬	277	69	70	70	68	1,130,800		大岩 龍一	288	70	73	74	71	257,950
	宇喜多飛翔	277	73	68	68	68	1,130,800	59	張 棟圭	289	72	69	74	74	254,100
	坂本 雄介	277	70	68	70	69	1,130,800	60	長谷川貴優	290	72	71	77	70	アマチュア
	長野 泰雅	277	69	67	71	70	1,130,800	61	河本 力	291	69	70	78	74	251,900
	中島 啓太	277	68	70	69	70	1,130,800								
26	田中 裕基	278	71	72	68	67	880,000		143ストローク（＋3）までの61名が予選通過						
	大堀裕次郎	278	73	66	70	69	880,000								
	藤田 寛之	278	70	70	68	70	880,000								
	光田 智輝	278	73	70	65	70	880,000								
30	片山 晋呉	279	68	75	68	68	748,000								
	稲森 佑貴	279	69	72	72	66	748,000								
32	額賀 辰徳	280	69	72	70	69	663,666								
	小西 貴紀	280	67	69	75	69	663,666								
	米澤 蓮	280	73	69	72	66	663,666								
35	小田 孔明	281	71	72	68	70	550,000								
	金子 駆大	281	69	71	71	70	550,000								
	ジュビック・パグンサン	281	69	69	73	70	550,000								
	宮本 勝昌	281	67	71	70	73	550,000								

中日クラウンズ

氏名	トータルスコア	1R	2R	氏名	トータルスコア	1R	2R	氏名	トータルスコア	1R	2R	氏名	トータルスコア	1R	2R
上田 敦士	144	73	71	谷口 徹	145	71	74	武藤 俊介	147	74	73	清水 大成	153	73	80
市原 弘大	144	72	72	海老根文博	145	72	73	近藤 啓介	147	71	76	伴 真太郎	153	76	77
@杉浦悠太	144	72	72	原 敏之	146	73	73	ジャスティン・デロスサントス	147	76	71	永井 直樹	154	74	80
田村 光正	144	73	71	森本 雄	146	77	69	塚田 陽亮	147	74	73	@服部 泰	165	81	84
@中野麟太朗	144	71	73	@岡田晃平	146	74	72	西山 大広	147	74	73	片岡 尚之		74	棄
ハン・リー	144	71	73	ブレンダン・ジョーンズ	146	78	68	伊藤 元気	147	73	74	杉本エリック		72	棄
トッド・ペク	144	73	71	鈴木 晃祐	147	73	74	池田 勇太	148	74	74	松本 将汰		77	棄
永野竜太郎	144	72	72	植竹 勇太	147	72	75	ディネッシュ・チャンド	149	75	74	アンソニー・クウェイル		74	失
浅地 洋佑	145	74	71	近藤 智弘	147	71	76	勝俣 陵	150	74	76	@はアマチュア			
H・W・リュー	145	75	70	篠 優希	147	73	74	副田 裕斗	150	77	73				
永井 源	145	69	76	重永亜斗夢	147	74	73	幡地 隆寛	151	79	72				
平田 憲聖	145	77	68	金 亨成	147	75	72	岩崎亜久竜	153	77	76				

【歴代優勝者】						
年	優勝者	スコア	2位	差	コース	パー/ヤード
1960	中村寅吉	277—70・69・68・70	小野光一	1	名古屋GC和合	70/6535Y
1961	*石井朝夫	280—71・71・68・70	O・ムーディー	0	名古屋GC和合	
1962	橘田 規	299—78・74・73・74	中村寅吉	1	愛知CC	74/7105Y
1963	細石憲二	290—73・67・77・73	杉原輝雄	2	三好CC	72/7020Y
1964	杉原輝雄	294—77・73・71・73	中村寅吉	1	三好CC	72/7020Y
1965	橘田 規	291—71・74・75・71	杉原輝雄	1	愛知CC	74/7105Y
1966	内田 繁	274—69・65・69・71	橘田 規、小針春芳	1	名古屋GC和合	70/6350Y
1967	謝 永郁	273—71・71・66・65	鈴村 久	1	名古屋GC和合	70/6500Y
1968	*安田春雄	278—70・65・72・71	鈴村 久	0	名古屋GC和合	70/6530Y
1969	*ピーター・トムソン	274—68・69・68・69	橘田 規	0	名古屋GC和合	70/6530Y
1970	安田春雄	268—68・65・62・73	鈴村照男	3	名古屋GC和合	70/6530Y
1971	呂 良煥	274—73・66・65・70	P・トムソン	3	名古屋GC和合	70/6530Y
1972	ピーター・トムソン	266—64・69・67・66	T・ケンドール	6	名古屋GC和合	70/6530Y
1973	青木 功	270—66・67・68・69	呂 良煥	1	名古屋GC和合	70/6530Y
1974	村上 隆	272—63・71・68・70	尾崎将司	6	名古屋GC和合	70/6530Y
1975	青木 功	272—68・68・68・68	杉原輝雄	1	名古屋GC和合	70/6530Y
1976	デビッド・グラハム	276—72・68・69・67	宮本康弘	1	名古屋GC和合	70/6097m
1977	グラハム・マーシュ	280—71・73・70・66	森 憲二	4	名古屋GC和合	70/6152m
1978	青木 功	270—63・67・72・68	尾崎将司	5	名古屋GC和合	70/6152m
1979	青木 功	279—67・73・69・70	中村 通、安田春雄	1	名古屋GC和合	70/6162m
1980	青木 功	269—68・69・71・72	G・マーシュ	2	名古屋GC和合	70/5936m
1981	グラハム・マーシュ	277—73・72・65・67	D・A・ワイブリング	2	名古屋GC和合	70/5936m
1982	ゲーリー・ホルバーグ	272—69・67・66・70	内田 繁	3	名古屋GC和合	70/5936m
1983	*陳 志明	280—71・67・71・71	新井規矩雄、D・イシイ	0	名古屋GC和合	70/5936m
1984	*スコット・シンプソン	275—68・73・67・67	青木 功	0	名古屋GC和合	70/5936m
1985	海老原清治	276—70・70・66・70	中島常幸	2	名古屋GC和合	70/5936m
1986	デービッド・イシイ	274—68・67・71・68	中島常幸	4	名古屋GC和合	70/5936m
1987	尾崎将司	268—69・67・66・66	倉本昌弘、青木 功、山本善隆、I・ベーカーフィンチ	6	名古屋GC和合	70/6191m
1988	スコット・シンプソン	278—71・69・71・67	D・イシイ、尾崎将司	3	名古屋GC和合	70/6491Y
1989	グレッグ・ノーマン	272—65・68・71・68	鈴木弘一、B・マカリスター	3	名古屋GC和合	70/6473Y
1990	*須貝 昇	276—68・66・67・75	S・ペイト	0	名古屋GC和合	70/6473Y
1991	セベ・バレステロス	275—67・75・64・69	R・マッカイ	1	名古屋GC和合	70/6473Y
1992	尾崎将司	270—68・69・66・67	P・シニア、B・フランクリン	4	名古屋GC和合	70/6473Y
1993	ピーター・シニア	270—68・67・69・66	尾崎将司、G・ホルバーグ	1	名古屋GC和合	70/6473Y
1994	ロジャー・マッカイ	269—64・67・67・71	尾崎直道	2	名古屋GC和合	70/6473Y
1995	尾崎将司	260—66・64・63・67	芹澤信雄	7	名古屋GC和合	70/6473Y
1996	尾崎将司	268—64・68・69・67	友利勝良	4	名古屋GC和合	70/6473Y
1997	尾崎将司	267—67・67・66・67	B・ワッツ	2	名古屋GC和合	70/6455Y
1998	デービス・ラブⅢ	269—64・71・67・67	木村政信、R・ギブソン、B・ワッツ	8	名古屋GC和合	70/6502Y
1999	今野康晴	271—73・68・65・65	尾崎直道	1	名古屋GC和合	70/6502Y
2000	田中秀道	272—69・69・67・67	日下部光隆	5	名古屋GC和合	70/6502Y

2001	ダレン・クラーク	267—66・67・67・67	深堀圭一郎、横田真一	4	名古屋GC和合	70／6511Y
2002	ジャスティン・ローズ	266—64・70・63・69	P・マークセン	5	名古屋GC和合	70／6580Y
2003	星野英正	270—69・64・70・67	伊沢利光、Z・モウ、手嶋多一	3	名古屋GC和合	70／6547Y
2004	片山晋呉	264—65・64・63・72	P・シーハン	2	名古屋GC和合	70／6547Y
2005＊	尾崎直道	269—68・67・67・67	S・コンラン	0	名古屋GC和合	70／6547Y
2006	片山晋呉	262—63・67・62・70	川原希	2	名古屋GC和合	70／6547Y
2007＊	宮瀬博文	278—67・70・70・71	谷口徹	0	名古屋GC和合	70／6514Y
2008＊	近藤智弘	271—72・68・64・67	藤田寛之	0	名古屋GC和合	70／6514Y
2009	平塚哲二	263—67・66・64・66	久保谷健一	7	名古屋GC和合	70／6531Y
2010	石川遼	267—68・70・71・58	藤田寛之、P・シーハン	5	名古屋GC和合	70／6545Y
2011＊	ブレンダン・ジョーンズ	271—67・66・68・70	I・J・ジャン	0	名古屋GC和合	70／6545Y
2012	I・J・ジャン	272—71・69・66・66	S・コンラン、白佳和	2	名古屋GC和合	70／6545Y
2013	松村道央	278—71・71・69・67	松山英樹	1	名古屋GC和合	70／6545Y
2014	金亨成	269—64・67・70・68	I・J・ジャン	4	名古屋GC和合	70／6545Y
2015	I・J・ジャン	270—66・69・68・67	谷原秀人、山下和宏、近藤共弘	4	名古屋GC和合	70／6545Y
2016＊	金庚泰	270—69・69・65・67	片岡大育	0	名古屋GC和合	70／6545Y
2017	宮里優作	267—67・65・67・68	谷口徹、藤本佳則	1	名古屋GC和合	70／6545Y
2018	Y・E・ヤン	268—67・67・67・67	黄重坤、A・クウェイル	4	名古屋GC和合	70／6557Y
2019	宮本勝昌	271—66・69・67・69	今平周吾	1	名古屋GC和合	70／6557Y
2020	〈新型コロナウイルス感染拡大のため中止〉					
2021	岩田寛	198—67・68・63	宮本勝昌	3	名古屋GC和合	70／6557Y
2022	稲森佑貴	264—64・71・66・63	黄重坤	3	名古屋GC和合	70／6557Y
2023	岩田寛	265—67・67・66・65	星野陸也	3	名古屋GC和合	70／6557Y

＊はプレーオフ。1973年からツアー競技

【過去の18ホール最少ストローク】

58（−12）　石川遼　2010年4R　名古屋GC和合　PAR70／6545ヤード

ゴルフパートナーPRO-AMトーナメント

開催期日	2023年5月18日～21日
競技会場	取手国際GC東C、西C
トータル	東C:6,804Y パー70(35,35)
	西C:6,544Y パー70(36,34)

賞金総額	60,000,000円
出場人数	136名
天　候	晴・曇・曇・曇

1日目 ツアー唯一のプロアマ形式。予選Rは東西2コースを使用し、東Cで宇喜多飛翔と尾崎慶輔、西Cで西山大広が8アンダー62をマークして首位に並んだ。**2日目** 西Cを63で回ったJ・パグンサンが通算13アンダーで首位。1打差2位に蟬川泰果と宇喜多、2打差4位に稲森佑貴がつけた。**3日目** 決勝Rは東Cを使用。64で回ったパグンサンが通算19アンダーで首位を守り、同じく64の蟬川が1打差

で続く。3打差3位には稲森と63をマークした細野勇策。**最終日** 蟬川が前半パープレーと足踏みし、ジワリとスコアを伸ばすパグンサンが差を広げる。5位にいた佐藤大平が8番からの6連続バーディなどで追い上げるが届かず通算21アンダーで後半盛り返した蟬川と並んで2位。パグンサンは18番をボギーとしたものの大会新記録の23アンダー257で2年ぶりの2勝目を挙げた。

【優勝】 ジュビック・パグンサン　257　64・63・64・66　12,000,000円

順位	氏　名	トータルスコア	1R	2R	3R	4R	賞金額(円)	順位	氏　名	トータルスコア	1R	2R	3R	4R	賞金額(円)
2	佐藤　大平	259	68	64	65	62	5,040,000		米澤　蓮	269	67	65	69	68	270,000
	蟬川　泰果	259	63	65	64	67	5,040,000		竹谷　佳孝	269	68	66	66	69	270,000
4	塚田　陽亮	261	64	69	65	63	2,640,000		大堀裕次郎	269	66	66	67	70	270,000
	細野　勇策	261	63	68	63	67	2,640,000		尾崎　慶輔	269	62	73	69	65	270,000
6	稲森　佑貴	262	64	65	65	68	2,160,000		池村　寛世	269	65	68	65	71	270,000
7	西山　大広	263	62	69	69	63	1,768,500		服部　雅也	269	68	69	68	64	270,000
	上井　邦浩	263	65	68	66	64	1,768,500		前田光史朗	269	67	69	69	64	270,000
	大内　智文	263	70	62	66	65	1,768,500	45	小鯛　竜也	270	68	66	68	68	192,960
	ディラン・ベリー	263	65	69	63	66	1,768,500		植竹　勇太	270	66	69	69	66	192,960
11	勝俣　陵	264	65	67	68	64	1,332,000		深堀圭一郎	270	69	67	68	66	192,960
	吉田　泰基	264	65	69	65	65	1,332,000		松本　将汰	270	68	67	70	65	192,960
	呉　司聡	264	68	63	67	66	1,332,000		田村　光正	270	68	68	69	65	192,960
14	ブラッド・ケネディ	265	68	67	66	64	944,000	50	石過功一郎	271	70	67	66	68	156,480
	ジャスティン・デロスサントス	265	66	67	69	63	944,000		小西　貴紀	271	67	70	66	68	156,480
	幡地　隆寛	265	66	70	66	63	944,000		池田　勇太	271	72	63	69	67	156,480
	市原　弘大	265	64	69	66	66	944,000		長野　泰雅	271	71	66	70	64	156,480
	鍋谷　太一	265	66	66	67	66	944,000		田中　裕基	271	71	66	66	68	156,480
	坂本　雄介	265	68	66	64	67	944,000	55	勝亦　悠斗	272	68	69	65	70	142,080
20	海老根文博	266	67	69	65	65	708,000		金田　直之	272	65	69	69	69	142,080
	小木曽　喬	266	66	68	67	65	708,000		堀川未来夢	272	66	70	67	69	142,080
	額賀　辰徳	266	65	70	64	67	708,000		ハン・リー	272	65	71	69	67	142,080
23	高山　忠洋	267	68	65	68	66	532,000		小浦　和也	272	66	71	67	68	142,080
	山浦　一希	267	65	67	68	67	532,000	60	木村　太一	273	70	65	69	69	136,800
	アンドルー・エバンス	267	66	67	67	67	532,000		平本　穏	273	66	70	69	68	136,800
	小林伸太郎	267	68	66	69	64	532,000	62	アダム・ブランド	274	69	68	68	69	134,400
	亀代　順哉	267	64	70	65	68	532,000		髙橋　竜彦	274	68	67	73	66	134,400
	徳元　中	267	64	69	66	68	532,000	64	内藤寛太郎	275	68	67	69	71	132,000
29	石坂　友宏	268	66	67	68	67	375,750		富村　真治	275	67	70	70	68	132,000
	安森　一貴	268	67	69	66	66	375,750	66	篠　優希	276	68	68	69	71	131,400
	山田　大晟	268	67	66	68	67	375,750		金子　駆大	276	67	69	73	67	131,400
	宇喜多飛翔	268	62	66	72	68	375,750		丸山　奨王	276	67	67	75	67	131,400
	杉山　知靖	268	68	66	66	68	375,750	69	宮里　優作	278	67	70	69	72	131,400
	重永亜斗夢	268	67	66	70	65	375,750		大槻　智春		69	68	63	棄	
	砂川　公佑	268	64	70	70	64	375,750								
	近藤　智弘	268	67	67	64	70	375,750								
37	小田　孔明	269	68	68	65	68	270,000								

137ストローク(－3)までの70名が予選通過

氏名	トータルスコア	1R	2R	氏名	トータルスコア	1R	2R	氏名	トータルスコア	1R	2R	氏名	トータルスコア	1R	2R
時松 隆光	138	68	70	倉本 昌弘	140	68	72	秋吉 翔太	141	67	74	竹山 昂成	144	73	71
新田 哲大	138	70	68	嘉数 光倫	140	71	69	平田 憲聖	141	70	71	関 将太	144	71	73
古川龍之介	138	66	72	伊藤 有志	140	70	70	宋 永漢	141	68	73	安本 大祐	144	69	75
片岡 尚之	138	68	70	遠藤 健太	140	68	72	和田章太郎	141	71	70	高野 碧輝	145	71	74
武藤 俊憲	138	71	67	鈴木 晃祐	140	68	72	原出 大雅	141	70	71	占川 雄人	146	75	71
横田 真一	138	67	71	原 敏之	140	71	69	副田 裕斗	141	71	70	ブレンダン・ジョーンズ	146	73	73
浅地 洋佑	139	69	69	三島 泰哉	140	67	73	河合 庄司	142	69	73	中西 直人	146	76	70
小林 正則	139	70	69	藤田 寛之	140	70	70	大岩 龍一	142	69	73	今野 匠	149	75	74
鈴木 敬太	139	70	69	青山 晃大	140	68	72	坂本 隆一	142	70	72	加藤 俊英	150	73	77
日高 将史	139	66	73	ガン・チャルングン	140	69	71	森本 雄	142	66	76	森 祐紀	152	72	80
塩見 好輝	139	71	68	阿部 裕樹	140	69	71	生源寺龍憲	142	71	71	佐藤 太地		73	棄
河本 力	139	68	71	杉原 大河	141	72	69	木下 康平	142	69	73	出水田大二郎		71	棄
石川 航	139	72	67	貞方 章男	141	72	69	岡村 了	143	68	75	井上 信		75	棄
トッド・ベク	139	68	71	野呂 涼	141	71	70	前粟藏俊太	143	73	70	今平 周吾		棄	
伴 真太郎	139	65	74	杉本エリック	141	68	73	竹安 俊也	143	69	74	山脇 健斗		失	
小斉平優和	140	72	68	若原 亮太	141	69	72	織田 信亮	143	69	74				
阿久津未来也	140	68	72	比嘉 拓也	141	68	73	木下 裕太	144	73	71				

【歴代優勝者】

年	優勝者	スコア	2位	差	コース	パー/ヤード
2021＊	ショーン・ノリス	259—60・68・68・63	S・ビンセント、大槻智春	0	取手国際GC	東70/6804Y 西70/6531Y
2022＊	今平周吾	258—65・67・61・65	近藤智弘、大槻智春	0	取手国際GC	東70/6804Y 西70/6544Y
2023	ジュビック・パグンサン	257—64・63・64・66	佐藤大平、蟬川泰果	2	取手国際GC	東70/6804Y 西70/6544Y

＊はプレーオフ

【過去の18ホール最少ストローク】

58（-12） 金 成玹 2021年4R 取手国際GC東 PAR70／6804ヤード

～全英への道～ミズノオープン

開催期日	2023年5月25日～28日	賞金総額	80,000,000円
競技会場	JFE瀬戸内海GC	出場人数	132名
トータル	7,461Y：パー72（36,36）	天　候	曇・曇時々晴・晴・曇

1日目　自己ベストの63を記録した安森一貴が首位。4打差2位には石川遼、中島啓太ら7人が並んだ。2日目　安森が通算14アンダーに伸ばして首位を堅持。中島と65で回った鈴木晃祐が3打差2位につけ64をマークした金谷拓実が5打差4位に浮上した。3日目　安森が通算16アンダーで首位を守る。2打差2位には67で回った金谷がつけ、中島が3打差3位で続いた。最終日　安森、金谷、中島の最終組に5打差5位でスタートした平田憲聖が加わって混戦に。平田が6バーディ、ボギーなしの66をマークして先に通算17アンダーの首位で終了。最終組は中島が18番バーディで平田に追いつき、ボギーの安森とパーの金谷は1打及ばなかった。22歳同士のプレーオフは3ホール目で平田に軍配。初勝利を手にした。また、平田、中島、金谷、安森の上位4人が全英オープン出場権を得た。

【優勝】平田　憲聖　271　67・71・67・66　16,000,000円

（プレーオフ3ホール目、平田がバーディで優勝）

順位	氏　名	トータルスコア	1R	2R	3R	4R	賞金額（円）
2	中島　啓太	271	67	66	70	68	8,000,000
3	金谷　拓実	272	71	64	67	70	4,640,000
	安森　一貴	272	63	67	70	72	4,640,000
5	蝉川　泰果	274	73	69	69	63	3,040,000
	ジェイブ・クルーガー	274	72	69	69	64	3,040,000
7	鈴木　晃祐	276	68	65	71	72	2,640,000
8	竹安　俊也	278	70	72	71	65	2,182,000
	西山　大広	278	71	69	69	69	2,182,000
	今平　周吾	278	68	72	68	70	2,182,000
	出水田大二郎	278	68	69	68	73	2,182,000
12	清水　大成	279	73	68	70	68	1,456,000
	佐藤　大平	279	70	69	70	70	1,456,000
	大槻　智春	279	70	70	69	70	1,456,000
	小林伸太郎	279	70	68	69	72	1,456,000
	武藤　俊憲	279	69	73	65	72	1,456,000
	堀川未来夢	279	69	70	66	74	1,456,000
18	石川　遼	280	67	75	67	71	1,136,000
19	安本　大祐	281	69	74	69	69	837,333
	香妻陣一朗	281	70	72	71	68	837,333
	ジャスティン・デロスサントス	281	68	70	73	70	837,333
	呉　司聡	281	71	71	69	70	837,333
	浅地　洋佑	281	71	68	70	72	837,333
	若原　亮太	281	71	66	72	72	837,333
	タンヤゴーン・クロンパ	281	71	69	69	72	837,333
	ディラン・ペリー	281	72	68	68	73	837,333
	河本　力	281	71	72	73	65	837,333
28	時松　隆光	282	70	71	72	69	525,000
	ショーン・ノリス	282	73	69	71	69	525,000
	小西　貴紀	282	69	72	72	69	525,000
	稲森　佑貴	282	69	71	73	69	525,000
	杉原　大河	282	71	71	71	69	525,000
	細野　勇策	282	71	71	69	71	525,000
	副田　裕斗	282	67	74	73	68	525,000
	ブレンダン・ジョーンズ	282	75	68	71	68	525,000
36	織田　信亮	283	72	71	69	71	352,000
	宋　永漢	283	71	71	70	71	352,000
	長野　泰雅	283	71	69	74	69	352,000
	ガン・チャリルグン	283	71	71	71	70	352,000
	日高　将史	283	72	67	71	73	352,000
	幡地　隆寛	283	70	72	68	73	352,000
	塚田　陽亮	283	69	73	72	69	352,000
	小木曽　喬	283	68	72	69	74	352,000
	尾崎　慶輔	283	71	72	71	69	352,000
	嘉数　光倫	283	71	69	68	75	352,000
	岩井　亮磨	283	72	70	74	67	352,000
47	竹谷　佳孝	284	69	73	71	71	224,457
	上井　邦浩	284	67	73	73	71	224,457
	大堀裕次郎	284	71	72	70	71	224,457
	比嘉　拓也	284	72	69	73	70	224,457
	木下　稜介	284	69	70	75	70	224,457
	吉田　隼人	284	72	71	71	70	224,457
	前田光史朗	284	72	68	68	76	224,457
54	大内　智文	285	71	71	71	72	195,200
	坂本　雄介	285	69	73	68	75	195,200
	永野竜太郎	285	71	71	74	69	195,200
57	重永亜斗夢	286	68	75	71	72	188,800
58	遠藤　健太	287	69	73	72	73	185,600
	小浦　和也	287	69	73	74	71	185,600
60	金田　直之	288	71	71	71	75	180,800
	中西　直人	288	70	71	72	75	180,800
	村上　拓海	288	72	70	71	75	180,800
	富本　虎希	288	71	72	72	73	180,800
64	杉山　知靖	289	70	72	72	75	175,733
	吉田　泰基	289	71	72	72	74	175,733
	佐藤　太地	289	67	76	75	71	175,733
	杉浦　悠太	289	69	73	76	71	アマチュア
68	李　尚熹	290	68	71	77	74	175,200
69	勝俣　陵	294	70	72	78	74	175,200
70	片岡　尚之	295	71	72	76	76	175,200

143ストローク（−1）までの70名が予選通過

氏名	トータルスコア	1R	2R	氏名	トータルスコア	1R	2R	氏名	トータルスコア	1R	2R	氏名	トータルスコア	1R	2R
古川 雄大	144	75	69	阿久津未来也	145	72	73	岩田 寛	147	79	68	松田 一将	149	73	76
小林 正則	144	75	69	木下 裕太	145	69	76	アンソニー・クウェイル	147	77	70	@丸尾怜央	149	75	74
ジュビック・パグンサン	144	73	71	伴 真太郎	145	71	74	阿部 裕樹	147	72	75	小鯛 竜也	149	73	76
池村 寛世	144	73	71	田村 光正	145	71	74	田中 裕基	147	73	74	板東 寿匡	150	78	72
嵩野 岩輝	144	73	71	鍋谷 太一	145	72	73	合原 秀人	147	73	74	二島 泰哉	150	78	72
野口 裕太	144	72	72	石崎 真央	146	76	70	貞方 章男	147	71	76	植竹 勇太	150	75	75
松本 将汰	144	74	70	野呂 涼	146	73	73	金子 駆大	147	73	74	谷口 徹	150	72	78
内藤寛太郎	144	73	71	石過功一郎	146	75	71	鈴木 敬太	148	75	73	米澤 蓮	150	75	75
小田 孔明	144	72	72	@林 恭平	146	70	76	大岩 龍一	148	75	73	砂川 公佑	150	76	74
宮里 優作	144	67	77	伊藤 刻矢	146	69	77	石坂 友宏	148	75	73	山田 大晟	150	76	74
トッド・ペク	144	72	72	市原 弘大	146	71	75	平本 穏	148	71	77	秋吉 翔太	151	76	75
杉本エリック	144	72	72	玉城 海伍	146	71	75	@松井琳空海	149	75	74	小野田享也	152	75	77
ブラッド・ケネディ	144	73	71	片山 晋呉	146	71	75	手嶋 多一	149	77	72	上田 諭尉	153	75	78
海老根文博	144	72	72	ハン・リー	146	75	71	篠 優希	149	74	75	池田 勇太	153	75	78
岡村 了	144	71	73	勝亦 悠斗	146	72	74	小平 智	149	78	71	@はアマチュア			
植木 祥多	145	74	71	徳元 中	147	73	74	原 敏之	149	76	73				

【歴代優勝者】

年	優勝者	スコア	2位	差	コース	パー/ヤード
美津濃トーナメント						
1971	山口 誠	214—108・106	榎本七郎	2	姉ヶ崎CC	72/6830Y
1972	吉川一雄	210—103・107	久保四郎	3	姉ヶ崎CC	72/6830Y
1973	榎本七郎	208—69・69・70	金本昭男	3	姉ヶ崎CC	72/6830Y
1974	内田 繁	210—71・68・71	榎本七郎	1	姉ヶ崎CC	72/6830Y
1975	内田 繁	215—74・72・69	青木 隆	3	姉ヶ崎CC	72/6845Y
1976	草壁政治	210—71・70・69	韓 長相、浦西武光、内田 繁	2	朱鷺の台CC	72/6116m
1977＊	草壁政治	283—69・69・72・73	内田 繁	0	朱鷺の台CC	72/6116m
1978	金本章生	276—65・70・74・67	内田 繁	1	朱鷺の台CC	72/6116m
1979	橘田光弘	272—67・69・69・67	寺本一郎、杉原輝雄	2	朱鷺の台CC	72/6161m
1980	鈴木規夫	266—64・69・68・65	横島由一	6	朱鷺の台CC	能州台71/6053m 眉丈台72/6192m
1981	新井規矩雄	274—69・65・71・69	内田 繁	2	朱鷺の台CC	能州台71/6133m 眉丈台72/6292m
1982＊	杉原輝雄	282—70・68・71・73	羽川 豊	0	朱鷺の台CC	能州台71/6262m 眉丈台72/6443m
1983	出口栄太郎	277—67・70・69・71	中島常幸、内田繁、謝 敏男	3	朱鷺の台 眉丈台	72/6210m
1984	新規矩雄	279—70・69・69・71	尾崎直道	1	朱鷺の台 眉丈台	72/6218m
美津濃オープン						
1985	尾崎健夫	205—71・69・65	※金井清一	1	朱鷺の台CC 眉丈台	72/6227m
	高橋勝成	205—67・71・67	(※は3位)			
1986	中島常幸	239—69・65・68・37	渡辺 司	6	朱鷺の台CC 眉丈台	72/6286m
ミズノオープン						
1987	デービッド・イシイ	272—67・66・69・70	陳 志明、中村 通	8	朱鷺の台CC 眉丈台	72/6804Y
1988＊	新関善美	280—69・74・68・69	金井清一	0	朱鷺の台CC 眉丈台	72/6766Y
1989	大町昭義	283—70・72・72・69	B・ジョーンズ、倉本昌弘、中島常幸、小林富士夫	4	朱鷺の台CC 眉丈台	72/6799Y
1990	ブライアン・ジョーンズ	272—73・66・66・67	中島常幸	2	朱鷺の台CC 眉丈台	72/6796Y
1991＊	ロジャー・マッカイ	207—66・70・71	東 聡	0	朱鷺の台CC 眉丈台	72/6832Y
1992	中村 通	282—70・72・72・68	B・ジョーンズ、藤木三郎	1	朱鷺の台CC 眉丈台	72/6892Y
1993	奥田靖己	280—70・68・72・70	尾崎健夫、杉原輝雄、W・グラディ	1	朱鷺の台CC 眉丈台	72/6838Y
1994＊	ブライアン・ワッツ	280—68・68・73・71	金子柱憲、鈴木弘一、E・エレラ	0	朱鷺の台CC 眉丈台	72/6829Y
1995	ブライアン・ワッツ	273—71・65・66・71	R・ギブソン	3	朱鷺の台CC 眉丈台	72/6814Y
1996	金子柱憲	270—66・71・65・68	横田真一	4	朱鷺の台CC 眉丈台	72/6814Y
1997	ブライアン・ワッツ	278—69・69・71・69	伊沢利光	1	朱鷺の台CC 眉丈台	72/6822Y
～全英への道～ ミズノオープン						
1998	ブラント・ジョーブ	275—67・65・74・69	水巻善典、鈴木 亨	4	瀬戸内海GC	72/7091Y
1999	エドアルド・エレラ	274—69・69・70	渡辺 司	2	瀬戸内海GC	72/7118Y
2000	今野康晴	274—66・71・72・65	宮本勝昌、伊沢利光	1	瀬戸内海GC	72/7196Y
2001	田中秀道	272—66・71・68・69	エドアルド・エレラ	3	瀬戸内海GC	72/7214Y
2002	ディーン・ウィルソン	277—71・69・70・67	宮里聖志	1	瀬戸内海GC	72/7256Y

ツアー成績

～全英への道～ミズノオープン

2003	トッド・ハミルトン	278—70・66・73・69	B・ジョーンズ	1	瀬戸内海GC	72／7256Y
2004＊	ブレンダン・ジョーンズ	274—67・68・70・69	飯島博明	0	瀬戸内海GC	72／7256Y
2005＊	クリス・キャンベル	278—68・68・71・71	D・スメイル、高山忠洋	0	JFE瀬戸内海GC	72／7293Y
2006	S・K・ホ	274—68・69・66・71	市原建彦、D・スメイル	3	JFE瀬戸内海GC	72／7287Y

～全英への道～　ミズノオープンよみうりクラシック

2007	ドンファン	204—68・68・68	谷原秀人、武藤俊憲、佐藤えいち、李 丞鎬、林 根基、富田雅哉	4	よみうりCC	72／7138Y
2008	プラヤド・マークセン	269—69・66・69・65	矢野 東	1	よみうりGウエスト	71／7142Y
2009	石川 遼	275—69・65・68・73	D・スメイル	3	よみうりCC	72／7230Y
2010	薗田峻輔	201—70・65・66	谷口 徹	3	よみうりCC	72／7230Y

～全英への道～ミズノオープン

2011	黄 重坤	275—74・67・68・66	金 庚泰	1	JFE瀬戸内海GC	72／7317Y
2012	ブラッド・ケネディ	271—72・68・65・66	武藤俊憲、谷口 徹	3	JFE瀬戸内海GC	72／7356Y
2013	ブレンダン・ジョーンズ	269—67・66・68・68	金 庚泰	3	JFE瀬戸内海GC	72／7404Y
2014	張 棟圭	273—70・67・67・69	J・パグンサン	3	JFE瀬戸内海GC	72／7382Y
2015	手嶋多一	273—69・69・66・69	S・ストレンジ	2	JFE瀬戸内海GC	72／7415Y
2016	金 庚泰	277—69・64・71・73	市原弘大、今平周吾、李 尚熹	1	JFE瀬戸内海GC	72／7415Y
2017	チャン・キム	273—68・70・67・68	M・ヘンドリー	5	JFE瀬戸内海GC	72／7404Y

～全英への道～ミズノオープン at ザ・ロイヤル ゴルフクラブ

2018	秋吉翔太	287—72・71・74・70	川村昌弘、小林正則、M・ヘンドリー	1	ザ・ロイヤルGC	72／8007Y
2019	池田勇太	281—70・74・66・71	C・キム	1	ザ・ロイヤルGC	72／8016Y
2020	〈新型コロナウイルス感染拡大のため中止〉					

～全英への道～ミズノオープン

2021	ジュビック・パグンサン	199—66・65・68	永野竜太郎	3	JFE瀬戸内海GC	72／7349Y
2022＊	スコット・ビンセント	276—69・72・70・65	A・クウェイル	0	JFE瀬戸内海GC	72／7461Y
2023＊	平田憲聖	271—67・71・67・66	中島啓太	0	JFE瀬戸内海GC	72／7461Y

＊はプレーオフ
1983年からツアー競技。1979年～1982年は後援競技で賞金ランキング加算競技
2007年から2010年まで～全英への道～ミズノオープンよみうりクラシックとして開催

【過去の18ホール最少ストローク】

61（－11）	Z・モウ	2001年2R	瀬戸内海GC	PAR72／7214ヤード
61（－11）	S・H・キム	2013年2R	JFE瀬戸内海GC	PAR72／7404ヤード

BMW日本ゴルフツアー選手権森ビルカップ

開催期日	2023年6月1日～4日
競技会場	宍戸ヒルズCC西C
トータル	7,400Y：パ71（00,35）

賞金総額	150,000,000円
出場人数	132名
天候	曇・雨・曇・晴

1日目 米澤蓮と金谷拓実が7アンダー64で首位。3打差3位に中島啓太ら5人が並んだ。**2日目** 降雨の影響でサスペンデッドに。60人がホールアウトできず。**3日目** 第2R残りを消化して金谷が通算7アンダーで首位に立ち、米澤が1打差で追う。続いて第3Rに入ったが日没のため53人を残してサスペンデッド。10番までプレーした金谷が11アンダーで中島に2打差をつけて暫定首位。**最終日** 再開し

た第3Rを終えて金谷が通算11アンダーで首位。2打差で宋永漢、3打差で中島が続いた。最終Rは首位を守っていた金谷が15番のボギーで同組の宋、中島に並ばれる。直後の16番、宋、中島がともにボギーで再び金谷が1打リード。金谷は難関17番パー4で左ラフから池越えの2打目を50cmに寄せてバーディを奪う。これが効いて2打差で通算4勝目、自身初の日本タイトルをつかみ取った。

【優勝】金谷 拓実 273 64・71・67・71 30,000,000円

順位	氏　名	トータルスコア	1R	2R	3R	4R	賞金額（円）
2	稲森 佑貴	275	67	72	67	69	9,600,000
	岩田 寛	275	70	69	68	68	9,600,000
	宋 永漢	275	68	69	67	71	9,600,000
	中島 啓太	275	67	70	68	70	9,600,000
6	ショーン・ノリス	277	68	71	69	69	5,400,000
7	米澤 蓮	278	64	72	72	70	4,762,500
	小林伸太郎	278	69	71	67	71	4,762,500
9	大槻 智春	279	71	71	67	70	4,080,000
	ジャスティン・デロスサントス	279	70	73	65	71	4,080,000
11	野呂 涼	280	67	74	71	68	3,180,000
	ブレンダン・ジョーンズ	280	70	71	70	69	3,180,000
	小西 貴紀	280	68	73	68	71	3,180,000
	佐藤 大平	280	69	72	68	71	3,180,000
15	池村 寛世	281	73	70	71	67	2,355,000
	鈴木 晃祐	281	69	73	71	68	2,355,000
	岡田 晃平	281	68	71	70	72	アマチュア
	蝉川 泰果	281	70	70	69	72	2,355,000
	香妻陣一朗	281	70	68	69	74	2,355,000
20	細野 勇策	282	72	72	67	71	1,890,000
	今平 周吾	282	72	72	69	69	1,890,000
	富村 真治	282	71	68	70	73	1,890,000
23	安本 大祐	283	72	69	70	72	1,650,000
24	竹安 俊也	284	70	73	71	70	1,330,000
	安森 一貴	284	72	67	73	72	1,330,000
	金子 駆大	284	72	70	75	67	1,330,000
	前田光史朗	284	72	71	69	72	1,330,000
	谷原 秀人	284	72	70	69	73	1,330,000
	木下 裕太	284	70	72	69	73	1,330,000
30	S・J・パク	285	73	69	70	73	1,110,000
31	田中 裕基	286	74	69	72	71	915,000
	長野 泰雅	286	73	69	72	72	915,000
	鍋谷 太一	286	71	72	72	71	915,000
	小鯛 竜也	286	71	74	70	71	915,000
	池田 勇太	286	73	73	69	71	915,000
	片山 晋呉	286	71	69	72	74	915,000
	杉浦 悠太	286	72	72	73	69	アマチュア
	ジュビック・パグンサン	286	72	72	74	68	915,000
39	小浦 和也	287	69	71	76	71	735,000
	武藤 俊憲	287	74	70	68	75	735,000
	西山 大広	287	68	70	73	76	735,000
	原 敏之	287	71	72	68	76	735,000
43	坂本 雄介	288	70	76	68	74	615,000
	嘉数 光倫	288	73	70	74	71	615,000
	張 棟圭	288	73	73	71	71	615,000
	平田 憲聖	288	71	71	67	79	615,000
47	植竹 勇太	289	74	72	68	75	471,000
	アンソニー・クウェイル	289	68	72	75	74	471,000
	松本 将汰	289	72	72	70	75	471,000
	ハン・リー	289	72	73	74	70	471,000
	織田 信亮	289	72	72	70	75	471,000
	勝亦 悠斗	289	72	72	74	71	471,000
53	H・W・リュー	290	78	68	68	76	390,000
	小木曽 喬	290	70	76	69	75	390,000
	吉田 泰基	290	71	74	73	72	390,000
56	塚田 陽亮	291	72	68	74	77	372,000
57	大内 智文	292	72	71	71	78	360,000
	徳元 中	292	70	74	74	74	360,000
	阿部 裕樹	292	70	72	77	73	360,000
60	竹谷 佳孝	293	75	71	68	79	348,000
	高山 忠洋	293	73	73	70	77	348,000
62	勝俣 陵	294	67	75	72	80	334,928
	比嘉 拓也	294	78	68	72	76	334,928
	海老根文博	294	71	73	76	74	334,928
	小田 孔明	294	72	74	73	75	334,928
	若原 亮太	294	72	74	74	74	334,928
	市原 弘大	294	69	77	74	74	334,928
	出水田大二郎	294	70	76	74	74	334,928
69	金田 直之	295	74	70	76	75	328,500
70	森 祐紀	297	69	76	75	77	328,500
71	河合 庄司	300	75	69	74	80	328,500
72	アダム・ブランド	305	73	73	76	83	328,500
73	平本 穏	306	76	69	77	84	328,500
74	副田 裕斗	309	71	74	78	86	328,500

146ストローク（+4）までの74名が予選通過

BMW日本ゴルフツアー選手権 森ビルカップ

氏名	トータルスコア	1R	2R	氏名	トータルスコア	1R	2R	氏名	トータルスコア	1R	2R	氏名	トータルスコア	1R	2R
岡村　了	147	75	72	新田　哲大	148	75	73	アンドルー・エバンス	150	75	75	櫻井　大樹	155	79	76
小林　正則	147	73	74	日高　将史	148	73	75	佐藤　太地	151	74	77	谷口　徹	157	75	82
木下　稜介	147	70	77	坂本　隆一	148	74	74	宮里　優作	151	78	73	篠　優希	162	79	83
ガン・チャルングン	147	75	72	トッド・ベク	149	77	72	李　尚熹	151	70	81	尾崎　慶輔		77	棄
時松　隆光	147	72	75	杉原　大河	149	71	78	ディラン・ペリー	152	80	72	宮本　勝昌		78	棄
森本　雄	147	76	71	中西　直人	149	75	74	浅地　洋佑	152	76	76	小平　智		76	棄
遠藤　健太	147	76	71	内藤寛太郎	150	75	75	杉本エリック	152	78	74	ブラッド・ケネディ		72	棄
永野竜太郎	148	69	79	砂川　公佑	150	71	79	呉　司聡	152	74	78	杉山　知靖		72	棄
大岩　龍一	148	72	76	伴　真太郎	150	74	76	鈴木　敬太	153	77	76	重永亜斗夢		68	棄
貞方　章男	148	75	73	塩見　好輝	150	75	75	石過功一郎	153	74	79	片岡　尚之		80	棄
ジェイブ・クルーガー	148	73	75	大堀裕次郎	150	78	72	高野　碧輝	154	76	78	三島　泰哉		80	棄
石坂　友宏	148	76	72	堀川未来夢	150	74	76	清水　大成	154	79	75	ジェイ・チョイ		78	失
田村　光正	148	74	74	河本　力	150	71	79	阿久津未来也	154	74	80	幡地　隆寛		70	失
白　佳和	148	70	78	石川　遼	150	75	75	新村　駿	154	77	77				
山田　大晟	148	74	74	宇喜多飛翔	150	74	76	青山　晃大	154	76	78				

【歴代優勝者】

年	優勝者	スコア	2位	差	コース	パー／ヤード
JGTO TPC イーヤマカップ						
2000	伊沢利光	203—63・70・70	横尾　要	3	ホウライCC	72／6865Y
日本ゴルフツアー選手権　イーヤマカップ						
2001	宮本勝昌	273—69・67・68・69	E・エレラ、J・M・シン	7	ホウライCC	72／7090Y
2002	佐藤信人	268—67・66・71・64	久保谷健一	6	ホウライCC	72／7090Y
日本ゴルフツアー選手権　宍戸ヒルズカップ						
2003	伊沢利光	270—70・63・68・69	D・スメイル、高山忠洋	1	宍戸ヒルズCC西	71／7030Y
2004＊	S・K・ホ	279—70・74・67・68	近藤智弘	0	宍戸ヒルズCC西	71／7170Y
2005＊	細川和彦	273—70・67・67・69	今野康晴、D・スメイル	0	宍戸ヒルズCC西	70／7147Y
UBS日本ゴルフツアー選手権　宍戸ヒルズ						
2006	髙橋竜彦	273—71・66・68・68	平塚哲二	3	宍戸ヒルズCC西	70／7179Y
2007	片山晋呉	271—69・68・67・67	竹本直哉	1	宍戸ヒルズCC西	70／7214Y
2008	星野英正	272—70・66・66・70	B・ジョーンズ、野上貴夫	5	宍戸ヒルズCC西	71／7280Y
2009	五十嵐雄二	267—67・72・70	鈴木　亨、I・J・ジャン、D・スメイル	1	宍戸ヒルズCC西	71／7280Y
日本ゴルフツアー選手権　Citibank Cup Shishido Hills						
2010	宮本勝昌	279—69・67・68・75	藤田寛之	3	宍戸ヒルズCC西	71／7349Y
2011	J・B・パク	278—77・68・65・68	丸山大輔	1	宍戸ヒルズCC西	71／7317Y
2012	藤本佳則	271—68・68・67・68	上平栄道	2	宍戸ヒルズCC西	71／7313Y
日本ゴルフツアー選手権　Shishido Hills						
2013	小平　智	274—70・64・70・70	S・K・ホ、K・アフィバーンラト	1	宍戸ヒルズCC西	72／7402Y
日本ゴルフツアー選手権　森ビルカップ　Shishido Hills						
2014	竹谷佳孝	271—69・65・69・68	李　尚熹	2	宍戸ヒルズCC西	72／7402Y
2015	梁　津萬	270—67・68・65・70	宋　永漢、B・ケネディ、永野竜太郎	5	宍戸ヒルズCC西	71／7326Y
2016	塚田陽亮	282—73・74・69・66	M・ヘンドリー	1	宍戸ヒルズCC西	71／7384Y
2017	ショーン・ノリス	271—67・72・68・64	S・ハン	4	宍戸ヒルズCC西	71／7384Y
2018	市原弘大	272—67・71・68・66	時松隆光	1	宍戸ヒルズCC西	71／7384Y
2019	堀川未来夢	271—66・67・68・68	今平周吾	4	宍戸ヒルズCC西	71／7387Y
2020	〈新型コロナウイルス感染拡大のため中止〉					
2021	木下稜介	270—67・68・67・68	古川雄大	5	宍戸ヒルズCC西	71／7387Y
BMW日本ゴルフツアー選手権森ビルカップ						
2022	比嘉一貴	272—69・71・65・67	大槻智春	1	宍戸ヒルズCC西	71／7387Y
2023	金谷拓実	273—64・71・67・71	稲森佑貴、岩田　寛、宋　永漢、中島啓太	2	宍戸ヒルズCC西	71／7430Y

＊はプレーオフ

【過去の18ホール最少ストローク】

62（−9）　C・キム　　　2019年4R　宍戸ヒルズCC西　PAR71／7387ヤード

ASO飯塚チャレンジドゴルフトーナメント

開催期日	2023年6月8日〜11日
競技会場	麻生飯塚GC
トータル	6,009Y・パー72（30,30）

賞金総額	100,000,000円
出場人数	126名
天候	雨・晴・晴・晴

1日目 前週優勝の金谷拓実が11バーディ、1ボギーの62で首位発進。2打差2位に阿久津未来也と50歳の宮本勝昌がつけた。**2日目** 金谷が通算17アンダーとして首位堅持し4打差2位に中島啓太。竹安俊也が3番パー5でアルバトロスを決めるなど64で8位に浮上。ツアー初出場の右足義足のティーチングプロ吉田隼人は予選落ちした。**3日目** 金谷が64で回り通算25アンダーで首位を守れば2位の中島は63で3打差に縮めた。3位は9打差で平田憲聖ら5人。**最終日** 3週連続で最終組対決となった金谷と中島の一騎打ち。中島がアウト5アンダー31で金谷に並びインでは一進一退。17番で金谷が一歩前に出るが中島が18番バーディで共に通算29アンダーでホールアウトする。プレーオフは2ホール目でバーディを奪った中島の勝利。通算2勝目、プロとしては初優勝をつかみ取った。

【優勝】中島 啓太 259 67・64・63・65 20,000,000円

（プレーオフ2ホール目、中島がバーディで優勝）

順位	氏名	トータルスコア	1R	2R	3R	4R	賞金額（円）		順位	氏名	トータルスコア	1R	2R	3R	4R	賞金額（円）
2	金谷 拓実	259	62	65	64	68	10,000,000			ブレンダン・ジョーンズ	276	68	71	67	70	480,000
3	岡村 了	266	66	66	68	66	6,800,000			山田 大晟	276	70	66	69	71	480,000
4	幡地 隆寛	268	65	72	66	65	4,800,000			勝俣 陵	276	72	67	70	67	480,000
5	平田 憲聖	269	69	66	65	69	4,000,000			金子 駆大	276	71	68	72	65	480,000
6	小浦 和也	270	72	66	66	66	3,316,666		42	砂川 公佑	277	67	71	69	70	342,666
	木下 稜介	270	65	69	67	69	3,316,666			松本 将汰	277	70	67	70	70	342,666
	塚田 陽亮	270	68	68	64	70	3,316,666			安森 一貴	277	72	67	67	71	342,666
9	竹安 俊也	271	70	64	69	68	2,420,000			米澤 蓮	277	69	69	70	69	342,666
	鍋谷 太一	271	67	66	70	68	2,420,000			片山 晋呉	277	70	70	68	69	342,666
	稲森 佑貴	271	71	64	67	69	2,420,000			岩田 寛	277	70	70	68	69	342,666
	阿久津未来也	271	64	68	68	71	2,420,000			白 佳和	277	68	67	74	68	342,666
	大堀裕次郎	271	65	68	67	71	2,420,000			田中 裕基	277	71	69	69	68	342,666
14	宋 永漢	272	68	68	69	67	1,573,333			小林 正則	277	72	67	71	67	342,666
	谷原 秀人	272	69	69	69	67	1,573,333		51	遠藤 健太	278	74	65	69	70	257,000
	蝉川 泰果	272	69	69	67	67	1,573,333			小田 孔明	278	68	65	71	74	257,000
	安本 大祐	272	72	66	71	63	1,573,333			大槻 智春	278	70	68	73	67	257,000
	ジュビック・パグンサン	272	68	68	67	69	1,573,333			宇喜多飛翔	278	72	68	72	66	257,000
	植竹 勇太	272	68	67	68	69	1,573,333		55	重永亜斗夢	279	68	70	69	72	236,800
20	小鯛 竜也	273	70	67	70	66	1,100,000			ハン・リー	279	72	66	70	71	236,800
	小林伸太郎	273	69	71	66	67	1,100,000			阿部 裕樹	279	70	68	70	71	236,800
	木下 裕太	273	69	70	67	67	1,100,000			玉城 海伍	279	69	71	71	68	236,800
	ディラン・ベリー	273	69	69	73	62	1,100,000			尾崎 慶輔	279	69	71	72	67	236,800
	宮里 優作	273	68	69	66	70	1,100,000		60	トッド・ベク	280	69	66	73	72	229,000
25	宮本 勝昌	274	64	72	71	67	743,333		61	武藤 俊憲	281	68	69	73	71	227,000
	河本 力	274	70	68	69	67	743,333			福住 修	281	68	72	72	69	アマチュア
	坂本 雄介	274	69	67	71	67	743,333		63	池田 勇太	282	70	65	72	75	224,000
	佐藤 大平	274	71	68	70	66	743,333			時松 隆光	282	74	66	73	69	224,000
	今平 周吾	274	69	68	69	68	743,333		65	副田 裕斗	283	72	68	72	71	221,000
	ジャスティン・デロスサントス	274	71	67	68	68	743,333		66	片岡 尚之	284	71	68	71	74	219,000
	勝亦 悠斗	274	74	66	68	66	743,333			櫛山 勝弘	284	68	69	74	73	219,000
	清水 大成	274	70	68	69	67	743,333			原 敏之	284	71	69	71	73	219,000
	石坂 友宏	274	70	66	67	71	743,333		69	小西 貴紀	285	72	68	76	69	219,000
34	野呂 涼	275	70	68	68	69	560,000									
	小木曽 喬	275	68	70	68	69	560,000									
	杉原 大河	275	66	71	64	74	560,000									
37	片岡 大育	276	73	65	69	69	480,000									

140ストローク（−4）までの69名が予選通過

181

ASO飯塚チャレンジドゴルフトーナメント

氏名	トータルスコア	1R	2R	氏名	トータルスコア	1R	2R	氏名	トータルスコア	1R	2R	氏名	トータルスコア	1R	2R
西山 大広	141	70	71	関藤 直熙	142	74	68	呉 司聡	143	74	69	石過功一郎	149	77	72
小林 丈大	141	71	70	比嘉 拓也	142	73	69	市原 弘大	144	71	73	池村 寛世	150	80	70
内藤寛太郎	141	71	70	@佐藤快斗	142	69	73	鈴木 敬太	144	71	73	三島 泰哉	151	79	72
矢野 東	141	69	72	秋吉 翔太	142	73	69	青山 晃大	144	69	75	木本 大志	151	77	74
アンソニー クウェイル	141	77	64	吉田 泰基	142	72	70	アンドルー・エバンス	144	77	67	海老根文博	152	76	76
貞方 章男	141	72	69	出水田大二郎	142	74	68	前田光史朗	144	73	71	@吉沢己咲	153	78	75
嘉数 光倫	141	70	71	北村 晃一	143	72	71	長谷川祥平	145	75	70	坂本 篤紫	153	74	79
篠 優希	141	72	69	織田 信亮	143	74	69	細野 勇策	145	75	70	岩井 亮磨	154	79	75
長野 泰雅	141	74	67	香妻陣一朗	143	77	66	倉本 昌弘	145	71	74	@今村大志郎	156	75	81
伴 真太郎	141	70	71	高野 碧輝	143	73	70	浅地 洋佑	145	73	72	吉田 隼人	168	86	82
ジェイブ クルーガー	141	70	71	夏堀 裕大	143	70	73	大内 智文	146	74	72	堀川未来夢		74	棄
杉山 知靖	141	67	74	平本 穏	143	72	71	@鈴木新一	147	72	75	田村 光正		75	棄
日高 将史	141	70	71	石川 遼	143	71	72	@松澤虎大	147	72	75	@はアマチュア			
杉本エリック	142	73	69	大岩 龍一	143	70	73	若原 亮太	148	76	72				
岩﨑亜久竜	142	76	66	竹谷 佳孝	143	73	70	@林田直也	149	76	73				

【歴代優勝者】

年	優勝者	スコア	2位	差	コース	パー／ヤード
2022	池村寛世	265—63・68・66・68	久常 涼、B・ケネディ	1	麻生飯塚GC	72／6809Y
2023＊	中島啓太	259—67・64・63・65	金谷拓実	0	麻生飯塚GC	72／6809Y

＊はプレーオフ

【過去の18ホール最少ストローク】

61（−11）　久常　涼　2022年4R　麻生飯塚GC　　　PAR72／6809ヤード

ハナ銀行 インビテーショナル

開催期日	2023年6月15日～18日
競技会場	千葉夷隅GC
トータル	7,626Y・パー73（36,37）

賞金総額	91,636,364円
出場人数	144名
天　候	曇時々雨・晴・晴・晴

1日目 日韓共同主管競技の初日は7アンダー66で回ったヤンジホ、佐藤大平、平田憲聖が首位。J・パグンサンと大岩龍一が1打差4位につけた。**2日目** 佐藤が通算13アンダーに伸ばして単独首位に立つ。2打差2位に中島啓太。長野泰雅とヤンが3打差3位で続いた。**3日目** ホールインワンを含む65をマークした張棟圭が通算15アンダーで中島と並んで首位に出た。1打差3位はヤンと長野。前日首位の佐藤は73で2打差5位に後退した。**最終日** 4週連続で最終日最終組の中島は3番でボギーが先行した後に5バーディを奪って69にまとめるが通算19アンダーで2位に終わる。勝ったのは3位で出たヤン。かつて日本でもプレーしていたヤンは12番のイーグルで首位を奪った後、16番ボギーで中島に並ばれるが17、18番のバーディで振り切り日本ツアー初、韓国ツアー2勝目を飾った。

【優勝】ヤン ジホ　272　66・70・69・67　18,327,272円

順位	氏名	トータルスコア	1R	2R	3R	4R	賞金額（円）
2	中島 啓太	273	68	67	69	69	9,163,636
3	佐藤 大平	274	66	67	73	68	5,498,181
4	張 棟圭	275	70	69	65	71	4,398,545
5	河本 力	276	71	69	70	66	3,665,454
6	吉田 泰基	277	70	68	71	68	2,987,345
	稲森 佑貴	277	70	70	67	70	2,987,345
8	宋 永漢	278	69	70	71	68	2,162,617
	時松 隆光	278	69	74	68	67	2,162,617
	大岩 龍一	278	67	73	69	69	2,162,617
	小西 貴紀	278	71	68	70	69	2,162,617
12	今平 周吾	279	69	69	74	67	1,308,566
	大堀裕次郎	279	74	69	69	67	1,308,566
	朴 相賢	279	74	69	69	67	1,308,566
	小林伸太郎	279	74	67	69	68	1,308,566
	スンス・ハン	279	68	69	74	68	1,308,566
	申 尚訓	279	71	70	70	68	1,308,566
	裵 龍晙	279	69	72	70	68	1,308,566
	鍋谷 太一	279	72	70	69	68	1,308,566
	アンソニー・クウェイル	279	70	69	71	69	1,308,566
	長野 泰雅	279	68	68	69	74	1,308,566
22	小鯛 竜也	280	73	68	71	68	898,036
	李 在鏡	280	69	70	72	69	898,036
	金 瞥琇	280	68	71	71	70	898,036
	パク・ベジョン	280	71	71	66	72	898,036
26	金 東敏	281	70	72	71	68	733,090
	平田 憲聖	281	66	75	71	69	733,090
	ウォン・ジョン・リー	281	69	72	71	69	733,090
	出水田大二郎	281	72	70	69	70	733,090
	ジュビック・パグンサン	281	67	70	73	71	733,090
31	ハム・ジョンウ	282	71	72	72	67	613,963
	木下 裕太	282	70	69	74	69	613,963
	貞方 章男	282	72	71	70	69	613,963
	蝉川 泰果	282	73	70	68	71	613,963
35	李 尚熹	283	72	70	71	70	540,654
	金 兒昊	283	71	70	69	73	540,654
	篠 優希	283	71	67	72	73	540,654
	阿久津未来也	283	71	70	69	73	540,654
39	文 景俊	284	69	74	74	67	480,174
	金 畋奎	284	71	70	68	75	480,174
	杉本エリック	284	69	68	70	77	480,174
42	塚田 陽亮	285	69	71	77	68	436,188
	全 城賢	285	74	67	73	71	436,188
	木下 稜介	285	70	72	72	71	436,188
	伴 真太郎	285	69	73	72	71	436,188
	ジャスティン・デロスサントス	285	70	71	72	72	436,188
	李 泰熙	285	69	73	71	72	436,188
	浅地 洋佑	285	69	69	74	73	436,188
	池村 寛世	285	70	67	72	76	436,188
50	市原 弘大	286	69	71	74	72	401,367
	高 君宅	286	69	71	73	73	401,367
52	重永亜斗夢	287	69	74	76	68	384,872
	嘉数 光倫	287	72	70	75	70	384,872
	竹安 俊也	287	70	69	76	72	384,872
	小平 智	287	70	70	73	74	384,872
	S・J・パク	287	70	72	71	74	384,872
	大槻 智春	287	72	71	70	74	384,872
	香妻陣一朗	287	70	68	74	75	384,872
59	片岡 尚之	288	72	70	77	69	313,463
	ジェイブ・クルーガー	288	71	68	76	73	313,463
	植竹 勇太	288	70	73	71	74	313,463
62	趙 珉珪	289	71	69	79	70	203,636
	小木曽 喬	289	71	71	77	70	203,636
	H・W・リュー	289	73	70	74	72	203,636
	玄 政協	289	70	70	75	74	203,636
66	李 首民	292	69	71	76	76	203,636
67	朴 景南	293	77	66	73	77	203,636
68	申 容求	294	72	70	76	76	203,636
69	馬 官祐	296	73	58	80	75	203,636

143ストローク（-3）までの69名が予選通過

183

ハナ銀行 インビテーショナル

氏名	トータルスコア	1R	2R
洪 淳祥	144	71	73
I・H・ホ	144	71	73
姜 兌泳	144	74	70
パク・ジュンウォン	144	75	69
武藤 俊憲	144	69	75
清水 大成	144	69	75
姜 潤錫	145	70	75
崔 勝斌	145	72	73
朴 銀信	145	74	71
チョン・シミン	145	71	74
S・H・ペク	145	72	73
李 圭ミン	145	68	77
宮里 優作	145	73	72
黄 仁春	145	75	70
崔 虎星	145	74	71
陳 顧新	145	71	74
石坂 友宏	145	70	75
玉 太勲	146	76	70
鄭 太易	146	73	73

氏名	トータルスコア	1R	2R
トッド・ベク	146	72	74
ハン・リー	146	73	73
ボン・ソプ・キム	146	73	73
@安 城賢	146	73	73
ファン・ドヨン	146	71	75
キム・ジェホ	146	70	76
徐 曜燮	146	71	75
幡地 隆寛	146	69	77
金 弘沢	146	71	75
勝俣 陵	147	71	76
黄 載民	147	73	74
張 熙敏	147	72	75
ヨム・ウヒョン	147	75	72
ジゥク・リー	147	71	76
李 京俊	147	73	74
権 成烈	147	75	72
李 政垣	147	73	74
金 ミン俊	147	71	76
池田 勇太	148	74	74

氏名	トータルスコア	1R	2R
邊 辰哉	148	74	74
尹 晟豪	148	71	77
周 興喆	148	76	72
ブレンダン・ジョーンズ	148	73	75
崔 鎮鍋	148	74	74
黄 重坤	148	72	76
金 俊成	148	71	77
竹谷 佳孝	148	74	74
小田 孔明	149	74	75
張 丞甫	149	76	73
李 東珉	149	77	72
リュウ・ファ	149	75	74
松本 将汰	149	74	75
杉山 知靖	149	72	77
朴 俊雯	149	73	76
孟 東燮	149	74	75
堀川未来夢	149	73	76
朴 成国	150	75	75
鄭 燦玟	150	73	77

氏名	トータルスコア	1R	2R
金 鎮成	150	75	75
ジョン・ハンミル	150	75	75
権 五相	150	78	72
田村 光正	151	77	74
ジョン・カルテム	151	78	73
李 大韓	151	72	79
文 道燁	151	76	75
比嘉 一貴	151	76	75
西山 大広	151	79	72
魯 成進	151	74	77
キム・サンヒョク	152	74	78
津曲 泰弦	154	79	75
金 台勳	154	79	75
ショーン・ノリス	155	78	77
李 知勲	155	76	79
李 承珉	156	80	76
金 泰旴	162	75	87
岩田 寛		70	棄

@はアマチュア

【歴代優勝者】

年	優勝者	スコア	2位	差	コース	パー／ヤード
2023	ヤン ジホ	272—66・70・69・67	中島啓太	1	千葉夷隅GC	73／7625Y

【過去の18ホール最少ストローク】

65（-8） 張 棟圭 2023年3R 千葉夷隅GC PAR73／7625ヤード

JAPAN PLAYERS CHAMPIONSHIP byサトウ食品

開催期日	2023年6月22日～25日	賞金総額	50,000,000円
競技会場	西那須野CC	出場人数	156名
トータル	7,030Y：パー72（36,36）	天 候	雨 曇 晴 晴

1日目 8アンダー64をマークした2年前の第1回大会優勝片岡尚之と河本力、杉本エリックが首位並走。

2日目 好スコアが続出し1イーグル、11バーディ、1ボギーの60を叩き出した長野泰雅が通算15アンダーとして23位からJ・デロスサントスと並ぶ首位に急浮上。平本穏は62で89位から16位にまでジャンプアップした。中島啓太はホールインワンを含む63で回り2打差3位につけた。**3日目** 前半6連続バーディで抜け出した長野だったが17、18番ボギーで通算20アンダー。首位は守ったが中島に並ばれた。2打差3位は6、7番で連続イーグルを奪ったH・リーと谷原秀人、河本。**最終日** 5週連続最終日最終組の中島は70と伸ばせず3位で終了。勝負は通算24アンダーとした谷原と長野のプレーオフにもつれ込み1ホール目パーの谷原が優勝。選手会主催の大会を選手会長が制した。

【優勝】谷原 秀人 264 67・65・66・66 10,000,000円

(プレーオフ1ホール目、谷原がパーで優勝)

順位	氏 名	トータルスコア	1R	2R	3R	4R	賞金額（円）	順位	氏 名	トータルスコア	1R	2R	3R	4R	賞金額（円）
2	長野 泰雅	264	69	60	67	68	5,000,000		トッド・ペク	275	68	68	71	68	255,000
3	植竹 勇太	266	67	67	66	66	2,600,000		篠 優希	275	70	69	69	67	255,000
	大槻 智春	266	65	68	67	66	2,600,000		前粟藏俊太	275	70	65	69	71	255,000
	中島 啓太	266	68	63	65	70	2,600,000	41	石坂 友宏	276	71	65	71	69	205,000
6	河本 力	267	64	68	66	69	1,800,000		植田 晃大	276	72	67	68	69	205,000
7	佐藤 大平	268	71	64	68	65	1,587,500		竹安 俊也	276	71	67	70	68	205,000
	清水 大成	268	68	68	64	68	1,587,500		杉山 知靖	276	69	67	72	68	205,000
9	生源寺龍憲	269	74	63	68	64	1,410,000	45	松本 将汰	277	73	66	67	71	157,000
10	小斉平優和	270	75	64	65	66	965,555		玉城 海伍	277	69	68	71	69	157,000
	平本 世中	270	69	65	70	66	965,555		馬渡 清也	277	74	65	69	69	157,000
	勝亦 悠斗	270	72	68	63	67	965,555		ショーン・ノリス	277	69	69	66	73	157,000
	稲森 佑貴	270	68	69	66	67	965,555		出水田大二郎	277	70	70	69	68	157,000
	安本 大祐	270	73	65	65	67	965,555		日高 将史	277	74	66	70	67	157,000
	浅地 洋佑	270	67	67	68	68	965,555	51	小袋 秀人	278	74	66	67	71	132,000
	ジャスティン・デロスサントス	270	66	63	73	68	965,555		ジュビック・パグンサン	278	73	67	70	68	132,000
	杉本エリック	270	64	68	69	69	965,555	53	黒木 紀至	279	70	68	69	72	122,000
	ハン・リー	270	67	67	64	72	965,555		前田光史朗	279	70	67	70	72	122,000
19	塚田 陽亮	271	68	71	66	66	630,000		米澤 蓮	279	67	70	73	69	122,000
	山田 大晟	271	70	67	67	67	630,000		勝俣 陵	279	69	71	70	69	122,000
	大堀裕次郎	271	67	66	70	68	630,000		小浦 和也	279	73	67	70	69	122,000
22	時松 隆光	272	71	68	67	66	495,000	58	砂川 公佑	280	69	69	69	73	115,500
	矢野 東	272	70	68	67	67	495,000		竹谷 佳孝	280	67	69	67	77	115,500
	阿久津未来也	272	67	71	66	68	495,000		森 祐紀	280	65	74	67	74	115,500
	蝉川 泰果	272	72	64	68	68	495,000	61	織田 信亮	281	70	69	71	71	112,500
26	石川 遼	273	68	70	71	64	410,000		大内 智文	281	71	68	71	71	112,500
	宋 永漢	273	67	70	66	70	410,000		アンソニー・クウェイル	281	70	69	70	72	112,500
	岩田 寛	273	70	65	67	71	410,000	64	平本 穏	282	73	62	74	73	110,500
29	小林伸太郎	274	65	69	72	68	325,833	65	手嶋 多一	283	71	69	66	77	109,500
	堀川未来夢	274	69	70	66	69	325,833		小木曽 喬	283	70	69	69	75	109,500
	野呂 涼	274	69	68	68	69	325,833		田村 光正	283	69	66	73	75	109,500
	木村 太一	274	71	68	69	66	325,833		遠藤 健太	283	71	68	74	70	109,500
	永野竜太郎	274	71	69	68	66	325,833	69	白 佳和	284	72	68	72	72	109,500
	片岡 尚之	274	64	70	69	71	325,833	70	大岩 龍一	287	69	69	71	78	109,500
35	吉田 泰基	275	70	68	69	68	255,000	71	高野 碧輝	292	69	69	74	80	109,500
	小田 孔明	275	66	70	69	70	255,000		140ストローク（－4）までの71名が予選通過						
	細野 勇策	275	71	68	66	70	255,000								

氏名	トータルスコア	1R	2R	氏名	トータルスコア	1R	2R	氏名	トータルスコア	1R	2R	氏名	トータルスコア	1R	2R
副田 裕斗	141	72	69	田中章太郎	142	69	73	新村 駿	144	73	71	池田 勇太	147	77	70
マシュー・グリフィン	141	73	68	中西 直人	142	76	66	木下 康平	144	72	72	石渡 和輝	147	73	74
古川 雄大	141	72	69	竹山 昂成	142	73	69	梅山 知宏	144	78	66	青山 晃大	148	77	71
塩見 好輝	141	69	72	海老根文博	142	75	67	嘉数 光倫	144	77	67	阿部 裕樹	148	79	69
杉原 大河	141	73	68	新田 哲大	142	72	70	小西 貴紀	144	70	74	額賀 辰徳	148	79	69
薗田 峻輔	141	73	68	西山 大広	142	72	70	武藤 俊憲	144	75	69	香川 凜央	148	77	71
安森 一貴	141	72	69	岡村 了	142	76	66	宮里 優作	144	74	70	呉 司聡	148	72	76
佐藤 圭介	141	71	70	大田和桂介	142	74	68	比嘉 拓也	144	74	71	石過功一郎	149	82	67
金子 駆大	141	71	70	照屋佑唯智	142	72	70	三島 泰哉	145	75	70	池内 慧	149	77	72
陳 顧新	141	73	68	秋吉 翔太	142	73	69	小林 正則	145	73	72	櫻井 隆輔	150	72	78
張 棟圭	141	72	69	田中 裕基	143	73	70	グラント・ゴッドフリィ	145	75	70	尾崎 慶輔	150	78	72
重永亜斗夢	141	73	68	石﨑 真央	143	75	68	佐藤 太地	146	75	71	若原 亮太	150	79	71
鈴木 晃祐	141	70	71	岩元 洋祐	143	73	70	金田 直之	146	76	70	鈴木 敬太	150	76	74
富村 真治	141	71	70	平田 憲聖	143	74	69	石塚 祥利	146	71	75	高柳 直人	151	77	74
植田 大貴	141	72	69	亀代 順哉	143	72	69	宇喜多飛翔	146	75	71	大下 勇	151	78	73
徳元 中	142	74	68	長谷川祥平	143	72	71	黒﨑 蓮	146	74	72	近藤 啓介	152	80	72
アンドルー・エバンス	142	71	71	伴 真太郎	143	70	73	原 敏之	146	75	71	高花 翔太	155	81	74
中里光之介	142	74	68	内藤寛太郎	143	70	73	三重野里斗	146	73	73	木下 裕太		75	棄
小鯛 竜也	142	72	70	福永 安伸	143	71	72	ジェイ・チョイ	146	74	72	坂本 雄介		79	棄
市原 弘大	142	73	69	中道 洋平	144	71	73	森 雄貴	147・	79	68				
池村 寛世	142	73	69	アダム・ブランド	144	75	69	加藤 輝	147	75	72				
貞方 章男	142	71	71	河合 庄司	144	77	67	坂本 隆一	147	74	73				

【歴代優勝者】

年	優勝者	スコア	2位	差	コース	パー/ヤード
2021	片岡尚之	273—69・68・68・68	杉本エリック、T・ペク、植竹勇太、時松隆光、宮本勝昌	1	西那須野CC	72/7036Y
2022	稲森佑貴	265—68・66・66・65	大西魁斗	1	西那須野CC	72/7036Y
2023＊	谷原秀人	264—67・65・66・66	長野泰雅	0	西那須野CC	72/7036Y

＊はプレーオフ

【過去の18ホール最少ストローク】

60(−12) 長野 泰雅 2023年2R 西那須野CC PAR72／7036ヤード

長嶋茂雄 INVITATIONALセガサミーカップゴルフトーナメント

開催期日	2023年6月29日～7月2日
競技会場	ザ・ノースカントリーGC
トータル	7,178Y：パ 72 (OC,OC)
賞金総額	150,000,000円
出場人数	150名
天候	曇・曇・晴・晴

1日目 9バーディ、1ボギーの64で回った浅地洋佑が首位。1打差で武藤俊憲、阿久津未来也、金谷拓実の3人が続いた。**2日目** 浅地が通算12アンダーとして首位を守る。1打差2位にJ・クルーガーと片岡尚之が浮上。3打差4位に金谷ら4人がつけた。**3日目** クルーガーが65で回り通算18アンダーで首位に立った。10バーディ、1ダブルボギーの64をマークした小林伸太郎が16位から3打差2位へジャ

ンプアップ。18番をイーグルで締めた片岡も2位に踏みとどまった。**最終日** 8位のA・クウェイルがアウト30の猛追で優勝争いに参戦。片岡、小林も首位のクルーガーに迫った。10番で5個目のバーディを奪った片岡が通算20アンダーでクルーガーに並ぶ。だが以降は停滞。逆にクルーガーが13番からバーディを重ねて抜け出し、片岡とクウェイルに3打差をつけて4年ぶりの2勝目を飾った。

【優勝】ジェイブ・クルーガー　265　66・67・65・67　30,000,000円

順位	氏名	トータルスコア	1R	2R	3R	4R	賞金額（円）	順位	氏名	トータルスコア	1R	2R	3R	4R	賞金額（円）
2	アンソニー・クウェイル	268	70	68	66	64	12,600,000	39	出水田大二郎	280	69	69	72	70	645,000
	片岡 尚之	268	68	65	68	67	12,600,000		塚田 陽亮	280	71	69	71	69	645,000
4	永松竜太郎	269	66	70	67	66	7,200,000		若原 亮太	280	70	71	70	69	645,000
5	杉原 大河	271	73	68	65	65	5,231,250		呉 司聡	280	70	68	69	73	645,000
	鈴木 晃祐	271	69	69	68	65	5,231,250		杉山 知靖	280	71	70	72	67	645,000
	吉田 泰基	271	70	67	67	67	5,231,250		岩田 寛	280	72	68	75	65	645,000
	小林伸太郎	271	71	66	64	70	5,231,250	45	勝俣 陵	281	71	67	72	71	510,000
9	河本 力	272	69	69	68	66	3,780,000		貞方 章男	281	71	69	72	69	510,000
	木下 稜介	272	70	70	65	67	3,780,000		H・W・リュー	281	73	68	71	69	510,000
	金谷 拓実	272	65	70	68	69	3,780,000	48	植木 祥多	282	70	68	70	74	424,500
	細野 勇策	272	71	65	67	69	3,780,000		大槻 智春	282	69	70	69	74	424,500
13	小木曽 喬	273	67	68	72	66	2,880,000		高野 碧輝	282	71	68	69	74	424,500
	浅地 洋佑	273	64	68	70	71	2,880,000		永澤 翔	282	67	74	71	70	424,500
15	長野 泰雅	274	68	67	72	67	2,430,000	52	佐藤 大平	283	69	66	76	72	384,000
	宋 永漢	274	68	68	69	69	2,430,000		森 祐紀	283	74	66	73	70	384,000
	今平 周吾	274	67	69	68	70	2,430,000	54	坂本 雄介	284	70	71	71	72	369,000
18	中島 啓太	275	71	68	69	67	2,070,000		安本 大祐	284	70	70	69	75	369,000
	鍋谷 太一	275	70	67	68	70	2,070,000	56	谷口 徹	285	70	69	71	75	360,000
20	小鯛 竜也	276	69	67	72	68	1,710,000	57	ジャスティン・デロスサントス	286	69	72	69	76	350,000
	谷原 秀人	276	69	70	69	68	1,710,000		ハン・リー	286	72	67	72	75	350,000
	竹谷 佳孝	276	70	67	70	69	1,710,000		宇喜多飛翔	286	71	70	71	74	350,000
	阿久津未来也	276	65	72	68	71	1,710,000	60	岩本 一陽	287	70	69	74	74	343,500
24	清水 大成	277	69	70	70	68	1,260,000	61	小袋 秀人	290	69	71	77	73	340,500
	香妻陣一朗	277	68	71	71	67	1,260,000	62	武藤 和貴	291	73	68	73	77	337,500
	米澤 蓮	277	69	70	69	69	1,260,000								
	石川 遼	277	69	69	72	67	1,260,000								
	トッド・ベク	277	68	68	70	71	1,260,000								
	武藤 俊憲	277	65	72	68	72	1,260,000								
30	蟬川 泰果	278	70	69	71	68	932,500								
	時松 隆光	278	70	70	70	68	932,500								
	西山 大広	278	77	64	69	68	932,500								
	砂川 公佑	278	71	68	69	70	932,500								
	安森 一貴	278	68	68	71	71	932,500								
	岡村 了	278	74	67	71	66	932,500								
36	嘉数 光倫	279	69	70	69	71	780,000								
	上井 邦浩	279	70	68	73	68	780,000								
	田中 裕基	279	70	66	76	67	780,000								

141ストローク（−3）までの62名が予選通過

長嶋茂雄INVITATIONALセガサミーカップ

氏名	トータルスコア	1R	2R
山田 大晟	142	69	73
伴 真太郎	142	70	72
小田 孔明	142	69	73
宮里 優作	142	71	71
古川 雄大	142	70	72
原 敏之	142	71	71
@黒田裕稀	142	72	70
竹山 昂成	142	70	72
@小村隼士	142	71	71
張 棟圭	142	71	71
竹安 俊也	142	68	74
大堀裕次郎	142	74	68
薗田 峻輔	142	71	71
アンドルー・エバンス	142	71	71
ディラン・ペリー	142	72	70
マシュー・グリフィン	142	72	70
稲森 佑貴	143	73	70
堀川未来夢	143	72	71
ジュビック・パグンサン	143	71	72
石崎 真央	143	73	70
尾崎 慶輔	143	72	71
大内 智文	143	71	72
河合 庄司	143	70	73
平本 穏	143	70	73
篠 優希	143	73	70
石坂 友宏	143	74	69
小浦 和也	143	72	71
松村 道央	143	74	69
野澤 竜次	143	71	72
@近藤直杜	144	73	71
小林 正則	144	71	73
宮本 勝昌	144	71	73
石過功一郎	144	73	71
日高 将史	144	73	71
櫻井 勝之	144	73	70
村上 拓海	144	72	72
今井 健	144	71	73
杉本エリック	144	74	70
生源寺龍憲	144	72	72
勝亦 悠斗	144	75	69
アダム・ランド	144	73	71
久志岡俊海	144	73	71
金子 駆大	145	73	72
@清水蔵之介	145	72	73
中西 直人	145	72	73
池田 勇太	145	72	73
芹澤 慈眼	145	71	74
馬渡 清也	145	70	75
内藤寛太郎	145	70	75
遠藤 健太	145	68	77
田村 光正	145	70	75
李 尚熹	145	73	72
市原 弘大	145	72	73
平本 世中	145	72	73
S・J・パク	145	74	71
副田 裕斗	145	70	75
比嘉 拓也	145	69	76
野呂 涼	146	72	74
徳元 中	146	73	73
新田 哲大	146	77	69
小斉平優和	146	72	74
三島 泰哉	146	71	75
伊藤 慎吾	146	76	70
丸山 獎王	147	70	77
平田 憲聖	147	73	74
片山 晋呉	147	73	74
幡地 隆寛	147	77	70
竹内 優騎	147	75	72
前田光史朗	147	74	73
金 亨成	148	77	71
池村 寛世	148	75	73
重永亜斗夢	148	71	77
阿部 裕樹	148	76	72
長澤 奨	148	75	73
海老根文博	148	78	70
森 雄貴	148	71	77
大岩 龍一	149	75	74
ブレンダン・ジョーンズ	149	75	74
ショーン・ノリス	149	73	76
今野 大喜	150	79	71
亀代 順哉	150	78	72
小西 貴紀	150	74	76
佐藤 太地	150	80	70
植竹 勇太	151	77	74
@増田圭介	152	76	76
鈴木 敬太	152	74	78
松本 将汰	153	73	80
木下 裕太		78	棄

@はアマチュア

【歴代優勝者】

年	優勝者	スコア	2位	差	コース	パー／ヤード
セガサミーカップ						
2005	林 根基	275—69・69・69・68	真板 潔	1	ザ・ノースカントリーGC	72／7078Y
2006	葉 偉志	276—70・68・72・66	星野英正	4	ザ・ノースカントリーGC	72／7127Y
長嶋茂雄INVITATIONALセガサミーカップ						
2007	谷口 徹	276—70・70・68・68	P・ミーサワット	3	ザ・ノースカントリーGC	72／7127Y
2008	ジーブ・ミルカ・シン	275—67・74・68・66	すし石垣	2	ザ・ノースカントリーGC	72／7115Y
2009	藤田寛之	272—69・68・69・66	井戸木鴻樹		ザ・ノースカントリーGC	72／7115Y
2010*	小山内護	275—70・69・67・69	薗田峻輔、趙 珉珪	0	ザ・ノースカントリーGC	72／7115Y
2011	金 庚泰	273—67・70・68・68	石川 遼	4	ザ・ノースカントリーGC	72／7115Y
2012	李 京勲	269—65・69・70・65	金 亨成	2	ザ・ノースカントリーGC	72／7127Y
2013	薗田峻輔	268—69・71・61・67	近藤共弘、河野祐輝	3	ザ・ノースカントリーGC	72／7096Y
2014*	石川 遼	274—69・71・67・67	小田孔明	0	ザ・ノースカントリーGC	71／7050Y
2015	岩田 寛	272—70・69・67・66	今平周吾		ザ・ノースカントリーGC	72／7167Y
2016	谷原秀人	274—70・65・67・72	T・クロンパ	2	ザ・ノースカントリーGC	72／7167Y
2017	チャン・キム	270—67・70・67・66	黄 重坤	1	ザ・ノースカントリーGC	72／7178Y
2018	ブラッド・ケネディ	204—71・69・64	金 亨成	3	ザ・ノースカントリーGC	72／7178Y
2019	石川 遼	268—67・66・67・68	J・パグンサン	4	ザ・ノースカントリーGC	72／7178Y
2020	〈新型コロナウイルス感染拡大のため中止〉					
2021	比嘉一貴	268—68・65・67・68	上井邦裕	2	ザ・ノースカントリーGC	72／7178Y
2022	岩田 寛	269—68・68・66・67	大槻智春	2	ザ・ノースカントリーGC	72／7178Y
2023	ジェイブ・クルーガー	265—66・67・65・67	A・クウェイル、片岡尚之	3	ザ・ノースカントリーGC	72／7178Y

*はプレーオフ

【過去の18ホール最少ストローク】

61（-11） 薗田 峻輔 2013年3R ザ・ノースカントリーGC PAR72／7096ヤード

日本プロゴルフ選手権大会(第90回)

開催期日	2023年7月27日〜30日	賞金総額 150,000,000円
競技会場	恵庭CC	出場人数 144名
トータル	7,441Y・パ 72(36,36)	天候 晴・晴・晴・曇

1日目 石川遼、B・ケネディ、平田憲聖、黄重坤、池村寛世の5人が4アンダー68で首位に並んだ。**2日目** 平田が1イーグル、4バーディ、3ボギーの69で回り通算7アンダーで単独首位となる。2打差2位で黄とケネディが続き、3打差4位に小鯛竜也、上井邦浩、T・ペク、石坂友宏が続いた。**3日目** 平田が通算10アンダーとして首位を堅持。67で回った上井が1打差2位に浮上し、19位にいた金谷拓実が66で3打差3位に躍進した。**最終日** 平田がアウトでスコアを落とし、上井が単独首位に立つ。金谷、中島啓太、蝉川泰果もスコアを伸ばして混戦となった。流れが変わったのは14番。上井がここのボギーから崩れ、15mを沈めてバーディの平田が逆転した。終盤、追う選手が停滞する中、平田は15、17番バーディで突き放す。最後は金谷、蝉川に2打差をつけて初の日本タイトルをつかんだ。

【優勝】 平田 憲聖 277 68・69・69・71 30,000,000円

順位	氏名	トータルスコア	1R	2R	3R	4R	賞金額(円)	順位	氏名	トータルスコア	1R	2R	3R	4R	賞金額(円)
2	蝉川 泰果	279	70	71	70	68	12,600,000		青山 晃大	290	72	73	72	73	780,000
	金谷 拓実	279	75	68	66	70	12,600,000		嘉数 光倫	290	71	75	69	75	780,000
4	H・W・リュー	280	71	75	65	70	7,200,000		清水 大成	290	73	70	71	76	780,000
5	石坂 友宏	281	69	71	74	67	5,231,250	42	勝俣 陵	291	72	74	74	71	600,000
	石川 遼	281	68	73	71	69	5,231,250		杉本エリック	291	71	71	77	72	600,000
	中島 啓太	281	71	72	68	70	5,231,250		河本 力	291	71	72	74	74	600,000
	黄 重坤	281	68	71	71	71	5,231,250	45	アダム・ブランド	292	73	73	74	72	495,000
9	稲森 佑貴	282	70	69	71	71	4,080,000		長谷川祥平	292	73	75	71	73	495,000
	上井 邦浩	282	69	71	67	75	4,080,000		岡村 了	292	71	77	71	73	495,000
11	宋 永漢	283	71	71	73	68	3,630,000		細野 勇策	292	72	70	74	76	495,000
12	アンソニー・クウェイル	285	76	69	72	68	2,730,000	49	阿部 裕樹	293	73	74	75	71	403,200
	木下 稜介	285	71	71	73	70	2,730,000		片山 晋呉	293	71	73	77	72	403,200
	生源寺龍憲	285	74	72	69	70	2,730,000		ジャスティン・デロスサントス	293	74	67	78	74	403,200
	塚田 陽亮	285	73	69	72	71	2,730,000		大堀裕次郎	293	73	73	73	74	403,200
	呉 司聡	285	72	70	71	72	2,730,000		片岡 尚之	293	73	72	74	74	403,200
	ブラッド・ケネディ	285	68	71	72	74	2,730,000	54	森岡俊一郎	294	73	75	76	70	363,000
18	阿久津未来也	286	75	69	71	71	2,010,000		小木曽 喬	294	72	74	77	71	363,000
	竹安 俊也	286	73	71	71	71	2,010,000		河野晃一郎	294	73	74	76	71	363,000
	小鯛 竜也	286	71	69	73	73	2,010,000		富本 虎希	294	74	71	75	74	363,000
21	岩田 大河	287	71	73	73	73	1,770,000	58	出水田大二郎	295	72	76	75	72	346,500
22	大槻 智春	288	69	74	75	70	1,375,714		井上 敬太	295	74	74	72	75	346,500
	発多ヤマト	288	71	74	73	70	1,375,714		長野 泰雅	295	73	73	73	76	346,500
	小浦 和也	288	71	72	74	71	1,375,714	61	植木 祥多	296	70	77	78	71	334,500
	宮本 勝昌	288	77	70	69	72	1,375,714		薗田 峻輔	296	75	72	77	72	334,500
	石﨑 真央	288	74	72	70	72	1,375,714		西山 大広	296	73	75	74	74	334,500
	佐藤 大平	288	72	74	73	69	1,375,714		岩井 亮磨	296	73	73	75	75	334,500
	堀川未来夢	288	73	73	69	73	1,375,714		櫛山 勝弘	296	71	73	76	76	334,500
29	永澤 翔	289	72	75	73	68	1,023,750	66	三重野里斗	299	75	72	80	72	328,500
	永野竜太郎	289	75	73	73	68	1,023,750	67	遠藤 彰	300	69	74	82	75	328,500
	ジュビック・パグンサン	289	74	73	72	70	1,023,750		櫻井 勝之	300	72	75	78	75	328,500
	石渡 和輝	289	72	73	69	75	1,023,750	69	高野 碧輝	301	72	75	78	76	328,500
33	小林伸太郎	290	72	75	75	68	780,000		渡辺龍ノ介	301	71	77	74	79	328,500
	亀代 順哉	290	75	73	72	70	780,000	71	木下 裕太	302	73	74	76	79	328,500
	トッド・ペク	290	70	70	79	71	780,000	72	小田 孔明	303	74	74	78	77	328,500
	重永亜斗夢	290	70	76	73	71	780,000								
	原 敏之	290	70	72	76	72	780,000								
	額賀 辰徳	290	75	69	74	72	780,000								

148ストローク(+4)までの72名が予選通過

日本プロゴルフ選手権

氏　名	トータルスコア	1R	2R	氏　名	トータルスコア	1R	2R	氏　名	トータルスコア	1R	2R	氏　名	トータルスコア	1R	2R
副田　裕斗	149	77	72	幡地　隆寛	150	75	75	大嶋　炎	152	76	76	久保谷健一	155	81	74
ジュビック・バグンサン	149	72	77	平本　世中	150	75	75	吉田　泰基	152	74	78	田村　光正	156	79	77
関藤　直熙	149	74	75	貞方　章男	150	72	78	高柳　直人	152	79	73	斉藤　しん	156	80	76
山本　豪	149	73	76	小西　貴紀	150	73	77	北川　祐生	153	77	76	高橋　佳祐	157	79	78
比嘉　一貴	149	77	72	鈴木　海斗	150	71	79	久保田皓也	153	74	79	手嶋　多一	157	76	81
安本　大祐	149	75	74	田中　裕基	150	78	72	正岡　竜二	153	74	79	山﨑　宏	157	76	81
金田　直之	149	74	75	櫻井　隆輔	150	71	79	谷口　徹	153	75	78	照屋　貴之	158	78	80
松上　和弘	149	77	72	坂本　雄介	151	78	73	竹内　大	153	74	79	島野　璃央	158	80	78
ショーン・ノリス	149	75	74	時松　隆光	151	77	74	秋吉　翔太	153	78	75	大岩　龍一	158	78	80
河野　祐輝	149	74	75	岩﨑亜久竜	151	78	73	内藤寛太郎	154	79	75	酒井　秀崇	158	77	81
坂本　柊人	150	73	77	平本　穏	151	74	77	鈴木　大哉	154	80	74	小林　正則	159	82	77
伊藤　誠道	150	69	81	山田　大晟	151	75	76	宇佐美祐樹	154	77	77	尾崎　慶輔	161	79	82
塩見　好輝	150	76	74	竹谷　佳孝	151	76	75	植田　晃大	154	75	79	小西　勇輝	161	80	81
池田　勇太	150	72	78	梶原　英明	151	75	76	中川　元成	154	80	74	ブラッド・マニャクセン		77	棄
今平　周吾	150	75	75	玉城　海伍	152	79	73	市原　弘大	155	81	74	鍋谷　太一		75	棄
池村　寛世	150	68	82	宮里　優作	152	76	76	大野　倖	155	75	80	金　亨成		76	棄
香妻陣一朗	150	71	79	倉本　昌弘	152	78	74	井垣　璃玖	155	78	77	ヤン　ジホ		78	棄
植竹　勇太	150	73	77	片岡　大育	152	74	78	中西　直人	155	78	77	岩田　寛		棄	

【歴代優勝者】

年	優勝者	スコア	2位	差	コース	パー／ヤード
日本プロゴルフ選手権大会						
1926＊宮本留吉		161—80・81	福井覚治	0	茨木CC	
1927＊中上数一		153—76・77	宮本留吉	0	茨木CC	
1928	浅見緑蔵	156—80・76	宮本留吉	1	鳴尾GC	
1929	宮本留吉	301—73・74・82・72	安田幸吉	11	六実G場	
1930	村木　章	304—74・79・76・75	越道政吉、陳　清水	19	宝塚GC	
1931	浅見緑蔵	6—5	陳　清水		武蔵野CC（藤ヶ谷）	
1932	ラリー・モンテス	4—3	森岡二郎		鳴尾GC	
1933	ラリー・モンテス	6—5	林　万福		藤沢GC	
1934	宮本留吉	3—1	石井治作		広野GC	
1935	戸田藤一郎	7—5	陳　清水		相模CC	
1936	宮本留吉	4—3	森岡二郎		名古屋GC和合	
1937	上堅岩一	1up	陳　清水		鷹之台CC	
1938	戸田藤一郎	7—5	井上清次		宝塚GC	
1939	戸田藤一郎	3—2	宮本留吉		川奈ホテル富士	
1940	戸田藤一郎	6—5	藤井武人		福岡CC（大保）	
1941	《中　止》					
1942	陳　清水	7—6	延　徳春		小金井CC	
1943～1948 《第二次世界大戦で中止》						
1949	林　由郎	293—74・74・71・74	小野光一	2	我孫子GC	
1950	林　由郎	9—7	小野光一		我孫子GC	
1951	石井哲雄	3—1	中村寅吉		広野GC	
1952	井上清次	5—3	陳　清水		相模CC	
1953	陳　清水	2—1	林　由郎		我孫子GC	
1954	石井　茂	7—5	小野光一		広野GC	
1955	小野光一	1up（39H）	林　由郎		相模CC	
1956	林　由郎	7—6	新井常吉		名古屋GC和合	
1957	中村寅吉	2up	栗原甲子男		程ヶ谷CC	
1958	中村寅吉	3—2	栗原甲子男		鳴尾GC	
1959	中村寅吉	5—4	小野光一		茨木CC	
1960	棚網良平	1up	細石憲二		大洗GC	72／7200Y
1961	林　由郎	286—72・72・69・73	藤井義将	2	古賀GC	72／6790Y
1962	中村寅吉	285—71・70・74・70	北本　隆、杉原輝雄	4	四日市CC	72／7255Y
1963	橘田　規	285—72・71・70・72	石井朝夫	3	龍ヶ崎CC	72／7012Y
1964	橘田　規	281—71・69・72・69	石井朝夫	2	枚方CC	72／7050Y

1965	河野光隆	273—71・67・70・65	陳 清波、藤井義将	6	川越CC	72／6830Y
1966	河野光隆	271—66・73・68・64	内田 繁	3	総武CC	72／6960Y
1967	宮本省三	276—70・70・68・68	石井朝夫	1	三好CC	72／7070Y
1968	島田幸作	282—71・68・74・69	鈴村照男	1	習志野CC	72／7022Y
1969	石井裕士	277—69・69・70・69	杉原輝雄	5	春日井CC	72／6900Y
1070	佐藤精	280—60・40・71・71	橘田光弘、金本章生	1	水海道GC	72／6900Y
1971	尾崎将司	282—71・71・70・70	杉本英世	1	フェニックスCC	72／7105Y
1972	金井清一	278—69・71・67・71	尾崎将司	2	紫CCすみれ	72／7070Y
1973	青木 功	275—64・70・68・73	安田春雄	8	岐阜関CC	72／7245Y
1974	尾崎将司	274—67・68・66・73	青木 功	4	表蔵王国際GC	72／6832Y
1975＊村上 隆		282—69・68・70・75	山本善隆	0	倉敷CC	72／6854Y
1976＊金井清一		273—64・69・70・70	榎本七郎、安田春雄、謝 敏男	0	球磨CC	70／6280m
1977	中島常幸	277—73・65・67・72	杉原輝雄、山本善隆	3	日本ラインGC西	72／6257m
1978＊小林富士夫		281—69・71・74・67	中島常幸	0	小樽CC	72／6471m
1979	謝 敏男	272—67・68・66・71	杉原輝雄	1	浅見CC	72／6321m
1980	山本善隆	282—71・72・71・68	金井清一、鷹巣南雄	1	ノーザンCC赤城	71／6353m
1981	青木 功	277—72・67・70・68	中村 通	4	札幌後楽園CC	72／6372m
1982	倉本昌弘	274—67・69・69・69	謝 敏男	4	名神八日市CC	72／6338m
1983	中島常幸	279—66・72・69・72	青木 功、羽川 豊	2	紫雲GC	72／6407m
1984	中島常幸	275—68・69・67・71	金井清一、前田新作、中村 通	2	ミナミ菊川CC	72／6247m
1985＊尾崎健夫		288—72・71・72・73	金井清一	0	セントラルGC東	73／6640m
1986	青木 功	272—66・68・69・69	尾崎将司	4	日本ラインGC西	72／6187m
1987	デービッド・イシイ	280—73・67・69・71	金井清一、B・ジョーンズ	1	浜野GC	72／7217Y
1988	尾崎健夫	268—69・69・66・64	尾崎将司	1	愛媛GC	72／7010Y
1989	尾崎将司	278—68・68・71・71	加瀬秀樹	1	烏山城CC	71／6968Y
1990	加瀬秀樹	274—71・66・67・70	藤木三郎、倉本昌弘	5	天野山CC	72／6860Y
1991	尾崎将司	273—71・73・68・61	渡辺 司	6	プレステージCC	72／7107Y
1992＊倉本昌弘		281—68・71・71・71	中島常幸	0	下秋間CC	72／7145Y
1993	尾崎将司	278—68・73・67・70	米山 剛	1	スポーツ振興CC	72／6840Y
1994	合田 洋	279—66・73・67・73	尾崎将司	1	レイクグリーンGC	71／7138Y
1995	佐々木久行	272—71・70・68・63	髙見和宏	4	夏泊GL	72／7058Y
1996	尾崎将司	270—68・66・67・69	丸山茂樹	8	山陽GC吉井	72／7236Y
1997	丸山茂樹	272—68・68・69・67	杉本周作	2	セントラルGC西	72／7049Y
1998＊ブラント・ジョーブ		280—70・70・72・68	尾崎将司	0	グランデージGC	72／7082Y
1999	尾崎直道	283—70・71・73・69	尾崎将司	2	GCツインフィールズ	72／7136Y
2000	佐藤信人	280—68・71・69・72	桧垣繁正、東 聡	1	カレドニアンGC	71／6910Y
2001	ディーン・ウィルソン	281—68・68・71・74	加瀬秀樹	4	ザ・クイーンズヒルGC	71／7002Y
2002＊久保谷健一		279—74・70・68・67	片山晋呉	0	KOMACC	72／7048Y
2003	片山晋呉	271—71・66・66・68	S・K・ホ	1	美浦GC	72／7010Y
2004	S・K・ホ	202—66・68・68	深堀圭一郎	1	Kochi黒潮CC	72／7270Y
2005	S・K・ホ	272—68・68・67・69	谷原秀人	2	玉名CC	72／7018Y
2006＊近藤智弘		278—68・70・71・69	友利勝良	0	谷汲CC	72／7003Y
2007	伊澤利光	283—68・70・72・73	広田 悟	1	喜瀬CC	72／7193Y
2008	片山晋呉	265—67・66・65・67	W・リャン	6	サザンクロスＧ＆スパリゾート	72／7127Y
2009	池田勇太	266—65・67・69・65	立山光広	7	恵庭CC	70／7134Y
日本プロゴルフ選手権大会　日清カップヌードル杯						
2010	谷口 徹	270—69・68・65・68	平塚哲二	1	パサージュ琴海アイランドGC	70／7060Y
2011	河井博大	275—71・67・68・69	裵 相文	2	小野東洋GC	71／7158Y
2012	谷口 徹	284—65・70・76・73	深堀圭一郎	1	烏山城CC	72／7193Y
2013	金 亨成	279—69・70・75・65	藤本佳則、藤田寛之、松山英樹	1	総武CC総武	71／7327Y
2014	手嶋多一	279—71・68・69・71	李 京勲、小田孔明	1	ゴールデンバレーGC	72／7233Y
2015	アダム・ブランド	268—64・68・64・72	李 尚熹	3	太平洋C江南	71／7053Y
2016＊谷原秀人		266—68・70・65・63	武藤俊憲	0	北海道クラシックGC	72／7094Y
2017	宮里優作	276—71・66・73・66	B・ケネディ	3	かねひで喜瀬CC	72／7217Y
日本プロゴルフ選手権大会						
2018＊谷口 徹		282—68・72・71・71	藤本佳則	0	房総CC房総	72／7324Y
2019＊石川 遼		269—65・67・71・66	黄 重坤	0	いぶすきGC開聞	71／7212Y

第3R・4Rは70／7150Y

日本プロゴルフ選手権

2020	〈新型コロナウイルス感染拡大のため中止〉				
2021	金　成玹	271—66・70・67・68	池田勇太、稲森佑貴	1	日光CC	71／7236Y
2022	堀川未来夢	269—66・69・64・70	片岡尚之	3	グランフィールズCC	71／7219Y
2023	平田憲聖	277—68・69・69・71	蟬川泰果、金谷拓実	2	恵庭CC	72／7441Y

＊はプレーオフ。1973年からツアー競技

【過去の18ホール最少ストローク】

61（－11）　尾崎　将司　1991年4R　プレステージCC　PAR72／7107ヤード

横浜ミナト Championship ～Fujiki Centennial～

開催期日	2023年8月3日～6日	賞金総額　100,000,000円
競技会場	横浜CC	出場人数　150名
トータル	7,231Y・パー71 (36,36)	天候　晴・晴・晴・雨

1日目 高山忠洋と稲森佑貴が6アンダー65で新設大会の初日をリードした。1打差3位は小浦和也と遠藤健太。**2日目** 10バーディ、ボギーなしの61を叩き出した清水大成が80位から勝俣陵と並ぶ2打差2位に急浮上した。首位は通算10アンダーの稲森。**3日目** 風が強まって上位陣が伸び悩む中、67をマークした中島啓太と永野竜太郎が10位から通算8アンダーの2位に順位を上げた。稲森はパープレーで通算10アンダーの首位をキープ。佐藤大平、蟬川泰果、鈴木晃祐が3打差4位につけた。**最終日** 最終組が2番プレー中に降雨のため3時間22分の中断があった。稲森が伸び悩み、アウト31の中島が首位を奪う。中島は13番のバーディで3打差をつけたが終盤、1組前の蟬川が1打差に迫る。それでも14番以降は確実にパーを重ねた中島が蟬川を振り切ってシーズン2勝目を飾った。

【優勝】 中島　啓太　271　69・69・67・66　20,000,000円

順位	氏　名	トータルスコア	1R	2R	3R	4R	賞金額(円)
2	蟬川　泰果	272	71	67	68	66	10,000,000
3	清水　大成	273	73	61	74	65	6,800,000
4	永野竜太郎	274	72	66	67	69	4,800,000
5	李　尚熹	275	68	70	69	68	3,487,500
	佐藤　大平	275	70	70	66	69	3,487,500
	鈴木　晃祐	275	69	67	70	69	3,487,500
	稲森　佑貴	275	65	67	71	72	3,487,500
9	ディラン・ベリー	276	69	69	69	69	2,720,000
	金田　直之	276	70	69	68	69	2,720,000
11	小木曽　喬	277	69	73	70	65	2,320,000
	木村　太一	277	70	69	70	68	2,320,000
13	宋　永漢	278	69	70	70	69	1,920,000
	杉本エリック	278	68	70	70	70	1,920,000
15	大堀裕次郎	279	69	72	70	68	1,570,000
	嘉数　光倫	279	72	65	73	69	1,570,000
	竹安　俊也	279	72	68	71	68	1,570,000
	金子　駆大	279	70	70	68	71	1,570,000
19	勝俣　陵	280	67	67	77	69	1,140,000
	前田光史朗	280	72	70	69	69	1,140,000
	高野　碧輝	280	72	67	70	70	1,140,000
	阿久津未来也	280	73	69	72	66	1,140,000
	比嘉　一貴	280	71	70	70	69	1,140,000
	植竹　勇太	280	70	68	71	71	1,140,000
25	篠　優希	281	72	70	70	69	761,250
	貞方　章男	281	71	69	73	68	761,250
	勝亦　悠斗	281	70	69	72	70	761,250
	武藤　俊憲	281	72	70	71	68	761,250
	堀川未来夢	281	71	70	69	71	761,250
	アダム・ブランド	281	70	67	72	72	761,250
	今平　周吾	281	71	69	72	69	761,250
	安森　一貴	281	72	68	67	74	761,250
33	石坂　友宏	282	71	68	73	70	590,000
	森本　雄	282	69	66	74	73	590,000
35	浅地　洋佑	283	70	71	72	70	540,000
	小斉平優和	283	67	69	76	71	540,000
	日高　将史	283	71	71	72	69	540,000
38	遠藤　健太	284	66	72	74	72	470,000
	小浦　和也	284	66	72	75	71	470,000
	平本　穏	284	72	70	71	71	470,000
	高山　忠洋	284	65	72	78	69	470,000
42	細野　勇策	285	72	67	72	74	360,000
	アンドルー・エバンス	285	72	67	76	70	360,000
	坂本　隆一	285	69	72	74	70	360,000
	重永亜斗夢	285	74	66	76	69	360,000
	宮里　優作	285	72	66	76	71	360,000
	片岡　尚之	285	73	69	74	69	360,000
	木下　稜介	285	71	69	75	70	360,000
49	金子　憲洋	286	73	68	70	75	282,000
	田中　裕基	286	69	73	72	72	282,000
51	青山　晃大	287	71	69	72	75	257,000
	石川　航	287	68	71	72	76	257,000
	呉　司聡	287	72	67	74	74	257,000
	張　棟圭	287	73	69	73	72	257,000
55	今野　大喜	288	70	71	73	74	244,000
56	村上　拓海	289	69	73	71	76	238,000
	吉田　泰基	289	71	70	71	77	238,000
58	塚田　陽亮	290	71	70	80	69	233,000
59	宇喜多飛翔	294	73	69	76	76	230,000
	森　祐紀	294	73	69	78	74	230,000
61	野口　涼	295	71	71	79	74	227,000
62	木下　裕太	296	70	72	84	70	224,000
	松本　将汰	296	67	75	80	74	224,000

142ストローク(±0)までの63名が予選通過

193

横浜ミナト Championship ～Fujiki Centennial～

氏名	トータルスコア	1R	2R	氏名	トータルスコア	1R	2R	氏名	トータルスコア	1R	2R	氏名	トータルスコア	1R	2R
嶺岸 政秀	143	73	70	ブラッド・ケネディ	145	76	69	伴 真太郎	147	76	71	寺西 明	151	80	71
西山 大広	143	73	70	阿部 裕樹	145	76	69	小林 正則	147	72	75	田村 光正	151	78	73
河本 力	143	68	75	石渡 和輝	145	74	71	内藤寛太郎	147	71	76	徳元 中	151	76	75
時松 隆光	143	73	70	森 雄貴	145	72	73	平田 憲聖	147	69	78	@中野麟太朗	151	79	72
岩﨑亜久竜	143	73	70	出水田大二郎	145	70	75	トッド・ペク	147	75	72	アンソニー・クウェイル	151	74	77
ショーン・ノリス	143	72	71	長野 泰雅	145	75	70	塩見 好輝	147	71	76	三島 泰哉	152	82	70
生源寺龍憲	143	71	72	梶村 夕貴	146	71	75	山田 大晟	147	71	76	尾野 仁啓	153	71	82
坂本 雄介	143	71	72	海老根文博	146	73	73	H・W・リュー	148	72	76	富本 虎希	153	76	77
石過功一郎	144	71	73	小鯛 竜也	146	73	73	岩田 寛	148	75	73	井上 信	153	80	73
比嘉 拓也	144	72	72	大岩 龍一	146	77	69	鍋谷 太一	148	73	75	鈴木 敬太	153	76	77
ジェイブ・クルーガー	144	75	69	若原 亮太	146	76	70	砂川 公佑	148	79	69	谷口 拓也	154	76	78
倉本 昌弘	144	73	71	河合 庄司	146	71	75	ジュビック・パグンサン	149	78	71	丸山 奨王	154	74	80
竹山 昂成	144	70	74	岡村 了	146	73	73	佐藤 太地	149	75	74	横尾 要	156	78	78
香妻陣一朗	144	73	71	石川 遼	146	73	73	野仲 茂	149	71	78	@岩井光太	157	79	78
池田 勇太	144	71	73	市原 弘大	146	74	72	藤田 寛之	149	74	75	@松田永基	158	82	76
小林伸太郎	144	73	71	新田 哲大	147	73	74	ハン・リー	149	75	74	副田 裕斗	159	77	82
小田 孔明	144	71	73	池村 寛世	147	82	65	織田 信亮	149	74	75	@中部 隆	160	86	74
大内 智文	144	75	69	小西 貴紀	147	76	71	安本 大祐	150	75	75	@林 恭平	174	87	87
@本 大志	145	75	70	幡地 隆寛	147	75	72	鈴木 大哉	150	78	72	ヤン・ジホ		73	棄
米澤 蓮	145	72	73	ジャスティン・デロスサントス	147	77	70	尾崎 慶輔	150	76	74	宮本 勝昌		76	棄
原 敏之	145	69	76	大槻 智春	147	79	68	杉原 大河	150	79	71	S・J・パク		失	
片山 晋呉	145	70	75	中西 直人	147	73	74	竹谷 佳孝	150	75	75	@はアマチュア			

【歴代優勝者】

年	優勝者	スコア	2位	差	コース	パー／ヤード
2023	中島啓太	271—69・69・67・66	蝉川泰果	1	横浜CC	71／7231Y

【過去の18ホール最少ストローク】

61（−10） 清水 大成 2023年2R 横浜CC PAR71／7231ヤード

Sansan KBCオーガスタゴルフトーナメント

開催期日	2023年8月24日～27日
競技会場	芥屋GC
トータル	7,210ヤ：パー72 (36,36)

賞金総額	100,000,000円
出場人数	147名
天　候	晴・晴時々曇・晴・晴

1日目 ルーキーの鈴木晃祐が7バーディ、ボギーなしの65で回って首位発進。1打差で金谷拓実ら8人が続いた。**2日目** 宋永漢が64をマークして14位から通算12アンダーの首位に浮上。前日首位の鈴木が1打差で続き、2打差3位でS・J・パク、J・デロスサントス、鍋谷太一が追う。**3日目** 19位にいた43歳の宮里優作が65で回って通算14アンダーの首位に立てば47歳の小林正則も67で並ぶ。宋を含め3人が首位並走となった。1打差4位は永野竜太郎と鈴木。**最終日** 首位の3人は前半から明暗が分かれた。宮里、小林がスコアを落とすのと対照的に宋は快調にバーディを奪って抜け出していく。一時は5打差の独走態勢。だが、永野の追い上げと自身のミスで差が縮まり18番はダブルボギー。それでも1打差で永野を振り切り、兵役を経て7年ぶりの2勝目に涙をあふれさせた。

【優勝】宋　永漢　271　68・64・70・69　20,000,000円

順位	氏　　名	トータルスコア	1R	2R	3R	4R	賞金額（円）	順位	氏　　名	トータルスコア	1R	2R	3R	4R	賞金額（円）
2	永野竜太郎	272	70	66	67	69	10,000,000	35	小鯛 竜也	282	68	72	72	70	510,000
3	勝俣 陵	274	69	67	69	69	4,800,000		中島 啓太	282	71	70	69	72	510,000
	鍋谷 太一	274	68	66	71	69	4,800,000		アンソニー・クウェイル	282	74	67	71	70	510,000
	鈴木 晃祐	274	65	68	70	71	4,800,000		浅地 洋佑	282	67	72	71	72	510,000
	宮里 優作	274	70	67	65	72	4,800,000		池村 寛世	282	67	69	73	73	510,000
7	宇喜多飛翔	275	71	69	67	68	3,056,666		砂川 公佑	282	66	75	74	67	510,000
	ジャスティン・デロスサントス	275	66	68	71	70	3,056,666	41	大岩 龍一	283	71	71	69	72	370,000
	金谷 拓実	275	66	68	70	71	3,056,666		出水田大二郎	283	70	71	69	73	370,000
10	大内 智文	276	66	69	73	68	2,420,000		ブラッド・ケネディ	283	71	68	73	71	370,000
	岩田 寛	276	69	68	70	69	2,420,000		杉本エリック	283	71	71	70	71	370,000
	清水 大成	276	68	69	69	70	2,420,000		植竹 勇太	283	69	71	73	70	370,000
13	青山 晃大	277	73	67	69	68	1,853,333		手嶋 多一	283	70	71	72	70	370,000
	堀川未来夢	277	66	70	72	69	1,853,333		吉田 泰基	283	71	69	70	73	370,000
	香妻陣一朗	277	69	66	70	72	1,853,333		竹谷 佳孝	283	69	70	69	75	370,000
16	生源寺龍憲	278	71	68	71	68	1,432,000	49	細野 勇策	284	68	74	69	73	250,416
	石坂 友宏	278	72	68	69	69	1,432,000		池田 勇太	284	72	69	70	73	250,416
	伴 真太郎	278	70	68	71	69	1,432,000		塚田 陽亮	284	68	69	74	73	250,416
	李 尚熹	278	70	66	71	71	1,432,000		市原 弘大	284	69	72	71	72	250,416
	石川 遼	278	71	69	68	70	1,432,000		長野 泰雅	284	70	70	67	71	250,416
21	小西 貴紀	279	70	69	71	69	1,100,000		木下 稜介	284	71	67	75	71	250,416
	S・J・パク	279	66	69	74	71	1,100,000		貞方 章男	284	70	71	72	71	250,416
	篠 優希	279	72	70	65	72	1,100,000		小木曽 喬	284	70	70	69	75	250,416
24	平田 憲聖	280	70	70	72	68	880,000		森 祐紀	284	69	69	71	75	250,416
	田中 裕基	280	69	72	70	69	880,000		阿久津未来也	284	71	71	71	71	250,416
	岩井 亮磨	280	70	68	71	71	880,000		丸尾 怜央	284	71	70	72	71	アマチュア
	河本 力	280	69	67	72	72	880,000		日高 将史	284	70	71	73	70	250,416
28	今平 周吾	281	68	68	75	70	670,000		前田光史朗	284	72	69	73	70	250,416
	大堀裕次郎	281	70	72	69	70	670,000	62	黒木 紀至	285	69	68	74	74	226,000
	安森 一貴	281	69	73	69	70	670,000		西山 大広	285	69	69	75	72	226,000
	比嘉 拓也	281	71	69	74	67	670,000	64	小田 孔明	287	66	71	76	74	222,000
	野呂 涼	281	69	71	76	65	670,000		諸藤 将次	287	68	68	80	71	222,000
	大槻 智春	281	66	70	71	74	670,000	66	岡村 了	288	72	70	71	75	219,000
	小林 正則	281	67	68	67	79	670,000		古川 雄大	288	71	71	73	73	219,000
								68	長澤 奨	289	70	72	74	73	219,000
									三島 泰哉	289	68	73	77	71	219,000

Sansan KBCオーガスタ

70	内藤寛太郎	290	72	70	73	75	219,000	74	平本　穏	293	70	72	74	77	219,000
	海老根文博	290	73	68	77	72	219,000		阿部裕樹	293	68	74	77	74	219,000
72	外岩戸晟士	291	68	74	74	75	アマチュア	76	坂本雄介	294	72	70	76	76	219,000
	アダム・ブランド	291	70	72	75	74	219,000		142ストローク（−2）までの76名が予選通過

氏名	トータルスコア	1R	2R	氏名	トータルスコア	1R	2R	氏名	トータルスコア	1R	2R	氏名	トータルスコア	1R	2R
金子駆大	143	72	71	塩見好輝	144	69	75	小浦和也	146	72	74	金田直之	149	71	78
若原亮太	143	74	69	北村晃一	144	70	74	原敏之	146	78	68	竹内優騎	149	76	73
重永亜斗夢	143	70	73	@有薗純	145	72	73	副田裕斗	146	74	72	@山川雄大郎	149	76	73
武藤俊憲	143	72	71	ディラン・ペリー	145	72	73	尾崎慶輔	146	73	73	田村光正	149	76	73
勝亦悠斗	143	71	72	小林伸太郎	145	71	74	波当根弓彦	147	75	72	森本雄	150	76	74
安本大祐	143	75	68	佐藤和紀	145	75	70	森正尚	147	71	76	ショーン・ノリス	150	78	72
アンドルー・エバンス	143	74	69	中道洋平	145	73	72	小林忍	147	74	73	藤本直樹	150	74	76
山田大晟	144	71	73	八川遼	145	72	73	徳元中	147	75	72	秋吉翔太	151	76	75
米澤蓮	144	74	70	@大嶋港	145	72	73	佐藤大平	147	72	75	東家賢政	151	75	76
杉原大河	144	72	72	遠藤健太	145	71	74	新田哲大	147	72	75	石過功一郎	153	76	77
H・W・リュー	144	70	74	呉司聡	145	70	74	片岡尚之	147	72	75	坂牧優太	154	79	75
内山遥人	144	71	73	ハン・リー	145	71	74	具志武治	147	72	75	鈴木敬太	154	76	78
稲森佑貴	144	74	70	松本将汰	145	74	71	杉山知靖	148	71	77	木下裕太	156	74	82
石塚祥利	144	71	73	金亨成	145	73	72	坂本隆一	148	74	74	嘉数光倫		80	棄
蟬川泰果	144	73	71	竹安俊也	146	73	73	石川航	148	70	78	幡地隆寛		71	失
高野碧輝	144	72	72	ジュビック・パグンサン	146	76	70	河合庄司	148	74	74	高山忠洋			棄
張棟圭	144	73	71	トッド・ペク	146	69	77	@清水蔵之介	149	75	74	中西直人			棄
小平智	144	73	71	佐藤太地	146	73	73	時松隆光	149	73	76	@はアマチュア

【歴代優勝者】						
年	優勝者	スコア	2位	差	コース	パー／ヤード
KBCオーガスタ						
1973	青木　功	266—64・67・68・67	宮本康弘	13	福岡CC和白	72／6570Y
1974	中村　通	273—67・65・70・71	杉原輝雄	1	福岡CC和白	72／6572Y
1975＊前田新作		278—69・70・73・66	石井　弘	0	福岡CC和白	72／6647Y
1976＊グラハム・マーシュ		207—69・69・69	安田春雄	0	福岡CC和白	72／6079m
1977＊ブライアン・ジョーンズ		278—73・72・68・65	矢部　昭	0	福岡CC和白	72／6079m
1978	山田健一	276—68・67・71・70	久保四郎、青木　功、G・リトラー、宮本康弘、B・アルダ	1	福岡CC和白	72／6079m
1979	草壁政治	240—67・71・68・34	郭　吉雄	3	福岡CC和白	72／6079m
1980	青木　功	137—68・69	田原　紘	2	福岡CC和白	72／6079m
1981＊謝　敏男		279—69・68・73・69	陳　志忠、湯原信光	0	福岡CC和白	72／6080m
1982	陳　志明	209—68・71・70	H・サットン	1	福岡CC和白	72／6080m
1983	藤木三郎	273—69・68・68・68	尾崎将司	3	九州志摩CC芥屋	72／6515m
1984	尾崎直道	275—71・64・70・70	井上幸一、中島常幸	1	九州志摩CC芥屋	72／6515m
1985	飯合　肇	206—67・68・71	尾崎将司、青木　功、出口栄太郎、高橋五月、F・ゼラー	1	九州志摩CC芥屋	72／6515m
1986	青木　功	282—74・72・69・67	尾崎将司、倉本昌弘	1	九州志摩CC芥屋	72／6515m
1987	藤木三郎	274—69・67・70・68	尾崎健夫	2	九州志摩CC芥屋	72／7130Y
1988	倉本昌弘	276—67・71・65・73	飯合肇、湯原信光、尾崎将司	2	九州志摩CC芥屋	72／7130Y
ダイワKBCオーガスタ						
1989	杉原輝雄	281—70・72・71・68	中島常幸、G・マーシュ	2	九州志摩CC芥屋	72／7130Y
1990	尾崎将司	269—65・66・68・70	陳　志忠	10	九州志摩CC芥屋	72／7125Y
1991	レイ・フロイド	273—66・69・69・69	F・ミノザ	1	九州志摩CC芥屋	72／7125Y
1992＊陳　志明		276—72・69・68・67	川上典一、B・ヒューズ	0	九州志摩CC芥屋	72／7129Y
1993＊陳　志忠		277—71・69・68・69	林　吉祥	0	芥屋GC	72／7144Y
久光製薬KBCオーガスタ						
1994	ブライアン・ワッツ	271—66・67・71・67	尾崎将司	2	芥屋GC	72／7154Y
1995	細川和彦	271—69・67・67・69	丸山智弘、T・ハミルトン	1	芥屋GC	72／7154Y
1996＊尾崎将司		273—64・70・70・69	手嶋多一	0	芥屋GC	72／7154Y
1997	尾崎将司	266—65・67・67・67	福沢孝秋、手嶋多一	12	芥屋GC	72／7154Y
1998	尾崎将司	275—66・72・65・72	桑原克典	4	芥屋GC	72／7154Y

1999	米山 剛	205—70・66・69	野上貴夫	1	芥屋GC	72／7154Y
2000	伊沢利光	270—67・65・71・67	杉本周作	4	芥屋GC	72／7154Y
2001＊平石武則		273—67・69・68・69	加藤秀樹、桧垣繁正	0	芥屋GC	72／7154Y
2002	湯原信光	209—68・69・72	張　連偉、桧垣繁正、中島敏雅、桑原克典、C・ペーニャ	1	芥屋GC	72／7154Y
2003	田島創志	269—64・70・68・67	D・チャンド、佐々木久行	4	芥屋GC	72／7154Y
2004	スティーブン・コンラン	277—68・70・70・69	神川隆志、谷口 徹	1	芥屋GC	71／7104Y

アンダーアーマーKBCオーガスタ

| 2005 | 伊沢利光 | 264—67・65・67・65 | 小田龍一、P・マークセン | 5 | 芥屋GC | 71／7146Y |
| 2006 | 手嶋多一 | 268—71・66・65・66 | 平塚哲二 | 1 | 芥屋GC | 71／7125Y |

KBCオーガスタ

| 2007 | 宮本勝昌 | 269—64・64・70・71 | 小田孔明、S・コンラン | 1 | 芥屋GC | 71／7142Y |

バナH杯KBCオーガスタ

| 2008 | 甲斐慎太郎 | 278—69・70・70・69 | 星野英正 | 1 | 芥屋GC | 72／7173Y |

VanaH杯KBCオーガスタ

2009＊池田勇太		267—69・66・69・63	今野康晴	0	芥屋GC	72／7146Y
2010	谷原秀人	266—67・66・67・66	立山光広	1	芥屋GC	72／7146Y
2011	裵 相文	266—65・64・70・67	石川 遼、近藤共弘	2	芥屋GC	72／7140Y
2012	金 亨成	270—69・64・68・69	貞方章男	1	芥屋GC	72／7146Y
2013	S・J・パク	204—67・68・69	黄 重坤	2	芥屋GC	72／7150Y

アールズエバーラスティングKBCオーガスタ

| 2014＊藤田寛之 | | 276—71・66・74・65 | 梁 津萬 | 0 | 芥屋GC | 72／7150Y |

RIZAP KBCオーガスタ

2015	池田勇太	268—66・65・71・66	小田孔明	5	芥屋GC	72／7151Y
2016	石川 遼	273—66・68・70・69	高山忠洋、M・ヘンドリー、B・ケネディ	5	芥屋GC	72／7151Y
2017	池田勇太	270—69・67・67・67	上井邦裕	3	芥屋GC	72／7151Y
2018	出水田大二郎	274—69・69・67・69	崔 虎星	1	芥屋GC	72／7151Y
2019	比嘉一貴	262—66・63・67・66	星野陸也	5	芥屋GC	72／7103Y
2020	〈新型コロナウイルス感染拡大のため中止〉					

Sansan KBCオーガスタ

2021	スコット・ビンセント	271—64・70・69・68	石川 遼	1	芥屋GC	72／7210Y
2022	河本 力	272—66・67・69・70	李 尚熹	1	芥屋GC	72／7191Y
2023	宋 永漢	271—68・64・70・69	永野竜太郎	1	芥屋GC	72／7216Y

＊はプレーオフ。1973年からツアー競技

【過去の18ホール最少ストローク】

63（−9）	中村 通	1987年4R	九州志摩CC芥屋C	PAR72／7130ヤード
63（−9）	謝 錦昇	1994年3R	芥屋GC	PAR72／7154ヤード
63（−9）	平塚哲二	2009年2R	芥屋GC	PAR72／7146ヤード
63（−9）	池田勇太	2009年4R	芥屋GC	PAR72／7146ヤード
63（−9）	今野康晴	2009年4R	芥屋GC	PAR72／7146ヤード
63（−9）	K・アフィバーンラト	2009年4R	芥屋GC	PAR72／7146ヤード
63（−9）	津曲泰弦	2010年1R	芥屋GC	PAR72／7146ヤード
63（−9）	藤本佳則	2012年1R	芥屋GC	PAR72／7146ヤード
63（−9）	比嘉一貴	2019年2R	芥屋GC	PAR72／7103ヤード
63（−9）	李 尚熹	2019年4R	芥屋GC	PAR72／7103ヤード
63（−8）	宮本勝昌	2005年3R	芥屋GC	PAR71／7146ヤード
63（−8）	河井博大	2006年2R	芥屋GC	PAR71／7125ヤード
63（−8）	増田伸洋	2006年3R	芥屋GC	PAR71／7125ヤード
63（−8）	P・シーハン	2007年2R	芥屋GC	PAR71／7142ヤード
63（−8）	兼本貴司	2007年4R	芥屋GC	PAR71／7142ヤード

ツアー成績

フジサンケイクラシック

開催期日　2023年8月31日～9月3日		賞金総額　110,000,000円
競技会場　富士桜CC		出場人数　120名
トータル　7,424Y：パー70（36,34）		天　候　晴・晴・晴・晴

1日目 前年までとアウトとインを入れ替えた。竹安俊也が4アンダー66で首位に立ち、大学2年のアマ中野麟太朗、中島啓太、片岡尚之、岩田寛、朴相賢の5人が1打差で続いた。**2日目** この日ベストタイの68をマークした鍋谷太一と金谷拓実が通算4アンダーとして中島、片岡と首位に並んだ。1打差5位に岩田、2打差6位に石川遼ら3人がつけた。**3日目** 金谷が終盤苦戦しながらもスコアを1つ伸ばし通算5アンダーで単独首位に出た。1打差2位は片岡。67をマークした細野勇策と石川、鍋谷が2打差3位で追う。**最終日** アンダーパーで4日間を終えたのが8人だけの難コースで金谷が逃げ切った。アウトを2バーディ、ボギーなしにまとめ、インでは11、17番でカラーからの長いパットを沈めて後続を突き放す。3つ伸ばして通算8アンダーは4打差の快勝。賞金ランク1位に返り咲いた。

【優勝】 金谷 拓実　272　68・68・69・67　22,000,000円

順位	氏名	トータルスコア	1R	2R	3R	4R	賞金額(円)
2	片岡 尚之	276	67	69	70	70	11,000,000
3	鍋谷 太一	277	68	68	71	70	7,480,000
4	今平 周吾	278	68	70	71	69	4,840,000
	中島 啓太	278	67	69	73	69	4,840,000
6	出水田大二郎	279	72	68	70	69	3,648,333
	伴 真太郎	279	71	70	69	69	3,648,333
	吉田 泰基	279	70	73	67	69	3,648,333
9	西山 大広	280	72	69	71	68	2,552,000
	桂川 有人	280	69	71	71	69	2,552,000
	清水 大成	280	73	72	66	69	2,552,000
	朴 相賢	280	67	72	71	70	2,552,000
	鈴木 晃祐	280	71	70	68	71	2,552,000
	内藤寛太郎	280	68	70	70	72	2,552,000
15	中野麟太朗	281	67	73	69	72	アマチュア
	永野竜太郎	281	71	71	66	73	1,837,000
	細野 勇策	281	72	68	67	74	1,837,000
18	石坂 友宏	282	70	73	67	72	1,672,000
19	蟬川 泰果	283	72	71	70	70	1,386,000
	前田光史朗	283	72	68	71	72	1,386,000
	山田 大晟	283	68	72	70	73	1,386,000
	宋 永漢	283	71	71	68	73	1,386,000
	石川 遼	283	68	70	69	76	1,386,000
24	竹安 俊也	284	66	75	72	71	1,023,000
	植竹 勇太	284	72	71	69	72	1,023,000
	小鯛 竜也	284	72	73	72	67	1,023,000
	田中 裕基	284	71	68	71	74	1,023,000
28	木下 稜介	285	72	70	72	71	774,714
	河本 力	285	71	74	68	72	774,714
	篠 優希	285	71	72	71	71	774,714
	李 尚熹	285	70	73	70	72	774,714
	長野 泰雅	285	73	72	73	67	774,714
	平田 憲聖	285	69	73	68	75	774,714
	勝俣 陵	285	72	71	66	75	774,714
35	小木曽 喬	286	74	68	73	71	638,000
36	池村 寛世	287	71	75	68	73	594,000
	小平 智	287	69	72	72	72	594,000
	稲森 佑貴	287	71	71	73	72	594,000
39	ショーン・ノリス	288	71	73	69	75	550,000
40	ハン・リー	289	70	74	72	73	517,000
	金子 駆大	289	75	71	71	72	517,000
42	大堀裕次郎	290	75	70	72	73	462,000
	岩田 寛	290	67	70	73	80	462,000
	野呂 涼	290	72	74	74	70	462,000
45	貞方 章男	291	71	71	72	77	374,000
	大槻 智春	291	71	73	72	75	374,000
	トッド・ベク	291	72	72	74	73	374,000
	松本 将汰	291	75	71	72	73	374,000
	武藤 俊憲	291	73	72	75	71	374,000
50	佐藤 大平	292	72	72	70	78	310,200
	香妻陣一朗	292	71	74	71	76	310,200
52	尾崎 慶輔	293	69	75	73	76	279,840
	ブラッド・ケネディ	293	68	76	73	76	279,840
	小林伸太郎	293	73	73	74	73	279,840
	比嘉 拓也	293	73	70	78	72	279,840
	米澤 蓮	293	74	72	73	74	279,840
57	宮里 優作	294	73	73	71	77	258,500
	小西 貴紀	294	75	70	73	76	258,500
	海老根文博	294	71	74	76	73	258,500
	阿久津未来也	294	73	70	79	72	258,500
61	大西 魁斗	298	73	72	76	77	250,800
	塚田 陽亮	298	74	72	75	77	250,800
63	小浦 和也	299	70	74	74	81	247,500

146ストローク（+6）までの63名が予選通過

氏　名	トータルスコア	1R	2R	氏　名	トータルスコア	1R	2R	氏　名	トータルスコア	1R	2R	氏　名	トータルスコア	1R	2R
平本　穏	147	75	72	大岩　龍一	148	72	76	安本　大祐	150	73	77	遠藤　健太	153	76	77
岡村　了	147	72	75	横田　真一	148	76	76	アンソニー・クウェイル	150	71	79	石川　航	154	73	81
櫛山　勝弘	147	70	77	堀川未来夢	148	72	76	H・W・リュー	150	75	75	若原　亮太	154	75	79
竹谷　佳孝	147	76	71	小林　正則	148	74	74	高野　碧輝	151	73	78	藤島　豊和	154	77	77
三島　泰哉	147	71	76	勝亦　悠斗	148	72	76	原　敏之	151	77	74	古庄　紀彦	154	76	78
幡地　隆寛	147	75	72	浅地　洋佑	149	75	74	中尾　亮太	151	79	72	山本　太郎	155	79	76
杉原　大河	147	78	69	杉本エリック	149	74	75	副田　裕斗	151	75	76	石過功一郎	155	74	81
小池　一平	147	74	73	@山崎咲寿	149	77	72	池田　勇太	151	75	76	ディラン・ペリー	155	81	74
坂本　雄介	147	73	74	小田　孔明	149	77	72	日高　将史	151	78	73	@林田遼汰	156	79	77
アンドルー・エバンス	147	74	73	市原　弘大	149	77	72	中山　智	151	74	77	@清水拳斗	157	79	78
@出利葉太一郎	147	79	68	重永亜斗夢	149	75	74	宇喜多飛翔	152	74	78	田村　光正	159	86	73
時松　隆光	147	75	72	照沼　恭平	149	74	75	大内　智文	152	73	79	片山　晋呉	棄		
砂山　公佑	147	72	75	杉山　知靖	150	73	77	ブレンダン・ジョーンズ	152	76	76	@はアマチュア			
中里光之介	148	76	72	久保田皓也	150	76	74	張　棟圭	152	77	75				
ジャスティン・デロスサントス	148	74	74	呉　司聡	150	77	73	安森　一貴	152	73	79				

【歴代優勝者】

年	優勝者	スコア	2位	差	コース	パー/ヤード
1973	グラハム・マーシュ	272－68・66・70・68	中村　通	1	高坂CC	72／6856Y
1974	グラハム・マーシュ	276－71・67・71・67	中村　通	1	高坂CC	72／6868Y
1975	呂　良煥	280－71・71・68・70	G・マーシュ	4	高坂CC	72／6868Y
1976＊	鈴木規夫	279－71・70・72・66	呂　良煥	0	高坂CC	72／6321m
1977	宮本康弘	287－75・70・72・70	山本善隆	1	高坂CC	72／6321m
1978	島田幸作	278－70・71・69・68	青木　功	3	高坂CC	72／6321m
1979	佐藤昌一	283－68・71・75・69	青木　功	1	東松山CC	72／6503m
1980	尾崎将司	283－72・67・71・73	G・マーシュ、竹安孝博	1	東松山CC	72／6471m
1981	川田時志春	276－69・69・69・69	青木　功	2	川奈ホテル富士C	71／6033m
1982＊	中島常幸	277－67・73・66・71	G・マーシュ	0	川奈ホテル富士C	71／6121m
1983	湯原信光	287－69・71・69・78	倉本昌弘	1	川奈ホテル富士C	71／6121m
1984＊	尾崎健夫	280－69・68・72・71	謝　敏男	0	川奈ホテル富士C	71／6121m
1985	マーク・オメーラ	273－67・67・66・73	尾崎将司	3	川奈ホテル富士C	71／6121m
1986	尾崎将司	279－65・72・71・71	D・イシイ	1	川奈ホテル富士C	71／6121m
1987	尾崎将司	275－68・72・66・69	G・マーシュ	2	川奈ホテル富士C	71／6121m
1988	白浜育男	280－71・71・70・68	湯原信光	2	川奈ホテル富士C	71／6694Y
1989	尾崎将司	282－68・68・70・76	高橋勝成	2	川奈ホテル富士C	71／6694Y
1990	尾崎将司	208－68・77・64	中村　通、山本善隆、尾崎直道、藤木三郎、木村政信	1	川奈ホテル富士C	71／6694Y
1991＊	藤木三郎	279－69・68・72・70	青木　功、加瀬秀樹、B・ジョーンズ	0	川奈ホテル富士C	71／6694Y
1992	牧野　裕	281－68・67・69・77	藤木三郎	1	川奈ホテル富士C	71／6694Y
1993	尾崎将司	270－67・67・68・68	渡辺　司、T・ハミルトン	4	川奈ホテル富士C	71／6694Y
1994	室田　淳	284－69・70・73・72	芹澤信雄	4	川奈ホテル富士C	71／6694Y
1995	中島常幸	272－66・70・70・66	倉本昌弘	2	川奈ホテル富士C	71／6694Y
1996＊	ブライアン・ワッツ	272－66・67・71・68	T・ハミルトン	0	川奈ホテル富士C	71／6694Y
1997	久保谷健一	279－68・69・73・69	尾崎将司、金子柱憲	1	川奈ホテル富士C	71／6694Y
1998	カルロス・フランコ	275－69・70・67・69	陳　志忠	1	川奈ホテル富士C	71／6694Y
1999	桧垣繁正	273－67・70・65・71	S・コンラン	2	川奈ホテル富士C	71／6694Y
2000	尾崎健夫	278－70・69・69・70	佐藤信人、葉　彰廷	1	川奈ホテル富士C	71／6694Y
2001	フランキー・ミノザ	276－71・68・71・66	渡辺　司	1	川奈ホテル富士C	71／6694Y
2002＊	佐藤信人	276－67・70・68・71	S・レイコック	0	川奈ホテル富士C	71／6694Y
2003	トッド・ハミルトン	267－67・67・65・68	平塚哲二、野仲　茂	5	川奈ホテル富士C	71／6694Y
2004	ポール・シーハン	267－68・70・62・67	立山光広、横尾　要	4	川奈ホテル富士C	71／6694Y
2005	丸山大輔	271－68・68・65・71	片山晋呉	7	富士桜CC	71／7454Y
2006	片山晋呉	274－66・71・68・68	W・リャン	3	富士桜CC	71／7496Y
2007	谷原秀人	205－67・71・67	P・マークセン	3	富士桜CC	71／7427Y
2008＊	藤島豊和	271－64・68・71・68	岩田　寛	0	富士桜CC	71／7397Y
2009	石川　遼	272－69・65・68・70	丸山大輔	5	富士桜CC	71／7397Y
2010＊	石川　遼	275－66・71・68・70	薗田峻輔	0	富士桜CC	71／7405Y
2011	諸藤将次	136－67・69	M・ママット	3	富士桜CC	71／7437Y

フジサンケイクラシック

2012	金　庚泰	276－70・70・68・68	池田勇太	1	富士桜CC	71／7437Y
2013＊	松山英樹	275－66・70・66・73	谷原秀人、S・J・パク	0	富士桜CC	71／7437Y
2014	岩田　寛	274－69・69・70・66	I・H・ホ	1	富士桜CC	71／7437Y
2015	金　庚泰	275－70・64・68・73	李　京勲	1	富士桜CC	71／7471Y
2016	趙　珉珪	277－66・71・68・72	高山忠洋、石川遼、片岡大育	3	富士桜CC	71／7524Y
2017＊	H・W・リュー	281－72・69・71・69	小平　智、S・ハン	0	富士桜CC	71／7566Y
2018	星野陸也	268－68・68・66・66	今平周吾	5	富士桜CC	71／7566Y
2019	朴　相賢	269－68・69・67・65	岩田　寛、崔　虎星	2	富士桜CC	71／7566Y
2020＊	星野陸也	275－69・69・67・70	堀川未来夢	0	富士桜CC	71／7566Y
2021	今平周吾	272－71・69・68・64	池上憲士郎、石川　遼	4	富士桜CC	71／7566Y
2022＊	大西魁斗	273－67・70・68・68	朴　相賢	0	富士桜CC	71／7541Y
2023	金谷拓実	272－68・68・69・67	片岡尚之	4	富士桜CC	70／7424Y

＊はプレーオフ。1973年からツアー競技

【過去の18ホール最少ストローク】

62（－9）	P・シーハン	2004年3R	川奈ホテル富士C	PAR71／6694ヤード
62（－9）	崔　虎星	2019年2R	富士桜CC	PAR71／7566ヤード

Shinhan Donghae Open

開催期日	2023年9月7日～10日	賞金総額	141,120,000円
競技会場	Club 72 CC（Ocean Course）韓国	出場人数	138名
トータル	7,204Y：パー72（36,36）	天　候	晴・晴・晴・曇

1日目 韓亜日3ツアーの共同主管競技。スペインのD・プイグが8アンダー64で首位発進。日本でプレーするA・クウェイルとタイのP・コンワットマイが1打差で追う。2日目 64で回った韓国のアマ趙祐瑩が通算13アンダーで3打差の首位に浮上。岩﨑亜久竜が63をマークし通算7アンダーで日本人最上位の12位に順位を上げた。3日目 韓国の高君宅とカナダのR・T・リーが通算15アンダーで首位に並ぶ。1打差3位はクウェイル、趙ら3人。66で回った時松隆光が2打差6位につけた。最終日 4打差9位にいた中島啓太が66をマークして2打差3位に食い込み賞金ランク1位を奪回した。5打差12位のコンワットマイが63を叩き出し通算19アンダーの単独首位でホールアウト。最終組の高が18番バーディでプレーオフに持ち込み1ホール目バーディでコンワットマイを下した。

【優勝】高　君宅　269　69・66・66・68　25,401,600円

（プレーオフ1H目、高がバーディで優勝）

順位	氏　　名	トータルスコア	1R	2R	3R	4R	賞金額（円）	順位	氏　　名	トータルスコア	1R	2R	3R	4R	賞金額（円）
2	パチャラ・コンワットマイ	269	65	70	71	63	15,523,200		金　台勳	277	68	72	70	67	1,016,064
3	中島　啓太	271	71	67	67	66	7,244,160		姜　庚男	277	72	67	69	69	1,016,064
	アンソニー・クウェイル	271	65	70	67	69	7,244,160	40	コウスケ・ハマモト	278	72	69	68	69	867,888
	リチャード・T・リー	271	68	66	67	70	7,244,160		李　東珉	278	72	69	72	68	867,888
6	キーラン・ヴィンセント	272	66	71	71	64	4,059,552		金　飛鳥	278	68	66	75	69	867,888
	朴　相賢	272	68	68	68	68	4,059,552		ダンタイ・ブーマ	278	71	70	65	72	867,888
	玉　太勲	272	69	69	64	70	4,059,552	44	大岩　龍一	279	68	69	69	70	750,288
9	平田　憲聖	273	73	67	69	64	2,857,680		ミゲル・タブエナ	279	69	69	72	69	750,288
	イアン・スナイマン	273	71	70	69	63	2,857,680		趙　珉珪	279	72	69	69	69	750,288
11	石川　遼	274	70	71	68	65	2,084,544		大槻　智春	279	69	68	69	73	750,288
	金　兌昊	274	70	66	72	66	2,084,544		ジャスティン・デロスサントス	279	73	68	72	66	750,288
	文　景俊	274	69	68	71	66	2,084,544		トッド・ベク	279	69	71	66	73	750,288
	I・H・ホ	274	70	67	70	67	2,084,544	50	許　龙一	280	69	71	68	72	575,064
	全　城賢	274	68	68	70	68	2,084,544		ブラッド・ケネディ	280	70	68	70	72	575,064
	ダビド・プイグ	274	64	71	68	71	2,084,544		ジウ・リー	280	67	72	72	69	575,064
	趙　祐瑩	274	67	64	71	72	アマチュア		詹　世昌	280	73	67	71	69	575,064
	時松　隆光	274	66	71	66	71	2,084,544		サダム・ケーオカンジャナ	280	70	71	71	68	575,064
19	阿久津未来也	275	69	71	68	67	1,568,784		ラタノン・ワナスリチャン	280	69	72	71	68	575,064
	ハム・ジョンウ	275	70	69	69	67	1,568,784		邊　辰哉	280	71	68	67	74	575,064
	申　尚訓	275	71	66	69	69	1,568,784		佐藤　大平	280	69	73	72	67	575,064
	永野竜太郎	275	66	72	69	68	1,568,784	58	ジョン・ガルアム	281	71	70	69	71	465,696
	ショーン・フリス	275	69	69	69	68	1,568,784		崔　勝斌	281	69	71	67	74	465,696
	トラビス・スマイス	275	70	69	67	69	1,568,784		文　道燁	281	69	72	70	70	465,696
25	岩田　寛	276	72	69	67	68	1,266,552		スラジット・ヨンチャロエンチャイ	281	73	68	70	70	465,696
	金　畋奎	276	67	72	69	68	1,266,552		勝俣　陵	281	72	69	71	69	465,696
	竹安　俊也	276	70	67	70	69	1,266,552	63	金 ハンビョル	282	69	69	71	73	381,024
	塚田　陽亮	276	71	68	68	69	1,266,552		ニティトン・ティボン	282	72	66	71	73	381,024
	宋　永漢	276	68	71	68	69	1,266,552		ジョン・ユン	282	69	69	71	72	381,024
	ザック・マリー	276	69	71	66	70	1,266,552		今平　周吾	282	71	71	69	72	381,024
	権　五相	276	74	64	67	71	1,266,552		李　泰熙	282	69	69	75	69	381,024
	朴　銀信	276	65	69	71	71	1,266,552		尹　晟豪	282	69	71	74	68	381,024
33	裵　龍畯	277	70	68	71	68	1,016,064		朴　成国	282	69	75	72	66	381,024
	ジェイブ・クルーガー	277	71	66	71	69	1,016,064	70	小林伸太郎	283	70	69	70	74	317,520
	スンス・ハン	277	68	73	67	69	1,016,064		金 ミン俊	283	67	73	70	73	317,520
	金　東敏	277	71	70	67	69	1,016,064	72	キム・ジェホ	284	70	69	72	73	275,184
	出水田大二郎	277	69	71	70	67	1,016,064		スコット・ヘンド	284	69	69	74	73	275,184

ツアー成績

201

	池田 勇太	284	70	71	72	71	275,184	79	岩﨑亜久竜	287	74 63 79 71	197,568
	黄 重坤	284	70	71	74	69	275,184	80	ビール・アパハラウット	289	70 68 79 72	183,456
76	張 熙敏	285	68	72	75	70	232,848	81	ブレンダン・ジョーンズ	290	71 70 74 75	169,344
	サリット・スワンナルット	285	70	71	75	69	232,848		ウォン・ジョン・リー		67 70 棄	
78	申 容求	286	68	71	73	74	211,680		141ストローク(-3)までの82名が予選通過			

氏　名	トータルスコア	1R	2R	氏　名	トータルスコア	1R	2R	氏　名	トータルスコア	1R	2R	氏　名	トータルスコア	1R	2R
トッド・シノット	142	71	71	木下 稜介	143	73	70	李 亨俊	144	70	74	金 庚泰	148	69	79
シファン・キム	142	73	69	市原 弘大	143	70	73	植竹 勇太	145	75	70	ジョン・ヒョンミル	148	75	73
張 棟圭	142	75	67	ティラワット・ケーオシリバンディット	143	70	73	金 鎮成	145	73	72	林 礼沢	149	73	76
パビット・タンカモルプラスート	142	71	71	ビラジ・マダッパ	143	69	74	池村 寛世	145	71	74	李 知勲	149	72	77
河本 力	142	67	75	鄭 燦玟	143	73	70	杉本エリック	145	69	76	金 俊成	150	74	76
片岡 尚之	142	72	70	ミゲル・カルバリョ	143	71	72	香妻陣一朗	145	74	71	徐 曜燮	152	80	72
ジャリン・トッド	142	71	71	ヤン ジホ	143	73	70	ボン・ソプ・キム	145	71	74	S・H・ペク	153	80	73
長野 泰雅	142	70	72	ハン・リー	143	71	72	浅地 洋佑	146	76	70	@朴 贊浩	174	87	87
H・W・リュー	142	70	72	黄 載民	143	69	74	ケビン・ユァン	146	69	77	@張 裕彬		73	棄
李 在鏡	143	73	70	金 東垠	143	69	74	李 政垣	146	68	78	トレバー・シムズビー		71	棄
イティパット・ブラナタンヤラット	143	75	68	崔 ミン哲	144	72	72	シンディ・クール・ラーマン	146	74	72	金 亨成		76	棄
金 成玹	143	72	71	ソン ジェイル	144	71	73	李 京俊	147	76	71				
チョ・ソンミン	143	72	71	張 二根	144	72	72	李 尚熹	147	76	71	@はアマチュア			
アジーテシュ・サンドゥ	143	72	71	ファン ドヨン	144	74	70	清水 大成	147	72	75				
宮里 優作	143	72	71	杉山 知靖	144	71	73	崔 鎮鎬	147	70	77				

【歴代優勝者】

年	優勝者	スコア	2位	差	コース	パー/ヤード
2019	ジェイブ・クルーガー	269—69・67・68・65	C・キム	2	Bear's Best Cheongna GC	71／7238Y
2020-21	〈新型コロナウイルス感染拡大のため中止〉					
2022	比嘉一貴	264—66・63・70・65	趙 珉珪、申 容求、T・ケーオシリバンディット	2	KOMA CC	71／7065Y
2023＊	高 君宅	269—69・66・66・68	P・コンワットマイ	0	Club 72 CC	72／7204Y

＊はプレーオフ

【過去の18ホール最少ストローク】

62(-9)	R・T・リー	2022年1R	KOMA CC	PAR71／7065ヤード
62(-9)	稲森 佑貴	2022年2R	KOMA CC	PAR71／7065ヤード

ANAオープンゴルフトーナメント

開催期日	2023年9月14日〜17日	賞金総額	100,000,000円
競技会場	札幌GC輪厚C	出場人数	120名
トータル	7,068Y・パー72（36,36）	天候	雨・晴・晴・曇

1日目 降雨の影響で中断があり75人が終了できずサスペンデッドに。2日目 第1Rの残りを消化して7アンダー65の時松隆光が首位に立ち、吉田泰基ら5人が2打差2位につけた。続いて第2Rに入ったが日没のため58人を残してサスペンデッドに。3日目 第2Rを終えて通算13アンダーの香妻陣一朗が首位に。1打差で清水大成。続いて第3Rが行われ通算16アンダーとした香妻が首位を堅持。67

で回った吉田が1打差2位、66の谷原秀人が3打差3位で続いた。最終日 首位の香妻が2番トリプルボギーなど序盤で後退。代わって5打差9位で出たルーキーの前田光史朗が13番までに7つ伸ばして通算18アンダーで単独首位に躍り出た。その前田は16番で初ボギー。並んだ谷原が17番でカラーからバーディを決めて一歩抜け出し、そのまま優勝。44歳のベテランが通算19勝目を挙げた。

ツアー成績

【優勝】谷原　秀人　270　68・69・66・67　20,000,000円

順位	氏　名	トータルスコア	1R	2R	3R	4R	賞金額（円）	順位	氏　名	トータルスコア	1R	2R	3R	4R	賞金額（円）
2	前田光史朗	271	72	65	68	66	8,400,000	39	岩﨑亜久竜	282	70	70	70	72	460,000
	宋　永漢	271	68	68	68	67	8,400,000		岩田　寛	282	72	69	71	70	460,000
4	内藤寛太郎	272	69	71	66	66	4,400,000		比嘉　拓也	282	70	70	73	69	460,000
	今平　周吾	272	69	65	70	68	4,400,000	42	李　尚熹	283	69	68	71	75	410,000
6	蟬川　泰果	273	68	68	71	66	3,450,000		ハン・リー	283	74	67	72	70	410,000
	石川　遼	273	68	68	68	69	3,450,000	44	池田　勇太	284	69	70	72	73	350,000
8	香妻陣一朗	274	67	64	69	74	2,935,000		小浦　和也	284	69	69	71	75	350,000
	吉田　泰基	274	68	66	67	73	2,935,000		鈴木　晃祐	284	70	72	70	72	350,000
10	杉山　知靖	275	69	69	66	71	2,620,000		西山　大広	284	70	72	70	72	350,000
11	小木曽　喬	276	70	67	73	66	2,040,000	48	勝俣　陵	285	74	65	73	73	288,000
	竹谷　佳孝	276	74	68	67	67	2,040,000		小斉平優和	285	69	72	71	73	288,000
	佐藤　大平	276	69	71	68	68	2,040,000		杉原　大河	285	72	69	72	72	288,000
	若原　亮太	276	69	69	69	69	2,040,000	51	阿部　裕樹	286	71	71	70	74	257,000
	清水　大成	276	67	65	72	72	2,040,000		重永亜斗夢	286	70	72	70	74	257,000
16	砂川　公佑	277	72	70	68	67	1,475,000		宇喜多飛翔	286	71	71	73	71	257,000
	時松　隆光	277	65	71	72	69	1,475,000		片岡　尚之	286	71	65	75	75	257,000
	大堀裕次郎	277	71	68	69	69	1,475,000	55	金田　直之	287	73	67	75	72	242,000
	金谷　拓実	277	69	68	69	71	1,475,000		武藤　俊憲	287	69	73	77	68	242,000
20	出水田大二郎	278	69	68	72	69	1,037,142	57	加藤龍太郎	288	71	71	74	72	236,000
	篠　優希	278	70	70	69	69	1,037,142	58	鳥海　颯汰	289	68	72	77	72	233,000
	河本　力	278	68	72	72	66	1,037,142	59	田中　裕基	290	71	69	75	75	231,000
	稲森　佑貴	278	68	69	71	70	1,037,142	60	原　敏之	294	71	70	76	77	229,000
	米澤　蓮	278	71	66	71	70	1,037,142								
	鍋谷　太一	278	71	71	70	66	1,037,142								
	堀川未来夢	278	70	70	66	72	1,037,142								
27	木下　稜介	279	73	70	68	68	800,000								
	生源寺龍憲	279	67	70	71	71	800,000								
29	小鯛　竜也	280	72	69	69	70	682,500								
	大槻　智春	280	69	69	70	72	682,500								
	織田　信亮	280	70	70	70	72	682,500								
	トッド・ペク	280	71	67	69	73	682,500								
33	木村　太一	281	73	69	67	72	550,000								
	H・W・リュー	281	72	66	71	72	550,000								
	小林伸太郎	281	72	68	72	69	550,000								
	平田　憲聖	281	72	68	73	68	550,000								
	市原　弘大	281	69	73	71	68	550,000								
	貞方　章男	281	72	68	74	67	550,000								

142ストローク（−2）までの60名が予選通過

ANAオープンゴルフトーナメント

氏　名	トータルスコア	1R	2R	氏　名	トータルスコア	1R	2R	氏　名	トータルスコア	1R	2R	氏　名	トータルスコア	1R	2R
和田 七星	143	71	72	山田 大晟	144	74	70	野澤 竜次	147	74	73	吉村 明恭	151	78	73
小西 貴紀	143	73	70	植竹 勇太	145	73	72	髙橋 竜彦	147	74	73	田村 光正	151	77	74
ショーン・ノリス	143	67	76	安森 一貴	145	73	72	安本 大祐	147	75	72	ディラン・ペリー	152	72	80
宮里 優作	143	71	72	ジェイブ・クルーガー	145	72	73	高野 碧輝	147	71	76	荒井 陸	152	75	77
坂本 雄介	144	72	72	大岩 龍一	145	74	71	海老根文博	147	75	72	幡地 隆寛	153	76	77
長野 泰雅	144	75	69	額賀 辰徳	145	74	71	@山本詠太	148	78	70	佐藤 圭介	154	80	74
阿久津未来也	144	73	71	岡村 了	146	73	73	アダム・ブランド	148	73	75	@中嶋 豊	167	84	83
近藤 智弘	144	74	70	細野 勇策	146	77	69	芹澤 慈眼	148	74	74	ブレンダン・ジョーンズ		77	棄
平本 世中	144	72	72	尾崎 慶輔	146	69	77	照屋 貴之	148	77	71	小田 孔明		68	棄
アンドルー・エバンス	144	75	69	浅地 洋佑	146	70	76	今村 勇貴	148	72	76	塚田 陽亮		71	棄
大内 智文	144	73	71	勝亦 悠斗	146	72	74	呉 司聡	148	74	74	木下 裕太		77	棄
石塚 祥利	144	73	71	池村 寛世	146	74	70	石坂 友宏	149	74	75	竹安 俊也			棄
伴 真太郎	144	71	73	富村 真治	146	75	71	日高 将史	149	75	74	@はアマチュア			
ジャスティン・デロスサントス	144	76	68	阪根竜之介	146	74	72	河野晃一郎	149	74	75				
杉本エリック	144	71	73	青山 晃大	147	71	76	原田 大雅	149	76	73				
金子 駆大	144	74	70	松本 将汰	147	76	71	野呂 涼	149	72	77				

【歴代優勝者】						
年	優勝者	スコア	2位	差	コース	パー／ヤード
全日空札幌オープン						
1973	尾崎将司	283—72・70・74・67	謝 敏男	2	札幌GC輪厚	72／7100Y
1974＊	尾崎将司	282—72・73・71・66	青木 功	0	札幌GC輪厚	72／7100Y
1975	謝 永郁	277—71・70・66・70	村上 隆	2	札幌GC輪厚	72／7100Y
1976	村上 隆	285—74・68・76・67	尾崎将司	3	札幌GC輪厚	72／6490m
1977	杉原輝雄	287—72・71・72・72	宮本康弘	1	札幌GC輪厚	72／6490m
1978	杉原輝雄	284—68・72・72・72	小林富士夫	1	札幌GC輪厚	72／6490m
1979	グラハム・マーシュ	284—71・73・68・72	新井規矩雄	2	札幌GC輪厚	72／6490m
1980	杉原輝雄	283—71・71・72・69	新井規矩雄	1	札幌GC輪厚	72／6490m
1981	倉本昌弘	282—67・73・69・73	新井規矩雄	3	札幌GC輪厚	72／6490m
1982	鈴木規夫	278—74・63・69・72	青木 功	1	札幌GC輪厚	72／6490m
1983	中島常幸	282—71・70・72・69	青木 功	5	札幌GC輪厚	72／6490m
1984＊	泉川ピート	280＊68・68・76・68	高橋五月	0	札幌GC輪厚	72／6490m
1985	中島常幸	277—68・71・69・69	倉本昌弘	2	札幌GC輪厚	72／6490m
全日空オープン						
1986	倉本昌弘	281—73・72・66・70	青木 功	2	札幌GC輪厚	72／6490m
1987	青木 功	282—72・70・68・72	渡辺 司	1	札幌GC由仁	72／7031Y
1988＊	尾崎直道	278—63・69・73・73	B・ジョーンズ	0	札幌GC由仁	72／7031Y
1989	尾崎将司	280—71・70・68・71	I・ウーズナム	6	札幌GC輪厚	72／7100Y
1990	中島常幸	277—69・70・68・70	尾崎将司	3	札幌GC輪厚	72／7063Y
1991	大町昭義	282—68・71・72・71	川岸良兼	2	札幌GC輪厚	72／7063Y
1992	尾崎将司	280—70・69・69・72	川岸良兼	4	札幌GC輪厚	72／7063Y
1993	中島常幸	274—67・67・67・73	尾崎直道、髙橋勝成、P・シニア	4	札幌GC由仁	72／7009Y
1994	尾崎将司	268—68・63・69・69	室田 淳	9	札幌GC輪厚	72／7063Y
1995	尾崎将司	279—70・72・69・68	E・エルス	3	札幌GC輪厚	72／7063Y
1996	カルロス・フランコ	282—67・73・74・68	倉本昌弘	1	札幌GC輪厚	72／7063Y
1997	横田真一	273—68・65・72・68	尾崎健夫、Z・モウ	3	札幌GC輪厚	72／7063Y
1998	深堀圭一郎	279—71・71・68・69	宮本勝昌、L・ジャンセン	2	札幌GC輪厚	72／7063Y
1999	細川和彦	277—66・70・69・72	尾崎直道、友利勝良	1	札幌GC輪厚	72／7063Y
2000	佐藤信人	282—68・68・72・74	C・ペーニャ	1	札幌GC輪厚	72／7063Y
2001	林 根基	273—66・70・66・71	中嶋常幸、金城和弘	2	札幌GC輪厚	72／7063Y
2002	尾崎将司	271—67・66・69・69	藤田寛之	1	札幌GC輪厚	72／7063Y
ANAオープン						
2003	葉 偉志	277—67・66・72・72	米山 剛、尾崎将司	1	札幌GC輪厚	72／7063Y
2004	チャワリット・プラポール	271—66・65・70・70	Y・E・ヤン	1	札幌GC輪厚	72／7063Y
2005＊	深堀圭一郎	274—72・62・72・68	今野康晴	0	札幌GC輪厚	72／7063Y
2006	近藤智弘	274—69・64・69・69	真板 潔、横尾 要	1	札幌GC輪厚	71／7017Y

年	優勝者	スコア	次点	差	開催地	PAR/ヤード
2007	＊篠崎紀夫	277―68・70・70・69	C・プラポール、今野康晴	0	札幌GC輪厚	71／7017Y
2008	矢野　東	273―68・68・69・68	中嶋常幸、武藤俊憲	4	札幌GC輪厚	72／7063Y
2009	谷口　徹	272―67・67・66・72	金　庚泰、中嶋常幸、山下和宏	4	札幌GC輪厚	72／7063Y
2010	池田勇太	274―70・71・66・67	金度勲（大邱）、J・チョイ	1	札幌GC輪厚	72／7063Y
2011	カート・バーンズ	275―71・66・67・71	近藤共弘、片山晋呉、小田孔明	1	札幌GC輪厚	72／7063Y
2012	藤田寛之	272―71・68・65・68	梁　津萬、K・バーンズ、池田勇太、金　亨成	1	札幌GC輪厚	72／7063Y
2013	小田孔明	273―66・68・71・68	李　京勲、片山晋呉	4	札幌GC輪厚	72／7063Y
2014	＊宮本勝昌	270―68・67・68・67	谷原秀人	0	札幌GC輪厚	72／7063Y
2015	石川　遼	272―68・68・67・69	宮里優作	2	札幌GC輪厚	72／7063Y
2016	ブレンダン・ジョーンズ	270―66・67・67・70	池田勇太	1	札幌GC輪厚	72／7063Y
2017	＊池田勇太	275―70・69・65・71	今平周吾、時松隆光	0	札幌GC輪厚	72／7063Y
2018	〈北海道胆振東部地震のため中止〉					
2019	＊浅地洋佑	272―73・68・66・65	S・ノリス、嘉数光倫、S・ハン、時松隆光	0	札幌GC輪厚	72／7063Y
2020	〈新型コロナウイルス感染拡大のため中止〉					
2021	スコット・ビンセント	270―72・63・69・66	大槻智春	3	札幌GC輪厚	72／7063Y
2022	＊大槻智春	269―68・67・68・66	石川　遼	0	札幌GC輪厚	72／7063Y
2023	谷原秀人	270―68・69・66・67	前田光史朗、宋　永漢	1	札幌GC輪厚	72／7066Y

＊はプレーオフ。1973年からツアー競技

【過去の18ホール最少ストローク】

61（−11）　小田　孔明　2015年3R　札幌GC輪厚C　PAR72／7063ヤード

パナソニックオープンゴルフチャンピオンシップ

開催期日	2023年9月21日～24日
競技会場	小野東洋GC
トータル	7,113Y：パー72（36,36）

賞金総額	100,000,000円
出場人数	120名
天　候	曇・曇・晴・晴

1日目 永野竜太郎と宋永漢がともに9バーディ、ボギーなしの63で首位発進。8番でホールインワンを決めた宇喜多飛翔が1打差で続く。2日目 宋が17番でダブルボギーがありながら5つ伸ばして通算14アンダーで単独首位に。永野、米澤蓮、長野泰雅が2打差2位で追う。3日目 68で回った長野が通算16アンダーとして宋と首位に並ぶ。2打差3位に永野、小木曽喬、大槻智春の3人がつけた。最

終日 首位の長野と宋が前半でスコアを落として混戦になった。最終組の3組前を行く米澤蓮が12番までに5つスコアを伸ばし通算17アンダーとして大槻と首位に並ぶ。するとすかさず大槻が11番でバーディを決めて単独首位に。13番以降はパーが続いた米澤に対し、大槻は15、18番でバーディを奪い3打差をつけて通算3勝目。前年、逆転負けを喫した大会でリベンジを果たした。

【優勝】大槻　智春　268　69・66・67・66　20,000,000円

順位	氏名	トータルスコア	1R	2R	3R	4R	賞金額（円）	順位	氏名	トータルスコア	1R	2R	3R	4R	賞金額（円）
2	米澤　蓮	271	66	66	72	67	8,400,000	39	松岡翔大郎	282	70	70	72	70	アマチュア
	宋　永漢	271	63	67	70	71	8,400,000	40	小西　貴紀	283	68	71	71	73	420,000
4	長野　泰雅	272	65	67	68	72	4,800,000		鈴木　晃祐	283	70	68	73	72	420,000
5	永野竜太郎	273	63	69	70	71	4,000,000		富村　真治	283	72	70	67	74	420,000
6	杉本エリック	274	72	66	67	69	3,450,000		時松　隆光	283	69	70	73	71	420,000
	トッド・ペク	274	65	70	69	69	3,450,000		武藤　俊憲	283	70	69	70	74	420,000
8	塚田　陽亮	275	69	70	71	65	2,830,000		ショーン・ノリス	283	70	72	70	71	420,000
	中島　啓太	275	71	70	66	68	2,830,000		金子　駆大	283	70	70	70	73	420,000
	片岡　尚之	275	70	66	68	71	2,830,000	47	阿久津未来也	284	66	69	75	74	288,000
11	杉山　知靖	276	67	70	70	69	2,040,000		宇喜多飛翔	284	64	75	72	73	288,000
	稲森　佑貴	276	71	67	69	69	2,040,000		李　尚熹	284	67	75	69	73	288,000
	生源寺龍憲	276	69	67	67	73	2,040,000		小鯛　竜也	284	70	69	71	74	288,000
	小浦　和也	276	69	68	66	73	2,040,000		坂本　雄介	284	71	68	73	72	288,000
	小木曽　喬	276	67	69	66	74	2,040,000		今野　大喜	284	70	71	71	72	288,000
16	堀川未来夢	277	68	68	73	68	1,432,000		幡地　隆寛	284	72	69	67	76	288,000
	佐藤　大平	277	68	65	75	69	1,432,000		小寺　大佑	284	68	73	73	70	アマチュア
	近藤　智弘	277	66	73	69	69	1,432,000		呉　司聡	284	72	69	78	65	288,000
	出水田大二郎	277	70	70	68	69	1,432,000	56	伴　真太郎	285	71	69	75	70	248,000
	金谷　拓実	277	68	70	69	70	1,432,000	57	池村　寛世	286	72	70	70	74	240,000
21	香妻陣一朗	278	72	69	69	68	1,028,000		勝俣　陵	286	67	73	73	73	240,000
	鍋谷　太一	278	68	71	71	68	1,028,000		浅地　洋佑	286	73	68	72	73	240,000
	勝亦　悠斗	278	72	68	69	69	1,028,000	60	櫻井　隆輔	287	73	68	70	76	233,000
	谷原　秀人	278	69	69	70	70	1,028,000	61	田中　裕基	288	70	71	74	73	230,000
	清水　大成	278	74	66	67	71	1,028,000		関藤　直熙	288	71	71	73	73	230,000
26	平田　憲聖	279	72	66	71	70	800,000	63	市原　弘大	289	74	68	74	73	227,000
	竹安　俊也	279	70	69	70	71	800,000	64	ヤン・ジホ	290	72	70	70	78	224,000
	池田　勇太	279	69	69	69	72	800,000		内藤寛太郎	290	73	69	74	74	224,000
	貞方　章男	279	72	68	67	72	800,000	66	谷本　蓮	291	69	69	78	75	219,500
30	岩田　寛	280	70	69	72	69	647,500		渡部　光洋	291	69	72	73	77	219,500
	松本　将汰	280	71	70	70	69	647,500		木下　裕太	291	71	68	81	71	219,500
	植竹　勇太	280	69	72	70	69	647,500		重永亜斗夢	291	69	77	77	72	219,500
	前田光史朗	280	76	66	69	69	647,500	70	H・W・リュー	292	73	69	69	81	219,000
34	アダム・ブランド	281	68	72	70	71	540,000	71	大岩　龍一	303	71	71	77	84	219,000
	吉田　泰基	281	72	70	67	72	540,000		142ストローク（−2）までの71名が予選通過						
	海老根文博	281	70	71	73	67	540,000								
	青山　晃大	281	70	72	74	65	540,000								
	ジュビック・パグンサン	281	69	70	65	77	540,000								

氏 名	トータル スコア	1R	2R	氏 名	トータル スコア	1R	2R	氏 名	トータル スコア	1R	2R	氏 名	トータル スコア	1R	2R
竹谷 佳孝	143	75	68	山田 大晟	144	73	71	金田 直之	146	74	72	河本 力	149	76	73
大堀裕次郎	143	71	72	細野 勇策	144	72	72	ブレンダン・ジョーンズ	146	74	72	中西 直人	149	76	73
谷口 徹	143	69	74	ブラッド・ケネディ	144	74	70	木下 稜介	146	75	71	倉本 昌弘	150	76	74
宮里 優作	143	70	73	西山 大広	144	70	74	岡村 了	146	74	72	大内 智文	150	73	77
ディラン・ベリー	143	69	74	ハン・リー	145	72	73	比嘉 拓也	146	71	75	ガブリエレ・デバルバ	150	78	72
平本 世中	143	70	73	砂川 公佑	145	75	70	高野 碧輝	147	74	73	冨田 幸暉	151	75	76
小田 孔明	143	70	73	大城 康孝	145	74	71	ジャスティン・デロスサントス	147	73	74	篠 優希	152	73	79
宮本 勝昌	143	72	71	小林伸太郎	145	71	74	横田 真一	147	72	75	松村 景太	156	81	75
アンドルー・エバンス	144	72	72	額賀 辰徳	146	69	77	野呂 涼	148	73	75	古田 幸希		79	棄
蟬川 泰果	144	71	73	石坂 友宏	146	73	73	田村 光正	148	75	73	渡邊 康		棄	
藤田 寛之	144	71	73	杉原 大河	146	74	72	安森 一貴	148	76	72				
安本 大祐	144	69	75	片山 晋呉	146	72	74	河合 庄司	148	75	73				
木村 太一	144	73	71	芦沢 宗臣	146	73	73	石川 航	148	73	75				

【歴代優勝者】

年	優勝者	スコア	2位	差	コース	パー／ヤード
2016	池田勇太	271—67・73・66・65	金 庚泰、M・フレーザー	3	千葉CC梅郷	71／7130Y
2017＊	久保谷健一	273—69・71・69・64	宮本勝昌	0	千葉CC梅郷	71／7130Y
2018	ラヒル・ガンジー	270—69・65・68・68	黄 重坤、金 亨成	1	茨木CC西	71／7343Y
2019	武藤俊憲	263—65・70・64・64	今平周吾	4	東広野GC	71／7058Y
2020	〈新型コロナウイルス感染拡大のため中止〉					
2021＊	ⓐ中島啓太	270—69・68・65・68	永野竜太郎	0	城陽CC	72／6967Y
2022	ⓐ蟬川泰果	266—71・68・61・66	岩﨑亜久竜	1	小野東洋GC	72／7113Y
2023	大槻智春	268—69・66・67・66	米澤 蓮、宋 永漢	3	小野東洋GC	72／7113Y

＊はプレーオフ、ⓐはアマチュア

【過去の18ホール最少ストローク】

61（−11）　ⓐ蟬川泰果　2022年3R　小野東洋GC　　PAR72／7113ヤード

バンテリン東海クラシック

開催期日 2023年9月28日～10月1日	賞金総額 110,000,000円
競技会場 三好CC西C	出場人数 114名
トータル 7,300Y：パー71 (35,36)	天候 曇・晴・曇・曇

1日目　10番スタートの蝉川泰果が7番までの16ホールで11バーディを奪う。最終9番はボギーとしたが39年ぶりに大会記録を塗り替える61で首位に立った。2打差2位には清水大成。2日目　蝉川はスコアを1つ落としたが通算9アンダーで首位をキープ。1打差2位に木下裕太と木下稜介がつけ、68で回った金谷拓実が2打差4位に浮上した。3日目　通算11アンダー首位でホールアウトした金谷に木下裕が17、18番バーディで並んだ。1打差3位は67で回った星野陸也。木下稜は2打差4位に後退した。最終日　金谷、木下裕、星野の最終組3人が大激戦。各々スコアを伸ばし通算14アンダーで並んで迎えた17番パー4で明暗が分かれた。金谷がバンカーに入れてボギー、星野はパー、木下裕がバーディで抜け出す。18番は3人ともパー。37歳の木下裕が5年ぶりの美酒に酔った。

【優勝】木下　裕太　269　64・70・68・67　22,000,000円

順位	氏名	トータルスコア	1R	2R	3R	4R	賞金額(円)
2	星野 陸也	270	70	66	67	67	11,000,000
3	金谷 拓実	271	67	68	67	69	7,480,000
4	市原 弘大	272	69	68	69	66	4,840,000
	木下 稜介	272	65	68	70	69	4,840,000
6	浅地 洋佑	274	69	69	69	67	3,795,000
	前田光史朗	274	67	69	70	68	3,795,000
8	稲森 佑貴	275	67	69	72	67	2,888,600
	河本 力	275	67	74	68	66	2,888,600
	鍋谷 太一	275	72	67	69	67	2,888,600
	竹安 俊也	275	71	69	67	68	2,888,600
	小木曽 喬	275	66	71	69	69	2,888,600
13	蝉川 泰果	277	61	72	73	71	2,222,000
14	時松 隆光	278	72	68	72	66	1,837,000
	ジャスティン・デロスサントス	278	70	72	67	69	1,837,000
	佐藤 大平	278	71	68	69	70	1,837,000
	永野竜太郎	278	69	69	70	70	1,837,000
18	大槻 智春	279	73	70	68	68	1,430,000
	貞方 章男	279	70	71	71	67	1,430,000
	中野麟太朗	279	69	71	71	68	アマチュア
	幡地 隆寛	279	67	72	71	69	1,430,000
	池田 勇太	279	70	70	69	70	1,430,000
23	平田 憲聖	280	69	68	76	67	1,089,000
	谷原 秀人	280	70	68	71	71	1,089,000
	池村 寛世	280	69	69	69	73	1,089,000
	ショーン・ノリス	280	71	70	67	72	1,089,000
27	伴 真太郎	281	71	69	73	68	880,000
	塚田 陽亮	281	72	69	70	70	880,000
	米澤 蓮	281	66	72	72	71	880,000
	今平 周吾	281	69	71	72	69	880,000
31	金子 駆大	282	68	73	71	70	683,833
	岩田 寛	282	69	72	72	69	683,833
	ジュビック・パグンサン	282	71	69	72	70	683,833
	香妻陣一朗	282	71	72	70	69	683,833
	H・W・リュー	282	64	79	70	69	683,833
	小野田享也	282	70	74	71	67	683,833
37	勝俣 陵	283	70	70	72	71	539,000
	小鯛 竜也	283	69	73	71	70	539,000
	植竹 勇太	283	73	71	69	70	539,000
	ヤン・ジホ	283	69	71	70	73	539,000
	近藤 智弘	283	72	71	73	67	539,000
	坂本 雄介	283	71	72	74	66	539,000
43	大内 智文	284	73	69	73	69	451,000
	李 尚熹	284	70	74	71	69	451,000
45	阿久津未来也	285	70	70	72	73	364,466
	杉原 大河	285	71	73	68	73	364,466
	細野 勇策	285	71	69	72	73	364,466
	清水 大成	285	63	74	76	72	364,466
	生源寺龍憲	285	68	71	71	75	364,466
	宮本 勝昌	285	72	71	73	69	364,466
51	中山 絹也	286	72	69	71	74	280,971
	安森 一貴	286	68	72	73	73	280,971
	大堀裕次郎	286	70	74	69	73	280,971
	トッド・ベク	286	71	70	70	75	280,971
	堀川未来夢	286	70	74	71	71	280,971
	勝亦 悠斗	286	72	70	67	77	280,971
	宮里 優作	286	71	71	73	71	280,971
58	杉山 知靖	288	67	73	72	76	252,057
	長野 泰雅	288	75	69	67	77	252,057
	宇喜多飛翔	288	69	71	74	74	252,057
	内藤寛太郎	288	71	71	75	71	252,057
	正岡 竜二	288	68	70	71	79	252,057
	西山 大広	288	73	71	72	72	252,057
	石坂 友宏	288	73	71	77	67	252,057
65	鈴木 凜世	290	70	74	70	76	241,633
	中西 直人	290	72	70	73	75	241,633
	小浦 和也	290	72	71	76	71	241,633
68	片山 晋呉	291	72	72	76	71	240,900
	小西 貴紀	291	72	72	78	69	240,900
70	篠 優希	292	70	71	76	75	240,900

144ストローク（+2）までの70名が予選通過

バンテリン東海クラシック

氏名	トータルスコア	1R	2R
武藤 俊憲	145	70	75
田中 裕基	145	69	76
安本 大祐	145	70	75
ハン・リー	145	71	74
アンソニー クウェイル	145	76	69
杉本エリック	145	74	71
中島 啓太	145	70	75
石川 遼	145	73	72
出水田大二郎	145	69	76
ブラッド・ケネディ	145	71	74
山ノ口章大	145	75	70
金田 直之	146	70	76
ディラン・ペリー	146	70	76
中里光之介	146	71	75
@岡田晃平	146	71	75
山浦 一希	146	75	71
桂川 有人	146	72	74
張 棟圭	146	71	75
石渡 和輝	146	69	77
山内 拓也	147	71	76
原田 大介	147	74	73
呉 司聡	147	73	74
発多ヤマト	147	70	77
大岩 龍一	147	77	70
田村 光正	147	66	81
柴田 将弥	147	76	71
@清水蔵之介	147	75	72
谷口 徹	148	72	76
小林伸太郎	148	74	74
重永亜斗夢	148	74	74
吉田 泰基	149	76	73
野呂 涼	149	71	78
山田 大晟	149	72	77
片岡 尚之	150	73	77
アダム・ブランド	150	73	77
上井 邦浩	150	73	77
ブレンダン・ジョーンズ	152	76	76
竹谷 佳孝	153	83	70
@榊原吉規	158	80	78
@清水大翔	159	76	83
岡村 j	160	79	81
@深川雅央	164	81	83
@増野五三	168	87	81
@菱田健斗	失		

@はアマチュア

【歴代優勝者】

年	優勝者	スコア	2位	差	コース	パー/ヤード
東海クラシック						
1970*石井富士夫		285—72・72・72・69	謝 敏男	0	三好CC西	72/7065Y
1971 内田 繁		283—73・69・71・70	B・キャスパー	3	三好CC西	72/7065Y
1972 新井規矩雄		275—68・68・70・69	河野高明	1	三好CC西	72/7065Y
1973 尾崎将司		277—71・65・69・72	青木 功	1	三好CC西	72/7055Y
1974 島田幸作		276—71・67・67・71	杉原輝雄	2	三好CC西	72/7065Y
1975 宮本康弘		280—71・72・67・70	新井規矩雄、山本善隆	2	三好CC西	72/7065Y
1976*青木 功		283—74・74・68・67	杉原輝雄、内田 繁	0	三好CC西	72/6460m
1977 尾崎将司		278—67・69・70・72	島田幸作	1	三好CC西	72/6460m
1978 草壁政治		282—75・69・66・72	島田幸作	2	三好CC西	72/6460m
1979 入江 勉		275—70・69・68・68	謝 敏男、草壁政治	5	三好CC西	72/6460m
1980 ラリー・ネルソン		274—72・69・66・67	羽川 豊	1	三好CC西	72/6460m
1981*倉本昌弘		209—68・71・70	小林富士夫、重信秀人、中村 通	0	三好CC西	72/6460m
1982 謝 敏男		274—64・72・67	L・ネルソン	5	三好CC西	72/6460m
1983 倉本昌弘		276—64・69・72・71	尾崎直道	2	三好CC西	72/6460m
1984 岩下吉久		276—71・63・71・71	倉本昌弘	2	三好CC西	72/6494m
1985 グラハム・マーシュ		278—70・71・68・69	青木 功	1	三好CC西	72/6494m
1986 倉本昌弘		271—68・69・65・69	前田新作	9	三好CC西	72/6494m
1987 中島常幸		282—71・72・73・66	尾崎将司	1	三好CC西	72/7110Y
1988 ブライアン・ジョーンズ		274—69・69・71・65	鈴木弘一	3	三好CC西	72/7110Y
1989 青木 功		275—67・69・71・68	泉川ピート	1	三好CC西	72/7089Y
1990 グラハム・マーシュ		206—70・72・64	上野忠美、藤木三郎	2	三好CC西	72/7089Y
1991 板井榮一		279—70・65・72・72	湯原信光	4	三好CC西	72/7089Y
1992 マーク・オメーラ		277—66・68・72・71	T・カイト	1	三好CC西	72/7089Y
1993 藤木三郎		274—68・70・67・69	飯合 肇	4	三好CC西	72/7089Y
1994 コーリー・ペイビン		277—68・68・69・72	謝 錦昇	1	三好CC西	72/7089Y
1995 河村雅之		285—74・73・64・74	加瀬秀樹	1	三好CC西	72/7089Y
1996 木村政信		280—68・71・71・70	丸山茂樹、細川和彦、S・ジョーンズ	1	三好CC西	72/7089Y
1997*ブラント・ジョーブ		278—68・72・69・69	B・ワッツ	0	三好CC西	72/7050Y
1998 伊沢利光		277—73・66・70・68	湯原信光	3	三好CC西	72/7060Y
1999 横尾 要		274—66・67・72・69	V・シン	1	三好CC西	72/7050Y
2000 宮瀬博文		276—70・70・70・66	谷口 徹	1	三好CC西	72/7060Y
ジョージア東海クラシック						
2001 伊沢利光		272—65・68・70・69	林 根基、近藤智弘	2	三好CC西	72/7075Y
2002 谷口 徹		278—72・69・69・68	川原 希、Z・モウ	2	三好CC西	72/7095Y
2003 川原 希		275—69・68・69・69	米山 剛、片山晋呉	1	三好CC西	72/7125Y
コカ・コーラ東海クラシック						
2004*今井克宗		210—70・68・72	細川和彦	0	三好CC西	72/7180Y
2005 Y・E・ヤン		270—66・72・65・67	手嶋多一	4	三好CC西	72/7180Y
2006 星野英正		282—70・73・72・67	宮本勝昌	2	三好CC西	71/7240Y
2007*カミロ・ビジェガス		282—68・72・71・71	藤島豊和	0	三好CC西	71/7240Y

ツアー成績

バンテリン東海クラシック

2008	武藤俊憲	277—69・70・69・69	池田勇太	2	三好CC西	72／7310Y
2009	石川 遼	274—71・68・66・69	梶川剛奨	1	三好CC西	72／7310Y
2010＊松村道央		280—72・68・72・68	兼本貴司、藤田寛之	0	三好CC西	72／7310Y
2011	裵 相文	281—69・67・72・73	高山忠洋	1	三好CC西	72／7310Y
2012＊リュー・ヒョヌ		282—71・73・67・71	片山晋呉	0	三好CC西	72／7315Y
2013＊片山晋呉		281—74・76・64・67	星野英正、冨山 聡	0	三好CC西	72／7315Y

トップ杯東海クラシック

2014	キム・スンヒョグ	281—66・73・72・70	黄 重坤、金 亨成	1	三好CC西	72／7315Y
2015＊金 亨成		276—69・72・69・66	片山晋呉	0	三好CC西	72／7315Y
2016	片岡大育	272—68・67・71・66	池田勇太	1	三好CC西	72／7315Y
2017	小平 智	274—67・68・70・69	時松隆光	1	三好CC西	72／7325Y
2018	アンジェロ・キュー	271—68・69・68・66	W・J・リー、Y・E・ヤン	2	三好CC西	72／7330Y
2019	ショーン・ノリス	275—68・69・66・72	秋吉翔太、時松隆光	1	三好CC西	71／7295Y

バンテリン東海クラシック

2020	〈新型コロナウイルス感染拡大のため中止〉					
2021	チャン・キム	270—64・68・69・69	池田勇太、大槻智春、香妻陣一朗	2	三好CC西	71／7300Y
2022	河本 力	271—69・67・66・69	桂川有人	1	三好CC西	71／7300Y
2023	木下裕太	269—64・70・68・67	星野陸也	1	三好CC西	71／7300Y

＊はプレーオフ。1973年からツアー競技

【過去の18ホール最少ストローク】

61（−10） 蝉川 泰果 2023年1R 三好CC西 PAR71／7300ヤード

ACNチャンピオンシップゴルフトーナメント

開催期日	2023年10月5日～8日	賞金総額	100,000,000円
競技会場	三甲GCジャパンC	出場人数	114名
トータル	7,295Y・パ72 (00,00)	天　候	曇　晴　晴　曇

ツアー成績

1日目　1イーグル、8バーディ、1ボギーの63で回ったJ・デロスサントスが首位に立つ。2打差2位は内藤寛太郎。**2日目**　21位にいた今平周吾が2イーグルを含む63をマークし、通算12アンダーの首位に浮上。開催倶楽部所属の近藤智弘が67で回って1打差2位につけた。**3日目**　強風の中、スコアを1つ伸ばすにとどまった今平だが通算13アンダーで首位を守る。68で回った池田勇太が1打差2位に浮上し、2打差3位には宋永漢、稲森佑貴、近藤の3人がつけた。**最終日**　12番まで5つスコアを伸ばしていた今平だったが13番のボギーから大きく崩れて4位に終わった。最終組の1つ前を行く稲森が14番で7個目のバーディを決めて単独首位へ。だが、18番で初ボギーを叩いて宋とのプレーオフへもつれ込んだ。それでも1ホール目で宋を下してシーズン初優勝、通算5勝目をモノにした。

【優勝】稲森　佑貴　271　68・67・70・66　20,000,000円

（プレーオフ1H目、稲森がパーで優勝）

順位	氏　　名	トータルスコア	1R	2R	3R	4R	賞金額(円)		順位	氏　　名	トータルスコア	1R	2R	3R	4R	賞金額(円)
2	宋　永漢	271	68	69	68	66	10,000,000			中西　直人	282	69	69	70	74	573,750
3	ショーン・ノリス	274	67	70	70	67	6,800,000		39	貞方　章男	283	69	71	72	71	470,000
4	今平　周吾	275	69	63	71	72	4,800,000			平田　憲聖	283	71	72	70	70	470,000
5	野呂　涼	276	72	68	70	66	3,800,000		41	岩田　大河	284	69	74	72	69	430,000
	阿久津未来也	276	71	69	68	68	3,800,000			片岡　尚之	284	69	73	74	68	430,000
7	池村　寛世	277	71	67	71	68	2,842,000		43	内藤寛太郎	285	65	73	74	73	341,142
	浅地　洋佑	277	69	67	72	69	2,842,000			細野　勇策	285	66	70	76	73	341,142
	前田光史朗	277	70	71	68	68	2,842,000			西山　大広	285	69	69	73	74	341,142
	近藤　智弘	277	66	67	72	72	2,842,000			金子　駆大	285	72	68	70	75	341,142
	H・W・リュー	277	66	68	72	71	2,842,000			額賀　辰徳	285	68	71	75	71	341,142
12	ブラッド・ケネディ	279	69	72	71	67	1,762,857			谷口　徹	285	74	69	73	69	341,142
	杉原　大河	279	74	67	71	67	1,762,857			安森　一貴	285	70	73	74	68	341,142
	蟬川　泰果	279	72	70	70	67	1,762,857		50	幡地　隆寛	286	68	70	74	74	264,000
	海老根文博	279	72	66	75	66	1,762,857			大内　智文	286	70	71	70	75	264,000
	小西　貴紀	279	69	67	66	77	1,762,857			佐藤　大平	286	70	71	74	71	264,000
	平本　世中	279	68	68	73	70	1,762,857			木下　裕太	286	74	69	74	69	264,000
	池田　勇太	279	67	69	68	75	1,762,857		54	小林　匠	288	73	70	72	73	アマチュア
19	ジャスティン・デロスサントス	280	63	76	73	68	1,075,000			富村　真治	288	73	70	74	71	242,000
	伴　真太郎	280	67	74	71	68	1,075,000			高野　碧輝	288	72	71	74	71	242,000
	鈴木　晃祐	280	69	70	72	69	1,075,000			岩﨑亜久竜	288	73	70	76	69	242,000
	松本　将汰	280	67	72	74	67	1,075,000			吉田　泰基	288	72	71	75	70	242,000
	米澤　蓮	280	67	68	74	71	1,075,000		59	杉山　知靖	289	72	69	74	74	232,000
	勝俣　陵	280	67	72	76	65	1,075,000			山下　和宏	289	69	74	75	71	232,000
	坂本　雄介	280	70	67	71	72	1,075,000		61	山田　大晟	290	71	72	72	75	229,000
	篠　優希	280	72	68	67	73	1,075,000		62	ジュビック・パガンサン	291	73	70	68	80	227,000
27	小木曽　喬	281	69	70	74	68	760,000		63	竹安　俊也	292	69	71	77	75	225,000
	生源寺龍憲	281	74	67	73	67	760,000									
	小浦　和也	281	71	70	68	72	760,000		143ストローク（－1）までの63名が予選通過							
	ハン・リー	281	68	72	67	74	760,000									
31	アンドルー・エバンス	282	67	72	73	70	573,750									
	田中　裕基	282	69	72	72	69	573,750									
	石坂　友宏	282	74	66	73	69	573,750									
	トッド・ペク	282	68	69	74	71	573,750									
	大谷　俊介	282	70	71	72	69	573,750									
	市原　弘大	282	72	71	72	67	573,750									
	塚田　陽亮	282	70	72	72	68	573,750									

ACNチャンピオンシップゴルフトーナメント

氏名	トータルスコア	1R	2R	氏名	トータルスコア	1R	2R	氏名	トータルスコア	1R	2R	氏名	トータルスコア	1R	2R
岡村 了	144	71	73	伊藤 慎吾	146	72	74	清水 大成	148	75	73	石川 航	151	72	79
アダム・ブランド	144	75	69	呉 司聡	147	72	75	小田 孔明	148	72	76	片岡 大育	151	74	77
出水田大二郎	144	73	71	ディラン・ペリー	147	75	72	李 尚熹	149	73	76	田村 光正	152	80	72
池田 拓己	144	73	71	大岩 龍一	147	75	72	小鯛 竜也	149	70	79	芦沢 宗臣	153	78	75
比嘉 拓也	145	74	71	@杉浦悠太	147	75	72	山ノ口章大	149	73	76	河本 力	153	76	77
時松 隆光	145	73	72	植竹 勇太	147	79	68	竹谷 佳孝	149	74	75	大塚 大樹	153	77	76
長野 泰雅	145	74	71	重永亜斗夢	147	72	75	上田 諭尉	149	77	73	武藤 俊憲	153	72	81
堀川未来夢	145	69	76	小林伸太郎	147	74	73	飯田 雄介	150	73	77	宇喜多飛翔	153	72	81
アンソニー・クウェイル	145	72	73	大堀裕次郎	147	76	71	金田 直之	150	76	74	@香川 友	155	76	79
松村 道央	145	72	73	西脇まあく	147	73	74	辻村 暢大	150	74	76	林 拓希	158	75	83
杉本エリック	146	76	70	和田章太郎	148	70	78	勝亦 悠斗	150	76	74	@道上嵩琉	163	84	79
宮里 優作	146	71	75	村山 駿	148	73	75	井戸川純平	151	77	74	鍋谷 太一	棄		
安本 大祐	146	70	76	@出利葉太一郎	148	72	76	@山下勝将	151	79	72	@はアマチュア			

【歴代優勝者】

年	優勝者	スコア	2位	差	コース	パー/ヤード
アジアパシフィックオープン パナソニックオープン						
2008	谷原秀人	264—66・68・64・66	矢野 東	1	茨木CC西	70／7040Y
2009	丸山大輔	276—69・66・67・74	池田勇太、W・リャン、釜 廣泰	4	城陽CC東／西	71／7064Y
2010	ブレンダン・ジョーンズ	207—71・70・66	小田龍一	1	六甲国際GC東	71／7255Y
2011	平塚哲二	276—69・72・68・67	金 度勲、S・K・ホ	3	琵琶湖CC栗東・三上	71／7005Y
2012	小林正則	267—74・64・67・62	小田孔明	1	東広野GC	71／7020Y
2013	川村昌弘	275—69・68・71・67	S・J・パク	1	茨木CC西	71／7328Y
ダンロップ						
1969	河野高明	141—71・70			箕面GC	
1970	安田春雄	137—69・68	石井富士夫、村上 隆	2	箕面GC	72／6680Y
1971	ピーター・トムソン	280—71・69・72・68	安田春雄	1	箕面GC	72／6697Y
1972	グラハム・マーシュ	271—70・64・72・65	B・アルダ	1	箕面GC	72／6697Y
1973	ベン・アルダ	280—71・69・70・70	尾崎将司	4	鶴舞CC西	72／6865Y
1974	グラハム・マーシュ	272—68・67・68・69	尾崎将司、杉原輝雄	3	姉ヶ崎CC	72／6830Y
1975	鈴木規夫	278—68・73・67・70	杉原輝雄、田中文雄、M・アエ	2	能登CC	72／6983Y
1976	横島由一	274—68・71・67・68	青木 功	2	能登CC	72／6382m
三菱ギャラン						
1977	許 勝三	277—68・68・69・72	G・マーシュ、河野高明、杉原輝雄	3	能登CC	72／6382m
1978	中村 通	280—72・68・69・71	鈴木規夫、許 勝三	1	南部富士CC	72／6410m
1979	中村 通	285—74・72・71・68	草柳良夫	2	大洗GC	72／6575m
1980	中島常幸	276—65・71・72・68	G・マーシュ、岩下吉久	4	名神八日市CC	72／6176m
1981＊	呂 西鈞	289—69・71・76・73	杉原輝雄、中村 通	0	大日向CC	72／6289m
1982＊	グラハム・マーシュ	271—66・69・69・67	杉原輝雄	0	久米CC	71／6107m
1983	中島常幸	278—65・70・71・72	呂 西鈞	6	南部富士CC	72／6505m
1984	安田春雄	275—68・68・69・70	井上幸一、山本善隆	4	能登CC	72／6382m
1985＊	ブライアン・ジョーンズ	272—67・70・72・63	湯原信光	0	久米CC	71／6107m
1986	中島常幸	280—73・68・69・70	陳 志明	1	大洗GC	72／6575m
1987	ブライアン・ジョーンズ	283—70・70・71・72	鈴木弘一、芹澤信雄	3	パインレークGC	72／7034Y
1988＊	ブライアン・ジョーンズ	271—68・68・67・68	尾崎直道	0	大沼レイクGC	72／7000Y
1989	尾崎健夫	284—72・67・74・71	木村政信	2	熊本空港CC	72／7028Y
1990	青木 功	289—70・76・71・72	米山 剛、尾崎将司、杉原輝雄	3	ゴールデンバレーGC	72／7014Y
1991	鈴木弘一	280—73・69・70・68	青木 功、中島常幸	1	能登CC	72／7052Y
1992	青木 功	277—69・66・71・71	藤木三郎、陳 志忠	4	南部富士CC	72／6801Y
1993	陳 志忠	277—71・72・66・68	尾崎健夫、水巻善典、B・ジョーンズ	4	大洗GC	72／6801Y
1994	友利勝良	205—69・66・70	中島常幸	6	北海道早来CC	72／7120Y
1995	ブラント・ジョーブ	266—65・67・65・69	倉本昌弘	6	阿蘇プリンスホテルG	73／6913Y
1996＊	尾崎将司	279—72・70・73・64	T・ハミルトン	0	大洗GC	72／7190Y
1997	尾崎将司	278—70・70・70・68	東 聡、中村 通、井戸木鴻樹	2	太平洋C六甲C	72／7012Y
1998	谷口 徹	268—71・65・65・67	細川和彦	1	土佐CC	71／6692Y

三菱自動車

年	優勝者	スコア	2位		コース	
1999＊	米山　剛	268—69・69・66・64	細川和彦	0	レイクグリーンGCレイクC	71／7044Y
2000＊	宮瀬博文	276—70・69・68・69	谷口　徹	0	蒲生GC	71／6800Y

ダイヤモンドカップ

2001＊	伊沢利光	277—77・68・64・68	五十嵐雄二、藤田寛之	0	大洗GC	72／7160Y
2002	中嶋常幸	269—67・66・68・68	宮瀬博文、近藤智弘	2	狭山GC	72／7110Y
2003	トッド・ハミルトン	276—67・72・72・65	S・コンラン	3	大洗GC	72／7200Y

三菱ダイヤモンドカップ

2004	平塚哲二	275—68・70・68・69	星野英正	5	大洗GC	72／7200Y
2005	I・J・ジャン	275—74・69・64・68	川岸良兼、片山晋呉	3	東広野GC	70／7002Y
2006	横尾　要	275—71・70・68・66	川原　希、鈴木　亨	2	狭山GC	71／7118Y
2007	平塚哲二	282—73・71・71・67	広田　悟、宮里聖志	1	大洗GC	71／7156Y
2008	プラヤド・マークセン	274—70・70・66・68	甲斐慎太郎	1	東広野GC	71／7102Y
2009＊	兼本貴司	283—72・76・68・67	B・ジョーンズ	0	大洗GC	72／7190Y

ダイヤモンドカップゴルフ

2010	金　庚泰	272—65・68・68・71	小田孔明	2	狭山GC	72／7159Y
2011	小田孔明	272—67・65・70・70	武藤俊憲、横尾　要	4	千葉CC梅郷C	72／7108Y
2012	藤田寛之	274—66・65・70・73	K・アフィバーンラト	3	ザ・CC・ジャパン	72／7199Y
2013	松山英樹	279—71・69・68・71	金　亨成、B・ケネディ、S・J・パク	2	大洗GC	72／7190Y

アジアパシフィックオープン　ダイヤモンドカップゴルフ

2014	藤田寛之	278—68・71・73・66	K・アフィバーンラト、J・クヌートン、S・K・ホ	2	大利根CC西	71／7117Y
2015	金　庚泰	271—67・69・67・68	武藤俊憲、池田勇太	3	大利根CC西	70／7101Y
2016	詹　世昌	270—71・68・69・62	小池一平	2	茨木CC西C	70／7320Y
2017	片岡大育	272—67・69・66・70	高山忠洋、P・サクサンシン	2	カレドニアンGC	71／7100Y
2018	池田勇太	269—69・66・66・68	J・ハーディング	6	武蔵CC笹井	71／7060Y
2019	浅地洋佑	281—69・72・68・72	ⓐ米澤蓮、M・L・シン	1	総武CC総武	71／7333Y
2020	〈新型コロナウイルス感染拡大のため中止〉					
2021	星野陸也	275—72・65・69・69	J・パグンサン	4	相模原GC東	72／7298Y
2022	今平周吾	272—66・69・69・68	鈴木晃祐、岩田　寛、大西魁斗、桂川有人	1	大洗GC	70／7163Y

ACNチャンピオンシップゴルフトーナメント

| 2023＊ | 稲森佑貴 | 271—68・67・70・66 | 宋　永漢 | 0 | 三甲GCジャパンC | 72／7295Y |

＊はプレーオフ。ⓐはアマチュア。1973年からツアー競技

【過去の18ホール最少ストローク】

60（−11）　藤池　昇龍　1998年1R　土佐CC　PAR71／6692ヤード

日本オープンゴルフ選手権競技（第88回）

開催期日　2023年10月12日〜15日	賞金総額　210,000,000円
競技会場　茨木CC西C	出場人数　120名
トータル　7,315Y：パー70（35、35）	天　候　晴・晴・曇・晴

1日目　4アンダー66で回った堀川未来夢と東北福祉大4年のアマ岡田晃平が首位に並ぶ。1打差3位に中島啓太、金子駆大、貞方章男。
2日目　貞方と中島が69で回り通算4アンダーで首位に立った。1打差3位にアマの岡田、石川遼、稲森佑貴ら7人ひしめく。吉田泰基が2番パー5でアルバトロスを達成。A・スコットは予選落ちとなった。
3日目　65をマークした平本世中が14位から通算6アンダーの首位に浮上。大槻智春が1打差で続き、2打差3位に片岡尚之、S・ノリス、幡地隆寛、石川が続いた。**最終日**首位の平本はアウトをパープレーでしのいだが10番から大きく後退した。上位陣が苦しむ中、3打差7位にいた岩﨑亜久竜がアウトで3つスコアを伸ばして首位に立つ。岩﨑はインを2バーディ、ボギーなしにまとめ通算8アンダーで終了。石川が追いすがるが2打及ばず。岩﨑が初優勝を飾った。

【優勝】岩﨑　亜久竜　272　68・72・67・65　42,000,000円

順位	氏　名	トータルスコア	1R	2R	3R	4R	賞金額（円）
2	石川　遼	274	68	69	69	68	23,100,000
3	堀川未来夢	277	66	72	71	68	9,828,000
	ブラッド・ケネディ	277	68	69	71	69	9,828,000
	金子　駆大	277	67	70	70	70	9,828,000
	幡地　隆寛	277	70	67	69	71	9,828,000
	平本　世中	277	70	69	65	73	9,828,000
8	平田　憲聖	278	69	69	70	70	5,040,000
	ショーン・ノリス	278	72	66	68	72	5,040,000
10	吉田　泰基	279	74	65	70	70	3,042,000
	香妻陣一朗	279	72	70	67	70	3,042,000
	中島　啓太	279	67	69	72	71	3,042,000
	鍋谷　太一	279	71	69	68	71	3,042,000
	木下　稜介	279	71	70	67	71	3,042,000
	片岡　尚之	279	69	71	66	73	3,042,000
	大槻　智春	279	69	69	67	74	3,042,000
17	貞方　章男	280	67	69	75	69	2,205,000
18	今平　周吾	281	69	72	72	68	1,827,000
	安本　大祐	281	70	70	71	70	1,827,000
	嘉数　光倫	281	68	75	68	70	1,827,000
	阿久津未来也	281	69	70	71	71	1,827,000
	池村　寛世	281	69	71	69	72	1,827,000
	稲森　佑貴	281	68	69	71	73	1,827,000
	生源寺龍憲	281	69	69	70	73	1,827,000
	岡田　晃平	281	66	71	70	74	アマチュア
	細野　勇策	281	71	70	66	74	1,827,000
27	桂川　有人	282	72	71	72	67	1,512,000
	池田　勇太	282	70	69	75	68	1,512,000
	佐藤　大平	282	71	71	67	73	1,512,000
	清水　大成	282	71	73	65	73	1,512,000
	金谷　拓実	282	75	69	64	73	1,512,000
32	片山　晋呉	283	73	69	70	71	1,354,500
	ジャスティン・デロスサントス	283	72	72	68	71	1,354,500
	宮里　優作	283	71	73	67	72	1,354,500
	杉山　知靖	283	72	67	69	75	1,354,500
36	勝亦　悠斗	284	73	71	70	70	1,260,000
	蟬川　泰果	284	71	69	71	73	1,260,000
	植竹　勇太	284	68	69	73	74	1,260,000

順位	氏　名	トータルスコア	1R	2R	3R	4R	賞金額（円）
	アンソニー・クウェイル	284	71	70	69	74	1,260,000
	長野　泰雅	284	73	72	65	74	1,260,000
41	芹澤　慈眼	285	72	72	73	68	1,165,500
	梶村　夕貴	285	72	72	71	70	1,165,500
	永野竜太郎	285	72	72	70	71	1,165,500
	篠　優希	285	74	70	68	73	1,165,500
45	黒木　紀至	286	68	75	74	69	1,092,000
	田中　裕基	286	72	72	72	70	1,092,000
	久常　涼	286	68	73	73	72	1,092,000
48	野呂　涼	287	71	77	77	67	1,029,000
	大堀裕次郎	287	71	70	77	69	1,029,000
	大西　魁斗	287	73	71	71	72	1,029,000
51	宋　永漢	288	70	74	74	70	976,500
	木下　裕太	288	71	72	72	73	976,500
53	谷原　秀人	289	75	69	71	74	934,500
	石坂　友宏	289	69	76	69	75	934,500
55	ジュビック・パグンサン	290	71	73	73	73	882,000
	李　尚熹	290	69	73	74	74	882,000
	竹安　俊也	290	74	69	72	75	882,000
58	中野麟太朗	291	70	71	78	72	アマチュア
	中山　絹也	291	73	71	72	75	840,000
60	吉田　隼人	292	73	71	76	72	798,000
	日高　将史	292	71	74	72	75	798,000
	小木曽　喬	292	71	70	74	77	798,000
63	梅山　知宏	299	74	91	81	73	756,000
64	豊島　豊	306	72	73	79	82	アマチュア

145ストローク（＋5）までの64名が予選通過

氏名	トータルスコア	1R	2R
松原　大輔	146	76	70
アダム・スコット	146	73	73
河本　力	146	73	73
金子　僚将	146	73	73
@ジェフリーン・ユ.グァン	147	76	71
呉　司聡	147	72	75
小西　貴紀	147	76	71
鈴木　晃祐	147	74	73
トッド・ベク	147	76	71
時松　隆光	147	78	69
出水田大二郎	147	74	73
ブライアド・マニクセン	147	74	73
大岩　龍一	148	76	72
丸山　奬王	148	73	75
塚田　陽亮	148	73	75
@岩井悠真	148	72	76
伊藤　誠道	148	73	75
藤島　征次	149	79	70
@古瀬幸一朗	149	69	80
和田　七星	149	74	75
吉本　翔雄	149	77	72
遠藤　健太	149	74	75
@本　大志	149	74	76
白水　将司	150	71	79
岩田　大河	150	76	74
アダムブランド	150	77	73
櫻井　勝之	151	77	74
川上　猛鳴	151	74	77
吉田　歩生	151	75	76
小林伸太郎	151	76	75
木村　太一	151	75	76
@村田幸大郎	151	77	74
加藤　俊英	151	76	75
櫻井　隆輔	152	75	77
岡村　了	152	75	77
永松　宏之	152	75	77
@大西翔駈	152	76	76
平本　穏	152	77	75
高橋　賢	153	77	76
佐久間隼人	153	76	77
杉本エリック	153	79	74
小林　正則	154	79	75
諸藤　将次	155	70	85
伴　真太郎	155	80	75
小田　孔明	155	77	78
坂本　柊人	156	79	77
@橋詰海斗	157	83	74
@栗原悠宇	157	81	76
井上　信	158	75	83
石塚　祥利	159	79	80
田中　元基	159	82	77
小村　優太	160	80	80
@鵜瀬璃久	163	79	84
西山　大広	棄		
岩田　寛	棄		
松村　道央	失		

@はアマチュア

【歴代優勝者】

年	優勝者	スコア	2位	差	コース	パー／ヤード
1927	@赤星六郎	309—79・73・79・78	浅見緑蔵	10	程ヶ谷CC	
1928	浅見緑蔵	301—78・73・78・72	安田幸吉	7	東京GC(駒沢)	
1929	宮本留吉	298—77・72・74・75	安田幸吉	2	茨木CC東	
1930	宮本留吉	287—71・72・72・72	安田幸吉	19	茨木CC東	
1931	浅見緑蔵	281—67・70・71・73	宮本留吉	4	程ヶ谷CC	70／6170Y
1932	宮本留吉	298—78・75・75・70	村木　章	1	茨木CC東	72／
1933	中村兼吉	294—75・73・75・71	L・モンテス、陳　清水	9	霞ヶ関CC東	74／6700Y
1934	〈関西風水害のため中止〉					
1935	宮本留吉	296—77・75・74・70	戸田藤一郎	8	東京GC(朝霞)	74／6700Y
1936	宮本留吉	293—68・76・76・73	陳　清水	1	鳴尾GC猪名川	70／6704Y
1937	陳　清水	284—69・77・68・70	浅見緑蔵	7	相模CC	73／6640Y
1938	林　萬福	294—69・73・79・73	陳　清水	3	藤沢CC	73／
1939	戸田藤一郎	287—73・70・71・73	陳　清水	5	広野CC	72／
1940	宮本留吉	285—74・68・70・73	戸田藤一郎	2	東京GC(朝霞)	74／
1941	延　徳春	290—73・72・71・74	中村寅吉	3	程ヶ谷CC	72／
1942～1949	〈第二次世界大戦のため中止〉					
1950	林　由郎	288—72・72・74・70	島村祐正	1	我孫子GC	
1951	小野光一	288—76・70・71・71	栗原甲子男	3	鳴尾GC猪名川	72／
1952	中村寅吉	279—68・68・71・72	石井　茂	11	川奈ホテル富士	72／6691Y
1953	小野光一	291—72・73・73・73	中村寅吉	1	宝塚GC	70／6516Y
1954	林　由郎	293—71・74・70・78	小針春芳、石井迪夫	3	東京GC	72／6740Y
1955	小野光一	291—72・72・72・75	陳　清水	5	広野GC	72／6770Y
1956	中村寅吉	285—73・69・76・67	小針春芳	8	霞ヶ関CC西	72／6650Y
1957	小針春芳	288—72・71・71・74	石井朝夫	6	愛知CC(東山)	74／7055Y
1958	中村寅吉	288—74・73・72・69	林　由郎	0	鷹之台CC	72／7100Y
1959	*陳　清波	296—76・76・73・71	島村祐正	0	相模原GC東	74／7255Y
1960	小針春芳	294—70・73・75・76	松田司郎、小野光一、藤井義将、O・ムーディ	5	広野GC	72／6950Y
1961	*細石憲二	289—74・73・70・72	小野光一、謝　永郁、勝俣　功、陳　清波	0	鷹之台CC	72／7070Y
1962	杉原輝雄	287—72・71・71・73	陳　清波	2	千葉CC梅郷	72／6940Y
1963	戸田藤一郎	283—67・75・70・71	杉原輝雄	2	四日市CC	72／6955Y
1964	杉本英世	288—71・72・69・76	陳　清波、木本挙国	1	東京GC	72／6726Y
1965	橘田　規	284—69・69・71・75	海野憲二、能田征二	3	三好CC	72／7030Y
1966	佐藤精一	285—70・73・73・69	橘田　規、陳　清波、宮本省三	1	袖ヶ浦CC袖ヶ浦	72／7075Y
1967	橘田　規	282—69・68・70・75	杉原輝雄、石井朝夫	3	広野CC	72／6970Y
1968	河野高明	284—67・67・73・77	B・デブリン、新井規矩雄、鷹巣南雄	1	総武CC東・中	72／7006Y
1969	杉本英世	284—73・70・74・67	内田　繁	1	小野GC	72／6980Y
1970	橘田光弘	282—70・71・71・70	青木　功	1	武蔵CC笹井	72／7010Y
1971	*藤井義将	282—71・70・72・69	杉本英世	0	愛知CC(東山)	74／7105Y
1972	韓　長相	278—68・68・71・71	尾崎将司	1	大利根CC東	72／7024Y
1973	ベン・アルダ	278—68・74・69・67	青木　功	2	茨木CC西	72／7075Y

日本オープンゴルフ選手権

年	優勝者	スコア	2位	差	会場	PAR/ヤード
1974	尾崎将司	279—69・69・68・73	村上　隆	1	セントラルGC東	73／7136Y
1975	村上　隆	278—74・69・69・66	金井清一	3	春日井CC東	72／6870Y
1976	島田幸作	288—73・75・71・69	中村　通、村上　隆	1	セントラルGC東	73／6630m
1977	セベ・バレステロス	284—69・72・72・71	村上　隆	1	習志野CC	71／6507m
1978＊	セベ・バレステロス	281—68・67・71・75	G・マーシュ	0	横浜CC西	72／6332m
1979＊	郭　吉雄	285—71・70・70・74	山本善隆、青木、上原宏一	0	日野GCキング	72／6440m
1980	菊地勝司	296—69・73・74・80	青木　功、吉川一雄	1	相模原GC東	74／6638m
1981	羽川　豊	280—74・69・69・68	中島常幸、森　憲二	1	日本ラインGC東	70／6218m
1982	矢部　昭	277—71・70・67・69	尾崎直道,羽川　豊,白浜郁夫	5	武蔵CC豊岡	71／6106m
1983＊	青木　功	281—72・69・71・69	T・ゲール	0	六甲国際GC東・中	72／6469m
1984	上原宏一	283—71・68・70・74	鈴木弘一	2	嵐山CC	72／6405m
1985	中島常幸	285—75・68・72・70	牧野　裕	2	東名古屋CC西	72／6390m
1986	中島常幸	284—70・73・72・69	尾崎将司、青木　功	1	戸塚CC西	72／7066Y
1987	青木　功	279—70・70・71・70	中島常幸、芹澤信雄	1	有馬ロイヤルGC	72／7034Y
1988	尾崎将司	288—67・73・75・73	中島常幸、青木　功	1	東京GC	71／6923Y
1989	尾崎将司	274—66・68・67・73	B・ジョーンズ	1	名古屋GC和合	70／6473Y
1990	中島常幸	281—68・71・73・69	尾崎将司	2	小樽CC	72／7119Y
1991＊	中島常幸	290—72・74・71・73	須貝　昇	0	下関GC	72／6910Y
1992	尾崎将司	277—64・73・71・69	倉本昌弘,B・フランクリン	5	龍ヶ崎CC	72／7012Y
1993	奥田靖己	281—69・72・71・69	尾崎将司	1	琵琶湖CC(栗東・三上)	71／6879Y
1994	尾崎将司	270—68・66・69・67	加瀬秀樹、D・イシイ	13	四日市CC	72／7275Y
1995	伊沢利光	277—67・70・70・70	細川和彦	1	霞ヶ関CC東	71／6995Y
1996	ピーター・テラベイネン	282—71・72・71・68	F・ミノザ	1	茨木CC西	71／7017Y
1997	クレイグ・パリー	286—73・73・70・70	尾崎将司、奥田靖己,F・ミノザ	1	古賀GC	71／6762Y
1998	田中秀道	283—72・70・72・69	尾崎直道	1	大洗GC	72／7160Y
1999	尾崎直道	298—68・76・76・78	湯原信光、細川和彦	2	小樽CC	72／7200Y
2000	尾崎直道	281—67・72・70・72	林　根基	0	鷹之台CC	72／7034Y
2001	手嶋多一	277—68・72・67・70	米山　剛	4	東京GC	71／6908Y
2002	デービッド・スメイル	271—71・66・67・67	金　鍾徳	4	下関GC	70／6867Y
2003	深堀圭一郎	276—66・75・71・64	今野康晴	2	日光CC	71／7027Y
2004	谷口　徹	285—68・68・75・74	D・スメイル,葉　偉志,伊沢利光	4	片山津GC白山	72／7104Y
2005	片山晋呉	282—71・73・70・68	C・パリー、川岸良兼	2	廣野GC	71／7144Y
2006	ポール・シーハン	277—68・70・68・71	矢野　東	3	霞ヶ関CC西	71／7068Y
2007	谷口　徹	283—75・70・72・66	片山晋呉	0	相模原GC東	71／7259Y
2008	片山晋呉	283—68・72・72・71	石川　遼	4	古賀GC	71／6797Y
2009＊	小田龍一	282—74・70・71・67	石川　遼、今野康晴	0	武蔵CC豊岡	72／7083Y
2010	金　庚泰	271—69・70・68・64	藤田寛之	2	愛知CC	71／7084Y
2011＊	裵　相文	282—69・74・68・71	久保谷健一	0	鷹之台CC	71／7061Y
2012	久保谷健一	292—74・73・75・70	J・パグンサン	1	那覇GC	71／7176Y
2013	小林正則	274—69・69・69・67	小田孔明	3	茨城GC東	71／7320Y
2014	池田勇太	270—64・68・66・72	小平　智、片山晋呉	1	千葉CC梅郷	71／7081Y
2015	小平　智	275—71・62・70・72	池田勇太	2	六甲国際GC東	71／7394Y
2016	松山英樹	275—71・70・65・69	李　京勲、池田勇太	3	狭山GC	70／7208Y
2017	池田勇太	272—67・66・67・72	ⓐ金谷拓実	1	岐阜CC東	70／7180Y
2018	稲森佑貴	270—68・67・67・68	S・ノリス	2	横浜CC	71／7257Y
2019	チャン・キム	285—74・69・75・67	S・ノリス,堀川未来夢	2	古賀GC	71／6817Y
2020	稲森佑貴	275—70・68・68・69	谷原秀人	1	紫CCすみれ	70／7317Y
2021	ショーン・ノリス	265—67・64・64・70	池田勇太	2	琵琶湖CC	71／6986Y
2022ⓐ	蟬川泰果	270—64・70・63・73	比嘉一貴	2	三甲GCジャパン	70／7178Y
2023	岩﨑亜久竜	272—68・72・67・65	石川　遼	2	茨木CC西	70／7315Y

ⓐはアマチュア、＊はプレーオフ。1973年からツアー競技

【過去の18ホール最少ストローク】

62(−10)	小平　智	2015年2R	六甲国際GC東	PAR72／7394ヤード
62(−8)	佐藤　信人	2002年1R	下関GC	PAR70／6867ヤード

マイナビABCチャンピオンシップゴルフトーナメント

開催期日	2023年11月2日～5日	賞金総額	120,000,000円
競技会場	ARCGC	出場人数	99名
トータル	7,217Y・パー72（36、36）	天候	晴・晴・晴時々曇・晴

1日目　中島啓太が9アンダー63で首位スタート。1打差2位で近藤智弘が続き、2打差3位にはツアータイ記録の3イーグルを奪った勝俣陵ら3人がつけた。2日目　ともに8バーディ、ボギーなしの64をマークした堀川未来夢とJ・パグンサンが9位から通算13アンダーの首位に浮上。中島と佐藤大平が1打差で追い、コース新の61を叩き出したS・ノリスが62位から2打差5位に急上昇した。3日目　66で回った中島が通算18アンダーの首位に立つ。1打差2位は佐藤。地元加東市出身の蟬川泰果が64で2打差3位まで上がって来た。最終日　中島が7番までに5バーディを奪って独走していたが中盤スコアを落としてノリスに1打差に迫られる。だが15番のイーグルで再び突き放し、18番でもバーディを決めて大会新の24アンダーでシーズン3勝目。4試合ぶりに金谷から賞金1位を奪い返した。

【優勝】中島　啓太　264　63・69・66・66　24,000,000円

順位	氏名	トータルスコア	1R	2R	3R	4R	賞金額（円）
2	ショーン・ノリス	267	72	61	68	66	12,000,000
3	堀川未来夢	268	67	64	71	66	6,960,000
	蟬川　泰果	268	72	64	64	68	6,960,000
5	佐藤　大平	270	65	66	67	71	4,800,000
6	ブラッド・ケネディ	271	68	67	68	68	4,320,000
7	宋　永漢	272	65	69	71	67	3,960,000
8	竹安　俊也	273	69	70	70	64	3,396,000
	金谷　拓実	273	69	72	66	66	3,396,000
	池田　勇太	273	68	66	69	70	3,396,000
11	清水　大成	274	70	66	69	69	2,784,000
	永野竜太郎	274	68	68	66	72	2,784,000
13	阿久津未来也	275	68	70	68	69	2,424,000
14	谷原　秀人	276	67	74	66	69	2,004,000
	大槻　智春	276	68	68	68	72	2,004,000
	勝俣　陵	276	65	69	70	72	2,004,000
	稲森　佑貴	276	70	65	68	73	2,004,000
18	岩田　寛	277	69	69	70	69	1,656,000
	H・W・リュー	277	70	67	71	69	1,656,000
20	宇喜多飛翔	278	71	71	68	68	1,416,000
	近藤　智弘	278	64	75	69	70	1,416,000
	杉本エリック	278	70	65	72	71	1,416,000
23	米澤　蓮	279	69	72	69	69	1,144,000
	スコット・ビンセント	279	69	68	72	70	1,144,000
	塚田　陽亮	279	69	66	69	75	1,144,000
26	李　尚熹	280	69	72	70	69	1,008,000
	岩﨑亜久竜	280	72	66	75	67	1,008,000
28	小斉平優和	281	71	71	69	70	822,000
	ジャスティン・デロスサントス	281	69	72	69	71	822,000
	木村　太一	281	73	70	68	70	822,000
	今平　周吾	281	69	70	70	72	822,000
	杉原　大河	281	71	68	68	74	822,000
	小木曽　喬	281	71	70	74	66	822,000
34	安森　一貴	282	66	71	74	71	648,000
	黄　重坤	282	73	68	70	71	648,000
	長野　泰雅	282	66	73	70	73	648,000
	伊藤　誠道	282	72	70	72	68	648,000
	トッド・ペク	282	70	71	75	66	648,000
39	片岡　尚之	283	67	75	69	72	504,000
	市原　弘大	283	71	69	71	72	504,000
	幡地　隆寛	283	71	69	70	73	504,000
	ブレンダン・ジョーンズ	283	70	71	71	71	504,000
	宮里　優作	283	68	74	70	71	504,000
	木下　稜介	283	72	71	69	71	504,000
	重永亜斗夢	283	68	70	74	71	504,000
46	大堀裕次郎	284	70	71	69	74	374,400
	篠　優希	284	74	68	69	73	374,400
	細野　勇策	284	67	73	72	72	374,400
	ヤン　ジホ	284	68	74	71	71	374,400
50	西山　大広	286	70	69	72	75	316,800
	貞方　章男	286	69	76	73	72	316,800
	アンソニー・クウェイル	286	70	73	72	71	316,800
	大西　魁斗	286	71	71	76	68	316,800
54	矢野　東	287	72	70	69	76	288,240
	石坂　友宏	287	73	69	69	76	288,240
	鈴木　晃祐	287	70	72	72	73	288,240
	池村　寛世	287	72	71	72	72	288,240
	ディラン・ペリー	287	71	71	72	73	288,240
59	吉田　泰基	288	70	71	75	72	277,200
60	小西　貴紀	290	70	73	75	72	274,800
	松山　怜生	290	70	73	74	73	アマチュア
62	奥松　良太	291	73	69	75	74	アマチュア
	ジュビック・パグンサン		67	64	70	失	

143ストローク（−1）までの63名が予選通過

マイナビABCチャンピオンシップ

氏名	トータルスコア	1R	2R	氏名	トータルスコア	1R	2R	氏名	トータルスコア	1R	2R	氏名	トータルスコア	1R	2R
前田光史朗	144	70	74	宮本 勝昌	145	70	75	片山 晋呉	147	74	73	嘉数 光倫	151	75	76
野呂 涼	144	72	72	@道上嵩琉	145	70	75	谷口 徹	147	74	73	木下 裕太	154	74	80
小浦 和也	144	70	74	ハン・リー	145	72	73	田中 裕基	147	72	75	@武田紘汰	154	77	77
大岩 龍一	144	68	76	大谷 俊介	145	72	73	河本 力	148	71	77	@金子愼之介	154	76	78
浅地 洋佑	144	73	71	小田 孔明	146	74	72	金田 直之	149	70	79	@平松孝太郎	155	81	74
杉山 知靖	144	72	72	井上 信	146	71	75	@橋詰海斗	149	78	71	梶村 夕貴		77	棄
時松 隆光	144	70	74	鍋谷 太一	146	72	74	小林伸太郎	150	72	78	@はアマチュア			
中西 直人	144	72	72	@香川大樹	146	71	75	小鯛 竜也	150	74	76				
岡村 了	144	73	71	石塚 祥利	147	76	71	@大嶋 港	150	74	76				
植竹 勇太	145	74	71	田村 光正	147	72	75	@小川琥太郎	151	73	78				

【歴代優勝者】

年	優勝者		スコア	2位	差	コース	パー／ヤード
ミキ・ゴールドカップ日米対抗							
1971	個人	尾崎将司	208―67・69・72	※B・ヤンシー	2	PLCC	72／6815Y
		ビリー・キャスパー	208―70・70・68	（※は3位）			
	団体	米国	1484S―1493S 日本				
ABC日米対抗							
1972	個人	トミー・アーロン	209―72・67・70	B・ヤンシー	1	池田CC	71／6689Y
	団体	米国	1488S―1506S 日本				
1973	個人	アル・ガイバーガー	218―72・70・76	村上 隆	2	橋本CC	72／7200Y
	団体	日本	1785S―1802S 米国				
1974	個人	杉原輝雄	209―73・68・68	H・グリーン	1	橋本CC	72／7200Y
	団体	日本	1752S―1761S 米国				
1975	個人	中村 通	273―67・67・71・68	A・ガイバーガー	7	茨木国際GC	72／6830Y
	団体	日本	2266S―2308S 米国				
1976	個人	トム・ワトソン	277―71・66・67・73	青木 功	3	播磨CC	72／6530m
	団体	日本	2273S―2288S 米国				
1977	個人	青木 功	280―67・69・71・73	T・ワイスコフ	2	播磨CC	72／6530m
	団体	日本	2079S―2081S 米国				
1978	個人	青木 功	273―71・68・64・70	島田幸作	5	播磨CC	72／6530m
	団体	日本	2273S―2326S 米国				
1979	個人	トム・パーツァー	276―69・67・68・72	B・ロジャース	10	スポーツ振興CC	72／6205m
	団体	日本	2306S―2311S 米国				
1980	個人	ジェリー・ペイト	276―70・69・72・65	鈴木規夫、T・パーツァー	1	スポーツ振興CC	72／6218m
	団体	引き分け	2280S―2280S				
1981	個人	ボビー・クランペット	271―65・66・71・69	矢部 昭	7	スポーツ振興CC	72／6218m
	団体	米国	2246S―2281S 日本				
ゴールドウィン日米ゴルフ							
1982	個人	ボブ・ギルダー	134―65・69	※C・スタドラー	4	総武CC総武	71／6554m
		カルビン・ピート	134―66・68	（※は3位）			
	団体	米国	33P―15P 日本				
1983	個人	中島常幸	141―76・65	H・アーウィン	1	太平洋C六甲	72／6364m
	団体	米国	29P―19P 日本				
内田洋行日米ゴルフ							
1984	個人	トム・ワトソン	135―67・68	尾崎直道、M・オメーラ	1	総武CC総武	71／6554m
	団体	米国	30P―18P 日本				
ABC日米対抗							
1985	個人	尾崎健夫	276―66・73・69・68	※高橋勝成、C・ストレンジ	3	スポーツ振興CC	72／6260m
		コーリー・ペイビン	276―70・68・67・71	（※は3位）			
	団体	米国	2557S―2559S 日本				
1986	個人	カーティス・ストレンジ	271―67・68・72・64	C・ベック	4	スポーツ振興CC	72／6822Y
	団体	米国	2229S―2236S 日本				
1987	個人	アンディ・ビーン	269―64・72・68・65	倉本昌弘	5	スポーツ振興CC	72／6850Y
	団体	日本	2227S―2230S 米国				
LARK CUP							
1988	高橋勝成		277―65・66・72・74	尾崎将司	1	ABCGC	72／7156Y

1989	ブライアン・ジョーンズ	280—70・69・69・72	須藤聡明	4	ABCGC	72／7156Y
1990	川岸良兼	277—72・68・69・68	尾崎将司	2	ABCGC	72／7176Y
1991	横島由一	280—70・71・69・70	R・マッカイ	2	ABCGC	72／7176Y
1992	尾崎直道	279—68・68・71・72	尾崎将司	1	ABCGC	72／7176Y
1993	飯合肇	283—73・72・68・70	尾崎直道、倉本昌弘	1	ABCGC	72／7176Y

PHILIP MORRIS CHAMPIONSHIP

1994	ブライアン・ワッツ	276—71・66・71・68	尾崎将司、尾崎直道、D・ワルドーフ	1	ABCGC	72／7176Y
1995	田中秀道	278—67・73・69・69	尾崎直道、湯原信光	1	ABCGC	72／7176Y
1996	尾崎直道	278—71・70・67・70	尾崎将司、D・イシイ、R・コクラシ	4	ABCGC	72／7176Y
1997	ブライアン・ワッツ	280—70・73・67・70	横尾要	2	ABCGC	72／7176Y
1998	尾崎将司	275—75・68・68・64	原田三夫、C・フランコ	1	ABCGC	72／7176Y
1999	川岸良兼	270—71・65・66・68	桑原克典	1	ABCGC	72／7176Y
2000	谷口徹	273—68・73・68・67	田中秀道、片山晋呉	1	ABCGC	72／7176Y

PHILIP MORRIS K.K. CHAMPIONSHIP

2001	伊沢利光	272—67・67・66・72	田中秀道、谷口徹	1	ABCGC	72／7176Y
2002	ブレンダン・ジョーンズ	269—65・67・67・70	伊沢利光	2	ABCGC	72／7176Y

ABCチャンピオンシップ

2003	片山晋呉	265—64・69・68・64	宮本勝昌	9	ABCGC	72／7176Y
2004	井上信	273—69・67・66・71	鈴木亨、川岸良兼	1	ABCGC	72／7176Y
2005	片山晋呉	274—70・65・70・69	D・チャンド	2	ABCGC	72／7217Y
2006＊	片山晋呉	271—71・70・68・62	Y・E・ヤン	0	ABCGC	72／7217Y
2007＊	フランキー・ミノザ	274—69・64・71・70	ドンファン	0	ABCGC	72／7217Y

マイナビABCチャンピオンシップ

2008	石川遼	279—70・70・70・69	深堀圭一郎	1	ABCGC	72／7217Y
2009	鈴木亨	274—70・67・66・71	兼本貴司	5	ABCGC	72／7217Y
2010	金庚泰	275—67・70・69・69	石川遼	1	ABCGC	72／7217Y
2011＊	河野晃一郎	273—68・69・69・67	裵相文	0	ABCGC	72／7217Y
2012	ハン・リー	271—67・71・70・63	宮本勝昌	1	ABCGC	72／7201Y
2013＊	池田勇太	269—63・69・70・67	S・K・ホ	0	ABCGC	71／7130Y
2014	小田龍一	263—68・67・66・62	小田孔明、谷原秀人	5	ABCGC	71／7130Y
2015	金庚泰	272—66・69・68・69	宮本勝昌、片岡大育、W・J・リー	2	ABCGC	71／7130Y
2016	片山晋呉	276—67・68・73・68	小林伸太郎	1	ABCGC	72／7217Y
2017	小鯛竜也	203—67・67・69	宮里優作、永野竜太郎、任成宰	1	ABCGC	72／7217Y
2018＊	木下裕太	273—66・67・71・69	川村昌弘	0	ABCGC	72／7217Y
2019	黄重坤	269—66・70・66・67	今平周吾	1	ABCGC	72／7200Y
2020	〈新型コロナウイルス感染拡大のため中止〉					
2021	浅地洋佑	272—69・67・68・68	石坂友宏、堀川未来夢	2	ABCGC	72／7217Y
2022	堀川未来夢	271—69・71・64・67	蒋宸豪、出水田大二郎、尚本力	2	ABCGC	72／7217Y
2023	中島啓太	264—63・69・66・66	S・ノリス	3	ABCGC	72／7217Y

＊はプレーオフ。1973年からツアー競技

【過去の18ホール最少ストローク】

61（−11） S・ノリス 2023年2R ABCGC PAR72／7217ヤード

三井住友VISA太平洋マスターズ

開催期日	2023年11月9日～12日	賞金総額	200,000,000円
競技会場	太平洋C御殿場C	出場人数	87名
トータル	7,262Y：パー70 (35,35)	天候	曇・雨・曇・曇

1日目 4アンダー66の小鯛竜也、幡地隆寛、大堀裕次郎が首位。1打差で今平周吾、宮里優作、ヤンジホ、B・ケネディ、J・デロスサントスが続く。2日目 濃霧による視界不良でサスペンデッドに。61人がホールアウトできず。3日目 第2R残りを終えて通算8アンダーの吉田泰基が首位。1打差2位に幡地と今平。続いて第3Rが行われ65をマークした今平が通算12アンダーで首位に立つ。2打差2位は18番でイーグルを奪った吉田がつけ、3位は5打差で杉山知靖。最終日 今平が1、7番でバーディを奪い、一時は4打のリードを奪う。だが9番で初ボギーを叩いてから我慢のゴルフとなった。3位以降の選手は差を詰められず、今平と吉田の一騎打ち。17番で今平がボギー、吉田がバーディを奪い1打差に迫った。18番、吉田が先にバーディパットを外し、今平がパーにまとめて通算9勝目を挙げた。

【優勝】今平 周吾　268　67・66・65・70　40,000,000円

順位	氏名	トータルスコア	1R	2R	3R	4R	賞金額(円)
2	吉田 泰基	269	69	63	68	69	20,000,000
3	金谷 拓実	274	68	69	69	68	10,400,000
	市原 弘大	274	68	69	68	69	10,400,000
	杉原 大河	274	69	71	65	69	10,400,000
6	小斉平優和	275	71	69	70	65	6,633,333
	ジャスティン・デロスサントス	275	67	69	69	70	6,633,333
	片山 晋呉	275	70	65	70	70	6,633,333
9	嘉数 光倫	276	70	70	69	67	4,468,571
	堀川未来夢	276	71	73	65	67	4,468,571
	重永亜斗夢	276	72	69	70	65	4,468,571
	石川 遼	276	69	72	66	69	4,468,571
	細野 勇策	276	68	69	68	71	4,468,571
	宋 永漢	276	68	68	68	72	4,468,571
	杉山 知靖	276	68	71	64	73	4,468,571
16	幡地 隆寛	277	66	67	76	68	2,950,000
	小木曽 喬	277	68	74	67	68	2,950,000
	篠 優希	277	73	67	67	70	2,950,000
	宮里 優作	277	67	69	68	73	2,950,000
20	中島 啓太	278	69	71	70	68	2,360,000
	佐藤 大平	278	74	71	66	67	2,360,000
	阿久津未来也	278	70	69	70	69	2,360,000
23	近藤 智弘	279	68	69	72	70	1,773,333
	トッド・ベク	279	71	69	69	70	1,773,333
	片岡 尚之	279	70	69	69	71	1,773,333
	伊藤 有志	279	70	71	66	72	1,773,333
	安本 大祐	279	74	71	68	66	1,773,333
	谷原 秀人	279	68	69	69	73	1,773,333
29	ブラッド・ケネディ	280	67	74	69	70	1,252,500
	稲森 佑貴	280	68	69	73	70	1,252,500
	塚田 陽亮	280	70	72	68	70	1,252,500
	H・W・リュー	280	70	73	67	70	1,252,500
	貞方 章男	280	69	71	71	69	1,252,500
	平田 憲聖	280	69	74	69	68	1,252,500
	大堀裕次郎	280	66	72	70	72	1,252,500
	長野 泰雅	280	68	68	72	72	1,252,500
37	ショーン・ノリス	281	72	65	72	72	960,000
	比嘉 一貴	281	68	71	73	69	960,000
	桂川 有人	281	68	69	71	73	960,000
	小鯛 竜也	281	66	73	69	73	960,000
	永野竜太郎	281	71	72	70	68	960,000
42	宇喜多飛翔	282	74	69	66	73	800,000
	清水 大成	282	72	71	69	70	800,000
	小林伸太郎	282	72	71	70	69	800,000
45	時松 隆光	283	71	71	69	72	660,000
	中西 直人	283	73	71	68	71	660,000
	香妻陣一朗	283	71	73	69	70	660,000
	内藤寛太郎	283	71	74	69	69	660,000
49	森山 友貴	284	69	69	76	70	アマチュア
50	植竹 勇太	285	73	71	67	74	554,666
	河本 力	285	72	73	67	73	554,666
	ブレンダン・ジョーンズ	285	70	73	71	71	554,666
53	李 尚熹	286	75	70	68	73	502,000
	ヤン ジホ	286	67	73	73	73	502,000
	浅地 洋佑	286	71	70	75	70	502,000
	竹安 俊也	286	70	73	74	69	502,000
57	勝俣 陵	287	72	69	71	75	472,666
	杉本エリック	287	68	70	74	75	472,666
	岩﨑亜久竜	287	71	73	70	73	472,666
60	小西 貴紀	288	73	71	71	73	460,000
	石坂 友宏	288	73	68	76	71	460,000
62	田村 光正	290	70	67	76	77	452,000
	小田 孔明	290	71	74	72	73	452,000
64	ジュビック・パグンサン	291	68	77	70	76	446,000
65	清水蔵之介	292	74	69	75	74	アマチュア
	ハン・リー	292	68	75	75	74	442,000

145ストローク(+5)までの66名が予選通過

氏名	トータルスコア	1R	2R	氏名	トータルスコア	1R	2R	氏名	トータルスコア	1R	2R	氏名	トータルスコア	1R	2R
蟬川 泰果	146	68	78	池村 寛世	148	74	74	薗田 峻輔	149	74	75	@松井琳空海	157	78	79
鍋谷 太一	146	71	75	大西 魁斗	148	72	76	勝亦 悠斗	150	72	78	岩田 寛		76	棄
鈴木 晃祐	147	76	71	@佐藤快斗	148	73	75	アンソニー・クウェイル	150	75	75	大岩 龍一		73	棄
額賀 辰徳	147	71	76	@武田紘汰	148	75	73	木下 裕太	150	74	76	@はアマチュア			
宮本 勝昌	147	72	75	安森 一貴	149	73	76	遠藤 彰	152	75	77				
深堀圭一郎	148	75	73	池田 勇太	149	73	76	谷口 徹	155	78	77				

【歴代優勝者】

年	優勝者	スコア	2位	差	コース	パー/ヤード
太平洋クラブマスターズ						
1972*	ゲイ・ブリューワー	276—67・71・67・71	D・グラハム	0	総武CC総武	71/7207Y
1973	尾崎将司	278—71・67・71・69	B・ヤンシー	0	総武CC総武	71/7187Y
1974	ジーン・リトラー	279—71・70・69・69	B・ヤンシー	5	総武CC総武	71/7187Y
1975	ジーン・リトラー	278—69・66・73・70	尾崎将司,A・ミラー、L・エルダー,H・グリーン	1	総武CC総武	71/7187Y
1976	ジェリー・ペイト	279—70・70・68・71	青木 功	2	総武CC総武	71/6573m
1977	ビル・ロジャース	275—71・67・71・66	杉原輝雄,M・モリー	1	太平洋C御殿場	71/6426m
1978	ギル・モーガン	273—68・67・68・70	J・ペイト	3	太平洋C御殿場	71/6448m
1979	鈴木規夫	280—73・69・67・71	T・ワトソン,R・カール、B・ロジャース、	2	太平洋C御殿場	72/6492m
東芝太平洋マスターズ						
1980*	鈴木規夫	282—73・68・70・71	尾崎将司	0	太平洋C御殿場	72/6505m
1981	ダニー・エドワーズ	276—67・70・69・70	T・ワトソン,J・ペイト	3	太平洋C御殿場	72/6505m
太平洋クラブマスターズ						
1982	スコット・ホーク	278—73・70・66・69	倉本昌弘	3	太平洋C御殿場	72/6505m
1983	《中止》					
1984	前田新作	275—69・68・66・72	新井規矩雄、尾崎直道	1	太平洋C御殿場	72/6492m
1985*	中島常幸	280—67・72・67・74	デビッド・グラハム	0	太平洋C御殿場	72/6492m
VISA太平洋クラブマスターズ						
1986	船渡川育宏	274—67・68・70・69	L・ネルソン	2	太平洋C御殿場	72/6469m
1987	グラハム・マーシュ	276—70・69・71・66	T・ワトソン	1	太平洋C御殿場	72/7072Y
1988	セベ・バレステロス	281—71・71・68・71	船渡川育宏	3	太平洋C御殿場	72/7072Y
1989	ホセ・マリア・オラサバル	203—66・70・67	尾崎直道、青木 功	3	太平洋C御殿場	72/7072Y
1990	ホセ・マリア・オラサバル	270—68・69・67	B・ランガー、尾崎将司	5	太平洋C御殿場	72/7072Y
1991	ロジャー・マッカイ	272—70・69・65・68	金子柱憲	2	太平洋C御殿場	72/7072Y
1992	尾崎将司	276—74・66・66・70	渡辺 司,倉本昌弘,B・ランガー	1	太平洋C御殿場	72/7072Y
住友VISA太平洋マスターズ						
1993	グレッグ・ノーマン	272—70・67・67・68	水巻善典	1	太平洋C御殿場	72/7072Y
1994	尾崎将司	270—66・69・68・67	B・エステス	5	太平洋C御殿場	72/7072Y
1995	東 聡	274—70・66・71・67	丸山茂樹	4	太平洋C御殿場	72/7072Y
1996*	リー・ウエストウッド	206—68・70・68	J・スルーマン,C・ロッカ	0	太平洋C御殿場	72/7072Y
1997	リー・ウエストウッド	272—68・68・65・71	尾崎将司、尾崎直道	1	太平洋C御殿場	72/7072Y
1998	リー・ウエストウッド	275—72・67・67・69	尾崎将司	2	太平洋C御殿場	72/7072Y
1999*	宮瀬博文	274—66・70・69・69	川岸良兼、D・クラーク	0	太平洋C御殿場	72/7072Y
2000	伊沢利光	274—68・69・66・71	深堀圭一郎	1	太平洋C御殿場	72/7232Y
三井住友VISA太平洋マスターズ						
2001	伊沢利光	270—65・67・68・69	野仲 茂、@宮里優作	2	太平洋C御殿場	72/7232Y
2002	中嶋常幸	272—69・66・67・70	田中秀道	1	太平洋C御殿場	72/7246Y
2003	室田 淳	272—66・71・62・73	金 鍾德,藤田寛之,B・カーティス	6	太平洋C御殿場	72/7246Y
2004	ダレン・クラーク	266—66・65・67・68	川原 希,L・ウエストウッド	6	太平洋C御殿場	72/7246Y
2005	ダレン・クラーク	270—66・71・65・68	立山光広	2	太平洋C御殿場	72/7246Y
2006	中嶋常幸	275—71・68・71・65	谷口 徹	1	太平洋C御殿場	72/7246Y
2007	ブレンダン・ジョーンズ	274—67・68・69・70	谷口 徹	1	太平洋C御殿場	72/7246Y
2008*	片山晋呉	272—67・68・68・69	今野康晴	0	太平洋C御殿場	72/7246Y
2009	今野康晴	275—69・65・68・73	H・リー、久保谷健一	2	太平洋C御殿場	72/7246Y
2010	石川 遼	274—70・72・65・67	B・ジョーンズ	2	太平洋C御殿場	72/7246Y
2011@	松山英樹	203—71・64・68	谷口 徹	2	太平洋C御殿場	72/7246Y
2012	石川 遼	273—67・69・69・68	松村道央	1	太平洋C御殿場	72/7246Y

ツアー成績

221

2013	谷原秀人	275―66・69・67・73	近藤共弘、石川　遼、川村昌弘	1	太平洋C御殿場	72／7246Y
2014	デービッド・オー	276―70・68・68・70	武藤俊憲	1	太平洋C御殿場	72／7246Y
2015	片山晋呉	202―64・68・70	T・クロンパ	1	太平洋C御殿場	72／7246Y
2016	松山英樹	265―65・66・65・69	宋　永漢	7	太平洋C御殿場	72／7246Y
2017	小平　智	270―63・72・70・65	宮里優作	3	太平洋C御殿場	72／7246Y
2018	額賀辰徳	201―67・68・66	S・H・キム	2	太平洋C御殿場	70／7262Y
2019	ⓐ金谷拓実	267―73・66・63・65	S・ノリス	1	太平洋C御殿場	70／7262Y
2020	香妻陣一朗	272―71・65・68・68	木下稜介	1	太平洋C御殿場	70／7262Y
2021	谷原秀人	274―71・66・67・70	金谷拓実	1	太平洋C御殿場	70／7262Y
2022＊	石川　遼	272―68・66・69・69	星野陸也	0	太平洋C御殿場	70／7262Y
2023	今平周吾	268―67・66・65・70	吉田泰基	1	太平洋C御殿場	70／7262Y

＊はプレーオフ、ⓐはアマチュア

1973年からツアー競技。但し、1974年は後援競技

【過去の18ホール最少ストローク】

62（－10）　室田　淳　2003年3R　太平洋C御殿場C　PAR72／7246ヤード

ダンロップフェニックストーナメント

開催期日	2023年11月16日～19日	賞金総額	200,000,000円
競技会場	フェニックスCC	出場人数	84名
トータル	7,012Y・パー71（36,36）	天候	晴・晴時々曇・晴・晴

1日目 50回記念大会。松山英樹、B・ケプカ、W・クラークのメジャー覇者3人が同組でプレーし松山が8アンダー63をマークして首位に立つ。1打差2位は日本大学4年のアマ杉浦悠太。**2日目** 68で回った杉浦が通算10アンダーとして首位に躍進。3打差2位は木下裕太とS・ノリス。松山は74で8位に後退した。**3日目** 杉浦が2つスコアを伸ばし通算12アンダーで首位を守る。2位は4打差でB・ケネディ。中島啓太が5打差3位に浮上した。**最終日** 杉浦がアウトで1つ伸ばしたが11番ダブルボギー、12番ボギーで後続との差が2打に縮まる。それでも16番バーディで突き放し、18番もバーディで締めて通算12アンダー。終盤追い上げた中島と蝉川泰果に3打差をつけて史上7人目（73年以降）のアマ優勝を成し遂げた。4年ぶり日本ツアーの松山は10位。杉浦はその場でプロ宣言を行った。

【優勝】杉浦 悠太 272 64・68・69・71 アマチュア

順位	氏名	トータルスコア	1R	2R	3R	4R	賞金額（円）
2	蝉川 泰果	275	70	68	71	66	30,000,000
	中島 啓太	275	65	71	70	69	30,000,000
4	幡地 隆寛	277	73	69	69	66	10,400,000
	宮里 優作	277	65	72	72	68	10,400,000
	ブラッド・ケネディ	277	70	68	67	72	10,400,000
7	吉田 泰基	278	67	72	71	68	6,633,333
	細野 勇策	278	68	69	71	70	6,633,333
	平田 憲聖	278	69	69	70	70	6,633,333
10	木下 稜介	279	69	71	72	67	5,040,000
	稲森 佑貴	279	70	70	71	68	5,040,000
	比嘉 一貴	279	70	66	73	70	5,040,000
	松山 英樹	279	63	74	71	71	5,040,000
14	片岡 尚之	280	74	69	69	68	4,040,000
15	杉山 知靖	281	71	68	71	71	3,540,000
	ブルックス・ケプカ	281	70	69	67	72	3,540,000
17	岩田 寛	282	69	69	75	69	2,533,333
	木下 裕太	282	67	68	77	70	2,533,333
	嘉数 光倫	282	70	69	72	71	2,533,333
	近藤 智弘	282	72	68	72	70	2,533,333
	鍋谷 太一	282	69	71	71	71	2,533,333
	スコット・ビンセント	282	66	70	74	72	2,533,333
	植竹 勇太	282	69	71	70	72	2,533,333
	ショーン・ノリス	282	65	70	74	73	2,533,333
	宋 永漢	282	66	72	71	73	2,533,333
26	小木曽 喬	283	73	69	71	70	1,640,000
	大堀裕次郎	283	67	74	73	69	1,640,000
	塚田 陽亮	283	70	70	74	69	1,640,000
	出水田大二郎	283	67	72	76	68	1,640,000
	星野 陸也	283	71	66	72	74	1,640,000
31	小浦 和也	284	68	73	72	71	1,243,333
	サヒス・ティーガラ	284	75	68	70	71	1,243,333
	杉原 大河	284	69	72	73	70	1,243,333
	堀川未来夢	284	69	71	71	73	1,243,333
	香妻陣一朗	284	72	71	75	66	1,243,333
	ジュビック・パグンサン	284	70	70	68	76	1,243,333
37	金谷 拓実	285	69	72	73	71	1,020,000
	ブレンダン・ジョーンズ	285	71	72	69	73	1,020,000
	ウィンダム・クラーク	285	71	70	74	70	1,020,000
	市原 弘大	285	70	69	77	69	1,020,000
41	アンソニー・クウェイル	286	73	68	72	73	860,000
	谷原 秀人	286	70	68	74	74	860,000
	時松 隆光	286	68	72	74	72	860,000
	ジャスティン・デロスサントス	286	70	68	76	72	860,000
45	宮本 勝昌	287	69	72	72	74	700,000
	浅地 洋佑	287	70	70	76	71	700,000
	桂川 有人	287	71	71	76	70	700,000
	大槻 智春	287	71	72	74	70	700,000
49	貞方 章男	288	68	73	75	72	566,000
	ヤン ジホ	288	71	72	75	70	566,000
	佐藤 大平	288	67	73	80	68	566,000
	小斉平優和	288	66	72	84	66	566,000
53	小西 貴紀	289	70	69	74	76	520,000
54	谷口 徹	290	70	70	74	76	496,000
	清水 大成	290	75	68	75	72	496,000
	生源寺龍憲	290	69	74	78	69	496,000
57	岩﨑亜久竜	291	69	72	75	75	476,000
	長野 泰雅	291	70	73	72	76	476,000
59	重永亜斗夢	292	69	71	80	72	466,000
60	石川 遼	293	74	69	73	77	462,000
61	大西 魁斗	296	71	72	81	72	458,000

143ストローク（＋1）までの61名が予選通過

223

ダンロップフェニックス

氏名	トータルスコア	1R	2R	氏名	トータルスコア	1R	2R	氏名	トータルスコア	1R	2R	氏名	トータルスコア	1R	2R
池村 寛世	144	75	69	池田 勇太	144	75	69	ハン・リー	145	70	75	田村 光正	147	72	75
杉本エリック	144	70	74	ノーマン・シオン	144	71	73	竹安 俊也	146	75	71	河本 力	148	71	77
今平 周吾	144	74	70	李 尚熹	144	73	71	小林伸太郎	146	72	74	安森 一貴	149	75	74
阿久津未来也	144	73	71	小鯛 竜也	145	69	76	石坂 友宏	146	71	75	大岩 龍一	154	74	80
永野竜太郎	144	70	74	勝俣 陵	145	71	74	張 棟圭	146	73	73	小田 孔明	154	79	75
トッド・ベク	144	72	72	アレハンドロ・トスティ	145	72	73	H・W・リュー	147	77	70				

【歴代優勝者】

年	優勝者	スコア	2位	差	コース	パー／ヤード
ダンロップフェニックス						
1974	ジョニー・ミラー	274—69・69・69・67	呂 良煥	7	フェニックスCC	72／7012Y
1975	ヒューバート・グリーン	272—67・70・67・68	島田幸作	6	フェニックスCC	72／7012Y
1976	グラハム・マーシュ	272—66・69・65・72	M・バーバー	6	フェニックスCC	72／6410m
1977	セベ・バレステロス	282—68・70・73・71	新井規矩雄	1	フェニックスCC	72／6410m
1978	アンディ・ビーン	275—67・70・69・69	G・マーシュ	5	フェニックスCC	72／6391m
1979	ボビー・ワドキンス	284—73・67・71・73	鷹巣南雄、呂 良煥	3	フェニックスCC	72／6391m
1980	トム・ワトソン	282—68・74・73・67	M・リード	2	フェニックスCC	72／6391m
1981	セベ・バレステロス	279—72・66・69・72	中島常幸	3	フェニックスCC	72／6391m
1982	カルビン・ピート	281—73・69・67・72	S・バレステロス、L・ネルソン	3	フェニックスCC	72／6391m
1983＊	陳 志明	286—74・71・71・70	T・ワトソン	0	フェニックスCC	72／6391m
1984＊	スコット・シンプソン	282—71・71・72・68	B・ランガー	0	フェニックスCC	72／6393m
1985	中島常幸	275—67・68・70・70	陳 志忠、S・バレステロス	3	フェニックスCC	72／6393m
1986	ボビー・ワドキンス	277—69・73・67・68	G・マーシュ	1	フェニックスCC	72／6993Y
1987	クレイグ・スタドラー	277—71・65・69・72	S・ホーク	1	フェニックスCC	72／6993Y
1988	ケン・グリーン	273—70・68・64・71	F・カプルス	2	フェニックスCC	72／6993Y
1989	ラリー・マイズ	272—69・64・71・68	尾崎直道	4	フェニックスCC	72／6993Y
1990	ラリー・マイズ	274—69・65・69・71	尾崎直道	3	フェニックスCC	72／6993Y
1991＊	ラリー・ネルソン	276—70・71・67・68	青木 功、J・D・ブレイク、S・バレステロス、	0	フェニックスCC	72／6993Y
1992＊	デビッド・フロスト	277—72・69・69・67	室田 淳	0	フェニックスCC	72／6993Y
1993	アーニー・エルス	271—68・69・65・69	尾崎将司、中島常幸、F・カプルス、B・レーン、V・シン	4	フェニックスCC	72／6993Y
1994	尾崎将司	201—67・69・65	T・ワトソン	1	フェニックスCC	72／6993Y
1995	尾崎将司	273—65・71・69・68	P・シニア、R・ガメス、B・ジョーブ	1	フェニックスCC	71／6798Y
1996	尾崎将司	277—68・67・69・73	尾崎直道、T・ワトソン	3	フェニックスCC	71／6803Y
1997	トム・ワトソン	275—70・65・70・70	尾崎直道	2	フェニックスCC	71／6803Y
1998	リー・ウエストウッド	271—68・67・66・70	D・クラーク	3	フェニックスCC	71／6846Y
1999＊	トーマス・ビヨン	270—69・66・68・67	S・ガルシア	0	フェニックスCC	71／6856Y
2000	片山晋呉	265—65・66・66・68	B・メイ	4	フェニックスCC	71／6856Y
2001＊	デービッド・デュバル	269—65・67・68・69	手嶋多一	0	フェニックスCC	71／6856Y
2002	横尾 要	269—66・65・69・69	S・ガルシア	1	フェニックスCC	71／6917Y
2003	トーマス・ビヨン	272—67・65・69・71	丸山大輔	2	フェニックスCC	71／6917Y
2004	タイガー・ウッズ	264—65・67・65・67	川岸良兼	8	フェニックスCC	70／6901Y
2005＊	タイガー・ウッズ	272—65・67・68・72	横尾 要	0	フェニックスCC	70／6907Y
2006＊	パドレイグ・ハリントン	271—67・66・71・67	T・ウッズ	0	フェニックスCC	70／6907Y
2007	イアン・ポールター	269—65・68・67・69	G・フェルナンデスカスタノ	3	フェニックスCC	70／6919Y
2008	プラヤド・マークセン	276—68・70・67・71	石川 遼	1	フェニックスCC	71／7010Y
2009＊	エドアルド・モリナリ	271—70・66・69・66	R・カールソン	0	フェニックスCC	71／7010Y
2010	池田勇太	269—67・66・70・66	金 庚泰	2	フェニックスCC	71／7010Y
2011	武藤俊憲	201—68・70・63	G・フェルナンデスカスタノ	4	フェニックスCC	71／7010Y
2012	ルーク・ドナルド	268—65・64・71・68	ⓐ松山英樹	5	フェニックスCC	71／7027Y
2013	ルーク・ドナルド	270—73・66・65・66	金 亨成	6	フェニックスCC	71／7027Y
2014＊	松山英樹	269—68・64・67・70	岩田 寛	0	フェニックスCC	71／7027Y
2015	宮里優作	270—67・70・64・69	松山英樹、藤本佳則	2	フェニックスCC	71／7027Y

2016	ブルックス・ケプカ	263—65・70・63・65	池田勇太	1	フェニックスCC	71／7027Y
2017	ブルックス・ケプカ	264—65・68・64・67	P・マークセン, 李尚熹, X・シャウフェレ	9	フェニックスCC	71／7027Y
2018	市原弘大	269—70・68・68・63	堀川未来夢	1	フェニックスCC	71／7027Y
2019	今平周吾	203—65・72・66	黄　重坤	2	フェニックスCC	71／7027Y
2020	＊金谷拓実	271—68・66・68・69	石坂友宏	0	フェニックスCC	71／7042Y
2021	チャン・キム	267—69・69・66・63	片岡尚之、木下稜介	1	フェニックスCC	71／7042Y
2022	比嘉一貴	263—69・65・65・64	M・ペレイラ	3	フェニックスCC	71／7042Y
2023	ⓐ杉浦悠太	,272—64・68・69・71	蟬川泰果、中島啓太	3	フェニックスCC	71／7042Y

＊はプレーオフ、ⓐはアマチュア。1973年からツアー競技

【過去の18ホール最少ストローク】

61（−10）	丸山　茂樹	1999年3R	フェニックスCC	PAR71／6856ヤード
61（−10）	池田　勇太	2016年4R	フェニックスCC	PAR71／7027ヤード

ツアー成績

カシオワールドオープンゴルフトーナメント

開催期日	2023年11月23日〜26日
競技会場	Kochi黒潮CC
トータル	7,335Y：パー72（36,36）

賞金総額	200,000,000円
出場人数	108名
天　　候	晴・晴・晴・晴

1日目　ヤンジホと宇喜多飛翔がともに9バーディ、ボギーなしの63で首位に立つ。2打差3位は小西貴紀。3打差4位に金谷拓実、蟬川泰果ら7人がつけた。2日目　64で回った池村寛世が通算12アンダーの首位に浮上。3打差で宇喜多とH・W・リューが続く。前週優勝でプロ宣言した杉浦悠太は決勝Rに進めなかった。3日目　賞金ランク2位の金谷が68にまとめ通算10アンダーで細野勇策、鍋谷太一、

大西魁斗、T・ベクと首位に並ぶ。67で回った賞金ランク1位の中島啓太は同3位の蟬川らと同じ9位に浮上した。最終日　12位にいた宋永漢が15番までに6つ伸ばし通算13アンダーで首位に躍り出る。16番以降はパーの宋に18番バーディの米澤蓮が並ぶ。この2人を17、18番連続バーディの鍋谷が抜き去り初優勝を飾った。また、18番イーグルで4位に入った中島が初の賞金王を決めた。

【優勝】鍋谷　太一　274　69・69・68・68　40,000,000円

順位	氏名	トータルスコア	1R	2R	3R	4R	賞金額（円）	順位	氏名	トータルスコア	1R	2R	3R	4R	賞金額（円）
2	宋　永漢	275	66	70	73	66	16,800,000	39	ジャスティン・デロスサントス	285	70	70	76	69	980,000
	米澤　蓮	275	68	70	69	68	16,800,000		吉田　泰基	285	69	73	74	69	980,000
4	中島　啓太	276	70	71	67	68	9,600,000	41	宮里　優作	286	68	72	72	74	760,000
5	ヤン　ジホ	277	63	73	73	68	7,600,000		李　尚熹	286	70	71	73	72	760,000
	朴　相賢	277	70	71	67	69	7,600,000		木下　裕太	286	69	72	71	74	760,000
7	トッド・ペク	278	66	72	68	72	6,113,333		貞方　章男	286	69	72	71	74	760,000
	金谷　拓実	278	66	72	68	72	6,113,333		岩田　寛	286	71	71	73	71	760,000
	細野　勇策	278	71	67	68	72	6,113,333		武藤　俊憲	286	71	71	73	71	760,000
10	時松　隆光	279	70	73	69	67	4,840,000		稲森　佑貴	286	70	73	72	71	760,000
	蟬川　泰果	279	66	72	70	71	4,840,000		野呂　涼	286	72	71	72	71	760,000
	杉本エリック	279	68	69	70	72	4,840,000		幡地　隆寛	286	67	70	80	69	760,000
13	小木曽　喬	280	68	75	70	67	3,480,000	50	高　君宅	287	69	74	69	75	576,000
	西山　大広	280	67	72	71	70	3,480,000	51	宇喜多飛翔	288	63	72	77	76	528,000
	杉山　知靖	280	66	72	71	71	3,480,000		小西　貴紀	288	65	76	76	71	528,000
	H・W・リュー	280	66	69	72	73	3,480,000		坂本　雄介	288	68	74	73	73	528,000
	大西　魁斗	280	68	70	68	74	3,480,000		桂川　有人	288	69	74	75	70	528,000
18	大槻　智春	281	71	71	71	68	2,440,000	55	勝俣　陵	289	68	72	74	75	496,000
	阿久津未来也	281	70	70	73	68	2,440,000	56	植竹　勇太	290	69	73	75	73	480,000
	小林　翔音	281	70	70	72	69	アマチュア		生源寺龍憲	290	69	73	75	73	480,000
	小斉平優和	281	70	71	70	70	2,440,000		竹安　俊也	290	69	72	77	72	480,000
	小浦　和也	281	66	76	68	71	2,440,000	59	額賀　辰徳	291	71	70	74	76	464,000
	杉原　大河	281	67	73	70	71	2,440,000		大堀裕次郎	291	69	73	74	75	464,000
	塚田　陽亮	281	69	73	67	72	2,440,000	61	池田　勇太	292	67	76	72	77	458,000
25	片岡　大育	282	67	71	74	70	1,640,000								
	高野　碧輝	282	69	74	69	70	1,640,000								
	上井　邦浩	282	68	73	72	69	1,640,000								
	平田　憲聖	282	70	73	69	70	1,640,000								
	伴　真太郎	282	69	72	73	68	1,640,000								
	近藤　智弘	282	68	74	72	68	1,640,000								
	堀川未来夢	282	70	72	72	68	1,640,000								
32	ハン・リー	283	68	70	74	71	1,235,000								
	張　棟圭	283	70	71	73	69	1,235,000								
	佐藤　大平	283	69	73	70	71	1,235,000								
	鈴木　晃祐	283	68	71	72	72	1,235,000								
36	浅地　洋佑	284	70	71	72	71	1,080,000								
	木下　稜介	284	68	75	71	70	1,080,000								
	池村　寛世	284	68	64	79	73	1,080,000								

143ストローク（−1）までの61名が予選通過

氏名	トータルスコア	1R	2R	氏名	トータルスコア	1R	2R	氏名	トータルスコア	1R	2R	氏名	トータルスコア	1R	2R
内藤寛太郎	144	70	74	伊藤 有志	144	69	75	前田光史朗	146	72	74	皆本 祐介	148	72	76
@山﨑咲寿	144	72	72	小鯛 竜也	145	73	72	谷口 徹	146	72	74	安本 大祐	149	73	76
岡村 了	144	69	75	小林伸太郎	145	70	75	長野 泰雅	146	72	74	小田 孔明	149	73	76
呉 司聡	144	74	70	ジェイブ・クルーガー	145	71	74	@清水蔵之介	146	67	79	田村 光正	149	77	72
久岩 龍一	144	73	71	條 優希	145	73	72	安森 一貫	146	71	75	河本 力	149	69	80
市原 弘大	144	71	73	香妻陣一朗	145	70	75	岩崎亜久竜	147	74	73	富村 真治	149	74	75
片岡 尚之	144	69	75	@中野麟太朗	145	72	73	@武田紘汰	148	72	76	山田 大晟	151	76	75
清水 大成	144	76	68	石川 遼	145	75	70	金岡 奎吾	148	74	74	@はアマチュア			
石坂 友宏	144	70	74	金子 駆大	146	72	74	嘉数 光倫	148	71	77				
出水田大二郎	144	69	75	田中 裕基	146	72	74	杉浦 悠太	148	71	77				
矢野 東	144	70	74	ブレンダン・ジョーンズ	146	73	73	中西 直人	148	76	72				

【歴代優勝者】

年	優勝者	スコア	2位	差	コース	パー／ヤード
1981	リー・トレビノ	275—68・67・71・69	青木 功	4	指宿GC	72／6270m
1982	スコット・ホーク	282—72・71・69・70	中島常幸	1	指宿GC	72／6370m
1983	ベルンハルト・ランガー	287—74・68・74・71	中島常幸	2	指宿GC	72／6370m
1984＊	サンディ・ライル	279—68・69・71・71	G・コーク	0	指宿GC	72／6413m
1985＊	ヒューバート・グリーン	289—72・76・67・74	S・ホーク、湯原信光、W・グラディ	0	指宿GC	72／6388m
1986	スコット・ホーク	276—67・72・68・69	J・M・オラサバル	6	指宿GC	72／6985Y
1987	デービッド・イシイ	276—67・69・73・67	S・トーランス	2	指宿GC	72／6985Y
1988	ラリー・マイズ	284—72・71・68・73	尾崎将司	1	指宿GC	72／6985Y
1989	青木 功	274—70・70・65・69	L・マイズ	1	指宿GC	72／7014Y
1990	マイク・リード	274—69・70・65・70	金子柱憲	2	指宿GC	72／7014Y
1991	尾崎直道	270—71・67・64・68	飯合 肇	2	指宿GC	72／7014Y
1992	青木 功	277—76・66・74・71	陳 志明	1	指宿GC	72／7014Y
1993	トム・リーマン	274—69・69・67・69	P・ミケルソン	1	指宿GC	72／7014Y
1994	ロバート・ガメス	271—68・66・68・69	S・ホーク	4	いぶすきGC	72／7014Y
1995	奥田靖己	274—69・72・69・64	尾崎将司	1	いぶすきGC	72／7014Y
1996＊	ポール・スタンコウスキー	277—69・69・71・68	D・イシイ	0	いぶすきGC	72／7028Y
1997	日下部光隆	278—69・68・71・70	尾崎直道、宮瀬博文、深堀圭一郎	1	いぶすきGC	72／7056Y
1998＊	ブライアン・ワッツ	274—69・70・67・68	伊沢利光	0	いぶすきGC	72／7105Y
1999	米山 剛	274—70・71・68・65	手嶋多一	1	いぶすきGC	72／7105Y
2000	鈴木 亨	267—68・67・65・67	尾崎将司	1	いぶすきGC	72／7105Y
2001	室田 淳	264—65・68・63・68	D・チャンド	2	いぶすきGC	72／7105Y
2002	デービッド・スメイル	200—68・68・64	B・ジョーンズ	2	いぶすきGC	72／7151Y
2003	今井克宗	264—65・65・67・67	B・ジョーンズ、片山晋呉	7	いぶすきGC	72／7151Y
2004	デービッド・スメイル	276—70・66・69・71	H・メイハン	1	いぶすきGC	72／7151Y
2005	谷口 徹	277—70・70・68・69	金 鍾徳	2	Kochi黒潮CC	72／7220Y
2006	ジーブ・ミルカ・シン	272—66・69・69・68	D・スメイル	2	Kochi黒潮CC	72／7235Y
2007	手嶋多一	275—69・68・73・65	C・キャンベル	1	Kochi黒潮CC	72／7250Y
2008	小田孔明	277—66・67・72・72	久保谷健一	3	Kochi黒潮CC	72／7300Y
2009	小田孔明	267—67・65・70・65	石川 遼	3	Kochi黒潮CC	72／7300Y
2010＊	松山道央	275—68・72・67・68	金度勲（大邱）	0	Kochi黒潮CC	72／7300Y
2011	高山忠洋	273—67・68・70・68	宮里優作	2	Kochi黒潮CC	72／7280Y
2012	黄 重坤	269—65・70・68・66	上井邦浩	3	Kochi黒潮CC	72／7300Y
2013	松山英樹	276—72・66・68・70	池田勇太	1	Kochi黒潮CC	72／7316Y
2014	片山晋呉	271—70・64・72・65	冨山 聡	3	Kochi黒潮CC	72／7315Y
2015	黄 重坤	273—70・67・70・66	石川 遼	1	Kochi黒潮CC	72／7315Y

ツアー成績

カシオワールドオープン

2016	池田勇太	203—72・64・67	正岡竜二		1	Kochi黒潮CC	72／7315Y
2017	スンス・ハン	275—71・73・65・66	B・ジョーンズ、石川遼、金庚泰、時松隆光		1	Kochi黒潮CC	72／7315Y
2018	崔　虎星	273—67・70・69・67	B・ジョーンズ		1	Kochi黒潮CC	72／7335Y
2019	金　庚泰	268—70・68・66・64	S・ノリス		2	Kochi黒潮CC	72／7335Y
2020	〈新型コロナウイルス感染拡大のため中止〉						
2021	堀川　未来夢	269—64・65・73・67	宮里優作、今平周吾		2	Kochi黒潮CC	72／7335Y
2022	チャン・キム	256—64・66・64・62	岩﨑亜久竜		6	Kochi黒潮CC	72／7335Y
2023	鍋谷太一	274—69・69・68・68	宋　永漢、米澤　蓮		1	Kochi黒潮CC	72／7335Y

＊はプレーオフ

1982年からツアー競技。但し、1981年は後援競技で賞金ランキング加算競技

【過去の18ホール最少ストローク】

62（−10）　C・キム　　2022年4R　Kochi黒潮CC　　PAR72／7335ヤード

ゴルフ日本シリーズJTカップ

開催期日	2023年11月30日〜12月3日		賞金総額	130,000,000円	
競技会場	東京よみうりCC		出場人数	30名	
トータル	7,023Y・パー70(35,35)		天 候	晴・晴・晴・晴	

1日目 前週賞金王を決めた中島啓太が1イーグル、5バーディの63で首位発進。賞金ランク2位の金谷拓実が1打差2位で続いた。**2日目** 中島が66で回り通算11アンダーとして首位を守る。4番ダブルボギーなど苦戦しながらも14番からの4連続バーディで64とした蟬川泰果が金谷と並ぶ2打差2位に浮上。大会連覇中の谷原秀人は66で5打差4位につけた。**3日目** 6つスコアを伸ばして単独首位を奪っ

ていた蟬川だが18番ダブルボギーで中島と同じ通算13アンダー首位タイ。62を叩き出した石川遼が9位から金谷と並ぶ2打差3位に上がって来た。**最終日** 最終組の石川は後半崩れ、蟬川、中島に1組前の金谷が迫る展開に。金谷が17番バーディで首位2人に並べば、すかさず蟬川が17番バーディで1打リードする。18番は3人ともパー。蟬川が激戦を制して22歳の大会最年少優勝を果たした。

【優勝】蟬川 泰果 265 67・64・66・68 40,000,000円

順位	氏 名	トータルスコア	1R	2R	3R	4R	賞金額(円)
2	金谷 拓実	266	64	67	68	67	12,500,000
	中島 啓太	266	63	66	68	69	12,500,000
4	宋 永漢	268	66	69	65	68	6,211,593
5	稲森 佑貴	270	70	67	68	65	5,171,593
6	谷原 秀人	271	68	66	68	69	4,651,593
7	小木曽 喬	272	70	68	66	68	4,099,093
	石川 遼	272	68	69	62	73	4,099,093
9	今平 周吾	274	68	70	69	67	3,637,593
10	平田 憲聖	275	68	68	71	68	3,247,593
	佐藤 大平	275	74	71	63	67	3,247,593
12	阿久津未来也	277	73	67	69	68	2,727,593
	鍋谷 太一	277	65	70	67	75	2,727,593
14	ブラッド・ケネディ	280	68	71	69	72	2,337,593
15	片岡 尚之	281	69	74	71	67	2,207,593
16	細野 勇策	282	70	71	73	68	2,012,593
	吉田 泰基	282	65	73	74	70	2,012,593
18	杉浦 悠太	283	72	70	70	71	1,765,593
	堀川未来夢	283	76	66	68	73	1,765,593
20	米澤 蓮	284	67	72	73	72	1,609,592
21	ヤン ジホ	285	69	75	69	72	1,505,592
22	鈴木 晃祐	286	70	70	74	72	1,297,592
	岩﨑亜久竜	286	72	71	71	72	1,297,592
	岩田 寛	286	65	70	74	77	1,297,592
25	大槻 智春	288	68	75	71	74	1,141,592
26	ジュビック・バグンサン	289	69	73	73	74	1,063,592
	高 君宅	289	68	74	70	77	1,063,592
28	木下 裕太	290	72	71	79	68	985,592
29	ジェイブ・クルーガー	291	71	77	72	71	933,592
30	幡地 隆寛	293	71	77	68	77	881,592

【歴代優勝者】

年	優勝者	スコア	2位	差	コース	パー/ヤード
ゴルフ日本シリーズ						
1963	石井朝夫	288—80・68・70・70	小野光一	8	大阪よみうりCC / 紫CCすみれ	73／7180Y / 72／7070Y
1964	陳 清波	284—75・68・69・72	杉本英世	2	大阪・東京 よみうりCC	(東)73／7180Y / (東)72／6962Y
1965	杉原輝雄	284—70・71・70・73	橘田 規	11	大阪・東京 よみうりCC	(東)73／7180Y / (東)72／6962Y
1966	《中 止》					
1967	河野高明	281—67・70・72・72	佐藤精一、橘田 規	11	大阪・東京 よみうりCC	(大)73／7180Y / (東)72／7027Y
1968	河野高明	283—71・70・71・71	松田司郎	3	大阪・東京 よみうりCC	(大)73／6563m / (東)72／6441m
1969	杉本英世	291—71・75・69・76	内田 繁、安田春雄	1	大阪・東京 よみうりCC	(大)73／6563m / (東)72／7052Y
1970	杉原輝雄	284—69・73・69・73	島田幸作	3	大阪・東京 よみうりCC	(大)73／6563m / (東)72／7052Y
1971	尾崎将司	284—70・72・72・70	杉原輝雄	1	大阪・東京 よみうりCC	(大)73／7180Y / (東)72／7017Y
1972*	尾崎将司	287—71・73・73・70	杉原輝雄	0	大阪・東京 よみうりCC	(大)73／7158Y / (東)72／7017Y
1973	杉原輝雄	276—71・70・67・68	安田春雄	2	大阪・東京 よみうりCC	(大)73／7168Y / (東)72／7017Y
1974	尾崎将司	280—73・69・70・68	村上 隆	4	大阪・東京 よみうりCC	(大)73／7168Y / (東)72／7017Y
1975	村上 隆	283—70・72・71・70	島田幸作、金井清一	1	大阪・東京 よみうりCC	(大)73／7168Y / (東)72／7017Y
1976	前田新作	285—72・70・72・71	安田春雄	3	大阪・東京 よみうりCC	(大)73／6554m / (東)72／6416m
1977	尾崎将司	275—74・66・68・67	青木 功	4	大阪・東京 よみうりCC	(大)73／6568m / (東)72／6416m
1978	青木 功	282—69・69・73・71	安田春雄	1	大阪・東京 よみうりCC	(大)73／6568m / (東)72／6416m
1979	青木 功	276—68・71・66・71	新井規矩雄、中村 通	13	大阪・東京 よみうりCC	(大)73／6568m / (東)72／6416m
1980	尾崎将司	283—72・72・71・68	青木 功	2	大阪・東京 よみうりCC	(大)73／6486m / (東)72／6416m
1981*	羽川 豊	135—70・65	青木 功	0	東京 よみうりCC	72／6416m
1982	中島常幸	283—72・72・66・73	小林富士夫	2	大阪・東京 よみうりCC	(大)73／6473m / (東)72／6416m
1983	青木 功	281—70・71・66・74	倉本昌弘	1	大阪・東京 よみうりCC	(大)73／6460m / (東)72／6416m
1984	中村 通	267—66・66・67・68	倉本昌弘	7	大阪・東京 よみうりCC	(大)73／6472m / (東)72／6416m
1985	尾崎健夫	279—72・69・67・71	倉本昌弘	2	大阪・東京 よみうりCC	(大)73／6472m / (東)72／6416m
1986	中村 通	275—70・70・66・69	青木 功	2	大阪・東京 よみうりCC	(大)73／7077Y / (東)72／7017Y
1987	デービッド・イシイ	138—69・69	※尾崎将司、B・ジョーンズ、山本善隆	1	大阪・東京 よみうりCC	(大)73／7077Y / (東)72／7017m
	青木 功	138—67・71	（上記は3位タイ）			
ゴルフ日本シリーズ日立カップ						
1988	尾崎直道	275—69・70・68・68	青木 功	5	大阪・東京 よみうりCC	(大)72／7030Y / (東)72／7017Y
1989	大町昭義	278—70・73・69・66	友利勝良、中島常幸	2	大阪・東京 よみうりCC	(大)72／7039Y / (東)72／7017Y
1990*	尾崎直道	275—71・69・64・71	中島常幸	0	大阪・東京 よみうりCC	(大)72／7039Y / (東)72／7017Y
1991	尾崎直道	268—71・65・66・66	湯原信光、中島常幸	8	東京よみうりCC	72／7017Y
1992	陳 志明	280—72・70・66・72	T・ハミルトン	1	読売GメンバーC	72／7017Y
1993	中島常幸	270—69・65・69・67	丸山茂樹	3	東京よみうりCC	72／7022Y
1994	佐々木久行	270—68・66・70・66	尾崎直道	1	読売GメンバーC	71／7002Y
1995	尾崎将司	272—66・67・71・68	中島常幸、森 茂則	2	東京よみうりCC	72／7022Y
1996	尾崎将司	262—62・68・65・67	丸山茂樹	4	東京よみうりCC	72／7022Y
1997	丸山茂樹	268—70・63・68・67	尾崎健夫	2	東京よみうりCC	71／6983Y
ゴルフ日本シリーズJTカップ						
1998*	宮本勝昌	275—64・67・75・69	尾崎将司	0	東京よみうりCC	70／6960Y
1999	細川和彦	270—63・74・69・64	伊沢利光	2	東京よみうりCC	70／6958Y
2000	片山晋呉	271—69・67・67・68	宮瀬博文	3	東京よみうりCC	70／6958Y
2001	宮本勝昌	268—72・64・66・66	中島常幸、伊沢利光	1	東京よみうりCC	70／6958Y
2002	片山晋呉	261—62・66・66・67	D・スメイル	9	東京よみうりCC	70／6961Y
2003	平塚哲二	264—66・68・63・67	伊沢利光	3	東京よみうりCC	70／6961Y
2004	ポール・シーハン	266—69・65・66・66	Y・E・ヤン、宮本勝昌	4	東京よみうりCC	70／6961Y
2005	今野康晴	269—72・67・63・67	横田真一	2	東京よみうりCC	70／6961Y
2006	ジーブ・ミルカ・シン	269—67・65・67・70	増田伸洋	1	東京よみうりCC	70／7016Y
2007	ブレンダン・ジョーンズ	269—70・70・68・61	谷口徹	1	東京よみうりCC	70／7016Y
2008	ジーブ・ミルカ・シン	268—64・70・68・66	B・ジョーンズ、D・スメイル、手嶋多一	2	東京よみうりCC	70／7016Y
2009*	丸山茂樹	271—70・67・70・64	金 庚泰	0	東京よみうりCC	70／7016Y

2010	藤田寛之	265—65・70・64・66	谷口　徹	1	東京よみうりCC	70／7016Y
2011＊藤田寛之		200—66・70・64	谷口　徹	0	東京よみうりCC	70／7016Y
2012	藤田寛之	262—61・66・68・67	武藤俊憲、H・リー	5	東京よみうりCC	70／7023Y
2013	宮里優作	267—66・66・64・71	呉　阿順	3	東京よみうりCC	70／7023Y
2014	宮本勝昌	271—68・67・71・65	P・マークセン	1	東京よみうりCC	70／7023Y
2015	石川　遼	200—00・00・00・07	藤本佳則、小田孔明	5	東京よみうりCC	70／7023Y
2016	朴　相賢	267—66・65・71・65	金　庚泰、池田勇太、小平　智	1	東京よみうりCC	70／7023Y
2017	宮里優作	265—69・69・65・62	S・ノリス	6	東京よみうりCC	70／7023Y
2018＊小平　智		272—66・74・68・64	石川　遼、黄　重坤	0	東京よみうりCC	70／7023Y
2019＊石川　遼		272—68・70・68・66	B・ケネディ	0	東京よみうりCC	70／7023Y
2020	チャン・キム	272—66・66・73・67	大槻智春、岩田　寛、谷原秀人	1	東京よみうりCC	70／7023Y
2021	谷原秀人	268—68・67・64・69	宮里優作	2	東京よみうりCC	70／7023Y
2022	谷原秀人	268—66・67・70・65	岩田　寛、C・キム、出水田大二郎	1	東京よみうりCC	70／7023Y
2023	蝉川泰果	265—67・64・66・68	金谷拓実、中島啓太	1	東京よみうりCC	70／7023Y

＊はプレーオフ。1974年からツアー競技

【過去の18ホール最少ストローク】

61（−9）	B・ジョーンズ	2007年4R	東京よみうりCC	PAR70／7016ヤード
61（−9）	谷口　徹	2010年4R	東京よみうりCC	PAR70／7016ヤード
61（−9）	藤田　寛之	2012年1R	東京よみうりCC	PAR70／7023ヤード
61（−9）	山下　和宏	2013年3R	東京よみうりCC	PAR70／7023ヤード

ツアー成績

2023年度
ツアーデータ

選手別競技成績早見表
賞金ランキング
部門別ランキング
トーナメント記録
生涯獲得賞金ランキング

賞金ランキング		東建ホームメイトカップ	関西オープンゴルフ選手権	ISPS HANDA 欧州・日本	中日クラウンズ	ゴルフパートナー PRO-AM	全英への道ミズノオープン	日本ゴルフツアー選手権	ASO飯塚チャレンジドゴルフ	ハナ銀行 インビテーショナル	JPC by サトウ食品	セガサミーカップゴルフ
1	中島 啓太	8T	9	12T	21T	—	2	2T	優勝	2	3T	18T
2	蝉川 泰果	11T	優勝	45T	3	2T	5T	15T	14T	31T	22T	30T
3	金谷 拓実	8T	—	12T	13T	—	3T	優勝	2	—	—	9T
4	宋 永漢	11T	17T	—	42T	予落	36T	2T	14T	8T	26T	15T
5	今平 周吾	優勝	21T	予落	6T	棄権	8T	20T	25T	12T	—	15T
6	平田 憲聖	予落	6T	—	予落	予落	優勝	43T	5	26T	予落	予落
7	鍋谷 太一	予落	予落	予落	49T	14T	予落	31T	9T	12T	—	18T
8	稲森 佑貴	予落	—	16T	30T	6	28T	2T	9T	6T	10T	予落
9	永野竜太郎	11T	5	23T	予落	—	54T	予落	—	—	29T	4
10	石川 遼	3T	31T	31T	4	18	予落	予落	—	—	26T	24T
11	岩田 寛	棄権	60	4T	優勝	—	予落	2T	42T	棄権	26T	39T
12	吉田 泰基	60T	39T		9T	11T	64T	53T	予落	6T	35T	5T
13	大槻 智春	11T	17T	72	6T	棄権	12T	9T	51T	52T	3T	48T
14	谷原 秀人	—	—	51T	13T	—	予落	24T	14T	—	優勝	20T
15	岩﨑亜久竜	18T	—	予落	予落	—	—	—	予落	—	—	—
16	佐藤 大平	42T	10T	予落	42T	2T	12T	11T	25T	3	7T	52T
17	堀川未来夢	5T	—	45T	5	55T	12T	予落	棄権	予落	29T	予落
18	幡地 隆寛	53T	2	—	予落	14T	36T	失格	4	予落	—	予落
19	片岡 尚之	予落	予落	予落	棄権	予落	70	棄権	66T	59T	29T	2T
20	J・クルーガー	—	—	59T	9T	—	5T	予落	予落	59T	—	優勝
21	星野 陸也	2	—	23T	2	—	—	—	—	—	—	—
22	米澤 蓮	42T	予落	—	32T	37T	予落	7T	42T	—	53T	24T
23	細野 勇策	5T	予落	—	—	4T	28T	20T	予落	—	35T	9T
24	S・ノリス	—	予落	棄権	—	—	28T	6	—	予落	45T	予落
25	B・ケネディ	—	12T	70T	—	14T	予落	棄権	—	—	—	—
26	小木曽 喬	5T	49T	—	21T	20T	36T	53T	34T	62T	65T	13T
27	阿久津未来也	11T	29T	—	9T	予落	予落	予落	9T	35T	22T	20T
28	木下 裕太	53T	予落	—	49T	予落	予落	24T	20T	31T	棄権	棄権
29	鈴木 晃祐	—	3T	—	予落	予落	7	15T	—	—	予落	5T
30	ヤン・ジホ	—	—	—	—	—	—	—	—	優勝	—	—
31	木下 稜介	26T	—	68T	42T	—	47T	予落	6T	42T	—	9T
32	清水 大成	18T	31T	予落	予落	—	12T	予落	25T	予落	7T	24T
33	A・クウェイル	26T	—	—	失格	—	予落	47T	予落	12T	61T	2T
34	高 君宅	—	—	—	—	—	—	—	—	—	50T	—
35	J・デロスサントス	予落	44T	予落	予落	14T	19T	9T	25T	42T	10T	57T

日本プロゴルフ選手権大会	横浜ミナト Championship	Sansan KBC オーガスタ	フジサンケイクラシック	Shinhan Donghae Open	ANA オープン	パナソニックオープン	バンテリン東海クラシック	ACN チャンピオンシップ	日本オープンゴルフ選手権	マイナビ ABC	三井住友 VISA 太平洋	ダンロップフェニックス	カシオワールドオープン	ゴルフ日本シリーズ JT カップ
5T	優勝	35T	4T	3T	—	8T	予落	—	10T	優勝	20T	2T	4	2T
2T	2	予落	19T	—	6T	予落	13	12T	36T	3T	予落	2T	10T	優勝
2T	—	7T	優勝	—	16T	16T	3	—	27T	8T	3T	37T	7T	2T
11	13T	優勝	19T	25T	2T	2T	—	2	51T	7	9T	17T	2T	4
予落	25T	28T	4T	63T	4T	—	27T	4	18T	28T	優勝	予落	棄権	9
優勝	予落	24T	28T	9T	33T	26T	23T	39T	8T	—	29T	7T	25T	10T
棄権	予落	3T	3	—	20T	21T	8T	棄権	10T	予落	予落	17T	優勝	12T
9T	5T	予落	36T	—	20T	11T	8T	優勝	18T	14T	29T	10T	41T	5
29T	4	2	15T	19T	—	5	14T	—	41T	11T	37T	予落	—	—
5T	予落	16T	19T	11T	6T	—	予落	—	2	—	9T	60	予落	7T
棄権	予落	10T	42T	25T	39T	30T	31T	—	棄権	18T	棄権	17T	41T	22T
予落	56T	41T	6T	—	8T	34T	予落	54T	10T	59	2	7T	39T	16T
22T	予落	28T	45T	44T	29T	優勝	18T	—	10T	14T	—	45T	18T	25
—	—	—	—	優勝	—	21T	23T	—	53T	14T	23T	41T	—	6
予落	予落	—	—	79	39T	—	—	54T	優勝	26T	57T	57T	予落	22T
22T	5T	予落	50T	50T	11T	16T	14T	50T	27T	5	20T	49T	32T	10T
22T	25T	13T	予落	—	20T	16T	51T	予落	3T	3T	9T	31T	25T	18T
予落	予落	失格	予落	—	予落	47T	18T	50T	3T	39T	16T	4T	41T	30
49T	42T	予落	2	予落	51T	8T	予落	41T	10T	39T	23T	14	予落	15
29T	—	—	—	33T	—	—	—	—	—	—	—	—	予落	29
—	—	—	—	—	—	—	2	—	—	—	—	26T	—	—
—	予落	予落	52T	—	20T	2T	27T	19T	—	23T	—	—	2T	20
45T	42T	49T	15T	—	予落	予落	45T	43T	18T	46T	9T	7T	7T	16T
予落	予落	予落	39	19T	予落	40T	23T	3	8T	2	37T	17T	—	—
12T	予落	41T	52T	50T	—	予落	予落	12T	3T	6	29T	4T	予落	14
54T	11T	49T	35	—	11T	11T	8T	27T	60T	28T	16T	26T	13T	7T
18T	19T	49T	57T	19T	予落	47T	45T	5T	18T	13	20T	予落	18T	12T
71	62T	予落	—	—	棄権	66T	優勝	50T	51T	予落	予落	17T	41T	28
—	5T	3T	9T	—	44T	40T	—	19T	予落	54T	予落	—	32T	22T
棄権	棄権	—	—	予落	—	64T	37T	—	—	46T	53T	49T	5T	21
12T	42T	49T	28T	予落	27T	予落	4T	—	10T	39T	—	10T	36T	—
33T	3	10T	9T	予落	11T	21T	45T	予落	27T	11T	42T	54T	予落	—
12T	予落	35T	予落	3T	—	—	予落	予落	36T	50T	予落	41T	—	—
—	—	—	優勝	—	—	—	—	—	—	—	—	—	50	26T
49T	予落	7T	予落	44T	予落	予落	14T	19T	32T	28T	6T	41T	39T	

22年のデータ

賞金ランキング		東建ホームメイトカップ	関西オープンゴルフ選手権	ISPS HANDA 欧州・日本	中日クラウンズ	ゴルフパートナー PRO-AM	全英への道ミズノオープン	日本ゴルフツアー選手権	ASO飯塚チャレンジドゴルフ	ハナ銀行 インビテーショナル	JPC by サトウ食品	セガサミーカップゴルフ
36	杉原　大河	予落	予落	—	9T	予落	28T	予落	34T	—	予落	5T
37	長野　泰雅	8T	15T	予落	21T	50T	36T	31T	予落	12T	2	15T
38	宮里　優作	26T	予落	予落	42T	69	予落	予落	20T	予落	予落	予落
39	塚田　陽亮	予落	予落	—	予落	4T	36T	56	6T	42T	19T	39T
40	竹安　俊也	53T	—	予落	35T	予落	8T	24T	9T	52T	41T	予落
41	J・パグンサン	70T	予落	棄権	35T	優勝	予落	31T	14T	26T	51T	予落
42	前田光史朗	36T	予落	—	—	37T	47T	24T	予落	—	53T	予落
43	市原　弘大	26T	予落	予落	予落	14T	予落	62T	予落	50T	予落	予落
44	河本　　力	42T	6T	予落	61	予落	19T	予落	25T	5	6	9T
45	香妻陣一朗	26T	—	35T	13T	—	19T	15T	予落	52T	—	24T
46	杉山　知靖	60T	予落	59T	42T	29T	64T	棄権	予落	予落	41T	39T
47	T・ペク	36T	10T	51T	予落	予落	予落	予落	60	予落	35T	24T
48	浅地　洋佑	21T	—	14T	予落	予落	19T	予落	予落	42T	10T	13T
49	H・W・リュー	26T	予落	—	予落	—	—	53T	—	62T	—	45T
50	小林伸太郎	予落	31T	予落	13T	23T	12T	7T	20T	12T	29T	5T
51	出水田大二郎	36T	39T	16T	13T	棄権	8T	62T	予落	26T	45T	39T
52	大堀裕次郎	49T	6T	—	26T	37T	47T	予落	9T	12T	19T	予落
53	時松　隆光	予落	21T	予落	42T	予落	28T	予落	63T	8T	22T	30T
54	金子　駆大	予落	21T	—	35T	66T	予落	24T	37T	—	予落	予落
55	嘉数　光倫	23T	31T	45T	55T	予落	36T	43T	予落	52T	予落	36T
56	勝俣　　陵	53T	57T	—	予落	11T	69	62T	37T	予落	53T	45T
57	植竹　勇太	64T	予落	35T	予落	45T	予落	47T	14T	59T	3T	予落
58	朴　　相賢	予落	—	予落	—	—	—	—	—	12T	—	—
59	杉本エリック	予落	29T	—	棄権	予落	予落	予落	予落	39T	10T	予落
60	小西　貴紀	23T	26T	予落	32T	50T	28T	11T	69	8T	予落	予落
61	小浦　和也	70T	31T	予落	—	55T	58T	39T	6T	—	53T	予落
62	池村　寛世	36T	—	35T	35T	37T	予落	15T	予落	42T	予落	予落
63	平本　世中	—	12T	—	—	35T	29T	予落	予落	25T	10T	予落
64	石坂　友宏	予落	31T	—	35T	29T	予落	予落	25T	予落	41T	予落
65	宇喜多飛翔	—	3T	—	21T	29T	—	予落	51T	—	予落	57T
66	西山　大広	予落	予落	—	予落	7T	8T	39T	予落	予落	予落	30T
67	H・リー	3T	予落	—	予落	55T	予落	47T	55T	予落	10T	57T
68	近藤　智弘	77T	予落	—	予落	29T	—	—	—	—	予落	—
69	池田　勇太	26T	57T	予落	予落	50T	予落	31T	63T	予落	予落	予落
70	小斉平優和	—	44T	—	—	—	予落	—	—	—	10T	予落

日本プロゴルフ選手権大会	横浜ミナトChampionship	Sansan KBCオーガスタ	フジサンケイクラシック	Shinhan Donghae Open	ANAオープン	パナソニックオープン	バンテリン東海クラシック	ACNチャンピオンシップ	日本オープンゴルフ選手権	マイナビABC	三井住友VISA太平洋	ダンロップフェニックス	カシオワールドオープン	ゴルフ日本シリーズJTカップ
—	予落	予落	予落	—	48T	予落	45T	12T	—	28T	3T	31T	18T	—
58T	予落	49T	28T	予落	予落	4	58T	予落	36T	34T	29T	57T	予落	—
予落	42T	3T	57T	予落	予落	予落	51T	予落	32T	39T	16T	4T	41T	—
12T	58	49T	61T	25T	棄権	8T	27T	31T	—	23T	29T	26T	18T	—
18T	15T	予落	24T	25T	棄権	26T	8T	63	55T	8T	53T	予落	56T	—
予落	予落	予落	—	—	—	34T	31T	62	55T	失格	64	31T	棄権	26T
—	19T	49T	19T	—	2T	30T	6T	7T	—	予落	—	—	予落	
予落	予落	49T	予落	予落	33T	63	4T	31T	—	39T	3T	37T	予落	
42T	予落	24T	28T	予落	20T	予落	8T	予落	予落	予落	50T	予落	予落	
予落	予落	13T	50T	予落	8T	21T	31T	—	10T	—	45T	31T	予落	
—	—	予落	予落	予落	10	11T	58T	59T	32T	予落	9T	15T	13T	
33T	予落	予落	45T	44T	29T	6T	51T	31T	34T	23T	予落		7T	
—	35T	35T	予落	予落	57T	予落	6T	7T	—	18T	53T	45T	36T	
4	予落	予落	予落	予落	33T	70	31T	7T	—	18T	29T	予落	13T	
33T	予落	予落	52T	70T	33T	予落	予落	予落	予落	42T	予落	予落	予落	
58T	予落	41T	6T	33T	20T	16T	予落	予落	予落	—	—	26T	予落	
49T	15T	28T	42T	—	16T	予落	51T	予落	48T	46T	29T	26T	59T	
予落	予落	予落	予落	11T	16T	40T	14T	予落	予落	予落	45T	41T	10T	
—	15T	予落	40T	—	予落	40T	31T	43T	3T	—	—	—	予落	
33T	15T	棄権	—	—	—	—	—	—	18T	予落	9T	17T	予落	
42T	19T	3T	28T	58T	48T	57T	37T	19T	—	14T	57T	予落	55	
予落	19T	41T	24T	予落	予落	30T	37T	予落	36T	予落	50T	17T	56T	
—	—	—	9T	6T	—	—	—	—	—	—	—	—	5T	
42T	13T	41T	予落	予落	予落	6T	予落	予落	予落	20T	57T	予落	10T	
予落	予落	21T	57T	—	予落	40T	68T	12T	予落	60T	60T	53	51T	
22T	38T	予落	63	—	44T	11T	65T	27T	—	予落	—	31T	18T	
予落	予落	35T	36T	予落	57T	23T	7T	18T	54T	予落	予落	予落	36T	
予落	—	—	—	—	予落	予落	—	12T	3T	—	—	—	予落	
5T	33T	16T	18	予落	予落	58T	31T	53T	54T	60T	予落	予落		
—	59T	7T	予落	—	51T	47T	58T	予落	—	20T	42T	—	51T	
61T	予落	62T	9T	—	44T	予落	58T	43T	棄権	50T	—	—	13T	
—	予落	予落	40T	予落	42T	予落	予落	27T	—	予落	65T	予落	32T	
						予落	16T	37T	7T	—	20T	23T	17T	25T
予落	予落	49T	予落	72T	44T	26T	18T	12T	27T	8T	予落	予落	61	
	35T				48T					28T	6T	49T	18T	

賞金ランキング		東建ホームメイトカップ	関西オープンゴルフ選手権	ISPS HANDA 欧州・日本	中日クラウンズ	ゴルフパートナー PRO-AM	全英への道ミズノオープン	日本ゴルフツアー選手権	ASO飯塚チャレンジドゴルフ	ハナ銀行インビテーショナル	JPC by サトウ食品	セガサミーカップゴルフ
71	生源寺龍憲	—	—	—	—	予落	—	—	—	—	9	予落
72	篠　優希	36T	26T	—	予落	66T	予落	予落	予落	35T	35T	予落
73	貞方章男	60T	49T	—	55T	予落	予落	予落	予落	31T	予落	45T
74	片山晋呉	26T	予落	予落	30T	—	予落	31T	42T	—	—	予落
75	小鯛竜也	70T	予落	—	42T	45T	予落	31T	20T	22T	予落	20T
76	野呂　涼	予落	31T	—	—	予落	予落	11T	34T	—	29T	予落
77	上井邦浩	予落	21T	—	13T	7T	47T	—	—	—	—	36T
78	安森一貴	36T	予落	—	—	29T	3T	24T	42T	—	予落	30T
79	李　尚熹	予落	—	予落	—	—	68	予落	—	35T	—	予落
80	桂川有人	—	—	23T	13T	—	—	—	—	—	—	—
81	伴　真太郎	53T	予落	—	予落	予落	予落	予落	予落	42T	予落	予落
82	内藤寛太郎	49T	49T	—	—	64T	予落	予落	予落	—	予落	予落
83	安本大祐	49T	予落	—	—	予落	19T	23	14T	—	10T	54T
84	田中裕基	26T	39T	—	26T	50T	予落	31T	42T	—	予落	36T
85	重永亜斗夢	53T	予落	—	予落	29T	57	棄権	55T	52T	予落	予落
86	岡村　了	予落	予落	—	—	予落	予落	予落	3	—	予落	30T
87	D・ベリー	49T	15T	—	—	7T	19T	予落	20T	—	—	予落
88	坂本雄介	予落	12T	—	21T	14T	54T	43T	25T	—	棄権	54T
89	B・ジョーンズ	42T	44T	—	予落	予落	28T	11T	37T	予落	—	—
90	比嘉一貴	—	—	予落	—	—	—	—	—	予落	—	—
91	張　棟圭	予落	—	—	59	—	—	43T	—	4	予落	予落
92	呉　司聡	予落	26T	—	—	11T	19T	予落	予落	—	予落	39T
93	武藤俊憲	66T	予落	—	予落	予落	12T	39T	61T	予落	予落	24T
94	大内智文	予落	44T	—	—	7T	54T	57T	予落	—	61T	予落
95	勝亦悠斗	予落	57T	—	—	55T	予落	47T	25T	—	10T	予落
96	大西魁斗	—	—	—	—	—	—	—	—	—	—	—
97	竹谷佳孝	予落	予落	—	49T	37T	47T	60T	予落	予落	58T	20T
98	金田直之	—	予落	—	13T	55T	60T	69	—	—	予落	—
99	松本将汰	26T	予落	—	棄権	45T	予落	47T	42T	予落	45T	予落
100	海老根文博	53T	54T	—	予落	20T	予落	62T	予落	—	予落	予落

日本プロゴルフ選手権大会	横浜ミナトChampionship	Sansan KBC オーガスタ	フジサンケイクラシック	Shinhan Donghae Open	ANAオープン	パナソニックオープン	バンテリン東海クラシック	ACNチャンピオンシップ	日本オープンゴルフ選手権	マイナビABC	三井住友VISA太平洋	ダンロップフェニックス	カシオワールドオープン	ゴルフ日本シリーズJTカップ
12T	予落	16T	—	—	27T	11T	45T	27T	18T	—	—	54T	56T	—
—	25T	21T	28T	—	20T	予落	70	19T	41T	46T	16T	—	予落	
予落	25T	49T	45T	—	33T	26T	18T	39T	17	50T	29T	49T	41T	
49T	予落	—	棄権	—	—	予落	68T	—	32T	予落	6T	—	—	
18T	予落	35T	24T	—	29T	47T	37T	予落	—	予落	37T	予落	予落	
—	61	28T	42T	—	予落	予落	予落	5T	48T	予落	—	—	41T	
9T	—	—	—	—	—	—	予落	—	—	—	—	—	25T	
—	25T	28T	予落	—	予落	予落	51T	43T	—	34T	予落	予落	予落	
—	5T	16T	28T	予落	42T	47T	43T	予落	55T	26T	53T	予落	41T	
—	—	—	9T	—	—	—	予落	—	27T	—	37T	45T	51T	
—	予落	16T	6T	—	予落	56	27T	19T	予落	—	—	—	25T	
予落	予落	70T	9T	—	4T	64T	58T	43T	—	—	45T	—	予落	
予落	予落	予落	予落	—	予落	予落	予落	予落	18T	—	23T	—	予落	
予落	49T	24T	24T	—	59	61T	予落	31T	45T	予落	—	—	予落	
33T	42T	予落	予落	—	51T	66T	予落	予落	—	39T	9T	59	—	
45T	予落	66T	予落	—	予落	予落	予落	予落	予落	—	—	—	予落	
—	9T	予落	予落	—	予落	予落	予落	予落	—	54T	—	—	予落	
予落	予落	76	予落	—	予落	47T	37T	19T	—	—	—	—	51T	
—	—	—	予落	81	棄権	予落	予落	—	—	39T	50T	37T	予落	
予落	19T	—	—	—	—	—	—	—	—	—	37T	10T	—	
—	51T	予落	予落	予落	—	—	予落	—	—	—	—	予落	32T	
12T	51T	予落	予落	—	予落	47T	予落	予落	予落	—	—	—	予落	
—	25T	予落	45T	—	55T	40T	予落	予落	—	—	—	—	41T	
—	予落	10T	予落	—	予落	予落	43T	50T	—	—	—	—	—	
—	25T	予落	予落	—	予落	21T	51T	予落	36T	—	予落	—	—	
—	—	—	61T	—	—	—	—	—	48T	50T	予落	61	13T	
予落	予落	41T	予落	—	11T	予落	予落	予落	—	—	—	—	—	
予落	9T	予落	—	—	55T	予落	予落	予落	—	予落	—	—	—	
—	62T	予落	45T	—	予落	30T	—	19T	—	—	—	—	—	
—	予落	70T	57T	—	予落	34T	—	12T	—	—	—	—	—	

2023年度賞金ランキング

海外メジャー（マスターズ、全米オープン、全英オープン、全米プロ）で獲得した賞金額をツアートーナメント賞金ランキングに加算する。
但し、加算するためには当該年度開催されるツアートーナメントの競技数の50％（小数点以下切り上げ）以上（海外メジャー・チーム戦を除くWGCの出場競技数を含む）に出場しなければならない。

順位	氏名	獲得賞金(円) (海外加算)	国内獲得賞金(円)	国内競技数	海外獲得賞金(円)	海外競技数
1	中島　啓太	184,986,179	184,986,179	23	0	1
2	蝉川　泰果	155,819,749	155,819,749	25	0	1
3	金谷　拓実	141,162,332	141,162,332	19	0	1
4	宋　　永漢	110,545,499	110,545,499	24	0	0
5	今平　周吾	102,043,499	102,043,499	24	0	0
6	平田　憲聖	79,236,243	79,236,243	24	0	1
7	鍋谷　太一	73,499,300	73,499,300	24	0	0
8	稲森　佑貴	72,849,628	72,849,628	24	0	0
9	永野竜太郎	72,067,027	46,045,266	19	26,021,761	1
10	石川　　遼	69,388,441	63,917,621	21	5,470,820	1
11	岩田　　寛	57,383,800	57,383,800	24	0	1
12	吉田　泰基	54,718,187	54,718,187	24	0	0
13	大槻　智春	51,519,401	51,519,401	24	0	0
14	谷原　秀人	49,670,033	49,670,033	15	0	0
15	岩﨑亜久竜	48,008,492	48,008,492	15	0	0
16	佐藤　大平	45,837,085	45,837,085	26	0	0
17	堀川未来夢	44,941,249	44,941,249	24	0	0
18	幡地　隆寛	41,719,720	41,719,720	23	0	0
19	片岡　尚之	40,480,622	40,480,622	26	0	0
20	J・クルーガー	39,865,928	39,865,928	13	0	0
21	星野　陸也	39,227,199	39,227,199	5	0	2
22	米澤　　蓮	39,140,406	39,140,406	19	0	0
23	細野　勇策	38,890,587	38,890,587	22	0	0
24	S・ノリス	37,043,117	37,043,117	20	0	0
25	B・ケネディ	36,857,888	36,857,888	19	0	0
26	小木曽　喬	36,372,778	36,372,778	24	0	0
27	阿久津未来也	32,533,413	32,533,413	25	0	0
28	木下　裕太	31,958,582	31,958,582	23	0	0
29	鈴木　晃祐	30,371,582	30,371,582	18	0	0
30	ヤン・ジホ	29,638,264	29,638,264	11	0	0
31	木下　稜介	29,052,582	29,052,582	20	0	0
32	清水　大成	28,936,965	28,936,965	24	0	0
33	A・クウェイル	28,358,126	28,358,126	19	0	0
34	※高　君宅	27,442,559	27,442,559	4	0	0
35	J・デロスサントス	26,416,396	26,416,396	25	0	0
36	杉原　大河	26,408,906	26,408,906	20	0	0
37	長野　泰雅	26,368,033	26,368,033	25	0	0
38	宮里　優作	24,240,471	24,240,471	25	0	0
39	塚田　陽亮	23,882,872	23,882,872	24	0	0
40	竹安　俊也	22,433,152	22,433,152	24	0	0
41	J・パグンサン	21,273,881	21,273,881	23	0	0
42	前田光史朗	21,070,373	21,070,373	17	0	0
43	市原　弘大	20,990,561	20,990,561	24	0	0
44	河本　　力	20,960,475	20,960,475	25	0	0

順位	氏名	獲得賞金(円) (海外加算)	国内獲得賞金(円)	国内競技数	海外獲得賞金(円)	海外競技数
45	香妻陣一朗	20,953,732	20,953,732	20	0	0
46	杉山 知靖	20,848,070	20,848,070	23	0	0
47	T・ペク	20,816,449	20,816,449	25	0	0
48	浅地 洋佑	20,814,376	20,814,376	22	0	0
49	H・W・リュー	19,932,069	19,932,069	19	0	0
50	小林伸太郎	19,651,509	19,651,509	25	0	0
51	出水田大二郎	19,575,450	19,575,450	23	0	0
52	大堀裕次郎	18,375,327	18,375,327	23	0	0
53	時松 隆光	17,734,061	17,734,061	25	0	0
54	金子 駆大	16,673,775	16,673,775	18	0	0
55	嘉数 光倫	16,610,072	16,610,072	19	0	0
56	勝俣 陵	16,359,332	16,359,332	23	0	0
57	植竹 勇太	15,653,583	15,653,583	25	0	0
58	※朴 相賢	15,520,118	15,520,118	6	0	0
59	杉本エリック	15,090,395	15,090,395	24	0	0
60	小西 貴紀	14,453,820	14,453,820	23	0	0
61	小浦 和也	14,413,226	14,413,226	19	0	0
62	池村 寛世	14,411,156	14,411,156	24	0	0
63	平本 世中	14,172,412	14,172,412	8	0	0
64	石坂 友宏	13,766,880	13,766,880	23	0	0
65	宇喜多飛翔	13,581,273	13,581,273	17	0	0
66	西山 大広	13,470,499	13,470,499	21	0	0
67	H・リー	13,069,435	13,069,435	22	0	0
68	近藤 智弘	12,836,116	12,836,116	12	0	0

※印を除く上位68位までの66名が2024年度の1年間シード資格を獲得

順位	氏名	獲得賞金(円) (海外加算)	順位	氏名	獲得賞金(円) (海外加算)	順位	氏名	獲得賞金(円) (海外加算)
69	池田 勇太	12,667,037	92	呉 司聡	6,745,333	115	富村 真治	2,684,000
70	小斉平優和	12,542,888	93	武藤 俊憲	6,519,950	116	M・ヘンドリー	2,561,000
71	生源寺龍憲	12,339,466	94	大内 智文	5,859,200	117	A・ブランド	2,478,150
72	篠 優希	11,724,960	95	勝亦 悠斗	5,844,189	118	久常 涼	2,418,000
73	貞方 章男	11,648,929	96	大西 魁斗	5,534,600	119	比嘉 拓也	2,329,225
74	片山 晋呉	11,582,699	97	竹谷 佳孝	5,383,023	120	日高 将史	2,280,616
75	小鯛 竜也	11,509,196	98	金田 直之	5,362,380	121	芹澤 慈眼	2,273,500
76	野呂 涼	11,472,833	99	松本 将汰	4,429,226	122	岩田 大河	2,200,000
77	上井 邦浩	11,064,357	100	海老根文博	4,344,079	123	片岡 大育	2,120,000
78	安森 一貴	10,985,279	101	山田 大晟	4,201,816	124	原 敏之	1,963,000
79	李 尚熹	10,711,068	102	小田 孔明	4,198,158	125	中西 直人	1,858,849
80	桂川 有人	10,588,199	103	S・J・パク	4,180,872	126	伊藤 有志	1,773,333
81	伴 真太郎	9,677,649	104	木村 太一	4,154,633	127	杉浦 悠太	1,765,593
82	内藤寛太郎	9,374,499	105	服部 雅也	3,918,333	128	阿部 裕樹	1,764,600
83	安本 大祐	9,363,454	106	高野 碧輝	3,884,500	129	高山 忠洋	1,634,700
84	田中 裕基	8,690,996	107	大岩 龍一	3,869,355	130	織田 信亮	1,618,000
85	重永亜斗夢	8,559,421	108	若原 亮太	3,857,261	131	尾崎 慶輔	1,608,140
86	岡村 了	8,446,500	109	砂川 公佑	3,751,416	132	岩井 亮磨	1,566,500
87	D・ペリー	8,417,973	110	宮本 勝昌	3,733,513	133	谷口 徹	1,481,842
88	坂本 雄介	8,262,333	111	S・ビンセント	3,677,333	134	永澤 翔	1,448,250
89	B・ジョーンズ	7,215,010	112	青山 晃大	3,430,333	135	黒木 紀至	1,440,000
90	比嘉 一貴	7,140,000	113	A・エバンス	3,320,416	136	中山 絹也	1,417,371
91	張 棟圭	6,759,645	114	額賀 辰徳	2,956,808	137	石﨑 真央	1,375,714

順位	氏 名	獲得賞金(円) (海外加算)	順位	氏 名	獲得賞金(円) (海外加算)	順位	氏 名	獲得賞金(円) (海外加算)
138	発多ヤマト	1,375,714	164	富本 虎希	543,800		永井 源	284,700
139	藤田 寛之	1,374,000	165	山浦 一希	532,000	191	金子 憲洋	282,000
140	副田 裕斗	1,359,200	166	長谷川祥平	495,000	192	水田 竜昇	257,950
141	亀代 順哉	1,312,000	167	中里光之介	494,000	193	石川 航	257,000
142	森 祐紀	1,308,416	168	手嶋 多一	479,500	194	前粟藏俊太	255,000
143	小林 正則	1,291,332	169	小袋 秀人	472,500	195	正岡 竜二	252,057
144	平本 穏	1,264,800	170	小寺 健大	459,000	196	鈴木 滉世	241,633
145	梶村 夕貴	1,165,500	171	白 佳和	452,166	197	加藤龍太郎	236,000
146	光田 智輝	1,164,700	172	村上 拓海	418,800	198	鳥海 颯汰	233,000
147	島野 璃央	1,108,000	173	玉城 海伍	393,800		櫻井 隆輔	233,000
148	田村 光正	1,039,160	174	森岡俊一郎	363,000	200	関藤 直熙	230,000
149	石渡 和輝	1,023,750		河野晃一郎	363,000	201	榎本 剛志	226,400
150	吉田 隼人	1,022,457	176	坂本 隆一	360,000	202	諸藤 将次	222,000
151	遠藤 健太	1,022,100	177	G・チャルングン	352,000	203	谷本 蓮	219,500
152	小平 智	978,872	178	井上 敬太	346,500	204	三島 泰哉	219,000
153	德元 中	892,000	179	岩本 一陽	343,500		長澤 奨	219,000
154	T・クロンパ	837,333	180	武藤 和貴	337,500		古川 雄大	219,000
155	今野 大喜	810,666	181	薗田 峻輔	334,500	207	植田 晃大	205,000
156	矢野 東	783,240	182	櫻井 勝之	328,500	208	深堀圭一郎	192,960
157	植木 祥多	759,000		三重野里斗	328,500	209	半田 匠佳	181,600
158	梅山 知宏	756,000		渡辺龍ノ介	328,500	210	倉本 昌弘	180,000
159	小野田享也	683,833		河合 庄司	328,500	211	佐藤 太地	175,733
160	伊藤 誠道	648,000		遠藤 彰	328,500	212	馬渡 清也	157,000
161	森本 雄	590,000	187	岡田 絃希	288,000	213	石過功一郎	156,480
162	大谷 俊介	573,750	188	松村 景太	284,700	214	髙橋 竜彦	134,400
163	櫛山 勝弘	553,500		中島 徹	284,700	215	丸山 奨王	131,400

2023年度 メルセデス・ベンツ トータルポイントランキング

総合的に優れたプレーヤーを選出することを目的に9部門の順位をポイント換算した順位

順位	氏名	ポイント	ストローク平均	パット平均	パーキープ率	パーオン率	バーディ率	イーグル率	飛距離（ドライバー）	フェアウェイキープ率	サンドセーブ率
1	蝉川泰果	100	69.885 (3位)	1.7378 (11位)	86.998 (10位)	71.631 (5位)	4.734 (2位)	4.087 (1位)	306.57 (6位)	55.970 (52位)	58.654 (10位)
2	中島啓太	132	69.341 (1位)	1.7231 (4位)	89.630 (4位)	72.593 (4位)	4.789 (1位)	7.500 (11位)	304.15 (10位)	57.302 (42位)	48.515 (55位)
3	金谷拓実	186	69.408 (2位)	1.7295 (6位)	90.863 (1位)	72.953 (2位)	4.434 (3位)	—	290.06 (39位)	64.623 (9位)	54.321 (21位)
4	宋永漢	227	70.040 (4位)	1.7747 (58位)	90.130 (2位)	74.291 (1位)	4.117 (11位)	13.429 (55位)	287.15 (49位)	60.760 (21位)	53.409 (26位)
5	佐藤大平	233	70.786 (11位)	1.7494 (21位)	87.333 (8位)	67.056 (29位)	4.050 (14位)	12.500 (50位)	275.54 (90位)	66.405 (4位)	61.290 (6位)
6	大槻智春	235	71.007 (13位)	1.7516 (24位)	85.125 (31位)	66.726 (35位)	4.161 (10位)	7.750 (13位)	293.60 (28位)	59.969 (26位)	48.760 (54位)
7	永野竜太郎	235	70.402 (6位)	1.7342 (9位)	86.508 (14位)	69.127 (11位)	4.314 (5位)	10.000 (10位)	309.38 (5位)	51.735 (82位)	46.154 (76位)
8	木下稜介	262	71.147 (19位)	1.7561 (32位)	84.985 (32位)	67.643 (22位)	3.865 (33位)	7.400 (10位)	288.00 (47位)	57.529 (39位)	52.778 (28位)
9	石川遼	267	70.689 (9位)	1.7429 (15位)	85.360 (29位)	69.144 (10位)	4.324 (4位)	10.571 (34位)	301.45 (13位)	53.385 (72位)	44.828 (81位)
10	岩田寛	272	71.231 (22位)	1.7627 (38位)	86.222 (17位)	66.889 (32位)	3.907 (24位)	12.500 (50位)	296.90 (21位)	55.630 (55位)	57.407 (13位)
11	堀川未来夢	278	71.037 (14位)	1.7574 (33位)	86.412 (15位)	68.407 (15位)	3.916 (23位)	10.375 (32位)	270.45 (98位)	62.167 (17位)	51.961 (31位)
12	谷原秀人	284	70.677 (8位)	1.7351 (10位)	87.548 (7位)	67.720 (21位)	3.966 (21位)	14.500 (61位)	274.76 (91位)	60.468 (24位)	50.633 (41位)
13	平田憲聖	287	70.779 (10位)	1.7611 (35位)	87.235 (9位)	66.931 (30位)	3.869 (31位)	16.800 (72位)	286.26 (55位)	59.932 (27位)	55.000 (18位)
14	前田光史朗	292	71.148 (20位)	1.7305 (7位)	86.111 (19位)	64.176 (70位)	4.086 (13位)	11.600 (80位)	278.78 (80位)	63.625 (12位)	55.000 (30位)
15	J・デロスサントス	296	71.395 (32位)	1.7654 (43位)	85.401 (28位)	67.119 (27位)	3.884 (28位)	12.286 (47位)	291.88 (35位)	57.024 (44位)	57.944 (12位)
16	鍋谷太一	298	70.926 (12位)	1.7438 (17位)	87.556 (6位)	65.630 (48位)	3.653 (54位)	10.714 (37位)	285.48 (57位)	56.638 (48位)	54.545 (19位)
17	米澤蓮	307	71.269 (26位)	1.7521 (25位)	86.683 (11位)	68.056 (19位)	3.853 (35位)	8.500 (18位)	286.64 (53位)	53.214 (75位)	50.000 (45位)
18	小斉平優和	314	71.550 (37位)	1.7294 (5位)	83.642 (67位)	65.895 (44位)	4.194 (9位)	12.000 (44位)	295.02 (24位)	54.241 (64位)	54.386 (20位)
19	稲森佑貴	315	70.323 (5位)	1.7498 (22位)	89.877 (3位)	72.901 (3位)	3.889 (27位)	30.000 (91位)	260.17 (106位)	79.269 (1位)	48.276 (57位)
20	鈴木晃祐	318	71.043 (15位)	1.7466 (19位)	83.871 (60位)	67.115 (28位)	4.258 (6位)	7.750 (13位)	293.93 (27位)	56.978 (45位)	38.272 (105位)
21	小木曽喬	324	71.061 (16位)	1.7528 (27位)	86.574 (13位)	66.377 (39位)	3.906 (25位)	10.667 (36位)	283.59 (67位)	57.185 (43位)	48.246 (58位)
22	塚田陽亮	325	71.362 (30位)	1.7557 (31位)	85.163 (30位)	68.366 (17位)	3.965 (22位)	10.625 (35位)	305.06 (7位)	52.397 (79位)	46.602 (74位)
23	清水大成	327	71.231 (22位)	1.7191 (3位)	84.350 (50位)	63.144 (78位)	4.256 (7位)	11.714 (42位)	298.53 (16位)	46.951 (101位)	60.317 (8位)
24	今平周吾	332	70.404 (7位)	1.7806 (68位)	88.353 (5位)	70.817 (6位)	4.012 (18位)	16.600 (70位)	286.68 (52位)	59.036 (33位)	46.667 (73位)
25	吉田泰基	342	71.242 (25位)	1.7680 (48位)	85.802 (23位)	66.049 (42位)	3.756 (42位)	18.000 (78位)	292.82 (32位)	59.809 (28位)	53.968 (24位)
26	S・ノリス	343	71.315 (28位)	1.7450 (18位)	84.744 (38位)	66.755 (34位)	3.810 (38位)	10.500 (33位)	298.21 (18位)	55.909 (53位)	44.444 (83位)
27	阿久津未来也	349	71.126 (18位)	1.7532 (28位)	86.049 (20位)	66.914 (31位)	3.867 (32位)	12.857 (52位)	278.07 (83位)	57.506 (40位)	50.000 (45位)
28	嶋地隆寛	353	71.724 (44位)	1.7768 (61位)	82.562 (80位)	67.130 (26位)	4.097 (12位)	5.143 (4位)	309.40 (4位)	53.426 (71位)	49.438 (53位)
29	近藤智弘	359	71.480 (35位)	1.7771 (62位)	86.243 (16位)	66.402 (37位)	3.595 (59位)	8.400 (16位)	277.64 (84位)	56.729 (47位)	63.380 (3位)

順位	氏名	No.									
30	浅地 洋佑	365	71.584 (38位)	1.7410 (13位)	85.957 (22位)	64.583 (64位)	3.750 (43位)	12.000 (44位)	281.74 (74位)	59.068 (32位)	51.485 (35位)
31	細野 勇策	369	71.090 (17位)	1.7637 (39位)	84.861 (35位)	67.361 (23位)	3.900 (26位)	11.429 (40位)	290.72 (37位)	55.228 (57位)	41.237 (95位)
32	長野 泰雅	371	71.276 (27位)	1.7725 (53位)	84.884 (34位)	69.703 (9位)	4.047 (15位)	12.286 (47位)	299.47 (15位)	53.372 (73位)	40.164 (98位)
33	竹安 俊也	372	71.499 (36位)	1.7645 (41位)	84.553 (45位)	64.837 (60位)	3.780 (40位)	13.667 (50位)	286.93 (50位)	57.367 (41位)	64.655 (2位)
34	生源寺龍憲	375	71.234 (24位)	1.7596 (34位)	84.541 (46位)	65.942 (43位)	4.000 (19位)	23.000 (87位)	289.21 (43位)	58.605 (34位)	50.000 (45位)
35	出水田大二郎	376	71.364 (31位)	1.7896 (77位)	85.786 (24位)	68.543 (14位)	3.740 (45位)	15.400 (65位)	294.80 (26位)	59.572 (29位)	47.561 (65位)
36	A・クウェイル	380	71.737 (45位)	1.7077 (1位)	82.486 (81位)	63.748 (71位)	4.254 (8位)	11.800 (43位)	304.36 (9位)	43.462 (107位)	55.814 (15位)
37	J・クルーガー	382	71.451 (34位)	1.7437 (16位)	83.995 (55位)	68.386 (16位)	4.024 (17位)	14.000 (58位)	284.06 (64位)	60.508 (23位)	40.000 (99位)
38	B・ケネディ	410	71.341 (29位)	1.7524 (26位)	85.979 (16位)	63.492 (72位)	3.460 (72位)	21.000 (86位)	276.61 (86位)	64.846 (8位)	61.333 (5位)
39	香妻陣一朗	412	71.224 (21位)	1.7386 (12位)	84.603 (40位)	62.698 (85位)	3.829 (77位)	17.500 (76位)	304.63 (8位)	45.603 (104位)	62.083 (29位)
	河本 力	412	71.642 (40位)	1.7954 (81位)	83.547 (69位)	68.234 (18位)	4.026 (16位)	5.200 (3位)	322.58 (1位)	49.587 (95位)	43.011 (89位)
41	砂川 公佑	415	72.127 (71位)	1.7543 (30位)	85.470 (27位)	66.382 (38位)	3.667 (52位)	19.500 (84位)	273.63 (95位)	63.119 (14位)	61.538 (4位)
42	大堀裕次郎	417	71.406 (33位)	1.7732 (54位)	84.590 (41位)	69.775 (8位)	3.810 (38位)	16.800 (72位)	285.87 (56位)	57.617 (37位)	45.455 (78位)
43	杉山 知靖	435	71.845 (52位)	1.7706 (50位)	84.296 (51位)	65.630 (48位)	3.680 (49位)	7.500 (11位)	295.56 (23位)	55.778 (54位)	40.230 (97位)
44	杉原 大河	440	71.693 (42位)	1.7619 (36位)	84.767 (37位)	65.860 (46位)	4.000 (19位)	31.000 (92位)	312.99 (2位)	44.983 (106位)	48.193 (60位)
45	T・ペク	442	71.603 (39位)	1.7780 (64位)	84.892 (33位)	68.564 (13位)	3.707 (46位)	16.400 (69位)	277.41 (85位)	64.105 (11位)	44.681 (82位)
46	勝俣 陵	452	71.897 (56位)	1.8054 (91位)	84.109 (52位)	67.183 (25位)	3.547 (64位)	5.733 (5位)	300.72 (14位)	54.447 (60位)	43.750 (85位)
47	H・W・リュー	453	71.723 (43位)	1.8026 (90位)	84.857 (36位)	67.832 (20位)	3.435 (75位)	12.400 (49位)	278.80 (79位)	61.290 (19位)	50.617 (42位)
48	坂本 雄介	466	71.856 (54位)	1.7885 (76位)	82.768 (76位)	64.689 (63位)	3.881 (30位)	8.429 (17位)	302.59 (11位)	46.424 (102位)	51.316 (37位)
49	時松 隆光	481	71.649 (41位)	1.7620 (37位)	86.182 (18位)	65.527 (51位)	3.487 (70位)	78.000 (104位)	264.20 (104位)	65.261 (7位)	49.573 (51位)
50	武藤 俊憲	486	72.170 (76位)	1.7774 (63位)	81.845 (90位)	65.179 (53位)	3.839 (36位)	5.600 (4位)	297.89 (19位)	56.577 (49位)	40.541 (96位)
	ヤン ジホ	486	72.024 (65位)	1.7469 (20位)	81.481 (93位)	62.963 (80位)	3.861 (33位)	7.200 (8位)	293.21 (29位)	51.089 (88位)	46.774 (69位)
52	杉本エリック	493	71.904 (58位)	1.7742 (55位)	84.494 (47位)	64.511 (65位)	3.478 (71位)	11.167 (39位)	287.82 (48位)	64.111 (10位)	48.052 (61位)
53	西山 大広	497	71.848 (53位)	1.8200 (100位)	84.462 (48位)	65.104 (54位)	3.391 (81位)	8.000 (15位)	289.78 (41位)	59.351 (30位)	46.914 (68位)
54	宇喜多飛翔	504	72.130 (72位)	1.7660 (45位)	84.722 (39位)	66.759 (54位)	3.883 (29位)	10.000 (27位)	298.25 (17位)	52.556 (76位)	30.000 (107位)
55	池村 寛世	505	71.951 (61位)	1.7669 (46位)	83.056 (74位)	64.985 (58位)	3.434 (76位)	15.200 (64位)	290.13 (38位)	45.523 (105位)	50.893 (39位)
56	小林伸太郎	507	71.769 (47位)	1.7685 (49位)	83.761 (62位)	63.675 (74位)	3.744 (44位)	9.750 (26位)	289.25 (39位)	53.352 (74位)	42.045 (93位)
57	嘉数 光倫	515	71.816 (49位)	1.7637 (39位)	83.510 (70位)	64.286 (67位)	3.683 (48位)	15.750 (67位)	279.41 (76位)	61.130 (20位)	45.070 (79位)
58	小浦 和也	521	71.812 (48位)	1.7833 (70位)	86.667 (12位)	62.778 (83位)	3.086 (91位)	14.000 (58位)	269.29 (100位)	62.615 (16位)	50.588 (43位)
59	小鯛 竜也	523	71.823 (50位)	1.7971 (83位)	85.494 (26位)	64.738 (61位)	3.403 (80位)	12.000 (44位)	282.80 (71位)	49.652 (94位)	56.667 (14位)
60	篠 優希	526	72.043 (66位)	1.7659 (44位)	83.571 (68位)	65.079 (57位)	3.600 (58位)	17.500 (76位)	285.48 (57位)	53.830 (66位)	51.579 (34位)
61	野呂 涼	528	72.143 (74位)	1.7902 (78位)	82.440 (82位)	63.095 (79位)	3.429 (77位)	7.000 (6位)	288.52 (46位)	56.833 (46位)	50.820 (40位)
62	石坂 友宏	529	71.878 (55位)	1.7645 (41位)	83.934 (58位)	64.715 (62位)	3.662 (53位)	—	273.71 (94位)	57.585 (38位)	53.922 (25位)
	片岡 尚之	529	72.173 (77位)	1.7102 (2位)	83.401 (71位)	56.775 (104位)	3.585 (61位)	10.250 (31位)	275.93 (89位)	52.398 (78位)	55.634 (16位)
64	勝亦 悠斗	533	72.018 (64位)	1.7422 (14位)	83.654 (66位)	61.432 (66位)	3.442 (74位)	13.000 (53位)	264.90 (103位)	69.136 (2位)	47.692 (64位)

#	氏名										
65	安本 大祐	536	72.054 (68位)	1.8019 (88位)	82.716 (77位)	3.556 (62位)	66.564 (36位)	18.000 (78位)	294.91 (25位)	59.073 (31位)	46.753 (71位)
66	安森 一貴	536	71.929 (60位)	1.8017 (87位)	85.648 (25位)	3.417 (79位)	65.093 (56位)	15.000 (63位)	284.87 (60位)	50.773 (89位)	55.072 (17位)
67	池田 勇大	537	72.329 (84位)	1.8086 (93位)	81.339 (94位)	3.615 (56位)	64.957 (59位)	7.091 (7位)	292.96 (31位)	54.354 (61位)	49.495 (52位)
68	J・バグンサン	541	71.981 (63位)	1.7717 (51位)	83.942 (56位)	3.671 (51位)	61.416 (94位)	14.600 (62位)	281.85 (73位)	53.763 (68位)	54.206 (23位)
69	植竹 勇太	551	71.971 (62位)	1.7872 (73位)	83.672 (65位)	3.488 (69位)	65.718 (47位)	41.000 (96位)	276.09 (88位)	65.998 (6位)	50.000 (45位)
70	田中 裕基	553	71.899 (57位)	1.8102 (96位)	84.559 (44位)	3.162 (90位)	67.320 (24位)	17.000 (74位)	266.97 (102位)	66.877 (3位)	47.778 (63位)
71	内藤寛太郎	559	72.274 (81位)	1.7845 (71位)	82.143 (86位)	3.429 (77位)	62.798 (82位)	9.333 (24位)	297.67 (20位)	51.344 (85位)	51.899 (33位)
72	市原 弘大	566	72.051 (67位)	1.7674 (47位)	84.568 (43位)	3.250 (87位)	61.034 (97位)	14.400 (60位)	279.15 (77位)	52.532 (77位)	58.559 (11位)
73	大内 智文	572	72.316 (83位)	1.7786 (66位)	82.126 (87位)	3.674 (50位)	62.198 (88位)	9.200 (22位)	302.11 (12位)	52.100 (80位)	44.068 (84位)
74	比嘉 拓也	578	72.488 (90位)	1.8243 (102位)	84.028 (54位)	3.000 (99位)	64.306 (66位)	20.000 (85位)	290.00 (40位)	57.989 (35位)	60.377 (7位)
75	宮里 優作	585	71.922 (59位)	1.7866 (72位)	82.968 (75位)	3.592 (60位)	65.570 (50位)	19.000 (82位)	283.79 (65位)	56.538 (50位)	46.729 (72位)
76	重永亜斗夢	589	72.416 (87位)	1.8380 (104位)	83.932 (59位)	3.077 (94位)	69.829 (7位)	10.833 (38位)	278.58 (82位)	63.008 (15位)	38.750 (103位)
77	李 尚熹	590	72.135 (73位)	1.7515 (23位)	82.348 (83位)	3.645 (55位)	61.201 (96位)	15.500 (66位)	292.13 (33位)	51.382 (84位)	46.067 (77位)
78	伴 真太郎	592	72.154 (75位)	1.7961 (82位)	82.613 (79位)	3.519 (67位)	63.683 (73位)	13.500 (56位)	310.88 (3位)	50.730 (90位)	46.970 (67位)
79	D・ペリー	595	72.261 (80位)	1.7824 (69位)	83.937 (57位)	3.543 (66位)	66.063 (41位)	46.000 (97位)	285.04 (59位)	53.798 (67位)	48.214 (59位)
80	岩崎亜久竜	604	72.373 (86位)	1.7758 (59位)	81.019 (95位)	3.688 (47位)	64.236 (68位)	9.600 (25位)	296.61 (22位)	49.258 (96位)	37.778 (106位)
81	H・リー	607	72.221 (78位)	1.7542 (29位)	83.754 (63位)	3.545 (65位)	60.690 (98位)	33.000 (93位)	283.29 (69位)	54.375 (56位)	50.394 (44位)
82	小西 貴紀	612	72.077 (69位)	1.7977 (84位)	83.681 (64位)	3.550 (63位)	65.278 (52位)	26.667 (90位)	278.60 (81位)	54.163 (65位)	54.286 (22位)
83	竹谷 佳孝	612	72.451 (88位)	1.7782 (65位)	82.692 (78位)	3.519 (67位)	62.714 (84位)	17.333 (75位)	289.63 (42位)	50.619 (91位)	69.091 (1位)
84	片山 晋呉	619	72.111 (70位)	1.7874 (75位)	84.058 (53位)	3.000 (99位)	61.353 (95位)	46.000 (97位)	273.93 (93位)	57.895 (36位)	46.479 (75位)
85	松本 将汰	625	72.468 (89位)	1.7336 (8位)	83.333 (72位)	3.612 (57位)	60.431 (100位)	—	273.15 (96位)	60.292 (25位)	42.727 (92位)
86	貞方 章男	628	71.832 (51位)	1.7980 (85位)	84.583 (42位)	3.188 (89位)	62.431 (86位)	16.000 (68位)	271.35 (97位)	61.394 (18位)	50.000 (45位)
87	阿部 裕樹	629	72.924 (98位)	1.8671 (107位)	81.944 (89位)	3.056 (95位)	68.673 (12位)	18.000 (78位)	273.96 (92位)	63.168 (13位)	43.182 (88位)
88	金子 駆大	639	71.760 (46位)	1.7873 (74位)	84.387 (49位)	3.345 (82位)	63.506 (76位)	25.000 (89位)	284.29 (62位)	54.624 (59位)	48.000 (62位)
89	呉 司聡	641	72.280 (82位)	1.7724 (52位)	80.444 (98位)	3.780 (40位)	62.222 (87位)	8.875 (20位)	288.92 (54位)	51.213 (54位)	50.000 (45位)
90	木下 裕太	650	72.867 (95位)	1.8096 (95位)	79.890 (101位)	3.324 (83位)	60.642 (99位)	16.667 (71位)	286.38 (68位)	54.865 (58位)	39.286 (102位)
91	山田 大晟	669	72.359 (85位)	1.8024 (89位)	83.111 (73位)	3.300 (85位)	65.889 (45位)	9.000 (21位)	283.43 (61位)	56.385 (51位)	51.923 (32位)
92	平本 穏	671	73.427 (104位)	1.8083 (92位)	78.704 (105位)	3.083 (92位)	59.722 (101位)	10.167 (30位)	284.58 (51位)	54.257 (63位)	51.376 (36位)
93	大岩 龍一	674	73.583 (105位)	1.7764 (60位)	79.781 (103位)	3.311 (84位)	58.743 (103位)	19.000 (82位)	286.70 (30位)	46.424 (102位)	51.220 (38位)
94	日高 将史	678	72.706 (92位)	1.8174 (98位)	82.310 (84位)	2.763 (105位)	64.181 (69位)	36.000 (95位)	262.09 (105位)	66.229 (5位)	
95	張 棟圭	688	72.242 (79位)	1.8201 (101位)	83.796 (61位)	3.083 (92位)	66.204 (40位)	8.800 (27位)	282.64 (72位)	54.348 (62位)	43.478 (86位)
96	金田 直之	707	72.912 (97位)	1.7790 (67位)	79.861 (102位)	3.450 (73位)	63.611 (75位)	7.200 (8位)	283.10 (95位)	49.201 (97位)	40.000 (99位)
97	高野 碧輝	707	73.230 (102位)	1.8262 (103位)	81.818 (91位)	2.886 (104位)	61.995 (92位)	23.000 (87位)	284.15 (27位)	53.485 (81位)	47.541 (66位)
98	原 敏之	720	73.225 (101位)	1.8442 (105位)	78.241 (106位)	2.944 (101位)	61.728 (92位)	9.250 (23位)	291.53 (19位)	51.889 (36位)	42.857 (90位)
99	海老根文博	725	72.582 (91位)	1.7988 (86位)	81.643 (92位)	3.239 (88位)	61.957 (90位)	46.000 (97位)	281.45 (36位)	60.686 (22位)	41.538 (94位)
100	尾崎 慶輔	726	73.307 (103位)	1.8175 (99位)	80.330 (100位)	3.027 (97位)	61.862 (91位)		291.91 (75位)	50.291 (92位)	43.396 (87位)
101	岡村 了	758	72.870 (96位)	1.7904 (79位)	80.435 (99位)	3.283 (86位)	65.097 (55位)		288.84 (45位)	47.278 (100位)	39.583 (101位)

102	中西 直人	760	73.182 (100位)	1.7746 (56位)	80.694 (97位)	53.750 (107位)	2.925 (102位)	13.333 (54位)	283.63 (66位)	48.663 (99位)	45.070 (79位)
103	B・ジョーンズ	768	72.840 (93位)	1.8468 (106位)	82.285 (85位)	63.732 (72位)	3.019 (98位)	53.000 (101位)	293.19 (30位)	49.797 (93位)	42.857 (90位)
104	A・ブランド	786	72.974 (99位)	1.7746 (56位)	80.710 (96位)	59.722 (101位)	2.889 (103位)	18.000 (78位)	267.61 (101位)	51.479 (83位)	46.774 (69位)
105	谷口 徹	812	73.841 (106位)	1.7943 (80位)	78.086 (107位)	54.012 (106位)	2.639 (107位)	—	257.04 (107位)	53.571 (69位)	53.247 (27位)
106	小田 孔明	815	72.852 (94位)	1.8087 (94位)	82.007 (88位)	62.935 (81位)	3.045 (96位)	33.500 (94位)	278.98 (78位)	51.334 (86位)	38.462 (104位)
107	田村 光正	825	74.262 (107位)	1.8104 (97位)	78.758 (104位)	56.427 (105位)	2.725 (106位)	51.000 (100位)	269.71 (99位)	48.668 (98位)	58.667 (9位)

2023年度平均ストロークランキング

1ラウンド当たりの平均ストローク数（コース調整値を加味）

Avg. 71.829

順位	氏名	平均ストローク	競技数	ラウンド数
1	中島 啓太	69.341	23	90
2	金谷 拓実	69.408	19	76
3	蟬川 泰果	69.885	25	94
4	宋 永漢	70.040	24	94
5	稲森 佑貴	70.323	24	90
6	永野竜太郎	70.402	19	70
7	今平 周吾	70.404	24	83
8	谷原 秀人	70.677	15	58
9	石川 遼	70.689	21	74
10	平田 憲聖	70.779	24	84
11	佐藤 大平	70.786	26	100
12	鍋谷 太一	70.926	24	75
13	大槻 智春	71.007	24	93
14	堀川未来夢	71.037	24	83
15	鈴木 晃祐	71.043	18	62
16	小木曽 喬	71.061	24	96
17	細野 勇策	71.090	22	80
18	阿久津未来也	71.126	25	90
19	木下 稜介	71.147	20	74
20	前田光史朗	71.148	17	58
21	香妻陣一朗	71.224	20	70
22	岩田 寛	71.231	24	75
22	清水 大成	71.231	24	82
24	生源寺龍憲	71.234	13	46
25	吉田 泰基	71.242	24	90
26	米澤 蓮	71.269	19	68
27	長野 泰雅	71.276	25	86
28	S・ノリス	71.315	20	63
29	B・ケネディ	71.341	19	63
30	塚田 陽亮	71.362	24	85
31	出水田大二郎	71.364	23	77
32	J・デロスサントス	71.395	25	86
33	大堀裕次郎	71.406	23	84
34	J・クルーガー	71.451	13	42
35	近藤 智弘	71.480	12	42
36	竹安 俊也	71.499	24	82
37	小斉平優和	71.550	10	36
38	浅地 洋佑	71.584	22	72
39	T・ペク	71.603	25	82
40	河本 力	71.642	25	78
41	時松 隆光	71.649	25	78
42	杉原 大河	71.693	20	62
43	H・W・リュー	71.723	19	62
44	幡地 隆寛	71.724	23	72
45	A・クウェイル	71.737	19	59
46	金子 駆大	71.760	18	58
47	小林伸太郎	71.769	25	78
48	小浦 和也	71.812	19	70
49	嘉数 光倫	71.816	19	63
50	小鯛 竜也	71.823	22	72
51	貞方 章男	71.832	23	80
52	杉山 知靖	71.845	23	75
53	西山 大広	71.848	21	64
54	坂本 雄介	71.856	18	59
55	石坂 友宏	71.878	23	74
56	勝俣 陵	71.897	23	86
57	田中 裕基	71.899	20	84
58	杉本エリック	71.904	24	67
59	宮里 優作	71.922	25	76
60	安森 一貴	71.929	19	60
61	池村 寛世	71.951	24	76
62	植竹 勇太	71.971	25	82
63	J・パグンサン	71.981	23	73
64	勝亦 悠斗	72.018	17	52
65	ヤン・ジホ	72.024	11	36
66	篠 優希	72.043	21	70
67	市原 弘大	72.051	24	72
68	安本 大祐	72.054	19	54
69	小西 貴紀	72.077	23	80
70	片山 晋呉	72.111	16	46
71	砂川 公佑	72.127	13	39
72	宇喜多飛翔	72.130	17	60
73	李 尚熹	72.135	19	62
74	野呂 涼	72.143	18	56
75	伴 真太郎	72.154	19	54
76	武藤 俊憲	72.170	18	56
77	片岡 尚之	72.173	26	82
78	H・リー	72.221	22	66
79	張 棟圭	72.242	13	36
80	D・ペリー	72.261	16	46
81	内藤寛太郎	72.274	18	50
82	呉 司聡	72.280	18	50
83	大内 智文	72.316	15	46
84	池田 勇太	72.329	25	78
85	山田 大晟	72.359	18	50
86	岩﨑亜久竜	72.373	15	48
87	重永亜斗夢	72.416	21	65
88	竹谷 佳孝	72.451	18	52
89	松本 将汰	72.468	16	49
90	比嘉 拓也	72.488	14	40
91	海老根文博	72.582	15	46
92	日高 将史	72.706	13	38
93	B・ジョーンズ	72.840	18	53
94	小田 孔明	72.852	23	67
95	木下 裕太	72.867	23	71
96	岡村 了	72.870	19	46
97	金田 直之	72.912	14	40
98	阿部 裕樹	72.924	12	36
99	A・ブランド	72.974	12	36
100	中西 直人	73.182	16	40
101	原 敏之	73.225	14	36
102	高野 碧輝	73.230	16	44
103	尾崎 慶輔	73.307	13	37
104	平本 穏	73.427	13	36
105	大岩 龍一	73.583	25	61
106	谷口 徹	73.841	14	36
107	田村 光正	74.262	22	51

23年のデータ

2023年度平均パットランキング

1ホール当たりの平均パット数（パーオンホールのみ対象）

Avg. 1.7744

順位	氏名	平均パット	競技数	ラウンド数
1	A・クウェイル	1.7077	19	59
2	片岡 尚之	1.7102	26	82
3	清水 大成	1.7191	24	82
4	中島 啓太	1.7231	23	90
5	小斉平優和	1.7294	10	36
6	金谷 拓実	1.7295	19	76
7	前田光史朗	1.7305	17	58
8	松本 将汰	1.7336	16	49
9	永野竜太郎	1.7342	19	70
10	谷原 秀人	1.7351	15	58
11	蟬川 泰果	1.7378	25	94
12	香妻陣一朗	1.7386	20	70
13	浅地 洋佑	1.7410	22	74
14	勝亦 悠斗	1.7422	17	52
15	石川 遼	1.7429	21	74
16	J・クルーガー	1.7437	13	42
17	鍋谷 太一	1.7438	24	75
18	S・ノリス	1.7450	20	63
19	鈴木 晃祐	1.7466	18	62
20	ヤン・ジホ	1.7469	11	36
21	佐藤 大平	1.7494	26	100
22	稲森 佑貴	1.7498	24	90
23	李 尚熹	1.7515	19	62
24	大槻 智春	1.7516	24	93
25	米澤 蓮	1.7521	19	68
26	B・ケネディ	1.7524	19	63
27	小木曽 喬	1.7528	24	96
28	阿久津未来也	1.7532	25	90
29	H・リー	1.7542	22	66
30	砂川 公佑	1.7543	13	39
31	塚田 陽亮	1.7557	24	85
32	木下 稜介	1.7561	20	74
33	堀川未来夢	1.7574	24	83
34	生源寺龍憲	1.7596	13	46
35	平田 憲聖	1.7611	24	84
36	杉原 大河	1.7619	20	62
37	時松 隆光	1.7620	25	78
38	岩田 寛	1.7627	24	75
39	嘉数 光倫	1.7637	19	63
39	細野 勇策	1.7637	22	80
41	石坂 友宏	1.7645	23	74
41	竹安 俊也	1.7645	24	82
43	J・デロスサントス	1.7654	25	86
44	篠 優希	1.7659	21	70
45	宇喜多飛翔	1.7660	17	60
46	池村 寛世	1.7669	24	76
47	市原 弘大	1.7674	24	72
48	吉田 泰基	1.7680	24	80
49	小林伸太郎	1.7685	25	75
50	杉山 知靖	1.7706	23	75
51	J・パグンサン	1.7717	23	73
52	呉 司聡	1.7724	18	50
53	長野 泰雅	1.7725	25	86
54	大堀裕次郎	1.7732	23	84
55	杉本エリック	1.7742	24	67
56	中西 直人	1.7746	16	40
56	A・ブランド	1.7746	12	36
58	宋 永漢	1.7747	24	94
59	岩﨑亜久竜	1.7758	15	48
60	大岩 龍一	1.7764	25	61
61	幡地 隆寛	1.7768	23	72
62	近藤 智弘	1.7771	12	42
63	武藤 俊憲	1.7774	18	56
64	T・ペク	1.7780	25	82
65	竹谷 佳孝	1.7782	18	52
66	大内 智文	1.7786	15	46
67	金田 直之	1.7790	14	40
68	今平 周吾	1.7806	24	83
69	D・ペリー	1.7824	16	46
70	小浦 和也	1.7833	19	70
71	内藤寛太郎	1.7845	18	56
72	宮里 優作	1.7866	25	76
73	植竹 勇太	1.7872	25	82
74	金子 駆大	1.7873	18	58
75	片山 晋呉	1.7874	16	46
76	坂本 雄介	1.7885	18	59
77	出水田大二郎	1.7896	23	77
78	野呂 涼	1.7902	18	56
79	岡村 了	1.7904	19	46
80	谷口 徹	1.7943	14	36
81	河本 力	1.7954	25	78
82	伴 真太郎	1.7961	19	54
83	小鯛 竜也	1.7971	22	72
84	小西 貴紀	1.7977	23	80
85	貞方 章男	1.7980	23	80
86	海老根文博	1.7988	15	46
87	安森 一貴	1.8017	19	60
88	安本 大祐	1.8019	19	54
89	山田 大晟	1.8024	18	50
90	H・W・リュー	1.8026	19	62
91	勝俣 陵	1.8054	23	86
92	平本 穏	1.8083	13	36
93	池田 勇太	1.8086	25	78
94	小田 孔明	1.8087	23	67
95	木下 裕太	1.8096	23	71
96	田中 裕基	1.8102	20	68
97	田村 光正	1.8104	22	51
98	日高 将史	1.8174	13	38
99	尾崎 慶輔	1.8175	13	37
100	西山 大広	1.8200	21	64
101	張 棟圭	1.8201	13	36
102	比嘉 拓也	1.8243	14	40
103	高野 碧輝	1.8262	16	46
104	重永亜斗夢	1.8380	21	65
105	原 敏之	1.8442	14	36
106	B・ジョーンズ	1.8468	18	53
107	阿部 裕樹	1.8671	12	36

2023年度パーキープ率ランキング

パーかそれより良いスコアを獲得する率

Avg. 84.017

順位	氏名	パーキープ率	競技数	ラウンド数	順位	氏名	パーキープ率	競技数	ラウンド数	順位	氏名	パーキープ率	競技数	ラウンド数
1	金谷 拓実	90.863	19	76	37	杉原 大河	84.767	20	62	73	山田 大晟	83.111	18	50
2	宋 永漢	90.130	24	94	38	S・ノリス	84.744	20	63	74	宇喜多飛翔	83.056	17	60
3	稲森 佑貴	89.877	24	90	39	池村 寛世	84.722	24	76	75	宮里 優作	82.968	25	76
4	中島 啓太	89.630	23	90	40	香妻陣一朗	84.603	20	70	76	坂本 雄介	82.768	18	59
5	今平 周吾	88.353	24	83	41	大堀裕次郎	84.590	23	84	77	安本 大祐	82.716	19	54
6	鍋谷 太一	87.556	24	75	42	貞方 章男	84.583	23	80	78	竹谷 佳孝	82.692	18	52
7	谷原 秀人	87.548	15	58	43	市原 弘大	84.568	24	72	79	伴 真太郎	82.613	19	54
8	佐藤 大平	87.333	26	100	44	田中 裕基	84.559	20	68	80	幡地 隆寛	82.562	23	72
9	平田 憲聖	87.235	24	84	45	竹安 俊也	84.553	24	82	81	A・クウェイル	82.486	19	59
10	蝉川 泰果	86.998	25	94	46	生源寺龍憲	84.541	13	46	82	野呂 涼	82.440	18	56
11	米澤 蓮	86.683	19	68	47	杉本エリック	84.494	24	67	83	李 尚熹	82.348	19	62
12	小浦 和也	86.667	19	70	48	西山 大広	84.462	21	64	84	日高 将史	82.310	13	38
13	小木曽 喬	86.574	24	96	49	金子 駆大	84.387	18	58	85	B・ジョーンズ	82.285	18	53
14	永野竜太郎	86.508	19	70	50	清水 大成	84.350	24	82	86	内藤寛太郎	82.143	18	56
15	堀川未来夢	86.412	24	83	51	杉山 知靖	84.296	23	75	87	大内 智文	82.126	15	46
16	近藤 智弘	86.243	12	42	52	勝俣 陵	84.109	23	86	88	小田 孔明	82.007	23	67
17	岩田 寛	86.222	24	75	53	片山 晋呉	84.058	16	46	89	阿部 裕樹	81.944	12	36
18	時松 隆光	86.182	25	78	54	比嘉 拓也	84.028	14	40	90	武藤 俊憲	81.845	18	56
19	前田光史朗	86.111	17	58	55	J・クルーガー	83.995	13	42	91	高野 碧輝	81.818	16	44
20	阿久津未来也	86.049	25	90	56	J・パグンサン	83.942	23	73	92	海老根文博	81.643	15	46
21	B・ケネディ	85.979	19	63	57	D・ペリー	83.937	16	46	93	ヤン・ジホ	81.481	11	36
22	浅地 洋佑	85.957	22	72	58	石坂 友宏	83.934	23	74	94	池田 勇太	81.339	25	78
23	吉田 泰基	85.802	24	90	59	重永亜斗夢	83.932	21	65	95	岩﨑亜久竜	81.019	15	48
24	出水田大二郎	85.786	23	77	60	鈴木 晃祐	83.871	18	62	96	A・ブランド	80.710	12	36
25	安森 一貴	85.648	19	60	61	張 棟圭	83.796	13	36	97	中西 直人	80.694	16	40
26	小鯛 竜也	85.494	22	72	62	小林伸太郎	83.761	25	78	98	呉 司聡	80.444	18	50
27	砂川 公佑	85.470	13	39	63	H・リー	83.754	22	66	99	岡村 了	80.435	19	46
28	J・デロスサントス	85.401	25	86	64	小西 貴紀	83.681	23	80	100	尾崎 慶輔	80.330	13	37
29	石川 遼	85.360	21	74	65	植竹 勇太	83.672	25	82	101	木下 裕太	79.890	23	71
30	塚田 陽亮	85.163	24	85	66	勝亦 悠斗	83.654	17	52	102	金田 直之	79.861	14	40
31	大槻 智春	85.125	24	93	67	小斉平優和	83.642	10	36	103	大岩 龍一	79.781	25	61
32	木下 稜介	84.985	20	74	68	篠 優希	83.571	21	70	104	田村 光正	78.758	22	51
33	T・ペク	84.892	25	82	69	河本 力	83.547	25	78	105	平本 穏	78.704	13	36
34	長野 泰雅	84.884	25	86	70	嘉数 光倫	83.510	19	63	106	原 敏之	78.241	14	36
35	細野 勇策	84.861	22	80	71	片岡 尚之	83.401	26	82	107	谷口 徹	78.086	14	36
36	H・W・リュー	84.857	19	62	72	松本 将汰	83.333	16	49					

23年のデータ

2023年度パーオン率ランキング

パーオンする率(パー4での1オン、パー5での2オンを含む)

Avg. 65.051

順位	氏名	パーオン率	競技数	ラウンド数	順位	氏名	パーオン率	競技数	ラウンド数	順位	氏名	パーオン率	競技数	ラウンド数
1	宋 永漢	74.291	24	94	37	近藤 智弘	66.402	12	42	73	伴 真太郎	63.683	19	54
2	金谷 拓実	72.953	19	76	38	砂川 公佑	66.382	13	39	74	小林伸太郎	63.675	25	78
3	稲森 佑貴	72.901	24	90	39	小木曽 喬	66.377	24	96	75	金田 直之	63.611	14	40
4	中島 啓太	72.593	23	90	40	張 棟圭	66.204	13	36	76	金子 駆大	63.506	18	58
5	蝉川 泰果	71.631	25	94	41	D・ペリー	66.063	16	46	77	B・ケネディ	63.492	19	63
6	今平 周吾	70.817	24	83	42	吉田 泰基	66.049	24	90	78	清水 大成	63.144	24	82
7	重永亜斗夢	69.829	21	65	43	生源寺龍憲	65.942	13	46	79	野呂 涼	63.095	18	56
8	大堀裕次郎	69.775	23	84	44	小斉平優和	65.895	10	36	80	ヤン・ジホ	62.963	11	36
9	長野 泰雅	69.703	25	86	45	山田 大晟	65.889	18	50	81	小田 孔明	62.935	23	67
10	石川 遼	69.144	21	74	46	杉原 大河	65.860	20	62	82	内藤寛太郎	62.798	18	56
11	永野竜太郎	69.127	19	70	47	植竹 勇太	65.718	25	82	83	小浦 和也	62.778	19	70
12	阿部 裕樹	68.673	12	36	48	杉山 知靖	65.630	23	75	84	竹谷 佳孝	62.714	18	52
13	T・ペク	68.564	25	82	48	鍋谷 太一	65.630	24	75	85	香妻陣一朗	62.698	20	70
14	出水田大二郎	68.543	23	77	50	宮里 優作	65.570	25	76	86	貞方 章男	62.431	23	80
15	堀川未来夢	68.407	24	83	51	時松 隆光	65.527	25	78	87	呉 司聡	62.222	18	56
16	J・クルーガー	68.386	13	42	52	小西 貴紀	65.278	23	80	88	大内 智文	62.198	15	46
17	塚田 陽亮	68.366	24	85	53	武藤 俊憲	65.179	18	56	89	高野 碧輝	61.995	16	44
18	河本 力	68.234	25	78	54	西山 大広	65.104	21	64	90	海老根文博	61.957	15	46
19	米澤 蓮	68.056	19	68	55	岡村 了	65.097	19	46	91	尾崎 慶輔	61.862	13	37
20	H・W・リュー	67.832	19	62	56	安森 一貴	65.093	19	60	92	原 敏之	61.728	14	36
21	谷原 秀人	67.720	15	59	57	篠 優希	65.079	21	70	93	勝亦 悠斗	61.432	17	52
22	木下 稜介	67.643	20	74	58	池村 寛世	64.985	24	76	94	J・パグンサン	61.416	23	73
23	細野 勇策	67.361	22	80	59	池田 勇太	64.957	25	78	95	片山 晋呉	61.353	16	46
24	田中 裕基	67.320	20	68	60	竹安 俊也	64.837	24	82	96	李 尚熹	61.201	19	62
25	勝俣 陵	67.183	23	86	61	小鯛 竜也	64.738	22	72	97	市原 弘大	61.034	24	72
26	幡地 隆寛	67.130	23	72	62	石坂 友宏	64.715	23	74	98	H・リー	60.690	22	66
27	J・デロスサントス	67.119	25	86	63	坂本 雄介	64.689	18	59	99	木下 裕太	60.642	23	71
28	鈴木 晃祐	67.115	18	62	64	浅地 洋佑	64.583	22	72	100	松本 将汰	60.431	16	49
29	佐藤 大平	67.056	26	100	65	杉本エリック	64.511	24	67	101	平本 穏	59.722	13	36
30	平田 憲聖	66.931	24	84	66	比嘉 拓也	64.306	14	40	101	A・ブランド	59.722	12	36
31	阿久津未来也	66.914	25	90	67	嘉数 光倫	64.286	19	63	103	大岩 龍一	58.743	25	61
32	岩田 寛	66.889	24	75	68	岩﨑亜久竜	64.236	15	48	104	片岡 尚之	56.775	26	82
33	宇喜多飛翔	66.759	17	60	69	日高 将史	64.181	13	38	105	田村 光正	56.427	22	51
34	S・ノリス	66.755	20	63	70	前田光史朗	64.176	17	58	106	谷口 徹	54.012	14	36
35	大槻 智春	66.726	24	93	71	A・クウェイル	63.748	19	59	107	中西 直人	53.750	16	40
36	安本 大祐	66.564	19	54	72	B・ジョーンズ	63.732	18	53					

2023年度バーディ率ランキング

1ラウンド当たりのバーディ獲得率

Avg. 3.625

順位	氏名	バーディ率	競技数	ラウンド数	順位	氏名	バーディ率	競技数	ラウンド数	順位	氏名	バーディ率	競技数	ラウンド数
1	中島 啓太	4.789	23	90	37	香妻陣一朗	3.829	20	70	73	金田 直之	3.450	14	40
2	蟬川 泰果	4.734	25	94	38	大堀裕次郎	3.810	23	84	74	勝亦 悠斗	3.442	17	52
3	金谷 拓実	4.434	19	76	38	S・ノリス	3.810	20	63	75	H・W・リュー	3.435	19	62
4	石川 遼	4.324	21	74	40	呉 司聡	3.780	18	50	76	池村 寛世	3.434	24	76
5	永野竜太郎	4.314	19	70	40	竹安 俊也	3.780	24	82	77	内藤寛太郎	3.429	18	56
6	鈴木 晃祐	4.258	18	62	42	吉田 泰基	3.756	24	90	77	野呂 涼	3.429	18	56
7	清水 大成	4.256	24	82	43	浅地 洋佑	3.750	22	72	79	安森 一貴	3.417	19	60
8	A・クウェイル	4.254	19	59	44	小林伸太郎	3.744	25	78	80	小鯛 竜也	3.403	22	72
9	小斉平優和	4.194	10	36	45	出水田大二郎	3.740	23	77	81	西山 大広	3.391	21	64
10	大槻 智春	4.161	24	93	46	T・ペク	3.707	25	82	82	金子 駆大	3.345	18	58
11	宋 永漢	4.117	24	94	47	岩﨑亜久竜	3.688	15	48	83	木下 裕太	3.324	23	71
12	幡地 隆寛	4.097	23	72	48	嘉数 光倫	3.683	19	63	84	大岩 龍一	3.311	25	61
13	前田光史朗	4.086	17	58	49	杉山 知靖	3.680	23	75	85	山田 大晟	3.300	18	50
14	佐藤 大平	4.050	26	100	50	大内 智文	3.674	15	46	86	岡村 了	3.283	19	46
15	長野 泰雅	4.047	25	86	51	J・パグンサン	3.671	23	73	87	市原 弘大	3.250	24	72
16	河本 力	4.026	25	78	52	砂川 公佑	3.667	13	39	88	海老根文博	3.239	15	44
17	J・クルーガー	4.024	13	42	53	石坂 友宏	3.662	23	74	89	貞方 章男	3.188	23	80
18	今平 周吾	4.012	24	83	54	鍋谷 太一	3.653	24	75	90	田中 裕基	3.162	20	68
19	生源寺龍憲	4.000	13	46	55	李 尚熹	3.645	19	62	91	小浦 和也	3.086	19	70
19	杉原 大河	4.000	20	62	56	池田 勇太	3.615	25	78	92	張 棟圭	3.083	13	36
21	谷原 秀人	3.966	15	58	57	松本 将汰	3.612	16	49	92	平本 穏	3.083	13	36
22	塚田 陽亮	3.965	24	85	58	篠 優希	3.600	21	70	94	重永亜斗夢	3.077	21	65
23	堀川未来夢	3.916	24	83	59	近藤 智弘	3.595	12	42	95	阿部 裕樹	3.056	12	36
24	岩田 寛	3.907	24	75	60	宮里 優作	3.592	25	76	96	小田 孔明	3.045	23	67
25	小木曽 喬	3.906	24	96	61	片岡 尚之	3.585	26	82	97	尾崎 慶輔	3.027	13	37
26	細野 勇策	3.900	22	80	62	安本 大祐	3.556	19	54	98	B・ジョーンズ	3.019	18	53
27	稲森 佑貴	3.889	24	90	63	小西 貴紀	3.550	23	80	99	片山 晋呉	3.000	16	46
28	J・デロスサントス	3.884	25	86	64	勝俣 陵	3.547	23	86	99	比嘉 拓也	3.000	14	40
29	宇喜多飛翔	3.883	17	60	65	H・リー	3.545	22	66	101	原 敏之	2.944	14	36
30	坂本 雄介	3.881	18	59	66	D・ペリー	3.543	16	46	102	中西 直人	2.925	16	40
31	平田 憲聖	3.869	24	84	67	竹谷 佳孝	3.519	18	52	103	A・ブランド	2.889	12	36
32	阿久津未来也	3.867	25	90	67	伴 真太郎	3.519	19	54	104	高野 碧輝	2.886	16	44
33	木下 稜介	3.865	20	74	69	植竹 勇太	3.488	25	82	105	日高 将史	2.763	13	38
34	ヤン・ジホ	3.861	11	36	70	時松 隆光	3.487	25	78	106	田村 光正	2.725	22	51
35	米澤 蓮	3.853	19	68	71	杉本エリック	3.478	24	67	107	谷口 徹	2.639	14	36
36	武藤 俊憲	3.839	18	56	72	B・ケネディ	3.460	19	63					

23年のデータ

2023年度イーグル率ランキング

1イーグルを獲得するために要するラウンド数

Avg. 16.363

順位	氏名	イーグル率	競技数	ラウンド数
1	蟬川 泰果	4.087	25	94
2	幡地 隆寛	5.143	23	72
3	河本 力	5.200	25	78
4	武藤 俊憲	5.600	18	56
5	勝俣 陵	5.733	23	86
6	野呂 涼	7.000	18	56
7	池田 勇太	7.091	25	78
8	原 敏之	7.200	14	36
8	ヤン・ジホ	7.200	11	36
10	木下 稜介	7.400	20	74
11	杉山 知靖	7.500	23	75
11	中島 啓太	7.500	23	90
13	大槻 智春	7.750	24	93
13	鈴木 晃祐	7.750	18	62
15	西山 大広	8.000	21	64
16	近藤 智弘	8.400	12	42
17	坂本 雄介	8.429	18	59
18	米澤 蓮	8.500	19	68
19	高野 碧輝	8.800	16	44
20	木下 裕太	8.875	23	71
21	平本 穏	9.000	13	36
22	大内 智文	9.200	15	46
23	尾崎 慶輔	9.250	13	37
24	内藤寛太郎	9.333	18	54
25	岩﨑亜久竜	9.600	15	48
26	小林伸太郎	9.750	25	78
27	宇喜多飛翔	10.000	17	60
27	金田 直之	10.000	14	40
27	永野竜太郎	10.000	19	70
30	大岩 龍一	10.167	25	61
31	片岡 尚之	10.250	26	82
32	堀川未来夢	10.375	24	83
33	S・ノリス	10.500	20	63
34	石川 遼	10.571	21	74
35	塚田 陽亮	10.625	24	85
36	小木曽 喬	10.667	24	96
37	鍋谷 太一	10.714	24	75
38	重永亜斗夢	10.833	21	65
39	杉本エリック	11.167	24	67
40	細野 勇策	11.429	22	64
41	前田光史朗	11.600	17	58
42	清水 大成	11.714	24	82
43	A・クウェイル	11.800	19	59
44	浅地 洋佑	12.000	22	72
44	小斉平優和	12.000	10	36
44	小鯛 竜也	12.000	22	72
47	J・デロスサントス	12.286	25	86
47	長野 泰雅	12.286	25	86
49	H・W・リュー	12.400	19	62
50	岩田 寛	12.500	24	75
50	佐藤 大平	12.500	26	100
52	阿久津未来也	12.857	25	90
53	勝亦 悠斗	13.000	17	52
54	中西 直人	13.333	16	40
55	宋 永漢	13.429	24	94
56	伴 真太郎	13.500	19	54
57	竹安 俊也	13.667	24	82
58	J・クルーガー	14.000	14	42
58	小浦 和也	14.000	19	70
60	市原 弘大	14.400	24	72
61	谷原 秀人	14.500	15	58
62	J・パグンサン	14.600	23	73
63	安森 一貴	15.000	19	60
64	池村 寛世	15.200	24	76
65	出水田大二郎	15.400	23	77
66	李 尚熹	15.500	19	62
67	嘉数 光倫	15.750	19	63
68	貞方 章男	16.000	23	80
69	T・ペク	16.400	25	82
70	今平 周吾	16.600	24	83
71	山田 大晟	16.667	18	50
72	大堀裕次郎	16.800	23	84
72	平田 憲聖	16.800	24	84
74	田中 裕基	17.000	20	68
75	竹谷 佳孝	17.333	18	52
76	香妻陣一朗	17.500	20	70
76	篠 優希	17.500	21	70
78	阿部 裕樹	18.000	12	36
78	A・ブランド	18.000	12	36
78	安本 大祐	18.000	19	54
78	吉田 泰基	18.000	24	90
82	日高 将史	19.000	13	38
83	宮里 優作	19.000	25	76
84	砂川 公佑	19.500	13	39
85	比嘉 拓也	20.000	14	40
86	B・ケネディ	21.000	19	63
87	海老根文博	23.000	15	46
87	生源寺龍憲	23.000	13	46
89	呉 司聡	25.000	18	50
90	小西 貴紀	26.667	23	80
91	稲森 佑貴	30.000	24	90
92	杉原 大河	31.000	20	62
93	H・リー	33.000	22	66
94	小田 孔明	33.500	23	67
95	張 棟圭	36.000	13	36
96	植竹 勇太	41.000	25	82
97	岡村 了	46.000	19	46
97	片山 晋呉	46.000	16	46
97	D・ペリー	46.000	16	46
100	田村 光正	51.000	22	51
101	B・ジョーンズ	53.000	18	53
102	時松 隆光	78.000	25	78

ティショットの平均飛距離（18ホール中2ホールで計測）

Avg. 286.675

順位	氏名	平均ヤード	競技数	ラウンド数	順位	氏名	平均ヤード	競技数	ラウンド数	順位	氏名	平均ヤード	競技数	ラウンド数
1	河本　力	322.58	25	78	37	細野　勇策	290.72	22	80	73	J・パグンサン	281.85	23	73
2	杉原　大河	312.99	20	62	38	小林伸太郎	290.13	25	78	74	浅地　洋佑	281.74	22	72
3	伴　真太郎	310.88	19	54	39	金谷　拓実	290.06	19	76	75	海老根文博	281.45	15	46
4	幡地　隆寛	309.40	23	72	40	比嘉　拓也	290.00	14	40	76	嘉数　光倫	279.41	19	63
5	永野竜太郎	309.38	19	70	41	宇喜多飛翔	289.78	17	60	77	市原　弘大	279.15	24	72
6	蟬川　泰果	306.57	25	94	42	竹谷　佳孝	289.63	18	52	78	小田　孔明	278.98	23	67
7	塚田　陽亮	305.06	24	85	43	生源寺龍憲	289.21	13	46	79	H・W・リュー	278.80	19	62
8	香妻陣一朗	304.63	20	70	44	呉　司聡	288.92	18	50	80	前田光史朗	278.78	17	58
9	A・クウェイル	304.36	19	59	45	岡村　了	288.84	19	46	81	小西　貴紀	278.60	23	80
10	中島　啓太	304.15	23	90	46	野呂　涼	288.52	18	56	82	重永亜斗夢	278.58	21	65
11	坂本　雄介	302.59	18	59	47	木下　稜介	288.00	20	74	83	阿久津未来也	278.07	25	90
12	大内　智文	302.11	15	46	48	西山　大広	287.82	21	64	84	近藤　智弘	277.64	12	42
13	石川　遼	301.45	21	74	49	宋　永漢	287.15	24	94	85	T・ペク	277.41	25	82
14	勝俣　陵	300.72	23	86	50	竹安　俊也	286.93	24	82	86	B・ケネディ	276.61	19	63
15	長野　泰雅	299.47	25	86	51	大岩　龍一	286.70	25	61	87	杉本エリック	276.43	24	67
16	清水　大成	298.53	24	82	52	今平　周吾	286.68	24	83	88	植竹　勇太	276.09	25	82
17	池村　寛世	298.25	24	76	53	米澤　蓮	286.64	19	68	89	片岡　尚之	275.93	26	82
18	S・ノリス	298.21	20	63	54	木下　裕太	286.38	23	71	90	佐藤　大平	275.54	26	100
19	武藤　俊憲	297.89	18	56	55	平田　憲聖	286.26	24	84	91	谷原　秀人	274.76	15	58
20	内藤寛太郎	297.67	18	56	56	大堀裕次郎	285.87	23	84	92	阿部　裕樹	273.96	12	36
21	岩田　寛	296.90	24	75	57	篠　優希	285.48	21	70	93	片山　晋呉	273.93	16	46
22	岩﨑亜久竜	296.61	15	48	57	鍋谷　太一	285.48	24	75	94	石坂　友宏	273.71	23	74
23	杉山　知靖	295.56	23	75	59	D・ペリー	285.04	16	46	95	砂川　公佑	273.63	13	39
24	小斉平優和	295.02	10	36	60	安森　一貴	284.87	19	60	96	松本　将汰	273.15	16	49
25	安本　大祐	294.91	19	54	61	平本　穏	284.58	13	36	97	貞方　章男	271.35	23	80
26	出水田大二郎	294.80	23	77	62	金子　駆大	284.29	18	58	98	堀川未来夢	270.45	24	83
27	鈴木　晃祐	293.93	18	62	63	高野　碧輝	284.15	16	44	99	田村　光正	269.71	22	51
28	大槻　智春	293.60	24	93	64	J・クルーガー	284.06	13	42	100	小浦　和也	269.29	19	70
29	ヤン・ジホ	293.21	11	36	65	宮里　優作	283.79	25	76	101	A・ブランド	267.61	12	36
30	B・ジョーンズ	293.19	18	53	66	中西　直人	283.63	16	40	102	田中　裕基	266.97	20	68
31	池田　勇太	292.96	25	78	67	小木曽　喬	283.59	24	96	103	勝亦　悠斗	264.90	17	52
32	吉田　泰基	292.82	24	90	68	山田　大晟	283.43	18	50	104	時松　隆光	264.20	25	78
33	李　尚熹	292.13	19	62	69	H・リー	283.29	22	66	105	日高　将史	262.09	13	38
34	尾崎　慶輔	291.91	13	37	70	金田　直之	283.10	14	40	106	稲森　佑貴	260.17	24	90
35	J・デロスサントス	291.88	25	86	71	小鯛　竜也	282.80	22	72	107	谷口　徹	257.04	14	36
36	原　敏之	291.53	14	36	72	張　棟圭	282.64	13	36					

23年のデータ

2023年度フェアウェイキープ率ランキング

ティショットがフェアウェイを捕らえた率（パー3を除く全てのホールで計測）

Avg. 56.064

順位	氏名	フェアウェイキープ率	競技数	ラウンド数	順位	氏名	フェアウェイキープ率	競技数	ラウンド数	順位	氏名	フェアウェイキープ率	競技数	ラウンド数
1	稲森 佑貴	79.269	24	90	37	大堀裕次郎	57.617	23	84	73	長野 泰雅	53.372	25	86
2	勝亦 悠斗	69.136	17	52	38	石坂 友宏	57.585	23	74	74	小林伸太郎	53.352	25	78
3	田中 裕基	66.877	20	68	39	木下 稜介	57.529	20	74	75	米澤 蓮	53.214	19	68
4	佐藤 大平	66.405	26	100	40	阿久津未来也	57.506	25	90	76	宇喜多飛翔	52.556	17	60
5	日高 将史	66.229	13	38	41	竹安 俊也	57.367	24	82	77	市原 弘大	52.532	24	72
6	植竹 勇太	65.998	25	82	42	中島 啓太	57.302	23	90	78	片岡 尚之	52.398	26	82
7	時松 隆光	65.261	25	78	43	小木曽 喬	57.185	24	96	79	塚田 陽亮	52.397	24	85
8	B・ケネディ	64.846	19	63	44	J・デロスサントス	57.024	25	86	80	大内 智文	52.100	15	46
9	金谷 拓実	64.623	19	76	45	鈴木 晃祐	56.978	18	62	81	原 敏之	51.889	14	36
10	杉本エリック	64.111	24	67	46	野呂 涼	56.833	18	56	82	永野竜太郎	51.735	19	70
11	T・ペク	64.105	25	82	47	近藤 智弘	56.729	12	42	83	A・ブランド	51.479	12	36
12	前田光史朗	63.625	17	58	48	鍋谷 太一	56.638	24	75	84	李 尚熹	51.382	19	62
13	阿部 裕樹	63.168	12	36	49	武藤 俊憲	56.577	18	56	85	内藤寛太郎	51.344	18	56
14	砂川 公佑	63.119	13	39	50	宮里 優作	56.538	25	76	86	小田 孔明	51.334	23	67
15	重永亜斗夢	63.008	21	65	51	山田 大晟	56.385	18	50	87	呉 司聡	51.213	18	50
16	小浦 和也	62.615	19	70	52	蝉川 泰果	55.970	25	94	88	ヤン・ジホ	51.089	11	36
17	堀川未来夢	62.167	24	83	53	S・ノリス	55.909	20	63	89	安森 一貴	50.773	19	60
18	貞方 章男	61.394	23	80	54	杉山 知靖	55.778	23	75	90	伴 真太郎	50.730	19	54
19	H・W・リュー	61.290	19	62	55	岩田 寛	55.630	24	75	91	竹谷 佳孝	50.619	18	52
20	嘉数 光倫	61.130	19	63	56	H・リー	55.375	22	66	92	尾崎 慶輔	50.291	13	37
21	宋 永漢	60.760	24	94	57	細野 勇策	55.228	22	80	93	B・ジョーンズ	49.797	18	53
22	海老根文博	60.686	15	46	58	木下 裕太	54.865	23	71	94	小鯛 竜也	49.652	22	72
23	J・クルーガー	60.508	13	42	59	金子 駆大	54.624	18	58	95	河本 力	49.587	25	78
24	谷原 秀人	60.468	15	58	60	勝俣 陵	54.447	23	86	96	岩崎亜久竜	49.258	15	48
25	松本 将汰	60.292	16	49	61	池田 勇太	54.354	25	78	97	金田 直之	49.201	14	40
26	大槻 智春	59.969	24	93	62	張 棟圭	54.348	13	36	98	田村 光正	48.668	22	51
27	平田 憲聖	59.932	24	84	63	平本 穏	54.257	13	36	99	中西 直人	48.663	16	40
28	吉田 泰基	59.809	24	90	64	小斉平優和	54.241	10	36	100	岡村 了	47.278	19	46
29	出水田大二郎	59.572	23	77	65	小西 貴紀	54.163	23	80	101	清水 大成	46.951	24	82
30	西山 大広	59.351	21	64	66	篠 優希	53.830	21	70	102	大岩 龍一	46.424	25	61
31	安本 大祐	59.073	19	54	67	D・ペリー	53.798	16	46	103	坂本 雄介	46.424	18	59
32	浅地 洋佑	59.068	22	72	68	J・パグンサン	53.763	23	73	104	香妻陣一朗	45.603	20	70
33	今平 周吾	59.036	24	83	69	谷口 徹	53.571	14	36	105	池村 寛世	45.523	24	76
34	生源寺龍憲	58.605	13	46	70	高野 碧輝	53.485	16	44	106	杉原 大河	44.983	20	62
35	比嘉 拓也	57.989	14	40	71	幡地 隆寛	53.426	23	72	107	A・クウェイル	43.462	19	59
36	片山 晋呉	57.895	16	46	72	石川 遼	53.385	21	74					

2023年度サンドセーブ率ランキング

グリーンサイドのバンカーに入ってから、2打かそれより少ない打数でカップインする確率

Avg. 49.202

順位	氏名	サンドセーブ率	競技数	ラウンド数	順位	氏名	サンドセーブ率	競技数	ラウンド数	順位	氏名	サンドセーブ率	競技数	ラウンド数
1	片山 晋呉	69.091	16	46	37	坂本 雄介	51.316	18	59	73	今平 周吾	46.667	24	83
2	竹安 俊也	64.655	24	82	38	日高 将史	51.220	13	38	74	塚田 陽亮	46.602	24	85
3	近藤 智弘	63.380	12	42	39	池村 寛世	50.893	24	76	75	松本 将汰	46.479	16	49
4	砂川 公佑	61.538	13	39	40	野呂 涼	50.820	18	56	76	永野竜太郎	46.154	19	70
5	B・ケネディ	61.333	19	63	41	谷原 秀人	50.633	15	58	77	李 尚熹	46.067	19	62
6	佐藤 大平	61.290	26	100	42	H・W・リュー	50.617	19	62	78	大堀裕次郎	45.455	23	84
7	比嘉 拓也	60.377	14	40	43	小浦 和也	50.588	19	70	79	嘉数 光倫	45.070	19	63
8	清水 大成	60.317	24	82	44	小西 貴紀	50.394	23	80	79	中西 直人	45.070	16	40
9	田村 光正	58.667	22	51	45	阿久津未来也	50.000	25	90	81	石川 遼	44.828	21	74
10	蝉川 泰果	58.654	25	94	45	阿部 裕樹	50.000	12	36	82	T・ペク	44.681	25	82
11	市原 弘大	58.559	24	72	45	植竹 勇太	50.000	25	82	83	S・ノリス	44.444	20	63
12	J・デロスサントス	57.944	25	86	45	木下 裕太	50.000	23	71	84	大内 智文	44.068	15	46
13	岩田 寛	57.407	24	75	45	生源寺龍憲	50.000	13	46	85	勝俣 陵	43.750	23	86
14	小鯛 竜也	56.667	22	72	45	米澤 蓮	50.000	19	68	86	張 棟圭	43.478	13	36
15	A・クウェイル	55.814	19	59	51	時松 隆光	49.573	25	78	87	尾崎 慶輔	43.396	13	37
16	片岡 尚之	55.634	26	82	52	池田 勇太	49.495	25	78	88	金子 駆大	43.182	18	53
17	安森 一貴	55.072	19	60	53	幡地 隆寛	49.438	23	72	89	河本 力	43.011	25	78
18	平田 憲聖	55.000	24	84	54	大槻 智春	48.760	24	93	90	B・ジョーンズ	42.857	18	53
19	鍋谷 太一	54.545	24	75	55	中島 啓太	48.515	23	90	90	原 敏之	42.857	14	36
20	小斉平優和	54.386	10	36	56	H・リー	48.387	22	66	92	貞方 章男	42.727	23	80
21	金谷 拓実	54.321	19	76	57	稲森 佑貴	48.276	24	96	93	小林伸太郎	42.045	25	78
22	竹谷 佳孝	54.286	18	52	58	小木曽 喬	48.246	24	96	94	海老根文博	41.538	15	46
23	J・パグンサン	54.206	23	73	59	D・ペリー	48.214	16	46	95	細野 勇策	41.237	22	80
24	吉田 泰基	53.968	24	90	60	杉原 大河	48.193	20	62	96	武藤 俊憲	40.541	18	56
25	石坂 友宏	53.922	23	74	61	杉本エリック	48.052	24	67	97	杉山 知靖	40.230	23	75
26	宋 永漢	53.409	24	94	62	呉 司聡	48.000	18	50	98	長野 泰雅	40.164	25	86
27	谷口 徹	53.247	14	36	63	田中 裕基	47.778	20	68	99	金田 直之	40.000	14	40
28	木下 稜介	52.778	20	74	64	勝亦 悠斗	47.692	17	52	99	J・クルーガー	40.000	13	42
29	香妻陣一朗	52.083	20	70	65	出水田大二郎	47.561	23	77	101	岡村 了	39.583	19	46
30	前田光史朗	52.000	17	58	66	高野 碧輝	47.541	16	44	102	山田 大晟	39.286	18	50
31	堀川未来夢	51.961	24	83	67	伴 真太郎	46.970	19	54	103	重永亜斗夢	38.750	21	65
32	平本 穏	51.923	13	36	68	西山 大広	46.914	21	64	104	小田 孔明	38.462	23	67
33	内藤寛太郎	51.899	18	56	69	A・ブランド	46.774	12	36	105	鈴木 晃祐	38.272	18	62
34	篠 優希	51.579	21	70	69	ヤン・ジホ	46.774	11	36	106	岩﨑亜久竜	37.778	15	48
35	浅地 洋佑	51.485	22	72	71	安本 大祐	46.753	19	54	107	宇喜多飛翔	30.000	17	60
36	大岩 龍一	51.376	25	61	72	宮里 優作	46.729	25	76					

2023年度トータルドライビングランキング

ドライビングディスタンスとフェアウェイキープ率をポイント換算した順位

Avg. 107.981

順位	氏名	ポイント	競技数	ラウンド数
1	金谷 拓実	48.000	19	76
2	中島 啓太	52.000	23	90
3	大槻 智春	54.000	24	93
4	出水田大二郎	55.000	23	77
5	安本 大祐	56.000	19	54
6	蟬川 泰果	58.000	25	94
7	吉田 泰基	60.000	24	90
8	武藤 俊憲	68.000	18	56
9	宋 永漢	70.000	24	94
10	S・ノリス	71.000	20	63
11	鈴木 晃祐	72.000	18	62
12	勝俣 陵	74.000	23	86
13	幡地 隆寛	75.000	23	72
13	比嘉 拓也	75.000	14	40
15	岩田 寛	76.000	24	75
16	生源寺龍憲	77.000	13	46
16	杉山 知靖	77.000	23	75
18	西山 大広	78.000	21	64
19	J・デロスサントス	79.000	25	86
20	平田 憲聖	82.000	24	84
21	石川 遼	85.000	21	74
21	今平 周吾	85.000	24	83
23	木下 稜介	86.000	20	74
23	塚田 陽亮	86.000	24	85
25	J・クルーガー	87.000	13	42
25	永野竜太郎	87.000	19	70
27	小斉平優和	88.000	10	36
27	長野 泰雅	88.000	25	86
29	竹安 俊也	91.000	24	82
30	池田 勇太	92.000	25	78
30	大内 智文	92.000	15	46
30	野呂 涼	92.000	18	56
30	前田光史朗	92.000	17	58
34	大堀裕次郎	93.000	23	84
34	伴 真太郎	93.000	19	54
36	植竹 勇太	94.000	25	82
36	B・ケネディ	94.000	19	63
36	佐藤 大平	94.000	26	100
36	細野 勇策	94.000	22	80
40	嘉数 光倫	96.000	19	63
40	河本 力	96.000	25	78
40	T・ペク	96.000	25	82
43	海老根文博	97.000	15	46
43	重永亜斗夢	97.000	21	65
43	杉本エリック	97.000	24	67
46	H・W・リュー	98.000	19	62
47	阿部 裕樹	105.000	12	36
47	勝亦 悠斗	105.000	17	52
47	田中 裕基	105.000	20	58
47	内藤寛太郎	105.000	18	56
47	鍋谷 太一	105.000	24	75
52	浅地 洋佑	106.000	22	72
53	稲森 佑貴	107.000	24	90
54	杉原 大河	108.000	20	62
55	砂川 公佑	109.000	13	39
56	小木曽 喬	110.000	24	96
56	日高 将史	110.000	13	36
58	時松 隆光	111.000	25	78
59	木下 裕太	112.000	23	71
59	香妻陣一朗	112.000	20	70
59	小林伸太郎	112.000	25	78
62	坂本 雄介	113.000	18	59
63	貞方 章男	115.000	23	80
63	谷原 秀人	115.000	15	58
63	堀川未来夢	115.000	24	83
63	宮里 優作	115.000	25	76
67	A・クウェイル	116.000	19	59
67	小浦 和也	116.000	19	70
69	李 尚熹	117.000	19	62
69	宇喜多飛翔	117.000	17	60
69	清水 大成	117.000	24	82
69	原 敏之	117.000	14	36
69	ヤン・ジホ	117.000	11	36
74	岩﨑亜久竜	118.000	15	48
75	山田 大晟	119.000	18	50
76	金子 駆大	121.000	18	58
76	松本 将汰	121.000	16	49
78	池村 寛世	122.000	24	76
79	阿久津未来也	123.000	25	90
79	篠 優希	123.000	21	70
79	B・ジョーンズ	123.000	18	53
82	平本 穏	124.000	13	36
83	H・リー	125.000	22	66
84	尾崎 慶輔	126.000	13	37
84	D・ペリー	126.000	16	46
86	米澤 蓮	128.000	19	68
87	片山 晋呉	129.000	16	46
88	近藤 智弘	131.000	12	42
88	呉 司聡	131.000	18	50
90	石坂 友宏	132.000	23	74
91	高野 碧輝	133.000	16	44
91	竹谷 佳孝	133.000	18	52
93	張 棟圭	134.000	13	36
94	J・パグンサン	141.000	23	73
95	岡村 了	145.000	19	46
96	小西 貴紀	146.000	23	80
97	安森 一貴	149.000	19	60
98	大岩 龍一	153.000	25	61
99	市原 弘大	154.000	24	72
100	小田 孔明	164.000	23	67
101	小鯛 竜也	165.000	22	72
101	中西 直人	165.000	16	40
103	片岡 尚之	166.000	26	82
103	金田 直之	167.000	21	40
105	谷口 徹	176.000	14	36
106	A・ブランド	184.000	12	36
107	田村 光正	197.000	22	51

生涯獲得賞金ランキング1～100位

1973～2023年

順位	氏名	獲得賞金（円）	順位	氏名	獲得賞金（円）
1	尾崎 将司	2,688,836,653	51	山本 善隆	627,215,929
2	片山 晋呉	2,283,377,451	52	佐藤 信人	606,760,518
3	谷口 徹	1,666,522,661	53	B・ワッツ	593,194,439
4	中嶋 常幸	1,664,953,541	54	髙橋 勝成	591,310,072
5	尾崎 直道	1,545,609,713	55	友利 勝良	589,365,213
6	藤田 寛之	1,538,350,082	56	小平 智	589,051,134
7	池田 勇太	1,331,876,616	57	米山 剛	579,725,848
8	谷原 秀人	1,297,384,409	58	田中 秀道	577,070,603
9	石川 遼	1,214,004,291	59	矢野 東	576,123,638
10	宮本 勝昌	1,186,055,503	60	陳 志忠	558,328,835
11	B・ジョーンズ	1,112,805,098	61	丸山 大輔	557,331,267
12	手嶋 多一	1,044,507,091	62	G・マーシュ	553,811,477
13	倉本 昌弘	1,020,095,189	63	金子 柱憲	548,170,165
14	伊澤 利光	1,008,305,886	64	桑原 克典	530,311,004
15	小田 孔明	1,006,213,246	65	金 亨成	528,962,662
16	青木 功	980,652,048	66	黄 重坤	528,373,320
17	近藤 智弘	951,232,157	67	水巻 善典	519,687,853
18	金 庚泰	948,298,751	68	B・ケネディ	518,302,815
19	宮里 優作	915,517,964	69	横田 真一	502,036,388
20	深堀圭一郎	824,786,940	70	星野 英正	499,937,224
21	鈴木 亨	822,179,801	71	真板 潔	498,217,607
22	D・イシイ	814,695,905	72	陳 志明	494,521,476
23	飯合 肇	814,330,660	73	藤本 佳則	491,588,819
24	丸山 茂樹	805,095,921	74	S・ノリス	484,260,868
25	渡辺 司	783,507,861	75	稲森 佑貴	481,344,908
26	平塚 哲二	782,459,386	76	奥田 靖己	481,260,725
27	室田 淳	780,771,686	77	牧野 裕	478,229,379
28	今平 周吾	773,748,120	78	C・キム	471,978,614
29	尾崎 健夫	772,435,399	79	S・コンラン	471,023,313
30	中村 通	755,580,792	80	ブライアン・ジョーンズ	469,505,781
31	横尾 要	747,605,523	81	佐々木久行	465,484,577
32	宮瀬 博文	741,489,829	82	松村 道央	458,793,325
33	D・スメイル	737,733,818	83	小田 龍一	439,249,627
34	P・マークセン	732,327,758	84	星野 陸也	436,131,140
35	久保谷健一	724,332,848	85	小山内 護	435,119,148
36	武藤 俊憲	713,499,530	86	宋 永漢	432,369,596
37	S・K・ホ	709,097,060	87	堀川未来夢	426,076,265
38	岩田 寛	708,531,997	88	松山 英樹	416,752,261
39	湯原 信光	703,957,263	89	井戸木鴻樹	416,231,831
40	細川 和彦	692,932,548	90	I・J・ジャン	413,910,416
41	高山 忠洋	686,025,444	91	金井 清一	408,617,941
42	F・ミノザ	680,377,753	92	R・マッカイ	403,302,130
43	加瀬 秀樹	664,157,397	93	新井規矩雄	397,177,899
44	芹澤 信雄	661,022,945	94	木村 政信	391,018,282
45	藤木 三郎	660,536,413	95	E・エレラ	390,042,692
46	川岸 良兼	657,272,397	96	Y・E・ヤン	376,542,426
47	今野 康晴	656,037,315	97	兼本 貴司	375,933,054
48	杉原 輝雄	633,188,689	98	梁 津冲	373,886,695
49	東 聡	631,369,341	99	河村 雅之	368,171,735
50	T・ハミルトン	631,351,667	100	金 鍾徳	364,475,072

23年のデータ

過去のツアーデータ

トーナメント記録
歴代賞金王と年間最多勝利選手
プレーオフレコード
ジャパンゴルフツアー年間表彰
1973〜2022年度賞金シード
その他競技歴代優勝者
過去のトーナメント歴代優勝者

【9ホール最少ストローク】

28（－8）	金子　柱憲	'94日経カップ	3R IN	三井観光苫小牧GC
28（－8）	河村　雅之	'95ジーン・サラゼン　ジュンクラシック	3R IN	ジュンクラシックCC
28（－8）	米山　剛	'98札幌とうきゅうオープン	1R IN	札幌国際CC島松C
28（－8）	伊沢　利光	'00JGTO TPCイーヤマカップ	1R IN	ホウライCC
28（－8）	谷原　秀人	'04サン・クロレラ　クラシック	1R OUT	小樽CC
28（－8）	M・グリフィン	'13タイランドオープン	4R OUT	Thana City G&Sports C
28（－8）	清水　大成	'21ダンロップ・スリクソン福島オープン	3R OUT	グランディ那須白河GC
28（－8）	J・デロサントス	'21パナソニックオープン	3R IN	城陽CC
28（－7）	D・チャンド	'05ダンロップフェニックストーナメント	2R IN	フェニックスCC
28（－7）	谷原　秀人	'08フジサンケイクラシック	3R OUT	富士桜CC
28（－7）	石川　遼	'10中日クラウンズ	4R OUT	名古屋GC和合C
28（－7）	小林　正則	'12アジアパシフィックパナソニックオープン	4R OUT	東広野GC
28（－7）	宮本　勝昌	'17HEIWA・PGM CHAMPIONSHIP	4R OUT	PGMゴルフリゾート沖縄
28（－7）	B・ジョーンズ	'18ゴルフ日本シリーズJTカップ	3R OUT	東京よみうりCC
28（－7）	M・グリフィン	'19中日クラウンズ	2R IN	名古屋GC和合C
28（－7）	金　成玹	'21ゴルフパートナーPRO－AM	4R 東IN	取手国際GC
28（－7）	竹谷　佳孝	'21日本ゴルフツアー選手権	1R IN	宍戸ヒルズCC西C
28（－7）	近藤　智弘	'22ゴルフパートナーPRO－AM	4R 東IN	取手国際GC
28（－7）	貞方　章男	'22ゴルフパートナーPRO－AM	4R 東OUT	取手国際GC
28（－7）	D・ガミシュイズ	'23ISPS HANDA 欧州・日本	1R OUT	PGM石岡GC
28（－7）	D・ヒリアー	'23ISPS HANDA 欧州・日本	1R OUT	PGM石岡GC
28（－7）	尾崎　慶輔	'23ゴルフパートナーPRO－AM	1R 東IN	取手国際GC
28（－6）	杉本エリック	'21ゴルフパートナーPRO－AM	1R 西OUT	取手国際GC
28（－6）	R・ジョン	'21ゴルフパートナーPRO－AM	1R 西OUT	取手国際GC
28（－6）	宋　永漢	'21ゴルフパートナーPRO－AM	2R 西OUT	取手国際GC
28（－6）	S・ストレンジ	'21ゴルフパートナーPRO－AM	2R 西OUT	取手国際GC
28（－6）	池田　勇太	'22ゴルフパートナーPRO－AM	1R 西OUT	取手国際GC
※27（－8）	友利　勝良	'88第一不動産カップ	3R IN	宮崎国際GC

※は賞金ランキング対象外競技

【18ホール最少ストローク】

58（－12）	石川　遼	'10中日クラウンズ	4R	名古屋GC和合C
58（－12）	金　成玹	'21ゴルフパートナーPRO－AM	4R	取手国際GC東C

【36ホール最少ストローク】

・1R～2R

124（－16）	大槻　智春	'21ゴルフパートナーPRO－AM	60・64	取手国際GC
124（－16）	B・ケネディ	'22ゴルフパートナーPRO－AM	61・63	取手国際GC

・2R～3R

126（－18）	尾崎　将司	'97東建コーポレーションカップ	65・61	祁答院GC

・3R～4R

125（－15）	S・ビンセント	'21ゴルフパートナーPRO－AM	63・62	取手国際GC東C
125（－15）	近藤　智弘	'22ゴルフパートナーPRO－AM	66・59	取手国際GC東C

【54ホール最少ストローク】

・1R～3R

191（－19）	大槻　智春	'21ゴルフパートナーPRO－AM	60・64・67	取手国際GC
191（－19）	大槻　智春	'22ゴルフパートナーPRO－AM	62・64・65	取手国際GC
191（－19）	J・パグンサン	'23ゴルフパートナーPRO－AM	64・63・64	取手国際GC
191（－25）	金谷　拓実	'23ASO飯塚チャレンジドゴルフ	62・65・64	麻生飯塚GC

・2R〜4R
　　191（−19）　　佐藤　大平　　'23ゴルフパートナーPRO−AM　　　　　64・65・62　取手国際GC

【72ホール最少ストローク】
　　256（−32）　　C・キム　　'22カシオワールドオープン　　　　　　64・66・64・62　Kochi黒潮CC

【72ホール最多アンダーパー】
　　256（−32）　　C・キム　　'22カシオワールドオープン　　　　　　64・66・64・62　Kochi黒潮CC

【1ホール最多ストローク】
　※42（パー4）　　鈴木　規夫　　'87東海クラシック　　　　　　　　　2R 9H　　三好CC西C
　　19（パー3）　　立山　光広　　'06アコムインターナショナル　　　　1R 8H　　石岡GC
　　※スコア誤記による最多記録

【18ホール最多バーディ（バーディ以上）】
　　12　　Z・モウ　　'01ミズノオープン　　　　　　　　　　　　　　2R　　瀬戸内海GC
　　12　　倉本　昌弘　　'03アコムインターナショナル　　　　　　　　1R　　石岡GC
　　12　　石川　遼　　'10中日クラウンズ　　　　　　　　　　　　　　4R　　名古屋GC和合C
　　12　　香妻陣一朗　　'18ダンロップ・スリクソン福島オープン　　　3R　　グランディ那須白河GC
　　12　　長野　泰雅　　'23JAPAN PLAYERS CHAMPIONSHIP by サトウ食品　2R　　西那須野CC

【18ホール最多イーグル（イーグル以上）】
　　3　　J・ラトリッジ　　'86ダンロップ国際オープン　　　　　　　　1R　　茨城GC東C
　　3　　西川　哲　　'94PGAフィランスロピー　　　　　　　　　　　2R　　ゴールデンバレーGC
　　3　　稲垣　太成　　'97宇部興産オープン　　　　　　　　　　　　　1R　　宇部CC万年池西C
　　3　　D・チャンド　　'04マンダムルシードよみうりオープン　　　　4R　　よみうりCC
　　3　　蘇　東　　'13タイランドオープン　　　　　　　　　　　　　1R　　Thana City G&Sports C
　　3　　K・バーンズ　　'17ダンロップフェニックストーナメント　　　2R　　フェニックスCC
　　3　　大槻　智春　　'22ASO飯塚チャレンジドゴルフ　　　　　　　1R　　麻生飯塚GC
　　3　　勝俣　陵　　'23マイナビABCチャンピオンシップ　　　　　　1R　　ABC GC

【9ホール最少パット】
　　7　　小山　秋秀　　'85よみうりサッポロビールオープン　　　　　2R OUT　　よみうりCC
　　7　　飯合　肇　　'90第一不動産カップ　　　　　　　　　　　　　1R OUT　　宮崎国際CC
　　7　　T・ハミルトン　　'00東建コーポレーションカップ　　　　　　2R OUT　　祁答院GC
　　7　　岩田　寛　　'10トーシントーナメントINレイクウッド　　　　2R OUT　　TOSHIN Lake WoodGC
　　7　　平塚　哲二　　'11ダイヤモンドカップ　　　　　　　　　　　4R OUT　　千葉CC梅郷C
　　7　　崔　虎星　　'18ダンロップフェニックストーナメント　　　　2R OUT　　フェニックスCC
　　7　　宮本　勝昌　　'19パナソニックオープン　　　　　　　　　　4R IN　　東広野GC

【18ホール最少パット】
　　18　　藤木　三郎　　'95PHILIP MORRIS CHAMPIONSHIP　　4R　　ABCGC
　　18　　葉　彰廷　　'99ブリヂストンオープン　　　　　　　　　　2R　　袖ヶ浦CC袖ヶ浦C

【1ホール最多パット】
　　9　　比嘉　勉　　'91ヨネックスオープン広島　　　　　　　　　2R 8H　　広島CC西条C

【連続バーディの記録】同一ラウンドでの記録に限る
　　8連続　菊池　純　　'11サン・クロレラクラシック　　　　　　　2R 7〜14H　　小樽CC
　　8連続　M・グリフィン　　'13タイランドオープン　　　　　　　　4R 2〜9H　　Thana City G&Sports C

【連続ノーボギー記録】
　　85ホール　稲森　佑貴　　'22ANAオープン3R・INスタート18H〜
　　　　　　　　　　　　　　　パナソニックオープン4R3H（連続パー以上）

【連続トップ10記録】
14試合	尾崎　将司	'97日経カップ～'98中日クラウンズ（翌年も出場した試合で連続トップ10入り）
11試合	尾崎　将司	'97日経カップ～カシオワールドオープン（年内に出場した試合で連続トップ10入り）
10試合	矢野　東	'08バナH杯KBCオーガスタ～レクサス選手権（年内に連続出場した試合でトップ10入り）

【連続試合出場】
151試合　宮本　勝昌　　'06アジア・ジャパン沖縄オープン2005～'11カシオワールドオープン

【同一トーナメント最多出場】
51回　杉原　輝雄　　'60～'10中日クラウンズ（第1回大会から連続出場）
◆世界最多連続出場記録

【最多ホールインワン】
7回	羽川　豊	'89関東プロ、'91ペプシ宇部興産、'92デサントクラシック、
		'92ヨネックスオープン広島、'93JCBクラシック仙台、'94マルマンオープン、
		'96ジーン・サラゼンジュンクラシック
7回	井戸木鴻樹	'93ペプシ宇部興産、'95ペプシ宇部興産、'97よみうりオープン、
		'98つるやオープン、'03三井住友VISA太平洋マスターズ、
		'04中日クラウンズ、'09フジサンケイクラシック

【同一トーナメント同一ホールでのホールインワン】
2回　上井　邦浩　　'10VanaH杯KBCオーガスタ　　1R 8H・3R 8H　　芥屋GC

【同一トーナメント同日同ホールでのホールインワン最多人数】（1985年以降）
3人	'96ノベルKSBオープン	1R 15H	鬼ノ城GC
	'96PGAフィランスロピートーナメント	1R 3H	オークモントGC
	'98よみうりオープン	1R 17H	よみうりCC
	'01マンシングウェアオープンKSBカップ	1R 6H	六甲国際GC

【2週連続ホールインワン】
菊池　純	'02サントリーオープン2R16H　全日空オープン2R16H
福永　和宏	'05アイフルカップ3R8H　サンクロレラクラシック2R7H
尾崎　慶輔	'22ミズノオープン1R16H　日本ゴルフツアー選手権3R13H

【最多ホールインワントーナメント】
'00JGTO TPCイーヤマカップ　4回（1R12H・1R17H・2R3H・3R12H）　　ホウライCC
'22アジアパシフィックダイヤモンドカップ　4回（1R4H・1R14H・3R4H・3R8H）　　大洗GC

【最年長ホールインワン】
57歳134日　尾崎　将司　　'04JCBクラシック仙台　　4R 17H　　表蔵王国際GC

【最年少ホールインワン】＠はアマチュア
16歳365日	＠隅内雅人	'21日本オープン	2R 2H	琵琶湖CC
19歳8日	石川　遼	'10アジアパシフィックパナソニックオープン	2R 6H	六甲国際GC東C

【アルバトロス】　※はパー4、その他はパー5
D・イシイ	'86三菱ギャラントーナメント	3R 10H	大洗GC
飯合　肇	'86サントリーオープン	3R 4H	習志野CC
中尾　豊健	'89三菱ギャラントーナメント	1R 18H	熊本空港CC
新井規矩雄	'89三菱ギャラントーナメント	1R 18H	熊本空港CC
新井規矩雄	'89NST新潟オープン	4R 9H	大新潟CC
佐藤　英之	'90ヨネックスオープン広島	1R 8H	広島CC八本松C
倉本　昌弘	'92三菱ギャラントーナメント	3R 14H	南部富士CC
伊沢　利光	'94KBCオーガスタ	2R 9H	芥屋GC

加瀬　秀樹	'94住友VISA太平洋マスターズ	3R 3H	太平洋C御殿場C
横田　真一	'96つるやオープン	3R 15H	スポーツ振興CC
西野　琢仁	'96アコムインターナショナル	2R 3H	セベバレステロスGC泉C
髙見　和宏	'97PGAフィランスロピー	2R 18H	メイプルポイントGC
※中島　常幸	'98中日クラウンズ	2R 1H	名古屋GC和合C
藤木　二郎	'00PGAフィランスロピー	1R 7H	日水GC
D・スメイル	'98日経カップ	1R 9H	富士C出島C
冨永　浩	'99全日空オープン	2R 9H	札幌GC輪厚C
日下部光隆	'00ミズノオープン	1R 6H	瀬戸内海GC
桑原　克典	'03フジサンケイクラシック	2R 16H	川奈ホテルGC
細川　和彦	'03サトウ食品NST新潟オープン	4R 16H	中峰CC
J・ランダワ	'03三井住友VISA太平洋マスターズ	4R 6H	太平洋C御殿場C
伊沢　利光	'04アサヒ緑健よみうりメモリアル	1R 17H	麻生飯塚GC
定延　一平	'05マンダムルシードよみうりオープン	3R 18H	よみうりCC
宮里　優作	'05日本ゴルフツアー選手権宍戸ヒルズ	4R 6H	宍戸ヒルズCC西C
宮本　勝昌	'06サン・クロレラ　クラシック	4R 9H	小樽CC
上田　諭尉	'06アンダーアーマーKBCオーガスタ	1R 18H	芥屋GC
平塚　哲二	'07ゴルフ日本シリーズJTカップ	2R 6H	東京よみうりCC
谷原　秀人	'08日本プロ	3R 17H	レーサムG&スパリゾート
D・スメイル	'09つるやオープン	2R 15H	山の原GC山の原C
宮里　優作	'09カシオワールドオープン	4R 18H	Kochi黒潮CC
谷口　徹	'12とおとうみ浜松オープン	2R 13H	グランディ浜名湖GC
上井　邦浩	'13東建ホームメイトカップ	3R 17H	東建多度CC・名古屋
嘉数　光倫	'14日本ゴルフツアー選手権森ビルカップ宍戸	2R 10H	宍戸ヒルズCC西C
岩田　寛	'14日本ゴルフツアー選手権森ビルカップ宍戸	3R 6H	宍戸ヒルズCC西C
M・ヘンドリー	'15ミュゼプラチナムオープン	2R 12H	ジャパンメモリアルGC
矢野　東	'16レオパレス21ミャンマーオープン	3R 14H	ロイヤルミンガラドンゴルフ&CC
宮本　勝昌	'16ISPSハンダグローバルカップ	1R 16H	朱鷺の台CC
武藤　俊憲	'16ISPSハンダグローバルカップ	3R 16H	朱鷺の台CC
武藤　俊憲	'16日本プロ 日清カップヌードル杯	2R 8H	北海道クラシックGC
杉山　知靖	'18日本オープン	1R 14H	横浜CC
文　道燁	'19SMBCシンガポールオープン	2R 4H	セントーサGCセラポンC
木下　稜介	'19 〜全英への道〜ミズノオープン	1R 3H	ザ・ロイヤルGC
秋吉　翔太	'21Sansan KBCオーガスタ	2R 9H	芥屋GC
J・チョイ	'21ダンロップフェニックス	4R 18H	フェニックスCC
石坂　友宏	'22JPC by サトウ食品	3R6H	西那須野CC
T・ケーオシリバンディット	'22Shinhan Donghae Open	4R3H	KOMA CC
J・デロスサントス	'22ANAオープン	3R9H	札幌GC輪厚C
竹安　俊也	'23ASO飯塚チャレンジドゴルフ	2R3H	麻生飯塚GC
吉田　泰基	'23日本オープン	2R2H	茨木CC

【エージシュート】
62（－9）	66歳	尾崎　将司	'13つるやオープン1R	山の原GC山の原C
70（－1）	70歳	尾崎　将司	'17HONMA TOURWORLD CUP 2R	京和CC

【最多優勝スコア】（ストローク）
298（＋10）	尾崎　直道	'99日本オープン　68・76・76・78	小樽CC

【最少予選カットスコア】（ストローク）
136（－4）	'21ゴルフパートナーPRO－AM	取手国際GC
136（－4）	'22ゴルフパートナーPRO－AM	取手国際GC

【最多予選カットスコア】
168（＋24）	'87北海道オープン	小樽CC

【年間最多優勝】
8勝	中島 常幸	1983年
8勝	尾崎 将司	1996年

【優勝回数・10勝以上】
94勝	尾崎 将司
51勝	青木 功
48勝	中嶋 常幸
32勝	尾崎 直道
31勝	片山 晋呉
30勝	倉本 昌弘
28勝	杉原 輝雄
21勝	池田 勇太
20勝	G・マーシュ、中村 通、谷口 徹
19勝	谷原 秀人
18勝	藤田 寛之、石川 遼
16勝	鈴木 規夫、伊澤 利光
15勝	尾崎 健夫、B・ジョーンズ
14勝	藤木三郎、D・イシイ、金 庚泰
13勝	山本 善隆
12勝	B・ワッツ、宮本 勝昌
11勝	村上 隆、謝 敏男、金井 清一、Br・ジョーンズ、飯合 肇、T・ハミルトン
10勝	髙橋 勝成、田中 秀道、丸山 茂樹

【毎年優勝】
15年連続	尾崎 将司	1986～2000年	期間内66勝

【プロ1年目の年間最多優勝回数】
4勝	倉本 昌弘	1981年
4勝	松山 英樹	2013年

【連続優勝記録】
3週連続	G・マーシュ	'74フジサンケイクラシック、ダンロップトーナメント、ペプシトーナメント
3週連続	謝 敏男	'82東海クラシック、ゴルフダイジェストトーナメント、ブリヂストントーナメント
3週連続	尾崎 将司	'88日本オープン、ゴルフダイジェスト、ブリヂストントーナメント
3週連続	尾崎 将司	'94ダイワインターナショナル、住友VISA太平洋マスターズ、ダンロップフェニックス
3試合連続	片山 晋呉	'00日本シリーズJTカップ、ファンケルオープン沖縄、'01東建コーポレーションカップ
出場3試合連続	青木 功	'86日本プロ、KBCオーガスタ、関東オープン
出場3試合連続	尾崎 将司	'89仙台放送クラシック、ヨネックスオープン広島、日本プロ
出場3試合連続	尾崎 将司	'90ヨネックスオープン広島、マルマンオープン、ダイワKBCオーガスタ
出場3試合連続	尾崎 将司	'96日本プロ、三菱ギャラントーナメント、JCBクラシック仙台

【同一トーナメント最多優勝】
9勝	尾崎 将司	ウッドワンオープン広島（'76・'78・'84・'89・'90・'94・'95・'98・'99）
※9勝	杉原 輝雄	関西オープン（'64・'65・'68・'71・'73・'74・'75・'82・'90）
※9勝	杉原 輝雄	関西プロ（'64・'65・'67・'70・'72・'78・'80・'84・'86）

※参考記録（1972年以前はツアー制度施行前）

【同一トーナメント連続優勝】
5年連続	鈴木 規夫	九州オープン（'74～'78）
※5年連続	倉本 昌弘	中四国オープン（'80～'84 '81～'83は大会名が中国オープン）

※1980年優勝時はアマチュア

【日本タイトル獲得数】

	日本オープン	日本プロ	マッチプレー	日本シリーズ	ツアー選手権
19回 尾崎 将司	'74 '88 '89 '92 '94	'71 '74 '89 '91 '93 '96	'89	'71 '72 '74 '77 '80 '95 '96	
13回 青木 功	'83 '87	'73 '81 '86	'78 '79 '81 '82	'78 '79 '83 '87	
12回 中嶋 常幸	'05 '00 '90 '91	'77 '83 '84	'83 '86 '92	'82 '93	
10回 宮本 留吉	'29 '30 '32 '35 '36 '40	'26 '29 '34 '36			
7回 中村 寅吉	'52 '56 '58	'57 '58 '59 '62			
7回 尾崎 直道	'99 '00	'99	'90	'88 '90 '91	
7回 片山 晋呉	'05 '08	'03 '08		'00 '02	'07

【初出場のツアー競技で優勝】 ⓐはアマチュア。招待外国人選手を除く

重信 秀人	'79中四国オープン	周南CC
渋谷 稔也	'84九州オープン	熊本空港CC
ⓐ石川 遼	'07マンシングウェアオープンKSBカップ	東児が丘マリンヒルズGC
趙 炳旻	'16関西オープン	橋本CC

【初優勝から連続優勝】 ⓐはアマチュア

2週間連続　J・M・シン　'06カシオワールドオープン、日本シリーズJTカップ
2試合連続　P・マークセン　'08三菱ダイヤモンドカップ、〜全英への道〜ミズノオープンよみうりクラシック
2試合連続　木下 稜介　'21日本ゴルフツアー選手権、ダンロップ・スリクソン福島オープン
2試合連続　ⓐ蝉川泰果　'22パナソニックオープン、日本オープン

【マンデートーナメントからの優勝】

佐藤 昌一	'79フジサンケイクラシック	東松山CC
※三上 法夫	'79日本国土計画サマーズ	白鷺CC
Br・ジョーンズ	'85三菱ギャラントーナメント	久米CC
井上 信	'04ABCチャンピオンシップ	ABCGC
小山内 護	'10長嶋茂雄INVITATIONALセガサミーカップ	ザ・ノースカントリーGC
浅地 洋佑	'19ダイヤモンドカップゴルフ	総武CC総武C

※は賞金ランキング対象の後援競技

【優勝者の72ホール連続ノーボギー】

宮里 優作	'17HONMA TOURWORLD CUP	京和CC

【逆転優勝の最多スコア差】

※9打差　船渡川育宏	'80日本国土計画サマーズ	ニュー蓼科CC
9打差　中島 常幸	'83ゴールドウィンカップ日米ゴルフ	太平洋C六甲C
9打差　金 亨成	'13日本プロ 日清カップヌードル杯	総武CC総武C

※は賞金ランキング対象の後援競技

【優勝と2位の最多スコア差】

15打差　尾崎 将司	'94ダイワインターナショナル	鳩山CC

【予選最下位からの優勝】 （参考記録）

青木 功	'76東海クラシック	三好CC西C
S・ギムソン	'93日経カップ	三井観光苫小牧GC
伊沢 利光	'01ダイヤモンドカップ	大洗GC

【優勝から次の優勝までの最長年数】

13年82日　長谷川勝治	'80静岡オープン〜'93よみうりサッポロビールオープン	

【最年長優勝者】
| 55歳241日 | 尾崎　将司 | '02全日空オープン | 札幌GC輪厚C |

【最年長初優勝者】
46歳135日	S・ジン	'95ゴルフダイジェストトーナメント	東名CC
45歳108日	井上　久雄	'92アコムインターナショナル	信楽CC田代C
※48歳362日	R・フロイド	'91ダイワKBCオーガスタ	九州志摩CC芥屋

※参考記録（招待選手）

【最年少優勝者】ⓐはアマチュア
| 15歳245日 | ⓐ石川　遼 | '07マンシングウェアオープンKSBカップ | 東児が丘マリンヒルズGC |
| 17歳46日 | 石川　遼 | '08マイナビABCチャンピオンシップ | ABCGC |

【最年少年間複数優勝者】
| 17歳319日 | 石川　遼 | '09ミズノオープンよみうりクラシック、サン・クロレラクラシック、フジサンケイクラシック、コカ・コーラ東海クラシック |

【最年少ツアー通算10勝】
| 21歳55日 | 石川　遼 | '07マンシングウェアオープンKSBカップ（アマチュア時代）、'08マイナビABCチャンピオンシップ、'09ミズノオープンよみうりクラシック、サン・クロレラクラシック、フジサンケイクラシック、コカ・コーラ東海クラシック、'10中日クラウンズ、フジサンケイクラシック、'10・'12三井住友VISA太平洋マスターズ |

【アマチュア優勝者】
倉本　昌弘	'80中四国オープン	福山CC
石川　遼	'07マンシングウェアオープンKSBカップ	東児が丘マリンヒルズGC
松山　英樹	'11三井住友VISA太平洋マスターズ	太平洋C御殿場C
金谷　拓実	'19三井住友VISA太平洋マスターズ	太平洋C御殿場C
中島　啓太	'21パナソニックオープン	城陽CC
蟬川　泰果	'22パナソニックオープン	小野東洋GC
蟬川　泰果	'22日本オープン	三甲GCジャパンコース
杉浦　悠太	'23ダンロップフェニックストーナメント	フェニックスCC
※赤星　六郎	1927日本オープン	程ヶ谷CC
※中部銀次郎	1967西日本オープン	門司GC

※参考記録（1972年以前はツアー制度施行前）

【最長プレーオフ】
14ホール　P・トムソン　'76ペプシウイルソン　宇部CC万年池C

選手 ＼ パー	3	4	3	4	3	4	3	4	3	4	4	4	4	4	
P・トムソン	—	—	—	—	—	—	—	5	—	—	—	—	—	—	
G・マーシュ	—	—	—	—	—	—	—	5	—	—	—	—	—	5	－はパー
Br・ジョーンズ	—	—	—	6											
宮本　省三	4														

2日間9ホール　池田勇太、宋永漢　'16HONMA TOURWORLD CUP AT TROPHIA GOLF　石岡GC
（4ホール目終了後、日没のため翌日に持ち越し）

【最多人数によるプレーオフ】
5人　　浅地　洋佑　'19ANAオープン（時松隆光／S・ノリス／嘉数光倫／S・ハン）

【プロ最年少ツアー出場】
15歳300日 J・ジェーンワタナノンド '11アジアパシフィックパナソニックオープン 琵琶湖CC栗東・三上C

【アマチュア最年少ツアー出場】
12歳99日 伊藤 涼太 '02ジョージア東海クラシック 三好CC西C

【最年長ツアー出場の主な記録】
74歳239日 青木 功 '17中日クラウンズ 名古屋GC和合C

【最年長予選通過者】
68歳311日 杉原 輝雄 '06つるやオープン 山の原GC山の原C

【プロ最年少予選通過者】
15歳301日 J・ジェーンワタナノンド '11アジアパシフィックパナソニックオープン 琵琶湖CC栗東・三上C

【アマチュア最年少予選通過者】
14歳21日 伊藤 誠道 '09VanaH杯KBCオーガスタ 芥屋GC

【アマチュア最年少トップ10入り】
15歳56日 伊藤 涼太 '05アンダーアーマーKBCオーガスタ6位 芥屋GC
15歳98日 伊藤 誠道 '10三井住友VISA太平洋マスターズ10位 太平洋C御殿場C

【アマチュアの18ホール最少ストローク】
61(−11) 蟬川 泰果 '22パナソニックオープン3R 小野東洋GC

【最年少ツアー出場有資格者】
16歳 石川 遼 2008年度 '07マンシングウェアオープンKSBカップ優勝

【最年少賞金シード獲得】
17歳 石川 遼 '08ツアー賞金ランキング5位

【最年長賞金シード獲得】
59歳 室田 淳 '14ツアー賞金ランキング73位

【最年長初賞金シード獲得】
45歳 井上 久雄 '92ツアー賞金ランキング29位
45歳 S・ジン '94ツアー賞金ランキング41位

【連続賞金シード獲得】（1973年以降）
32年連続 尾崎 将司 1973年〜2004年

【年間最多獲得賞金額】
217,934,583円 伊沢 利光 2001年

【年間獲得賞金1億円突破最速試合数】
8試合 尾崎 将司 1996年（国内賞金のみ）久光製薬KBCオーガスタで達成

【年間獲得賞金2億円突破最速試合数】
16試合 松山 英樹 2013年（海外3試合を含む）カシオワールドオープンで達成

【最年少年間獲得賞金額1億円突破】
17歳 石川 遼 2008年 106,318,166円

【年間獲得賞金連続1億円突破】
　10年連続　　　　片山　晋呉　　　2000〜2009年

【最多賞金王】
　12回　　　　　　尾崎　将司　　　'73・'74・'77・'88・'89・'90・'92・'94・'95・'96・'97・'98

【連続賞金王】
　5年連続　　　　尾崎　将司　　　1994〜1998年

【最速賞金王】
　プロ転向1年目　松山　英樹　　　2013年4月プロ転向。海外3試合を含む16試合に出場しツアー4勝

【最年少賞金王】
　18歳80日　　　石川　遼　　　　2009年（ゴルフ日本シリーズJTカップ終了後）

【きょうだいで男女ツアー優勝】
　中嶋常幸と中島エリカ
　宮里聖志、優作と藍
　香妻陣一朗と琴乃
　C・キャンベルとニッキー
　河本　力と結

【ツアー25勝（永久シード）達成年齢】
　31歳210日　　　中島　常幸　　　'86日本プロマッチプレー
　35歳224日　　　尾崎　将司　　　'82関東オープン
　35歳262日　　　片山　晋呉　　　'08日本オープン
　37歳46日　　　　倉本　昌弘　　　'92ブリヂストンオープン
　37歳247日　　　青木　功　　　　'80中日クラウンズ
　41歳56日　　　　尾崎　直道　　　'97ヨネックスオープン広島
　52歳74日　　　　杉原　輝雄　　　'89ダイワKBCオーガスタ
※倉本昌弘アマチュア時代の優勝は除く

【最年少生涯獲得賞金10億円突破】（WGC、海外メジャー競技の賞金は時系列順に加算）
　28歳82日　　　石川　遼　　　　'19日本シリーズJTカップ

【ツアー最長コース】
　8,016ヤード　　ザ・ロイヤルGC　'19 〜全英への道〜ミズノオープン at ザ・ロイヤル ゴルフクラブ（パー72）

【36ホールで競技が成立したトーナメント】（1978年以降）
　'80KBCオーガスタ　　　　　　　初日1Rサスペンデッド／2日目1R／3日目中止／4日目2R
　'81ゴルフ日本シリーズ　　　　　初日中止／2日目中止／3日目1R／4日目2R
　'87ゴルフ日本シリーズ　　　　　初日中止／2日目1R／3日目2R／4日目中止
　'91ブリヂストンオープン　　　　初日1R／2日目中止／3日目2R／4日目中止
　'98よみうりオープン　　　　　　初日1R／2日目中止／3日目2R／4日目中止
　'11フジサンケイクラシック　　　初日中止／2日目1Rサスペンデッド／3日目1R＋2Rサスペンデッド
　　　　　　　　　　　　　　　　　／4日目2R
　'17ブリヂストンオープン　　　　初日中止／2日目1R／3日目2R／4日目中止
　'19ブリヂストンオープン　　　　初日1R／2日目2R／3日目中止／4日目中止
　※後援競技（賞金加算対象競技含む）は除く

【女子プロのツアー参戦】
    S・グスタフソン '03カシオワールドオープン
    M・ウィー   '05・'06カシオワールドオープン
    宮里 藍   '06アジア・ジャパン沖縄オープン2005

【日本人選手の世界ランキング最高順位】（1987年以降）
2位 松山 英樹   2017年6月18日（第24週）～7月9日（第27週）
             2017年8月13日（第32週）
4位 中島 常幸   1987年1月11日（第2週）～4月26日（第17週）
             1987年5月10日（第19週）～7月12日（第28週）
5位 尾崎 将司   1996年9月1日（第35週）
             1997年11月2日（第43週）～（第45週）
8位 青木 功   1987年6月7日（第23週）

【歴代選手会長】
杉原 輝雄   1984 ～1988年
鷹巣 南雄   1989 ～1991年
倉本 昌弘   1992 ～1999年、2012年
湯原 信光   2000年
片山 晋呉   2001年
伊澤 利光   2002年
佐藤 信人   2003年
手嶋 多一   2004年
横田 真一   2005 ～2006年
深堀圭一郎   2007年、2010年
宮本 勝昌   2008 ～2009年、2011年
池田 勇太   2013 ～2015年
宮里 優作   2016 ～2017年
石川 遼   2018 ～2019年（最年少26歳110日で就任）
時松 隆光   2020 ～2021年
谷原 秀人   2022年～

過去のデータ

ツアー歴代賞金王と年間最多勝利選手

1973〜2023年

年度	賞金ランキング第1位	獲得賞金額（円）	年間勝利数	年間最多勝利選手（タイ含む）
1973	尾崎 将司	43,814,000	5勝	5勝＝尾崎将司、青木功
1974	尾崎 将司	41,846,908	6勝	6勝＝尾崎将司
1975	村上 隆	38,705,551	4勝	4勝＝村上 隆
1976	青木 功	40,985,801	1勝	3勝＝尾崎将司、G・マーシュ、鈴木規夫、村上 隆、前田新作
1977	尾崎 将司	35,932,608	4勝	4勝＝尾崎将司
1978	青木 功	62,987,200	6勝	6勝＝青木 功
1979	青木 功	45,554,211	4勝	4勝＝青木 功
1980	青木 功	60,532,660	5勝	5勝＝青木 功
1981	青木 功	57,262,941	3勝	4勝＝倉本昌弘
1982	中島 常幸	68,220,640	5勝	5勝＝中島常幸
1983	中島 常幸	85,514,183	8勝	8勝＝中島常幸
1984	前田 新作	57,040,357	4勝	4勝＝中村 通
1985	中島 常幸	101,609,333	6勝	6勝＝中島常幸
1986	中島 常幸	90,202,066	6勝	6勝＝中島常幸
1987	D・イシイ	86,554,421	6勝	6勝＝D・イシイ
1988	尾崎 将司	125,162,540	6勝	6勝＝尾崎将司
1989	尾崎 将司	108,715,733	7勝	7勝＝尾崎将司
1990	尾崎 将司	129,060,500	4勝	4勝＝尾崎将司
1991	尾崎 直道	119,507,974	4勝	4勝＝尾崎直道
1992	尾崎 将司	186,816,466	6勝	6勝＝尾崎将司
1993	飯合 肇	148,718,200	3勝	3勝＝飯合 肇、尾崎将司
1994	尾崎 将司	215,468,000	7勝	7勝＝尾崎将司
1995	尾崎 将司	192,319,800	5勝	5勝＝尾崎将司
1996	尾崎 将司	209,646,746	8勝	8勝＝尾崎将司
1997	尾崎 将司	170,847,633	5勝	5勝＝尾崎将司
1998	尾崎 将司	179,627,400	3勝	3勝＝尾崎将司、田中秀道、B・ジョーブ
1999	尾崎 直道	137,641,796	3勝	3勝＝尾崎直道、米山 剛
2000	片山 晋呉	177,116,489	5勝	5勝＝片山晋呉
2001	伊沢 利光	217,934,583	5勝	5勝＝伊沢利光
2002	谷口 徹	145,440,341	4勝	4勝＝谷口 徹
2003	伊沢 利光	135,454,300	2勝	4勝＝T・ハミルトン
2004	片山 晋呉	119,512,374	2勝	2勝＝片山晋呉、谷口 徹、S・K・ホ、B・ジョーンズ、Y・E・ヤン、P・シーハン
2005	片山 晋呉	134,075,280	2勝	2勝＝片山晋呉、尾崎直道、深堀圭一郎、S・K・ホ、今野康晴、D・スメイル
2006	片山 晋呉	178,402,190	3勝	3勝＝片山晋呉
2007	谷口 徹	171,744,498	3勝	3勝＝谷口 徹、B・ジョーンズ
2008	片山 晋呉	180,094,895	3勝	3勝＝片山晋呉、P・マークセン
2009	石川 遼	183,524,051	4勝	4勝＝石川 遼、池田勇太
2010	金 庚泰	181,103,799	3勝	4勝＝池田勇太
2011	裵 相文	151,078,958	3勝	3勝＝裵 相文
2012	藤田 寛之	175,159,972	4勝	4勝＝藤田寛之
2013	松山 英樹	201,076,781	4勝	4勝＝松山英樹
2014	小田 孔明	137,318,693	2勝	3勝＝藤田寛之
2015	金 庚泰	165,981,625	5勝	5勝＝金 庚泰
2016	池田 勇太	207,901,567	3勝	3勝＝池田勇太、谷原秀人、金 庚泰
2017	宮里 優作	182,831,982	4勝	4勝＝宮里優作
2018	今平 周吾	139,119,332	1勝	2勝＝秋吉翔太、市原弘大
2019	今平 周吾	168,049,312	2勝	3勝＝石川 遼
'20−'21	C・キム	127,599,803	3勝	3勝＝C・キム、星野陸也
2022	比嘉 一貴	181,598,825	4勝	4勝＝比嘉一貴
2023	中島 啓太	184,986,179	3勝	3勝＝中島啓太

ツアー競技プレーオフ記録（1973年〜）

氏　名	勝敗	トーナメント名（勝・負、※は後援競技でツアー賞金ランキングに加算された競技）
青木　功	4−9	勝○1973年ペプシトーナメント（島田幸作）、1976年東海クラシック（杉原輝雄／内田繁）、1981年静岡オープン（矢部昭）、1983年日本オープン（T・ゲール） 負●1973年ワールドフレンドシップ（呂良煥）、1974年全日空札幌オープン（尾崎将司）、1979年日本オープン（郭吉雄）、1981年日本シリーズ（羽川豊）、1983年※新潟オープン（重信秀人）、1984年中日クラウンズ（S・シンプソン）、1986年サントリーオープン（G・マーシュ）、1991年フジサンケイクラシック（藤木三郎）、1991年ダンロップフェニックス（L・ネルソン）
浅地洋佑	1−0	勝○2019年ANAオープン（嘉数光倫／時松隆光／S・ノリス／S・ハン）
天野　勝	0−1	負●1982年※富山県オープン（内田繁）
新井規矩雄	1−4	勝○1983年※くずは国際（杉原輝雄／D・イシイ） 負●1982年ブリヂストントーナメント（謝敏男）、1983年中日クラウンズ（陳志明）、1983年関東オープン（藤木三郎）、1986年大京オープン（尾崎健夫）
飯島宏明	0−1	負●2004年ミズノオープン（B・ジョーンズ）
五十嵐雄二	0−1	負●2001年ダイヤモンドカップ（伊沢利光）
池田勇太	4−2	勝○2009年VanaH杯KBCオーガスタ（今野康晴）、2013年マイナビABCチャンピオンシップ（S・K・ホ）、2016年HONMA TOURWORLD CUP（宋永漢）、2017年ANAオープン（今平周吾／時松隆光） 負●2012年トーシントーナメントIN涼仙（呉阿順）、2016年HEIWA・PGM CHAMPIONSHIP（谷原秀人）
伊澤利光	2−1	勝○2001年ダイヤモンドカップ（五十嵐雄二／藤田寛之）、2003年ウッドワンオープン広島（室田淳） 負●1998年カシオワールド（B・ワッツ）
D・イシイ	3−5	勝○1987年ブリヂストントーナメント（芹澤信雄／牧野裕）、1994年マルマンオープン（芹澤信雄／宮瀬博文）、1994年サントリーオープン（佐々木久行） 負●1983年※くずは国際（新井規矩雄）、1983年中日クラウンズ（陳志明）、1986年ゴルフダイジェスト（中島常幸）、1996年JCBクラシック仙台（尾崎将司）、1996年カシオワールド（P・スタンコウスキー）
石井裕士	1−1	勝○1973年中部オープン（豊田明夫） 負●1975年KBCオーガスタ（前田新作）
石川　遼	5−4	勝○2010年フジサンケイクラシック（薗田峻輔）、2014年長嶋茂雄セガサミーカップ（小田孔明）、2019年日本プロ（黄重坤）、2019年日本シリーズJTカップ（B・ケネディ）、2022年三井住友VISA太平洋マスターズ（星野陸也） 負●2009年日本オープン（小田龍一）、2011年とおとうみ浜松オープン（小林正則）、2018年ゴルフ日本シリーズJTカップ（小平智）、2022年ANAオープン（大槻智春）
石坂友宏	0−1	負●2020年ダンロップフェニックス（金谷拓実）
泉川ピート	2−0	勝○1984年関東プロ（藤木三郎）、1984年全日空札幌オープン（高橋五月）
磯村芳幸	0−1	負●1987年ポカリスエットオープン（吉村金八）
板井榮一	0−1	負●1991年日経カップ（尾崎直道）
稲森佑貴	1−0	勝○2023年ACNチャンピオンシップ（宋永漢）
今井克宗	1−0	勝○2004年コカ・コーラ東海クラシック（細川和彦）
今野康晴	0−6	負●2005年日本ゴルフツアー選手権宍戸ヒルズカップ（細川和彦）、2005年ANAオープン（深堀圭一郎）、2007年ANAオープン（篠崎紀夫）、2008年三井住友VISA太平洋マスターズ（片山晋呉）、2009年VanaH杯KBCオーガスタ（池田勇太）、日本オープン（小田龍一）
今平周吾	1−1	勝○2022年ゴルフパートナー PRO−AM（近藤智弘／大槻智春） 負●2017年ANAオープン（池田勇太）
岩下吉久	0−2	負●1984年ブリヂストントーナメント（倉本昌弘）、1985年NST新潟オープン（謝敏男）
岩田　寛	0−2	負●2008年フジサンケイクラシック（藤島豊和）、2014年ダンロップフェニックス（松山英樹）
L・ウエストウッド	1−0	勝○1996年住友VISA太平洋マスターズ（J・スルーマン／C・ロッカ）

氏　名	勝敗	トーナメント名（勝・負、※は後援競技でツアー賞金ランキングに加算された競技）
上 野 忠 美	1−1	勝○1978年※阿蘇ナショナルパークオープン（鈴村照男／藤間達雄）
		負●1983年ブリヂストン阿蘇（小林富士夫）
上 原 宏 一	0−1	負●1979年日本オープン（郭吉雄）
内 田 袈裟彦	1−0	勝○1978年※ジュンクラシック（長谷川勝治／菊地勝司）
内 田 　 繁	1−1	勝○1982年※富山県オープン（天野勝）
		負●1976年東海クラシック（青木功）
Ｔ・ウッズ	1−1	勝○2005年ダンロップフェニックス（横尾要）
		負●2006年ダンロップフェニックス（P・ハリントン）
榎 本 七 郎	0−1	負●1976年日本プロ（金井清一）
海老原 清 治	0−1	負●1987年大京オープン（杉田勇）
Ｅ・エレラ	0−2	負●1994年ミズノオープン（B・ワッツ）、1997年アコムインターナショナル（金山和雄）
大 槻 智 春	2−2	勝○2019年関西オープン（星野陸也）、2022年ANAオープン（石川遼）
		負●2021年ゴルフパートナー PRO-AM（S・ノリス）、2022年ゴルフパートナー PRO-AM（今平周吾）
大 西 魁 斗	1−0	勝○2022年フジサンケイクラシック（朴相賢）
大 場 　 勲	0−1	負●1975年中部オープン（野口英雄）
大 町 昭 義	1−0	勝○1986年静岡オープン（杉原輝雄）
奥 田 靖 己	1−1	勝○1990年中四国オープン（河村雅之／渡辺司（西））
		負●1999年ファンケル沖縄オープン（手嶋多一）
尾 崎 健 夫	5−3	勝○1984年フジサンケイクラシック（謝敏男）、1985年日本プロ（金井清一）、1985年サントリーオープン（L・ネルソン）、1986年大京オープン（新井規矩雄）、1989年ジュンクラシック（尾崎直道）
		負●1983年広島オープン（髙橋勝成）、1991年マルマンオープン（西川哲）、1998年ブリヂストンオープン（佐藤信人）
尾 崎 直 道	5−3	勝○1988年全日空オープン（Br・ジョーンズ）、1990年日本シリーズ（中島常幸）、1991年日経カップ（板井榮一）、2003年ブリヂストンオープン（P・シーハン）、2005年中日クラウンズ（S・コンラン）
		負●1988年三菱ギャラン（Br・ジョーンズ）、1989年ジュンクラシック（尾崎健夫）、2002年サン・クロレラクラシック（C・ペーニャ）
尾 崎 将 司	12−8	勝○1973年太平洋クラブマスターズ（B・ヤンシー）、1974年全日空札幌オープン（青木功）、1978年広島オープン（杉本英世）、1983年ジュンクラシック（倉本昌弘）、1988ゴルフダイジェスト（Br・ジョーンズ）、1991年ジュンクラシック（川岸良兼）、1992年ダンロップオープン（B・フランクリン）、1996年三菱ギャラン（T・ハミルトン）、1996年JCBクラシック仙台（D・イシイ）、1996年久光製薬KBCオーガスタ（手嶋多一）、1999年ヨネックスオープン広島（桧垣繁正）、2000年サン・クロレラクラシック（山本昭一）
		負●1979年※よみうりオープン（杉原輝雄）、1980年東芝太平洋マスターズ（鈴木規夫）、1983年関東オープン（藤木三郎）、1992年ジュンクラシック（陳志忠）、1998年日本プロ（B・ジョーブ）、1998年日本シリーズJTカップ（宮本勝昌）、2001年住建産業オープン広島（深堀圭一郎）、2003年アコムインターナショナル（倉本昌弘）
小山内 　 護	2−0	勝○2006年アコムインターナショナル（手嶋多一）、2010年長嶋茂雄セガサミーカップ（趙珉珪／薗田峻輔）
小 田 孔 明	2−1	勝○2009年東建ホームメイトカップ（金鍾徳）、2010年東建ホームメイトカップ（丸山大輔／広田悟）
		負●2014長嶋茂雄セガサミーカップ（石川遼）
小 田 龍 一	1−0	勝○2009年日本オープン（石川遼／今野康晴）
小 達 敏 昭	1−0	勝○1993年ヨネックスオープン広島（W・レビ）
R・カールソン	0−1	負●2009年ダンロップフェニックス（E・モリナリ）
甲 斐 俊 光	1−0	勝○1988年静岡オープン（丸山智弘）
嘉 数 光 倫	0−1	負●2019年ANAオープン（浅地洋佑）
郭 　 吉 雄	2−0	勝○1979年※ジュンクラシック（船渡川育宏）、1979年日本オープン（山本善隆／青木功／上原宏一）
加 瀬 秀 樹	0−2	負●1991年フジサンケイ（藤木三郎）、2001年久光製薬KBCオーガスタ（平石武則）
片 岡 大 育	0−1	負●2016年中日クラウンズ（金庚泰）

氏　　名	勝敗	トーナメント名（勝・負、※は後援競技でツアー賞金ランキングに加算された競技）
片 山 晋 呉	5−3	勝○1998年サンコーグランドサマー（細川和彦）、1999年JCBクラシック仙台（桧垣繁正）、2006年ABCチャンピオンシップ（Y・E・ヤン）、2008年三井住友VISA太平洋マスターズ（今野康晴）、2013年コカ・コーラ東海クラシック（冨山聡／星野英正） 負●2002年日本プロ（久保谷健一）、2012年コカ・コーラ東海クラシック（H・W・リュー）、2015年トップ杯東海クラシック（金亨成）
桂 川 有 人	0−1	負●2022年東建ホームメイトカップ（香妻陣一朗）
金 井 清 一	4−2	勝○1976年日本プロ（榎本七郎／安田春雄／謝敏男）、1978年関東オープン（謝敏男／日吉稔）、1981年関東プロ（羽川豊）、1981年広島オープン（呂西鈞） 負●1985年日本プロ（尾崎健夫）、1988年ミズノオープン（新関善美）
金 谷 拓 実	1−1	勝○2020年ダンロップフェニックス（石坂友宏） 負●2023年ASO飯塚チャレンジドゴルフ（中島啓太）
金 本 章 生	1−1	勝○1978年関西オープン（宮本康弘） 負●1980年関西プロ（杉原輝雄）
金 山 和 雄	1−0	勝○1997年アコムインターナショナル（E・エレラ）
金 子 柱 憲	0−1	負●1994年ミズノオープン（B・ワッツ）
兼 本 貴 司	1−2	勝○2009年三菱ダイヤモンドカップ（B・ジョーンズ） 負●2003年つるやオープン（宮瀬博文）、2010年コカ・コーラ東海クラシック（松村道央）
神 山 隆 志	1−0	勝○2004年JCBクラシック仙台（中嶋常幸／近藤智弘）
S・ガルシア	0−1	負●1999年ダンロップフェニックス（T・ビヨン）
川 上 典 一	0−1	負●1992年ダイワKBCオーガスタ（陳志明）
川 岸 良 兼	0−2	負●1991年ジュンクラシック（尾崎将司）、1999年住友VISA太平洋マスターズ（宮瀬博文）
河 野 晃一郎	1−0	勝○2011年マイナビABCチャンピオンシップ（裵相文）
川 原 　 希	0−1	負●2005年東建ホームメイトカップ（高山忠洋）
川 村 昌 弘	0−1	負●2018マイナビABCチャンピオンシップ（木下裕太）
河 村 雅 之	1−1	勝○1999年デサントクラシック（米山剛／細川和彦） 負●1990年中四国オープン（奥田靖己）
菊 地 勝 司	0−1	負●1978年※ジュンクラシック（内田袈裟彦）
菊 池 　 純	1−0	勝○2007年サン・クロレラクラシック（鈴木亨）
木 下 裕 太	1−0	勝○2018マイナビABCチャンピオンシップ（川村昌弘）
木 下 稜 介	1−0	勝○2021年ダンロップ・スリクソン福島オープン（時松隆光）
R・ギブソン	1−0	勝○1991年札幌とうきゅう（前田新作／倉本昌弘）
金 　 庚 泰	2−1	勝○2016年東建ホームメイトカップ（近藤共弘）、2016年中日クラウンズ（片岡大育） 負●2009年日本シリーズJTカップ（丸山茂樹）
金 　 鍾 徳	0−1	負●2009年東建ホームメイトカップ（小田孔明）
金 　 度 勲	0−1	負●2010年カシオワールドオープン（松村道央）
金 　 亨 成	1−0	勝○2015年トップ杯東海クラシック（片山晋呉）
C・キャンベル	1−0	勝○2005年ミズノオープン（D・スメイル／高山忠洋）
A・キ ュー	0−1	負●2015年ISPSハンダグローバルカップ（武藤俊憲）
A・クウェイル	0−1	負●2022年ミズノオープン（S・ビンセント）
草 壁 政 治	0−1	負●1976年ブリヂストントーナメント（村上隆）
草 柳 良 夫	0−1	負●1973年関東オープン（栗原孝）
久保谷健一	3−1	勝○2002年日本プロ（片山晋呉）、2002年マンシングウェアKSBカップ（T・ハミルトン／福澤義光）、2017年パナソニックオープン（宮本勝昌） 負●2011年日本オープン（裵相文）
D・クラーク	0−1	負●1999年住友VISA太平洋マスターズ（宮瀬博文）
蔵 岡 伸 二	1−0	勝○1989年九州オープン（友利勝良）
W・グラディ	0−1	負●1985年カシオワールド（H・グリーン）
D・グラハム	0−1	負●1985年太平洋クラブマスターズ（中島常幸）
倉 本 昌 弘	6−4	勝○1981年東海クラシック（小林富士夫／重信秀人／中村通）、1984年中四国オープン（重信秀人）、1984年ブリヂストントーナメント（陳志忠／S・トーランス／岩下吉久）、1992年日本プロ（中島常幸）、1992年ブリヂストンオープン（西川哲）、2003年アコムインターナショナル（宮本勝昌／尾崎将司） 負●1983年ジュンクラシック（尾崎将司）、1985年ブリヂストン阿蘇（謝敏男）、1991年札幌とうきゅう（R・ギブソン）、1992年日経カップ（室田淳）

氏　名	勝敗	トーナメント名（勝・負、※は後援競技でツアー賞金ランキングに加算された競技）
H・グリーン	1－0	勝○1985年カシオワールド（S・ホーク／湯原信光／W・グラディ）
E・グリジョ	0－1	負●2016年ISPSハンダグローバルカップ（朴ジュンウォン）
栗原　孝	2－0	勝○1973年関東オープン（草柳良夫／田中文雄）、○1979年※阿蘇ナショナルパークオープン（前田新作／安田春雄）
T・ゲール	0－1	負●1983年日本オープン（青木功）
B・ケネディ	0－1	負●2019年日本シリーズJTカップ（石川遼）
呉　阿順	1－0	勝○2012年トーシントーナメントIN涼仙（池田勇太）
高　君宅	1－0	勝○2023年Shinhan Donghae Open（P・コンワットマイ）
G・コーク	0－1	負●1984年カシオワールド（S・ライル）
香妻陣一朗	1－0	勝○2022年東建ホームメイトカップ（桂川有人）
A・コカリル	0－1	負●2023年ISPS HANDA 欧州・日本どっちが勝つかトーナメント！（L・ハーバート）
小島昭彦	1－0	勝○1987年北海道オープン（鷹巣南雄）
小平　智	1－1	勝○2018年ゴルフ日本シリーズJTカップ（石川遼／黄重坤） 負●2017年フジサンケイクラシック（H・W・リュー）
小林富士夫	2－1	勝○1978年日本プロ（中島常幸）、1983年ブリヂストン阿蘇（上野忠美） 負●1981年東海クラシック（倉本昌弘）
小林正則	1－0	勝○2011年とおとうみ浜松オープン（石川遼）
近藤智弘	2－5	勝○2006年日本プロ（友利勝良）、2008年中日クラウンズ（藤田寛之） 負●2004年JCBクラシック仙台（神山隆志）、2004年日本ゴルフツアー選手権宍戸ヒルズカップ（S・K・ホ）、2006年ザ・ゴルフトーナメントin御前崎（谷口徹） 2016年東建ホームメイトカップ（金庚泰）、2022年ゴルフパートナー PRO-AM（今平周吾）
S・コンラン	0－1	負●2005年中日クラウンズ（尾崎直道）
P・コンワットマイ	0－1	負●2023年Shinhan Donghae Open（高君宅）
坂本義一	1－0	勝○1996年ダイドー静岡オープン（芹澤信雄／C・フランコ）
佐々木久行	0－2	負●1994年サントリーオープン（D・イシイ）、2003年つるやオープン（宮瀬博文）
佐藤信人	2－0	勝○1998年ブリヂストンオープン（尾崎健夫）、2002年フジサンケイクラシック（S・レイコック）
P・シーハン	0－1	負●2003年ブリヂストンオープン（尾崎直道）
重信秀人	2－3	勝○1983年※新潟オープン（青木功／高橋勝成）、1984年ブリヂストン阿蘇オープン（長谷川勝治／矢部昭） 負●1981年東海クラシック（倉本昌弘）、1984年中四国オープン（倉本昌弘）、1990年インペリアル（中村通）
篠崎紀夫	1－0	勝○2007年ANAオープン（今野康晴／C・プラポール）
柴田　猛	0－1	負●1979年中部オープン（松岡金市）
島田幸作	1－2	勝○1977年関西プロ（前田新作） 負●1973年ペプシトーナメント（青木功）、1975年広島オープン（呂良煥）
島田正士	1－0	勝○2000年PGAフィランスロピー（三橋達也／髙橋竜彦）
謝　永郁	0－2	負●1974年ペプシトーナメント（G・マーシュ）、1981年※よみうりオープン（鷹巣南雄）
謝　敏男	4－7	勝○1981年KBCオーガスタ（陳志忠／湯原信光）、1982年ブリヂストントーナメント（新井規矩雄）、1985年ブリヂストン阿蘇（倉本昌弘）、1985年NST新潟（岩下吉久） 負●1976年日本プロ（金井清一）、1976年ブリヂストントーナメント（村上隆）、1978年関東オープン（金井清一）、1979年東北クラシック（中村通）、1980年※日本国土計画サマーズ（船渡川育宏）、1982年※新潟オープン（山本善隆）、1984年フジサンケイクラシック（尾崎健夫）
I・J・ジャン	0－1	負●2011年中日クラウンズ（B・ジョーンズ）
B・ジョーブ	3－0	勝○1997年東海クラシック（B・ワッツ）、1997年ゴルフダイジェスト（鈴木亨）、1998年日本プロ（尾崎将司）
ブライアン・ジョーンズ （Br・ジョーンズ）	3－4	勝○1977年KBCオーガスタ（矢部昭）、1985年三菱ギャラン（湯原信光）、1988年三菱ギャラン（尾崎直道） 負●1976年ペプシウイルソン（P・トムソン）、1988年全日空オープン（尾崎直道）、1988年ゴルフダイジェスト（尾崎将司）、1991年フジサンケイ（藤木三郎）

氏　名	勝敗	トーナメント名（勝・負、※は後援競技でツアー賞金ランキングに加算された競技）
ブレンダン・ジョーンズ （B・ジョーンズ）	3−2	勝○2003年サン・クロレラクラシック（手嶋多一／丸山大輔）、2004年ミズノオープン（飯島博明）、2011年中日クラウンズ（I・J・ジャン） 負●2002年サン・クロレラクラシック（C・ペーニャ）、2009年三菱ダイヤモンドカップ（兼本貴司）
J・M・シン	0−1	負●1999年キリンオープン（崔京周）
S・シンプソン	2−0	勝○1984年中日クラウンズ（青木功）、1984年ダンロップフェニックス（B・ランガー）
須貝　昇	1−1	勝○1990年中日クラウンズ（S・ベイト） 負●1991年日本オープン（中島常幸）
杉田　勇	1−0	勝○1987年大京オープン（牧野裕／海老原清治）
杉原輝雄	4−6	勝○1979年※よみうりオープン（尾崎将司）、1980年関西プロ（金本章生）、1982年※美津濃トーナメント（羽川豊）、1985年札幌とうきゅうオープン（吉村金八） 負●1976年東海クラシック（青木功）、1981年三菱ギャラン（呂西鈞）、1982年三菱ギャラン（G・マーシュ）、1983年※くずは国際（新井規矩雄）、1986年静岡オープン（大町昭義）、1990年ダンロップオープン（F・ミノザ）
杉本英世	0−1	負●1978年広島オープン（尾崎将司）
鈴木弘一	0−1	負●1994年ミズノオープン（B・ワッツ）
鈴木　亨	1−4	勝○2002年JCBクラシック仙台（中嶋常幸） 負●1997年ゴルフダイジェスト（B・ジョーブ）、2001年タマノイ酢よみうりオープン（福澤義光）、2001年アイフルカップ（林根基）、2007年サン・クロレラクラシック（菊池純）
鈴木規夫	3−0	勝○1976年フジサンケイクラシック（呂良煥）、1976年九州オープン（柳田勝司）、1980年東芝太平洋マスターズ（尾崎将司）
鈴村照男	1−2	勝○1984年中部オープン（坂東治彦） 負●1978年※阿蘇ナショナルパーク（上野忠美）、1983年中部オープン（中村輝夫）
P・スタンコウスキー	1−0	勝○1996年カシオワールド（D・イシイ）
D・スメイル	0−2	負●2005年ミズノオープン（C・キャンベル）、2005年日本ゴルフツアー選手権宍戸ヒルズカップ（細川和彦）
J・スルーマン	0−1	負●1996年住友VISA太平洋マスターズ（L・ウエストウッド）
芹澤信雄	0−4	負●1987年ブリヂストントーナメント（D・イシイ）、1992年札幌とうきゅう（湯原信光）、1994年マルマンオープン（D・イシイ）、1996年ダイドー静岡オープン（坂本義一）
十亀賢二	1−0	勝○1983年※KSB瀬戸内海オープン（安田春雄）
薗田峻輔	0−2	負●2010年長嶋茂雄セガサミーカップ（小山内護）、フジサンケイクラシック（石川遼）
宋　永漢	0−2	負●2016年HONMA TOURWORLD CUP（池田勇太）、2023年ACNチャンピオンシップ（稲森佑貴）
鷹巣南雄	1−1	勝○1981年※よみうりオープン（謝永郁） 負●1987年北海道オープン（小島昭彦）
髙橋勝成	1−5	勝○1983年広島オープン（尾崎健夫） 負●1981年※群馬県オープン（高橋五月）、1983年※新潟オープン（重信秀人）、1988年北海道オープン（高橋完）、1989年北海道オープン（高橋完）、1995年PGAフィランスロピー（髙見和宏）
高橋五月	1−1	勝○1981年※群馬県オープン（髙橋勝成） 負●1984年全日空札幌オープン（泉川ピート）
髙橋竜彦	0−1	負●2000年PGAフィランスロピー（島田正士）
高橋　完	2−0	勝○1988年北海道オープン（高橋勝成）、1989年北海道オープン（髙橋勝成）
髙見和宏	1−1	勝○1995年PGAフィランスロピー（髙橋勝成／B・ワッツ） 負●1992年札幌とうきゅう（湯原信光）
高山忠洋	2−1	勝○2005年東建ホームメイトカップ（川原希）、2006年アジア・ジャパン沖縄オープン（宮里聖志） 負●2005年ミズノオープン（C・キャンベル）
田中秀道	0−1	負●2000年つるやオープン（R・バックウェル）
田中文雄	0−2	負●1973年関東オープン（栗原孝）、1976年東北クラシック（安田春雄）

氏　　　名	勝敗	トーナメント名（勝・負、※は後援競技でツアー賞金ランキングに加算された競技）
谷口　　徹	3−4	勝○2006年ザ・ゴルフトーナメントin御前崎（近藤智弘／S・K・ホ）、2007年ウッドワンオープン広島（P・マークセン）、2018年日本プロ（藤本佳則）
		負●2000年三菱自動車（宮瀬博文）、2007年中日クラウンズ（宮瀬博文）、2010年つるやオープン（藤田寛之）、2011年ゴルフ日本シリーズJTカップ（藤田寛之）
谷原秀人	3−2	勝○2016年日本プロ（武藤俊憲）、2016年HEIWA・PGM CHAMPIONSHIP（池田勇太）、2023年JAPAN PLAYERS CHAMPIONSHIP by サトウ食品（長野泰雅）
		負●2013年フジサンケイクラシック（松山英樹）、2014年ＡＮＡオープン（宮本勝昌）
崔　京周	1−0	勝○1999年キリンオープン（J・M・シン）
趙　珉珪	0−1	負●2010年長嶋茂雄セガサミーカップ（小山内護）
陳　志忠	2−3	勝○1992年ジュンクラシック（尾崎将司）、1993年ダイワKBCオーガスタ（林吉祥）
		負●1981年KBCオーガスタ（謝敏男）、1984年ブリヂストントーナメント（倉本昌弘）、1993年マルマンオープン（F・ミノザ）
陳　志明	4−0	勝○1983年中日クラウンズ（新井規矩雄／D・イシイ）、1983年ダンロップフェニックス（T・ワトソン）、1987年ペプシ宇部（牧野裕）、1992年ダイワKBCオーガスタ（川上典一／B・ヒューズ）
手嶋多一	2−4	勝○1999年ファンケル沖縄オープン（奥田靖己）、2003年アイフルカップ（宮本勝昌）
		負●1996年久光製薬KBCオーガスタ（尾崎将司）、2001年ダンロップフェニックス（D・デュバル）、2003年サン・クロレラクラシック（B・ジョーンズ）、2006年アコムインターナショナル（小山内護）
D・デュバル	1−2	勝○2001年ダンロップフェニックス（手嶋多一）
P・トムソン	1−0	勝○1976年ペプシウイルソン（G・マーシュ／Br・ジョーンズ／宮本省三）
S・トーランス	0−1	負●1984年ブリヂストントーナメント（倉本昌弘）
時松隆光	0−3	負●2017年ANAオープン（池田勇太）、2019年ANAオープン（浅地洋佑）、2021年ダンロップ・スリクソン福島オープン（木下稜介）
冨山　聡	0−1	負●2013年コカ・コーラ東海クラシック（片山晋呉）
友利勝良	0−3	負●1989年九州オープン（蔵岡伸二）、2001年サン・クロレラクラシック（藤田寛之）、2006年日本プロ（近藤智弘）
豊田明夫	0−1	負●1973年中部オープン（石井裕士）
ドンファン	0−1	負●2007年ABCチャンピオンシップ（F・ミノザ）
中尾豊健	1−0	勝○1981年ゴルフダイジェスト（中島常幸）
中島啓太	2−1	勝○2021年＠パナソニックオープン（永野竜太郎）、2023年ASO飯塚チャレンジドゴルフ（金谷拓実）
		負●2023年〜全英への道〜ミズノオープン（平田憲聖）
中嶋常幸	7−6	勝○1982年フジサンケイ（G・マーシュ）、1983年東西対抗（藤木三郎）、1985年太平洋クラブマスターズ（D・グラハム）、1986年ゴルフダイジェスト（D・イシイ）、1991年日本オープン（須貝昇）、1994年ダイドー静岡オープン（中村通）、1994年つるやオープン（比嘉勉）
		負●1978年日本プロ（小林富士夫）、1981年ゴルフダイジェスト（中尾豊健）、1990年日本シリーズ（尾崎直道）、1992年日本プロ（倉本昌弘）、2002年JCBクラシック仙台（鈴木亨）、2004年JCBクラシック仙台（神山隆志）
長野泰雅	0−1	負●2023年JAPAN PLAYERS CHAMPIONSHIP by サトウ食品（谷原秀人）
永野竜太郎	0−1	負●2021年パナソニックオープン（＠中島啓太）
中村輝夫	1−0	勝○1983年中部オープン（鈴村照男）
中村　通	3−5	勝○1979年東北クラシック（謝敏男）、1986年広島オープン（藤木三郎）、1990年インペリアル（重信秀人）
		負●1975年広島オープン（呂良煥）、1981年三菱ギャラン（呂西鈞）、1981年東海クラシック（倉本昌弘）、1983年よみうりオープン（G・マーシュ）、1994年ダイドー静岡オープン（中島常幸）
新関善美	2−1	勝○1988年ミズノオープン（金井清一）、1989年日経カップ（藤木三郎）
		負●1989年ペプシ宇部興産（横山明仁）
西川　哲	1−1	勝○1991年マルマンオープン（尾崎健夫）
		負●1992年ブリヂストンオープン（倉本昌弘）

氏　　名	勝敗	トーナメント名（勝・負、※は後援競技でツアー賞金ランキングに加算された競技）
L・ネルソン	2−1	勝○1989年サントリーオープン（藤木三郎）、1991年ダンロップフェニックス（青木功／J・D・ブレイク／S・バレステロス） 負●1985年サントリーオープン（尾崎健夫）
野口英雄	1−0	勝○1975年中部オープン（大場勲）
3・ノリス	1−1	勝○2021年ゴルフパートナー PRO-AM（S・ビンセント、大槻智春） 負●2019年ANAオープン（浅地洋佑）
L・ハーバート	1−0	勝○2023年ISPS HANDA 欧州・日本どっちが勝つかトーナメント！（A・コカリル）
羽川　豊	1−2	勝○1981年日本シリーズ（青木功） 負●1981年関東プロ（金井清一）、1982年※美津濃トーナメント（杉原輝雄）
S・J・パク	0−1	負●2013年フジサンケイクラシック（松山英樹）
朴　相賢	0−2	負●2014つるやオープン（藤田寛之）、2022年フジサンケイクラシック（大西魁斗）
朴ジュンウォン	1−0	勝○2016年ISPSハンダグローバルカップ（E・グリジョ）
長谷川勝治	1−2	勝○1993年よみうりサッポロビールオープン（飯合肇） 負●1978年※ジュンクラシック（内田袈裟彦）、1984年ブリヂストン阿蘇（重信秀人）
R・バックウェル	1−0	勝○2000年つるやオープン（田中秀道）
T・ハミルトン	1−4	勝○1994年PGAフィランスロビー（溝口英二） 負●1996年フジサンケイクラシック（B・ワッツ）、1996年三菱ギャラン（尾崎将司）、1996年ポカリスエットよみうりオープン（福永和宏）、2002年マンシングウェアKSBカップ（久保谷健一）
P・ハリントン	1−0	勝○2006年ダンロップフェニックス（T・ウッズ）
S・バレステロス	1−1	勝○1978年日本オープン（G・マーシュ） 負●1991年ダンロップフェニックス（L・ネルソン）
黄　重坤	0−2	負●2018年日本シリーズJTカップ（小平智）、2019年日本プロ（石川遼）
S・ハン	0−2	負●2017年フジサンケイクラシック（H・W・リュー）、2019年ANAオープン（浅地洋佑）
坂東治彦	0−1	負●1984年中部オープン（鈴村照男）
桧垣繁正	0−3	負●1999年JCBクラシック仙台（片山晋呉）、1999年ヨネックスオープン広島（尾崎将司）、2001年久光製薬KBCオーガスタ（平石武則）
東　聡	0−1	負●1991年ミズノオープン（R・マッカイ）
比嘉　勉	0−1	負●1994年つるやオープン（中島常幸）
C・ビジェガス	1−0	勝○2007年コカ・コーラ東海クラシック（藤島豊和）
B・ヒューズ	0−1	負●1992年ダイワKBCオーガスタ（陳志明）
日吉　稔	0−1	負●1978年関東オープン（金井清一）
T・ビヨン	1−0	勝○1999年ダンロップフェニックス（S・ガルシア）
平石武則	1−0	勝○2001年久光製薬KBCオーガスタ（加瀬秀樹／桧垣繁正）
平田憲聖	1−0	勝○2023年〜全英への道〜ミズノオープン（中島啓太）
広田　悟	0−1	負●2010年東建ホームメイトカップ（小田孔明）
S・ビンセント	1−1	勝○2022年ミズノオープン（A・クウェイル） 負●2021年ゴルフパートナー PRO-AM（S・ノリス）
深堀圭一郎	2−0	勝○2001年住建産業オープン広島（尾崎将司）、2005年ANAオープン（今野康晴）
福澤義光	1−1	勝○2001年タマノイ酢よみうりオープン（鈴木亨） 負●2002年マンシングウェアKSBカップ（久保谷健一）
福永和宏	1−0	勝○1996年ポカリスエットよみうりオープン（T・ハミルトン）
藤木三郎	3−6	勝○1983年関東オープン（新井規矩雄／尾崎将司）、1990年ブリヂストントーナメント（横山明仁）、1991年フジサンケイ（青木功／加瀬秀樹／Br・ジョーンズ） 負●1983年ポカリスエット白竜湖オープン（牧野裕）、1983年東西対抗（中島常幸）、1984年関東プロ（泉川ピート）、1986年広島オープン（中村通）、1989年日経カップ（新関善美）、1989年サントリーオープン（L・ネルソン）
藤島豊和	1−1	勝○2008年フジサンケイクラシック（岩田寛） 負●2007年コカ・コーラ東海クラシック（C・ビジェガス）
藤田寛之	5−3	勝○2001年サン・クロレラクラシック（友利勝良）、2010年つるやオープン（谷口徹）2011年ゴルフ日本シリーズJTカップ（谷口徹）、2014年つるやオープン（朴相賢）、アールズエバーラスティングKBCオーガスタ（梁津萬） 負●2001年ダイヤモンドカップ（伊沢利光）、2008年中日クラウンズ（近藤智弘）、2010年コカ・コーラ東海クラシック（松村道央）

氏　名	勝敗	トーナメント名（勝・負、※は後援競技でツアー賞金ランキングに加算された競技）
藤 間 達 雄	0－1	負●1978年※阿蘇ナショナルパークオープン（上野忠美）
藤 本 佳 則	0－1	負●2018年日本プロ（谷口徹）
船渡川育宏	1－1	勝○1980年※日本国土計画サマーズ（謝敏男）
		負●1979年※ジュンクラシック（郭吉雄）
C・プラポール	0－1	負●2007年ANAオープン（篠崎紀夫）
B・フランクリン	0－1	負●1992年ダンロップオープン（尾崎将司）
C・フランコ	0－1	負●1996年ダイドー静岡オープン（坂本義一）
J・D・ブレイク	0－1	負●1991年ダンロップフェニックス（L・ネルソン）
D・フロスト	1－0	勝○1992年ダンロップフェニックス（室田淳）
裵 　 相 　 文	1－1	勝○2011年日本オープン（久保谷健一）
		負●2011年マイナビABCチャンピオンシップ（河野晃一郎）
C・ペーニャ	1－0	勝○2002年サン・クロレラクラシック（B・ジョーンズ／尾崎直道）
S ・ ベ イ ト	0－1	負●1990年中日クラウンズ（須貝昇）
S ・ K ・ ホ	1－2	勝○2004年日本ゴルフツアー選手権宍戸ヒルズカップ（近藤智弘）
		負●2006年ザ・ゴルフトーナメントin御前崎（谷口徹）、2013年マイナビABCチャンピオンシップ（池田勇太）
S ・ ホ ー ク	0－1	負●1985年カシオワールド（H・グリーン）
星 野 英 正	0－1	負●2013年コカ・コーラ東海クラシック（片山晋呉）
星 野 陸 也	1－2	勝○2020年フジサンケイクラシック（堀川未来夢）
		負●2019年関西オープン（大槻智春）、2022年三井住友VISA太平洋マスターズ（石川遼）
細 川 和 彦	1－4	勝○2005年日本ゴルフツアー選手権宍戸ヒルズカップ（今野康晴／D・スメイル）
		負●1998年サンコーグランドサマー（片山晋呉）、1999年デサントクラシック（河村雅之）、1999年三菱自動車（米山剛）、2004年コカ・コーラ東海クラシック（今井克宗）
堀川未来夢	0－1	負●2020年フジサンケイクラシック（星野陸也）
P・マークセン	0－1	負●2007年ウッドワンオープン広島（谷口徹）
G・マーシュ	5－5	勝○1974年ペプシトーナメント（謝永郁）、1976年KBCオーガスタ（安田春雄）、1982年三菱ギャラン（杉原輝雄）、1983年よみうりオープン（中村通）、1986年サントリーオープン（青木功）
		負●1973年ワールドフレンドシップ（呂良煥）、1976年ペプシウイルソン（P・トムソン）、1978年日本オープン（S・バレステロス）、1982年フジサンケイ（中島常幸）、1983年ポカリスエット白竜湖オープン（牧野裕）
前 田 新 作	1－4	勝○1975年KBCオーガスタ（石井裕士）
		負●1977年関西プロ（島田幸作）、1979年※阿蘇ナショナルパークオープン（栗原孝）、1983年ポカリスエット白竜湖オープン（牧野裕）、1991年札幌とうきゅう（R・ギブソン）
牧 野 　 裕	1－3	勝○1983年ポカリスエット白竜湖オープン（G・マーシュ／藤木三郎／前田新作）
		負●1987年ペプシ宇部（陳志明）、1987年ブリヂストントーナメント（D・イシイ）、1987年大京オープン（杉田勇）
松 岡 金 市	1－0	勝○1979年中部オープン（柴田猛）
R・マッカイ	1－0	勝○1991年ミズノオープン（東聡）
松 村 道 央	2－0	勝○2010年コカ・コーラ東海クラシック（藤田寛之／兼本貴司）、カシオワールドオープン（金度勳・大邱）
松 山 英 樹	2－0	勝○2013年フジサンケイクラシック（S・J・パク／谷原秀人）、2014年ダンロップフェニックス（岩田寛）
丸 山 茂 樹	1－0	勝○2009年日本シリーズJTカップ（金庚泰）
丸 山 大 輔	0－2	負●2003年サン・クロレラクラシック（B・ジョーンズ）、2010年東建ホームメイトカップ（小田孔明）
丸 山 智 弘	0－1	負●1988年静岡オープン（甲斐俊光）
水 巻 善 典	1－0	勝○1993年JCBクラシック仙台（飯合肇／渡辺司（東））
溝 口 英 二	1－1	勝○2001年ダイドー静岡オープン（F・ミノザ）
		負●1994年PGAフィランスロピー（T・ハミルトン）
三 橋 達 也	0－1	負●2000年PGAフィランスロピー（島田正士）

氏　　名	勝敗	トーナメント名（勝・負、※は後援競技でツアー賞金ランキングに加算された競技）
F・ミノザ	3–1	勝○1990年ダンロップオープン（杉原輝雄）、1993年マルマンオープン（陳志忠）、2007年ABCチャンピオンシップ（ドンファン）
		負●2001年ダイドー静岡オープン（溝口英二）
宮里聖志	0–1	負●2006年アジア・ジャパン沖縄オープン（高山忠洋）
宮瀬博文	4–2	勝○1999年住友VISA太平洋マスターズ（川岸良兼／D・クラーク）、2000年三菱自動車（谷口徹）、2003年つるやオープン（佐々木久行／兼本貴司）、2007年中日クラウンズ（谷口徹）
		負●1994年マルマンオープン（D・イシイ）、1999年ジュンクラシック（飯合肇）
宮本勝昌	2–3	勝○1998年日本シリーズJTカップ（尾崎将司）、2014年ANAオープン（谷原秀人）
		負●2003年アイフルカップ（手嶋多一）、2003年アコムインターナショナル（倉本昌弘）、2017年パナソニックオープン（久保谷健一）
宮本省三	0–1	負●1976年ペプシウイルソン（P・トムソン）
宮本康弘	0–2	負●1977年静岡オープン（呂良煥）、1978年関西オープン（金本章生）
武藤俊憲	1–1	勝○2015年ISPSハンダグローバルカップ（A・キュー）
		負●2016年日本プロ（谷原秀人）
村上　隆	2–1	勝○1975年日本プロ（山本善隆）、1976年ブリヂストントーナメント（草壁政治／謝敏男）
		負●1974年東京チャリティクラシック（安田春雄）
室田　淳	1–2	勝○1992年日経カップ（倉本昌弘）
		負●1992年ダンロップフェニックス（D・フロスト）、2003年ウッドワンオープン広島（伊沢利光）
飯合　肇	1–2	勝○1999年ジュンクラシック（宮瀬博文）
		負●1993年JCBクラシック仙台（水巻善典）、1993年よみうりサッポロビールオープン（長谷川勝治）
E・モリナリ	1–0	勝○2009年ダンロップフェニックス（R・カールソン）
安田春雄	2–4	勝○1974年東京チャリティクラシック（村上隆）、1976年東北クラシック（田中文雄）
		負●1976年KBCオーガスタ（G・マーシュ）、1976年日本プロ（金井清一）、1979年※阿蘇ナショナルパークオープン（栗原孝）、1983年※KSB瀬戸内海オープン（十亀賢二）
柳田勝司	0–1	負●1976年九州オープン（鈴木規夫）
矢部　昭	0–3	負●1977年KBCオーガスタ（Br・ジョーンズ）、1981年静岡オープン（青木功）、1984年ブリヂストン阿蘇（重信秀人）
山本昭一	0–1	負●2000年サン・クロレラクラシック（尾崎将司）
山本善隆	1–2	勝○1982年※新潟オープン（謝敏男）
		負●1975年日本プロ（村上隆）、1979年日本オープン（郭吉雄）
Y・E・ヤン	0–1	負●2006年ABCチャンピオンシップ（片山晋呉）
B・ヤンシー	0–1	負●1973年太平洋クラブマスターズ（尾崎将司）
湯原信光	1–3	勝○1992年札幌とうきゅう（芹澤信雄／髙見和宏）
		負●1981年KBCオーガスタ（謝敏男）、1985年三菱ギャラン（Br・ジョーンズ）、1985年カシオワールド（H・グリーン）
葉　彰廷	1–0	勝○1997年日経カップ（渡辺司（東））
横尾　要	0–1	負●2005年ダンロップフェニックス（T・ウッズ）
横山明仁	1–1	勝○1989年ペプシ宇部（新関善美）
		負●1990年ブリヂストントーナメント（藤木三郎）
吉村金八	1–1	勝○1987年ポカリスエットオープン（磯村芳幸）
		負●1985年札幌とうきゅう（杉原輝雄）
米山　剛	1–1	勝○1999年三菱自動車（細川和彦）
		負●1999年デサントクラシック（河村雅之）
S・ライル	1–0	勝○1984年カシオワールド（G・コーク）
B・ランガー	0–1	負●1984年ダンロップフェニックス（S・シンプソン）
梁　津萬	0–1	負●2014年アールズエバーラスティングKBCオーガスタ（藤田寛之）
H・W・リュー	2–0	勝○2012年コカ・コーラ東海クラシック（片山晋呉）、2017年フジサンケイクラシック（小平智／S・ハン）
林　吉祥	0–1	負●1993年ダイワKBCオーガスタ（陳志忠）
林　根基	1–0	勝○2001年アイフルカップ（鈴木亨）

氏　　名	勝敗	トーナメント名（勝・負、※は後援競技でツアー賞金ランキングに加算された競技）
S・レイコック	0−1	負●2002年フジサンケイクラシック（佐藤信人）
W・レビ	0−1	負●1993年ヨネックスオープン広島（小達敏昭）
呂　西鈞	1−1	勝○1981年三菱ギャラン（杉原輝雄／中村通）
		負●1981年広島オープン（金井清一）
呂　良煥	3−1	勝○1973年ワールドフレンドシップ（G・マーシュ／青木功）、1975年広島オープン（島田幸作／中村通）、1977年静岡オープン（宮本康弘）
		負●1976年フジサンケイクラシック（鈴木規夫）
C・ロッカ	0−1	負●1996年住友VISA太平洋マスターズ（L・ウエストウッド）
渡辺司（東）	0−2	負●1993年JCBクラシック仙台（水巻善典）、1997年日経カップ（葉彰廷）
渡辺司（西）	0−1	負●1990年中四国オープン（奥田靖己）
B・ワッツ	3−2	勝○1994年ミズノオープン（金子柱憲／鈴木弘一／E・エレラ）、1996年フジサンケイクラシック（T・ハミルトン）、1998年カシオワールド（伊沢利光）
		負●1995年PGAフィランスロピー（髙見和宏）、1997年東海クラシック（B・ジョーブ）
T・ワトソン	0−1	負●1983年ダンロップフェニックス（陳志明）

ジャパンゴルフツアー年間表彰

［最優秀選手賞］

①ＪＧＴツアートーナメントの成績順位、②賞金ランキング、③平均ストローク、④海外４大メジャー成績順位の４部門に係る合計ポイントにより選出。①日本ゴルフツアー選手権、日本プロゴルフ選手権、日本オープンゴルフ選手権は１位＝20ポイント、２位＝15、３位＝10、４位＝５、５位＝２。ゴルフ日本シリーズは１位＝15ポイント、２位＝10、３位＝５、４位＝２。その他ツアートーナメントは１位＝10ポイント、２位＝５、３位＝２。②賞金ランキングは１位＝40ポイント、２位＝30、３位＝18…10位＝6、11位＝4、12位＝2。③平均ストロークは１位＝20ポイント、２位＝16、３位＝12、４位＝10…10位＝1。④海外４大メジャー成績は１位＝20ポイント、２位＝18、３位＝16、４位＝14…10位＝2。

1985年	中島　常幸	1995年	尾崎　将司	2005年	片山　晋呉	2015年　金　　庚泰
1986年	中島　常幸	1996年	尾崎　将司	2006年	片山　晋呉	2016年　池田　勇太
1987年	Ｄ・イシイ	1997年	丸山　茂樹	2007年	谷口　徹	2017年　宮里　優作
1988年	尾崎　将司	1998年	尾崎　将司	2008年	片山　晋呉	2018年　今平　周吾
1989年	尾崎　将司	1999年	尾崎　直道	2009年	石川　遼	2019年　今平　周吾
1990年	尾崎　将司	2000年	片山　晋呉	2010年	藤田　寛之	'20-'21年　Ｃ・キム
1991年	尾崎　直道	2001年	伊沢　利光	2011年	裵　相文	2022年　比嘉　一貴
1992年	尾崎　将司	2002年	谷口　徹	2012年	藤田　寛之	2023年　中島　啓太
1993年	尾崎　将司	2003年	伊沢　利光	2013年	松山　英樹	
1994年	尾崎　将司	2004年	谷口　徹	2014年	小田　孔明	

［賞金ランキング賞］

1985年 中島常幸…101,609,333円	1998年 尾崎将司…179,627,400円	2011年 裵　相文…151,078,958円
1986年 中島常幸… 90,202,066円	1999年 尾崎直道…137,641,796円	2012年 藤田寛之…175,159,972円
1987年 Ｄ・イシイ… 86,554,421円	2000年 片山晋呉…177,116,489円	2013年 松山英樹…201,076,781円
1988年 尾崎将司…125,162,540円	2001年 伊沢利光…217,934,583円	2014年 小田孔明…137,318,693円
1989年 尾崎将司…108,715,733円	2002年 谷口　徹…145,440,341円	2015年 金　庚泰…165,981,625円
1990年 尾崎将司…129,060,500円	2003年 伊沢利光…135,454,300円	2016年 池田勇太…207,901,567円
1991年 尾崎直道…119,507,974円	2004年 片山晋呉…119,512,374円	2017年 宮里優作…182,831,982円
1992年 尾崎将司…186,816,466円	2005年 片山晋呉…134,075,280円	2018年 今平周吾…139,119,332円
1993年 飯合　肇…148,718,200円	2006年 片山晋呉…178,402,190円	2019年 今平周吾…168,049,312円
1994年 尾崎将司…215,468,000円	2007年 谷口　徹…171,744,498円	'20-'21年 Ｃ・キム…127,599,803円
1995年 尾崎将司…192,319,800円	2008年 片山晋呉…180,094,895円	2022年 比嘉一貴…181,598,825円
1996年 尾崎将司…209,646,746円	2009年 石川　遼…183,524,051円	2023年 中島啓太…184,986,179円
1997年 尾崎将司…170,847,633円	2010年 金　庚泰…181,103,799円	

［メルセデス・ベンツ トータルポイントランキング賞］

総合的に優れたプレーヤーを選出することを目的に、平均ストローク、平均パット、パーキープ率、パーオン率、バーディ率、イーグル率、ドライビングディスタンス、フェアウェイキープ率、サンドセーブ率の９部門の順位をポイント換算し、そのポイントの合計により順位を決定する。

1999年 伊沢 利光… 36ポイント	2007年 Ｐ・マークセン…100ポイント	2015年 宮里　優作…131ポイント
2000年 伊沢 利光… 21ポイント	2008年 Ｐ・マークセン…131ポイント	2016年 谷原　秀人… 94ポイント
2001年 伊沢 利光… 56ポイント	2009年 石川　遼…150ポイント	2017年 小平　智…109ポイント
2002年 片山 晋呉…145ポイント	2010年 石川　遼…113ポイント	2018年 池田　勇太…123ポイント
2003年 伊沢 利光… 95ポイント	2011年 藤田　寛之…150ポイント	2019年 今平　周吾…142ポイント
2004年 片山 晋呉…111ポイント	2012年 藤田　寛之…137ポイント	'20-'21年 大槻　智春… 88ポイント
2005年 片山 晋呉…147ポイント	2013年 松山　英樹…119ポイント	2022年 星野　陸也… 77ポイント
2006年 片山 晋呉… 92ポイント	2014年 梁　津萬…150ポイント	2023年 蝉川　泰果…100ポイント

※1999年はポイントランキング賞、2000年〜2017年はUnisysポイントランキング賞、
　2018年はトータルポイントランキング賞

過去のデータ

ツアープレーヤーに転向して３年以内の者、またはツアー競技出場が通算30競技未満の者を対象とし、前項の最優秀選手賞と同様の①②③④の４部門に係る合計ポイントにより選出する。ポイントがタイの場合は最終賞金ランキング上位者が選出される。尚、過去に最優秀新人賞を受賞した者は除く。

1985年　塩田　昌宏	1995年　田中　秀道	2005年　I・J・ジャン	2015年　宋　　永漢
1986年　大町　昭義	1996年　細川　和彦	2006年　ドンファン	2016年　S・ノリス
1987年　木村　政信	1997年　久保谷健一	2007年　李　　丞鎬	2017年　C・キム
1988年　横山　明仁	1998年　宮本　勝昌	2008年　石川　　遼	2018年　星野　陸也
1989年　水巻　善典	1999年　横尾　　要	2009年　池田　勇太	2019年　J・ジェーンワタナノンド
1990年　川岸　良兼	2000年　D・ウィルソン	2010年　薗田　峻輔	'20-'21年　金谷　拓実
1991年　西川　　哲	2001年　S・レイコック	2011年　J・B・パク	2022年　桂川　有人
1992年　宮瀬　博文	2002年　B・ジョーンズ	2012年　藤本　佳則	2023年　中島　啓太
1993年　丸山　茂樹	2003年　谷原　秀人	2013年　松山　英樹	
1994年　C・ウォーレン	2004年　谷口　拓也	2014年　キム・スンヒョグ	

2007年　松村道央… 6,685,183円	2013年　K・T・ゴン… 5,326,885円	2019年　白　佳和… 6,797,444円
2008年　上平栄道… 6,329,033円	2014年　今平周吾… 7,444,288円	'20-'21年　久常　涼…10,922,467円
2009年　C・キャンベル… 6,136,154円	2015年　森本　雄… 4,479,531円	2022年　大堀裕次郎… 7,798,551円
2010年　D・チャンド… 4,780,625円	2016年　塚田好宣… 5,509,115円	2023年　生源寺龍憲…11,253,106円
2011年　額賀辰徳… 5,846,275円	2017年　大槻智春… 3,787,591円	
2012年　河野祐輝… 4,607,237円	2018年　佐藤大平… 7,256,163円	

1985年　中島　常幸…70.52	1998年　尾崎　将司…69.20	2011年　金　　庚泰…69.65
1986年　青木　　功…70.23	1999年　尾崎　直道…69.26	2012年　藤田　寛之…70.03
1987年　尾崎　将司…70.68	2000年　佐藤　信人…69.68	2013年　松山　英樹…69.32
1988年　尾崎　将司…70.53	2001年　伊沢　利光…69.35	2014年　小田　孔明…70.08
1989年　尾崎　将司…70.49	2002年　谷口　　徹…69.24	2015年　金　　庚泰…69.83
1990年　尾崎　将司…69.90	2003年　伊沢　利光…69.88	2016年　池田　勇太…69.62
1991年　尾崎　将司…70.50	2004年　片山　晋呉…69.56	2017年　*宮里　優作…70.16
1992年　尾崎　将司…70.09	2005年　片山　晋呉…69.66	2018年　今平　周吾…69.92
1993年　尾崎　将司…70.27	2006年　*J・M・シン…69.72	2019年　*G・チャルングン…70.12
1994年　尾崎　将司…69.16	2007年　谷口　　徹…69.85	'20-'21年　金谷　拓実…69.73
1995年　尾崎　将司…68.92	2008年　片山　晋呉…69.57	2022年　*比嘉　一貴…70.123
1996年　尾崎　将司…68.94	2009年　石川　　遼…69.93	2023年　中島　啓太…69.341
1997年　尾崎　将司…68.94	2010年　金　　庚泰…69.41	

※2006年平均ストローク1位の片山晋呉は途中棄権ラウンドがあり対象外
※2017年平均ストローク1位の小平智は途中棄権ラウンドがあり対象外
※2019年平均ストローク1位の今平周吾は途中棄権ラウンドがあり対象外
※2022年平均ストローク1位の星野陸也は途中棄権ラウンドがあり対象外

1985年　杉原　輝雄…28.99	1998年　尾崎　将司…1.7598	2011年　石川　　遼…1.7072
1986年　鈴木　規夫…28.25	1999年　尾崎　直道…1.7329	2012年　谷原　秀人…1.7280
1987年　尾崎　将司…28.45	2000年　谷口　　徹…1.7322	2013年　谷原　秀人…1.7345
1988年　杉原　輝雄…28.70	2001年　片山　晋呉…1.7119	2014年　谷原　秀人…1.7000
1989年　鈴木　弘一…28.75	2002年　谷口　　徹…1.7247	2015年　谷口　　徹…1.7295
1990年　T・ゲール…28.58	2003年　T・ハミルトン…1.7462	2016年　池田　勇太…1.7249
1991年　杉原　輝雄…28.26	2004年　T・スリロット…1.7337	2017年　宮里　優作…1.7420
1992年　尾崎　将司…1.7168	2005年　S・K・ホ…1.7412	2018年　今平　周吾…1.7333
1993年　尾崎　将司…1.7290	2006年　谷口　　徹…1.7236	2019年　S・ノリス…1.7324
1994年　尾崎　将司…1.7316	2007年　岩田　　寛…1.7527	'20-'21年　片岡　尚之…1.7349
1995年　尾崎　将司…1.7480	2008年　小田　孔明…1.7573	2022年　C・キム…1.6996
1996年　金子　柱憲…1.7536	2009年　石川　　遼…1.7235	2023年　A・クウェイル…1.7077
1997年　尾崎　将司…1.7487	2010年　池田　勇太…1.7345	

※1985年〜1991年までは1ラウンドに要する平均パット。1992年からは1ホール当たりの平均パット（パーオンホールのみ対象）

1985年　中島　常幸…85.90	1998年　B・ワッツ…88.47	2011年　金　　庚泰…87.90
1986年　青木　　功…88.36	1999年　尾崎　直道…86.98	2012年　金　　庚泰…88.33
1987年　D・イシイ…88.12	2000年　佐藤　信人…85.62	2013年　松山　英樹…87.89
1988年　D・イシイ…87.45	2001年　伊沢　利光…88.26	2014年　A・ブランド…88.52
1989年　D・イシイ…85.93	2002年　谷口　　徹…90.06	2015年　金　　庚泰…89.10
1990年　D・イシイ…87.21	2003年　平塚　哲二…87.42	2016年　金　　庚泰…88.11
1991年　中島　常幸…87.16	2004年　片山　晋呉…88.16	2017年　S・ハン…87.90
1992年　尾崎　将司…86.64	2005年　S・K・ホ…88.10	2018年　稲森　佑貴…88.47
1993年　中島　常幸…86.68	2006年　片山　晋呉…88.52	2019年　今平　周吾…88.16
1994年　尾崎　将司…89.21	2007年　谷口　　徹…85.73	'20-'21年　金谷　拓実…89.32
1995年　尾崎　将司…89.38	2008年　片山　晋呉…89.29	2022年　比嘉　一貴…88.949
1996年　B・ワッツ…89.48	2009年　藤田　寛之…87.98	2023年　金谷　拓実…90.863
1997年　尾崎　将司…88.29	2010年　金　　庚泰…88.69	

1985年　D・イシイ…68.61	1998年　湯原　信光…73.02	2011年　河井　博大…69.48
1986年　D・イシイ…71.62	1999年　尾崎　直道…72.04	2012年　B・ジョーンズ…70.88
1987年　D・イシイ…71.62	2000年　湯原　信光…69.78	2013年　梁　　津萬…72.73
1988年　D・イシイ…69.91	2001年　湯原　信光…71.07	2014年　藤本　佳則…71.46
1989年　上野　忠美…68.45	2002年　谷口　　徹…73.32	2015年　金　　庚泰…70.28
1990年　G・マーシュ…70.90	2003年　D・スメイル…73.40	2016年　川村　昌弘…68.87
1991年　R・マッカイ…71.89	2004年　D・チャンド…70.18	2017年　小平　　智…70.67
1992年　尾崎　直道…70.78	2005年　今野　康晴…71.40	2018年　姜　　庚男…70.79
1993年　尾崎　直道…70.40	2006年　河井　博大…69.81	2019年　G・チャルングン…73.63
1994年　尾崎　将司…73.33	2007年　D・スメイル…69.03	'20-'21年　阿部　裕樹…72.81
1995年　倉本　昌弘…72.32	2008年　D・スメイル…68.90	2022年　桂川　有人…75.585
1996年　B・ワッツ…72.75	2009年　B・ジョーンズ…70.26	2023年　宋　　永漢…74.291
1997年　B・ワッツ…72.65	2010年　金　　庚泰…72.43	

過去のデータ

［バーディ率賞］

1985年 倉本 昌弘…433	1998年 横尾 要…407	2011年 石川 遼…4.13
1986年 尾崎 将司…413	1999年 尾崎 直道…4.16	2012年 池田 勇太…4.22
1987年 飯合 肇…423	2000年 伊沢 利光…4.15	2013年 松山 英樹…4.18
1988年 尾崎 直道…424	2001年 片山 晋呉…4.25	2014年 近藤 共弘…4.17
1989年 飯合 肇…354	2002年 谷口 徹…4.38	2015年 岩田 寛…4.04
1990年 加瀬 秀樹…453	2003年 伊沢 利光…4.36	2016年 池田 勇太…4.33
1991年 金子 柱憲…412	2004年 谷原 秀人…3.95	2017年 小平 智…4.23
1992年 奥田 靖己…412	2005年 Y・E・ヤン…3.96	2018年 今平 周吾…4.13
1993年 室田 淳…422	2006年 J・M・シン…4.16	2019年 石川 遼…4.55
1994年 金子 柱憲…406	2007年 B・ジョーンズ…3.75	'20-'21年 C・キム…4.37
1995年 東 聡…475	2008年 ブレンダン・ジョーンズ…4.08	2022年 星野 陸也…4.753
1996年 金子 柱憲…436	2009年 石川 遼…4.42	2023年 中島 啓太…4.789
1997年 鈴木 亨…413	2010年 石川 遼…4.32	

※1985年～1998年まではバーディの獲得数。1999年からは1ラウンド当たりのバーディ獲得率

［イーグル率賞］

1985年 飯合 肇…13	1996年 田中 秀道…14	2010年 朴 星俊…5.57
1986年 尾崎 将司…15	1997年 F・ミノザ…15	2011年 高山 忠洋…6.50
1987年 倉本 昌弘…14	1998年 手嶋 多一…16	2012年 金 度勲…5.56
1988年 鈴木 弘一…11	1999年 高橋 正博…6.00	2013年 黄 重坤…6.70
1989年 尾崎 将司…13	2000年 伊沢 利光…4.93	2014年 梁 津萬…5.78
1990年 渡辺 司…11	2001年 伊沢 利光…6.20	2015年 金 度勲…5.50
川岸 良兼…11	2002年 桑原 克典…6.40	2016年 C・キム…6.50
金子 柱憲…11	2003年 立山 光広…5.19	2017年 C・キム…5.82
1991年 加瀬 秀樹…12	2004年 小山内 護…6.00	2018年 W・J・リー…5.73
板井 榮一…12	2005年 宮本 勝昌…6.21	2019年 C・キム…5.54
1992年 横島 由一…10	2006年 深堀圭一郎…7.27	'20-'21年 大槻 智春…5.05
1993年 渡辺 司…14	2007年 P・マークセン…7.00	2022年 久常 涼…5.000
1994年 河村 雅之…13	2008年 金 庚泰…7.67	2023年 蝉川 泰果…4.087
1995年 丸山 茂樹…14	2009年 額賀 辰徳…5.33	

※1985年～1998年まではイーグルの獲得数。1999年からは1イーグルを獲得するために要するラウンド数

［ドライビングディスタンス賞］

1999年 D・チャンド…286.84Y	2007年 佐藤えいち…300.22Y	2015年 額賀 辰徳…298.92Y
2000年 小山内 護…293.47Y	2008年 津曲 泰弦…296.03Y	2016年 C・キム…311.29Y
2001年 B・ジョーンズ…300.76Y	2009年 額賀 辰徳…302.79Y	2017年 C・キム…314.24Y
2002年 小田 龍一…300.45Y	2010年 額賀 辰徳…304.28Y	2018年 額賀 辰徳…302.93Y
2003年 小田 龍一…303.53Y	2011年 K・バーンズ…299.16Y	2019年 C・キム…315.83Y
2004年 小山内 護…306.82Y	2012年 額賀 辰徳…305.86Y	'20-'21年 幡地 隆寛…313.04Y
2005年 小山内 護…302.99Y	2013年 B・ジョーンズ…298.31Y	2022年 河本 力…315.74Y
2006年 小山内 護…299.46Y	2014年 ホ・インヘ…299.16Y	2023年 河本 力…322.58Y

［フェアウェイキープ率賞］

2001年 平石 武則…67.36	2009年 金 亨成…66.11	2017年 稲森 佑貴…70.83
2002年 井戸木鴻樹…66.58	2010年 井戸木鴻樹…66.48	2018年 稲森 佑貴…73.69
2003年 井戸木鴻樹…69.83	2011年 井戸木鴻樹…68.67	2019年 稲森 佑貴…69.39
2004年 平石 武則…65.13	2012年 河野 祐輝…65.97	'20-'21年 稲森 佑貴…77.63
2005年 井戸木鴻樹…70.32	2013年 川村 昌弘…63.75	2022年 稲森 佑貴…78.660
2006年 井戸木鴻樹…68.93	2014年 時松 隆光…69.00	2023年 稲森 佑貴…79.269
2007年 井戸木鴻樹…68.21	2015年 稲森 佑貴…69.61	
2008年 白 佳和…64.19	2016年 稲森 佑貴…71.66	

[サンドセーブ率賞]

2002年	張　連偉…60.00	2009年	梶川　剛奨…64.81	2016年	谷原　秀人…64.21
2003年	上出　裕也…59.26	2010年	河野晃一郎…60.34	2017年	宋　永漢…64.04
2004年	平石　武則…58.77	2011年	S・コンラン…63.51	2018年	野仲　茂…61.82
2005年	中嶋　常幸…57.53	2012年	岩田　寛…61.68	2019年	正岡　竜二…66.00
2006年	片山　晋呉…62.50	2013年	松山　英樹…64.06	'20-'21年	時松　隆光…61.74
2007年	深堀圭一郎…57.28	2014年	平塚　哲二…65.63	2022年	星野　陸也…68.421
2008年	藤田　寛之…61.95	2015年	M・グリフィン…65.93	2023年	片山　晋呉…69.091

[トータルドライビング賞]

ドライビングディスタンスとフェアウェイキープ率の順位をポイント換算

2008年	武藤　俊憲…23ポイント	2013年	黄　重坤…44ポイント	2019年	T・ベク…34ポイント
2009年	武藤　俊憲…25ポイント	2014年	藤本　佳則…36ポイント	'20-'21年	大槻　智春…37ポイント
2010年	松村　道央…37ポイント	2015年	宮里　優作…36ポイント	2022年	桂川　有人…35ポイント
2011年	武藤　俊憲…44ポイント	2016年	秋吉　翔太…28ポイント	2023年	金谷　拓実…48ポイント
2012年	梁　津萬…17ポイント	2017年	小平　智…15ポイント		
2013年	甲斐慎太郎…44ポイント	2018年	池田　勇太…28ポイント		

[ゴルフ記者賞]

ワーキングプレスカード保持者および東京・関西運動記者クラブゴルフ分科会加盟者による投票によって選出する。

1985年	尾崎　健夫	1995年	東　聡	2005年	片山　晋呉	2015年	金　庚泰
1986年	尾崎　将司	1996年	尾崎　将司	2006年	谷原　秀人	2016年	池田　勇太
1987年	該当者なし	1997年	丸山　茂樹	2007年	石川　遼	2017年	宮里　優作
1988年	尾崎　直道	1998年	田中　秀道	2008年	石川　遼	2018年	今平　周吾
1989年	杉原　輝雄	1999年	尾崎　直道	2009年	石川　遼	2019年	石川　遼
1990年	川岸　良兼	2000年	片山　晋呉	2010年	池田　勇太	'20-'21年	金谷　拓実
1991年	尾崎　直道	2001年	伊沢　利光	2011年	松山　英樹	2022年	比嘉　一貴
1992年	尾崎　将司	2002年	谷口　徹	2012年	藤田　寛之	2023年	中島　啓太
1993年	飯合　肇	2003年	伊沢　利光	2013年	松山　英樹		
1994年	尾崎　将司	2004年	谷口　徹	2014年	小田　孔明		

常設された賞ではなく、シーズン中特筆すべき内容に適ったものを審議し決定。

2001年	丸山	茂樹	USPGAツアー「グレーター・ミルウォーキー・オープン」優勝
2002年	丸山	茂樹	USPGAツアー「バイロン・ネルソン・クラシック」優勝
	湯原	信光	10年ぶりツアー優勝でカムバック
	中嶋	常幸	シーズン2勝を飾りカムバック
2003年	倉本	昌弘	8年ぶりツアー優勝でカムバックし、ツアー記録「59」をマーク
	丸山	茂樹	USPGAツアー「クライスラークラシック」優勝
			2002年度ワールドカップ優勝
	伊沢	利光	2002年度ワールドカップ優勝
2004年	トッド・ハミルトン		全英オープン優勝
2005年	横田	真一	選手会長としてファンサービスや社会活動に貢献
2006年	宮里	優作	USPGAツアー「リノタホ・オープン」2R目に2度のホールインワンを達成
	ジーブ・ミルカ・シン		国内2勝の他、欧州ツアー「ボルボマスターズ」、アジアンツアー「ボルボ・チャイナ・オープン」に優勝。'06アジアンツアー賞金王
2007年	青木	功	「日本シニアオープン」最終日、65のエージシュートを達成して史上最多の5度目の優勝
	石川	遼	「マンシングウェアオープンKSBカップ」で、アマチュア選手として、なおかつ15歳245日のツアー最年少優勝を達成
2008年	ジーブ・ミルカ・シン		国内2勝の他、欧州ツアー「バンクオーストリアゴルフオープン」、アジアンツアー「バークレイズシンガポールオープン」に優勝。'08アジアンツアー賞金王
2009年	片山	晋呉	「マスターズ」で日本人最高位となる首位と2打差の単独4位
	石川	遼	初出場の「プレジデンツカップ」で世界選抜チーム最多の3勝
2010年	杉原	輝雄	「中日クラウンズ」連続51回出場
	尾崎	将司	日本人として4人目の世界ゴルフ殿堂入り
	池田	勇太	13年ぶりツアー史上4人目となる2年連続4勝を記録
	石川	遼	「中日クラウンズ」最終日に世界最少記録"58ストローク"をマーク
2011年	宮本	勝昌	'06「アジア・ジャパン沖縄オープン2005」から'11「カシオワールドオープン」まで151試合連続出場を記録
	松山	英樹	「三井住友VISA太平洋マスターズ」で、アマチュア選手として史上3人目となるツアー優勝。「マスターズ」では日本人初のローアマチュアに輝いた
2012年	石川	遼	「三井住友VISA太平洋マスターズ」でツアー史上最年少となる21歳55日でツアー通算10勝目を達成
2013年	尾崎	将司	「つるやオープン」1R（66歳時）に"62ストローク"をマーク。年齢以下のストロークでプレーするエージシュートを達成
2018年	小平	智	USPGAツアー「RBCヘリテージ」優勝
2019年	金谷	拓実	「三井住友VISA太平洋マスターズ」で、アマチュア選手として史上4人目となるツアー優勝
'20-'21年	松山	英樹	2021年「マスターズ」においてアジア人初となる優勝
	中島	啓太	2021年「パナソニックオープン」で、アマチュア選手として史上5人目となるツアー優勝
2022年	蟬川	泰果	アマチュアで「パナソニックオープン」、「日本オープン」とツアー2勝を挙げたほかABEMAツアーでも1勝と大活躍
2023年	杉浦	悠太	「ダンロップフェニックスオープン」で、アマチュア選手として史上7人目となるツアー優勝

[MIP（Most Impressive Player）賞]

「シーズンで一番印象の強い選手」に贈られる。2001～2015年はファン投票、2016年はJGTO会長による選出。

2001年	伊沢	利光	2007年	石川	遼	2013年	石川	遼
2002年	中嶋	常幸	2008年	石川	遼	2014年	石川	遼
2003年	伊沢	利光	2009年	石川	遼	2015年	石川	遼
2004年	谷口	徹	2010年	石川	遼	2016年	池田	勇太
2005年	片山	晋呉	2011年	石川	遼	※2017年より中止		
2006年	中嶋	常幸	2012年	石川	遼			

[JGTOゴルフトーナメント功労賞]

ゴルフジャーナリストの方々やゴルフファン等の協力を得て、わが国のプロゴルフ（トーナメント）界の発展に多大なる貢献をした方を表彰し、その功績を永く称える事を趣旨として、2001年に設定された顕彰制度。

2001年	中村	寅吉	2004年	戸田藤一郎		2006年	浅見	緑蔵
2002年	宮本	留吉	2004年	陳	清波	2007年	福井	覚治
2003年	林	由郎	2005年	小野	光一	2008年	古賀春之輔	

[パーブレーク率賞]

1995年	尾崎	将司…23.94	1997年	尾崎	将司…24.17		
1996年	尾崎	将司…24.13	1998年	尾崎	将司…23.37	※1999年より中止	

年度別獲得賞金ランキング

1973年度

ツアー競技31試合
賞金総額471,000,000円
上位30位までの27名が1974年度
のシード選手

順位	氏 名	獲得額(円)
1	尾崎 将司	43,814,000
2	青木 功	31,595,926
3	杉原 輝雄	13,965,796
4	中村 通	13,806,190
5	島田 幸作	13,518,570
6	杉本 英世	12,037,462
7	石井 裕士	10,452,423
8	河野 高明	9,539,800
9	謝 敏男	9,191,133
10	村上 隆	8,960,807
11	宮本 康弘	8,495,854
12	安田 春雄	8,416,248
13	鷹巣 南雄	7,382,460
14	田中 文雄	7,039,518
15	新井規矩雄	4,945,787
16	吉川 一雄	4,646,059
17	大場 勲	4,368,723
18	内田 繁	4,344,756
19	謝 永郁	4,274,700
20	金井 清一	4,058,652
21	陳 健忠	3,678,503
22	今井 昌雪	3,636,570
23	山本 善隆	3,606,241
24	栗原 孝	3,442,100
25	松田 司郎	3,129,001
26	西田 升平	2,965,746
27	石井富士夫	2,933,705

1974年度

ツアー競技31試合
賞金総額596,290,000円
※印を除く上位30位までの27名
が1975年度のシード選手

順位	氏 名	獲得額(円)
1	尾崎 将司	41,846,908
2	村上 隆	31,603,626
3	杉原 輝雄	21,121,901
4	青木 功	20,711,666
5	中村 通	20,079,777
6	島田 幸作	18,363,166
7	安田 春雄	18,345,166
8	宮本 省三	12,635,027
9	山本 善隆	10,889,659
10	謝 永郁	9,599,669
11	金井 清一	9,261,168
12	謝 敏男	7,999,211
13	前田 新作	7,788,833
14	杉本 英世	7,197,026
15	陳 健忠	6,726,402
16	沼沢 聖一	6,143,500
17	新井規矩雄	5,895,643
18	栗原 孝	5,747,713
19	河野 高明	5,647,338
20	橘田 規	5,583,713
21	内田 繁	5,383,499
22	鷹巣 南雄	5,344,999
23	宮本 康弘	5,211,261
24	日吉 定雄	5,114,737
25	田中 文雄	4,951,908
26	関水 利晃	4,657,046
27	※川田時志春	3,911,864
28	※金本 章生	3,789,999
29	吉川 一雄	3,787,000
30	※陳 清波	3,693,458

1975年度

ツアー競技33試合
賞金総額801,115,000円
上位30位までの30名が1976年度
のシード選手

順位	氏 名	獲得額(円)
1	村上 隆	38,705,551
2	尾崎 将司	27,658,148
3	山本 善隆	26,954,176
4	青木 功	26,375,833
5	島田 幸作	21,431,599
6	杉原 輝雄	20,119,102
7	中村 通	19,924,126
8	宮本 康弘	19,602,304
9	金井 清一	16,032,402
10	鈴木 規夫	15,452,150
11	謝 永郁	14,995,386
12	謝 敏男	12,892,486
13	石井 裕士	12,086,868
14	草壁 政治	11,984,135
15	前田 新作	11,632,350
16	宮本 省三	10,662,349
17	森 憲二	10,561,955
18	山田 健一	10,187,163
19	鷹巣 南雄	9,445,171
20	安田 春雄	9,320,700
21	新井規矩雄	9,055,400
22	杉本 英世	7,741,108
23	小林富士夫	7,246,113
24	吉川 一雄	7,105,050
25	陳 健忠	7,051,904
26	関水 利晃	5,398,094
27	矢部 昭	5,265,333
28	高橋 信雄	5,145,417
29	大場 勲	5,067,148
30	今井 昌雪	4,682,799

1976年度

ツアー競技32試合
賞金総額839,300,000円
上位30位までの30名が1977年度
のシード選手
ランキングはワールドシリー
ズ、ワールドカップで獲得した
賞金を含む

順位	氏　　名	獲得額(円)
1	青木　功	40,985,801
2	村上　隆	36,469,936
3	尾崎　将司	24,608,872
4	島田　幸作	21,824,670
5	山本　善隆	21,816,308
6	安田　春雄	21,772,532
7	鈴木　規夫	19,483,293
8	宮本　康弘	19,176,592
9	謝　敏男	18,216,842
10	新井規矩雄	17,453,639
11	吉川　一雄	16,991,479
12	前田　新作	15,855,858
13	杉原　輝雄	13,774,716
14	草壁　政治	13,202,734
15	石井　裕士	12,722,206
16	金井　清一	11,526,755
17	中島　常幸	10,678,928
18	中村　通	10,125,068
19	内田　繁	9,947,865
20	謝　永郁	9,190,669
21	金本　章生	8,021,026
22	小林富士夫	7,960,370
23	田中　文雄	7,222,833
24	横島　由一	6,984,086
25	森　憲二	6,925,919
26	宮本　省三	6,615,606
27	橘田　規	5,941,800
28	鷹巣　南雄	5,511,286
29	山田　健一	4,990,561
30	川田時志春	4,938,000

1977年度

ツアー競技32試合
賞金総額859,290,000円
上位30位までの30名が1978年度
のシード選手
ランキングはワールドシリー
ズ、ワールドカップで獲得した
賞金を含む

順位	氏　　名	獲得額(円)
1	尾崎　将司	35,932,608
2	青木　功	31,425,073
3	杉原　輝雄	28,135,386
4	宮本　康弘	27,027,699
5	中島　常幸	24,440,839
6	村上　隆	21,974,228
7	山本　善隆	20,795,339
8	小林富士夫	20,750,270
9	中村　通	19,018,779
10	鈴木　規夫	19,010,143
11	草壁　政治	18,932,744
12	島田　幸作	17,639,953
13	森　憲二	15,461,028
14	安田　春雄	14,624,031
15	新井規矩雄	14,492,590
16	謝　敏男	13,314,332
17	橘田　規	12,574,442
18	謝　永郁	12,273,186
19	前田　新作	12,170,861
20	内田　繁	11,757,087
21	金井　清一	9,529,698
22	陳　健忠	9,295,714
23	矢部　昭	7,567,221
24	吉川　一雄	6,607,308
25	川田時志春	6,600,257
26	上原　宏一	6,568,309
27	上野　忠美	5,789,285
28	河野　高明	5,733,172
29	金本　章生	5,111,383
30	田中　文雄	4,940,620

1978年度

ツアー競技37試合
　(後援競技5試合含む)
賞金総額942,940,000円
上位30位までの30名が1979年度
のシード選手。ランキングはワ
ールドシリーズ、ワールドカッ
プで獲得した賞金を含む

順位	氏　　名	獲得額(円)
1	青木　功	62,987,200
2	尾崎　将司	29,017,286
3	島田　幸作	28,217,542
4	山本　善隆	26,850,810
5	中村　通	25,102,008
6	杉原　輝雄	23,740,063
7	小林富士夫	21,116,002
8	中島　常幸	20,439,005
9	安田　春雄	18,299,205
10	金本　章生	18,254,793
11	草壁　政治	18,080,584
12	宮本　康弘	17,784,540
13	金井　清一	16,415,499
14	前田　新作	16,404,577
15	謝　敏男	16,093,974
16	新井規矩雄	12,801,497
17	謝　永郁	12,565,728
18	上野　忠美	12,560,479
19	石井　裕士	11,521,067
20	矢部　昭	10,532,840
21	内田　繁	10,367,028
22	鈴木　規夫	10,358,813
23	山田　健一	9,384,384
24	内田袈裟彦	8,919,808
25	横島　由一	8,916,721
26	森　憲二	8,622,533
27	上原　宏一	8,492,915
28	井上　幸一	7,658,254
29	鷹巣　南雄	7,420,800
30	村上　隆	7,180,704

過去のデータ

1979年度

ツアー競技37試合
（後援競技6試合含む）
賞金総額979,830,000円
上位30位までの30名が1980年度
のシード選手
ランキングはワールドシリー
ズ、ワールドカップで獲得した
賞金を含む

順位	氏　　名	獲得額(円)
1	青木　　功	45,554,211
2	中村　　通	34,707,816
3	草壁　政治	30,521,932
4	鈴木　規夫	29,258,974
5	謝　　敏男	23,471,810
6	杉原　輝雄	22,490,204
7	山本　善隆	20,691,644
8	尾崎　将司	20,134,693
9	安田　春雄	20,073,691
10	石井　裕士	19,441,223
11	小林富士夫	19,091,905
12	新井規矩雄	16,945,284
13	宮本　康弘	16,921,107
14	中島　常幸	14,166,735
15	鷹巣　南雄	13,744,576
16	森　　憲二	13,116,860
17	横島　由一	11,954,848
18	島田　幸作	11,866,434
19	上原　宏一	11,508,187
20	内田　　繁	11,462,335
21	矢部　　昭	11,298,959
22	入江　　勉	10,761,833
23	金井　清一	9,866,368
24	吉川　一雄	9,423,320
25	佐藤　正一	9,397,666
26	天野　　勝	9,030,257
27	前田　新作	8,785,899
28	井上　幸一	8,510,099
29	謝　　永郁	7,828,866
30	船渡川育宏	7,612,249

1980年度

ツアー競技38試合
（後援競技7試合含む）
賞金総額1,039,700,000円
上位30位までの30名が1981年度
のシード選手
ランキングはワールドシリー
ズ、ワールドカップで獲得した
賞金を含む

順位	氏　　名	獲得額(円)
1	青木　　功	60,532,660
2	鈴木　規夫	48,132,102
3	尾崎　将司	35,415,876
4	安田　春雄	30,141,305
5	杉原　輝雄	28,196,856
6	矢部　　昭	22,973,777
7	謝　　敏男	21,503,752
8	鷹巣　南雄	18,945,277
9	草壁　政治	18,134,558
10	中島　常幸	17,069,408
11	前田　新作	16,688,277
12	長谷川勝治	16,256,369
13	新井規矩雄	15,458,422
14	島田　幸作	14,178,103
15	山本　善隆	14,052,840
16	吉川　一雄	12,754,461
17	中村　　通	11,745,463
18	船渡川育宏	11,632,341
19	内田　　繁	11,442,834
20	横島　由一	11,295,860
21	川田時志春	11,261,139
22	井上　幸一	10,899,460
23	菊地　勝司	10,484,000
24	金井　清一	9,828,837
25	小林富士夫	9,468,927
26	宮本　康弘	9,071,957
27	謝　　永郁	8,756,361
28	森　　憲二	7,570,027
29	入江　　勉	7,286,552
30	藤木　三郎	7,224,754

1981年度

ツアー競技42試合
（後援競技11試合含む）
賞金総額1,235,000,000円
上位30位までの30名が1982年度
のシード選手
ランキングはワールドシリー
ズ、ワールドカップで獲得した
賞金を含む

順位	氏　　名	獲得額(円)
1	青木　　功	57,262,941
2	倉本　昌弘	32,345,130
3	中島　常幸	29,600,960
4	中村　　通	29,412,852
5	湯原　信光	26,534,162
6	新井規矩雄	26,373,244
7	鈴木　規夫	26,345,558
8	羽川　　豊	24,242,973
9	藤木　三郎	23,696,158
10	矢部　　昭	23,500,973
11	謝　　敏男	21,073,485
12	鷹巣　南雄	19,276,786
13	島田　幸作	18,559,943
14	川田時志春	18,442,950
15	長谷川勝治	18,365,773
16	杉原　輝雄	17,450,583
17	金井　清一	15,483,171
18	内田　　繁	14,929,056
19	草壁　政治	13,007,173
20	金本　章生	11,909,505
21	高橋　五月	11,688,138
22	尾崎　直道	11,624,218
23	小林富士夫	10,799,068
24	安田　春雄	10,643,825
25	横島　由一	10,287,032
26	上原　宏一	10,240,336
27	船渡川育宏	9,871,917
28	尾崎　将司	9,722,902
29	重信　秀人	9,556,399
30	井上　幸一	9,522,677

1982年度

ツアー競技45試合
（後援競技9試合含む）
賞金総額1,429,300,000円
上位30位までの30名が1083年度
のシード選手

順位	氏 名	獲得額（円）
1	中島 常幸	68,220,640
2	青木 功	45,659,150
3	謝 敏男	45,617,930
4	新井規矩雄	43,827,155
5	杉原 輝雄	43,673,380
6	倉本 昌弘	37,151,927
7	鈴木 規夫	35,249,581
8	中村 通	32,521,560
9	羽川 豊	31,445,352
10	藤木 三郎	27,250,522
11	矢部 昭	24,260,428
12	内田 繁	23,261,003
13	尾崎 直道	22,979,527
14	前田 新作	20,663,470
15	小林富士夫	20,180,293
16	尾崎 将司	16,699,314
17	尾崎 健夫	16,677,243
18	青木 基正	16,267,292
19	鷹巣 南雄	16,007,347
20	湯原 信光	15,937,208
21	山本 善隆	15,820,378
22	泉川ピート	15,178,795
23	金井 清一	15,071,167
24	栗原 孝	13,162,223
25	井上 幸一	13,053,099
26	船渡川育宏	12,982,118
27	出口栄太郎	12,678,791
28	重信 秀人	11,606,400
29	鈴村 照男	10,975,883
30	上原 宏一	10,711,596

1983年度

ツアー競技46試合
（後援競技8試合含む）
賞金総額1,534,900,000円
上位40位までの10名が1081年度
のシード選手

順位	氏 名	獲得額（円）
1	中島 常幸	85,514,183
2	青木 功	58,508,614
3	倉本 昌弘	49,247,776
4	新井規矩雄	41,782,074
5	藤木 三郎	39,038,137
6	尾崎 将司	31,129,261
7	出口栄太郎	28,993,844
8	謝 敏男	28,761,447
9	湯原 信光	28,295,676
10	杉原 輝雄	28,152,969
11	金井 清一	27,955,927
12	中村 通	26,968,422
13	尾崎 直道	22,550,418
14	羽川 豊	22,334,109
15	尾崎 健夫	21,231,065
16	山本 善隆	18,158,044
17	井上 幸一	17,798,396
18	草壁 政治	16,622,692
19	重信 秀人	15,684,142
20	内田 繁	15,399,005
21	小林富士夫	15,269,055
22	高橋 勝成	15,160,304
23	牧野 裕	13,858,394
24	長谷川勝治	13,207,073
25	安田 春雄	13,161,925
26	栗原 孝	11,677,616
27	高橋 五月	11,393,218
28	泉川ピート	11,221,749
29	鷹巣 南雄	11,181,808
30	豊田 明夫	10,610,967
31	前田 新作	10,052,847
32	矢部 昭	9,986,410
33	上原 宏一	9,609,799
34	青木 基正	9,108,812
35	鈴村 照男	9,085,057
36	島田 幸作	8,785,362
37	森 憲二	8,661,960
38	宮本 省三	8,294,296
39	上野 忠美	8,225,624
40	秋富由利夫	7,880,307

1984年度

ツアー競技39試合
賞金総額1,604,750,000円
上位40位までの40名が1985年度
のシード選手

順位	氏 名	獲得額（円）
1	前田 新作	57,040,357
2	尾崎 直道	53,717,214
3	尾崎 健夫	43,846,788
4	新井規矩雄	42,449,869
5	中村 通	41,543,634
6	倉本 昌弘	41,252,311
7	中島 常幸	40,145,992
8	青木 功	36,851,411
9	藤木 三郎	35,464,238
10	井上 幸一	30,105,239
11	矢部 昭	23,744,477
12	安田 春雄	23,614,328
13	山本 善隆	23,067,542
14	草壁 政治	22,401,094
15	謝 敏男	21,345,203
16	高橋 勝成	20,086,917
17	岩下 吉久	20,056,858
18	泉川ピート	19,826,297
19	尾崎 将司	19,541,606
20	金井 清一	19,497,549
21	上原 宏一	19,381,949
22	栗原 孝	18,509,333
23	高橋 五月	18,372,106
24	海老原清治	16,544,202
25	重信 秀人	16,525,534
26	杉原 輝雄	16,439,293
27	船渡川育宏	14,448,399
28	長谷川勝治	14,424,467
29	鈴木 弘一	14,370,428
30	牧野 裕	13,815,599
31	出口栄太郎	11,270,743
32	鷹巣 南雄	11,111,960
33	石井 裕士	10,816,463
34	三上 法夫	10,626,765
35	湯原 信光	10,065,510
36	新関 善美	9,032,637
37	鈴村 照男	8,752,266
38	磯崎 功	8,626,475
39	鈴木 規夫	7,942,388
40	飯合 肇	7,666,318

	1985年度			1986年度			1987年度	
ツアー競技40試合 賞金総額1,753,000,000円 上位40位までの40名が1986年度 のシード選手			ツアー競技40試合 賞金総額1,874,000,000円 上位40位までの40名が1987年度 のシード選手			ツアー競技40試合 賞金総額1,994,000,000円 ※印を除く上位60位までの57名 が1988年度のシード選手		
順位	氏　名	獲得額(円)	順位	氏　名	獲得額(円)	順位	氏　名	獲得額(円)
1	中島　常幸	101,609,333	1	中島　常幸	90,202,066	1	D・イシイ	86,554,421
2	倉本　昌弘	58,767,582	2	尾崎　将司	80,356,632	2	尾崎　将司	76,981,199
3	尾崎　健夫	42,782,235	3	青木　功	78,341,666	3	飯合　肇	49,854,133
4	金井　清一	41,341,664	4	倉本　昌弘	53,812,650	4	倉本　昌弘	49,171,300
5	杉原　輝雄	39,703,266	5	尾崎　健夫	47,941,825	5	青木　功	47,939,450
6	青木　功	38,638,332	6	尾崎　直道	42,304,700	6	G・マーシュ	47,544,374
7	高橋　勝成	36,707,001	7	中村　通	33,748,806	7	Br・ジョーンズ	40,499,254
8	尾崎　直道	36,390,695	8	鈴木　弘一	29,274,750	8	牧野　裕	39,483,753
9	尾崎　将司	33,389,931	9	杉原　輝雄	29,259,586	9	芹沢　信雄	39,117,977
10	中村　通	32,637,389	10	湯原　信光	28,630,256	10	山本　善隆	39,107,390
11	湯原　信光	31,800,188	11	新井規矩雄	28,137,980	11	金井　清一	37,343,929
12	新井規矩雄	27,150,162	12	藤木　三郎	26,445,966	12	尾崎　直道	35,581,791
13	山本　善隆	26,177,003	13	高橋　勝成	24,344,296	13	中島　常幸	34,366,716
14	謝　敏男	25,283,750	14	前田　新作	22,844,493	14	陳　志明	31,705,617
15	海老原清治	22,568,716	15	船渡川育宏	22,598,626	15	高橋　勝成	30,411,916
16	長谷川勝治	21,703,179	16	岩下　吉久	20,286,331	16	中村　通	29,719,910
17	矢部　昭	19,972,757	17	飯合　肇	19,925,386	17	※C・スタドラー	29,700,000
18	岩下　吉久	19,603,812	18	重信　秀人	19,692,663	18	中村　忠夫	29,499,755
19	飯合　肇	17,711,000	19	新関　善美	19,660,765	19	藤木　三郎	23,278,245
20	青木　基正	17,636,255	20	金井　清一	19,317,337	20	須貝　昇	22,639,659
21	鈴木　弘一	17,114,000	21	石井　裕士	18,464,056	21	渡辺　司	22,412,263
22	上原　宏一	15,927,169	22	牧野　裕	18,078,504	22	横島　由一	21,865,923
23	井上　幸一	15,481,750	23	大町　昭義	17,686,550	23	尾崎　健夫	21,536,093
24	牧野　裕	15,435,364	24	出口栄太郎	17,237,492	24	I・ベーカーフィンチ	21,298,000
25	出口栄太郎	14,931,360	25	渡辺　司	17,086,848	25	鈴木　弘一	20,213,783
26	船渡川育宏	14,915,844	26	山本　善隆	16,818,016	26	吉村　金八	19,836,175
27	入江　勉	14,122,495	27	謝　敏男	16,655,638	27	木村　政信	19,572,471
28	重信　秀人	13,992,155	28	鷹巣　南雄	15,209,092	28	海老原清治	19,378,625
29	草壁　政治	13,146,427	29	海老原清治	14,837,272	29	杉田　勇	18,035,533
30	吉村　金八	12,725,400	30	白浜　育男	14,301,575	30	謝　敏男	17,825,698
31	鈴村　照男	12,702,420	31	吉村　金八	14,213,879	31	呂　良煥	17,055,906
32	渡辺　司	12,677,922	32	長谷川勝治	13,948,587	32	湯原　信光	16,319,450
33	宮本　康弘	12,297,700	33	河野　和重	13,391,000	33	T・ゲール	16,229,933
34	前田　新作	12,232,752	34	草壁　政治	13,287,166	34	中村　輝夫	16,163,937
35	藤木　三郎	12,010,531	35	青木　基正	12,403,133	35	※S・ホーク	15,759,500
36	小林富士夫	11,962,833	36	磯村　芳幸	11,593,512	36	鷹巣　南雄	15,662,570
37	磯崎　功	11,727,662	37	入野　太	11,176,265	37	磯村　芳幸	15,382,253
38	石井　裕士	10,889,608	38	入江　勉	11,158,146	38	新井規矩雄	15,201,432
39	鷹巣　南雄	10,599,642	39	須貝　昇	10,886,133	39	安田　春雄	14,029,187
40	須貝　昇	10,457,065	40	上野　忠美	10,561,325	40	上野　忠美	13,788,060
						41	友利　勝良	13,719,451
						42	河野　和重	13,689,537
						43	三上　法夫	13,549,256
						44	草壁　政治	13,495,756
						45	新関　善美	13,294,231
						46	東　聡	12,888,546
						47	重信　秀人	12,869,801
						48	入江　勉	12,755,690
						49	長谷川勝治	12,672,864
						50	川俣　茂	11,974,943

順位	氏　名	獲得額(円)
51	入野　太	11,905,956
52	陳　志忠	11,795,280
53	石井　裕士	10,926,029
54	金山　和男	10,633,016
55	杉原　輝雄	10,561,000
56	田中泰二郎	10,163,552
57	出口栄太郎	10,134,609
58	※S・バレステロス	10,025,000
59	白浜　育男	9,527,441
60	上原　宏一	9,096,516

1988年度

ツアー競技40試合
賞金総額2,286,000,000円
※印を除く上位70位までの60名
が1989年度のシード選手

順位	氏　名	獲得額(円)
1	尾崎　将司	125,162,540
2	尾崎　直道	83,782,697
3	D・イシイ	71,372,048
4	倉本　昌弘	63,329,816
5	Br・ジョーンズ	57,196,366
6	高橋　勝成	55,096,859
7	尾崎　健夫	49,586,244
8	中村　通	45,619,844
9	新関　善美	43,252,638
10	飯合　肇	39,339,543
11	白浜　育男	35,406,962
12	ﾄ･ﾍﾞｰｶｰﾌｨﾝﾁ	35,282,600
13	青木　功	34,009,853
14	鈴木　弘一	29,365,253
15	横島　由一	29,234,930
16	※K・グリーン	28,935,000
17	丸山　智弘	28,654,499
18	金井　清一	28,265,456
19	※S・シンプソン	27,063,000
20	※中島　常幸	26,771,355
21	藤木　三郎	26,761,851
22	芹沢　信雄	26,416,057
23	湯原　信光	25,980,094
24	※S・バレステロス	25,200,000
25	渡辺　司	24,832,270
26	牧野　裕	24,609,433
27	友利　勝良	23,879,161
28	G・マーシュ	23,667,550
29	上野　忠美	23,506,974
30	※L・マイズ	21,520,666
31	羽川　豊	21,243,305
32	陳　志明	20,986,679
33	磯村　芳幸	19,963,372
34	甲斐　俊光	19,758,471
35	山本　善隆	19,271,551
36	吉村　金八	19,074,383
37	安田　春雄	18,904,219
38	杉原　輝雄	17,996,750
39	木村　政信	17,345,138
40	長谷川勝治	17,243,258
41	中村　輝夫	16,128,651
42	※F・カプルス	15,882,000
43	※陳　志忠	15,608,726
44	須貝　昇	15,334,550
45	中村　忠夫	15,071,478
46	船渡川育宏	14,758,893
47	川俣　茂	14,668,818
48	入野　太	14,568,633
49	海老原清治	14,200,838
50	前田　新作	13,627,838
51	出口栄太郎	13,441,580
52	横山　明仁	13,384,232
53	※J・M・オラサバル	13,084,000
54	鷹巣　南雄	12,452,499
55	東　聡	11,864,744
56	謝　敏男	11,727,961
57	三上　法夫	10,998,720
58	田中泰二郎	10,926,854
59	室田　淳	10,843,292
60	※C・パリー	10,741,875
61	※J・スルーマン	10,650,000
62	青木　基正	10,609,866
63	杉田　勇	10,594,616
64	泉川ピート	9,803,200
65	R・マッケイ	9,769,660
66	新井規矩雄	9,519,696
67	金子　柱憲	9,383,826
68	T・ゲール	8,957,316
69	金山　和男	8,894,973
70	草壁　政治	8,854,812

1989年度

ツアー競技41試合
賞金総額2,600,000,000円
※印を除く上位69位までの60名
が1990年度のシード選手

順位	氏　名	獲得額(円)
1	尾崎　将司	108,715,733
2	尾崎　直道	79,690,766
3	Br・ジョーンズ	70,061,826
4	※青木　功	53,125,400
5	G・マーシュ	52,601,000
6	芹沢　信雄	50,697,499
7	尾崎　健夫	50,045,314
8	横島　由一	47,795,371
9	中島　常幸	46,807,186
10	大町　昭義	45,793,100
11	藤木　三郎	44,502,436
12	鈴木　弘一	43,404,933
13	新関　善美	41,507,392
14	※L・マイズ	38,800,000
15	山本　善隆	38,022,071
16	杉原　輝雄	33,391,800
17	R・マッケイ	33,257,870
18	D・イシイ	33,211,060
19	中村　通	32,423,523
20	牧野　裕	32,331,737
21	友利　勝良	31,719,026
22	横山　明仁	31,656,418
23	飯合　肇	29,244,815
24	長谷川勝治	26,458,000
25	中村　忠夫	26,270,317
26	須藤　聡明	25,361,561
27	倉本　昌弘	25,059,860
28	湯原　信光	25,059,459
29	金井　清一	24,127,446
30	木村　政信	23,862,429
31	渡辺　司	23,627,584
32	陳　志忠	23,606,120
33	T・ゲール	23,541,516
34	上野　忠美	23,362,327
35	※L・ネルソン	23,058,000
36	室田　淳	22,912,116
37	陳　志明	22,240,498
38	※B・マカリスター	22,200,000
39	金子　柱憲	21,500,900
40	須貝　昇	21,186,830
41	高橋　勝成	20,480,584
42	海老原清治	20,342,360
43	東　聡	18,944,366
44	泉川ピート	18,389,803
45	磯村　芳幸	18,318,985
46	羽川　豊	18,242,388
47	白浜　育男	18,241,035
48	※G・ノーマン	18,000,000
49	安田　春雄	17,978,761
50	加瀬　秀樹	17,653,848
51	出口栄太郎	17,650,140
52	丸山　智弘	16,307,870
53	※J・M・オラサバル	16,200,000
54	米山　剛	16,083,453
55	甲斐　俊光	15,591,422
56	吉村　金八	14,635,690
57	水巻　善典	14,286,600
58	川俣　茂	13,986,321
59	松井　一	13,732,670
60	小林富士夫	13,120,533
61	※C・パリー	13,110,900
62	入野　太	12,962,217
63	草壁　政治	12,720,297
64	川上　典一	12,712,333
65	三上　法夫	11,715,575
66	※M・リード	11,437,600
67	E・エレラ	11,331,347
68	※J・スルーマン	11,270,000
69	柴田　猛	11,207,312

過去のデータ

1990年度

ツアー競技44試合
賞金総額3,290,000,000円
※印を除く上位64位までの60名
が1991年度のシード選手

順位	氏名	獲得額(円)
1	尾崎 将司	129,060,500
2	中島 常幸	96,979,100
3	川岸 良兼	87,350,200
4	尾崎 直道	85,060,727
5	藤木 三郎	79,143,626
6	須貝 昇	70,983,050
7	杉原 輝雄	64,245,358
8	加瀬 秀樹	64,070,457
9	Br・ジョーンズ	62,093,226
10	中村 通	61,600,633
11	倉本 昌弘	58,206,633
12	G・マーシュ	57,457,167
13	金子 柱憲	53,098,924
14	D・イシイ	52,068,791
15	芹沢 信雄	51,945,753
16	※L・マイズ	47,536,000
17	牧野 裕	42,484,026
18	湯原 信光	41,309,750
19	中村 忠夫	40,377,619
20	渡辺 司	39,548,325
21	青木 功	36,648,500
22	東 聡	36,161,090
23	陳 志忠	34,310,000
24	R・マッケイ	32,803,142
25	川俣 茂	32,625,843
26	金井 清一	31,811,516
27	丸山 智弘	31,669,018
28	横山 明仁	30,680,297
29	高橋 勝成	30,671,400
30	陳 志明	29,916,091
31	室田 淳	29,408,342
32	山本 善隆	28,310,892
33	木村 政信	28,085,785
34	長谷川勝治	27,614,319
35	水巻 善典	27,273,459
36	※J・M・オラサバル	26,808,000
37	奥田 靖己	25,143,142
38	※M・リード	25,008,000
39	友利 勝良	24,881,340
40	上野 忠美	22,960,225
41	尾崎 健夫	22,890,766
42	米山 剛	22,825,026
43	井戸木鴻樹	22,787,194
44	鈴木 弘一	22,690,133
45	磯村 芳幸	22,558,996
46	飯合 肇	21,179,106
47	F・ミノザ	21,160,325
48	羽川 豊	20,900,528
49	大町 昭義	20,847,728
50	E・エレラ	20,813,625
51	前田 新作	20,585,458
52	真板 潔	19,823,893
53	白浜 育男	18,631,175
54	T・ゲール	18,323,200
55	板井 榮一	18,225,532
56	重信 秀人	18,212,298
57	泉川ピート	17,173,027
58	海老原清治	16,602,212
59	※L・ネルソン	15,956,000
60	野口裕樹夫	15,873,110
61	甲斐 俊光	15,791,960
62	稲垣 太成	15,682,528
63	入野 太	15,349,725
64	A・ギリガン	14,783,275

1991年度

ツアー競技43試合
賞金総額3,652,500,000円
※印を除く上位63位までの60名
が1992年度のシード選手

順位	氏名	獲得額(円)
1	尾崎 直道	119,507,974
2	R・マッケイ	113,137,135
3	中島 常幸	111,639,213
4	尾崎 将司	99,060,539
5	青木 功	74,237,850
6	牧野 裕	66,858,936
7	金子 柱憲	66,191,764
8	羽川 豊	62,590,240
9	鈴木 弘一	61,745,366
10	藤木 三郎	61,638,328
11	横島 由一	60,376,966
12	陳 志忠	58,197,066
13	板井 榮一	56,887,708
14	湯原 信光	56,828,734
15	倉本 昌弘	53,755,585
16	渡辺 司	51,830,865
17	水巻 善典	50,893,966
18	浜野 治光	48,725,715
19	※L・ネルソン	46,594,000
20	加瀬 秀樹	43,376,116
21	尾崎 健夫	43,260,597
22	※S・バレステロス	42,800,000
23	須貝 昇	42,581,640
24	川岸 良兼	41,659,492
25	杉原 輝雄	39,581,499
26	B・フランクリン	39,311,301
27	Br・ジョーンズ	38,833,278
28	大町 昭義	37,967,348
29	西川 哲	37,263,642
30	芹沢 信雄	35,902,740
31	中村 通	35,739,866
32	山本 善隆	35,383,516
33	R・ギブソン	35,161,416
34	東 聡	35,028,233
35	高橋 勝成	34,326,506
36	室田 淳	34,309,249
37	G・マーシュ	33,238,817
38	上野 忠美	31,615,156
39	横山 明仁	30,742,916
40	奥田 靖己	29,690,733
41	米山 剛	29,226,600
42	飯合 肇	28,584,328
43	陳 志明	28,261,861
44	佐藤 英之	28,237,047
45	木村 政信	28,056,193
46	F・ミノザ	27,487,721
47	吉村 金八	26,055,692
48	D・イシイ	25,056,350
49	丸山 智弘	24,036,897
50	重信 秀人	22,431,027
51	白石 達哉	19,614,338
52	前田 新作	19,077,548
53	川俣 茂	18,957,254
54	白浜 育男	18,936,099
55	磯村 芳幸	18,930,339
56	金井 清一	18,636,059
57	真板 潔	18,579,458
58	泉川ピート	18,229,002
59	※R・フロイド	18,000,000
60	長谷川勝治	17,891,660
61	中村 輝夫	17,658,531
62	稲垣 太成	17,565,582
63	井戸木鴻樹	16,754,043

1992年度

ツアー競技38試合
賞金総額3,890,000,000円
※印を除く上位63位までの60名
が1993年度シード選手

順位	氏名	獲得額(円)
1	尾崎 将司	186,816,466
2	尾崎 直道	130,880,179
3	陳 志明	122,317,851
4	倉本 昌弘	116,361,950
5	中島 常幸	108,674,116
6	室田 淳	98,958,726
7	奥田 靖己	88,944,972
8	湯原 信光	87,420,199
9	牧野 裕	80,972,661
10	※青木 功	71,009,733
11	藤木 三郎	70,297,628
12	D・イシイ	63,273,449
13	T・ハミルトン	62,866,532
14	陳 志忠	61,678,945
15	渡辺 司	59,721,432
16	中村 通	57,262,408
17	金子 柱憲	57,230,188

294

順位	氏　　名	獲得額（円）
18	R・マッケイ	55,838,229
19	B・フランクリン	53,855,926
20	西川　哲	51,735,257
21	Br・ジョーンズ	46,220,857
22	P・シニア	43,592,342
23	高橋　勝成	41,060,932
24	宮瀬　博文	40,059,573
25	水巻　善典	38,132,987
26	重信　秀人	37,282,743
27	※D・フロスト	36,000,000
28	横島　由一	35,546,857
29	井上　久雄	35,326,992
30	F・ミノザ	34,343,866
31	木村　政信	33,360,108
32	尾崎　健夫	32,999,653
33	R・ギブソン	32,917,657
34	芹沢　信雄	32,342,028
35	川俣　茂	32,026,414
36	米山　剛	31,538,524
37	山本　善隆	30,549,956
38	大町　昭義	29,023,176
39	鈴木　弘一	28,181,625
40	横山　明仁	28,027,727
41	髙見　和宏	27,860,366
42	東　聡	27,635,000
43	飯合　肇	26,975,527
44	加瀬　秀樹	26,972,891
45	森　茂則	26,767,150
46	杉原　輝雄	25,910,046
47	井戸木鴻樹	25,674,354
48	川岸　良兼	23,512,059
49	稲垣　太成	23,499,137
50	板井　榮一	22,899,622
51	中村　輝夫	22,063,245
52	友利　勝良	21,268,237
53	丸山　智弘	21,051,916
54	上野　忠美	20,958,787
55	※M・オメーラ	19,800,000
56	須貝　昇	19,343,155
57	羽川　豊	19,171,472
58	海老原清治	18,488,523
59	塩田　昌宏	18,316,313
60	G・マーシュ	18,100,908
61	P・ホード	17,948,923
62	真板　潔	17,862,344
63	佐藤　英之	17,645,306

1993年度

ツアー競技39試合
賞金総額4,185,000,000円
※印を除く上位65位までの60名
が1994年度のシード選手

順位	氏　　名	獲得額（円）
1	飯合　肇	148,718,200
2	尾崎　将司	144,597,000
3	中島　常幸	130,842,771
4	陳　志忠	112,427,166
5	渡辺　司	103,774,100
6	T・ハミルトン	91,494,648
7	高橋　勝成	89,106,132
8	水巻　善典	68,390,437
9	奥田　靖己	65,208,042
10	D・イシイ	63,720,330
11	尾崎　直道	60,073,657
12	山本　善隆	59,539,159
13	板井　榮一	57,599,264
14	F・ミノザ	56,725,252
15	室田　淳	56,207,044
16	丸山　智弘	53,713,491
17	牧野　裕	53,550,249
18	芹澤　信雄	52,940,794
19	川岸　良兼	49,680,518
20	丸山　茂樹	49,295,306
21	Br・ジョーンズ	48,702,546
22	宮瀬　博文	46,767,415
23	P・シニア	45,165,768
24	鈴木　亨	42,982,188
25	※倉本　昌弘	41,725,036
26	友利　勝良	41,323,083
27	藤木　三郎	41,256,969
28	尾崎　健夫	40,451,780
29	大町　昭義	39,137,571
30	西川　哲	38,644,754
31	池内　信治	37,838,273
32	鈴木　弘一	37,782,360
33	井戸木鴻樹	37,138,653
34	※E・エルス	36,000,000
35	川俣　茂	35,757,028
36	米山　剛	35,341,466
37	白浜　育男	35,203,433
38	R・マッカイ	34,778,377
39	S・ギムソン	34,673,682
40	髙見　和宏	34,075,366
41	佐々木久行	33,042,168
42	東　聡	32,852,507
43	小達　敏昭	31,949,160
44	須貝　昇	31,787,600
45	R・ギブソン	31,353,876
46	木村　政信	31,166,547
47	※T・リーマン	30,680,000
48	長谷川勝治	30,391,773
49	中村　通	30,106,883
50	B・フランクリン	28,232,563

順位	氏　　名	獲得額（円）
51	佐藤　英之	28,128,688
52	※G・ノーマン	27,894,000
53	B・ワッツ	26,769,642
54	林　吉祥	26,632,380
55	森　茂則	26,604,735
56	湯原　信光	24,477,294
57	E・エレラ	24,056,466
58	※P・ミケルソン	23,850,000
59	陳　志明	23,837,681
60	河村　雅之	23,757,614
61	重信　秀人	23,254,456
62	P・マックウィニー	22,778,385
63	中村　輝夫	22,658,321
64	杉原　輝雄	22,126,266
65	金子　柱憲	21,358,137

1994年度

ツアー競技38試合
賞金総額4,150,000,000円
※印を除く上位62位までの60名
が1995年度のシード選手

順位	氏　　名	獲得額（円）
1	尾崎　将司	215,468,000
2	B・ワッツ	139,052,710
3	中島　常幸	115,771,280
4	尾崎　直道	91,685,057
5	D・イシイ	87,271,410
6	T・ハミルトン	86,960,890
7	溝口　英二	79,771,083
8	佐々木久行	77,077,194
9	芹澤　信雄	69,619,200
10	渡辺　司	65,455,698
11	室田　淳	63,222,505
12	倉本　昌弘	62,655,316
13	加瀬　秀樹	59,781,084
14	水巻　善典	56,076,556
15	友利　勝良	54,921,414
16	金子　柱憲	53,695,686
17	河村　雅之	52,867,173
18	R・マッカイ	49,896,904
19	謝　錦昇	49,243,852
20	植田　浩史	44,524,800
21	高橋　勝成	43,758,546
22	E・エレラ	41,859,820
23	C・ウォーレン	41,457,390
24	丸山　茂樹	39,530,386
25	東　聡	39,496,345
26	髙見　和宏	38,174,738
27	C・フランコ	38,089,617
28	F・ミノザ	37,621,951
29	杉原　輝雄	37,503,966
30	木村　政信	36,530,079
31	宮瀬　博文	34,998,699
32	陳　志明	34,384,376

過去のデータ

順位	氏名	獲得額（円）
33	海老原清治	34,053,417
34	P・シニア	33,822,523
35	山本 善隆	32,718,993
36	A・ギリガン	32,278,986
37	鈴木 亨	31,342,446
38	真板 潔	31,084,986
39	合田 洋	30,115,228
40	白浜 育男	29,331,343
41	S・ジン	29,075,904
42	R・ギブソン	28,306,011
43	藤木 三郎	28,252,694
44	米山 剛	28,068,449
45	R・バックウェル	27,737,041
46	※R・ガメス	27,000,000
47	川岸 良兼	26,843,813
48	芹沢 大介	26,291,174
49	陳 志忠	25,985,358
50	大町 昭義	25,573,190
51	丸山 智弘	25,518,392
52	S・ギムソン	25,362,599
53	湯原 信光	25,337,969
54	小達 敏昭	24,710,587
55	楠本 研	24,611,983
56	森 茂則	24,421,517
57	重信 秀人	24,128,985
58	井戸木鴻樹	24,110,460
59	林 吉祥	23,693,383
60	泉川ピート	23,121,100
61	※S・ホーク	22,800,000
62	上出 裕也	21,919,587

1995年度

ツアー競技37試合
賞金総額4,020,000,000円
※印を除く上位62位までの60名
が1996年度のシード選手

順位	氏名	獲得額（円）
1	尾崎 将司	192,319,800
2	東 聡	136,854,183
3	丸山 茂樹	103,209,036
4	倉本 昌弘	88,227,209
5	友利 勝良	86,693,831
6	田中 秀道	78,815,775
7	B・ワッツ	78,284,433
8	F・ミノザ	72,781,575
9	丸山 智弘	72,535,319
10	佐々木久行	69,777,275
11	中島 常幸	66,872,554
12	P・シニア	65,173,114
13	髙見 和宏	63,008,593
14	鈴木 亨	61,617,084
15	加瀬 秀樹	59,144,532
16	R・ギブソン	58,445,281
17	森 茂則	55,378,250

順位	氏名	獲得額（円）
18	芹澤 信雄	55,357,687
19	T・ハミルトン	54,302,567
20	湯原 信光	53,793,714
21	桑原 克典	52,128,201
22	河村 雅之	50,577,317
23	渡辺 司	49,552,188
24	C・フランコ	49,460,343
25	B・ジョーブ	48,530,000
26	細川 和彦	48,008,882
27	奥田 靖己	46,927,299
28	川岸 良兼	46,469,212
29	井戸木鴻樹	43,499,528
30	E・エレラ	43,248,463
31	飯合 肇	42,024,908
32	真板 潔	41,975,487
33	伊沢 利光	41,848,343
34	S・ジン	37,526,267
35	水巻 善典	36,879,982
36	金子 柱憲	33,528,164
37	横田 真一	33,235,627
38	高橋 勝成	33,048,599
39	木村 政信	31,929,939
40	福沢 孝秋	30,210,861
41	中村 通	30,125,635
42	池内 信frase	30,049,950
43	※尾崎 直道	29,470,550
44	日下部光隆	29,174,620
45	D・イシイ	27,434,332
46	藤木 三郎	25,576,995
47	宮瀬 博文	25,083,582
48	室田 淳	24,660,570
49	楠本 研	23,728,899
50	高崎 龍雄	23,344,775
51	※R・ガメス	22,917,600
52	R・マッカイ	22,502,133
53	林 吉祥	22,354,232
54	白浜 育男	22,285,652
55	西川 哲	21,831,546
56	溝口 英二	19,323,100
57	比嘉 勉	18,351,820
58	米山 剛	18,016,130
59	大町 昭義	17,894,102
60	A・ギリガン	17,732,464
61	尾崎 健夫	17,692,343
62	坂本 義一	17,293,814

1996年度

ツアー競技36試合
賞金総額3,910,000,000円
※印を除く上位63位までの60名
が1997年度のシード選手

順位	氏名	獲得額（円）
1	尾崎 将司	209,646,746
2	金子 柱憲	117,697,448
3	B・ワッツ	89,346,882
4	細川 和彦	79,510,295
5	丸山 茂樹	75,961,133
6	尾崎 直道	70,651,005
7	木村 政信	70,635,215
8	D・イシイ	65,732,373
9	芹澤 信雄	64,076,788
10	T・ハミルトン	63,073,138
11	F・ミノザ	60,429,470
12	飯合 肇	57,958,922
13	C・フランコ	53,287,568
14	E・エレラ	49,591,020
15	友利 勝良	48,264,714
16	田中 秀道	46,165,295
17	P・シニア	46,130,061
18	中島 常幸	45,939,531
19	佐藤 英之	43,862,503
20	B・ジョーブ	42,940,828
21	桑原 克典	42,595,984
22	加瀬 秀樹	41,104,490
23	渡辺 司	39,513,160
24	桑原 将一	39,033,530
25	鈴木 亨	38,084,182
26	倉本 昌弘	37,115,572
27	佐々木久行	35,710,520
28	水巻 善典	34,919,501
29	P・マックウィニー	32,916,658
30	横尾 要	31,950,101
31	真板 潔	31,934,930
32	川岸 良兼	31,529,886
33	坂本 義一	30,962,566
34	福永 和宏	30,387,891
35	横田 真一	29,886,817
36	東 聡	29,125,806
37	※P・テラベイネン	28,490,000
38	宮瀬 博文	28,055,626
39	米山 剛	28,016,933
40	陳 志忠	27,528,643
41	奥田 靖己	27,326,040
42	福沢 孝秋	27,167,159
43	※P・スタンコウスキー	27,000,000
44	※L・ウエストウッド	26,370,000
45	伊沢 利光	26,102,473
46	深堀圭一郎	25,768,074
47	手嶋 多一	25,560,848
48	河村 雅之	24,754,745
49	R・ギブソン	24,260,664
50	湯原 信光	24,053,080

順位	氏　名	獲得額(円)
51	髙見　和宏	23,655,910
52	丸山　智弘	22,776,066
53	福澤　義光	22,545,618
54	尾崎　伸キ	21,998,187
55	高橋　勝成	21,488,697
56	佐藤　剛平	20,506,194
57	比嘉　勉	19,763,935
58	R・マッカイ	19,230,340
59	Z・モウ	19,229,913
60	S・ジン	19,182,458
61	溝口　英二	18,865,360
62	林　根基	18,825,315
63	森　茂則	18,616,823

1997年度

ツアー競技36試合
賞金総額3,930,000,000円
※印を除く上位66位までの60名が1998年度のシード選手

順位	氏　名	獲得額(円)
1	尾崎　将司	170,847,633
2	丸山　茂樹	152,774,420
3	B・ワッツ	111,153,198
4	※尾崎　直道	96,994,361
5	尾崎　健夫	77,555,311
6	B・ジョーブ	69,759,886
7	桑原　将一	60,413,113
8	C・フランコ	56,321,628
9	宮瀬　博文	55,764,409
10	F・ミノザ	54,192,571
11	鈴木　亨	51,444,184
12	深堀圭一郎	51,427,473
13	E・エレラ	51,050,800
14	久保谷健一	50,740,711
15	飯合　肇	44,547,120
16	溝口　英二	44,409,460
17	渡辺　司	44,302,747
18	藤田　寛之	43,935,360
19	日下部光隆	43,303,400
20	桧垣　繁正	42,539,160
21	※C・パリー	42,340,000
22	原田　三夫	42,020,640
23	P・テラベイネン	39,921,168
24	横田　真一	39,038,496
25	横尾　要	38,027,502
26	桑原　克典	37,970,159
27	佐藤　信人	37,518,614
28	細川　和彦	36,862,380
29	D・イシイ	36,700,346
30	小達　敏昭	36,595,294
31	手嶋　多一	36,327,734
32	※T・ワトソン	36,000,000
33	中村　通	34,586,294
34	東　聡	34,177,481

順位	氏　名	獲得額(円)
35	森　茂則	32,924,420
36	葉　彰廷	32,801,860
37	T・ハミルトン	32,554,520
38	水巻　善典	31,839,730
39	奥田　靖己	31,798,632
40	金子　柱憲	30,834,774
41	真板　潔	30,298,222
42	佐々木久行	30,040,980
43	中島　常幸	29,983,700
44	田中　秀道	29,357,393
45	金　鍾徳	28,685,960
46	S・ジン	28,668,220
47	※L・ウエストウッド	28,605,600
48	金山　和雄	28,352,700
49	米山　剛	28,025,186
50	※伊沢　利光	25,855,454
51	井戸木鴻樹	24,041,714
52	Z・モウ	23,792,840
53	宮本　勝昌	22,396,448
54	川岸　良兼	22,183,454
55	片山　晋呉	21,910,072
56	河村　雅之	21,593,388
57	木村　政信	21,244,325
58	湯原　信光	21,050,550
59	谷口　徹	20,558,070
60	杉本　周作	20,305,838
61	佐藤　英之	19,618,680
62	髙見　和宏	19,585,928
63	芹沢　大介	19,290,120
64	※R・マッカイ	19,066,500
65	福沢　孝秋	18,854,620
66	高橋　勝成	18,638,190

1998年度

ツアー競技36試合
賞金総額4,070,000,000円
※印を除く上位64位までの60名が1999年度のシード選手
ランキングは海外4大メジャー競技で獲得した賞金を含む

順位	氏　名	獲得額(円)
1	尾崎　将司	179,627,400
2	B・ワッツ	132,014,990
3	田中　秀道	103,941,437
4	B・ジョーブ	97,566,406
5	宮本　勝昌	93,580,618
6	C・フランコ	92,569,038
7	丸山　茂樹	86,422,421
8	F・ミノザ	74,102,769
9	横尾　要	74,090,419
10	※L・ウエストウッド	72,000,000
11	伊沢　利光	63,295,563
12	鈴木　亨	63,252,358
13	桑原　克典	62,661,761

順位	氏　名	獲得額(円)
14	細川　和彦	58,472,304
15	深堀圭一郎	56,220,182
16	飯合　肇	54,866,597
17	※尾崎　直道	53,853,954
18	谷口　徹	49,515,691
19	佐藤　信人	48,045,128
20	E・エレラ	47,809,590
21	水巻　善典	44,989,934
22	片山　晋呉	44,807,900
23	湯原　信光	43,993,660
24	東　聡	42,367,831
25	尾崎　健夫	40,661,307
26	小山内　護	39,500,720
27	米山　剛	39,082,691
28	T・ハミルトン	36,998,300
29	D・イシイ	35,051,790
30	陳　志忠	34,226,961
31	渡辺　司	34,213,727
32	加瀬　秀樹	33,436,931
33	今野　康晴	32,245,340
34	横田　真一	32,216,710
35	河村　雅之	32,089,093
36	日下部光隆	32,065,251
37	川岸　良兼	32,056,237
38	藤木　三郎	31,852,554
39	藤田　寛之	30,871,672
40	奥田　靖己	29,903,308
41	髙見　和宏	29,889,742
42	D・チャンド	29,536,240
43	P・マックウィニー	29,303,000
44	Z・モウ	28,598,538
45	高崎　龍雄	28,504,520
46	原田　三夫	28,118,887
47	杉本　周作	26,995,555
48	中島　常幸	26,650,404
49	桑原　将一	24,875,760
50	手嶋　多一	24,411,715
51	※D・クラーク	23,994,000
52	D・スメイル	23,711,800
53	井戸木鴻樹	23,428,877
54	S・コンラン	23,170,937
55	葉　彰廷	23,102,955
56	桧垣　繁正	22,671,186
57	金子　柱憲	21,621,240
58	※D・ラブⅢ	21,600,000
59	金　鍾徳	21,277,041
60	真板　潔	21,217,522
61	小達　敏昭	20,955,420
62	S・ジン	20,685,132
63	宮瀬　博文	20,522,265
64	木村　政信	20,310,029

ツアー競技32試合
賞金総額3,360,000,000円
※印を除く上位68位までの61名
が2000年度のシード選手
ランキングは海外4大メジャー
競技及びチーム戦を除くWGC3
競技で獲得した賞金を含む

順位	氏　名	獲得額（円）
1	尾崎　直道	137,641,796
2	細川　和彦	129,058,283
3	丸山　茂樹	114,958,525
4	伊沢　利光	110,927,044
5	米山　　剛	106,872,033
6	尾崎　将司	83,517,969
7	手嶋　多一	81,901,760
8	片山　晋呉	76,114,008
9	横尾　　要	73,465,103
10	川岸　良兼	72,829,630
11	谷口　　徹	69,837,799
12	田中　秀道	68,819,716
13	宮瀬　博文	64,795,851
14	桧垣　繁正	61,604,400
15	桑原　克典	59,461,521
16	金　　鍾徳	56,023,333
17	飯合　　肇	55,724,333
18	小山内　護	48,581,275
19	渡辺　　司	47,999,950
20	今野　康晴	47,634,321
21	崔　　京周	47,455,000
22	東　　　聡	46,175,166
23	奥田　靖己	45,829,210
24	D・イシイ	43,101,875
25	深堀圭一郎	42,908,810
26	原田　三夫	40,949,500
27	※T・ビョン	40,000,000
28	鈴木　　亨	38,517,236
29	加瀬　秀樹	38,295,382
30	E・エレラ	37,390,350
31	尾崎　健夫	36,443,790
32	河村　雅之	35,406,423
33	☆湯原　信光	33,977,034
34	F・ミノザ	28,679,011
35	金子　柱憲	27,651,032
36	藤田　寛之	27,320,178
37	葉　　彰廷	27,118,079
38	溝口　英二	26,263,128
39	佐々木久行	26,233,719
40	D・スメイル	25,765,618
41	※B・ジョーブ	25,564,000
42	杉本　周作	25,529,024
43	髙見　和宏	24,258,070
44	R・バックウェル	24,173,165
45	陳　　志忠	23,236,253
46	佐藤　信人	23,083,803
47	T・ハミルトン	22,975,600

順位	氏　名	獲得額（円）
48	S・ジン	22,485,272
49	小達　敏昭	21,176,374
50	林　　根基	20,810,562
51	※友利　勝良	20,525,300
52	※S・ガルシア	20,331,520
53	倉本　昌弘	20,005,409
54	Z・モウ	19,350,584
55	横田　真一	19,245,925
56	S・コンラン	18,876,796
57	※N・プライス	18,000,000
58	野上　貴夫	17,565,315
59	白浜　育男	17,213,733
60	芹澤　信雄	16,387,064
61	真板　　潔	16,297,650
62	D・チャンド	15,528,357
63	※D・クラーク	14,900,000
64	室田　　淳	13,582,661
65	井田　安則	13,532,591
66	謝　　錦昇	13,127,000
67	※L・ウエストウッド	13,096,666
68	兼本　貴司	12,931,650

☆は特別保障制度適用により義務
試合数免除。

ツアー競技33試合
賞金総額3,530,000,000円
※印を除く上位72位までの70名
が2001年度のシード選手
ランキングは海外4大メジャー
競技及びチーム戦を除くWGC3
競技で獲得した賞金を含む

順位	氏　名	獲得額（円）
1	片山　晋呉	177,116,489
2	谷口　　徹	175,829,742
3	佐藤　信人	155,246,900
4	伊沢　利光	120,316,633
5	田中　秀道	108,807,851
6	宮瀬　博文	106,622,452
7	尾崎　将司	88,940,087
8	深堀圭一郎	81,471,008
9	鈴木　　亨	77,513,374
10	横尾　　要	76,634,601
11	今野　康晴	62,025,183
12	宮本　勝昌	61,921,383
13	真板　　潔	52,757,978
14	佐々木久行	52,347,113
15	水巻　善典	49,593,600
16	東　　　聡	49,244,807
17	※尾崎　直道	45,805,100
18	R・バックウェル	43,542,107
19	飯合　　肇	43,518,307
20	溝口　英二	42,811,715
21	桑原　克典	41,028,877

順位	氏　名	獲得額（円）
22	手嶋　多一	40,968,733
23	芹澤　信雄	40,221,223
24	久保谷健一	39,994,613
25	桧垣　繁正	37,084,656
26	林　　根基	35,231,364
27	室田　　淳	34,955,433
28	白潟　英純	34,411,620
29	尾崎　健夫	34,070,466
30	米山　　剛	33,359,159
31	日下部光隆	31,334,700
32	D・ウィルソン	31,121,744
33	細川　和彦	31,034,933
34	小達　敏昭	30,951,374
35	藤田　寛之	30,769,903
36	小山内　護	30,642,860
37	F・ミノザ	30,433,359
38	葉　　彰廷	28,522,361
39	牧坂　考作	27,567,338
40	※B・メイ	26,720,000
41	S・コンラン	26,471,500
42	白浜　育男	26,107,055
43	金　　鍾徳	26,045,427
44	渡辺　　司	25,651,042
45	奥田　靖己	25,333,388
46	湯原　信光	25,286,404
47	S・レイコック	24,297,943
48	加瀬　秀樹	24,144,938
49	友利　勝良	23,754,330
50	川岸　良兼	23,679,570
51	白石　達哉	23,273,425
52	D・スメイル	22,575,010
53	平塚　哲二	20,454,343
54	髙見　和宏	19,992,986
55	河村　雅之	19,109,273
56	兼本　貴司	18,573,016
57	横田　真一	17,003,146
58	C・ペーニャ	16,952,375
59	原田　三夫	16,852,877
60	井戸木鴻樹	16,737,395
61	杉本　周作	16,537,988
62	原口　鉄也	15,859,657
63	謝　　錦昇	15,745,626
64	金子　柱憲	15,510,383
65	山本　昭一	14,916,280
66	立山　光広	14,820,159
67	川原　　希	13,475,396
68	G・ノーキスト	13,409,728
69	A・ギリガン	13,325,833
70	今井　克宗	13,241,328
71	合田　　洋	12,558,121
72	河井　博大	12,377,277

2001年度

ツアー競技31試合
賞金総額3,430,000,000円
※印を除く上位73位までの70名
が2002年度のシード選手
ランキングは海外4大メジャー
競技及びチーム戦を除くWGC3
競技で獲得した賞金を含む

順位	氏　名	獲得額（円）
1	伊沢　利光	217,934,583
2	片山　晋呉	133,434,850
3	D・ウィルソン	118,571,075
4	手嶋　多一	112,356,544
5	谷口　徹	111,686,284
6	林　根基	96,713,000
7	田中　秀道	95,185,544
8	宮本　勝昌	87,455,177
9	中嶋　常幸	68,378,345
10	深堀圭一郎	65,182,064
11	尾崎　将司	64,570,178
12	藤田　寛之	63,752,786
13	室田　淳	61,578,997
14	S・レイコック	57,498,275
15	D・チャンド	57,473,400
16	飯合　肇	56,396,914
17	F・ミノザ	54,791,875
18	佐藤　信人	48,250,113
19	友利　勝良	47,169,752
20	横田　真一	43,595,302
21	平石　武則	42,444,749
22	渡辺　司	41,342,503
23	鈴木　亨	41,271,841
24	※D・デュバル	40,000,000
25	細川　和彦	38,498,083
26	E・エレラ	37,335,750
27	D・スメイル	36,653,683
28	溝口　英二	36,586,266
29	久保谷健一	35,646,841
30	近藤　智弘	35,312,706
31	加瀬　秀樹	32,553,066
32	平塚　哲二	32,275,580
33	桧垣　繁正	32,072,256
34	J・M・シン	30,314,325
35	※D・クラーク	28,480,000
36	米山　剛	28,181,700
37	今井　克宗	28,027,865
38	真板　潔	27,302,830
39	葉　彰廷	26,815,247
40	芹澤　信雄	26,181,597
41	小達　敏昭	25,404,950
42	東　聡	25,216,017
43	Z・モウ	25,088,411
44	T・ハミルトン	24,695,582
45	野仲　茂	24,167,100
46	福澤　義光	23,390,069
47	宮瀬　博文	23,009,458
48	桧垣　豪	22,412,266
49	桑原　克典	21,974,000
50	B・ジョーンズ	20,950,501
51	河村　雅之	20,106,590
52	金城　和弘	19,877,871
53	P・マークセン	18,777,425
54	日下部光隆	17,950,179
55	牧坂　考作	17,732,562
56	川原　希	17,660,183
57	A・ギリガン	17,627,008
58	C・ペーニャ	17,523,795
59	※尾崎　直道	17,475,250
60	倉本　昌弘	17,132,444
61	原田　三夫	17,120,490
62	白潟　英純	16,987,824
63	謝　錦昇	16,556,264
64	堺谷　和将	16,525,890
65	宮里　聖志	16,226,903
66	小山内　護	15,851,012
67	金　鍾徳	15,426,785
68	杉本　周作	15,106,499
69	水巻　善典	14,984,921
70	山本　昭一	14,916,332
71	S・コンラン	14,432,590
72	兼本　貴司	14,242,286
73	井戸木鴻樹	14,089,925

2002年度

ツアー競技29試合
賞金総額3,320,000,000円
※印を除く上位75位までの70名
が2003年度のツアー出場資格を
獲得
ランキングは海外4大メジャー
競技及びチーム戦を除くWGC3
競技で獲得した賞金を含む

順位	氏　名	獲得額（円）
1	谷口　徹	145,440,341
2	佐藤　信人	130,825,969
3	片山　晋呉	129,258,019
4	D・ウィルソン	97,116,100
5	D・スメイル	94,103,576
6	中嶋　常幸	89,788,484
7	久保谷健一	83,654,013
8	B・ジョーンズ	80,771,735
9	今野　康晴	76,309,705
10	伊沢　利光	75,906,757
11	尾崎　将司	67,821,342
12	藤田　寛之	67,111,285
13	S・レイコック	64,241,099
14	桑原　克典	59,581,317
15	宮瀬　博文	53,267,105
16	尾崎　直道	52,931,571
17	S・K・ホ	52,340,564
18	近藤　智弘	51,121,536
19	金　鍾徳	49,477,216
20	鈴木　亨	45,646,852
21	C・ペーニャ	44,852,366
22	張　連偉	44,214,466
23	※横尾　要	43,509,000
24	宮本　勝昌	41,590,894
25	※J・ローズ	39,400,000
26	室田　淳	39,063,571
27	宮里　聖志	37,096,000
28	平塚　哲二	36,929,311
29	手嶋　多一	34,264,987
30	P・マークセン	33,506,766
31	横田　真一	30,969,250
32	Z・モウ	30,833,425
33	林　根基	30,687,083
34	桧垣　繁正	30,334,194
35	湯原　信光	29,020,800
36	尾崎　健夫	28,210,265
37	渡辺　司	26,858,128
38	飯合　肇	26,569,174
39	井戸木鴻樹	26,422,409
40	小山内　護	26,263,201
41	加瀬　秀樹	25,649,071
42	T・ハミルトン	25,471,318
43	丸山　大輔	24,249,626
44	細川　和彦	23,803,901
45	謝　錦昇	21,447,736
46	川原　希	21,391,000
47	G・マイヤー	20,828,316
48	友利　勝良	20,267,471
49	D・チャンド	20,050,807
50	※S・ガルシア	20,000,000
51	深堀圭一郎	19,742,830
52	星野　英正	19,717,506
53	平石　武則	19,393,660
54	高山　忠洋	19,095,804
55	※田中　秀道	18,540,000
56	今井　克宗	18,429,223
57	野仲　茂	17,902,098
58	菊池　純	17,479,050
59	陳　志忠	17,447,184
60	矢野　東	17,087,521
61	米山　剛	16,379,810
62	小林　正則	15,647,781
63	福澤　義光	14,805,235
64	兼本　貴司	14,074,713
65	水巻　善典	13,921,771
66	※崔　京周	13,600,000
67	S・コンラン	13,070,906
68	立山　光広	13,010,306
69	国吉　博一	12,831,733
70	J・M・シン	12,807,668
71	中川　勝弥	12,313,400
72	堺谷　和将	12,264,207
73	上田　諭尉	11,852,931
74	R・リー	11,559,650
75	広田　悟	11,165,800

2003年度

ツアー競技29試合
賞金総額3,250,000,000円
※印を除く上位71位までの70名
が2004年度のツアー出場資格を
獲得
ランキングは海外4大メジャー
競技及びチーム戦を除くWGC3
競技で獲得した賞金を含む

順位	氏 名	獲得額(円)
1	伊沢 利光	135,454,300
2	平塚 哲二	122,227,033
3	T・ハミルトン	117,547,151
4	片山 晋呉	117,192,413
5	手嶋 多一	93,688,731
6	B・ジョーンズ	79,221,561
7	藤田 寛之	71,472,222
8	丸山 大輔	69,476,769
9	宮瀬 博文	65,631,986
10	室田 淳	65,545,006
11	宮本 勝昌	60,574,671
12	米山 剛	59,017,060
13	深堀圭一郎	52,465,199
14	今井 克宗	51,517,731
15	尾崎 将司	50,460,916
16	谷原 秀人	47,746,180
17	尾崎 直道	45,996,492
18	D・スメイル	45,774,114
19	田島 創志	45,521,336
20	P・シーハン	45,272,232
21	星野 英正	44,771,042
22	S・コンラン	43,226,757
23	※T・ビヨン	40,000,000
24	友利 勝良	39,617,637
25	S・K・ホ	39,286,969
26	J・ランダワ	39,194,603
27	川原 希	38,783,447
28	P・マークセン	35,958,795
29	倉本 昌弘	35,868,656
30	葉 偉志	35,556,266
31	D・チャンド	35,464,711
32	佐藤 信人	35,271,441
33	高山 忠洋	34,611,694
34	谷口 徹	34,483,800
35	加瀬 秀樹	33,143,106
36	兼本 貴司	32,830,600
37	張 連偉	32,566,251
38	金 鍾徳	32,493,208
39	渡辺 司	31,692,810
40	桧垣 繁正	30,936,954
41	近藤 智弘	30,628,557
42	鈴木 亨	29,395,476
43	細川 和彦	29,305,849
44	横田 真一	26,187,479
45	矢野 東	25,960,449
46	真板 潔	25,678,424
47	立山 光広	25,285,451
48	A・ストルツ	22,990,400
49	佐々木久行	22,588,958
50	増田 伸洋	22,284,900
51	桧垣 豪	21,499,833
52	林 根基	19,694,900
53	今野 康晴	19,604,300
54	宮里 優作	18,970,000
55	Z・モウ	18,789,275
56	野仲 茂	18,741,010
57	井戸木鴻樹	18,410,983
58	川岸 良兼	17,778,466
59	小林 正則	17,541,549
60	桑原 克典	17,092,199
61	中嶋 常幸	17,064,886
62	小山内 護	16,517,266
63	中川 勝弥	15,990,280
64	飯合 肇	15,906,413
65	真野 佳晃	15,846,279
66	菊池 純	14,858,216
67	谷口 拓也	14,681,000
68	F・ミノザ	13,681,677
69	河村 雅之	13,066,265
70	金城 和弘	12,749,950
71	平石 武則	12,077,391

2004年度

ツアー競技29試合
賞金総額3,270,000,000円
※印を除く上位72位までの70名
が2005年度のツアー出場資格を
獲得
ランキングは海外4大メジャー
競技及びチーム戦を除くWGC3
競技で獲得した賞金を含む

順位	氏 名	獲得額(円)
1	片山 晋呉	119,512,374
2	谷口 徹	101,773,301
3	Y・E・ヤン	99,540,333
4	S・K・ホ	90,176,104
5	P・シーハン	85,020,125
6	D・スメイル	74,357,866
7	谷原 秀人	70,854,178
8	神山 隆志	62,232,651
9	加瀬 秀樹	60,245,467
10	深堀圭一郎	58,944,553
11	B・ジョーンズ	58,119,000
12	S・コンラン	58,113,133
13	近藤 智弘	54,420,941
14	平塚 哲二	53,658,599
15	川岸 良兼	51,522,408
16	鈴木 亨	51,415,145
17	藤田 寛之	50,468,957
18	D・チャンド	48,202,608
19	宮本 勝昌	48,191,300
20	谷口 拓也	42,212,228
21	横尾 要	41,893,454
22	三橋 達也	40,684,974
23	星野 英正	40,048,449
24	※T・ウッズ	40,000,000
25	葉 偉志	39,398,503
26	伊沢 利光	36,300,450
27	今井 克宗	35,771,123
28	米山 剛	35,259,413
29	増田 伸洋	34,559,630
30	手嶋 多一	33,995,275
31	井上 信	33,521,392
32	佐々木久行	33,233,066
33	今野 康晴	31,670,647
34	金 鍾徳	30,923,751
35	※D・クラーク	30,000,000
36	横田 真一	29,838,999
37	真板 潔	29,362,077
38	高山 忠洋	29,132,882
39	C・プラポール	28,175,416
40	川原 希	28,142,618
41	小田 龍一	27,695,883
42	桑原 克典	27,306,326
43	J・ランダワ	25,727,760
44	室田 淳	25,686,775
45	細川 和彦	25,500,080
46	J・M・シン	24,789,788
47	P・マークセン	24,649,770
48	丸山 大輔	24,464,147
49	C・ペーニャ	24,189,479
50	宮里 優作	23,904,829
51	兼本 貴司	22,517,692
52	尾崎 直道	21,856,416
53	W・リャン	21,309,186
54	真野 佳晃	20,168,459
55	尾崎 将司	19,833,670
56	小山内 護	19,760,266
57	T・スリロット	19,495,791
58	河村 雅之	19,389,885
59	中嶋 常幸	19,043,000
60	菊池 純	18,981,026
61	S・レイコック	18,223,999
62	立山 光広	18,126,385
63	井戸木鴻樹	17,755,667
64	広田 悟	17,448,345
65	平石 武則	17,348,575
66	林 根基	17,157,960
67	桧垣 繁正	16,971,018
68	合田 洋	16,648,741
69	野仲 茂	16,633,686
70	矢野 東	15,879,216
71	中川 勝弥	15,323,216
72	髙見 和宏	15,278,824

2005年度

ツアー競技29試合
賞金総額3,380,000,000円
※印を除く上位74位までの70名が2006年度のツアー出場資格を獲得
ランキングは海外4大メジャー競技及びチーム戦を除くWGC3競技で獲得した賞金を含む

順位	氏　　名	獲得額（円）
1	片山　晋呉	134,075,280
2	今野　康晴	118,543,753
3	深堀圭一郎	93,595,937
4	S・K・ホ	91,548,268
5	D・スメイル	78,870,984
6	丸山　大輔	74,160,817
7	谷口　徹	64,907,775
8	高山　忠洋	64,426,535
9	D・チャンド	63,409,935
10	Y・E・ヤン	63,346,608
11	伊澤　利光	62,832,150
12	星野　英正	60,153,666
13	川岸　良兼	59,572,772
14	横田　真一	57,919,014
15	細川　和彦	56,466,074
16	藤田　寛之	55,999,210
17	横尾　要	55,936,085
18	尾崎　直道	54,909,332
19	手嶋　多一	54,163,490
20	P・シーハン	51,740,935
21	S・コンラン	51,384,073
22	I・J・ジャン	50,138,248
23	林　根基	49,153,457
24	平塚　哲二	48,615,817
25	髙橋　竜彦	46,858,399
26	矢野　東	43,514,345
27	宮里　聖志	42,866,951
28	小田　龍一	42,274,712
29	谷口　拓也	41,579,321
30	広田　悟	41,329,133
31	※T・ウッズ	40,000,000
32	宮本　勝昌	39,260,320
33	近藤　智弘	38,945,605
34	川原　希	37,681,899
35	P・マークセン	37,194,449
36	C・キャンベル	36,267,200
37	真板　潔	36,147,443
38	金　鍾徳	35,357,266
39	鈴木　亨	30,676,485
40	小山内　護	30,317,388
41	※D・クラーク	30,000,000
42	※谷原　秀人	29,653,800
43	宮里　優作	29,511,667
44	立山　光広	29,263,116
45	加瀬　秀樹	27,650,774
46	野上　貴夫	25,163,133
47	菊池　純	24,923,245
48	今井　克宗	24,681,316
49	W・リャン	24,145,020
50	葉　偉志	24,097,213
51	J・M・シン	23,615,666
52	井上　信	23,391,920
53	S・レイコック	23,280,923
54	田島　創志	23,114,401
55	兼本　貴司	22,701,403
56	C・ジョーンズ	22,247,583
57	G・マイヤー	22,006,380
58	秋葉　真一	21,981,885
59	増田　伸洋	21,463,685
60	佐々木久行	20,246,033
61	佐藤　信人	19,785,600
62	白　佳和	18,427,817
63	室田　淳	17,780,800
64	C・プラボール	17,268,028
65	塚田　好宣	16,710,200
66	堀之内　豊	16,688,492
67	野仲　茂	16,566,766
68	友利　勝良	15,066,900
69	桑原　克典	14,022,342
70	T・スリロット	13,732,273
71	※J・フューリク	13,600,000
72	高島　康彰	13,419,766
73	久保谷健一	13,178,849
74	中川　勝弥	12,553,237

2006年度

ツアー競技29試合
賞金総額3,500,000,000円
※印を除く上位73位までの70名が2007年度のツアー出場資格を獲得
ランキングは海外4大メジャー競技及びチーム戦を除くWGC3競技で獲得した賞金を含む

順位	氏　　名	獲得額（円）
1	片山　晋呉	178,402,190
2	谷原　秀人	119,888,517
3	J・M・シン	113,538,173
4	谷口　徹	113,468,445
5	手嶋　多一	96,488,270
6	平塚　哲二	95,734,882
7	S・K・ホ	95,580,550
8	星野　英正	85,236,370
9	Y・E・ヤン	75,710,084
10	近藤　智弘	75,490,851
11	P・シーハン	63,735,333
12	横尾　要	62,490,386
13	増田　伸洋	61,932,103
14	藤田　寛之	59,463,650
15	小山内　護	58,864,050
16	宮本　勝昌	58,294,663
17	武藤　俊憲	57,672,877
18	矢野　東	57,197,766
19	深堀圭一郎	54,477,516
20	D・スメイル	53,442,964
21	W・リャン	50,663,094
22	葉　偉志	49,626,000
23	髙橋　竜彦	48,177,563
24	真板　潔	47,740,331
25	※中嶋　常幸	46,881,260
26	P・マークセン	44,298,951
27	宮里　優作	42,624,094
28	市原　建彦	41,460,029
29	B・ジョーンズ	40,786,839
30	谷口　拓也	40,151,500
31	高山　忠洋	40,145,566
32	※P・ハリントン	40,000,000
33	川原　希	38,266,312
34	富田　雅哉	35,066,732
35	W・パースキー	33,411,578
36	小田　龍一	32,187,890
37	白　佳和	30,401,032
38	川岸　良兼	29,863,437
39	鈴木　亨	28,608,299
40	林　根基	28,502,070
41	井上　信	27,476,018
42	室田　淳	25,916,117
43	ドンファン	25,464,166
44	原口　鉄也	25,191,394
45	佐々木久行	24,614,159
46	G・マイヤー	24,419,855
47	広田　悟	23,315,212
48	今井　克宗	22,784,865
49	久保谷健一	22,661,033
50	加瀬　秀樹	21,175,349
51	上田　諭尉	20,763,548
52	友利　勝良	20,355,000
53	F・ミノザ	20,279,437
54	※T・ウッズ	20,000,000
55	I・J・ジャン	19,966,118
56	立山　光広	19,764,674
57	河井　博大	19,720,951
58	S・コンラン	18,238,100
59	宮里　聖志	17,682,600
60	金　鍾徳	17,638,733
61	秋葉　真一	17,554,416
62	岩田　寛	17,530,649
63	すし　石垣	16,364,346
64	T・スリロット	16,344,442
65	白潟　英純	16,340,623
66	溝口　英二	16,248,000
67	菊池　純	16,167,203
68	S・レイコック	15,697,857
69	井手口正一	15,551,233
70	井戸木鴻樹	15,295,942
71	野仲　茂	14,874,373
72	C・プラボール	14,759,712
73	塚田　好宣	14,735,297

2007年度

ツアー24試合
賞金総額3,040,000,000円
※印を除く上位75位までの70名が2008年度のツアー出場資格を獲得
ランキングは海外4大メジャー競技及びWGC3競技で獲得した賞金を含む

順位	氏　名	獲得額(円)
1	谷口　徹	171,744,498
2	片山　晋呉	141,053,934
3	B・ジョーンズ	115,531,323
4	谷原　秀人	77,622,976
5	近藤　智弘	74,841,936
6	ドンファン	69,803,156
7	宮本　勝昌	65,295,008
8	藤田　寛之	64,971,982
9	小田　孔明	60,509,893
10	P・マークセン	56,076,178
11	深堀圭一郎	51,312,001
12	平塚　哲二	51,267,532
13	伊澤　利光	48,350,082
14	宮里　優作	48,310,583
15	D・スメイル	46,634,668
16	岩田　寛	43,912,967
17	F・ミノザ	43,743,675
18	宮瀬　博文	41,109,208
19	上田　諭尉	40,031,996
20	※I・ポールター	40,000,000
21	S・コンラン	39,801,750
22	菊池　純	38,954,854
23	横尾　要	38,180,144
24	広田　悟	33,799,459
25	今野　康晴	33,690,016
26	篠崎　紀夫	32,908,989
27	手嶋　多一	32,455,350
28	宮里　聖志	32,129,850
29	竹本　直哉	30,715,415
30	矢野　東	29,652,446
31	李　丞鎬	28,463,750
32	金　鍾徳	26,622,660
33	C・キャンベル	26,266,893
34	富田　雅哉	26,066,234
35	藤島　豊和	25,126,500
36	鈴木　亨	24,972,751
37	G・マイヤー	24,967,994
38	小山内　護	24,844,251
39	※C・ビジェガス	24,000,000
40	久保谷健一	23,957,493
41	谷口　拓也	23,046,301
42	W・パースキー	22,711,466
43	I・J・ジャン	21,940,333
44	高山　忠洋	21,895,259
45	P・ミーサワット	21,847,098
46	星野　英正	21,817,209
47	S・K・ホ	21,770,659

順位	氏　名	獲得額(円)
48	佐藤　信人	21,242,083
49	C・プラポール	20,801,666
50	武藤　俊憲	20,717,750
51	立山　光広	20,020,284
52	※G・フェルナンデスカスタノ	20,000,000
53	小田　龍一	19,412,125
54	原口　鉄也	19,174,384
55	細川　和彦	18,630,069
56	C・バリー	18,514,196
57	髙橋　竜彦	18,094,525
58	丸山　大輔	16,763,333
59	室田　淳	16,520,545
60	すし　石垣	16,147,233
61	井上　信	15,672,766
62	佐々木久行	14,779,380
63	野上　貴夫	14,459,594
64	S・レイコック	14,160,009
65	兼本　貴司	14,142,100
66	白　佳和	13,793,521
67	尾崎　健夫	13,217,916
68	井手口正一	12,988,653
69	増田　伸洋	12,401,400
70	J・M・シン	12,248,333
71	※B・スネデカー	12,069,500
72	井上　忠久	11,941,332
73	※L・ドナルド	11,600,000
74	林　根基	10,756,550
75	W・リャン	10,597,300

2008年度

ツアー25試合
賞金総額3,620,000,000円
※印を除く上位73位までの70名が2009年度のツアー出場資格を獲得
ランキングは海外4大メジャー競技及びWGC3競技で獲得した賞金を含む

順位	氏　名	獲得額(円)
1	片山　晋呉	180,094,895
2	矢野　東	137,064,052
3	P・マークセン	126,430,825
4	谷原　秀人	110,414,719
5	石川　遼	106,318,166
6	S・K・ホ	98,009,498
7	B・ジョーンズ	93,613,324
8	甲斐慎太郎	89,110,256
9	藤田　寛之	82,420,197
10	武藤　俊憲	78,382,804
11	星野　英正	69,122,727
12	久保谷健一	67,286,498
13	小田　孔明	66,853,285
14	井上　信	64,954,469
15	J・M・シン	64,140,000
16	宮本　勝昌	61,996,691

順位	氏　名	獲得額(円)
17	手嶋　多一	61,749,416
18	近藤　智弘	60,044,383
19	ドンファン	57,565,700
20	D・スメイル	56,748,194
21	岩田　寛	54,245,000
22	今野　康晴	51,112,400
23	野上　貴夫	50,697,190
24	横尾　要	49,804,949
25	丸山　大輔	48,411,875
26	谷口　徹	48,231,595
27	深堀圭一郎	47,725,012
28	松村　道央	43,529,814
29	S・コンラン	42,278,971
30	藤島　豊和	41,015,404
31	W・リャン	39,443,000
32	宮里　聖志	38,904,142
33	宮里　優作	38,197,866
34	谷口　拓也	37,210,771
35	貞方　章男	31,851,140
36	鈴木　亨	31,615,299
37	すし　石垣	31,203,090
38	※丸山　茂樹	30,762,142
39	富田　雅哉	29,953,704
40	広田　悟	29,522,000
41	小山内　護	29,170,156
42	山下　和宏	28,468,958
43	佐藤　信人	27,446,104
44	原口　鉄也	26,413,533
45	上田　諭尉	24,839,473
46	高山　忠洋	23,624,233
47	D・チャンド	23,571,480
48	C・バリー	23,175,965
49	金　庚泰	21,992,250
50	宮瀬　博文	21,947,603
51	上井　邦浩	21,744,167
52	池田　勇太	20,824,400
53	細川　和彦	20,462,321
54	篠崎　紀夫	20,287,292
55	横田　真一	19,244,687
56	平塚　哲二	19,170,112
57	C・プラポール	19,079,457
58	※中嶋　常幸	18,710,000
59	桑原　克典	18,656,931
60	兼本　貴司	18,512,820
61	小田　龍一	17,100,380
62	P・シーハン	16,695,790
63	前田　雄大	16,560,146
64	E・リー	16,440,055
65	※B・ジョーブ	16,217,500
66	W・パースキー	16,045,125
67	H・リー	15,859,066
68	中島　雅生	15,440,068
69	川岸　良兼	15,399,671
70	増田　伸洋	14,864,352
71	竹本　直哉	14,139,655
72	F・ミノザ	12,316,933
73	津曲　泰弦	11,773,933

2009年度

ツアー24試合
賞金総額3,340,000,000円
※印を除く上位73位までの70名が2010年度のツアー出場資格を獲得
ランキングは海外4大メジャー競技及びWGC4競技で獲得した賞金を含む

順位	氏名	獲得額(円)
1	石川 遼	183,524,051
2	池田 勇太	158,556,695
3	小田 孔明	118,774,176
4	片山 晋呉	113,678,535
5	藤田 寛之	91,244,625
6	小田 龍一	89,068,777
7	久保谷健一	83,370,089
8	丸山 茂樹	82,883,082
9	金 庚泰	77,399,270
10	B・ジョーンズ	76,167,351
11	丸山 大輔	75,120,111
12	鈴木 亨	71,647,215
13	今野 康晴	70,878,149
14	近藤 共弘	69,605,178
15	平塚 哲二	61,713,808
16	矢野 東	59,277,878
17	D・スメイル	57,570,209
18	山下 和宏	56,563,652
19	武藤 俊憲	55,621,648
20	谷口 徹	54,841,100
21	横尾 要	53,069,138
22	兼本 貴司	52,167,356
23	P・マークセン	50,875,051
24	富田 雅哉	48,798,266
25	宮瀬 博文	43,148,820
26	五十嵐雄二	42,571,147
27	宮本 勝昌	42,366,555
28	※E・モリナリ	40,000,000
29	谷原 秀人	39,623,446
30	H・リー	37,633,279
31	宮里 優作	36,239,021
32	金 亨成	36,043,650
33	手嶋 多一	32,168,499
34	松村 道央	31,949,428
35	高山 忠洋	29,793,637
36	原口 鉄也	29,225,982
37	S・コンラン	27,670,343
38	星野 英正	26,413,207
39	岩田 寛	25,627,985
40	立山 光広	25,297,303
41	上井 邦浩	24,845,683
42	津曲 泰弦	23,585,128
43	E・リー	23,337,902
44	甲斐慎太郎	22,736,075
45	K・アフィバーンラト	22,240,356
46	I・J・ジャン	22,040,748
47	井戸木鴻樹	21,833,750
48	梶川 剛奨	20,103,916
49	※R・カールソン	20,000,000
50	野仲 茂	19,293,102
51	井上 信	19,268,896
52	前田 雄大	18,560,883
53	増田 伸洋	18,532,852
54	額賀 辰徳	17,425,250
55	B・ジョーブ	17,273,285
56	貞方 章男	16,921,820
57	W・リャン	16,690,300
58	S・K・ホ	16,339,373
59	金 鍾徳	16,249,500
60	広田 悟	16,081,166
61	藤島 豊和	15,617,090
62	篠崎 紀夫	15,288,363
63	宮里 聖志	15,285,824
64	河井 博大	14,580,665
65	W・パースキー	14,337,565
66	H・T・キム	14,260,692
67	室田 淳	14,184,448
68	※中嶋 常幸	13,192,285
69	桑原 克典	12,866,183
70	上田 諭尉	12,654,124
71	細川 和彦	12,333,145
72	塚田 好宣	11,906,485
73	横田 真一	11,757,208

2010年度

ツアー25試合
賞金総額3,350,000,000円
上位70位までの70名が2011年度のツアー出場資格を獲得
ランキングは海外4大メジャー競技で獲得した賞金を含む

順位	氏名	獲得額(円)
1	金 庚泰	181,103,799
2	藤田 寛之	157,932,927
3	石川 遼	151,461,479
4	池田 勇太	145,043,030
5	松村 道央	108,908,063
6	谷口 徹	103,020,730
7	B・ジョーンズ	82,359,438
8	兼本 貴司	79,422,113
9	宮本 勝昌	74,248,316
10	薗田 峻輔	69,854,664
11	金度勲(大邱)	65,800,949
12	小田 孔明	65,125,901
13	平塚 哲二	61,733,487
14	高山 忠洋	61,626,320
15	丸山 大輔	52,394,316
16	片山 晋呉	49,191,763
17	J・チョイ	44,284,895
18	谷原 秀人	43,886,755
19	H・リー	43,152,532
20	横田 真一	40,126,910
21	小田 龍一	38,983,464
22	丸山 茂樹	37,908,185
23	富田 雅哉	37,555,243
24	小山内 護	37,332,212
25	原口 鉄也	36,888,166
26	上井 邦浩	36,730,879
27	趙 珉珪	32,841,000
28	K・アフィバーンラト	31,280,653
29	裵 相文	29,474,083
30	岩田 寛	28,939,299
31	久保谷健一	28,904,208
32	井上 信	28,371,138
33	手嶋 多一	28,358,009
34	H・T・キム	27,888,751
35	D・チャンド	27,743,337
36	甲斐慎太郎	26,918,101
37	増田 伸洋	26,482,635
38	細川 和彦	26,062,986
39	山下 和宏	25,087,653
40	S・K・ホ	24,880,021
41	白 佳和	24,621,190
42	河井 博大	24,586,541
43	近藤 共弘	24,451,886
44	横尾 要	23,946,466
45	立山 光広	23,575,384
46	宮瀬 博文	23,142,234
47	矢野 東	23,009,156
48	谷口 拓也	22,574,098
49	朴 宰範	22,450,800
50	野仲 茂	21,700,112
51	I・J・ジャン	21,264,056
52	武藤 俊憲	20,281,532
53	宮里 聖志	20,113,266
54	貞方 章男	20,106,214
55	宮里 優作	19,653,816
56	D・スメイル	19,151,530
57	鈴木 亨	18,704,725
58	市原 弘大	18,566,998
59	広田 悟	18,206,600
60	金 亨成	18,101,250
61	上平 栄道	18,060,666
62	P・シーハン	18,059,799
63	W・リャン	17,223,250
64	C・キャンベル	14,609,580
65	上田 諭尉	14,488,326
66	許 仁會	13,497,916
67	河野晃一郎	12,739,454
68	藤島 豊和	12,173,068
69	岡茂 洋雄	11,912,254
70	谷 昭範	11,286,921

2011年度

ツアー25試合
賞金総額3,330,000,000円
※印を除く上位71位までの70名
が2012年度のツアー出場資格を
獲得
ランキングは海外4大メジャー
競技で獲得した賞金を含む

順位	氏 名	獲得額（円）
1	裵 相文	151,078,958
2	高山 忠洋	98,718,202
3	石川 遼	98,282,603
4	谷口 徹	96,888,944
5	藤田 寛之	94,355,200
6	小田 孔明	92,046,659
7	近藤 共弘	78,374,189
8	武藤 俊憲	77,694,778
9	平塚 哲二	73,482,234
10	久保谷健一	72,934,339
11	池田 勇太	71,703,534
12	金 庚泰	71,052,728
13	片山 晋呉	63,637,028
14	河井 博大	57,746,680
15	B・ジョーンズ	55,031,144
16	河野晃一郎	51,219,668
17	松村 道央	47,094,056
18	金 度勲	45,138,205
19	J・B・パク	44,454,660
20	ドンファン	42,602,606
21	宮里 優作	42,540,169
22	S・K・ホ	42,271,541
23	丸山 大輔	40,889,034
24	小林 正則	38,546,037
25	趙 珉珪	37,718,219
26	K・バーンズ	36,104,469
27	黄 重坤	35,774,105
28	J・チョイ・	33,947,483
29	B・ケネディ	33,781,510
30	薗田 峻輔	33,499,666
31	H・T・キム	33,243,333
32	増田 伸洋	31,595,993
33	上井 邦浩	30,880,790
34	矢野 東	30,815,609
35	諸藤 将次	29,372,077
36	上田 諭尉	28,852,010
37	宮里 聖志	27,098,932
38	P・シーハン	26,162,869
39	P・マークセン	24,751,417
40	朴 星俊	23,434,332
41	I・J・ジャン	23,128,408
42	小田 龍一	22,418,994
43	C・プラポール	22,283,266
44	宮本 勝昌	22,168,925
45	金 亨成	21,635,673
46	S・コンラン	21,377,471
47	小山内 護	21,192,804
48	N・ベーシック	20,747,733
49	冨山 聡	20,627,660
50	岩田 寛	20,598,566
51	山下 和宏	20,585,659
52	手嶋 多一	20,497,539
53	星野 英正	20,408,754
54	H・リー	19,476,725
55	白 佳和	19,304,726
56	原口 鉄也	18,947,426
57	D・スメイル	18,675,736
58	小泉 洋人	18,265,500
59	立山 光広	18,196,863
60	市原 弘大	18,064,751
61	横尾 要	17,966,611
62	K・アフィバーンラト	17,689,235
63	すし 石垣	17,541,896
64	谷 昭範	17,307,486
65	谷原 秀人	15,717,489
66	河瀬 賢史	15,622,316
67	佐藤 信人	15,400,000
68	上平 栄道	15,319,522
69	※G・フェルナンデスカスタノ	15,000,000
70	津曲 泰弦	14,914,170
71	金 聖潤	14,798,510

2012年度

ツアー25試合
賞金総額3,360,000,000円
※印を除く上位71位までの70名
が2013年度のツアー出場資格を
獲得
ランキングは海外4大メジャー
競技で獲得した賞金を含む

順位	氏 名	獲得額（円）
1	藤田 寛之	175,159,972
2	谷口 徹	102,686,994
3	B・ジョーンズ	92,078,892
4	池田 勇太	88,948,069
5	藤本 佳則	88,659,122
6	黄 重坤	84,348,350
7	石川 遼	78,178,145
8	金 亨成	76,660,630
9	金 庚泰	76,570,535
10	李 京勲	73,411,694
11	小田 孔明	72,340,492
12	武藤 俊憲	68,680,607
13	谷原 秀人	67,020,505
14	H・リー	66,277,742
15	久保谷健一	65,100,828
16	上平 栄道	63,101,010
17	I・J・ジャン	62,493,702
18	片山 晋呉	53,921,858
19	上井 邦浩	52,893,647
20	金 度勲	49,343,219
21	H・W・リュー	49,296,011
22	山下 和宏	46,195,203
23	B・ケネディ	44,330,044
24	近藤 共弘	44,009,377
25	小林 正則	43,704,828
26	小田 龍一	41,572,349
27	J・パグンサン	40,868,107
28	呉 阿順	40,675,310
29	※L・ドナルド	40,000,000
30	宮里 優作	38,716,099
31	J・チョイ	38,490,240
32	川村 昌弘	34,220,932
33	手嶋 多一	33,665,900
34	ドンファン	33,195,666
35	宮本 勝昌	31,394,233
36	P・マークセン	31,246,832
37	S・K・ホ	30,545,738
38	兼本 貴司	28,935,486
39	平塚 哲二	28,798,933
40	K・バーンズ	28,370,794
41	K・アフィバーンラト	27,838,833
42	薗田 峻輔	27,586,816
43	深堀圭一郎	26,059,199
44	上田 諭尉	25,634,366
45	松村 道央	24,735,457
46	横尾 要	24,032,876
47	宮里 聖志	23,740,875
48	今野 康晴	23,472,847
49	すし 石垣	23,387,832
50	D・スメイル	22,159,537
51	趙 珉珪	21,690,558
52	S・コンラン	21,234,594
53	塚田 好宣	21,140,421
54	李 丞鎬	20,535,791
55	篠崎 紀夫	20,444,942
56	梁 津萬	19,632,814
57	丸山 大輔	19,391,953
58	貞方 章男	18,759,000
59	岩田 寛	18,323,527
60	白 佳和	18,003,957
61	金 聖潤	17,116,842
62	永675竜太郎	16,481,404
63	矢野 東	16,204,023
64	朴 銀信	16,050,597
65	野仲 茂	15,745,265
66	高山 忠洋	15,501,100
67	浅地 洋佑	15,253,865
68	小山内 護	15,115,261
69	細川 和彦	14,148,280
70	白潟 英純	13,873,542
71	原口 鉄也	13,660,377

2013年度

ツアー25試合
賞金総額3,354,140,000円
※印を除く上位72位までの70名
が2014年度のツア　出場資格を
獲得
ランキングは海外4大メジャー
競技で獲得した賞金を含む

順位	氏　　名	獲得額（円）
1	松山　英樹	201,076,781
2	金　亨成	125,824,405
3	片山　晋呉	112,557,810
4	小田　孔明	112,506,906
5	S・J・パク	93,402,445
6	谷原　秀人	91,134,436
7	宮里　優作	78,688,291
8	呉　阿順	78,347,975
9	池田　勇太	78,056,124
10	藤本　佳則	69,598,515
11	川村　昌弘	66,566,788
12	小平　智	62,034,804
13	李　京勲	60,445,317
14	小林　正則	55,811,378
15	薗田　峻輔	55,508,856
16	山下　和宏	54,961,615
17	近藤　共弘	53,783,167
18	B・ケネディ	52,835,054
19	S・K・ホ	51,959,448
20	金　庚泰	51,656,204
21	塚田　好宣	46,076,809
22	松村　道央	41,310,205
23	P・マークセン	41,015,121
24	※L・ドナルド	40,000,000
25	藤田　寛之	39,573,695
26	平塚　哲二	39,242,177
27	上井　邦浩	36,405,673
28	丸山　大輔	36,335,474
29	※B・ジョーンズ	36,252,699
30	I・J・ジャン	35,960,383
31	D・オー	34,048,570
32	武藤　俊憲	31,471,393
33	河野　祐輝	30,707,856
34	崔　虎星	30,692,108
35	H・リー	29,648,934
36	黄　重坤	29,400,632
37	J・パグンサン	29,312,118
38	谷口　徹	28,773,520
39	冨山　聡	27,787,445
40	高山　忠洋	24,962,016
41	星野　英正	24,801,423
42	矢野　東	23,562,447
43	岩田　寛	22,946,899
44	深堀圭一郎	22,015,961
45	河井　博大	21,492,116
46	宮本　勝昌	20,862,314
47	片岡　大育	20,791,678
48	D・スメイル	19,868,468

順位	氏　　名	獲得額（円）
49	S・ストレンジ	19,653,546
50	梁　津萬	19,408,446
51	趙　珉珪	18,655,742
52	野仲　茂	18,302,121
53	K・バーンズ	18,212,584
54	今野　康晴	18,060,499
55	S・コンラン	17,687,683
56	上平　栄道	17,419,976
57	横尾　要	17,341,688
58	塚田　陽亮	17,107,142
59	貞方　章男	16,819,650
60	金　聖潤	16,376,054
61	宋　永漢	16,228,130
62	K・アフィバーンラト	15,977,593
63	永野竜太郎	15,671,850
64	井上　信	15,389,292
65	石川　遼	14,920,000
66	J・チョイ	14,784,633
67	白　佳和	14,573,358
68	金　度勲	14,500,703
69	李　尚熹	14,212,802
70	手嶋　多一	13,787,693
71	M・ヘンドリー	12,874,929
72	久保谷健一	12,814,083

2014年度

ツアー24試合
賞金総額3,253,640,000円
※印を除く上位61位までの60名
が2015年度ツアー出場資格、62
位から78位までの15名がフォー
ルシャッフル対象のツアー出場
資格を獲得
ランキングは海外4大メジャー
競技で獲得した賞金を含む

順位	氏　　名	獲得額（円）
1	小田　孔明	137,318,693
2	藤田　寛之	116,275,130
3	近藤　共弘	107,089,056
4	岩田　寛	97,794,191
5	宮本　勝昌	91,048,150
6	片山　晋呉	85,535,243
7	池田　勇太	77,552,862
8	谷原　秀人	77,492,097
9	金　亨成	73,696,675
10	竹谷　佳孝	64,538,290
11	宮里　優作	64,299,792
12	藤本　佳則	61,285,279
13	張　棟圭	58,753,618
14	手嶋　多一	58,703,792
15	I・H・ホ	56,913,416
16	S・H・キム	55,392,226
17	P・マークセン	54,807,380
18	D・オー	53,076,501

順位	氏　　名	獲得額（円）
19	石川　遼	52,856,504
20	武藤　俊憲	48,180,455
21	小平　智	47,914,628
22	I・J・ジャン	46,388,089
23	小田　龍一	46,084,125
24	李　京勲	43,500,608
25	松村　道央	43,097,968
26	※松山　英樹	42,770,000
27	高山　忠洋	42,232,041
28	李　尚熹	40,609,395
29	B・ケネディ	39,134,534
30	山下　和宏	36,174,377
31	H・W・リュー	35,494,392
32	梁　津萬	33,071,750
33	J・パグンサン	32,191,873
34	黄　重坤	31,453,889
35	金　庚泰	30,814,350
36	冨山　聡	30,252,637
37	B・ジョーンズ	30,143,617
38	A・ブランド	29,496,007
39	K・T・ゴン	29,465,715
40	趙　珉珪	28,397,436
41	朴　相賢	28,132,644
42	塚田　陽亮	27,590,393
43	S・K・ホ	26,512,000
44	H・リー	26,428,990
45	薗田　峻輔	25,369,942
46	呉　阿順	24,473,373
47	谷口　徹	24,262,860
48	星野　英正	23,541,764
49	宋　永漢	22,922,807
50	今野　康晴	22,267,700
51	M・ヘンドリー	21,306,402
52	増田　伸洋	21,066,199
53	片岡　大育	20,025,649
54	貞方　章男	19,484,657
55	河井　博大	19,085,828
56	正岡　竜二	18,374,182
57	市原　弘大	17,105,442
58	K・アフィバーンラト	16,975,000
59	T・クロンパ	16,207,666
60	金　亨泰	16,205,000
61	塚田　好宣	16,092,039
62	永野竜太郎	15,816,847
63	S・ストレンジ	15,757,180
64	S・コンラン	15,215,523
65	重永亜斗夢	14,993,377
66	丸山　大輔	14,047,770
67	塩見　好輝	13,963,649
68	平本　穏	13,084,777
69	上井　邦裕	12,688,707
70	J・B・パク	12,552,900
71	崔　虎星	12,546,153
72	K・バーンズ	12,028,965
73	室田　淳	12,012,500
74	※J・クヌートン	11,850,000
75	稲森　佑貴	11,734,857

順位	氏名	獲得額(円)
76	D・スメイル	11,617,566
77	※J・スピース	11,600,000
78	深堀圭一郎	11,014,957

2015年度

ツアー25試合
賞金総額3,309,340,000円
※印を除く上位62位までの60名が2016年度ツアー出場資格、63位から78位までの15名がフォールシャッフル対象のツアー出場資格を獲得
ランキングは海外4大メジャー競技で獲得した賞金を含む

順位	氏名	獲得額(円)
1	金 庚泰	165,981,625
2	宮里 優作	103,999,119
3	池田 勇太	99,380,317
4	藤本 佳則	98,642,449
5	片山 晋呉	90,577,641
6	石川 遼	87,788,433
7	谷原 秀人	87,208,490
8	黄 重坤	81,159,441
9	小平 智	66,776,437
10	小田 孔明	63,701,077
11	松村 道央	62,546,865
12	I・J・ジャン	61,387,417
13	李 京勲	61,162,727
14	岩田 寛	60,229,333
15	宋 永漢	59,972,148
16	金 亨成	59,321,180
17	A・ブランド	57,010,458
18	片岡 大育	56,492,942
19	武藤 俊憲	56,005,368
20	P・マークセン	50,384,742
21	B・ケネディ	49,582,075
22	永野竜太郎	48,904,833
23	手嶋 多一	48,850,267
24	今平 周吾	45,257,908
25	宮本 勝昌	44,424,966
26	H・W・リュー	41,506,218
27	※梁 津萬	40,598,600
28	近藤 共弘	39,773,618
29	稲森 佑貴	37,256,211
30	M・ヘンドリー	35,697,800
31	藤田 寛之	34,624,648
32	高山 忠洋	34,061,558
33	朴 相賢	32,065,462
34	山下 和宏	31,419,220
35	W・J・リー	31,105,380
36	小田 龍一	27,531,057
37	張 棟圭	27,424,629
38	趙 珉珪	27,091,442
39	T・クロンパ	26,206,500
40	J・B・パク	25,960,850
41	堀川未来夢	24,995,207
42	川村 昌弘	24,898,699
43	竹谷 佳孝	24,662,451
44	呉 阿順	24,608,877
45	崔 虎星	23,836,674
46	重永亜斗夢	23,736,250
47	谷口 徹	23,639,788
48	市原 弘大	23,244,476
49	B・ジョーンズ	23,002,533
50	李 尚熹	22,900,447
51	S・ストレンジ	22,087,528
52	薗田 峻輔	22,054,940
53	貞方 章男	21,767,685
54	冨山 聡	20,348,992
55	D・オー	19,515,031
56	塚田 陽亮	19,469,361
57	小池 一平	18,683,116
58	K・バーンズ	18,660,581
59	※松山 英樹	18,160,000
60	S・K・ホ	16,779,357
61	額賀 辰徳	15,784,000
62	A・キュー	15,762,075
63	小林伸太郎	15,533,438
64	矢野 東	14,524,349
65	深堀圭一郎	14,262,919
66	星野 英正	13,959,336
67	K・T・ゴン	13,836,575
68	M・グリフィン	12,787,897
69	※王 情訓	12,530,700
70	横田 真一	12,161,173
71	平本 穏	11,603,397
72	J・パグンサン	11,541,375
73	増田 伸洋	10,998,110
74	富村 真治	10,589,583
75	文 景俊	10,310,801
76	河井 博大	10,105,622
77	正岡 竜二	10,004,177
78	S・H・キム	9,935,254

2016年度

ツアー26試合
賞金総額3,488,915,000円
※印を除く上位63位までの60名が2017年度ツアー出場資格、64位から82位までの15名がフォールシャッフル対象のツアー出場資格を獲得
ランキングは海外4大メジャー競技で獲得した賞金を含む

順位	氏名	獲得額(円)
1	池田 勇太	207,901,567
2	谷原 秀人	171,902,867
3	金 庚泰	113,714,688
4	宋 永漢	91,562,130
5	片岡 大育	86,019,113
6	小平 智	83,674,671
7	※松山 英樹	80,000,000
8	朴 相賢	77,961,852
9	片山 晋呉	63,219,233
10	今平 周吾	61,603,069
11	B・ケネディ	55,524,605
12	M・ヘンドリー	54,054,728
13	武藤 俊憲	51,292,990
14	宮本 勝昌	48,093,082
15	藤本 佳則	47,059,237
16	高山 忠洋	46,976,486
17	李 京勲	46,039,800
18	永野竜太郎	45,927,502
19	石川 遼	44,371,593
20	宮里 優作	44,166,769
21	H・W・リュー	43,942,039
22	小田 孔明	43,654,025
23	B・ジョーンズ	43,580,309
24	朴ジュンウォン	41,200,815
25	※B・ケプカ	40,000,000
26	稲森 佑貴	39,956,809
27	小池 一平	39,879,943
28	塚田 陽亮	39,816,934
29	藤田 寛之	39,712,044
30	金 亨成	38,323,830
31	黄 重坤	35,509,333
32	近藤 共弘	34,850,307
33	市原 弘大	34,644,807
34	矢野 東	34,623,195
35	※詹 世昌	34,099,093
36	小林伸太郎	33,431,975
37	T・クロンパ	33,350,885
38	趙 珉珪	32,563,056
39	山下 和宏	31,919,125
40	重永亜斗夢	30,413,880
41	大堀裕次郎	29,976,937
42	薗田 峻輔	29,862,563
43	S・ノリス	29,534,371
44	S・H・キム	28,626,130
45	W・J・リー	27,610,993
46	崔 虎星	26,153,285
47	S・ハン	24,237,716
48	趙 炳旻	23,898,663
49	A・ブランド	23,438,927
50	手嶋 多一	23,376,839
51	正岡 竜二	22,751,200
52	小田 龍一	21,012,871
53	J・パグンサン	20,982,485
54	時松 隆光	20,980,449
55	K・バーンズ	20,506,328
56	川村 昌弘	19,719,551
57	姜 庚男	19,249,671
58	竹谷 佳孝	19,163,200
59	任 成宰	18,291,100
60	梁 津萬	18,028,440

順位	氏　名	獲得額（円）
61	I・J・ジャン	18,008,137
62	香妻陣一朗	17,035,322
63	A・キュー	16,684,548
64	李　尚熹	16,466,713
65	岩本　高志	15,992,175
66	H・リー	15,783,104
67	S・ストレンジ	15,218,135
68	P・マークセン	14,213,252
69	C・キム	14,090,942
70	松村　道央	14,070,951
71	D・オー	13,807,800
72	※J・スピース	13,131,800
73	※E・グリジョ	12,950,000
74	※王　情訓	12,740,592
75	C・ニラト	12,659,371
76	※M・フレーザー	12,600,000
77	星野　英正	12,493,875
78	J・B・パク	11,192,300
79	M・グリフィン	11,048,981
80	谷口　徹	10,921,900
81	増田　伸洋	10,427,034
82	平塚　哲二	10,133,947

ツアー26試合
賞金総額3,594,680,000円
※印を除く上位62位までの61名
が2018年度ツアー出場資格、63
位から79位までの15名がフォー
ルシャッフル対象の出場資格を
獲得
ランキングは海外4大メジャー
競技で獲得した賞金を含む

順位	氏　名	獲得額（円）
1	宮里　優作	182,831,982
2	小平　智	161,463,405
3	C・キム	132,326,556
4	池田　勇太	126,240,438
5	S・ハン	112,798,464
6	今平　周吾	101,483,329
7	S・ノリス	85,128,663
8	片山　晋呉	81,289,975
9	H・W・リュー	80,824,002
10	宋　永漢	69,269,309
11	時松　隆光	67,509,563
12	任　成宰	62,441,879
13	金　庚泰	60,537,587
14	片岡　大育	59,158,027
15	宮本　勝昌	54,438,564
16	高山　忠洋	54,091,093
17	M・ヘンドリー	51,138,926
18	P・マークセン	50,389,244
19	黄　重坤	49,386,868
20	稲森　佑貴	49,209,462

順位	氏　名	獲得額（円）
21	B・ケネディ	47,063,090
22	久保谷健一	46,960,480
23	李　尚熹	46,796,649
24	藤本　佳則	46,035,278
25	小田　孔明	42,589,504
26	※B・ケプカ	40,000,000
27	小鯛　竜也	39,580,855
28	B・ジョーンズ	37,568,322
29	朴　相賢	35,468,068
30	大堀裕次郎	35,145,092
31	星野　陸也	33,116,035
32	谷口　徹	32,364,700
33	武藤　俊憲	32,296,438
34	藤田　寛之	31,964,746
35	姜　庚男	31,640,659
36	梁　津萬	31,372,707
37	J・パグンサン	30,491,615
38	永野竜太郎	30,338,582
39	D・オー	29,265,266
40	A・キュー	27,803,035
41	A・ブランド	27,184,933
42	岩田　寛	27,114,280
43	秋吉　翔太	26,704,356
44	金　亨成	24,900,856
45	香妻陣一朗	22,919,437
46	S・H・キム	22,205,911
47	手嶋　多一	22,128,596
48	松村　道央	21,290,968
49	重永亜斗夢	20,971,166
50	T・シノット	20,497,288
51	堀川未来夢	20,481,606
52	M・グリフィン	20,039,302
53	上井　邦裕	19,637,050
54	趙　炳旻	19,424,272
55	谷原　秀人	18,746,636
56	I・J・ジャン	18,220,377
57	竹安　俊也	16,860,881
58	塚田　陽亮	16,848,572
59	山下　和宏	16,043,963
60	T・クロンパ	15,716,525
61	ドンファン	15,600,046
62	崔　虎星	15,311,921
63	I・H・ホ	14,487,484
64	※P・サクサンシン	14,421,000
65	※X・シャウフェレ	14,400,000
66	出水田大二郎	14,386,479
67	薗田　峻輔	14,195,743
68	石川　遼	14,148,888
69	朴ジュンウォン	13,650,237
70	正岡　竜二	13,455,196
71	川村　昌弘	13,051,054
72	北村　晃一	12,462,318
73	W・J・リー	12,348,000
74	池村　寛世	11,841,432
75	日高　将史	11,016,500
76	丸山　大輔	10,924,662
77	浅地　洋佑	10,898,808

順位	氏　名	獲得額（円）
78	D・ブランスドン	10,769,474
79	趙　珉珪	10,612,774

ツアー24試合
賞金総額3,395,562,500円
※印を除く上位69位までの66名
が2019年度ツアー出場資格を獲得
ランキングは海外4大メジャー
競技で獲得した賞金を含む

順位	氏　名	獲得額（円）
1	今平　周吾	139,119,332
2	S・ノリス	103,942,450
3	稲森　佑貴	85,301,742
4	市原　弘大	82,245,918
5	池田　勇太	79,671,825
6	小平　智	75,982,987
7	星野　陸也	73,583,921
8	B・ジョーンズ	72,983,596
9	時松　隆光	69,530,017
10	崔　虎星	69,483,731
11	T・クロンパ	65,783,232
12	黄　重坤	65,691,041
13	Y・E・ヤン	63,650,559
14	秋吉　翔太	61,522,806
15	川村　昌弘	58,362,896
16	藤本　佳則	56,614,551
17	重永亜斗夢	55,374,842
18	木下　裕太	55,347,688
19	堀川未来夢	54,119,271
20	B・ケネディ	53,308,681
21	岩田　寛	50,847,216
22	石川　遼	47,692,054
23	李　尚熹	46,259,489
24	金　亨成	44,071,763
25	A・キュー	44,068,682
26	谷口　徹	40,216,992
27	額賀　辰徳	38,051,192
28	出水田大二郎	34,767,846
29	S・ハン	34,553,437
30	M・グリフィン	33,910,957
31	R・ガンジー	33,806,958
32	H・W・リュー	32,831,380
33	武藤　俊憲	32,804,339
34	片岡　大育	32,466,212
35	S・H・キム	31,126,979
36	姜　庚男	30,298,881
37	金　庚泰	27,819,500
38	朴　相賢	26,942,164
39	池村　寛世	24,902,163
40	大槻　智春	24,650,775
41	W・J・リー	24,443,904
42	R・ワナスリチャン	24,264,475

過去のデータ

順位	氏　　名	獲得額（円）
43	大堀裕次郎	24,041,362
44	小田　孔明	23,432,121
45	嘉数　光倫	23,352,000
46	片山　晋呉	22,669,138
47	宋　　永漢	22,528,081
48	藤田　寛之	22,156,237
49	竹安　俊也	21,639,458
50	J・パグンサン	21,535,714
51	張　　棟圭	21,525,399
52	上井　邦裕	20,994,945
53	※S・ガルシア	20,115,000
54	木下　稜介	19,198,487
55	趙　　珉珪	18,951,175
56	浅地　洋佑	18,794,166
57	A・クウェイル	18,489,240
58	D・オー	17,768,539
59	正岡　竜二	17,069,878
60	比嘉　一貴	16,868,209
61	M・ヘンドリー	16,837,671
62	小鯛　竜也	16,779,938
63	※J・ハーディング	16,500,000
64	宮里　優作	16,237,450
65	P・マークセン	15,954,606
66	近藤　智弘	15,899,188
67	D・ブランスドン	15,550,497
68	※P・ピーターソン	15,086,250
69	詹　　世昌	14,748,289

2019年度

ツアー25試合
賞金総額3,274,090,000円
上位65名が2020年度ツアー出場
資格を獲得
ランキングは海外4大メジャー
競技で獲得した賞金を含む

順位	氏　　名	獲得額（円）
1	今平　周吾	168,049,312
2	S・ノリス	145,044,149
3	石川　遼	132,812,990
4	C・キム	105,880,318
5	黄　　重坤	94,985,827
6	堀川未来夢	84,790,750
7	J・ジェーンワタナンド	80,432,742
8	朴　　相賢	71,453,921
9	浅地　洋佑	69,797,845
10	崔　　虎星	67,083,026
11	星野　陸也	66,313,846
12	金　　庚泰	64,692,615
13	時松　隆光	57,748,084
14	比嘉　一貴	57,401,190
15	S・ビンセント	56,823,626
16	B・ジョーンズ	55,290,226
17	池田　勇太	53,870,134
18	B・ケネディ	52,039,313

19	武藤　俊憲	51,204,475
20	宮本　勝昌	50,403,092
21	G・チャルングン	50,273,898
22	S・ハン	47,858,105
23	Y・E・ヤン	42,888,013
24	大槻　智春	40,072,989
25	藤田　寛之	39,706,175
26	秋吉　翔太	39,398,756
27	M・グリフィン	38,393,733
28	J・クルーガー	34,028,792
29	A・クウェイル	32,925,863
30	片山　晋呉	30,536,757
31	小田　孔明	28,464,750
32	岩田　寛	28,457,981
33	香妻陣一朗	26,786,215
34	木下　稜介	25,482,410
35	李　　尚熹	25,320,318
36	D・ペリー	23,998,300
37	姜　　庚男	23,842,999
38	藤本　佳則	23,694,388
39	出水田大二郎	23,274,912
40	J・パグンサン	23,157,765
41	正岡　竜二	21,111,426
42	池村　寛世	20,895,766
43	貞方　章男	20,200,499
44	R・ジョン	20,132,000
45	小平　智	19,936,729
46	A・キュー	19,878,811
47	張　　棟圭	19,073,022
48	重永亜斗夢	18,525,821
49	稲森　佑貴	17,356,426
50	W・J・リー	17,088,775
51	D・ブランスドン	16,854,358
52	H・W・リュー	16,274,130
53	永野竜太郎	16,134,380
54	佐藤　大平	15,696,477
55	P・ピーターソン	14,061,372
56	T・ペク	14,039,071
57	小鯛　竜也	13,792,719
58	M・ヘンドリー	13,686,024
59	金　　成玹	13,429,531
60	市原　弘大	13,102,632
61	梁　　津萬	13,063,230
62	塚田　陽亮	12,817,324
63	塩見　好輝	12,642,900
64	中西　直人	12,586,730
65	竹谷　佳孝	12,564,132

2020-21年度

ツアー30試合
賞金総額3,337,610,000円
上位65名が2022年度ツアー出場
資格を獲得
ランキングは海外4大メジャー
競技で獲得した賞金を含む

順位	氏　　名	獲得額（円）
1	C・キム	127,599,803
2	金谷　拓実	119,803,605
3	木下　稜介	115,001,239
4	谷原　秀人	111,599,542
5	星野　陸也	107,341,089
6	稲森　佑貴	93,271,283
7	堀川未来夢	91,677,199
8	香妻陣一朗	83,284,384
9	今平　周吾	81,377,658
10	大槻　智春	81,375,042
11	S・ビンセント	79,989,781
12	S・ノリス	73,043,069
13	比嘉　一貴	70,043,096
14	浅地　洋佑	65,094,311
15	池田　勇太	61,892,074
16	岩田　寛	59,463,592
17	石坂　友宏	56,204,216
18	石川　遼	55,311,607
19	片岡　尚之	52,292,225
20	宮里　優作	48,840,596
21	永野竜太郎	47,680,258
22	池村　寛世	45,078,559
23	大岩　龍一	44,376,742
24	杉山　知靖	43,877,089
25	時松　隆光	41,722,720
26	T・ペク	41,657,016
27	阿久津未来也	34,501,853
28	上井　邦裕	34,395,570
29	片山　晋呉	32,491,097
30	古川　雄大	30,898,021
31	J・パグンサン	28,987,943
32	金成玹(キムソンヒョン)	28,107,600
33	塚田　陽亮	27,746,961
34	高山　忠洋	27,667,368
35	宮本　勝昌	26,769,766
36	小田　孔明	26,611,979
37	小斉平優和	26,239,135
38	植竹　勇太	25,934,883
39	幡地　隆寛	25,205,231
40	内藤寛太郎	24,815,657
41	出水田大二郎	24,637,553
42	佐藤　大平	23,241,866
43	J・チョイ	23,227,800
44	宋永漢(ソンヨンハン)	22,929,517
45	矢野　東	22,772,883
46	中西　直人	21,355,790
47	杉本エリック	21,345,427
48	T・クロンパ	19,330,925

順位	氏　名	獲得額（円）
49	小林伸太郎	18,869,999
50	久常　涼	18,599,070
51	秋吉翔太	17,469,017
52	重永亜斗夢	17,054,879
53	清水　大成	16,796,499
54	竹谷　佳孝	16,024,573
55	市原　弘大	16,532,270
56	池上憲士郎	16,421,160
57	貞方　章男	16,260,884
58	S・ハン	15,993,877
59	小平　智	15,796,146
60	木下　裕太	15,588,034
61	H・W・リュー	15,524,783
62	阿部　裕樹	14,708,552
63	近藤　智弘	14,172,880
64	張棟圭（ジャンドンキュ）	13,556,109
65	小鯛　竜也	13,316,436

2022年度

ツアー27試合
賞金総額3,125,580,000円
※印を除く上位70位までの65名が2023年度ツアー出場資格を獲得
ランキングは海外4大メジャー競技で獲得した賞金を含む

順位	氏　名	獲得額（円）
1	比嘉　一貴	181,598,825
2	星野　陸也	114,404,050
3	岩﨑亜久竜	96,670,570
4	堀川未来夢	95,594,744
5	桂川　有人	87,970,697
6	岩田　寛	87,317,389
7	C・キム	86,805,149
8	大槻　智春	84,902,380
9	河本　力	77,766,121
10	石川　遼	76,949,337
11	稲森　佑貴	73,001,240
12	今平　周吾	68,656,021
13	大西　魁斗	68,186,276
14	谷原　秀人	55,572,143
15	池村　寛世	53,631,848
16	B・ケネディ	51,298,021
17	池田　勇太	49,568,510
18	香妻陣一朗	46,138,125
19	A・クウェイル	44,943,861
20	時松　隆光	43,275,615
21	木下　稜介	42,069,422
22	出水田大二郎	40,809,355
23	片岡　尚之	40,425,841
24	久常　涼	37,085,872
25	清水　大成	36,051,229
26	小平　智	35,045,259
27	※S・ビンセント	32,486,250
28	大岩　龍一	32,051,043
29	※金谷　拓実	31,461,833
30	長野　泰雅	30,237,359
31	T・ペク	28,802,150
32	J・デロスサントス	27,397,957
33	※朴　相賢	26,845,000
34	永野竜太郎	26,003,104
35	杉山　知靖	25,543,274
36	李　尚熹	23,757,276
37	植竹　勇太	22,728,507
38	小林伸太郎	21,817,605
39	竹安　俊也	21,775,876
40	佐藤　大平	20,982,593
41	片山　晋呉	19,516,250
42	J・クルーガー	18,717,050
43	嘉数　光倫	18,270,000
44	小田　孔明	17,699,421
45	鍋谷　太一	17,552,455
46	近藤　智弘	17,464,907
47	H・W・リュー	17,298,278
48	杉本エリック	17,133,300
49	阿久津未来也	17,072,542
50	石坂　友宏	16,812,801
51	宋　永漢	16,411,975
52	市原　弘大	16,326,411
53	幡地　隆寛	16,065,475
54	勝俣　陵	16,052,113
55	田村　光正	15,921,407
56	宮本　勝昌	15,340,399
57	J・パグンサン	15,276,996
58	平田　憲聖	15,139,070
59	※中島　啓太	14,821,142
60	※黄　重坤	14,509,400
61	吉田　泰基	14,271,833
62	小西　貴紀	13,794,741
63	張　棟圭	13,780,677
64	塚田　陽亮	12,818,002
65	H・リー	12,814,261
66	宮里　優作	11,851,827
67	小鯛　竜也	11,408,833
68	B・ジョーンズ	11,397,678
69	貞方　章男	11,390,799
70	木下　裕太	11,329,850

過去のデータ

年度	試合数	賞金総額（円）
1973年	31	471,000,000
1974年	31	596,290,000
1975年	33	801,115,000
1976年	32	839,300,000
1977年	32	859,290,000
1978年	37	942,940,000
1979年	37	979,830,000
1980年	38	1,039,700,000
1981年	42	1,235,000,000
1982年	45	1,429,300,000
1983年	46	1,534,900,000
1984年	39	1,604,750,000
1985年	40	1,753,000,000
1986年	40	1,874,000,000
1987年	40	1,994,000,000
1988年	40	2,286,000,000
1989年	41	2,600,000,000
1990年	44	3,290,000,000
1991年	43	3,652,500,000
1992年	38	3,890,000,000
1993年	39	4,185,000,000
1994年	38	4,150,000,000
1995年	37	4,020,000,000
1996年	36	3,910,000,000
1997年	36	3,930,000,000
1998年	36	4,070,000,000
1999年	32	3,360,000,000
2000年	33	3,530,000,000
2001年	31	3,430,000,000
2002年	29	3,320,000,000
2003年	29	3,250,000,000
2004年	29	3,270,000,000
2005年	29	3,380,000,000
2006年	29	3,500,000,000
2007年	24	3,040,000,000
2008年	25	3,620,000,000
2009年	24	3,340,000,000
2010年	25	3,350,000,000
2011年	25	3,330,000,000
2012年	25	3,360,000,000
2013年	25	3,354,140,000
2014年	24	3,253,640,000
2015年	25	3,309,340,000
2016年	26	3,488,915,000
2017年	26	3,594,680,000
2018年	24	3,395,562,500
2019年	25	4,360,080,000
'20-'21年	30	3,337,610,000
2022年	27	※3,125,580,000
2023年	26	3,332,776,364

※2022年の賞金総額は「SMBCシンガポールオープン」を除く

◎はツアー競技、☆は賞金ランキング対象競技

年度	氏名	記録	開催コース

●Hitachi 3Tours Championship

2005	JGTOチーム34.5P	…………………	千葉・梅郷
2006	LPGAチーム37P	…………………	キングフィールズ
2007	JGTOチーム26P	…………………	キングフィールズ
2008	JGTOチーム24.5P	…………………	キングフィールズ
2009	PGAチーム17.5P	…………………	キングフィールズ
2010	JGTOチーム23P	…………………	キングフィールズ
2011	LPGAチーム24.5P	…………………	キングフィールズ
2012	PGAチーム19.5P	…………………	平川
2013	LPGAチーム21.5P	…………………	平川
2014	LPGAチーム 21.5P	…………………	平川
2015	LPGAチーム 10P	…………………	グリッサンド
2016	JGTOチーム 13.5P	…………………	グリッサンド
2017	JGTOチーム 11.5P	…………………	グリッサンド
2018	PGAチーム10.0P	…………………	グリッサンド
2019	LPGAチーム 12.0P	…………………	グリッサンド
2020	〈新型コロナウイルス感染拡大のため中止〉		
2021	LPGAチーム 24P	…………………	大栄
2022	JGTOチーム 21P	…………………	大栄
2023	LPGAチーム 27P	…………………	大栄

●岐阜オープンクラシック

1991	宮下　稔	132-66・66	………………各務原
1992	デビッド・イシイ	133-68・65	………………各務原
1993	平野　浩作	132-68・64	………………各務原
1994	菅原　洋一	135-69・66	………………各務原
1995	長田　力	134-69・70	………………各務原
1996	木村　政信	130-66・64	………………各務原
1997	井戸木鴻樹	132-66・66	………………各務原
1998	桑原　克典	130-65・65	………………各務原
1999	桑原　克典	132-68・64	………………各務原
2000	野上　貴夫	139-68・71	………………各務原
2001	原田　三夫	135-66・69	………………各務原
2002	横田　真一	133-65・68	………………各務原
2003	桑原　克典	64-64	………………各務原
2004	小林　正則	134-67・67	………………各務原
2005	堀之内　豊	134-68・66	………………各務原
2006	河村　雅之	141-70・71	………………各務原
2007	桑原　克典	137-68・69	………………各務原
2008	伊藤　正己	136-69・67	………………各務原
2009	藤田　寛之	134-67・67	………………各務原
2010	尾崎　直道	136-70・66	………………各務原
2011	宮瀬　博文	134-65・69	………………各務原
2012	井戸木鴻樹	139-70・69	………………各務原
2013	リチャード・テイト	134-67・67	………………各務原
2014	上平　栄道	136-69・67	………………各務原
2015	谷口　徹	133-67・66	………………各務原
2016	上田　諭尉	133-66・67	………………各務原
2017	谷口　徹	131-66・65	………………各務原
2018	石川　遼	137-69・68	………………各務原
2019※	織田　信亮	135-66・69	………………各務原
2020	〈新型コロナウイルス感染拡大のため中止〉		
2021	竹谷　佳孝	137-66・71	………………各務原
2022	澤崎　安雄	135-66・69	………………各務原
2023	発多ヤマト	134-64・70	………………各務原

※はアマチュア

●北陸オープン
富山県オープン

1979	豊田　明夫	211-67・75・69	……呉羽・日本海
1980	井上　幸一	142-72・70	………呉羽・日本海
1981	松井　利樹	140-73・67	………呉羽・日本海
☆1982	内田　繁	136-69・67	………呉羽・日本海
☆1983	新井規矩雄	135-65・70	………呉羽・日本海
1984	今井　昌雪	140-71・69	………呉羽・日本海
1985	鷹巣　南雄	137-68・69	………呉羽・日本海
1986	芹沢　信雄	138-66・72	………呉羽・日本海
1987	芹沢　信雄	133-66・67	………呉羽・日本海
1988	横島　由一	139-67・72	………呉羽・日本海
1989	横島　由一	137-71・66	………呉羽・日本海
1990	三上　法夫	140-72・68	………呉羽・日本海
1991	内田　繁	141-71・70	………呉羽・日本海
1992	中村　輝夫	139-68・71	………呉羽・日本海
1993	中村　輝夫	140-68・72	………呉羽・日本海
1994	河村　雅之	138-68・70	………呉羽・日本海
1995	丸山　智弘	139-67・72	………呉羽・日本海
1996	高崎　龍雄	136-68・68	………呉羽・日本海
1997	藤田　寛之	132-68・64	………呉羽・日本海
1998	室田　淳	136-68・68	………呉羽・日本海

北陸オープン

1999	佐藤　剛平	137-68・69	………呉羽・日本海
2000	宮本　勝昌	135-71・64	………呉羽・日本海
2001	野仲　茂	139-71・68	………呉羽・日本海
2002	藤田　寛之	134-64・70	………呉羽・日本海
2003	平塚　哲二	133-64・69	………呉羽・日本海
2004	小山内　護	135-67・68	………呉羽・日本海
2005	小田　龍一	129-67・62	………呉羽・日本海
2006	すし　石垣	135-69・66	………呉羽・日本海
2007	室田　淳	137-69・68	………呉羽・日本海
2008	中川　勝弥	134-68・66	………呉羽・日本海
2009	山下　和宏	133-66・67	………呉羽・日本海
2010	平塚　哲二	133-68・65	………呉羽・日本海
2011	岡茂　洋雄	136-71・65	………呉羽・日本海
2012	鈴木　康正	135-64・71	………呉羽・日本海
2013	小田　孔明	134-69・65	………呉羽・日本海
2014	遠藤　彰	133-65・68	………呉羽・日本海
2015	宮本　勝昌	133-72・61	………呉羽・日本海
2016	片山　晋呉	134-68・66	………呉羽・日本海
2017	小田　龍一	136-68・68	………呉羽・日本海
2018	北村　晃一	135-71・64	………呉羽・日本海
2019	池村　寛世	135-66・69	………呉羽・日本海
2020	〈新型コロナウイルス感染拡大のため中止〉		
2021	高山　忠洋	135-67・68	………呉羽・日本海
2022	Ｈ・リー	133-67・66	………呉羽・日本海
2023	小鯛　竜也	134-69・65	………呉羽・日本海

●中部オープン

1971	内田　繁	289-70・75・73・71	………桑名
1972	橘田　規	282-70・73・67・72	………浜名湖
◎1973	石井　裕士	287-71・71・75・70	………愛岐
◎1974	橘田　規	282-70・75・65・72	………貞宝
◎1975	野口　英雄	284-70・68・74・72	………伊勢
◎1976	陳　健振	278-67・72・72・67	………芦原
◎1977	石井　裕士	286-71・70・73・72	………東名古屋
◎1978	井上　幸一	277-66・67・74・70	………四日市
◎1979	松岡　金市	290-73・74・74・69	………岐阜関
◎1980	鈴村　久	278-65・69・72・72	………さなげ
◎1981	内田　繁	278-71・72・65・70	………名古屋
◎1982	内田　繁	282-69・68・75・70	………片山津・白山
◎1983	中村　輝夫	279-73・63・70・73	…富士C可児
◎1984	鈴村　照男	280-71・71・69・69	………春日井
◎1985	塩田　昌宏	282-69・73・69・71	………中日

●東海オープン（続き）

◎1986	出口栄太郎	281-71・68・71・71	…………南山
◎1987	出口栄太郎	274-71・67・66・70	…………愛岐
◎1988	中村　輝夫	279-66・72・69・72	……三好・西
◎1989	中村　忠夫	210-72・68・70	……スリーレイクス
◎1990	坂井　初敏	284-70・73・69・72	………能登C
◎1991	中村　輝夫	279-73・69・68・69	…………額田
1992	杉山　直也	278-68・73・71・66	…レイクグリーン
1993	川瀬　順次	290-73・69・74・74	…セントクリーク
1994	溝口　英二	285-69・76・69・71	…………新陽
1995	川瀬　順次	280-69・71・70・70	…………知多
1996	山本　昭一	275-67・74・63・71	…ライオンズ
1997	川瀬　順次	283-67・71・73・72	………南愛知
1998	尾崎　智勇	282-75・70・69・68	……白山・泉水
1999	溝口　英二	277-69・69・72・67	…日本ライン・西
2000	山本　昭一	138-70・68	…………多度・名古屋
2001	島田　正士	138-69・69	…………春日井・東
2002	柴田　猛	135-67・68	…スプリングフィールド
2003	中田慶史郎	137-66・71	…………呉羽・日本海
2004	浦口　裕介	203-69・67・67	………………愛岐
2005	沢田　尚	207-67・71・69	…………四日市
2006	浦口　裕介	213-68・72・73	………東名古屋
2007	青山　浩嗣	215-71・74・70	……片山津・白山
2008	上井　邦浩	206-67・67・72	…レイクグリーン
2009	高山　準平	207-68・74・75	…………愛知
2010	梶本康太郎	212-75・70・67	…………桑名
2011	谷岡　達弥	207-68・72・67	………岐阜関
2012※	小野田享也	202-67・65・70	…………南山
2013	近藤　啓介	207-69・70・68	………朱鷺の台
2014	岸本　翔太	209-73・67・69	………四日市
2015※	今野　大喜	206-70・66・70	……東名古屋・西
2016	近藤　啓介	206-71・67・68	………岐阜関・東
2017	藤島　征次	204-68・68・68	…愛知・東山
2018※	今野　大喜	204-68・64・72	…………桑名
2019	石渡　和輝	207-69・66・72	……片山津・白山
2020	〈新型コロナウイルス感染拡大のため中止〉		
2021	上井　邦裕	201-68・65・68	…名古屋・和合
2022	田村　光正	202-67・66・69	………………愛岐
2023	中山　絹也	202-67・66・69	…………涼仙

※はアマチュア

●中四国オープン

中四国オープン

1971	下山　祐助	285-69・68・73・75	…………志度
1972	細石　憲二	216-73・74・69	…………宇部
◎1973	増田　光彦	281-139・142	…………下関
◎1974	増田　光彦	280-138・142	…………松永
◎1975	上野　忠美	279-73・69・70・67	…………周南
◎1976	上野　忠美	281-64・74・72・71	…広島・西条
◎1977	上野　忠美	290-71・76・74・69	…………賀茂
◎1978	片山　征治	278-72・70・68・68	…広島・西条
◎1979	重信　秀人	283-68・72・69・74	…………周南
◎1980※	倉本　昌弘	281-69・70・68・74	…………福山

中国オープン

◎1981	倉本　昌弘	213-70・76・67	………大山平原
◎1982	倉本　昌弘	278-67・70・73・68	………白竜湖
◎1983	倉本　昌弘	272-70・66・70・66	…………赤坂

中四国オープン

◎1984	倉本　昌弘	289-68・73・72・76	…………下関
◎1985	冨田三十士	281-71・70・71・69	…広島・西条
◎1986	上野　忠美	275-67・71・68・69	…宇部・万年池北
◎1987	倉本　昌弘	280-71・70・70・69	…………倉敷
◎1988	倉本　昌弘	266-67・63・65・71	………白竜湖
◎1989	上野　忠美	283-69・69・71・74	…………賀茂
◎1990	奥田　靖己	283-71・70・71・71	…………周南
◎1991	宮田　孝誠	284-69・70・68・77	…………愛媛
1992	河村　雅之	283-68・68・75・72	…………山陽
1993	坂本　義一	218-79・69・72	…………大山
1994	白潟　英純	279-73・67・69・70	…………賀茂
1995	坂本　義一	277-69・69・69・70	…下関ゴールデン
1996	田丸　洋介	291-71・70・80・70	…松山シーサイド
1997	白潟　英純	246-69・68・75・34	…備中高原北房
1998	坂本　義一	287-73・73・71・70	…………鷹の巣
1999	吉川　弘起	279-69・71・71・68	…………周南
2000	兼本　貴司	139-68・71	……リーヂャスクレスト
2001	兼本　貴司	135-69・66	……リーヂャスクレスト
2002	岡茂　洋雄	138-67・71	……リーヂャスクレスト
2003	堀川　昌利	135-65・70	……リーヂャスクレスト
2004	張本　茂	136-69・67	……リーヂャスクレスト
2005	末岡　誠	134-67・67	……リーヂャスクレスト
2006	田岡　剛志	136-68・68	……リーヂャスクレスト
2007※	片岡　大育	137-69・68	……リーヂャスクレスト
2008	吉川　弘起	132-66・66	……リーヂャスクレスト
2009	河村　雅之	68-68	……………リーヂャスクレスト
2010	砂入　雅也	137-70・67	……リーヂャスクレスト
2011※	加藤龍太郎	69-69	…………………賀茂
2012	河村　雅之	133-67・66	……………白竜湖
2013	広田　悟	133-65・68	……………白竜湖
2014	大宮　正幸	203-70・64・69	……………白竜湖
2015※	石徳　俊樹	202-67・72・63	……………白竜湖
2016	兼本　貴司	206-70・67・69	…………鷹の巣
2017	弘井　太郎	208-71・69・68	…………鷹の巣
2018	河野　祐輝	204-70・67・67	…………鷹の巣
2019	平本　穏	200-67・67・66	…………鷹の巣
2020	沖野　克文	201-68・66・67	…………鷹の巣
2021	石川　裕貴	133-67・66	………グリーンバーズ
2022	嵜川　将司	201-71・67・63	…グリーンバーズ
2023	坂本　柊人	199-71・62・66	…グリーンバーズ

※はアマチュア

●九州オープン

1971	柳田　勝司	224-73・74・77	…………阿蘇
1972	柴田　昇	283-73・74・68・68	………南九州
◎1973	小池　国夫	287-141・146	…………福岡
◎1974	鈴木　規夫	290-74・69・73・74	…長崎国際
◎1975	鈴木　規夫	283-70・70・70・73	…………門司
◎1976	鈴木　規夫	285-74・72・71・68	…………福岡
◎1977	鈴木　規夫	284-71・71・68・74	…………太宰府
◎1978	鈴木　規夫	293-71・73・78・71	…………小倉
◎1979	秋富由利夫	283-71・70・74・69	…長崎国際
◎1980	秋富由利夫	283-69・72・72・70	…………太宰府
◎1981	秋富由利夫	289-71・75・71・72	…………玄海
◎1982	鈴木　規夫	291-71・72・77・71	…九州松島
◎1983	藤池　昇	288-74・72・71・71	…………若松
◎1984	渋谷　稔也	288-73・71・69・75	…熊本空港
◎1985	吉村　金八	283-73・71・69・70	…夜須高原
◎1986	吉村　金八	281-68・73・70・70	…かごしま空港36
◎1987	友利　勝良	288-70・73・75・70	…麻生飯塚
◎1988	友利　勝良	283-71・70・70・72	…大分・月形
◎1989	蔵岡　伸二	287-69・76・71・71	…熊本中央
◎1990	友利　勝良	277-69・69・67・72	…………太宰府
◎1991	吉村　金八	290-76・69・73・72	…………霧島
1992	川上　典一	283-72・70・69・72	…熊本空港
1993	友利　勝良	281-73・70・70・68	…………玉名
1994	日下部光隆	281-69・68・72・72	…………西日本
1995	吉村　金八	245-68・69・71・37	…………若木
1996	酒井　孝正	281-67・70・71・73	…………伊都
1997	藤池　昇龍	206-68・69・69	…………唐津
1998	山本　恒久	290-74・91・71・75	…熊本中央
1999	金城　和弘	281-70・69・70・72	…JR内野
2000	野上　貴夫	140-70・70	…………熊本空港
2001	日下部光隆	140-67・73	…………若松
2002	金城　和弘	139-68・71	…………島津
2003	白潟　英純	205-66・67・72	…………大分東急
2004	堀之内　豊	209-68・68・73	…佐賀ロイヤル
2005※	大倉　清	210-71・72・67	…………長崎国際
2006	白潟　英純	205-70・71・64	………………玉名

ランキング対象トーナメント

◎はツアー競技、☆は賞金ランキング対象競技

年度	氏　名	記録	開催コース

●ISPS HANDA ガツーンと飛ばせ

ISPSハンダグローバルカップ
◎2015　武藤　俊憲　270-68・68・66・68…ヴィンテージ
◎2016　朴ジュンウォン　267-66・67・68・66…朱鷺の台
ISPSハンダマッチプレー選手権
◎2017　片山　晋呉　3&2 H・W・リュー………浜野
◎2018　タンヤゴーン・クロンパ　2&1　今平　周吾………鳩山
ISPS HANDA ガツーンと飛ばせ
◎2021　池村　寛世　267-68・66・68・65……美浦

●アコムインターナショナル

アコムダブルス
◎1983　呂　良煥－呂　西鈞　261-64・66・66・65…信楽・田代
　1984　島田幸作－磯崎　功　256-64・64・62・66…信楽・田代
　1985　ブライアン・ジョーンズ－　263-66・63・65・69…信楽・田代
　　　　マイク・ファーガソン
　1986　飯合　肇－東　聡　257-62・66・64・65…信楽・田代
　1987　芹沢信雄－丸山智弘　258-63・65・62・68…信楽・田代
　1988　ダグ・ツール－ボブ・ギルダー　256-63・66・61・66…千葉スプリングス
　1989　須藤聡明－青柳公也　255-66・65・65・59…千葉スプリングス
アコムP.T.
◎1990　ボブ・ギルダー　115P-38P・39P・38P…ジャパンクラシック
アコムインターナショナル
◎1991　倉本　昌弘　32P-7P・7P・18P……成田スプリングス
◎1992　井上　久雄　41P-12P・7P・14P・8P…信楽・田代
◎1993　トッド・ハミルトン　40P-15P・3P・15P・7P…セベ・バレステロス
◎1994　尾崎　直道　41P-14P・2P・12P・13P…セベ・バレステロス
◎1995　桑原　克典　46P-6P・13P・15P・12P…セベ・バレステロス
◎1996　細川　和彦　51P-8P・18P・14P・11P…セベ・バレステロス・泉
◎1997　金山　和雄　41P-12P・11P・9P・9P…セベ・バレステロス・泉
◎1998　横尾　要　46P-17P・5P・14P・10P…セベ・バレステロス・泉
◎1999　田中　秀道　269-66・69・66・68…………石岡
◎2000　谷口　徹　266-69・68・65・64…………石岡
◎2001　細川　和彦　267-68・63・65・71…………石岡
◎2002　谷口　徹　197-64・63・70…………石岡
◎2003　倉本　昌弘　271-59・69・70・73…………石岡
◎2004　鈴木　亨　200-72・65・63…………石岡
◎2005　デービッド・スメイル　271-64・65・69・73…………石岡
◎2006　小山内　護　270-65・63・74・68…………石岡
　1983〜1989年はダブルス戦、1990年〜1998年はステーブルフォード競技、1999年からはストロークプレー

●アサヒ緑健よみうり・麻生飯塚メモリアルオープン

◎2004　Y・E・ヤン　271-69・68・69・65……麻生飯塚
◎2005　矢野　東　270-69・67・67・67……麻生飯塚
◎2006　市原　建彦　270-69・66・68・67……麻生飯塚

●アジア・ジャパン沖縄オープン

◎2003　藤田　寛之　202-67・68・67……ザ・サザンリンクス
◎2004　谷原　秀人　279-66・76・68・69…ザ・サザンリンクス
◎2005　宮里　聖志　268-70・68・64……那覇
◎2006　高山　忠洋　276-70・68・68・70……那覇
　大会は前年度の12月に行われ、賞金は翌シーズンに加算

●Indonesia PGA Championship

◎2013　崔　虎星　269-67・70・65・67……Emeralda
◎2014　松村　道央　267-65・67・67・68…Damai Indah・Bumi Serpong Damai
　2015　中止

●インペリアルトーナメント

　1987　高見　和宏　137-69・68…千葉スプリングス
　1988　長谷川勝治　143-68・75…セベ・バレステロス
　1989　尾崎　直道　278-69・70・70・69…セベ・バレステロス
◎1990　中村　通　285-69・72・73・71…セベ・バレステロス
◎1991　羽川　豊　282-70・72・66・74…セベ・バレステロス
◎1992　尾崎　直道　280-71・68・71・70…セベ・バレステロス
◎1993　芹澤　信雄　212-71・73・68…カレドニアン

●ウッドワンオープン広島

広島オープン
◎1972　謝　永郁　202-65・68・69…広島・八本松
◎1973　中村　通　269-67・64・68・70…広島・八本松
◎1974　呂　良煥　272-68・68・67・69…広島・八本松
◎1975　呂　良煥　275-66・65・72・72…広島・八本松
◎1976　尾崎　将司　200-66・66・68…広島・西条
◎1977　宮本　康弘　275-67・67・70・71…広島・八本松
◎1978　尾崎　将司　273-69・66・67・71…広島・八本松
◎1979　山本　善隆　270-67・67・66…広島・八本松
◎1980　鈴木　規夫　276-71・69・68・68…………賀茂
◎1981　金井　清一　202-66・69・67…広島・八本松
◎1982　栗原　孝　272-67・70・66・72…広島・西条
◎1983　高橋　勝成　273-67・68・68・70…広島・八本松
◎1984　尾崎　将司　269-65・67・68・69…広島・西条
◎1985　山本　善隆　277-69・71・69・68…広島・八本松
◎1986　中村　通　273-68・68・71・65…広島・八本松
◎1987　飯合　肇　274-69・71・66・68…広島・八本松
◎1988　松井　一　274-69・71・66・68…広島・八本松
ヨネックスオープン広島
◎1989　尾崎　将司　270-69・67・68・66…広島・八本松
◎1990　尾崎　将司　278-69・73・71・65…広島・八本松
◎1991　板井　榮一　272-67・69・71・65…広島・西条
◎1992　湯原　信光　275-71・67・69・68…広島・西条
◎1993　小達　敏昭　275-67・66・74・68…広島・西条
◎1994　尾崎　将司　274-68・74・67・65…広島・八本松
◎1995　尾崎　将司　207-73・68・66…広島・八本松
◎1996　佐藤　英之　273-67・71・69・66…広島・八本松
◎1997　尾崎　直道　270-69・71・68・68…ヨネックス
◎1998　尾崎　将司　270-68・70・68・64…広島・八本松
◎1999　尾崎　将司　273-73・69・67・64…広島・八本松
住建産業オープン広島
◎2000　深堀圭一郎　275-67・67・70・71…広島・八本松
◎2001　深堀圭一郎　267-67・67・69……広島・八本松
◎2002　S・K・ホ　274-64・70・71・69…広島・八本松
ウッドワンオープン広島
◎2003　伊沢　利光　275-66・68・69・72…広島・八本松
◎2004　片山　晋呉　266-70・63・70・63…広島・八本松
◎2005　野上　貴夫　270-68・67・68・67…広島・八本松
◎2006　平塚　哲二　265-68・65・64・68…広島・八本松
◎2007　谷口　徹　269-67・64・68・70…広島・八本松

●宇部興産オープン

ペプシ
1972	ピーター・トムソン	279-72・67・72・68	……… 横浜・西
◎1973	青木 功	281-67・65・72・77	……… 横浜・西
◎1974	グラハム・マーシュ	284-71・74・72・67	… 片山津・白山

ペプシ・ウイルソン
◎1975	謝 永郁	283-72・75・66・70	……… 横浜・西
◎1976	ピーター・トムソン	211-71・72・68	…… 宇部・万年池
◎1977	尾崎 将司	274-69・67・72・66	……… 横浜・西
◎1978	尾崎 将司	275-67・74・65・69	… 宇部・万年池西
◎1979	ミヤ・アエ	274-64・70・67・73	……… 八戸
◎1980	鈴木 規夫	276-68・68・71・69	… 宇部・万年池西
◎1981	グラハム・マーシュ	270-70・68・66・66	… 宇部・万年池西

ペプシ宇部
◎1982	新井規矩雄	277-67・68・70・72	… 宇部・万年池西
◎1983	金井 清一	274-68・70・68・68	… 宇部・万年池西
◎1984	船渡川育宏	272-68・68・70・66	… 宇部・万年池西
◎1985	陳 志明	268-65・71・66・66	… 宇部・万年池西
◎1986	尾崎 直道	276-71・69・68・68	… 宇部・万年池北
◎1987	陳 志明	278-69・72・70・67	… 宇部・万年池北
◎1988	近藤 守	169-67・68・34	… 宇部・万年池東

ペプシ宇部興産
◎1989	横山 明仁	203-67・69・67	… 宇部・万年池東
◎1990	中村 忠夫	203-67・70・66	… 宇部・万年池東
◎1991	陳 志忠	274-69・74・66・65	… 宇部・万年池西
◎1992	中島 常幸	275-67・72・64・72	… 宇部・万年池北
◎1993	丸山 茂樹	264-63・72・63・66	… 宇部・万年池西
◎1994	中島 常幸	268-65・67・67・69	… 宇部・万年池東
◎1995	日下部光隆	206-70・70・66	… 宇部・万年池東
◎1996	田中 秀道	264-68・64・65・67	… 宇部・万年池西

宇部興産
◎1997	森 茂則	267-67・64・68・68	… 宇部・万年池西
◎1998	ブラント・ジョーブ	271-69・64・68・70	… 宇部・万年池東
◎1999	崔 京周	272-69・65・66・72	… 宇部・万年池東
◎2000	深堀圭一郎	276-70・72・69・65	… 宇部72・江畑池
◎2001	ディーン・ウィルソン	267-65・67・68・67	… 宇部72・江畑池

●関西プロ
1931	森岡 二郎	8-7	柏木 健一	……… 茨木
1932	宮本 留吉	1up 37H	村木 章	……… 茨木
1933	宮本 留吉	10-9	森岡 二郎	……… 宝塚
1934	戸田藤一郎	4-3	石井 治作	……… 広野
1935	石井 治作	4-3	戸田藤一郎	……… 広野
1936	戸田藤一郎	7-5	上田 悌造	……… 宝塚
1937	村木 章	1up 37H	石井 治作	…… 茨木
1938	戸田藤一郎	10-9	行田 虎夫	……… 広野
1939	戸田藤一郎	5-4	宮本 留吉	……… 大阪
1940	戸田藤一郎	5-4	宮本 留吉	…… 名古屋
1941	宮本 留吉	3-2	森岡 二郎	……… 鳴尾
1942	宮本 留吉	3-2	山田 弥助	……… 大阪

1943～1948〈第二次世界大戦で中止〉

1949	寺本 金一	8-7	上田 悌造	……… 広野
1950	石井 治作	8-7	柏木 健一	……… 京都
1951	西村 譲	2-1	宮本 留吉	……… 鳴尾
1952	上田 悌造	5-4	石井 治作	……… 京都
1953	島村 祐正	2-1	石井 哲雄	…… 名古屋
1954	島村 祐正	8-7	西村 譲	……… 広野
1955	島村 祐正	1up 37H	赤松 数一	…… 宝塚
1956	石井 哲雄	3-2	森岡比佐士	……… 鳴尾
1957	橘田 規	2up	石井 哲雄	……… 愛知
1958	木本 三次	7-5	藤井 義将	……… 門司
1959	木本 三次	1up 39H	石井 哲雄	…… 広野
1960	島村 祐正	1up 37H	橘田 規	…… 宝塚

1961	松田 司郎	278-68・71・69・70	………… 鳴尾
1962	宮本 省三	283-71・69・74・69	……… 茨木・西
1963	新井 進	283-75・70・67・71	…… 奈良国際
1964	杉原 輝雄	278-72・68・67・71	……… 小倉
1965	杉原 輝雄	285-72・71・72・70	… 片山津・日本海
1966	橘田 規	266-66・64・67・69	……… 玄海
1967	杉原 輝雄	273-66・67・68・72	… 東名古屋
1968	松田 司郎	285-72・74・66・73	……… 伏尾
1969	戸田藤一郎	274-76・67・67・64	… 広島・八本松
1970	杉原 輝雄	270-70・72・69	……… 岐阜関
1971	戸田藤一郎	273-68・68・68・69	……… 箕面
1972	杉原 輝雄	274-66・67・72・69	……… 名張
◎1973	島田 幸作	272-66・70・67・69	… ブリヂストン
◎1974	島田 幸作	280-69・69・70・72	… 茨木高原
◎1975	石井 裕士	283-72・74・70・67	… 旭国際東條
◎1976	前田 新作	286-72・67・72・65	……… 高松
◎1977	島田 幸作	280-69・70・73・68	……… 中須
◎1978	杉原 輝雄	285-71・73・69・72	……… きさいち
◎1979	中村 通	273-69・66・68・70	… 朱鷺の台
◎1980	杉原 輝雄	290-75・70・74・71	… 周防灘
◎1981	鈴木 規夫	278-64・69・73・72	… 白竜湖
◎1982	重信 秀人	277-68・70・68・71	……… 小郡
◎1983	山本 善隆	267-70・66・65・66	……… 能勢
◎1984	杉原 輝雄	271-65・66・71・69	… 青山台
◎1985	小林 恵一	277-71・71・65・70	… 天野山
◎1986	杉原 輝雄	203-68・68・67	……… 吉備
◎1987	山本 善隆	274-68・70・70・66	……… 土佐
◎1988	倉本 昌弘	276-71・69・68・68	… スポーツ振興
◎1989	松井 一	276-70・68・70・68	… 山口・長門豊田湖
◎1990	井戸木鴻樹	279-69・71・67・72	… 大山平原

●関東オープン
1950	中村 寅吉	292-71・73・71・77	……… 霞ヶ関
1951	中村 寅吉	290(詳細不明)	……… 小金井
1952	中村 寅吉	299-73・72・77・77	……… 霞ヶ関
1953	中村 寅吉	286-73・70・70・73	……… 那須
1954	栗原甲子男	298-71・76・75・76	……… 我孫子
1955	林 由郎	291-74・72・73・72	… 鷹之台
1956	中村 寅吉	291-72・71・77・71	……… 相模
1957	中村 寅吉	294-72・74・72・76	……… 東京
1958	中村 寅吉	298-76・73・73・76	… 相模原
1959	小針 春芳	294-72・73・74・75	… 鷹之台
1960	林 由郎	283-67・70・74・72	… 霞ヶ関
1961	小針 春芳	290-73・74・70・73	……… 相模
1962	陳 清波	281-73・71・68・69	… 我孫子
1963	石井 朝夫	281-69・72・70・70	… 大利根
1964	森 泉	286-75・74・69・68	… 袖ヶ浦
1965	石井 朝夫	283-72・69・74・68	… 相模原・東
1966	原 孝男	280-69・71・70・70	……… 船橋
1967	河野 高明	279-73・69・68・69	… 龍ヶ崎
1968	謝 敏男	278-72・70・70・66	… 袖ヶ浦・新
1969	謝 永郁	287-73・70・71・73	……… 我孫子
1970	謝 永郁	284-71・69・71・73	……… 中山
1971	謝 永郁	274-67・71・67・69	… 習志野
1972	尾崎 将司	273-68・70・68・67	… 袖ヶ浦
◎1973	栗原 孝	284-72・69・73・70	… 武蔵・豊岡
◎1974	青木 功	271-65・65・71・70	… 茨城・東
◎1975	青木 功	282-72・72・69・67	… 姉ヶ崎
◎1976	尾崎 将司	282-69・68・76・69	……… 嵐山
◎1977	尾崎 将司	277-73・71・67・66	… 朝霞ジャンボリー
◎1978	金井 清一	285-70・72・74・69	… フォレスト・東
◎1979	天野 勝	278-68・76・69・65	……… 伊香保
◎1980	青木 功	290-71・71・75・73	… 岡部チサン・美里

◎1981	湯原　信光	282-70・72・68・72	………烏山城
◎1982	尾崎　将司	290-73・72・73・72	……富士小山
◎1983	藤木　三郎	286-71・71・74・70	………穂高
◎1984	中島　常幸	276-73・69・65・69	……宍戸国際
◎1985	金井　清一	277-70・69・70・68	………飯能
◎1986	青木　功	279-72・69・70・68	…セントラル・東
◎1987	横山　由一	212-68・72・72	………総武・総武
◎1988	横山　明仁	278-70・66・67・75	………江戸崎
◎1989	水巻　善典	281-68・69・74・70	………日高
◎1990	川岸　良兼	273-66・64・73・70	………東ノ宮
◎1991	金子　柱憲	202-69・69・64	………横浜・西
1992	白石　達哉	273-71・69・71・62	………茨城・東
1993	福沢　孝秋	280-68・69・71・72	………浜野
1994	佐々木久行	277-72・70・67・68	………都賀
1995	羽川　豊	281-67・70・72・72	………鷹之台
1996	深堀圭一郎	280-66・69・70・75	…フォレスト
1997	横山　明仁	277-69・70・71・67	…水戸グリーン・山方
1998	葉　彰廷	274-67・67・71・69	…伊香保国際
1999	佐々木久行	278-68・75・67・68	………長野

●関東プロ

1931	浅見　緑蔵	11-10　安田　幸吉	……程ヶ谷
1932	中村　兼吉	2-1　陳　清水	………藤沢
1933	中村　兼吉	6-4　村上　義一	…我孫子
1934	陳　清水	5-3　藤井　武人	………相模
1935	陳　清水	9-8　安田　幸吉	………相模
1936	浅見　緑蔵	6-5　花島　洋	…鷹之台
1937	林　万福	2-1　安田　幸吉	…霞ヶ関
1938	川井　誠作	3-2　浅見　緑蔵	…我孫子
1939	林　万福	3-2　陳　清水	…霞ヶ関
1940	林　万福	3-2　陳　清水	…小金井
1941	藤井　武人	1up　関　新三	…鷹之台
1942	井上　清次	3-2　陳　清水	…小金井
1943	小池国代巳	4-3　寺島　繁蔵	…霞ヶ関・東
1944～1947	〈第二次世界大戦で中止〉		
1948	林　由郎	146〈詳細不明〉	…………東京
1949	小野　光一	(記録不明)	…………程ヶ谷
1950	棚網　良平	6-5　中村　寅吉	……相模
1951	井上　清次	2up　中村　寅吉	……相模
1952	三田　鶴三	3-2　関　新三	…我孫子
1953	林　由郎	5-6　石井　朝夫	………東京
1954	栗原甲子男	1up　中村　寅吉	…霞ヶ関
1955	小針　春芳	4-3　中村　寅吉	…我孫子
1956	陳　清水	3-1　栗原甲子男	…鷹之台
1957	小針　春芳	1up　石井　朝夫	…川崎国際
1958	小野　光一	4-3　小針　春芳	…大洗
1959	小野　光一	2-1　小針　春芳	…我孫子
1960	中村　寅吉	281-67・72・69・73	………程ヶ谷
1961	中村　寅吉	284-72・71・71・70	…千葉・梅郷
1962	小野　光一	286-72・71・70・73	………相模原
1963	小野　光一	293-70・75・74・68	………札幌
1964	陳　清波	274-68・69・69・68	………浮間
1965	石井富士夫	289-72・73・72・72	………戸塚
1966	杉本　英世	276-67・70・70・69	………大宮
1967	佐藤　精一	278-70・66・67・75	………錦ヶ原
1968	中村　寅吉	274-69・70・68・67	…サザンクロス
1969	安田　春雄	287-70・71・73・73	………府中
1970	石井富士夫	285-68・73・75・69	…南軽井沢
1971	青木　功	273-69・66・66・72	…横浜・西
1972	青木　功	197-65・67・65	………磯子
◎1973	尾崎　将司	279-69・68・72・70	………習志野
◎1974	青木　功	267-67・66・68・66	………筑波
◎1975	謝　敏男	274-65・71・67・71	…千歳空港

◎1976	村上　隆	270-67・66・70・67	…………男鹿
◎1977	森　憲二	275-68・71・69・67	…烏山城
◎1978	青木　功	274-69・69・68・68	…新千葉
◎1979	青木　功	279-68・66・72・73	…東筑波
◎1980	矢部　昭	274-68・68・66・72	…あさひケ丘
◎1981	金井　清一	208-71・68・69	………沼津
◎1982	青木　基正	274-70・65・67・72	………広陵
◎1983	青木　功	242-69・68・70・35	…伊香保国際
◎1984	泉川ピート	208-66・70・72	………加茂
◎1985	中島　常幸	274-68・70・69・67	…伊豆にらやま
◎1986	中島　常幸	269-68・69・65・67	………宮城野
◎1987	尾崎　直道	212-68・72・72	………下秋間
◎1988	丸山　智弘	278-68・66・73・71	…成田スプリングス
◎1989	藤木　三郎	277-69・68・70・70	…プレステージ
◎1990	中島　常幸	271-67・67・68・69	…ロイヤルメドウ

●キャノンオープン

◎2008	井上　信	275-70・71・69・65	………戸塚・西
◎2009	池田　勇太	200-64・72・64	………戸塚・西
◎2010	横田　真一	274-69・68・67・70	………戸塚・西
◎2011	久保谷健一	274-68・67・70・69	………戸塚・西
◎2012	池田　勇太	271-66・68・68・69	………戸塚・西

●キリンオープン

読売プロゴルフ選手権

1952	林　由郎	296-72・78・71・75	………程ヶ谷
1953	石井　朝夫	307-74・77・76・80	………広野
1954	栗原甲子男	287-75・71・71・70	………相模
1955	林　由郎	290-72・74・72・72	………鷹之台
1956	中村　寅吉	295-74・71・74・76	…茨木・東
1957	小野　光一	286-70・72・71・73	…小金井
1958	ジャック・バークJr.	289-73・71・73・72	…東京,相模原
1959	島村　祐正	295-74・76・74・71	………西宮
1960	橘田　規	293-71・71・75・76	………鷹之台
1961	ゲーリー・プレーヤー	289-75・72・72・70	…読売パブリック

読売国際オープン

1962	ピーター・トムソン	278-72・68・64・74	…読売パブリック
1963	ダグ・サンダース	289-68・77・71・73	…読売パブリック
	〈降雪のため中止〉大阪大会		………読売
1964	〈開催中止〉		
1965	フランク・フィリップス	288-72・73・74・69	………読売
1966	ヒュー・ボイル	286-68・71・71・76	………読売
1967	河野　光隆	282-73・70・64・75	………読売
1968	陳　清波	283-68・75・68・72	…東京よみうり
1969	ガイ・ウォルステンホルム	288-71・72・76・69	…東京よみうり
1970	デビッド・グラハム	286-71・71・75・69	…東京よみうり
1971	安田　春雄	282-71・66・72・73	…東京よみうり

総武国際オープン

1972	謝　敏男	279-71・72・72・64	…総武・総武
1973	内田　繁	279-70・66・69・74	…総武・総武
◎1974	呂　良煥	280-71・71・68・70	………中山
◎1975	杉原　輝雄	282-71・74・69・68	…総武・総武
◎1976	ベン・アルダ	277-69・68・70・70	…総武・総武

ダンロップ国際オープン

◎1977	ベン・アルダ	282-72・71・67・72	…茨城・西
◎1978	郭　吉雄	265-69・66・64・66	…茨城・東
◎1979	石井　裕士	278-70・70・70・70	…茨城・西
◎1980	尾崎　将司	277-68・70・69・70	…茨城・東
◎1981	島田　幸作	286-67・73・74・72	…茨城・西
◎1982	中島　常幸	276-71・66・68・71	…茨城・西
◎1983	ラリー・ネルソン	201-67・65・69	…茨城・東
◎1984	ジョン・ジェイコブス	283-73・69・69・72	…茨城・西
◎1985	陳　志忠	277-64・73・72・68	…茨城・西

◎1986　重信　秀人　281-74・67・68・72………茨城・東
◎1987　青木　　功　277-69・67・69・72………茨城・西
ダンロップオープン
◎1988　尾崎　将司　278-69・70・69・70………茨城・東
◎1989　テリー・ゲール　284-73・74・68・69………茨城・西
◎1990　フランキー・ミノザ　205-70・68・67………茨城・東
◎1991　ロジャー・マッカイ　272-69・67・68・68………茨城・西
◎1992　尾崎　将司　286-69・76・72・69………茨城・東
◎1993　飯合　　肇　275-69・68・69・69………茨城・西
◎1994　尾崎　将司　274-67・68・70・69………茨城・東
◎1995　ピーター・シニア　279-69・70・67・73………茨城・東
キリンオープン
◎1996　金子　柱憲　278-68・71・69・70………茨城・東
◎1997　金　　鍾徳　278-69・73・68・68………茨城・西
◎1998　フランキー・ミノザ　279-71・66・69・73………茨城・東
◎1999　崔　　京周　204-65・68・71………茨城・西
◎2000　片山　晋呉　280-70・70・70・70………茨城・東
◎2001　片山　晋呉　271-64・70・70・67………茨城・東

● くずは国際トーナメント
関西有名プロゴルフ競技会
　1965　戸田藤一郎・杉原輝雄　65………樟葉パブリック
　1966　橘田　　規　65………樟葉パブリック
全日本トッププロ招待トーナメント
　1967　杉原　輝雄　136-68・68　……樟葉パブリック
　1968　宮本　省三　134-65・69　……樟葉パブリック
くずはトーナメント
　1969　橘田　　規　136-72・64　……樟葉パブリック
　1970　杉本　英世　145-71・74　……樟葉パブリック
　1971　ガイ・ウォルステンホルム　139-71・68　……樟葉パブリック
くずは国際トーナメント
　1972　呂　　良煥　107-34・37・36……樟葉パブリック
　1973　韓　　長相　102-32・35・35……樟葉パブリック
　1974　鷹巣　南雄　131-65・66　……樟葉パブリック
　1975　鈴木　規夫　133-62・71　……樟葉パブリック
　1976　小林富士夫　133-68・65　……樟葉パブリック
　1977　グレッグ・ノーマン　135-69・66　……樟葉パブリック
☆1978　矢部　　昭　135-65・70　……樟葉パブリック
☆1979　謝　　敏男　134-68・66　……樟葉パブリック
☆1980　横島　由一　134-64・70　……樟葉パブリック
☆1981　島田　幸作　133-68・65　……樟葉パブリック
☆1982　鷹巣　南雄　102-35・67　……樟葉パブリック
☆1983　新井規矩雄　138-69・69　……樟葉パブリック
　1984　鈴木　規夫　133-66・67　……樟葉パブリック
　1985　入江　　勉　129-59・70　……樟葉パブリック
　1986　山本　善隆　137-65・72　……樟葉パブリック
　1987　高橋　勝成　131-65・66　……樟葉パブリック
　1988　ウエイン・スミス　131-65・66　……樟葉パブリック
　1989　中村　　通　133-68・65　……樟葉パブリック
　1990　新関　善美　132-69・63　……樟葉パブリック

● ゴルフダイジェスト
ゴルフダイジェスト
　1971　尾崎　将司　278-71・66・69・72…………東名
　1972　安田　春雄　204-70・69・65…………東名
◎1973　杉原　輝雄　274-69・68・66・71…………東名
◎1974　村上　　隆　271-66・67・70・68…………東名
◎1975　山田　健一　240-67・73・67・33…………東名
◎1976　中島　常幸　279-68・73・67・71…………東名
◎1977　村上　　隆　275-70・66・67・72…………東名
◎1978　天野　　勝　280-66・69・74・71…………東名
◎1979　郭　　吉雄　206-69・68・69…………東名
◎1980　杉原　輝雄　275-67・66・70・72…………東名

◎1981　中尾　豊健　278-71・70・67・70…………東名
◎1982　謝　　敏男　274-64・70・65・75…………東名
◎1983　金井　清一　276-69・70・69・68…………東名
◎1984　前田　新作　274-72・71・65・66…………東名
ポラロイド杯ゴルフダイジェスト
◎1985　D・A・ワイブリング　268-66・72・65・65…………東名
◎1986　中島　常幸　275-68・68・67・72…………東名
◎1987　イアン・ベーカーフィンチ　275-74・67・68・66…………東名
◎1988　尾崎　将司　272-69・72・69・62…………東名
◎1989　横島　由一　268-67・67・65・69…………東名
アサヒビールゴルフダイジェスト
◎1990　須貝　　昇　274-72・72・68・62…………東名
◎1991　浜野　治光　273-69・68・71・65…………東名
◎1992　奥田　靖己　272-72・64・68・68…………東名
◎1993　尾崎　将司　268-68・67・66・67…………東名
◎1994　溝口　英二　265-70・68・64・63…………東名
ゴルフダイジェスト
◎1995　スチュワート・ジン　267-70・69・64・64…………東名
◎1996　水巻　善典　273-66・68・67・72…………東名
◎1997　ブラント・ジョーブ　267-68・69・63・67…………東名

● ザ・ゴルフトーナメントin御前崎
アイフルカップ
◎1998　田中　秀道　273-68・70・69・66…………青森
◎1999　伊沢　利光　274-67・72・68・67…鯵ヶ沢高原
◎2000　ディーン・ウィルソン　271-67・68・69・67…鯵ヶ沢高原
◎2001　林　　根基　270-68・67・67・68…鯵ヶ沢高原
◎2002　今野　康晴　268-64・66・66・72…GCツインフィールズ
◎2003　手嶋　多一　269-67・64・70・68…GCツインフィールズ
◎2004　谷口　拓也　270-68・67・66・69…大山アーク
◎2005　髙橋　竜彦　268-69・64・66・69…大山アーク
ザ・ゴルフトーナメントin御前崎
◎2006　谷口　　徹　273-69・70・66・68…静岡C浜岡

● THE SINGHA CORPORATION THAILAND OPEN
Thailand Open
◎2013　P・マークセン　264-68・67・65・64…Thana City G&Sports
◎2014　中止
THE SINGHA CORPORATION THAILAND OPEN
◎2015　金　　庚泰　267-71・64・67・65…Siam・Plantation

● The Championship by LEXUS
◎2008　S・K・ホ　269-66・68・65・70………大利根・東
◎2009　武藤　俊憲　268-68・65・71・64………大利根・東
◎2010　兼本　貴司　270-70・66・68・66………大利根・東

● 札幌とうきゅうオープン
◎1973　青木　　功　281-69・71・67・74………千歳空港
◎1974　中村　　通　278-71・67・71・69………真駒内
◎1975　グラハム・マーシュ　280-71・71・71・67…札幌国際・島松
◎1976　ビリー・ダンク　278-72・67・69・70…札幌国際・島松
◎1977　宮本　康弘　283-68・70・74・71…札幌国際・島松
◎1978　青木　　功　278-70・69・67・72…札幌国際・島松
◎1979　宮本　康弘　280-69・67・71・73…札幌国際・島松
◎1980　謝　　敏男　282-74・70・68・70…札幌国際・島松
◎1981　陳　　志忠　279-70・66・74・69…札幌国際・島松
◎1982　船渡川育宏　276-68・69・67・72…札幌国際・島松
◎1983　青木　　功　274-72・65・71・66…札幌国際・島松
◎1984　尾崎　直道　280-71・69・68・72…札幌国際・島松
◎1985　杉原　輝雄　280-70・65・70・75…札幌国際・島松
◎1986　青木　　功　273-65・67・72・69…札幌国際・島松
◎1987　デビッド・イシイ　276-67・68・70・71…札幌国際・島松
◎1988　尾崎　直道　279-70・74・64・71…札幌国際・島松

◎1989　グラハム・マーシュ　282-71・65・76・70…札幌国際・島松
◎1990　中村　忠夫　278-69・67・75・67…札幌国際・島松
◎1991　リック・ギブソン　280-71・71・68・70…札幌国際・島松
◎1992　湯原　信光　281-73・68・72・68…札幌国際・島松
◎1993　ブライアン・ジョーンズ　274-69・67・69・69…札幌国際・島松
◎1994　水巻　善典　277-65・70・68・74…札幌国際・島松
◎1995　カルロス・フランコ　278-68・69・69・72…札幌国際・島松
◎1996　飯合　肇　279-70・64・72・73…札幌国際・島松
◎1997　宮瀬　博文　275-67・70・66・72…札幌国際・島松
◎1998　鈴木　亨　272-65・69・69・69…札幌国際・島松

●サトウ食品NST新潟オープン
新潟県オープン
　1977　上原　宏一　140-69・71 ……………大新潟
　1978　中止
　1979　上原　宏一　106-72・34 ……………長岡
　1980　石井　秀夫　134-66・68 ……………日本海
☆1981　竹安　孝博　139-72・67………フォレスト・東
新潟オープン
☆1982　山本　善隆　138-69・69 ……………大新潟
☆1983　重信　秀人　136-67・69…上越国際・十日町
NST新潟オープン
◎1984　藤木　三郎　271-67・68・68・68…フォレスト・東
◎1985　謝　敏男　272-65・70・68・69 ……………紫雲
◎1986　デービッド・イシイ　275-69・70・72 ……………長岡
◎1987　中村　忠夫　276-67・71・67・71…フォレスト・東
◎1988　尾崎　直道　277-70・66・69・72…新潟サンライズ
◎1989　友利　勝良　288-71・70・76・71…大新潟・三条
◎1990　金井　清一　278-70・72・67・69…フォレスト・西
◎1991　横山　明仁　278-73・67・69・69…上越国際・十日町
◎1992　中島　常幸　275-70・68・67・70…フォレスト・東
◎1993　井戸木鴻樹　275-69・64・68・74 ……………長岡
◎1994　泉川ピート　276-67・70・70・69 ……………中条
◎1995　丸山　智弘　274-69・70・69・66…新潟サンライズ
◎1996　堀川　昌利　272-67・64・67 ……………日本海
◎1997　細川　和彦　277-71・68・67・71…フォレスト・東
◎1998　河村　雅之　268-69・69・67・63…フォレスト・東
◎1999　伊沢　利光　269-64・67・68・70…フォレスト・東
◎2000　白潟　英純　269-66・70・66・67…フォレスト・東
◎2001　桧垣　豪　264-66・67・65・66 ……………中条
サトウ食品NST新潟オープン
◎2002　今野　康晴　270-70・64・70・66 ……………中峰
◎2003　宮本　勝昌　271-65・71・69・66 ……………中峰
◎2004　金　鍾徳　263-64・67・65・67…フォレスト・東

●サン・クロレラ　クラシック
◎2000　尾崎　将司　276-74・68・66・68…札幌国際・島松
◎2001　藤田　寛之　283-71・73・71・68…………札幌ベイ
◎2002　クリスチャン・ペーニャ　269-67・67・66・69…………札幌ベイ
◎2003　ブレンダン・ジョーンズ　280-71・73・68・68…………札幌ベイ
◎2004　Ｙ・Ｅ・ヤン　275-67・70・69・69 ……………小樽
◎2005　深堀圭一郎　273-67・70・70・66 ……………小樽
◎2006　谷原　秀人　283-70・74・67・72 ……………小樽
◎2007　菊池　純　283-69・73・73・68 ……………小樽
◎2008　谷口　拓也　284-70・72・74・68 ……………小樽
◎2009　石川　遼　271-66・71・67・67 ……………小樽
◎2010　高山　忠洋　271-66・71・64・70 ……………小樽
◎2011　池田　勇太　274-66・72・64・72 ……………小樽
◎2012　ブレンダン・ジョーンズ　273-69・66・68・70 ……………小樽

●サンケイスポーツ近畿オープン
大阪オープン
　1982　杉原　輝雄　68…………………茨木高原

☆1983　杉原　輝雄　131-64・67 ……………東城陽
　1984　中川　敏明　140-68・72 ……………東城陽
　1985　吉川　一雄　135-69・66 ……………田辺
　1986　中川　敏明　137-69・68 ……………東城陽
　1987　井上　智夫　138-66・72 ……………東城陽
　1988　山本　洋一　136-71・65 ……………東城陽
　1989　中川　敏明　136-69・67 ……………東城陽
　1990　上出　裕也　135-66・69 ……………東城陽
　1991　中尾　豊健　135-70・65 ……………東城陽
　1992　奥田　靖己　137-70・67 ……………泉佐野
　1993　中尾　豊健　137-68・69 ……………泉佐野
近畿オープン
　1994　宮本　康弘　135-69・66 ……………アートレイク
　1995　平石　武則　140-68・72 …………キングスロード
　1996　小山栄治郎　137-68・69 …………キングスロード
　1997　小山栄治郎　136-67・69 …………キングスロード
　1998　古村　誠　143-70・73 …………キングスロード
　1999　田保　龍一　139-68・71 …………キングスロード
　2000　西野　琢仁　68…………………キングスロード
サンケイスポーツ近畿オープン
　2001　北澤　数司　68…………………キングスロード
　2002　高山　忠洋　66…………………キングスロード
　2003　石丸　昌史　66…………………キングスロード

●サンコーグランドサマー
　1990　加瀬　秀樹　135-66・69 …………サンコー
　1991　海老原清治　209-73・64・72 …………サンコー
　1992　尾崎　将司　204-66・69・69 …………サンコー
　1993　渡辺司(東)　211-67・71・73 ………サンコー72
　1994　鈴木　亨　272-65・69・70・68 …サンコー72
◎1995　フランキー・ミノザ　267-68・68・67・64 …サンコー72
◎1996　細川　和彦　272-68・66・68・70 …サンコー72
◎1997　桑原　将一　271-70・71・64・66 …サンコー72
◎1998　片山　晋呉　274-67・66・68・73 …サンコー72

●サントリーオープン
◎1973　杉本　英世　270-66・69・70・65…受賞シックスハンドレッド
◎1974　尾崎　将司　272-66・69・66・71 ……………習志野
◎1975　山本　善隆　268-70・67・65・66 ……………習志野
◎1976　グラハム・マーシュ　273-66・68・66・73 ……………習志野
◎1977　草壁　政治　279-66・70・72・71 ……………習志野
◎1978　金本　章生　281-68・71・72・70 ……………習志野
◎1979　草壁　政治　277-66・73・69・69 ……………習志野
◎1980　ビル・ロジャース　278-68・71・70・69 ……………習志野
◎1981　ビル・ロジャース　270-68・65・68・69 ……………習志野
◎1982　泉川ピート　207-67・68・72 ……………習志野
◎1983　中島　常幸　274-66・73・67・68 ……………習志野
◎1984　栗原　孝　271-64・69・67・71 ……………習志野
◎1985　尾崎　健夫　275-67・71・70・67 ……………習志野
◎1986　グラハム・マーシュ　275-67・69・67・72 ……………習志野
◎1987　須貝　昇　278-67・71・72・68 ……………習志野
◎1988　尾崎　健夫　274-67・71・68・68 ……………習志野
◎1989　ラリー・ネルソン　276-69・67・70・70 ……………習志野
◎1990　中村　通　271-65・65・69・72 ……………習志野
◎1991　尾崎　直道　276-67・69・72・68 ……………習志野
◎1992　尾崎　直道　279-67・72・67・73 ……………習志野
◎1993　板井　榮一　282-73・70・70・69 ……………習志野
◎1994　デービッド・イシイ　277-72・68・69・68 ……………習志野
◎1995　倉本　昌弘　273-67・64・71・71 ……………習志野
◎1996　飯合　肇　272-68・69・66・69 ……………習志野
◎1997　藤田　寛之　274-68・68・66・72 ……………習志野
◎1998　小山内　護　274-71・68・66・69……総武・総武
◎1999　ニック・プライス　276-67・71・70・68……総武・総武

◎2000 真板　　潔 273-66・68・68・71……総武・総武
◎2001 片山　晋呉 268-66・68・68・66……総武・総武
◎2002 片山　晋呉 269-68・68・68・65…総武・総武
◎2003 ジョティ・ランダワ 276-68・68・71・69…総武・総武
◎2004 加瀬　秀樹 267-69・67・66・65…総武・総武
◎2006 今野　康晴 267-65・64・70・68…総武・総武
◎2006 Y・E・ヤン 266-67・68・68・63…総武・総武
◎2007 谷原　秀人 202-65・71・66………総武・総武

●産報クラシック
　1972 安田　春雄 273-67・65・73・68…千葉アサヒ
◎1973 鷹巣　南雄 269-69・68・62・70…千葉アサヒ
◎1974 青木　　功 276-69・65・68・74…千葉アサヒ
◎1975 ビリー・ダンク 273-67・69・69・68…千葉アサヒ
◎1976 尾崎　将司 272-72・63・65・72…千葉アサヒ
　1977 内田　　繁 281-70・72・70・69…千葉アサヒ
◎1978 上原　宏一 274-67・69・68・70…千葉アサヒ

●ジーン・サラゼンジュンクラシック
　1977 青木　　功 277-66・69・71・71…ジュンクラシック
☆1978 内田袈裟彦 281-70・71・69・71…ジュンクラシック
☆1979 郭　　吉雄 248-68・73・69・38…ジュンクラシック
☆1980 青木　　功 277-68・67・70・72…ジュンクラシック
☆1981 湯原　信光 284-71・70・73・70…ジュンクラシック
☆1982 杉原　輝雄 275-69・70・66・70…ジュンクラシック
☆1983 尾崎　将司 288-72・69・72・75…ジュンクラシック
☆1984 前田　新作 278-68・69・70・71…ジュンクラシック
◎1985 倉本　昌弘 209-66・72・71……ジュンクラシック
　　　　河野　和重 209-70・67・72
　　　　ペイン・スチュワート 209-69・70・70
◎1986 尾崎　将司 279-69・72・68・70…ジュンクラシック
◎1987 尾崎　将司 204-68・69・67…ジュンクラシック
◎1988 中村　　通 240-68・68・69・35…ジュンクラシック
◎1989 尾崎　健夫 279-73・70・70・66…ジュンクラシック
◎1990 尾崎　直道 273-68・66・69・70…ロペ
◎1991 尾崎　将司 277-69・68・70・70…ロペ
◎1992 陳　　志忠 277-68・71・67・71…ロペ
◎1993 鈴木　　亨 276-71・71・69・65…ロペ
◎1994 カルロス・フランコ 272-65・67・68・72…ロペ
◎1995 東　　　聡 270-68・69・65・68…ジュンクラシック
◎1996 尾崎　将司 197-68・64・65……ジュンクラシック
◎1997 エドアルド・エレラ 276-71・69・70・66…ロペ
◎1998 トッド・ハミルトン 270-71・66・68・65…ロペ
◎1999 飯合　　肇 277-71・66・70・70…ジュンクラシック

●JCBクラシック
東北クラシック
　1972 村上　　隆 283-68・69・72・74………西仙台
◎1973 尾崎　将司 273-65・68・67・73………西仙台
◎1974 尾崎　将司 280-71・70・71・68………西仙台
◎1975 尾崎　将司 278-70・69・71・68………西仙台
◎1976 安田　春雄 277-74・69・67・67………西仙台
◎1977 青木　　功 278-71・67・72・68………西仙台
◎1978 安田　春雄 283-73・66・73・71………西仙台
◎1979 中村　　通 278-73・67・69・69………西仙台
◎1980 安田　春雄 273-66・70・71・66………西仙台
◎1981 杉原　輝雄 281-70・69・71・71………西仙台
◎1982 前田　新作 208-72・70・66………西仙台
◎1983 羽川　　豊 277-70・69・67・71………西仙台
◎1984 井上　幸一 276-70・67・67・72………西仙台
◎1985 デービッド・イシイ 275-72・63・68・72………西仙台
◎1986 杉原　輝雄 280-70・69・70・71………西仙台
◎1987 金井　清一 275-71・69・70・65………西仙台

仙台放送クラシック
◎1988 倉本　昌弘 204-67・67・70…表蔵王国際
◎1989 尾崎　将司 272-70・65・71・66…表蔵王国際
JCBクラシック仙台
◎1990 ロジャー・マッカイ 269-73・64・66・66…表蔵王国際
◎1991 上野　忠美 271-66・72・66・67…表蔵王国際
◎1992 ロジャー・マッカイ 271-71・64・71・65…表蔵王国際
◎1993 水巻　善典 273-70・64・69・70…表蔵王国際
◎1994 倉本　昌弘 271-71・65・67・68…表蔵王国際
◎1995 川岸　良兼 271-71・68・64・68…表蔵王国際
◎1996 尾崎　将司 277-69・69・67・72…表蔵王国際
◎1997 佐藤　信人 267-68・65・64・70…表蔵王国際
◎1998 水巻　善典 270-68・66・68・68…表蔵王国際
◎1999 片山　晋呉 268-69・63・69・67…表蔵王国際
◎2000 佐藤　信人 271-68・65・67・71…表蔵王国際
◎2001 小達　敏昭 275-67・69・68・71…表蔵王国際
◎2002 鈴木　　亨 271-69・67・65・70…表蔵王国際
◎2003 友利　勝良 264-64・68・64・68…表蔵王国際
◎2004 神山　隆志 271-68・69・67・67…表蔵王国際
◎2005 S・K・ホ 265-63・67・66・69…表蔵王国際
◎2006 谷原　秀人 266-67・69・63・67…表蔵王国際
JCBクラシック
◎2007 近藤　智弘 271-68・66・68・69……花の杜

●CITICORPオープン
群馬オープン
　1977 草壁　政治 135-64・71………………伊香保
　1978 新井規矩雄 140-69・71………………赤城国際
　1979 高橋　勝成 140-68・72………………美野原
　1980 新井規矩雄 138-65・73………………上毛森林
☆1981 高橋　五月 208-70・68・70………太田双葉
☆1982 小林富士夫 211-68・68・75………伊香保国際
☆1983 天野　　勝 214-72・68・74………美野原
　1984 新井規矩雄 138-70・68………………伊香保国際
伊香保国際オープン
　1985 小林富士夫 68………………………伊香保国際
　1986 天野　　勝 139-71・68………………伊香保国際
　1987 金谷多一郎 133-67・66………………伊香保国際
CITICORPオープン
　1988 白浜　育男 136-68・68………………伊香保国際
　1989 板井　榮一 101-66・35………………伊香保国際

●スポーツ振興インターナショナル
◎1974 宮本　省三 289-71・73・72・73………山の原
◎1975 宮本　康弘 280-69・68・73・70………山の原

●~全英への道~ミズノオープンよみうりクラシック
ウイザード
　1970 謝　　永郁 146-71・75………………橋本
　1971 ピーター・トムソン 143-73・70………………橋本
　1972 尾崎　将司 144-67・77………………橋本
　1973 山本　善隆 106-38・68………………橋本
　1974 杉原　輝雄 146-73・73………………橋本
　1975 グラハム・マーシュ 141-73・68………………橋本
　1976 グラハム・マーシュ 212-71・69・72………………橋本
　1977 グラハム・マーシュ 220-78・71・71………………橋本
☆1978 中村　　通 214-73・70・71………………橋本
よみうりオープン
☆1979 杉原　輝雄 287-72・71・71・73………よみうり
☆1980 青木　　功 283-70・72・71・70………よみうり
☆1981 鷹巣　南雄 285-68・70・72・75………よみうり
◎1982 テリー・ゲール 276-70・70・68・68………よみうり
◎1983 グラハム・マーシュ 280-72・71・67・70………よみうり

◎1984　藤木　三郎　281-69・71・70・71　……よみうり
よみうりサッポロビールオープン
◎1985　中島　常幸　275-65・71・67・72　…よみうり
◎1986　鈴木　弘一　273-68・69・67・69　…よみうり
◎1987　東　　聡　280-68・67・70・75　…よみうり
◎1988　倉本　昌弘　277-68・66・74・69　…よみうり
◎1989　飯合　肇　205-64・71・70　……よみうり
◎1990　藤木　三郎　205-71・68・66……よみうり
◎1991　中島　常幸　272-65・65・71・71…読売Gメンバー
◎1992　デービッド・イシイ　278-69・68・71・70…読売Gメンバー
◎1993　長谷川勝治　203-65・70・68　…読売Gメンバー
よみうりオープン
◎1994　渡辺　司　270-68・64・67・71…読売Gメンバー
ポカリスエットよみうりオープン
◎1995　エドアルド・エレラ　272-70・67・68・67　…よみうり
◎1996　福永　和宏　266-68・67・64・67　………若洲
よみうりオープン
◎1997　丸山　茂樹　267-67・68・66・66　…よみうり
◎1998　ブライアン・ワッツ　134-66・68　……よみうり
スーパーマリオよみうりオープン
◎1999　金　　鍾徳　270-69・65・68・68　…よみうり
タマノイ酢よみうりオープン
◎2000　水巻　善典　271-66・68・70・67　…よみうり
◎2001　福澤　義光　272-64・70・70・68　…よみうり
◎2002　谷口　徹　275-69・68・67・69　…よみうり
マンダムシードよみうりオープン
◎2003　谷原　秀人　200-65・71・64……よみうり
◎2004　ディネッシュ・チャンド　268-66・68・68・66　…よみうり
◎2005　広田　悟　270-66・68・69・67　…よみうり
◎2006　増田　伸洋　274-69・70・67・68　…よみうり

●全日空フェニックス
　　1972　能田　征二　289-69・77・73・70…フェニックス
◎1973　宮本　康弘　288-72・74・71・71…フェニックス

●全日本ダブルス
　　1969　杉本英世・村上　隆　4-2　…………………札幌国際・島松
　　1970　杉本英世・村上　隆　1up細石憲二・松田司郎　　〃
　　1971　内田　繁・石井裕士　196-63・65・68　…札幌国際・島松
　　1972　尾崎将司・村上　隆　266-101・98・67　…札幌国際・島松
◎1973　杉本英世・村上　隆　262-100・101・61…札幌国際・島松

●ソニーチャリティ
エアロマスターズ
◎1973　田中　文雄　274-71・70・63・70　………府中
東京チャリティ
◎1974　安田　春雄　275-69・68・69・69　………習志野
ソニーチャリティ
◎1975　草壁　政治　209-69・70・70………………横浜
◎1976　山本　善隆　282-70・67・72・73　………横浜

●第一カップ
第一不動産カップ
　　1988　中島　和也　276-66・73・65・72　……宮崎国際
　　1989　尾崎　直道　278-70・71・68・69　……宮崎国際
◎1990　ブライアン・ジョーンズ　275-71・66・70・68　……宮崎国際
◎1991　藤木　三郎　271-68・71・67・65…ハイビスカス
第一カップ
◎1992　陳　　志明　277-66・71・70・70…ハイビスカス

●ダイドードリンコ静岡オープン
静岡オープン
　　1972　安田　春雄　141-70・71　…………静岡C浜岡

　　1973　坂下　定夫　135-68・67　………静岡C島田
◎1974　栗原　孝　287-71・71・69・76　…静岡C浜岡
◎1975　ミヤ・アエ　276-68・69・70・69　…静岡C浜岡
◎1976　鈴木　規夫　277-72・67・67・67　…静岡C浜岡
◎1977　呂　　良煥　281-68・71・72・70　…静岡C浜岡
◎1978　謝　　敏男　280-68・68・74・70　…静岡C浜岡
◎1979　矢部　昭　217-71・75・71　……静岡C浜岡
◎1980　長谷川勝治　283-71・74・65・73　…静岡C浜岡
◎1981　青木　功　279-74・69・64・72　…静岡C浜岡
◎1982　出口栄太郎　282-74・69・71・68　…静岡C浜岡
◎1983　中島　常幸　283-72・72・68・71　…静岡C浜岡
◎1984　尾崎　直道　286-71・70・75・70　…静岡C浜岡
◎1985　金井　清一　284-71・70・71・72　…静岡C浜岡
◎1986　大町　昭義　254-71・71・76・36　…静岡C浜岡
◎1987　呂　　良煥　280-71・74・69・66　…静岡C浜岡
◎1988　甲斐　俊光　283-71・72・72・68　…静岡C浜岡
◎1989　鈴木　弘一　285-67・78・69・71　…静岡C浜岡
◎1990　川岸　良兼　280-73・73・66・68　…静岡C浜岡
ダイドードリンコ静岡オープン
◎1991　羽川　豊　278-70・72・69・67　…静岡C浜岡
◎1992　牧野　裕　276-67・68・70・71　…静岡C浜岡
◎1993　デービッド・イシイ　275-68・71・71・65　…静岡C浜岡
◎1994　中島　常幸　280-71・71・69・69　…静岡C浜岡
◎1995　ブライアン・ワッツ　280-69・72・71・68　…静岡C浜岡
◎1996　坂本　義一　211-71・72・68　…静岡C浜岡
◎1997　佐々木久行　274-71・67・68・68　…静岡C浜岡
◎1998　エドアルド・エレラ　203-66・69・68　…静岡C浜岡
◎1999　金　　鍾徳　277-65・68・72・72　…静岡C浜岡
◎2000　田中　秀道　274-66・70・70・68　…静岡C浜岡
◎2001　溝口　英二　279-68・68・66・77　…静岡C浜岡
◎2002　室田　淳　276-67・68・72・69　…静岡C浜岡

●ダイワインターナショナル
◎1993　渡辺司(東)　274-68・72・64・70　………東筑波
◎1994　尾崎　将司　270-65・72・70・63　………鳩山
◎1995　森　　茂則　280-71・67・69・73…ダイワヴィンテージ

●ダンロップ・スリクソン福島オープン
◎2014　小平　智　272-72・68・64・68…グランディ那須白河GC
◎2015　ブラッド・マークセン　264-69・65・67・63…グランディ那須白河GC
◎2016　時松　隆光　263-65・67・63・68…グランディ那須白河GC
◎2017　宮本　勝昌　266-66・68・69・63…グランディ那須白河GC
◎2018　秋吉　翔太　268-67・71・66・64…グランディ那須白河GC
◎2019　星野　陸也　196-67・64・65　……グランディ那須白河GC
◎2020〈新型コロナウイルス感染拡大のため中止〉
◎2021　木下　稜介　263-70・66・65・62…グランディ那須白河GC

●つるやオープン
◎1994　中島　常幸　279-68・70・70・71…スポーツ振興・山の原
◎1995　東　　聡　279-69・74・66・70…スポーツ振興・山の原
◎1996　ピーター・マックウィニー　276-70・72・68・66…スポーツ振興・山の原
◎1997　原田　三夫　279-72・67・72・68…スポーツ振興・山の原
◎1998　宮本　勝昌　271-69・65・69・68…スポーツ振興・山の原
◎1999　尾崎　直道　273-65・70・66・72…スポーツ振興・山の原
◎2000　リチャード・バックウェル　278-73・65・71・69…スポーツ振興・山の原
◎2001　田中　秀道　276-66・68・73・69…スポーツ振興・山の原
◎2002　ディーン・ウィルソン　273-69・67・66・70…スポーツ振興・山の原
◎2003　宮瀬　博文　270-68・62・70・70…スポーツ振興・山の原
◎2004　ブレンダン・ジョーンズ　275-64・73・69・69…スポーツ振興・山の原
◎2005　尾崎　直道　271-67・69・67・68…山の原・山の原
◎2006　ブレンダン・ジョーンズ　273-70・68・66・69…山の原・山の原
◎2007　ブレンダン・ジョーンズ　268-65・67・68・68…山の原・山の原
◎2008　Ｓ・Ｋ・ホ　272-70・69・65・68…山の原・山の原

◎2009　富田　雅哉　198-68・66・64 ……山の原・山の原
◎2010　藤田　寛之　199-66・66・67 ……山の原・山の原
◎2011　近藤　共弘　265-66・63・70・66…山の原・山の原
◎2012　藤田　寛之　269-68・66・68・67…山の原・山の原
◎2013　松山　英樹　266-69・63・68・66…山の原・山の原
◎2014　藤田　寛之　271-66・72・66・67…山の原・山の原

●TOSHIN GOLF TOURNAMENT IN Central
TOSHIN GOLF TOURNAMENT IN Lake Wood
◎2010　池田　勇太　271-68・66・64・73…TOSHIN Lake Wood
◎2011　ドンファン　268-65・67・67・69…TOSHIN Lake Wood
TOSHIN GOLF TOURNAMENT IN 涼仙
◎2012　呉　阿順　198-65・66・67………涼仙
TOSHIN GOLF TOURNAMENT IN Central
◎2013　藤本　佳則　264-63・64・70・67…TOSHIN・Central
◎2014　ホ・インヘ　260-64・63・66・67…TOSHIN・Central

●とおとうみ浜松オープン
◎2011　小林　正則　268-69・66・68・65…グランディ浜名湖
◎2012　J・チョイ　272-68・71・68・65…グランディ浜名湖

●長野県オープン
　1970　河野　光隆　211-70・69・72………諏訪湖
　1971　石井　朝夫　139-68・71………諏訪湖
　1972　村上　隆　207-69・69・69………諏訪湖
　1973　村上　隆　208-70・69・69………諏訪湖
　1974　阿部　竹雄　178-69・75・34………諏訪湖
　1975　金井　清一　140-71・69………諏訪湖
　1976　新井規矩雄　140-69・71………諏訪湖
　1977　森　憲二　141-69・72………諏訪湖
　1978　矢部　昭　140-70・70………諏訪湖
　1979　小林富士夫　140-74・66………諏訪湖
　1980　川田時志春　67………諏訪湖
☆1981　草壁　政治　138-67・71………諏訪湖
　　　　小林富士夫　138-69・69
☆1982　中島　常幸　137-70・67………諏訪湖

●日経カップ中村寅吉メモリアル
◎1985　尾崎　直道　270-66・68・68・68…………川越
◎1986　尾崎　将司　268-68・66・68・66…………蒲生G
◎1987　芹沢　信達　277-70・71・66………岐阜黒野
◎1988　尾崎　将司　283-72・71・72・68………山陽・吉井
◎1989　新関　善美　271-66・69・68・68…伊豆にらやま
◎1990　東　聡　282-70・74・64・74…三井観光苫小牧
◎1991　尾崎　直道　203-67・66・70………夜須高原
◎1992　室田　淳　280-71・69・70・70…三井観光苫小牧
◎1993　サムソン・ギムソン　276-72・73・64・67…三井観光苫小牧
◎1994　鈴木　亨　268-72・67・65・64…三井観光苫小牧
◎1995　西川　哲　269-65・67・69・68……富士・出島
◎1996　加瀬　秀樹　271-69・71・69・63……富士・出島
◎1997　葉　彰廷　272-67・70・67・68……富士・出島
◎1998　日下部光隆　280-75・68・68・69……富士・出島

●日本国土計画サマーズ
　1977　中島　常幸　209-70・71・68………………白鷺
☆1978　山本　善隆　279-68・71・72・68………………白鷺
☆1979　三上　法夫　271-66・70・66・70………………白鷺
☆1980　船渡川育宏　206-68・70・68………ニュー蓼科
☆1981　倉本　昌弘　280-65・72・72・71………武道
◎1982　杉原　輝雄　275-65・69・70・71………武道

●日本プロゴルフマッチプレー選手権
◎1975　村上　隆　2UP　鷹巣南雄………戸塚・西

◎1976　吉川　一雄　2-1　新井規矩雄………戸塚・西
◎1977　橘田　規　1UP　中村　通………戸塚・西
◎1978　青木　功　2-1　竹安孝博………戸塚・西
◎1979　青木　功　1UP　謝　敏男………戸塚・西
◎1980　安田春雄　2-1　中島常幸………戸塚・西
◎1981　青木　功　1UP38H　長谷川勝治………戸塚・西
◎1982　青木　功　4-2　羽川　豊………戸塚・西
◎1983　中島常幸　1UP38H　重信秀人………水戸
◎1984　中村　通　4-3　井上幸一………水戸
◎1985　高橋勝成　2-1　矢部　昭………水戸
◎1986　中島常幸　6-5　小林恵一………水戸
◎1987　高橋勝成　1UP37H　尾崎将司………水戸
◎1988　デービッド・イシイ　6-5　須貝　昇…グリーンアカデミー
日本プロゴルフマッチプレー選手権ユニシス杯
◎1989　尾崎将司　3-2　牧野　裕…グリーンアカデミー
◎1990　尾崎直道　6-5　ブライアンジョーンズ…グリーンアカデミー
◎1991　東　聡　2UP　中島常幸………新陽
◎1992　中島常幸　3-1　尾崎直道……プレステージ
◎1993　山本善隆　3-2　鈴木弘一………東ノ宮
日本プロゴルフマッチプレー選手権
◎1994　トッド・ハミルトン　8-7　白浜育男…ニドムクラシック
日本プロゴルフマッチプレー選手権プロミス杯
◎1995　友利勝良　2-1　丸山茂樹………ニドムクラシック
◎1996　芹澤信雄　1UP　ブラント・ジョーブ…ニドムクラシック
◎1997　丸山茂樹　3-2　ピーター・テラベイネン…ニドムクラシック
◎1998　桑原克典　1UP38H　横田真一………ニドムクラシック
◎1999　小山内護　4-3　谷口　徹………ニドムクラシック
◎2000　横尾　要　2-1　谷口　徹………ニドムクラシック
◎2001　ディーン・ウィルソン　2-1　林　根基………ニドムクラシック
◎2002　佐藤信人　5-4　近藤智弘………ニドムクラシック
日本プロゴルフマッチプレー選手権
◎2003　トッド・ハミルトン　3-2　デービッド・スマイル…ニドムクラシック

●日本プロ東西対抗
　1950　東　　軍　8-7 ………………我孫子
　1951　東　　軍　9-6 ………………広野
　1952　東　　軍　8-7 ………………川奈
　1953　東　　軍　10-5 ………………宝塚
　1954　東　　軍　10.5-4.5………霞ヶ関
　1955　東　　軍　8-7 ………………広野
　1956　東　　軍　8.5-6.5………霞ヶ関
　1957　東　　軍　9-6 ………………愛知
　1958　東　　軍　9.5-5.5………鷹之台
　1959　東　　軍　9-6 ………………相模原
　1960　東　　軍　8-7 ………………大洗
　1961　東　　軍　11.5-3.5………古賀
　1962　東　　軍　11.5-3.5………四日市
　1963　東　　軍　8.5-6.5………龍ヶ崎
　1964　東　　軍　8-7 ………………枚方
　1965　引　分　け　2.5-2.5………日高
　1966　西　　軍　10-5 ………赤城国際
　1967　西　　軍　8-7 ………茨木国際
　1968　西　　軍　9-6 ………浜名湖
　1969　西　　軍　11.5-3.5………茨木国際
　1970　西　　軍　9.5-5.5………久山
　1971　東　　軍　15-10 ………伏尾
　1972　東　　軍　12-3 ………習志野
◎1973　西　　軍　9.5-5.5 ………旭国際東條
◎1974　東　　軍　1,433-1,468 ………沖縄国際
◎1975　東　　軍　1,477-1,492 ………沖縄国際
◎1976　東　　軍　19-17 ………プリンスランド
◎1977　東　　軍　17-13 ………秋田椿台
◎1978　東　　軍　20-10 ………皐月

◎1979　西　　軍　1,373-1,415 …………三本木
◎1980　西　　軍　34-14 …………仙台中山
◎1981　西　　軍　27-21 …………名四
◎1982　西　　軍　26-22 …………あさひケ丘
◎1983　東　　軍　27-21 …………長太郎
◎1984　西　　軍　25-23 …………赤城国際
※戦前は東軍の6勝3敗1引分け

●パインバレー北京オープン
◎2008　藤田　寛之　276-67・65・72・72…パインバレーGリゾート

●PGAフィランスロピー
◎1991　浜野　治光　273-65・67・70・71 ………ザ・CCグレンモア
◎1992　尾崎　将司　270-69・64・70・67 ………カレドニアン
◎1993　ロジャー・マッカイ　278-71・71・68・68…アーレックス
◎1994　トッド・ハミルトン　278-74・69・68・67 ………ゴールデンバレー
◎1995　髙見　和宏　277-69・71・68・69…GCツインフィールズ
◎1996　トッド・ハミルトン　275-69・69・68・69 ………オークモント
◎1997　尾崎　直道　267-66・64・68・69…メイプルポイント
◎1998　丸山　茂樹　264-65・66・64・69 ………白水
◎1999　中止
◎2000　島田　正士　201-66・68・67…………奈良若草

●ファーストフライト
　1972　尾崎　将司　135-69・66 …………富士平原
◎1973　河野　高明　198-65・68・65…………富士平原

●ファンケルオープンin沖縄
大京オープン
☆1983　草壁　政治　278-69・70・69・70 …………大京
◎1984　石井　裕士　281-68・71・71・71 …………大京
◎1985　金井　清一　274-67・66・70・71 …………大京
◎1986　尾崎　健夫　277-69・69・69・70 …………大京
◎1987　杉田　勇　277-65・73・70・69 …………大京
◎1988　藤木　三郎　274-66・72・66・70 …………大京
◎1989　芹沢　信雄　271-67・67・67・70 …………大京
◎1990　杉原　輝雄　273-67・68・69・69 …………大京
◎1991　牧野　裕　276-69・70・67・70 …………大京
◎1992　倉本　昌弘　271-66・73・67・65 …………大京
◎1993　丸山　智弘　269-69・67・65・68 …………大京
◎1994　加瀬　秀樹　268-69・66・66・67 …………大京
◎1995　フランキー・ミノザ　273-68・69・70・66 …………大京
◎1996　エドアルド・エレラ　272-67・69・68・68 …………大京
◎1997　久保谷健一　263-66・64・68・65 …………大京
DDIグループ沖縄オープン
◎1998　田中　秀道　273-70・67・68・68 …………大京
ファンケル沖縄オープン
◎1999　手嶋　多一　271-68・69・68・66 …………大京
ファンケルオープンin沖縄
◎2000　片山　晋呉　277-66・69・69・73…パームヒルズ

●ブリヂストン阿蘇オープン
阿蘇ナショナルオープン
　1976　鈴木　規夫　138-68・70 …………阿蘇
　1977　野口裕樹夫　213-70・73・70 …………阿蘇
☆1978　上野　忠美　143-74・69 …………阿蘇
☆1979　栗原　孝　149-73・76 …………阿蘇
☆1980　草壁　政治　109-72・37 …………阿蘇
☆1981　藤木　三郎　213-75・67・71…………阿蘇
ブリヂストン阿蘇オープン
☆1982　中村　通　283-74・72・68・69 …………阿蘇
◎1983　小林富士夫　213-73・69・71 …………阿蘇
◎1984　重信　秀人　283-69・71・72・71 …………阿蘇

◎1985　謝　敏男　280-66・70・71・73 …………阿蘇
◎1986　ブライアン・ジョーンズ　240-70・69・67・34 …………阿蘇
◎1987　三上　法夫　280-69・67・74・70 …………阿蘇
◎1988　イアンベーカーフィンチ　282-75・73・68・66 …………阿蘇
◎1989　クレイグ・バリー　272-67・69・70・66 …………阿蘇
◎1990　杉原　輝雄　213-68・71・74 …………阿蘇
◎1991　室田　淳　208-68・72・68 …………阿蘇
◎1992　ピーター・シニア　281-70・70・70・71 …………阿蘇
◎1993　川俣　茂　276-68・70・68・70 …………阿蘇

●ブリヂストンオープン
ブリヂストントーナメント（契約プロ競技）
　1970　ケン・エルスワース　278-70・65・72・71 ……ブリヂストン
　1971　能田　征二　285-70・71・72・72…ブリヂストン
ブリヂストントーナメント
　1972　謝　敏男　276-71・70・68・67 ………水海道
◎1973　石井　裕士　275-69・66・70・70…東京よみうり
◎1974　グラハム・マーシュ　278-67・75・67・69 …袖ヶ浦・袖ヶ浦
◎1975　山本　善隆　283-68・74・69・72 …袖ヶ浦・袖ヶ浦
◎1976　村上　隆　282-71・75・69・67 …袖ヶ浦・袖ヶ浦
◎1977　小林富士夫　278-71・69・68・70 …袖ヶ浦・袖ヶ浦
◎1978　石井　裕士　280-68・75・69・68 …袖ヶ浦・袖ヶ浦
◎1979　ラニー・ワドキンス　277-66・71・69・71 …袖ヶ浦・袖ヶ浦
◎1980　ボブ・ギルダー　283-71・70・72・70 …袖ヶ浦・袖ヶ浦
◎1981　ヘイル・アーウィン　275-70・65・72・68 …袖ヶ浦・袖ヶ浦
◎1982　謝　敏男　279-64・70・71・74 …袖ヶ浦・袖ヶ浦
◎1983　出口栄太郎　274-70・67・69・68 …袖ヶ浦・袖ヶ浦
◎1984　倉本　昌弘　279-67・74・67・71 …袖ヶ浦・袖ヶ浦
◎1985　倉本　昌弘　273-71・68・67・67 …袖ヶ浦・袖ヶ浦
◎1986　尾崎　健夫　276-71・67・68・70 …袖ヶ浦・袖ヶ浦
◎1987　デービッド・イシイ　282-69・71・72・70 …袖ヶ浦・袖ヶ浦
◎1988　尾崎　将司　273-72・64・68・69 …袖ヶ浦・袖ヶ浦
◎1989　ロジャー・マッカイ　277-66・70・68・73 …袖ヶ浦・袖ヶ浦
◎1990　藤木　三郎　274-67・72・66・69 …袖ヶ浦・袖ヶ浦
ブリヂストンオープン
◎1991　青木　功　134-71・63 …………袖ヶ浦・袖ヶ
◎1992　倉本　昌弘　271-68・67・70・66 …袖ヶ浦・袖ヶ
◎1993　白浜　育男　271-68・69・69・65 …袖ヶ浦・袖ヶ
◎1994　ブライアン・ワッツ　274-68・67・67・72 …袖ヶ浦・袖ヶ
◎1995　丸山　茂樹　274-66・70・67・71 …袖ヶ浦・袖ヶ
◎1996　丸山　茂樹　272-67・67・67・71 …袖ヶ浦・袖ヶ
◎1997　尾崎　将司　273-66・70・71・66 …袖ヶ浦・袖ヶ
◎1998　佐藤　信人　275-66・69・69・71 …袖ヶ浦・袖ヶ
◎1999　丸山　茂樹　268-66・68・66・68 …袖ヶ浦・袖ヶ
◎2000　佐藤　信人　272-70・66・69・67 …袖ヶ浦・袖ヶ
◎2001　伊沢　利光　274-71・67・67・69 …袖ヶ浦・袖ヶ
◎2002　スコット・レイコック　272-66・66・69・71 …袖ヶ浦・袖ヶ
◎2003　尾崎　直道　267-66・69・67・65 …袖ヶ浦・袖ヶ
◎2004　谷口　徹　272-66・71・69・66 …袖ヶ浦・袖ヶ
◎2005　デービッド・スマイル　272-66・72・67・67 …袖ヶ浦・袖ヶ
◎2006　手嶋　多一　266-70・65・63・68 …袖ヶ浦・袖ヶ
◎2007　片山　晋呉　270-68・67・67・68 …袖ヶ浦・袖ヶ
◎2008　矢野　東　267-65・67・68・67 …袖ヶ浦・袖ヶ
◎2009　池田　勇太　270-67・67・71・65 …袖ヶ浦・袖ヶ
◎2010　池田　勇太　265-67・71・65・62 …袖ヶ浦・袖ヶ
◎2011　谷口　徹　269-69・67・68・65 …袖ヶ浦・袖ヶ
◎2012　谷口　徹　270-67・68・68・67 …袖ヶ浦・袖ヶ
◎2013　丸山　大輔　203-68・67・68 …袖ヶ浦・袖ヶ
◎2014　小田　孔明　269-65・67・69・68 …袖ヶ浦・袖ヶ
◎2015　松村　道央　275-69・68・71・67 …袖ヶ浦・袖ヶ浦
◎2016　小平　智　270-75・66・62・67 …袖ヶ浦・袖ヶ浦
◎2017　時松　隆光　133-69・64 …………袖ヶ浦・袖ヶ浦
◎2018　今平　周吾　268-70・65・67・66 …袖ヶ浦・袖ヶ浦

◎2019　今平　周吾　131-64・67 …………袖ヶ浦・袖ヶ浦
◎2020〈新型コロナウイルス感染拡大のため中止〉
◎2021　杉山　知靖　265-69・68・62・66 …袖ヶ浦・袖ヶ浦

●HEIWA・PGM CHAMPIONSHIP
HEIWA・PGM CHAMPIONSHIP in 霞ヶ浦
◎2013　呉　阿順　273-67・66・65・75 …………美浦
◎2014　近藤共弘　264-68・66・64・66 …………美浦
HEIWA・PGM CHAMPIONSHIP
◎2015　谷原秀人　269-67・67・66・69 ………総武総武
◎2016　谷原秀人　268-68・64・66・70 ………総武総武
◎2017　チャン・キム　278-67・70・72・69 ……PGMゴルフリゾート沖縄
◎2018　ショーン・ノリス　202-68・65・69 ……PGMゴルフリゾート沖縄
◎2019　崔　虎星　270-68・67・68・67…PGMゴルフリゾート沖縄
◎2020-21〈新型コロナウイルス感染拡大のため中止〉
◎2022　星野陸也　258-63・68・64・63………PGM石岡

●ポカリスエットオープン
白竜湖オープン
　1979　尾崎　健夫　136-69・67 …………白竜湖
　1980　新井規矩雄　208-66・69・73 …………白竜湖
　1981　　　　　　　〈中　　止〉
☆1982　甲斐　俊光　283-73・66・74・70 …………白竜湖

ポカリスエット白竜湖オープン
◎1983　牧野　裕　207-69・71・67 …………白竜湖
◎1984　尾崎　健夫　277-68・75・65・69 …………白竜湖
ポカリスエットオープン
◎1985　青木　基正　211-74・71・66 …………白竜湖
◎1986　飯合　肇　277-71・68・73・65 …………白竜湖
◎1987　吉村　金八　274-68・68・68・70 …………白竜湖
◎1988　イアン・ベーカーフィンチ　277-73・68・66・70 …………白竜湖
◎1989　横島　由一　274-67・68・69・70 …………白竜湖
◎1990　湯原　信光　277-69・70・71・67 …………白竜湖
◎1991　川岸　良兼　199-67・66・66 …………白竜湖
◎1992　陳　志明　202-69・67・66 …………白竜湖
◎1993　池内　信治　274-66・68・70・70 …………白竜湖
◎1994　水巻　善典　203-72・65・66 …………白竜湖

●HONMA TOURWORLD CUP
HONMA TOURWORLD CUP AT TROPHIA GOLF
◎2015　李　京勲　268-73・65・65・67 …………石岡
◎2016　池田　勇太　270-68・67・69・66 …………石岡
HONMA TOURWORLD CUP
◎2017　宮里　優作　262-61・68・65・68 …………京和

●マルマンオープン
デサントカップ北国オープン
☆1980　矢部　昭　278-71・69・69・69…片山津・白山
☆1981　藤木　三郎　282-67・68・74・73 …………片山津
◎1982　新井規矩雄　276-71・67・71・67 …………片山津
◎1983　中村　省三　283-69・72・69・73 …………片山津
マルマン北国オープン
　1984　前田　新作　279-70・71・71・67 …………片山津
マルマン日本海オープン
◎1985　ブライアン・ジョーンズ　279-70・70・70・69 …………片山津
◎1986　尾崎　将司　276-64・72・70・70 …………片山津
マルマンオープン
◎1987　倉本　昌弘　264-64・62・67・71 …………東松山
◎1988　尾崎　将司　207-73・65・69…………東松山
◎1989　鈴木　弘一　278-70・63・71・74 …………鳩山
◎1990　尾崎　将司　273-69・70・66・68 …………鳩山
◎1991　西川　哲　274-68・70・66・70 …………鳩山

◎1992　トッド・ハミルトン　272-65・67・67・73 …………鳩山
◎1993　フランキー・ミノザ　272-66・71・66・69 …………鳩山
◎1994　デビッド・イシイ　279-69・71・67・72 ……成田スプリングス

●マンシングウェアオープンKSBカップ
KSB香川オープン
　1981　甲斐　俊光　141-74・67 …………志度
　1982　内田　繁　139-68・71 …………志度
KSB瀬戸内海オープン
☆1983　十亀　賢二　140-66・74 …………志度
　1984　佐野　修一　136-69・67 …………志度
　1985　倉本　昌弘　139-70・69 …………志度
　1986　中村　稔　138-67・71 …………志度
　1987　高橋　勝成　140-69・71 …………志度
テーラーメイド瀬戸内海オープン
　1988　ウエイン・スミス　213-71・73・69 …………志度
◎1989　尾崎　直道　282-68・74・69・71 …………志度
◎1990　倉本　昌弘　295-75・67・78・75……山陽・吉井
テーラーメイドKSBオープン
◎1991　木村　政信　273-69・66・69・69 …………志度
◎1992　奥田　靖己　210-74・70・66 ……山陽・吉井
◎1993　尾崎　健夫　276-68・67・70・71……山陽・吉井
ユナイテッド航空KSBオープン
◎1994　高見　和宏　281-70・71・67・73 …………鬼ノ城
ノベルKSBオープン
◎1995　リック・ギブソン　271-65・67・71・68 …………鬼ノ城
◎1996　鈴木　亨　275-68・72・68・67 …………鬼ノ城
ジャストシステムKSBオープン
◎1997　深堀圭一郎　276-69・64・69・74 …………鬼ノ城
◎1998　カルロス・フランコ　267-70・65・67・65 …………鮎滝

ジョージアKSBオープン
◎1999　金子　柱憲　275-65・67・71・72 …東児が丘マリンヒルズ

デサントクラシックマンシングウェアカップ
◎1992　金子　柱憲　279-66・70・71・72…センチュリー吉川
◎1993　西川　哲　281-70・74・69・68…センチュリー三木
◎1994　ブライアン・ワッツ　280-67・71・69・73…センチュリー三木
◎1995　東　聡　282-72・68・69・73…センチュリー三木
◎1996　木村　政信　273-69・66・69・69 …………江戸崎
◎1997　ピーター・テラベイネン　276-67・67・67・69 …………江戸崎
◎1998　ディネッシュ・チャンド　271-71・66・66・68…太平洋・市原
◎1999　河村　雅之　205-69・69・67 …太平洋・市原

マンシングウェアオープンKSBカップ
◎2000　片山　晋呉　272-68・65・66・73…東児が丘マリンヒルズ
◎2001　ディネッシュ・チャンド　271-69・68・67・67 ……六甲国際
◎2002　久保谷健一　273-66・70・68・69 …………鮎滝
◎2003　宮瀬　博文　275-67・71・69・68 ……六甲国際
◎2004　三橋　達也　270-66・71・63・70…東児が丘マリンヒルズ
◎2005　藤田　寛之　270-63・66・72・69…東児が丘マリンヒルズ
◎2006　武藤　俊憲　274-68・69・73・64…東児が丘マリンヒルズ
◎2007※石川　遼　276-72・69・69・66…東児が丘マリンヒルズ
◎2008　谷原　秀人　270-65・67・65・73…東児が丘マリンヒルズ
※はアマチュア

●ミュゼプラチナムオープン
◎2015　金　庚泰　264-68・67・63・66…ジャパンメモリアル

●よこはまオープン

かながわオープン

1979	森　　憲二	143-75・68	………………	横浜・西
1980	矢部　　昭	135-68・67	…………	川崎国際
1981	泉川ピート	135-70・65	………………	横浜・西
☆1982	豊田　明夫	140-72・68	………………	横浜・西
☆1983	河野　高明	136-64・72	………………	横浜・西
1984	尾崎　将司	135-69・66	………………	横浜・西
1985	尾崎　将司	131-67・64	………………	横浜・西
1986	稲垣　太成	139-69・70	………………	大厚木
1987	真板　　潔	141-70・71	………………	横浜・西
1988	山本己沙雄	140-68・72	………………	横浜・西
1989	大町　昭義	137-67・70	………………	横浜・西

よこはまオープン

1990	須貝　　昇	272-70・71・63・68	………	横浜・西
1991	芹沢　信雄	275-73・65・70・67	………	横浜・西
1992	丸山　智弘	271-69・66・69・67	………	横浜・西

●レオパレス21ミャンマーオープン

◎2016	ショーン・ノリス	264-66・66・61・71	…	ロイヤルミンガラドン
◎2017	トッド・シノット	270-72・69・64・65	…	パンライン
◎2018	ポール・ピーターソン	271-68・66・71・66	…	パンライン

●ワールドフレンド・シップ

1972	謝　　永郁	279-70・72・66・71	………	法隆寺
◎1973	呂　　良煥	276-69・73・65・69	………	法隆寺

後援、協力、その他の競技

年度	氏名	記録	開催コース

●旭硝子ゴルフ世界選手権

ニッサンカップゴルフ世界選手権

1984	ラニー・ワドキンス	266-69・64・70・63	オークヒルズ
1985	アメリカ(団体)		
	サンディ・ライル(個人)	267-68・67・68・64	ハワイ・カバルア
1986	日本(団体)		
	中島 常幸(個人)	270-68・68・66・68	東京よみうり

キリンカップゴルフ世界選手権

1987	アメリカ(団体)		東京よみうり
1988	アメリカ(団体)		ハワイ・カバルア

旭硝子ゴルフ世界選手権

1989	アメリカ(団体)		東京よみうり
1990	オーストラリア(団体)		東京よみうり
1991	ヨーロッパ(団体)		ロイヤル・アデレード(豪州)

●旭国際トーナメント

1971	内田 繁	67	旭国際
1972	尾崎 将司	63	旭国際

●アサヒビール大橋巨泉ゴルフ

1977	金井 清一	70	横浜
1978	新井規矩雄	69	横浜
1979	島田 幸作	70	横浜
1980	横島 由一	71	横浜・西
1981	中島 常幸	65	サザンクロス
1982	中村 通	69	横浜
1983	倉本 昌弘	71	横浜・西
1984	前田 新作	66	横浜
1985	吉川 一雄	70	横浜・西
1986	新井規矩雄	136-69・67	ワイレア
1987	デビッド・イシイ	138-68・67	ワイレア
1988	須貝 昇	135-66・69	ワイレア
1989	デビッド・イシイ	134-67・67	ワイレア
1990	芹沢 信雄	141-71・70	ワイレア
1992	デビッド・イシイ	138-70・68	ワイレア
1993	飯合 肇	137-68・69	ワイレア

※1986年から1990年まで翌年に当該年度競技として開催

●愛鷹オープン

1969	杉本 英世	273	愛鷹600

●アンダーセン世界チャンピオン戦

1995	バリー・レーン	2UP	グレイホーク
1996	グレッグ・ノーマン	1UP	グレイホーク
1997	コリン・モンゴメリー	2UP	グレイホーク

●茨城オープン

1984	金子登喜夫	132-64・68	筑波
1985	中川 泰一	136-69・67	筑波
1986	高橋 勝成	136-70・66	筑波
1987	近藤 守	138-71・67	江戸崎
1988	中村 忠夫	141-69・72	江戸崎
1989	長谷川勝治	137-68・69	江戸崎
1990	浜野 治光	135-69・66	富士・笠間
1991	中山 徹	137-69・68	富士・笠間
1992	加藤 仁	136-66・70	水戸グリーン・山方
1993	アンソニー・ギリガン	137-69・68	水戸グリーン・山方
1994	草壁 政治	136-69・67	水戸グリーン・山方
1995	佐藤 剛平	138-69・69	茨城ロイヤル
1996	細川 和彦	133-70・63	茨城ロイヤル
1997	高崎 龍雄	134-69・65	茨城ロイヤル
1998	堺谷 和将	135-68・67	茨城ロイヤル
1999	山内 正和	136-68・68	茨城ロイヤル

●エキスポカップ

1975	山本 善隆	284-72・72・71・69	沖縄国際

●NGAオープン

1987	上原 忠明	141-69・72	フォレスト
1988	池内 信治	137-68・69	大新潟・出雲崎
1989	川俣 明	137-67・70	新潟
1990	大塚 敏彦	143-72・71	笹神五頭
1991	増田 都彦	138-69・69	中条
1992	古木 譲二	138-66・72	糸魚川
1993	金子 達也	141-70・71	レイクビュー
1994	小川 聡	135-69・66	イーストヒル
1995	小川 卓也	139-72・67	妙高サンシャイン
1996	檜垣 繁正	134-64・70	上越国際
1997	並木 一雄	139-72・67	フォレスト
1998	五十嵐雄二	132-64・68	新潟
1999	丸山 大輔	136-69・67	中峰
2000	天内 一君	136-69・67	松ヶ峰

●オールスター

1968	中村 寅吉	284-66・71・74・73	茨木・西
1969	内田 繁	274-70・69・70・65	戸塚・西
1970	謝 永郁	100-33・34・33	池田
1971	村上 隆	138-69・69	池田
1972	村上 隆	103-37・34・32	池田
1973	吉川 一雄	102-68・34	宝塚
1974	村上 隆	97-33・32・32	宝塚
1975	杉原 輝雄	103-32・33・36	宝塚
1976	中村 通	103-35・35・33	神有
1977	中村 通	137-67・70	神有
1978	内田 繁	141-70・71	神有

●沖縄クラシック

沖縄オープン

1972	中村 寅吉	210-105・105	大京
1973	中村 通	268-95・104・69	大京
1974	謝 敏男	273-66・72・65・70	大京

沖縄クラシック

1975	沼沢 聖一	282-71・70・69・72	大京

●表蔵王国際東北オープン

1978	松田 司郎	201-71・63・71	表蔵王国際
1979	石井 秀夫	215-69・73・73	表蔵王国際
1980	吉武 恵治	175-69・36・70	表蔵王国際

●岐阜関チェリーカップ

1980	ミヤ・アエ	210-68・69・73	岐阜関

●京都・滋賀オープン

1982	中村 通	70	琵琶湖
1983	金本 章生	67	琵琶湖
1984	中村 通	65	宇治
1985	松井 一	66	日野
1986	中尾 豊健	69	城陽・東
1987	中上 達夫	67	琵琶湖
1988	中瀬 壽	69	宇治

歴代優勝者

325

1989 長田　敬市 69……………………………………日野
1990 北代　武史 68……………………………………田辺
1991 白石　昌昭 68……………………………………近江
1992 中瀬　壽 68……………………………………城陽
1993 OUT ※川口文雄 34……………………………近江
　　　IN　金山和男 33……………………………近江
1994 西野　琢仁 68……………………………宇治田原
1995 北澤　数司 67……………………………ビッグワン
1996 平塚　哲二 70……………………………………田辺
1997 平塚　哲二 67……………………………信楽・田辺
1998 平塚　哲二 70……………………………………城陽
　　　　　　　　　　　　　　　　　　※はアマチュア

●クイリマ＆高山クラシック
1975 鈴村　照男 574 (281-68・72・71・70…クイリマ
　　　鈴村　久　　　(293-78・72・72・71

●グランドモナーク
1965 杉本　英世 282-139・143…………茨木・鳴尾
1966 陳　清波 286-68・69・77・72…………鳴尾・茨木
1967 村上　隆 279-76・68・70・65…………西宮・宝塚
1968 島田　幸作 281-70・70・72・69…………久邇・相模
1969 松田　司郎 281-71・70・72・68…………宝塚・茨木
1970 河野　高明 279-68・70・71・70…………茨木・茨木国際
1971 河野　高明 276-133・143…………宝塚・西宮
1972 尾崎　将司 137-68・69……………伏尾
1973 韓　長相 142-69・73……………伏尾
1974 杉原　輝雄 141-72・69……………伏尾

●クレインカップ真庭オープン
1992 加藤　公徳 139-68・71……………真庭
1993 川上　典一 136-67・69……………真庭
1994 秋富由利夫 133-67・66……………真庭
1995 江本　光 138-69・69……………真庭
1996 平石　武則 134-67・67……………真庭

●KSDチャリティプロアマ
1990 加瀬　秀樹 31……………………総武・総武・東
　　　中村　忠夫 33……………………総武・総武・中
1991 室田　淳 68……………………総武・総武

●KPGA協力鳳凰インビテイション
1989 石原　明 137-69・68……………鳳凰

●KPGAトーナメント
1986 春・森　静雄 138-69・69…成田スプリングス
　　　秋・石原　明 138-68・70………東京湾
1987 春・渡辺三男 141-72・69…千葉スプリングス
　　　秋・高橋　完 136-68・68…妙義スプリングス
1988 春・野口裕樹夫 137-68・69………東京湾
　　　秋・浜野治光 138-71・67…三島スプリングス
1989 春・上原泰典 143-70・73…千葉スプリングス
　　　夏・菱沼孝至 137-68・69…山形スプリングス
　　　秋・白石達哉 134-65・69…児玉スプリングス
1990 春・若木進一 140-68・72…妙義スプリングス
　　　夏・渡辺三男 138-68・70…山形スプリングス
　　　秋・浜野治光 134-65・69………上毛高原
1991 春・佐藤剛平 137-71・66…妙義スプリングス
　　　秋・長竹寿士 138-70・68…山形スプリングス

●ゴールデンマッチ
1963 小野　光一 ＋13(参考:143ストローク)…狭山
1964 橘田　規 ＋12(144)………………西宮
1965 橘田　規 ＋9 (138)………………大宮
1966 杉本　英世 ＋5 (149)………………池田

1967 石井　朝夫 ＋5………………………小倉
1968 石井　朝夫 ＋8(145)…………………三好
1969 杉本　英世 ＋3………………………東名
1970 河野　高明 ＋12………………………東名
（競技はラウンドロビン方式による）

●コールドベック
1973 青木　功 143-73・70……………大厚木

●ゴルフ東西対抗
雲仙普賢岳被災者救援プロアマチャリティ
1991 加瀬秀樹チーム………………カレドニアン
「ガン撲滅基金」ゴルフ東西対抗
1994 東　軍 20ポイント………季美の森
1995 東　軍 16ポイント………浜野
1996 西　軍 14ポイント………浜野
1997 東　軍 16ポイント………相模原
1998 西　軍 14ポイント………大厚木
1999 東　軍 20ポイント………横浜
2000 東　軍 13ポイント………サンコー72
2001 西　軍 12ポイント………富士C市原
2002 東　軍 20ポイント…太平洋C＆アソシエイツ江南
2003 東　軍 14ポイント………琉球
2005 西　軍 13ポイント………若洲
2006 東　軍 14ポイント…イーグルポイント

●埼玉オープン
1982 新井規矩雄 139-72・67………霞ケ関・西
1983 白浜　敏司 138-70・68………日高
1984 小川　清二 136-68・68………寄居
1985 水巻　善典 136-68・68………高根
1986 駒崎　誠 137-72・65………武蔵・豊岡
1987 友利　勝良 132-64・68………越生
1988 森　憲二 140-67・73………越生
1989 植田　浩史 135-66・69………越生

●札幌オープン
1971 陳　健忠 280-66・71・74・69……札幌・輪厚
1972 尾崎　将司 282-72・69・70・71……札幌・輪厚

●札幌オープン
1997 横島　由一 143-74・69………スコットヒル
1998 谷口　徹 136-66・70…三井観光アイリス

●ザ・ロイヤルトロフィ
2006 ヨーロッパ 9-7 アジア…アマタスプリング(タイ)
2007 12.5-3.5 アジア…アマタスプリング(タイ)
2009 アジア 10-6 ヨーロッパ…アマタスプリング(タイ)
2010 ヨーロッパ 8.5-7.5 アジア…アマタスプリング(タイ)
2011 ヨーロッパ 9-7 アジア…ブラックマウンテン(タイ)
2012 アジア 8-8 ヨーロッパ…エンパイアホテル＆CC(ブルネイ)
　　　（プレーオフでアジアが優勝）
2013 ヨーロッパ 8.5-7.5 アジア…ドラゴンレイク(中国)
〈2007年は非公認競技〉

●産経プロ選手権
1957 中村　寅吉 291-140・151………鷹之台
1958 中村　寅吉 284-139・145………相模

●産報チャンピオンズ
1975 内田　繁 141-69・72………札幌アサヒ
1976 呂　良煥 140-69・71………札幌アサヒ

●JALオープン

| 1971 | デビッド・グラハム | 277-70・67・72・68 | 府中 |
| 1972 | ゲーリー・プレーヤー | 280-67・71・72・70 | 習志野 |

●ジャパンプロアマチャリティ

| 1975 | 安田　春雄 | 137-70・67 | 橋本 |

●瀬戸内海サーキット

1965	記録不明		
1966	(松山)石井　迪夫	106-37・33・36	松山・道後
	(広島)松田　司郎	102-33・34・35	広島・八本松
	(松永)内田　繁	104-37・32・35	松永
	(倉敷)内田　繁	146-36・39・35・36	倉敷
	(総合)内田　繁	461-107・104・104・146	
1967	(高松)内田　繁	104-36・36・32	高松・城山
	(広島)宮本　省三	106-38・33・35	広島・西条
	(宇部)内田　繁	104-37・35・32	宇部・万年池
	(岡山)杉原　輝雄	105-35・36・34	岡山・帯江
	(総合)内田　繁	430-104・108・104・114	
1968	(松山)島田　幸作	140-69・71	松山・道後
	(広島)杉原　輝雄	140-72・68	広島・八本松
	(岡山)石井富士夫	143-72・71	岡山・桃の郷
	(総合)杉原　輝雄	425-142-140-143	
1969	(広島)杉原　輝雄	136-69・67	広島・西条
	(香川)杉原　輝雄	135-68・67	香川・志度
	(岡山)杉原　輝雄	139-69・70	岡山・玉野
1970	(倉敷)杉原　輝雄	277	倉敷
1971	(広島)尾崎　将司	265-134・131	広島・八本松
1972	(岡山)山本　善隆	139-71・68	岡山

●全日本ミックスダブルス

| 1975 | 石井富男・鈴木美重子 | 139-69・70 | プリンスランド |

●ゼンリン福岡オープン

ゼンリン・フクニチオープン

| 1988 | 岩下　吉久 | 141-70・71 | 麻生飯塚 |

ゼンリン福岡オープン

1989	松永　一成	140-71・69	麻生飯塚
1990	伊藤　明嵩	141-72・69	麻生飯塚
1991	阪東　礼治	136-67・69	麻生飯塚
1992	鈴木　亨	142-70・72	麻生飯塚
1993	芹沢　大介	134-68・66	麻生飯塚
1994	原田　三夫	139-68・71	麻生飯塚
1995	杉原　敏一	136-68・68	JR内野
1996	宮本　勝昌	133-69・64	麻生飯塚

●ダイナスティカップ

| 2003 | ア　ジ　ア | 16.5-日本7.5 | ミッションヒルズ(中国) |
| 2005 | ア　ジ　ア | 14.5-日本9.5 | ミッションヒルズ(中国) |

●武富士サイパン

| 1983 | 青木　基正 | 138-70・68 | サイパン・マリアナ |

●WPGA主催テーラーメイド杯関西プロU40トーナメント

| 1989 | 北代　武史 | 67 | 松永 |
| 1990 | 井上　智夫 | 68 | 松永 |

●千葉オープン

千葉オープン

1971	草壁　政治	138-70・68	袖ヶ浦
1972	尾崎　将司	138-68・70	袖ヶ浦
1973	草壁　政治	215-69・74・72	袖ヶ浦
1974	地引　良吉	211-72・67・72	袖ヶ浦
1975	上原　忠明	210-68・69・73	袖ヶ浦
1976	尾崎　将司	134-67・67	袖ヶ浦
1977	横島　由一	135-65・70	袖ヶ浦
1978	上原　忠明	140-68・72	袖ヶ浦
1979	長谷川勝治	135-69・66	袖ヶ浦
1980	草壁　政治	140-69・71	袖ヶ浦
1981	白石　勝昭	141-70・71	袖ヶ浦
1982	海老原清治	142-74・68	袖ヶ浦
1983		中　　止	
1984	泉川ピート	138-69・69	新千葉
1985	長谷川勝治	145-71・74	新千葉
1986	牧野　裕	138-67・71	袖ヶ浦・新袖
1987	牧野　裕	137-72・65	袖ヶ浦・新袖
1988	牧野　裕	133-67・66	袖ヶ浦・新袖

サッポロビール千葉オープン

1989	真板　潔	136-70・66	袖ヶ浦・新袖
1990	西川　哲	137-65・72	袖ヶ浦・新袖
1991	横山　明仁	137-67・70	袖ヶ浦・新袖
1992	平石　武則	135-69・66	袖ヶ浦・新袖

千葉オープン

1993	グレゴリー・マイヤー	137-66・71	袖ヶ浦・新袖
1994	牧野　裕	135-68・67	袖ヶ浦・新袖
1995	楠本　研	138-68・70	袖ヶ浦・新袖
1996	平石　武則	138-69・69	袖ヶ浦・新袖
1997	山本　昭一	136-68・68	袖ヶ浦・袖ヶ浦
1998	宮本　勝昌	141-72・69	真名・ゲーリー・プレーヤー
1999	田口　康祐	136-67・69	袖ヶ浦・新袖
	堺谷　和将	136-66・70	
2000	丸山　大輔	138-68・70	袖ヶ浦・新袖

●チャンピオンズトーナメント

1964	陳　　清波	273-67・69・69・68	六郷
1965	陳　　清波	272-66・68・72・66	横浜・東
1966	陳　　清波	281-66・71・70・74	浮間
1967	細石　憲二	265-63・68・69・65	川越グリーンクロス
1968	宮本　省三	279-140・69・70	水戸
1969	河野　光隆	274-72・64・72・66	水戸
1970	河野　高明	275-70・68・68・69	水戸
1971	河野　高明	271-65・65・74・67	水戸
1972	河野　高明	272-70・67・70・65	水戸
1973	河野　高明	134-68・66	水戸

●デュプロカップ和歌山オープン

和歌山オープン

1979	浦西　武光	140-69・71	国木原
1980	北代　武史	139-66・73	国木原
1981	倉本　昌弘	137-68・69	国木原
1982	鍛治　恒	138-69・69	国木原
1983	小川　清二	139-67・72	国木原
1984	入野　太	141-71・70	国木原
1985	加瀬　秀樹	136-67・69	国木原
1986	甲斐　俊光	136-71・65	国木原
1987	古木　譲二	137-66・71	国木原
1988	中村　忠夫	139-70・69	国木原

デュプロカップ和歌山オープン

| 1989 | 芹沢　大介 | 142-69・73 | 国木原 |
| 1990 | 前田　新作 | 138-68・70 | 国木原 |

●東武プロアマゴルフ

1978	杉本　英世	73	パレス
1979	石井　裕士	68	サザンクロス
1980	Aの1位　内田久寿雄	72	高根
	Bの1位　佐藤　正一	73	
	Cの1位　地引日出男	77	

●東北オープン

| 1993 | 加藤　仁 | 216-70・72・74 | 西仙台 |

1994 新関 善美 276-69・71・68・68 …グリーンアカデミー
1995 板井 榮一 289-72・69・76・72 ……南部富上
1996 菊池 純 275-71・67・68・69 …………利府
1997 稲田美佐男 283-67・72・75・69 ……会津磐梯
1998 堺谷 和将 283-73・71・71・68 …十和田国際
1999 松高 史明 275-68・69・71・67 …ブラッサムガーデン

●栃木オープン
1983 宇野 富男 142-72・70 …………塩原
1984 町野 治 143-74・69 …………塩原
1985 森 文雄 138-68・70 …………塩原
1986 高橋 五月 143-72・71 …………塩原
1987 小泉 清一 142-72・70 …………塩原
1988 高橋 完 141-70・71 …………塩原
1989 植田 浩史 141-70・71 …………塩原
1990 稲垣 太成 140-71・69 …………塩原
1991 初見 充宣 69 …………塩原
1992 室田 淳 139-66・73 …………塩原
1993 板井 榮一 140-70・70 …………塩原
1994 入野 太 137-68・69 …………塩原
1995 野口裕樹夫 139-68・71 …………塩原
1996 芹澤 信雄 132-65・67 …………塩原

●習志野ミリオン
1966 石井富士夫 141-68・73 …………習志野
1967 陳 清波 281-141・69・71 …………習志野

●西日本オープン
1966 藤井 義将 216…………福岡・和白
1967 ※中部銀次郎 282 …………門司
1968 細石 憲二 275-137・138 …………福岡
1969 細石 憲二 285-141・144 …………福岡
1970 藤井 義将 289…………福岡・和白
1971 上田 鉄弘 287-147・140…………福岡・和白
※はアマチュア

●西日本サーキット
1968 (宇部シリーズ)中村 寅吉 281-137・144…………宇部
(下関シリーズ)柚田 規 272-136・136…………下関
(BSシリーズ)細石 憲二 286-149・137…福岡ブリヂストン
(長崎シリーズ)内田 繁 283-140・143…………長崎国際
(総 合)柚田 規 1131-285・272・287・287
1969 (宇部シリーズ)謝 永郁 283-142・141 ……宇部・万年池
(下関シリーズ)細石 憲二 290-139・151…………下関
(長崎シリーズ)石井 朝夫 284-144・140…………長崎国際
(BSシリーズ)謝 敏男 281-144・137 …………BS
(総 合)内田 繁 1147-283・292・286・286
1970 (長崎シリーズ)内田 繁 281…………長崎国際
(宇部シリーズ)松田 司郎 274-136・138 ……宇部・万年池
(下関シリーズ)河野 高明 287…………下関
(総 合)村上 隆 857
1971 (宇部シリーズ)村上 隆 281-141・140…………宇部
(下関シリーズ)河野 高明 274-135・139…………下関

●日英対抗
1974 (個人)青木 功 211-73・69・69 …………神有
モーリス・ベンブリッジ 211-70・70・71
ピーター・タウンゼント 211-69・68・74
(団体)英 国 27-21 日本
1975 (個人)島田 幸作 208-71・69・68………相模原・東
(団体)日 本 28-20 英国

●日豪対抗
1971 (個人)デビッド・グラハム 353-69・75・69・70・70
…鳴門・志度・福岡国際・熊本中央・フェニックス

(団体)豪 州 1065-1074
1973 (個人)グラハム・マーシュ 209-73・69・67
……土佐・片山津白山・大雪山
(団体)日 本 652-657
1975 (個人)スチュワート・ジン 140-71・69 ……南部富士・椿台
(団体)豪 州 583-596

●日豪親善ゴルフ
1978 豪州チーム 49-31 …………ビクトリアGC
1979 日本チーム 53-27 …………スリーハンドレッド
1980 豪州チーム 42-38 …………ロイヤルキャンベラ
1981 日本チーム 44-36 …………スリーハンドレッド
1982 豪州チーム 18-6 …………オーストラリアンGC

●日刊スポーツチャリティ
1988 河野 和重 65 …………レイクウッド
1989 丸山 智弘 67 …………レイクウッド
1990 須貝 昇 66 …………レイクウッド
1991 小林富士夫 68 …………レイクウッド
1992 小林富士夫 70 …………レイクウッド
1993 1月・入野 太 71 …………レイクウッド
12月・白浜育男 67 …………武蔵丘
1994 植田 浩史 68 …………レイクウッド
板井 榮一 68
1995 丸山 智弘 66 …………レイクウッド
1996 丸山 智弘 66 …………レイクウッド
1997 芹澤 信雄 66 …………レイクウッド
深堀圭一郎 66
1998 田中 秀道 71 …………レイクウッド

●日本アジア航空
1984 呂 良煥 286-72・70・75・69……台湾・高雄

●日本プロゴルフベスト10
1968 杉原 輝雄 136-66・70 …………太閤坦

●Handa Cup プロミシングゴルファーズ～アンダー30～
2010 木村 彰吾 214-71・70・73 スカイウェイ

●ビッグ4トーナメント
1963 (個人)杉原 輝雄 …………六郷
(団体)関 東 145-146 関 西

●平尾昌晃プロアマ
1984 金海 成雄 66…………新千葉
1985 鈴木 弘一 69…………新千葉
滝 安史 69
1986 デビッド・イシイ 70…………新千葉
1987 尾崎 直道 66…………新千葉
鈴木 弘一 66
1988 金子 柱憲 66…………新千葉
1989 加瀬 秀樹 66…………新千葉
1990 加瀬 秀樹 66…………新千葉
1991 飯合 肇 69…………新千葉
白石 達哉 69
1992 西川 哲 69…………新千葉
1993 青木 基正 69…………新千葉
1994 金子 柱憲 66…………新千葉
1995 加瀬 秀樹 68…………新千葉
中山 徹 68
細川 和彦 68
1996 田中 秀道 66…………新千葉
1997 室田 淳 67…………新千葉
1998 田中 秀道 65…………新千葉

1999	金子　竜也	29P	……………………	新千葉
2000	加瀬　秀樹	32P	……………………	新千葉
2001	小山内　護	63	……………………	新千葉
2002	ディネッシュ・チャンド	17P	……………………	新千葉
2003	室田　　淳	30P	……………………	新千葉
2004	室田　　淳	37P	……………………	新千葉
2005	ディネッシュ・チャンド	33P	……………………	新千葉
2006	室田　　淳	30P	……………………	新千葉
2007	宮瀬　博文	33P	……………………	新千葉
2008	ディネッシュ・チャンド	31P	……………………	新千葉
2009	横尾　　要	29P	……………………	新千葉

●報知プロ新人

1959	勝俣　　功	147-75・72	……………………	相模原
1960	今田慶之助	290-142・148	……………	武蔵・豊岡
1961	勝俣　　功	297-145・152	……………	紫・すみれ
1962	宮本　省三	293-151・142	……………	紫・すみれ
1963	石井富士夫	295-153・142	……………	読売

●北陸クラシック

1973	呂　　良煥	207-67・71・69	……………	呉羽

●ホワイトベア杯

1960	陳　　清波	141-69・72	……………	霞ヶ関
1961	小針　春芳	149-76・73	……………	西宮
1962	陳　　清波	137-67・70	……………	霞ヶ関
1963	加藤　辰芳	139-71・68	……………	宝塚
1964	藤井　義将	140	……………	霞ヶ関

●マスターズGCクラシック

2007	竹本　直哉	204-70・69・65	…	マスターズGC

●丸善建設カップ・サイパン

1991	小林富士夫	142-68・74	……	コーラルオーシャンポイント
1992	ラリー・ネルソン	213-70・70・73	…	コーラルオーシャンポイント

●マンシングウェアクラシック

1983	草壁　政治	280-71・71・70・68	………	新千葉

●ミズノTOKYOオープン

1989	渡辺　　修	208-71・68・69	………	東京国際
1990	天野　　勝	207-76・66・65	………	東京国際
1991	井上　久雄	209-74・66・69	………	東京国際
1992	合田　　洋	208-70・71・67	………	東京国際
1993	中尾　豊健	205-70・68・67	………	東京国際
1994	高崎　龍雄	205-66・67・72	………	東京国際
1995	南條　勝美	204-70・65・69	………	東京国際
1996	伊藤　正己	202-66・69・67	………	東京国際

●ミズノプロ新人

1965	川井　健司	147-72・75	…………	大利根・東
1966	永田　悦彦	142	…………	霞ヶ関・東
1967	松井　一敏	146	…………	霞ヶ関・東
1968	草壁　政治	149-76・73	…………	紫・すみれ
1969	小池　国夫	142	…………	小金井
1970	松尾　茂年	144-72・72	…………	狭山
1971	前田　新作	141-73・68	…………	我孫子
1972	片山　　康	142-72・70	…………	我孫子
1973	鈴木　規夫	142-75・67	…………	我孫子
1974	村田　岸雄	139-69・70	…………	我孫子
1975	久保　三郎	138-66・72	…………	我孫子
1976	中島　常幸	141-71・70	…………	我孫子
1977	中山　　徹	139-70・69	…………	我孫子
1978	渡辺　三男	138-69・69	…………	我孫子
1979	甲斐　俊光	139-69・70	…………	我孫子

1980	中島　秀徳	140-70・70	……………	我孫子
1981	中川　敏明	142-75・67	……………	我孫子
1982	上西　博昭	139-71・68	……………	我孫子
1983	加瀬　秀樹	109-71・38	……………	我孫子
1984	浅尾　琢己	144-69・75	……………	桜
1985	和田　　力	140-74・66	……………	桜
1986	高見　和宏	145-70・75	……………	桜
1987	田中泰二郎	146-70・76	……………	桜
1988	平山　徳男	138-69・69	……………	桜
1989	金田　秀龍	72	……………	桜
1990	①宮瀬博文	140-68・72	……………	桜
	②金子達也	137-68・69		
1991	林　　陳漢	143-72・71	……………	桜
1992	リチャード・バックウェル	135-66・69	……………	桜

●MILLION YARD CUP

日韓男子ゴルフ対抗戦

2004	韓国　20－20　日本…ヨンビョンリゾート(韓国)

（プレーオフで韓国が優勝）

2006　中止

現代キャピタル招待　韓日プロゴルフ対抗戦

2010	日本　10.5－9.5　韓国　………ヘビチ(韓国)

MILLIONYARD CUP

2011	韓国　11.5－8.5　日本　…ジョンサン(韓国)
2012	韓国　12－8　日本…パサージュ琴海アイランド(日本)

●名球会チャリティ

1983	中島　常幸	64	……………	千葉廣済堂
1984	新井規矩雄	66	……………	千葉廣済堂
1985	新井規矩雄	65	……………	千葉廣済堂
1986	中島　常幸	65	……………	千葉廣済堂
1987	中島　常幸	66	……………	千葉廣済堂
1988	泉川ピート	67	……………	千葉廣済堂
1989	中島　常幸	65	……………	千葉廣済堂
1990	鈴木　弘一	66	……………	千葉廣済堂
1991	芹沢　信雄	65	……………	千葉廣済堂
1992	中島　常幸	63	……………	千葉廣済堂
1993	新井規矩雄	66	……………	千葉廣済堂
1994	青木　基正	67	……………	千葉廣済堂
	東　　聡	67		

●森進一・港建設カップ

1990	室田　　淳	69	……………	紫・すみれ
1991	泉川ピート	67	……………	紫・あやめ

●山口オープン

1988	末村　敦男	134-65・69	…………	宇部・北
1989	木原　　徹	136-70・66	…………	宇部・北
1990	松永　一成	136-65・71	…………	宇部・北
1991	吉村　金八	65	…………	宇部・西
1992	重信　秀人	133-71・62	…………	宇部・北
1993	松永　一成	133-71・69	…………	宇部・西

●山梨プロアマ

1978	中村　　稔	142-71・71	……	グリーンバレイ
1979	榎本　七郎	142-70・72	……	グリーンバレイ
1980	金井　清一	139-69・70	……	グリーンバレイ

●ヤングライオンズ

1975	中村	通	215-74・71・70	川辺
1976	中島	常幸	206-71・69・66	川辺
1977	中島	常幸	207-70・69・68	川辺

●ザ・レジェンド・チャリティプロアマ

2009	手嶋	多一	132-67・65	麻倉
2010	久保谷健一		131-65・66	麻倉
2011	室田	淳	131-68・63	麻倉
2012	池田	勇太	134-69・65	麻倉
2013	池田	勇太	132-65・67	麻倉
2014	倉本	昌弘	134-67・67	麻倉
2015	奥田	靖己	130-65・65	麻倉
2016	片山	晋呉	132-63-69	麻倉
2017	横尾	要	135-69-66	麻倉
2018	今平	周吾	130-64・66	麻倉

●ロレックス

1968	村上	隆	137-67・70	川崎国際
1969	杉本	英世	140-70・70	東京よみうり
1970	河野	高明	138-69・69	川崎国際
1971	橘田	規	142-70・72	川崎国際
1972	森	憲二	139-67・72	川崎国際
1973	日吉	定雄	138-70・68	川崎国際

●ロレックスワールドミックス

1978	メキシコ	274		川崎国際

（エルネスト・アコスタ＆ナンシー・ロペス）

ABEMAツアー

2023年度ABEMAツアー成績
賞金ランキング
ABEMAツアー記録
歴代賞金王と年間最多勝利選手
過去のトーナメント歴代優勝者

Novil Cup

開催期日	2023年4月5日～7日	賞金総額	15,000,000円
競技会場	JクラシックGC	出場人数	152名
トータル	7,221Y：パー72 (36,36)	天　候	曇・雨・晴

1日目　6アンダー66で回った矢野東と中西直人が首位発進。坂本雄介が1打差3位につけた。2日目　日本初試合の中国人選手・陳顧新と杉原大河が通算8アンダーとして首位に並ぶ。1打差3位に竹谷佳孝、小斉平優和、武藤俊憲、金子駆大の4人。最終日　1番パー5でバンカーからの3打目を入れてイーグルを奪った杉原が勢いに乗って65をマーク。2位の石塚祥利に5打差をつける通算15アンダーでアマチュア時代の19年以来4年ぶりとなる2勝目を挙げた。

【優勝】杉原　大河　201　69・67・65　2,700,000円

順位	氏　名	トータルスコア	1R	2R	3R	4R	賞金額(円)	順位	氏　名	トータルスコア	1R	2R	3R	4R	賞金額(円)
2	石塚　祥利	206	69	69	68		1,350,000		朴ジュンウォン	215	75	68	72		81,450
3	金子　駆大	207	69	68	70		975,000		鈴木　敬太	215	71	72	72		81,450
4	陳　顧新	208	68	68	72		780,000		岡村　了	215	70	73	72		81,450
5	アンドルー・エバンス	209	71	70	68		436,250		木下　康平	215	69	70	76		81,450
	副田　裕斗	209	72	69	68		436,250		内藤寛太郎	215	68	71	76		81,450
	丁　子軒	209	70	73	66		436,250		平本　世中	215	72	66	77		81,450
	ディラン・ベリー	209	69	70	70		436,250	51	グラント・ゴッドフリィ	216	74	69	73		67,900
	板東　寿匡	209	73	65	71		436,250		薗田　峻輔	216	71	72	73		67,900
	平本　穏	209	71	67	71		436,250		長田　真矩	216	68	75	73		67,900
11	田中章太郎	210	72	69	69		240,000		岩元　洋祐	216	72	72	72		67,900
	中西　直人	210	66	73	71		240,000		佐藤　太地	216	70	74	72		67,900
	村上　拓海	210	72	71	67		240,000		亀代　順哉	216	70	74	72		67,900
	武藤　俊憲	210	70	67	73		240,000	57	中川　勝弥	217	68	75	74		63,900
15	梶村　夕貴	211	70	72	69		187,500		砂川　公佑	217	69	74	74		63,900
	加藤龍太郎	211	70	71	70		187,500		中里光之介	217	70	69	78		63,900
	富村　真治	211	72	66	73		187,500		細野　勇策	217	70	70	77		63,900
	黒川　航輝	211	68	70	73		187,500	61	小西　奨太	218	72	70	76		62,100
	小斉平優和	211	69	68	74		187,500		河合　庄司	218	71	70	77		62,100
20	呉　司聡	212	69	73	70		154,687		原田　大雅	218	70	69	79		62,100
	大谷　俊介	212	71	69	72		154,687		高野　碧輝	218	73	71	74		62,100
	金田　直之	212	71	72	69		154,687		片岡　大育	218	72	72	74		62,100
	作田　大地	212	70	70	72		154,687	66	山岡　成稔	219	70	72	77		61,050
24	阿部　裕樹	213	70	71	72		129,506		森　祐紀	219	72	72	75		61,050
	石渡　和輝	213	69	74	70		129,506	68	富本　虎希	222	76	68	78		60,600
	小浦　和也	213	70	71	72		129,506	69	藤島　豊和	223	72	71	80		60,150
	福永　安伸	213	72	71	70		129,506		鈴木　晃祐	223	72	72	79		60,150
	吉田　隼人	213	72	69	72		129,506		海老根文博		70	74	失		
	大田和桂介	213	71	72	70		129,506								
	生源寺龍憲	213	73	71	69		129,506								
	矢野　東	213	66	72	75		129,506								
32	井上　敬太	214	72	70	72		103,800								
	河野　祐輝	214	74	68	72		103,800								
	黒川　逸輝	214	73	68	73		103,800								
	玉城　海伍	214	73	69	72		103,800								
	青山　晃大	214	69	72	73		103,800								
	加藤　輝	214	74	68	72		103,800								
	宇喜多飛翔	214	71	70	73		103,800								
	額賀　辰徳	214	73	71	70		103,800								
	竹谷　佳孝	214	71	66	77		103,800								
41	宇佐美祐樹	215	73	68	74		81,450								
	照屋佑唯智	215	68	73	74		81,450								
	佐藤　圭介	215	68	73	74		81,450								
	西山　大広	215	71	70	74		81,450								

144ストローク(±0)までの71名が予選通過

氏 名	トータルスコア	1R	2R	氏 名	トータルスコア	1R	2R	氏 名	トータルスコア	1R	2R	氏 名	トータルスコア	1R	2R
北村 晃一	145	72	73	徳元 中	147	73	74	長谷川祥平	149	75	74	高柳 直人	152	75	77
安森 一貴	145	70	75	松本 将汰	147	75	72	三重野里斗	149	74	75	古川 雄大	153	76	77
秋吉 翔太	145	75	70	福岡 大河	147	75	72	宮内 孝輔	149	77	72	伊藤 勇気	153	75	78
崎川 将司	145	70	72	ⓐ濱渕裕生	147	75	72	中道 洋平	149	75	74	原 敏之	153	76	77
藤本 佳則	145	73	72	松原 大輔	147	72	75	馬渡 清也	150	77	73	石過功一郎	153	75	78
小袋 秀人	145	73	72	高山 忠洋	147	72	75	三島 泰哉	150	76	74	高宮 千聖	153	74	79
森 雄貴	145	74	71	尾崎 慶輔	147	75	72	大下 勇	150	72	78	半田 匠佳	154	81	73
中島 徹	145	75	71	すし 石垣	147	73	74	新田 哲大	150	76	74	織田 信亮	154	80	74
黒木 紀至	146	72	74	古川龍之介	147	68	79	近藤 啓介	150	78	72	黒﨑 蓮	154	75	79
山田 大晟	146	72	74	木村 太一	147	75	72	小林 正則	150	76	74	坂本 隆一	155	80	75
遠藤 健太	146	74	72	ⓐ古川惣一朗	148	78	70	香川 凜央	150	77	73	比嘉 拓也	155	78	77
前田光史朗	146	73	73	高花 翔太	148	77	71	森本 雄	150	76	74	塩見 好輝	155	79	76
安本 大祐	146	76	70	前粟蔵俊太	148	74	74	新村 駿	150	74	76	櫻井 隆輔	156	77	79
野呂 涼	146	72	74	池上憲士郎	148	69	79	丸山 獎王	150	74	76	ⓐ勢井乃樹	158	79	79
加藤 俊英	146	74	72	徳永 弘樹	148	73	75	西岡 宏晃	150	81	70	松田 一将	161	77	84
大内 智文	146	72	74	岩田 大河	148	72	76	ⓐ中川拓海	151	74	77	ⓐ加藤金次郎	161	82	79
勝亦 悠斗	146	77	69	池田 浩二	148	78	70	植田 晃大	151	77	74	坂本 雄介		67	棄
小木曽 喬	146	75	71	田中 裕基	148	73	75	芦沢 宗臣	151	76	75	古田 幸希		76	失
米澤 蓮	146	71	75	服部 雅也	148	74	74	山﨑帆久登	151	75	76				
竹山 昂成	147	74	73	岡田 絃希	148	74	74	ⓐ武田紘汰	151	76	75				
日高 将史	147	75	72	大塚 智之	148	73	75	皆本 祐介	152	78	74				

ⓐはアマチュア

【歴代優勝者】						
年	優勝者	スコア	2位	差	コース	パー／ヤード
シンクスNovilカップ						
2007	兼本貴司	134—68・66	大島靖生、杉原敏一、谷 昭範、岩崎幸司	1	JクラシックGC	72／7093Y
Novilカップ						
2008	清田太一郎	198—69・64・65	山本健太郎	2	JクラシックGC	72／7104Y
Novil Cup						
2009＊	佐藤えいち	205—66・69・70	前粟蔵俊太	0	JクラシックGC	72／7104Y
2010	田島創志	207—70・71・66	三橋達也	2	JクラシックGC	72／7221Y
2011＊	額賀辰徳	205—67・70・68	小林正則	0	JクラシックGC	72／7221Y
2012	ヤン ジホ	212—69・76・67	岡茂洋雄	2	JクラシックGC	72／7221Y
2013＊	張 棟圭	216—65・74・77	J・マクリーン	0	JクラシックGC	72／7221Y
2014	田島創志	213—77・67・69	井上忠久	1	JクラシックGC	72／7206Y
2015	朴 一丸	201—64・70・67	矢野 東	1	JクラシックGC	72／7206Y
2016	小鯛竜也	204—70・67・67	趙 炳旻、前粟蔵俊太、北村晃一	6	JクラシックGC	72／7206Y
2017	星野陸也	205—71・68・66	櫻井勝之、上井邦裕	1	JクラシックGC	72／7206Y
2018	パクベジョン	206—70・68・68	梅山知宏、金 鎮成	1	JクラシックGC	72／7206Y
2019	朴ジュンウォン	206—70・68・68	杉本エリック	2	JクラシックGC	72／7206Y
2020 2021	〈新型コロナウイルス感染拡大のため中止〉					
2022	副田裕斗	201—66・67・68	原 敏之	1	JクラシックGC	72／7221Y
2023	杉原大河	201—69・67・65	石塚祥利	5	JクラシックGC	72／7221Y

＊はプレーオフ

i Golf Shaper Challenge in 筑紫ヶ丘

開催期日	2023年4月19日～21日	賞金総額	15,000,000円
競技会場	筑紫ヶ丘GC	出場人数	153名
トータル	6,928Y：パー72 (36,36)	天候	曇・晴・曇

1日目 レギュラーツアー2勝の秋吉翔太が8バーディ、ボギーなしの64で回り単独首位。1打差2位で前年覇者の田中裕基が続く。**2日目** 68でプレーした田中が通算11アンダーで単独首位に。秋吉は1打差2位に後退。3打差3位に平本

世中とルーキーの鈴木晃祐がつけた。**最終日** 前週の関西オープンで3位に入っていた鈴木がその勢いをここでも発揮。5バーディ、ボギーなしの67をマークして伸び悩む上位を抜き去り、通算13アンダーで初優勝をつかみとった。

【優勝】鈴木　晃祐　203　69・67・67　2,700,000円

順位	氏名	トータルスコア	1R	2R	3R	4R	賞金額（円）	順位	氏名	トータルスコア	1R	2R	3R	4R	賞金額（円）
2	田中　裕基	204	65	68	71		1,350,000	45	大田和桂介	213	71	69	73		75,690
3	玉城　海伍	205	68	70	67		877,500		野呂　涼	213	68	73	72		75,690
	秋吉　翔太	205	64	70	71		877,500		櫻井　隆輔	213	73	67	73		75,690
5	片岡　大育	206	70	71	65		537,500		岩元　洋祐	213	72	70	71		75,690
	薗田　峻輔	206	69	71	66		537,500		古田　幸希	213	72	70	71		75,690
	香川　凜央	206	70	71	65		537,500		村上　拓海	213	72	70	71		75,690
8	伊藤　有志	207	68	73	66		335,000		小浦　和也	213	70	69	74		75,690
	杉原　大河	207	71	67	69		335,000		佐藤　圭介	213	69	74	70		75,690
	和田章太郎	207	69	68	70		335,000		植田　晃大	213	71	72	70		75,690
11	梶村　夕貴	208	72	69	67		226,250		佐藤　太地	213	73	70	70		75,690
	森本　雄	208	70	70	68		226,250	55	小林　正則	214	72	68	74		65,850
	大内　智文	208	66	73	69		226,250		西山　大広	214	69	71	74		65,850
	今野　大喜	208	70	68	70		226,250		宮内　孝輔	214	73	69	72		65,850
	内藤寛太郎	208	70	68	70		226,250		内山　遥人	214	73	70	71		65,850
	阿部　裕樹	208	68	70	70		226,250	59	日高　将史	215	67	72	76		63,180
	出利葉太一郎	208	71	67	70		アマチュア		竹谷　佳孝	215	69	73	73		63,180
18	木村　太一	209	73	67	69		162,656		青山　晃大	215	66	77	72		63,180
	加藤　俊英	209	71	70	68		162,656		河合　庄司	215	71	72	72		63,180
	陳　顧新	209	70	70	69		162,656		安本　大祐	215	72	71	72		63,180
	安森　一貴	209	68	71	70		162,656	64	亀代　順哉	216	70	71	75		61,800
	グラント・ゴッドフリィ	209	71	68	70		162,656		原田　大雅	216	69	73	74		61,800
	黒木　紀至	209	70	69	70		162,656		大下　勇	216	72	71	73		61,800
	松田　一将	209	68	69	72		162,656	67	宇佐美祐樹	217	71	69	77		60,750
	髙橋　竜彦	209	69	68	72		162,656		平本　穏	217	70	73	74		60,750
26	比嘉　拓也	210	68	72	70		129,375		呉　司聡	217	75	68	74		60,750
	額賀　辰徳	210	66	75	69		129,375		松本　将汰	217	74	69	74		60,750
	大塚　大樹	210	71	70	69		129,375	71	長田　真矩	218	70	72	76		60,000
	井上　信	210	69	70	71		129,375	72	藤島　征次	219	74	69	76		60,000
	北村　晃一	210	68	69	73		129,375								
	照屋佑唯智	210	69	68	73		129,375								
32	大谷　俊介	211	68	73	70		113,250								
	金田　直之	211	73	68	70		113,250								
	大貴渉太朗	211	74	65	72		113,250								
	平本　世中	211	66	70	75		113,250								
36	岩井　亮磨	212	71	70	71		96,100								
	高山　忠洋	212	73	67	72		96,100								
	長谷川祥平	212	73	67	72		96,100								
	米澤　蓮	212	71	68	73		96,100								
	勝亦　悠斗	212	72	70	70		96,100								
	副田　裕斗	212	74	68	70		96,100								
	前田光史朗	212	70	68	74		96,100								
	生源寺龍憲	212	71	72	69		96,100								
	宇喜多飛翔	212	76	67	69		96,100								

143ストローク（-1）までの72名が予選通過

氏名	トータルスコア	1R	2R	氏名	トータルスコア	1R	2R	氏名	トータルスコア	1R	2R	氏名	トータルスコア	1R	2R
富村 真治	144	75	69	細野 勇策	145	73	72	石川 航	147	76	71	原 敏之	151	74	77
黒川 航輝	144	69	75	石塚 祥利	145	75	70	高野 碧輝	148	71	77	髙宮 千聖	151	78	73
加藤 輝	144	75	69	武藤 俊憲	145	74	71	徳元 中	148	73	75	藤本 直樹	151	69	82
石渡 和輝	144	74	70	遠藤 健太	145	70	75	尾崎 慶輔	148	71	77	福永 安伸	151	73	78
田中幸太郎	144	70	71	黒﨑 蓮	145	72	73	小斉平優和	148	75	73	古川龍之介	151	77	74
近藤 啓介	144	72	72	河野 祐輝	145	73	72	タンヤゴーン・クロンパ	148	73	75	服部 雅也	152	77	75
中島 徹	144	72	72	山浦 一希	145	73	72	鈴木 之人	148	75	73	山田 大晟	152	78	74
北川 祐生	144	72	72	黒川 逸輝	146	75	71	鈴木 敬太	148	75	73	山形 陵馬	152	76	76
高花 翔太	144	75	69	竹山 昂成	146	74	72	ⓐ小林大河	148	75	73	森 雄貴	152	76	76
前粟藏俊太	144	76	68	松原 大輔	146	71	75	山本 隆允	149	75	74	森 正尚	153	73	80
ⓐ鈴木千貴	144	74	70	ⓐ大嶋 港	146	76	70	池上憲士郎	149	74	75	新村 駿	154	81	73
古川 雄大	144	72	72	半田 匠佳	146	75	71	織田 信亮	149	79	70	高柳 直人	155	75	80
矢野 東	144	71	73	伊藤 勇気	147	76	71	中道 洋平	149	80	69	板東 寿匡	156	75	81
岡村 了	145	72	73	新田 哲大	147	75	72	丁 子軒	149	78	71	ⓐ塚原大雅	156	75	81
小西 奨太	145	70	75	諸藤 将次	147	75	72	藤島 豊和	150	81	69	池村 晃稀	163	81	82
加藤龍太郎	145	74	71	梅山 知宏	147	73	74	西岡 宏晃	150	76	74	木下 康平		69	棄
石過功一郎	145	71	74	三重野里斗	147	77	70	堺 永遠	150	77	73	井上 敬太		76	棄
伴 真太郎	145	70	75	馬渡 清也	147	76	71	若原 亮太	150	79	71	森 祐紀		棄	
三島 泰哉	145	71	74	小袋 秀人	147	75	72	芦沢 宗臣	150	75	75				
安部 寛章	145	71	74	坂本 隆一	147	74	73	正岡 竜二	151	74	77				
金子 駆大	145	71	74	稗田 基樹	147	78	69	作田 大地	151	74	77				

ⓐはアマチュア

【歴代優勝者】						
年	優勝者	スコア	2位	差	コース	パー／ヤード
2018	高柳直人	202—65・66・71	杉山知靖	2	筑紫ヶ丘GC	72／7101Y
2019	ダンタイ・ブーマ	206—66・71・69	植竹勇太、伊藤有志、北村晃一	2	筑紫ヶ丘GC	72／7101Y
2020	〈新型コロナウイルス感染拡大のため中止〉					
2021	川満 歩	207—67・68・72	D・チア、佐藤太地、太田祐一	2	筑紫ヶ丘GC	72／7101Y
2022	田中裕基	206—64・70・72	大塚大樹、岡村 了、若原亮太	1	筑紫ヶ丘GC	72／7101Y
2023	鈴木晃祐	203—69・67・67	田中裕基	1	筑紫ヶ丘GC	72／6928Y

JAPAN PLAYERS CHAMPIONSHIP CHALLENGE in FUKUI

開催期日　2023年5月10日～12日	賞金総額　15,000,000円
競技会場　越前CC	出場人数　152名
トータル　6,625Y：パー70（35,35）	天　候　晴・晴・晴

1日目　生源寺龍憲が6アンダー64で首位に立ち2打差2位には6人が並んだ。26年ぶりのABEMAツアー参戦となった藤田寛之はパープレー70で40位発進。2日目　前戦優勝の鈴木晃祐が64で回り通算8アンダーで4打差の首位に躍り出た。2位は尾崎慶輔、薗田峻輔、金田直之、黒川逸輝、梅山知宏の5人。最終日　鈴木がショットに苦しみながらもワンパットパー7回の粘りのゴルフで69にまとめ、通算9アンダーで1打差の逃げ切り。2試合連続優勝を飾った。

【優勝】 鈴木　晃祐　201　68・64・69　2,700,000円

順位	氏　　名	トータルスコア	1R	2R	3R	4R	賞金額（円）	順位	氏　　名	トータルスコア	1R	2R	3R	4R	賞金額（円）
2	金田　直之	202	71	65	66		1,350,000	45	タンヤゴーン・クロンパ	213	68	72	73		80,400
3	富村　真治	205	71	68	66		877,500		小斉平優和	213	73	68	72		80,400
	黒川　逸輝	205	69	67	69		877,500		和田章太郎	213	71	70	72		80,400
5	森本　雄	206	69	70	67		581,250		香川　凜央	213	72	69	72		80,400
	尾崎　慶輔	206	68	68	70		581,250		櫻井　隆輔	213	70	71	72		80,400
7	勝亦　悠斗	207	66	74	67		343,500	50	森　祐紀	214	67	73	74		70,980
	砂川　公佑	207	70	69	68		343,500		杉原　大河	214	69	70	75		70,980
	阿部　裕樹	207	73	64	70		343,500		植田　晃大	214	72	66	76		70,980
	平本　世中	207	72	69	66		343,500		宮内　孝輔	214	71	67	76		70,980
	村山　駿	207	68	69	70		343,500		梅山　知宏	214	69	67	78		70,980
12	陳　顧新	208	70	70	68		204,375	55	芦沢　宗臣	215	70	71	74		66,600
	山田　大晟	208	68	71	69		204,375		松田　一将	215	70	71	74		66,600
	長谷川祥平	208	73	66	69		204,375	57	大塚　大樹	216	69	71	76		64,800
	安森　一貴	208	67	73	68		204,375		呉　司聡	216	70	70	76		64,800
	山本　太郎	208	70	69	69		204,375		前粟藏俊太	216	66	72	78		64,800
	玉城　海伍	208	72	67	69		204,375	60	安本　大祐	217	71	69	77		63,300
	黒木　紀至	208	67	71	70		204,375		坂本　隆一	217	70	71	76		63,300
	野呂　涼	208	68	69	71		204,375								
20	河合　庄司	209	66	73	70		150,000								
	上平　栄道	209	72	67	70		150,000								
	井上　敬太	209	71	70	68		150,000								
	細野　勇策	209	68	70	71		150,000								
	高野　碧輝	209	71	67	71		150,000								
	亀代　順哉	209	72	69	68		150,000								
26	小浦　和也	210	69	71	70		122,662								
	内藤寛太郎	210	72	68	70		122,662								
	西山　大広	210	69	71	70		122,662								
	平本　穏	210	69	71	70		122,662								
	金　誠	210	71	68	71		122,662								
	出利葉太一郎	210	69	69	72		アマチュア								
	大谷　俊介	210	70	68	72		122,662								
	大田和桂介	210	71	70	69		122,662								
	作田　大地	210	71	70	69		122,662								
35	半田　匠佳	211	70	69	72		105,150								
	青山　晃大	211	69	72	70		105,150								
	中道　洋平	211	71	67	73		105,150								
	薗田　峻輔	211	69	67	75		105,150								
39	海老根文博	212	68	72	72		92,250								
	石渡　和輝	212	70	70	72		92,250								
	原田　大雅	212	69	70	73		92,250								
	遠藤　健太	212	71	70	71		92,250								
	片岡　大育	212	71	70	71		92,250								
	古田　幸希	212	68	73	71		92,250								

141ストローク（＋1）までの61名が予選通過

氏　名	トータルスコア	1R	2R	氏　名	トータルスコア	1R	2R	氏　名	トータルスコア	1R	2R	氏　名	トータルスコア	1R	2R
佐藤　太地	142	74	68	石塚　祥利	143	75	68	中込　憲	146	72	74	武藤　俊憲	149	74	75
宇佐美祐樹	142	71	71	グラント・ゴッドフリィ	144	72	72	額賀　辰徳	146	66	80	北國譲斗志	150	75	75
中里光之介	142	70	72	藤本　佳則	144	71	73	大下　勇	146	73	73	加藤　輝	150	76	74
藤田　寛之	142	70	72	池上憲士郎	144	71	73	原　敏之	146	71	75	髙宮　千聖	150	74	76
比嘉　拓也	142	68	74	前田光史朗	144	74	70	新田　哲大	146	70	76	三重野里斗	150	76	74
生源寺龍憲	142	64	78	松原　大輔	144	71	73	伊藤　有志	146	73	73	福永　安伸	150	78	72
竹内　大	142	69	73	百目鬼光紀	144	75	69	手嶋　多一	146	73	73	@古川創大	151	80	71
黒﨑　蓮	142	70	72	梶村　夕貴	144	73	71	藤島　豊和	147	69	78	新村　駿	152	73	79
アーロン・タウンゼント	142	76	66	徳元　中	144	73	71	今野　大喜	147	72	75	金子　駆大	152	77	75
日高　将史	142	73	69	米澤　蓮	144	75	69	塩見　好輝	147	70	77	林　拓希	153	75	78
竹山　昂成	142	72	70	副田　裕斗	145	71	74	高花　翔太	147	71	76	鈴木　之人	154	79	75
竹谷　佳孝	142	71	71	小袋　秀人	145	73	72	小西　健太	147	73	74	松原　裕人	154	78	76
大内　智文	142	71	71	三木　龍馬	145	73	72	すし　石垣	148	73	75	@富永龍輝	154	81	73
加藤　俊英	142	71	71	小西　奨太	145	74	71	荒木　義和	148	74	74	織田　信亮	155	79	76
黒川　航輝	142	66	76	若原　亮太	145	72	73	土肥　龍星	148	74	74	木下　康平	157	74	83
木村　太一	142	71	71	アンドルー・エバンス	145	71	74	照屋佑唯智	148	74	74	伊藤　勇気		78	棄
植田　大貴	143	72	71	長田　真矩	145	68	77	藤島　征次	148	72	76	中西　直人		77	棄
正岡　竜二	143	70	73	宇喜多飛翔	145	69	76	北村　晃一	148	76	72	高山　忠洋		70	棄
田中　裕基	143	73	70	服部　雅也	145	70	75	古川　雄大	148	72	76	岡村　了		74	棄
三島　泰哉	143	72	71	近藤　啓介	146	76	70	小林　正則	148	75	73	佐藤　圭介		71	棄
松本　将汰	143	68	75	鈴木　敬太	146	73	73	岩元　洋祐	148	76	72	西岡　宏晃		66	棄
矢野　東	143	72	71	石過功一郎	146	70	76	秋吉　翔太	149	72	77	吉本　翔雄		67	失
森　雄貴	143	73	70	馬渡　清也	146	74	72	田中章太郎	149	79	70	@はアマチュア			

【歴代優勝者】					
年　優勝者	スコア	2位	差	コース	パー／ヤード
JAPAN PLAYERS CHAMPIONSHIP CHALLENGE					
2021　杉山知靖	202—67・68・67	久常　涼	1	きたかみCC	72／7090Y
JAPAN PLAYERS CHAMPIONSHIP CHALLENGE in FUKUI					
2022　@髙宮千聖	196—62・65・69	嘉数光倫	1	越前CC	70／6625Y
2023　鈴木晃祐	201—68・64・69	金田直之	1	越前CC	70／6625Y

@はアマチュア

太平洋クラブチャレンジトーナメント

開催期日	2023年5月24日〜26日
競技会場	太平洋クラブ江南C
トータル	7,053Y：パー71（36,35）
賞金総額	15,000,000円
出場人数	148名
天 候	晴・晴・晴

1日目 強風の中、4アンダー67で回った宇喜多飛翔、竹内大、生源寺龍憲と52歳の宮瀬博文が首位に並んだ。**2日目** 66をマークしたルーキーの吉本翔雄が通算8アンダーで首位に立つ。1打差2位で生源寺と宮瀬が続いた。**最終日** 3打差5位でスタートした富村真治が7バーディ、1ボギーの65を叩き出し逆転で10年ぶりの2勝目を手にした。首位で出た吉本は3番から5連続ボギーと崩れて5位。ABEMAツアー最年長優勝がかかった宮瀬は15位に終わった。

【優勝】富村 真治　202　69・68・65　2,700,000円

順位	氏名	トータルスコア	1R	2R	3R	4R	賞金額（円）	順位	氏名	トータルスコア	1R	2R	3R	4R	賞金額（円）
2	久保田皓也	204	68	69	67		1,162,500		高山 忠洋	213	72	72	69		85,650
	生源寺龍憲	204	67	68	69		1,162,500		グラント・ゴッドフリィ	213	75	69	69		85,650
4	矢野 東	205	74	64	67		780,000		竹山 昂成	213	72	72	69		85,650
5	中道 洋平	206	70	69	67		581,250	48	南 大樹	214	74	68	72		72,540
	吉本 翔雄	206	68	66	72		581,250		石渡 和輝	214	70	70	74		72,540
7	小斉平優和	207	69	69	69		363,750		大谷 俊介	214	72	71	71		72,540
	近藤 啓介	207	69	68	70		363,750		加藤龍太郎	214	73	70	71		72,540
	寺岡 颯太	207	70	67	70		363,750		大村 浩輔	214	73	70	71		72,540
	アダム・ブランド	207	69	68	70		363,750	53	毛利 一成	215	72	70	73		67,200
11	木村 太一	208	69	72	67		240,000		前粟藏俊太	215	71	72	72		67,200
	照屋佑唯智	208	70	71	67		240,000		上平 栄道	215	74	70	71		67,200
	中里光之介	208	72	68	68		240,000	56	池上憲士郎	216	71	70	75		64,800
	森 祐紀	208	71	69	68		240,000		久米 朗文	216	72	70	74		64,800
15	黒木 紀至	209	73	69	67		180,000		田中 元基	216	70	70	76		64,800
	宇喜多飛翔	209	67	75	67		180,000	59	香川 凜央	217	72	70	75		63,300
	丸山 奬王	209	72	68	69		180,000		植田 晃大	217	72	68	77		63,300
	櫛山 勝弘	209	72	71	66		180,000	61	石塚 祥利	218	76	68	74		62,700
	河野 祐輝	209	70	70	69		180,000	62	白水 将司	219	72	71	76		62,250
	平本 世中	209	70	68	71		180,000		植田 大貴	219	74	70	75		62,250
	宮瀬 博文	209	67	68	74		180,000	64	高花 翔太	220	73	71	76		61,800
22	宇佐美祐樹	210	70	71	69		140,625								
	三木 龍馬	210	73	69	68		140,625								
	長谷川祥平	210	71	69	70		140,625								
	岩本 高志	210	75	65	70		140,625								
	竹内 大	210	67	69	74		140,625								
	田中章太郎	210	73	71	66		140,625								
28	伊藤 有志	211	73	70	68		125,625								
	小袋 秀人	211	71	73	67		125,625								
30	アンドルー・エバンス	212	71	70	71		107,850								
	木下 康平	212	73	69	70		107,850								
	小西 奨太	212	72	69	71		107,850								
	森本 雄	212	69	72	71		107,850								
	児玉 和生	212	71	69	72		107,850								
	黒川 逸輝	212	73	67	72		107,850								
	半田 匠佳	212	71	72	69		107,850								
	加藤 輝	212	74	69	69		107,850								
	山本 太郎	212	73	71	68		107,850								
	松原 裕人	212	71	73	68		107,850								
40	伊藤 慎吾	213	73	68	72		85,650								
	髙橋 竜彦	213	72	69	72		85,650								
	アーロン・タウンゼント	213	76	64	73		85,650								
	すし 石垣	213	74	69	70		85,650								
	多良間伸平	213	71	69	73		85,650								

144ストローク（＋2）までの64名が予選通過

氏名	トータルスコア	1R	2R	氏名	トータルスコア	1R	2R	氏名	トータルスコア	1R	2R	氏名	トータルスコア	1R	2R
馬渡 清也	145	76	70	細川 和彦	146	72	74	金 智宇	148	75	73	黒川 航輝	152	82	70
金 誠	145	75	70	蛭川 隆	147	72	74	青山 晃大	149	76	73	竹内 廉	152	79	73
原 悠太郎	145	73	72	宮内 孝輔	147	75	72	偪永 安仲	149	77	72	今野 匠	152	77	75
樫原 大貴	145	76	69	藤本 佳則	147	74	73	森山 桂汰	149	75	74	新村 駿	153	78	75
川上 優大	145	73	72	岩元 洋祐	147	73	74	長野 京介	149	71	78	増田 将光	153	75	78
芦沢 宗臣	145	75	70	松村 道央	147	73	74	髙橋 慶祐	149	78	71	服部 雅也	153	79	74
藤島 豊和	145	76	69	北村 晃一	147	76	71	山下 和宏	149	73	74	ガブリエレ・デバルバ	153	80	73
芹澤 慈眼	145	75	70	岡部 祐太	147	72	75	黒﨑 蓮	149	81	68	古庄 紀彦	153	76	77
渡辺龍ノ介	145	74	71	大塚 大樹	147	73	74	石川 航	149	70	79	森 雄貴	154	77	77
三重野里斗	145	71	74	櫻井 隆輔	147	74	71	長田 真矩	150	75	75	井上 信	155	77	78
鈴木 海斗	145	72	73	井上 敬太	147	75	72	藤島 征次	150	74	76	坂本 隆一	157	81	76
関 将太	146	73	73	櫻井 勝之	148	73	75	諸藤 将次	150	72	78	蛭田 玲於	157	82	75
林 拓希	146	75	71	徳光 祐哉	148	74	74	高柳 直人	150	74	76	@宇田川理茶度	159	83	76
加藤 俊英	146	75	71	永澤 翔	148	74	74	片岡 大育	150	77	73	横尾 要	160	83	77
塩見 好輝	146	79	67	額賀 辰徳	148	74	74	髙宮 千聖	150	77	73	太田 祐一	161	81	80
佐久間隼人	146	72	74	蛯名 大和	148	77	71	村山 駿	150	78	72	@柳田圭輝	165	84	81
岩田 大河	146	74	72	百目鬼光紀	148	75	73	梶村 夕貴	150	74	76	大下 勇		76	棄
大田和桂介	146	75	71	富永 暁登	148	74	74	石原 航輝	151	78	73	古田 幸希		78	棄
一反田拓三	146	76	70	薗田 峻輔	148	76	72	@福住 将	151	77	74				
竹内 優騎	146	74	72	松原 大輔	148	72	76	鈴木 之人	151	76	75	@はアマチュア			
伊藤 勇気	146	75	71	原田 大雅	148	78	70	作田 大地	151	76	75				
菊池 純	146	71	75	佐藤 圭介	148	76	72	杉下 圭史	152	81	71				

【歴代優勝者】

年	優勝者	スコア	2位	差	コース	パー／ヤード
2014	＊服部リチャード	131—66・65	河合庄司	0	太平洋C美野里	71／6940Y
2015	平井宏昌	134—66・68	金 度勲、朴 一丸、近藤啓介	1	太平洋C美野里	71／6940Y
2016	丸山大輔	134—68・66	塚田好宣、木下康平	1	太平洋C江南	71／7053Y
2017	＊アジーテシュ・サンドゥ	136—65・71	中里光之介	0	太平洋C江南	71／7053Y
2018	＊梅山知宏	198—64・66・68	J・チョイ	0	太平洋C江南	71／7053Y
2019	＊白 佳和	203—70・64・69	大岩龍一	0	太平洋C江南	71／7053Y
2020	〈新型コロナウイルス感染拡大のため中止〉					
2021	＊伊藤慎吾	203—69・66・68	岩﨑亜久竜	0	太平洋C江南	71／7053Y
2022	山田大晟	198—66・66・66	櫛山勝弘	3	太平洋C江南	71／7053Y
2023	富村真治	202—69・68・65	久保田皓也、生源寺龍憲	2	太平洋C江南	71／7053Y

＊はプレーオフ

LANDIC CHALLENGE 10

開催期日	2023年6月7日～9日	賞金総額	15,000,000円
競技会場	芥屋GC	出場人数	153名
トータル	7,191Y：パー72（36,36）	天候	晴・雨・晴

1日目 6バーディ、ボギーなしで回った上井邦浩が首位発進。1打差2位に今野大喜、中里光之介、長澤奨がつけた。2日目 長澤が68をマークして通算9アンダーの首位に立つ。1打差2位で古川雄大、小斉平優和、高山忠洋が続く。最

終日 2打差5位で出たG・ゴッドフリイが通算11アンダーに伸ばして首位タイでホールアウト。長澤は18番で決めれば優勝の1m強のバーディパットを外し、ともに初優勝をかけたプレーオフへ。1ホール目パーの長澤に軍配が上がった。

【優勝】長澤　奨　205　67・68・70　2,700,000円

（プレーオフ1ホール目、長澤がパーで優勝）

順位	氏名	トータルスコア	1R	2R	3R	4R	賞金額（円）
2	グラント・ゴッドフリイ	205	68	69	68		1,350,000
3	薗田 峻輔	206	69	69	68		877,500
	小斉平優和	206	68	68	70		877,500
5	藤本 佳則	207	73	70	64		465,000
	芹澤 慈眼	207	68	71	68		465,000
	吉本 翔雄	207	68	71	68		465,000
	高山 忠洋	207	70	66	71		465,000
	古川 雄大	207	68	68	71		465,000
10	竹山 昂成	208	69	73	66		242,500
	森本 雄	208	72	69	67		242,500
	中西 直人	208	72	69	67		242,500
	佐藤 圭介	208	68	70	70		242,500
	生源寺龍憲	208	68	71	69		242,500
	富村 真治	208	68	69	71		242,500
16	竹内 大	209	69	70	70		176,250
	富本 虎希	209	69	70	70		176,250
	今野 大喜	209	67	71	71		176,250
	中里光之介	209	67	71	71		176,250
	アダム・ブランド	209	68	70	71		176,250
	上井 邦浩	209	66	71	72		176,250
22	藤島 征次	210	70	72	68		144,375
	亀代 順哉	210	72	69	69		144,375
	古川龍之介	210	71	69	70		144,375
	馬渡 清也	210	72	66	72		144,375
26	古田 幸希	211	72	70	69		129,375
	鈴木 海斗	211	69	71	71		129,375
	菊池 純	211	73	71	67		129,375
	黒木 紀至	211	69	69	73		129,375
30	髙宮 千聖	212	72	69	71		106,500
	久保田皓也	212	71	70	71		106,500
	加藤龍太郎	212	70	72	70		106,500
	黒﨑 蓮	212	70	71	71		106,500
	新田 哲大	212	70	71	71		106,500
	陳 顧新	212	70	71	71		106,500
	小西 奨太	212	73	70	69		106,500
	宮瀬 博文	212	72	71	69		106,500
	池田 拓史	212	69	69	74		106,500
	関 将太	212	72	72	68		106,500
	梶村 夕貴	212	72	72	68		106,500
41	森 雄貴	213	69	73	71		82,500
	加藤 輝	213	73	69	71		82,500
	杉本スティーブ	213	70	72	71		82,500

順位	氏名	トータルスコア	1R	2R	3R	4R	賞金額（円）
	大塚 大樹	213	70	71	72		82,500
	金田 直之	213	71	69	73		82,500
	金 智宇	213	72	71	70		82,500
	岩元 洋祐	213	71	69	73		82,500
	森 正尚	213	68	72	73		82,500
	高柳 直人	213	72	71	70		82,500
50	藤田 寛之	214	69	73	72		68,485
	石渡 和輝	214	71	71	72		68,485
	作田 大地	214	70	74	70		68,485
	鈴木 晃祐	214	72	72	70		68,485
	原田 大雅	214	73	71	70		68,485
	半田 匠佳	214	70	74	70		68,485
	松原 裕人	214	69	75	70		68,485
57	マシュー・グリフィン	215	72	70	73		63,900
	小袋 秀人	215	73	70	72		63,900
	川上 優大	215	69	69	77		63,900
	黒川 航輝	215	71	73	71		63,900
61	岩本 高志	216	71	72	73		62,250
	坂本 隆一	216	72	72	72		62,250
	長田 真矩	216	75	69	72		62,250
	中道 洋平	216	72	72	72		62,250
65	宮内 孝輔	217	72	69	76		61,350
	岩田 大河	217	71	73	73		61,350
67	白水 将司	219	74	70	75		60,750
	松田 一将	219	70	74	75		60,750
69	前粟藏俊太	221	71	72	78		60,150
	香川 凜央	221	72	71	78		60,150
71	石塚 祥利	222	70	74	78		60,000

144ストローク（±0）までの71名が予選通過

氏　名	トータルスコア	1R	2R	氏　名	トータルスコア	1R	2R	氏　名	トータルスコア	1R	2R	氏　名	トータルスコア	1R	2R
山本　隆介	145	74	71	竹内　優騎	146	73	73	河野　祐輝	149	72	77	鈴木　優大	152	77	75
石﨑　真央	145	75	70	池村　晃稀	147	72	75	木下　康平	149	72	77	加藤　俊英	152	77	75
森　祐紀	145	69	76	照屋佑唯智	147	74	73	伊藤　勇気	149	73	76	石川　航	152	76	76
佐藤　太地	145	72	73	大下　勇	147	74	73	藤本　直樹	149	75	74	髙橋　竜彦	152	77	75
植田　大貴	145	72	73	正岡　竜二	147	74	73	横尾　要	149	76	73	安部　寛章	152	75	77
宇佐美祐樹	145	69	76	額賀　辰徳	147	72	75	上平　栄道	149	72	77	@鈴木隆太	153	71	82
内山　遥人	145	73	72	徳元　中	147	74	73	大田和桂介	149	76	73	佐久間秀也	154	77	77
小野田享也	145	72	73	芦沢　宗臣	147	73	74	平本　世中	150	73	77	安河内　蓮	154	76	78
井上　敬太	145	69	76	猪川　頌生	148	75	73	@永田　丞	150	80	70	田中章太郎	154	79	75
手嶋　多一	145	70	75	堺　永遠	148	72	76	松原　大輔	150	72	78	塩見　好輝	154	76	78
大貫渉太朗	145	72	73	和田章太郎	148	72	76	石原　航輝	150	78	72	三木　龍馬	155	79	76
藤島　豊和	146	71	75	植田　晃大	148	71	77	林　拓希	150	75	75	伴　翔太郎	155	77	78
蛭川　隆	146	72	74	木村　太一	148	74	74	近藤　啓介	151	78	73	池上憲士郎	155	78	77
すし　石垣	146	71	75	三重野里斗	148	72	76	アーロン=タウンゼント	151	77	74	杉下　圭史	155	75	80
太田　祐一	146	70	76	丸山　奨王	148	75	73	櫻井　隆輔	151	73	78	渡辺龍ノ介	156	79	77
寺岡　颯太	146	70	76	富永　暁登	148	71	77	水野眞惟智	151	75	76	新村　駿	156	75	81
@岩井悠真	146	76	70	金　誠	148	75	73	長野　京介	151	78	73	菅原　大地	158	79	79
服部　雅也	146	74	72	黒川　逸輝	148	72	76	丸山　大輔	151	74	77	高花　翔太	163	83	80
八川　遼	146	71	75	梅山　知宏	148	71	77	鈴木　之人	151	71	80	徳光　祐哉		79	棄
福永　安伸	146	73	73	古庄　紀彦	148	75	73	甲斐慎太郎	151	78	73	@はアマチュア			
河合　庄司	146	72	74	村山　駿	148	77	71	佐藤　佑樹	152	76	76				

【歴代優勝者】

年	優勝者	スコア	2位	差	コース	パー／ヤード
LANDIC Vana H杯KBCオーガスタ・チャレンジ						
2013	K・T・ゴン	138—69・69	近藤啓介、正岡竜二、藤島豊和、稲森佑貴、髙橋竜彦	1	芥屋GC	72／7166Y
LANDICゴルフトーナメント2014アソシアマンションメモリアル						
2014	甲斐慎太郎	132—69・63	渡部光洋	1	芥屋GC	72／7149Y
LANDIC CHALLENGE 2015 ASSOCIA MANSION GOLF TOURNAMENT						
2015	池村寛世	132—64・68	浅地洋佑	5	芥屋GC	72／7161Y
LANDIC CHALLENGE 2016 DEUX・RESIA MANSION GOLF TOURNAMENT						
2016	和田章太郎	137—68・69	近藤龍一	1	芥屋GC	72／7161Y
LANDIC CHALLENGE 2017 THE 5th ASSOCIA MANSION GOLF TOURNAMENT						
2017*梅山知宏		134—68・66	宮瀬博文	0	芥屋GC	72／7161Y
LANDIC CHALLENGE 6						
2018	佐藤大平	199—62・67・70	小野田享也	2	芥屋GC	72／7073Y
LANDIC CHALLENGE 7						
2019	スコット・ビンセント	200—66・65・69	杉山知靖	5	芥屋GC	72／7162Y
2020	〈新型コロナウイルス感染拡大のため中止〉					
LANDIC CHALLENGE 8						
2021	安本大祐	205—67・70・68	古川雄大、副田裕斗	2	芥屋GC	72／7186Y
LANDIC CHALLENGE 9						
2022	西山大広	206—67・70・69	原　敏之、長澤　奨、野呂　涼	6	芥屋GC	72／7125Y
LANDIC CHALLENGE 10						
2023*長澤　奨		205—67・68・70	G・ゴッドフリイ	0	芥屋GC	72／7191Y

＊はプレーオフ

ABEMAツアー

ジャパンクリエイトチャレンジ in 福岡雷山

開催期日	2023年6月14日～16日
競技会場	福岡雷山GC
トータル	6,956Y：パー71（36,35）

賞金総額	15,000,000円
出場人数	153名
天候	曇・晴・晴

1日目 8アンダー63をマークした額賀辰徳と原敏之が首位に並び、堺永遠と金子駆大が1打差で続いた。**2日目** 古川龍之介、服部雅也のルーキー2人が通算11アンダーの首位に立つ。1打差3位は原と副田裕斗。**最終日** 首位タイにいた古川が10番までに6つスコアを伸ばして独走していたが11番のトリプルボギーから崩れて4位に終わる。優勝争いはいずれも初優勝を目指す生源寺龍憲、平本世中、服部のプレーオフにもつれ込み、1ホール目バーディの生源寺が制した。

【優勝】 生源寺龍憲　200　65・68・67　2,700,000円

（プレーオフ1ホール目、生源寺がバーディで優勝）

順位	氏名	トータルスコア	1R	2R	3R	4R	賞金額（円）
2	平本 世中	200	67	68	65		1,162,500
	服部 雅也	200	65	66	69		1,162,500
4	馬渡 清也	201	67	67	67		555,000
	金子 駆大	201	64	70	67		555,000
	副田 裕斗	201	68	64	69		555,000
	原 敏之	201	63	69	69		555,000
	古川龍之介	201	67	64	70		555,000
9	木村 太一	202	66	71	65		295,000
	岡村 了	202	68	66	68		295,000
	安本 大祐	202	66	67	69		295,000
12	中西 直人	203	71	66	66		213,750
	比嘉 拓也	203	67	70	66		213,750
	黒﨑 蓮	203	67	68	68		213,750
	前田光史朗	203	71	64	68		213,750
	玉城 海伍	203	68	66	69		213,750
	額賀 辰徳	203	63	70	70		213,750
18	小浦 和也	204	67	71	66		168,750
	原田 大雅	204	66	69	69		168,750
	芹澤 慈眼	204	66	68	70		168,750
	薗田 峻輔	204	68	65	71		168,750
22	梶村 夕貴	205	66	71	68		148,125
	森本 雄	205	69	65	71		148,125
24	中道 洋平	206	65	72	69		126,255
	遠藤 健太	206	67	71	68		126,255
	竹山 昂成	206	67	70	69		126,255
	呉 司聡	206	67	71	68		126,255
	白 佳和	206	69	69	68		126,255
	織田 信亮	206	68	70	68		126,255
	矢野 東	206	69	68	69		126,255
	勝亦 悠斗	206	67	69	70		126,255
	加藤 俊英	206	65	70	71		126,255
	富村 真治	206	66	69	71		126,255
34	宇佐美祐樹	207	71	67	69		97,410
	小斉平優和	207	67	71	69		97,410
	宇喜多飛翔	207	70	67	70		97,410
	野呂 涼	207	71	67	69		97,410
	岩田 大河	207	67	71	69		97,410
	照屋佑唯智	207	69	69	69		97,410
	阿部 裕樹	207	69	70	68		97,410
	長澤 奨	207	66	69	72		97,410
	平本 穏	207	69	71	67		97,410
	北村 晃一	207	74	66	67		97,410
44	山田 大晟	208	70	68	70		82,500
	塩見 好輝	208	72	67	69		82,500
	アダム・ブランド	208	68	71	69		82,500
47	佐藤 圭介	209	69	69	71		71,400
	前粟蔵俊太	209	69	69	72		71,400
	坂本 隆一	209	68	69	72		71,400
	佐藤 太地	209	66	73	70		71,400
	山岡 成稔	209	69	67	73		71,400
	田中 貴太	209	71	68	70		アマチュア
	上平 栄道	209	73	66	70		71,400
	金 誠	209	66	73	70		71,400
	出利葉太一郎	209	74	66	69		アマチュア
	丸山 獎王	209	70	63	76		71,400
	杉原 大河	209	68	72	69		71,400
58	アンドルー・エバンス	210	70	66	74		64,200
	池村 晃稀	210	69	70	71		64,200
	秋吉 翔太	210	68	71	71		64,200
	加藤 輝	210	67	73	70		64,200
	半田 匠佳	210	69	71	70		64,200
63	三木 龍馬	211	72	68	71		62,550
	小西 奨太	211	67	73	71		62,550
65	和田章太郎	212	65	73	74		61,950
	砂川 公佑	212	68	71	73		61,950
	島戸 太一	212	69	71	72		アマチュア
68	若原 亮太	215	67	71	77		61,350
	堺 永遠	215	64	76	75		61,350
70	林 拓希	216	70	68	78		60,750
	植田 晃大	216	71	69	76		60,750

140ストローク（－2）までの71名が予選通過

氏名	トータルスコア	1R	2R	氏名	トータルスコア	1R	2R	氏名	トータルスコア	1R	2R	氏名	トータルスコア	1R	2R
吉本 翔雄	141	69	72	河合 庄司	143	72	71	ⓐ豊島 豊	145	73	72	村山 駿	148	73	75
鈴木 之人	141	73	68	髙橋 竜彦	143	71	72	三重野里斗	145	68	77	徳元 中	148	77	71
石川 航	141	69	72	今野 大喜	143	66	77	森 祐紀	145	71	74	櫻井 隆輔	148	71	77
梅山 知宏	141	71	70	富本 虎希	143	70	73	作田 大地	145	71	74	近藤 啓介	148	79	69
鈴木 晃祐	141	73	68	藤島 征次	143	70	73	長谷川祥平	145	75	70	新村 駿	148	73	75
木下 康平	142	71	71	大田和桂介	143	73	70	長野 京介	145	75	70	中島 徹	149	78	71
伊藤 慎吾	142	73	69	香川 凜央	143	73	70	内藤寛太郎	145	73	72	大下 勇	149	72	77
グラント・ゴッドフリィ	142	70	72	黒川 逸輝	143	71	72	古田 幸希	146	75	71	内山 遥人	149	73	76
松田 一将	142	67	75	マシラーシグリリィシ	143	71	72	井上 敬太	146	75	71	正岡 竜二	149	73	76
小袋 秀人	142	68	74	鈴木 敬太	144	71	73	今井 健	146	72	74	石渡 和輝	151	72	79
大内 智文	142	70	72	伊藤 勇気	144	68	76	松原 大輔	146	74	72	藤本 直樹	151	81	70
新田 哲大	142	66	76	石塚 祥利	144	72	72	宮内 孝輔	146	72	74	池上憲士郎	152	79	73
青山 晃大	142	67	75	田中章太郎	144	72	72	高野 碧輝	146	74	72	細川 和広	152	75	77
山本 隆允	142	69	73	亀代 順哉	144	69	75	芦沢 宗臣	146	71	75	安部 寛章	153	75	78
日高 将史	142	70	72	中里光之介	144	69	75	長田 真矩	146	74	72	高花 翔太	153	78	75
ⓐ山川雄太郎	142	69	73	大塚 大樹	144	73	71	松原 裕人	147	75	72	ⓐ山本大勢	153	76	77
藤島 豊和	143	73	70	高柳 直人	144	71	73	藤本 佳則	147	68	79	ⓐ関本賢太郎	170	87	83
森 正尚	143	70	73	アーロン・タウンゼント	144	70	74	蛯名 大和	147	73	74	高山 忠洋		71	棄
植田 大貴	143	70	73	金田 直之	144	72	72	三島 泰哉	147	75	72	古川 雄大		棄	
黒木 紀至	143	67	76	すし 石垣	144	71	73	黒川 航輝	147	72	75				
森 雄貴	143	73	70					石過功一郎	148	70	78				

ⓐはアマチュア

	【歴代優勝者】					
年	優勝者	スコア	2位	差	コース	パー／ヤード
ロイズコーポレーションカップin福岡雷山						
2013＊K・T・ゴン		130—65・65	森本 雄	0	福岡雷山GC	72／6905Y
プラスワン・福岡雷山チャレンジ						
2014	ピーター・ウィルソン	136—70・66	塩見好輝	1	福岡雷山GC	72／6905Y
ジャパンクリエイト チャレンジトーナメント in 福岡雷山						
2015＊日髙将史		134—66・68	髙松瑠偉、副田裕斗	0	福岡雷山GC	72／6905Y
ジャパンクリエイトチャレンジin福岡雷山						
2016＊時松隆光		135—65・70	副田裕斗、權 成烈	0	福岡雷山GC	72／6905Y
2017	福永安伸	130—64・66	成松亮介	3	福岡雷山GC	72／6905Y
2018	河合庄司	203—67・66・70	すし石垣	1	福岡雷山GC	72／6905Y
2019＊ジャスティン・デロスサントス		205—68・71・66	中島 徹	0	福岡雷山GC	72／6905Y
2020	〈新型コロナウイルス感染拡大のため中止〉					
2021	久常 涼	194—66・61・67	幡地隆寛	4	福岡雷山GC	72／6905Y
2022	ⓐ蟬川泰果	196—67・66・63	大内智文	2	福岡雷山GC	71／6905Y
2023＊生源寺龍憲		200—65・68・67	平本世中、服部雅也	0	福岡雷山GC	71／6956Y

＊はプレーオフ。ⓐはアマチュア

ABEMAツアー

南秋田カントリークラブみちのくチャレンジトーナメント

開催期日	2023年7月12日～14日	賞金総額	15,000,000円
競技会場	南秋田CC	出場人数	156名
トータル	7,051Y：パー71（36,35）	天　候	雨・晴・晴

1日目 降雨による約4時間の中断があり76選手を残して日没サスペンデッドに。2日目 第1R残りを消化して5アンダー66の横田真一ら4人が首位に並ぶ。続いて第2Rが行われ通算9アンダーとした櫛山勝弘が首位に立つ。2打差2位に は64で回った砂川公佑ら7人がひしめく混戦となった。最終日 2位でスタートした生源寺龍憲が上がり3連続を含む8バーディを奪って63をマーク。通算15アンダーに伸ばし、2位に3打差をつけて2試合連続優勝を果たした。

【優勝】 生源寺龍憲　198　68・67・63　2,700,000円

順位	氏　　名	トータルスコア	1R	2R	3R	4R	賞金額（円）
2	平本　世中	201	67	69	65		935,625
	副田　裕斗	201	69	67	65		935,625
	長谷川祥平	201	71	65	65		935,625
	米澤　蓮	201	69	66	66		935,625
6	岩田　大河	202	71	69	62		452,500
	矢野　東	202	70	67	65		452,500
	櫛山　勝弘	202	67	66	69		452,500
9	青山　晃大	203	71	65	67		295,000
	小野田享也	203	68	67	68		295,000
	上平　栄道	203	67	68	68		295,000
12	陳　顧新	204	66	73	65		240,000
	砂川　公佑	204	71	64	69		240,000
14	池上憲士郎	205	70	68	67		205,000
	長田　真矩	205	67	72	66		205,000
	三木　龍馬	205	70	67	68		205,000
17	金子　駆大	206	70	69	67		160,000
	宇佐美祐樹	206	70	68	68		160,000
	勝亦　悠斗	206	68	70	68		160,000
	遠藤　健太	206	71	69	66		160,000
	木村　太一	206	67	71	68		160,000
	前田光史朗	206	70	68	68		160,000
	海老根文博	206	69	71	66		160,000
	山田　大晟	206	68	69	69		160,000
	富村　真治	206	66	70	70		160,000
26	若原　亮太	207	71	67	69		124,200
	金田　直之	207	68	69	70		124,200
	日高　将史	207	68	69	70		124,200
	竹谷　佳孝	207	72	68	67		124,200
	百目鬼光紀	207	69	67	71		124,200
	林　拓希	207	68	68	71		124,200
	森本　雄	207	72	69	66		124,200
33	黒木　紀至	208	67	72	69		101,166
	西山　大広	208	69	70	69		101,166
	植木　祥多	208	69	69	70		101,166
	前粟藏俊太	208	70	70	68		101,166
	照屋佑唯智	208	70	67	71		101,166
	中山　絹也	208	70	70	68		101,166
	武藤　俊憲	208	70	70	68		101,166
	横田　真一	208	66	70	72		101,166
	梶村　夕貴	208	66	69	73		101,166
42	藤島　晴雄	209	69	69	71		85,650
	野呂　涼	209	72	65	72		85,650
	石過功一郎	209	71	70	68		85,650
	原　敏之	209	68	67	74		85,650
46	大塚　大樹	210	67	72	71		76,200
	佐藤　太地	210	69	71	70		76,200
	玉城　海伍	210	70	70	70		76,200
	小浦　和也	210	71	70	69		76,200
	鈴木　晃祐	210	68	73	69		76,200
51	平本　穏	211	71	68	72		69,000
	山本　太郎	211	68	69	74		69,000
	井上　敬太	211	69	72	70		69,000
	小林　正則	211	70	71	70		69,000
55	黒川　逸輝	212	71	68	73		64,800
	山浦　一希	212	70	68	74		64,800
	木下　康平	212	71	69	72		64,800
	三島　泰哉	212	70	71	71		64,800
	今野　大喜	212	71	70	71		64,800
60	額賀　辰徳	213	72	68	73		62,700
	比嘉　拓也	213	73	67	73		62,700
	大田和桂介	213	71	70	72		62,700
63	秋吉　翔太	214	73	66	75		61,500
	鈴木　之人	214	72	66	76		61,500
	宇喜多飛翔	214	70	70	74		61,500
	櫻井　隆輔	214	70	71	73		61,500
	植田　大貴	214	69	72	73		61,500
68	大下　勇	216	70	71	75		60,600
69	竹内　廉	217	71	69	77		60,300

141ストローク（−1）までの69名が予選通過

氏　名	トータルスコア	1R	2R	氏　名	トータルスコア	1R	2R	氏　名	トータルスコア	1R	2R	氏　名	トータルスコア	1R	2R
高野 碧輝	142	72	70	成冨 晃広	143	71	72	古田 幸希	145	69	76	香川 凜央	148	74	74
河合 庄司	142	70	72	呉 司聡	140	79	71	小斉平優和	145	72	73	高柳 直人	148	70	78
馬渡 清也	142	70	72	北村 晃一	143	71	72	加藤 俊英	145	71	74	池田 力	148	76	72
岡村 了	142	74	68	塩見 好輝	143	72	71	金 誠	145	71	74	すし 石垣	148	74	74
小西 奨太	142	72	70	薗田 峻輔	143	72	71	東家 賢政	145	72	73	手嶋 多一	148	75	73
田中章太郎	142	74	68	吉本 翔雄	144	72	72	加藤 輝	145	74	71	@鵜瀬璃久	149	74	75
佐藤 圭介	142	69	73	半田 匠佳	144	73	71	山本 隆允	145	74	71	今井 健	149	76	73
岩井 亮磨	142	71	71	黒﨑 蓮	144	72	72	芦沢 宗臣	145	77	68	福永 安伸	149	76	73
中道 洋平	142	71	71	鈴木 敬太	144	72	72	森 雄貴	145	74	71	@加藤金次郎	149	74	75
長澤 奨	142	73	69	田中 裕基	144	72	72	尾崎 慶輔	145	70	75	森 祐紀	150	78	72
石渡 和輝	142	70	72	弓削 淳詩	144	71	73	中里光之介	145	70	75	森井 晶紀	150	82	68
植田 晃大	142	70	72	服部 雅也	144	71	73	古川 雄大	146	73	73	伊藤 勇気	151	75	76
若有 宣彦	142	74	68	長野 京介	144	74	70	丁 子軒	146	76	70	渡邊 康	151	76	75
杉原 大河	142	70	72	岩崎 誠	144	72	72	村山 駿	146	71	75	安部 寛章	152	81	71
谷川 泰輔	143	72	71	佐々間秀也	144	72	72	佐藤 佑樹	146	68	78	松田 一将	153	72	81
石塚 祥利	143	69	74	内藤寛太郎	144	69	75	古川龍之介	146	68	78	髙宮 千聖	153	78	75
小泉 正樹	143	70	73	宮内 孝輔	144	75	69	森本 雄也	146	72	74	佐藤 和夫	154	77	77
三重野里斗	143	68	75	阿部 裕樹	144	70	74	近藤 啓介	146	76	70	吉本 侑平	156	76	80
藤島 豊和	143	71	72	小袋 秀人	144	73	71	黒川 航輝	147	72	75	グラント・ゴッドフリィ	158	76	82
織田 信亮	143	73	70	@岩井光太	144	70	74	作田 大地	147	75	72	高花 翔太	162	81	81
大内 智文	143	72	71	松本 将汰	145	72	73	藤島 征次	147	75	72	森 正尚		84	棄
新田 哲大	143	72	71	竹山 昂成	145	71	74	尾崎 秀平	147	74	73				

@はアマチュア

【歴代優勝者】

年	優勝者	スコア	2位	差	コース	パー/ヤード
PGAカップチャレンジ						
2001	丸山大輔	136—69・67	篠崎紀夫、髙橋竜彦、土山陽源	1	リージャスクレストGC	72/7026Y
2002	大山雄三	130—67・63	T・プライス	3	リージャスクレストGC	71/6756Y
2003	日置豊一	134—64・70	横山明仁、土山陽源	3	鷹の巣GC	72/7070Y
2004	原田三夫	132—66・66	姜 志満	4	水戸GC	72/6836Y
PGA・JGTOチャレンジI						
2005	比嘉 勉	134—66・68	岡茂洋雄	1	たけべの森GC	72/6888Y
2006	中村龍明	131—65・66	小野貴樹	3	柳井CC	71/6855Y
望月東急JGTOチャレンジI						
2007	横田真一	134—65・69	上井邦浩	1	望月東急GC	72/7188Y
有田東急JGTOチャレンジI						
2008＊	上平栄道	139—73・66	上井邦浩、池田勇太、吉永智一	0	有田東急GC	72/7086Y
猿島JGTOチャレンジI						
2009	クリス・キャンベル	142—69・73	市原弘大、白 佳和	1	猿島CC	72/7008Y
東急那須リゾートJGTOチャレンジI						
2010	蒋 宸響	132—69・63	D・チャンド	1	那須国際CC	72/6606Y
2011	チンナラト・ファダンシル	134—65・69	近藤龍一、狩野拓也、猿田勝大、白潟英純	1	那須国際CC	72/6566Y
秋田テレビ・南秋田CC・JGTOチャレンジI						
2012	河野祐輝	137—69・68	石川裕貴、ヤン ジホ、中島 徹	1	南秋田CC	71/6928Y
2013＊	杉山佐智雄	135—70・65	竹谷佳孝	0	南秋田CC	71/6928Y
秋田テレビ・南秋田CCチャレンジ						
2014	福永安伸	132—64・68	佐藤和夫、河野晃一郎、今平周吾	2	南秋田CC	71/6928Y
南秋田カントリークラブチャレンジトーナメント						
2015＊	森本 雄	132—66・66	渡部光洋、甲斐慎太郎、岩本高志	0	南秋田CC	71/6928Y
南秋田カントリークラブみちのくチャレンジトーナメント						
2016	池村寛世	132—66・66	吉田泰典	1	南秋田CC	71/6939Y

ABEMAツアー

2017	金子敬一	132—64・68		竹内　廉	2	南秋田CC	71／6939Y
2018	比嘉一貴	130—66・64		白　佳和、中里光之介、幡地隆寛	2	南秋田CC	71／6939Y
2019	朴ジュンウォン	199—68・67・64		趙　炳旻、中西直人、阿久津未来也	2	南秋田CC	71／6939Y
2020	〈新型コロナウイルス感染拡大のため中止〉						
2021	久常　涼	125—64・61		坂本雄介、海老根文博、小林伸太郎	6	南秋田CC	71／6939Y
2022＊	小木曽喬	201—64・69・68		高柳直人	0	南秋田CC	71／7029Y
2023	生源寺龍憲	198—68・67・63		平本世中、副田裕斗、長谷川祥平、栗澤　蓮	3	南秋田CC	71／7051Y

＊はプレーオフ

ダンロップフェニックストーナメントチャレンジinふくしま

開催期日	2020年8月31日〜9月2日
競技会場	グランディ那須白河GC
トータル	6,961Y：パー72（36,36）

賞金総額	15,000,000円
出場人数	148名
天　候	晴・晴・晴

1日目 4アンダー68で回った大塚大樹と高校3年の本大志が首位。1打差3位に7人が並ぶ。**2日目** ABEMAツアー初の3戦連続優勝がかかる生源寺龍憲が通算7アンダーとして金田直之と並んで首位へ。2打差3位に4人。**最終日** 4打差9位で出た日本大学4年の杉浦悠太が8バーディ、ボギーなしの64をマーク。通算11アンダーでABEMAツアー8人目のアマ優勝を果たした。1打差2位に日本大学1年の隅内雅人が入り初めてアマが1、2位を占めた。

【優勝】杉浦　悠太　205　75・66・64　アマチュア

順位	氏　名	トータルスコア	1R	2R	3R	4R	賞金額（円）
2	隅内　雅人	206	70	69	67		アマチュア
3	宮内　孝輔	208	69	70	69		2,025,000
	生源寺龍憲	208	69	68	71		2,025,000
5	佐藤　圭介	209	72	70	67		877,500
	照屋佑唯智	209	71	68	70		877,500
	本　大志	209	68	71	70		アマチュア
8	大塚　大樹	210	68	76	66		498,750
	秋吉　翔太	210	72	70	68		498,750
	富永　暁登	210	72	68	70		498,750
	永澤　翔	210	70	70	70		498,750
12	岩田　大河	211	72	70	69		295,000
	森　雄貴	211	71	71	69		295,000
	小斉平優和	211	70	71	70		295,000
15	石原　航輝	212	69	74	69		213,750
	金　誠	212	72	71	69		213,750
	宇佐美祐樹	212	69	73	70		213,750
	平本　世中	212	73	74	65		213,750
	上平　栄道	212	70	72	70		213,750
	金田　直之	212	70	67	75		213,750
21	田中章太郎	213	72	72	69		172,500
	馬渡　清也	213	75	70	68		172,500
	タンヤゴーン・クロンパ	213	71	72	70		172,500
24	南　大樹	214	70	74	70		139,166
	アダム・ブランド	214	72	72	70		139,166
	加藤　俊英	214	75	70	69		139,166
	藤島　征次	214	71	74	69		139,166
	原田　大雅	214	75	69	70		139,166
	梶村　夕貴	214	72	71	71		139,166
	黒川　航輝	214	71	72	71		139,166
	森本　雄	214	73	68	73		139,166
	三木　龍馬	214	71	70	73		139,166
33	黒木　紀至	215	75	76	69		110,550
	池上憲士郎	215	72	71	72		110,550
	上井　邦浩	215	73	73	69		110,550
	阿部　裕樹	215	69	73	73		110,550
	陳　顧新	215	75	72	68		110,550
	前粟蔵俊太	215	69	73	73		110,550
	古田　幸希	215	70	71	74		110,550
	小西　奨太	215	72	69	74		110,550
41	徳元　中	216	75	70	71		94,500
	富村　真治	216	72	73	71		94,500
	加藤龍太郎	216	71	73	72		94,500
	石塚　祥利	216	77	70	69		94,500
45	川上　優大	217	72	73	72		74,117
	小袋　秀人	217	75	69	73		74,117
	渡辺龍ノ介	217	75	69	73		74,117
	芦沢　宗臣	217	74	71	72		74,117
	岩本　高志	217	73	72	72		74,117
	木下　康平	217	74	71	72		74,117
	櫻井　隆輔	217	70	75	72		74,117
	半田　匠佳	217	71	75	71		74,117
	黒﨑　蓮	217	73	71	73		74,117
	坂本　雄一	217	71	71	75		74,117
	片岡　大育	217	72	74	71		74,117
	竹内　優騎	217	72	74	71		74,117
	原　悠太郎	217	72	74	71		74,117
	富本　虎希	217	78	68	71		74,117
	織田　信亮	217	72	75	70		74,117
	吉本　裕貴	217	71	71	75		74,117
	鈴木　海斗	217	75	72	70		74,117
62	岩井　光太	218	73	71	74		アマチュア
	北村　晃一	218	71	72	75		63,100
	石﨑　真央	218	76	71	71		63,100
	山下　勝将	218	72	75	71		アマチュア
	福永　安伸	218	75	72	71		63,100
67	新村　駿	219	72	74	73		62,250
	寺岡　颯太	219	77	70	72		62,250
69	太田　祐一	220	76	67	77		61,350
	高柳　直人	220	75	71	74		61,350
	額賀　辰徳	220	73	73	74		61,350
	蛭名　大和	220	75	72	73		61,350
	工藤　颯太	220	71	76	73		アマチュア
74	松田　一将	221	72	72	77		60,450
	丸尾　怜央	221	70	74	77		アマチュア
	百目鬼光紀	221	74	73	74		60,450
77	村山　駿	222	75	72	75		60,000
	古川　創大	222	79	68	75		アマチュア
79	丸山　獎王	225	72	75	78		60,000
	矢野　東		76	71	棄		

147ストローク（＋3）までの80名が予選通過

ABEMAツアー

氏名	トータルスコア	1R	2R	氏名	トータルスコア	1R	2R	氏名	トータルスコア	1R	2R	氏名	トータルスコア	1R	2R
黒川 逸輝	148	75	73	ⓐ大西晃盟	150	77	73	長澤 奨	152	76	76	ⓐ鵜瀬璃久	156	81	75
アーロン・タウンゼント	148	77	71	ⓐ小窪都斗	150	73	77	髙宮 千聖	152	77	75	ⓐ齋藤旬一	156	78	78
加藤 輝	148	78	70	大田和桂介	150	72	78	菊池 純	152	75	77	ⓐ小林航大	157	79	78
松原 裕人	148	74	74	松原 大輔	150	75	75	黒岩 輝	153	75	78	ⓐ清本貴秀	157	77	80
石渡 和輝	148	70	78	石田鈴千代	150	76	74	青山 晃大	153	76	77	ⓐ加藤金次郎	158	79	79
藤本 佳則	148	75	73	森 祐紀	150	75	75	ⓐ佐藤快斗	153	74	79	和足 哲也	159	81	78
西脇 まあく	148	73	75	塩見 好輝	150	72	78	近藤 啓介	153	76	77	ⓐ小林尚史	161	83	78
木村 太一	148	77	71	ⓐ志村由羅	150	75	75	ⓐ遠藤 孝	153	79	74	古川 雄大	161	78	83
ⓐ中上遼真	148	73	75	ⓐ長崎煌心	150	77	73	ⓐ香川 友	153	76	77	佐藤 太地	162	81	81
玉城 海伍	148	76	72	小野田享也	151	76	75	徳光 祐哉	153	78	75	小野田英史	167	84	83
金 智宇	148	74	74	河合 庄司	151	76	75	大澤 和也	154	79	75	関 将太		80	棄
新田 哲大	149	74	75	鈴木 之人	151	75	76	長谷川祥平	154	78	76	林 拓希		76	棄
長田 真矩	149	76	73	ⓐ渋川 煌	151	76	75	植田 晃大	154	75	79	薗田 峻輔			棄
小西 健太	149	76	73	井上 敬太	151	76	75	長野 京介	155	77	78	ⓐ小川寿興翔			失
グラント・ゴッドフリィ	149	77	72	ⓐ橋詰海斗	151	69	82	ⓐ濱渕裕生	155	78	77				
服部 雅也	149	78	71	すし 石垣	151	75	76	香川 凜央	156	78	78				
杉下 圭史	150	76	74	大下 勇	152	76	76	白水 将司	156	82	74				
中道 洋平	150	76	74					細川 和広	156	78	78				

ⓐはアマチュア

【歴代優勝者】

年	優勝者	スコア	2位	差	コース	パー／ヤード
2022	ⓐ山下勝将	199—64・69・66	H・リー	2	グランディ那須白河GC	72／6961Y
2023	ⓐ杉浦悠太	205—75・66・64	ⓐ隅内雅人	1	グランディ那須白河GC	72／6961Y

ⓐはアマチュア

PGM Challenge

開催期日	2023年9月6日～8日
競技会場	ライオンズCC
トータル	7,065Y：パー71（36,35）

賞金総額	15,000,000円
出場人数	152名
天　候	曇・晴・晴

1日目 47歳の小林正則と41歳の内藤寛太郎のベテラン2人が8アンダー63で首位発進。**2日目** 65で回った日高将史が通算13アンダーとして3位から首位を奪う。2打差2位には63をマークした今野大喜と生源寺龍憲、池上憲士郎、新村

駿がつけた。**最終日** 激しいスコアの伸ばし合いの混戦を抜け出したのが最終組で回った今野だった。7バーディを奪って2打リードした17番をボギーとしたが伊藤誠道と平本世中を1打抑えてプロ初優勝をつかみ取った。

【優勝】今野　大喜　196　68・63・65　2,700,000円

順位	氏名	トータルスコア	1R	2R	3R	4R	賞金額（円）
2	伊藤　誠道	197	65	67	65		1,162,500
	平本　世中	197	66	66	65		1,162,500
4	古田　幸希	198	67	65	66		647,500
	生源寺龍憲	198	64	67	67		647,500
	日高　将史	198	64	65	69		647,500
7	金子　駆大	199	68	66	65		416,250
	新村　駿	199	64	67	68		416,250
9	石渡　和輝	201	65	71	65		273,000
	作田　大地	201	70	66	65		273,000
	若原　亮太	201	68	66	67		273,000
	三木　龍馬	201	66	67	68		273,000
	内藤寛太郎	201	63	69	69		273,000
14	吉本　翔雄	202	69	68	65		177,375
	坂本　隆一	202	69	68	65		177,375
	山田　大晟	202	67	69	66		177,375
	加藤　俊英	202	67	69	66		177,375
	前粟藏俊太	202	65	70	67		177,375
	前田光史朗	202	68	67	67		177,375
	梅山　知宏	202	66	69	67		177,375
	河合　庄司	202	67	67	68		177,375
	比嘉　拓也	202	67	67	68		177,375
	アーロン・タウンゼント	202	68	66	68		177,375
24	高柳　直人	203	67	70	66		135,000
	矢野　東	203	71	67	65		135,000
	アンドルー・エバンス	203	67	69	67		135,000
	山本　太郎	203	66	72	65		135,000
	池上憲士郎	203	65	66	72		135,000
29	芦沢　宗臣	204	68	70	66		120,350
	香川　凜央	204	67	71	66		120,350
	黒川　航輝	204	65	68	71		120,350
32	山田龍之介	205	69	68	68		アマチュア
	額賀　辰徳	205	68	69	68		102,510
	星　雄太郎	205	66	70	69		102,510
	遠藤　健太	205	65	71	69		102,510
	森　祐紀	205	68	68	69		102,510
	阿部　裕樹	205	67	69	69		102,510
	黒﨑　蓮	205	69	67	69		102,510
	竹谷　佳孝	205	69	69	67		102,510
	正岡　竜二	205	69	66	70		102,510
	森本　雄	205	68	70	67		102,510
	小浦　和也	205	66	69	70		102,510
43	木下　康平	206	69	68	69		82,500
	北村　晃一	206	69	69	68		82,500
	小林　正則	206	63	74	69		82,500
	宇佐美祐樹	206	67	71	68		82,500
	富永　暁登	206	67	71	68		82,500
	原田　大雅	206	72	67	67		82,500
	富村　真治	206	68	71	67		82,500
50	織田　信亮	207	66	71	70		69,728
	徳元　中	207	68	69	70		69,728
	上平　栄道	207	69	68	70		69,728
	佐藤　快斗	207	66	70	71		アマチュア
	石塚　祥利	207	69	68	70		69,728
	岩田　大河	207	66	73	68		69,728
	黒木　紀至	207	71	68	68		69,728
	井上　信	207	71	68	68		69,728
58	田中章太郎	208	69	68	71		63,728
	三島　泰哉	208	67	69	72		63,728
	富本　虎希	208	68	70	70		63,728
	近藤　啓介	208	68	70	70		63,728
	松上　和弘	208	68	70	70		63,728
	鈴木　敬太	208	64	71	73		63,728
	小西　奨太	208	71	68	69		63,728
65	青山　晃大	209	66	72	71		61,950
	武田　紘汰	209	70	69	70		アマチュア
	森　雄貴	209	71	68	70		61,950
68	陳　顧新	210	66	72	72		61,350
	木村　太一	210	73	66	71		61,350
70	永澤　翔	212	68	70	74		60,750
	アダム・ブランド	212	71	68	73		60,750
72	金　誠	214	67	72	75		60,300

139ストローク（-3）までの72名が予選通過

氏　　名	トータルスコア	1R	2R	氏　　名	トータルスコア	1R	2R	氏　　名	トータルスコア	1R	2R	氏　　名	トータルスコア	1R	2R
櫻井 隆輔	140	74	66	植田 大貴	141	68	73	勝亦 悠斗	144	73	71	小川 厚	147	71	76
大下 勇	140	68	72	平本 穏	141	66	75	川満 歩	144	70	74	松原 大輔	147	73	74
佐藤 圭介	140	70	70	三重野里斗	142	66	76	永井 哲平	144	70	74	松原 裕人	147	73	74
塩見 好輝	140	71	69	村山 駿	142	71	71	鈴木 之人	144	72	72	伊藤 善則	147	74	73
片岡 大育	140	68	72	尾崎 慶輔	142	71	71	グラント・ゴッドフリィ	144	71	73	小斉平優和	147	74	73
長澤 奨	140	69	71	中道 洋平	142	69	73	大田和桂介	144	73	71	宮里 聖志	147	74	73
竹山 昂成	140	66	74	髙橋 竜彦	142	70	72	長谷川祥平	144	68	76	古川 雄大	148	73	75
タンヤゴーン・クロンパ	140	69	71	砂川 公佑	142	70	72	福永 安伸	145	71	74	石過功一郎	148	73	75
川上 優大	140	69	71	服部 雅也	142	70	72	徳永 弘樹	145	72	73	高橋 慧	150	70	80
松田 一将	140	71	69	藤島 豊和	142	68	74	宮内 孝輔	145	73	72	植田 晃大	151	80	71
松本 将汰	140	70	70	半田 匠佳	142	70	72	金田 直之	145	75	70	猿田 勝大	152	72	80
大内 智文	140	68	72	林 拓希	142	71	71	秀島 寛臣	145	72	73	笠 哲郎	153	75	78
長田 真矩	141	73	68	新田 哲大	142	69	73	佐藤 佑樹	145	72	73	@進藤太雅	156	77	79
すし 石垣	141	72	69	@石口寛樹	143	72	71	馬渡 清也	145	71	74	秋吉 翔太		74	棄
加門 大典	141	68	73	小袋 秀人	143	71	72	玉城 海伍	145	67	78	池村 晃稀		75	棄
高野 碧輝	141	70	71	照屋佑唯智	143	65	78	中里光之介	145	74	71	伊藤 勇気		71	棄
藤本 佳則	141	70	71	大塚 大樹	143	69	74	原 敏之	145	72	73	副田 裕斗		70	棄
黒川 逸輝	141	72	69	梶村 夕貴	143	73	70	中西 直人	146	72	74				
加藤 輝	141	65	76	田中 裕基	143	71	72	新木 豊	146	73	73	@はアマチュア			
井上 敬太	141	73	68	髙宮 千聖	143	69	74	神農 洋平	146	69	77				
藤島 征次	141	67	74	山下 和宏	144	71	73	百目鬼光紀	146	71	75				

【歴代優勝者】						
年	優勝者	スコア	2位	差	コース	パー／ヤード
2021	中里光之介	195—67・64・64	薗田峻輔	5	PGM石岡GC	71／7071Y
2022	大堀裕次郎	200—67・64・69	呉 司聡	1	中峰GC	72／7023Y
2023	今野 大喜	196—68・63・65	伊藤誠道、平本世中	1	ライオンズCC	71／7065Y

エリートグリップチャレンジ

開催期日　2023年9月27日〜29日	賞金総額　15,000,000円
競技会場　ゴールデンバレーGC	出場人数　144名
トータル　7,233Y：パー72（36,36）	天候　曇・曇・晴

1日目　5アンダー67の梶村夕貴、黒木紀至、木村太一の3人が首位。1打差4位には11人が名を連ねた。
2日目　首位タイで出た木村が66をマーク。通算11アンダーで単独首位に立った。2打差2位は川上優大、3打差3位に平本世中と吉本翔雄がつけた。最終日　木村、川上が前半スコアを崩し、3位にいた吉本が首位を奪う。だが、吉本は後半崩れ、盛り返してきた木村と川上が再び優勝を争う展開に。最後は木村が迫って来た川上を1打差で振り切って初優勝を飾った。

【優勝】木村　太一　205　67・66・72　2,700,000円

順位	氏名	トータルスコア	1R	2R	3R	4R	賞金額（円）
2	川上　優大	206	68	67	71		1,350,000
3	照屋佑唯智	207	72	67	68		975,000
4	青山　晃大	208	68	73	67		517,500
	砂川　公佑	208	68	72	68		517,500
	徳元　中	208	69	68	71		517,500
	森下　響	208	68	70	70		517,500
	今野　大喜	208	69	68	71		517,500
	吉本　翔雄	208	68	68	72		517,500
10	関　将太	209	70	71	68		258,750
	竹内　優騎	209	71	71	67		258,750
	池上憲士郎	209	72	67	70		258,750
	北村　晃一	209	68	69	72		258,750
14	平本　穏	210	70	71	69		177,375
	前粟藏俊太	210	70	71	69		177,375
	若原　亮太	210	73	68	69		177,375
	高野　碧輝	210	72	69	69		177,375
	すし　石垣	210	70	70	70		177,375
	原　敏之	210	73	67	70		177,375
	宇佐美祐樹	210	71	72	67		177,375
	富本　虎希	210	68	72	70		177,375
	阿部　裕樹	210	70	69	71		177,375
	平本　世中	210	70	66	74		177,375
24	原田　大雅	211	74	69	68		140,625
	古川　雄大	211	71	67	73		140,625
26	服部　雅也	212	71	70	71		129,375
	佐藤　圭介	212	71	71	70		129,375
	石原　航輝	212	70	70	72		129,375
	田中章太郎	212	73	71	68		129,375
30	梶村　夕貴	213	67	74	72		115,950
	竹山　昂成	213	68	72	73		115,950
	三重野里斗	213	69	71	73		115,950
	日髙　裕貴	213	71	69	73		115,950
34	古田　幸希	214	71	71	72		103,800
	藤島　豊和	214	72	70	72		103,800
	黒﨑　蓮	214	68	72	74		103,800
	三木　龍馬	214	70	69	75		103,800
	小袋　秀人	214	69	70	75		103,800
39	黒木　紀至	215	67	74	74		87,825
	長谷川祥平	215	72	69	74		87,825
	日髙　将史	215	71	71	73		87,825
	加藤　輝	215	70	73	72		87,825
	新村　駿	215	71	69	75		87,825
	石塚　祥利	215	70	74	71		87,825
	小西　奨太	215	73	71	71		87,825
	大村　浩輔	215	73	71	71		87,825
47	織田　信亮	216	68	73	75		75,150
	村山　駿	216	71	70	75		75,150
	大塚　大樹	216	72	72	72		75,150
	鈴木　之人	216	70	67	79		75,150
51	尾崎　慶輔	217	69	72	76		68,400
	加藤　俊英	217	73	68	76		68,400
	久保田皓也	217	75	67	75		68,400
	高柳　直人	217	70	69	78		68,400
	黒川　逸輝	217	70	74	73		68,400
56	坂本　隆一	218	72	69	77		64,500
	海老根文博	218	72	71	75		64,500
	長野　京介	218	75	68	75		64,500
	古田龍之介	218	69	71	78		64,500
60	小斉平優和	219	68	75	76		62,250
	芦沢　宗臣	219	69	74	76		62,250
	加藤金次郎	219	71	73	75		アマチュア
	鈴木　敬太	219	74	70	75		62,250
	長田　真矩	219	76	68	75		62,250
	新木　豊	219	72	72	75		62,250
	松井　弘樹	219	72	72	75		62,250
67	増田　伸洋	220	72	72	76		61,200
68	片岡　大育	223	70	74	79		60,900

144ストローク（±0）までの68名が予選通過

ABEMAツアー

氏名	トータルスコア	1R	2R	氏名	トータルスコア	1R	2R	氏名	トータルスコア	1R	2R	氏名	トータルスコア	1R	2R
芹澤 慈眼	145	70	75	上平 栄道	147	73	74	櫻井 隆輔	149	76	73	矢野 東	154	74	80
河合 庄司	145	72	73	小林 正則	147	74	73	アンドルー・エバンス	149	76	73	手嶋 多一	154	76	78
伊藤 誠道	145	71	74	松本 将汰	147	73	74	遠藤 健太	149	71	78	大野 倖	154	78	76
宮内 孝輔	145	71	74	比嘉 拓也	147	71	76	古島 壮	149	77	72	杉下 圭史	154	77	77
ⓐ小林 匠	145	73	72	松原 裕人	147	77	70	塩見 好輝	150	74	76	増田 将光	155	71	84
平山 壮大	145	73	72	佐藤 和紀	147	74	73	馬渡 清也	150	73	77	香川 凜央	155	81	74
渡辺龍ノ介	145	70	75	三島 泰哉	147	72	75	近藤 啓介	150	78	72	ガブリエレ・デバルバ	155	79	76
松原 大輔	145	73	72	古庄 紀彦	147	72	75	百目鬼光紀	150	80	70	藤本 佳則	156	76	80
作田 大地	145	72	73	長澤 奨	147	70	77	半田 匠佳	150	73	77	植田 晃大	156	83	73
大下 勇	145	72	73	副田 裕斗	147	71	76	宮城慎太郎	151	72	79	髙宮 千聖	156	79	77
黒川 航輝	145	76	69	玉城 海伍	147	74	73	大貫渉太朗	151	77	74	寺岡 颯太	157	79	78
松田 一将	146	74	72	木下 康平	147	73	74	林 拓希	151	76	75	佐藤 太地	157	82	75
芳賀 洋平	146	74	72	井上 敬太	148	71	77	植田 大貴	151	76	75	秋吉 翔太	159	81	78
中道 洋平	146	73	73	富永 暁登	148	75	73	ⓐ山田龍之介	151	79	72	富田 雅哉	164	85	79
和田章太郎	146	72	74	森本 雄	148	73	75	ⓐ亥飼 陽	151	79	72	伊藤 勇気		80	棄
福永 安伸	146	71	75	藤本 直樹	148	72	76	蛯名 大和	151	74	77	富村 真治		77	棄
大田和桂介	146	71	75	竹内 廉	148	70	78	内山 遥人	152	79	73				
グラント・ゴッドフリィ	146	71	75	石過功一郎	148	77	71	藤島 征次	152	77	75				
金 誠	146	71	75	森 雄貴	149	76	73	梅山 知宏	153	72	81				
堺 永遠	147	74	73	金 智宇	149	76	73	徳光 祐哉	154	76	78				

ⓐはアマチュア

【歴代優勝者】

年	優勝者	スコア	2位	差	コース	パー／ヤード
麻倉JGTOチャレンジⅢ						
2009＊	貴田和宏	136—68・68	白 佳和	0	麻倉GC	72／7103Y
elite grips・JGTOチャレンジⅢ						
2011＊	前田雄大	137—66・71	森田徹、杉山佐智雄、村上克佳	0	有馬ロイヤルGC	72／7148Y
大山GC・JGTOチャレンジⅢ						
2012＊	西村匡史	134—64・70	櫻井匡樹	0	大山GC	72／7056Y
elite grips・JGTOチャレンジⅢ						
2013	内藤寛太郎	133—67・66	小西貴紀,福永安伸,佐藤えいち	2	COCOPA RESORT C 白山ヴィレッジGCクイーンC	72／6931Y
elite grips challenge						
2014＊	西裕一郎	133—67・66	桑原克典,正岡竜二,佐藤信人	0	COCOPA RESORT C 白山ヴィレッジGCクイーンC	71／6898Y
2015＊	池村寛世	133—69・64	西 裕一郎	0	初穂CC	72／7200Y
2016	香妻陣一朗	131—66・65	出水田大二郎,永松宏之	1	初穂CC	72／7196Y
2017	野仲 茂	134—66・68	大田和桂介,小野田享也	1	ジャパンクラシックCCキング	72／7093Y
2018	佐藤大平	203—66・70・67	小野田享也	4	ゴールデンバレーGC	72／7233Y
2019	ピーター・カーミス	205—75・68・62	A・ウォンワニ,阿久津未来也	1	ゴールデンバレーGC	72／7233Y
2020 2021	〈新型コロナウイルス感染拡大のため中止〉					
エリートグリップチャレンジ						
2022＊	小木曽喬	206—70・72・64	杉原大河,小林正則,平本穏	0	ゴールデンバレーGC	72／7233Y
2023	木村太一	205—67・66・72	川上優大	1	ゴールデンバレーGC	72／7233Y

＊はプレーオフ

石川遼 everyone PROJECT Challenge

開催期日	2020年10月4日～6日
競技会場	ロイヤルメドウGC
トータル	7,195Y・パー72（36,36）

賞金総額	15,000,000円
出場人数	120名
天　候	曇・曇・晴

1日目 降雨でスタートが1時間遅れた影響で18人が終了できずサスペンデッドに。65の馬渡清也が暫定首位。2日目 第1Rを終え馬渡が首位。第2Rでは通算10アンダーとした日高将史が首位に立つ。2打差2位は馬渡、原敏之、阿部裕樹とアマの清水蔵之介、丸尾玲央。最終日 高校3年の清水が一時12アンダーに伸ばして3打差首位に。終盤2ボギーを叩いたが猛追してきた伊藤誠道を1打抑えABEMAツアー歴代2位年少記録の18歳101日で9人目のアマ優勝。

【優勝】清水蔵之介　206　69・67・70　アマチュア

順位	氏名	トータルスコア	1R	2R	3R	4R	賞金額（円）
2	伊藤　誠道	207	73	70	64		2,700,000
3	原　　敏之	208	68	68	72		1,162,500
	日高　将史	208	67	67	74		1,162,500
5	木下　康平	210	72	70	68		555,000
	砂川　公佑	210	71	69	70		555,000
	小斉平優和	210	67	70	73		555,000
	山脇　健斗	210	71	66	73		555,000
	阿部　裕樹	210	71	65	74		555,000
	丸尾　怜央	210	68	68	74		アマチュア
11	宮内　孝輔	211	73	69	69		273,000
	坂本　隆一	211	72	69	70		273,000
	吉本　翔雄	211	69	72	70		273,000
	松田　一将	211	71	69	71		273,000
	馬渡　清也	211	65	71	75		273,000
16	鈴木　敬太	212	70	72	70		205,000
	長澤　　奨	212	68	70	74		205,000
	照屋佑唯智	212	69	68	75		205,000
19	森　　祐紀	213	69	72	72		183,750
	三重野里斗	213	69	70	74		183,750
21	川上　優大	214	71	71	72		153,214
	池上憲士郎	214	75	69	70		153,214
	今野　大喜	214	72	68	74		153,214
	田中章太郎	214	75	66	73		153,214
	陳　　顧新	214	70	70	74		153,214
	森　　雄貴	214	70	69	75		153,214
	徳元　　中	214	69	69	76		153,214
28	服部　雅也	215	69	74	72		127,500
	石渡　和輝	215	73	71	71		127,500
	遠藤　健太	215	70	74	71		127,500
	小林　翔音	215	74	68	73		アマチュア
	植田　晃大	215	72	72	71		127,500
	大嶋　　港	215	74	71	70		アマチュア
	富本　虎希	215	73	72	70		127,500
35	宇佐美祐樹	216	71	72	73		110,550
	加藤　　輝	216	73	70	73		110,550
	鈴木　之人	216	74	69	73		110,550
	中道　洋平	216	70	71	75		110,550
	長谷川祥平	216	70	71	75		110,550
	尾崎　慶輔	216	71	70	75		110,550
41	三木　龍馬	217	73	70	74		92,400
	加藤　俊英	217	74	68	75		92,400
	塩見　好輝	217	78	76	73		92,400
	若原　亮太	217	73	72	72		92,400
	原田　大雅	217	72	69	76		92,400
	伊藤　有志	217	73	72	72		92,400
	黒川　逸輝	217	75	70	72		92,400
	森本　　雄	217	74	71	72		92,400
49	グラントゴッドフリィ	218	71	72	75		79,350
	薗田　峻輔	218	73	71	74		79,350
	石塚　祥利	218	70	74	74		79,350
	岩井　亮磨	218	75	70	73		79,350
53	金　　　誠	219	73	70	76		68,250
	藤島　豊和	219	72	71	76		68,250
	北村　晃一	219	73	69	77		68,250
	関　　将太	219	73	71	75		68,250
	諸藤　将次	219	76	68	75		68,250
	副田　裕斗	219	75	69	75		68,250
	植田　大貴	219	72	73	74		68,250
	香川　凜央	219	70	75	74		68,250
	佐藤　圭介	219	70	75	74		68,250
	古田　幸希	219	70	75	74		68,250
63	平本　　穏	220	77	67	76		63,600
64	髙宮　千聖	221	75	68	78		61,950
	竹内　優騎	221	69	75	77		61,950
	河合　庄司	221	73	68	80		61,950
	小袋　秀人	221	73	72	76		61,950
	石過功一郎	221	73	72	76		61,950
	徳永　弘樹	221	73	72	76		61,950
	福永　安伸	221	71	74	76		61,950
	丸山　獎王	221	75	66	80		61,950
72	青山　晃大	222	73	70	79		60,450
	細川　和広	222	68	74	80		60,450

145ストローク（+1）までの73名が予選通過

氏名	トータルスコア	1R	2R	氏名	トータルスコア	1R	2R	氏名	トータルスコア	1R	2R	氏名	トータルスコア	1R	2R
井上 敬太	146	74	72	佐藤 太地	147	76	71	秋吉 翔太	147	76	71	作田 大地	150	73	77
古川 雄大	146	72	74	三島 泰哉	147	72	75	織田 信亮	148	71	77	久志岡俊海	151	76	75
竹山 昂成	146	73	73	新村 駿	147	73	74	大田和桂介	148	74	74	高花 翔太	151	71	80
森下 響	146	77	69	小西 奨太	147	74	73	近藤 啓介	148	74	74	伊藤 勇気	151	79	72
植木 祥多	146	73	73	@清本貴秀	147	76	71	金子 敬一	148	75	73	@多田旺生	151	75	76
小林 正則	146	75	71	河合 慈英	147	74	73	上平 栄道	149	72	77	半田 匠佳	152	80	72
黒﨑 蓮	146	75	71	櫻井 隆輔	147	77	70	生駒 怜児	149	78	71	小野田英史	153	76	77
長田 真矩	146	71	75	@寺辻真生	147	77	70	赤石 拓斗	149	72	77	玉城 海伍	153	74	79
松原 大輔	146	70	76	新田 哲大	147	76	71	@鈴木隆太	149	70	79	宮内 希幸	155	82	73
前粟藏俊太	146	70	76	矢野 東	147	73	74	黒木 紀至	149	74	75	@鈴木貴士	155	78	77
梶村 夕貴	146	73	73	遠藤 彰	147	74	73	高柳 直人	149	78	71	黒川 航輝	155	82	73
大下 勇	147	74	73	@新井龍紀	147	78	69	すし 石垣	150	74	76				

@はアマチュア

	【歴代優勝者】						
年	優勝者	スコア	2位	差	コース	パー／ヤード	
everyone PROJECT Challenge Golf Tournament～石川遼プロデュース～							
2013	富村真治	203—69・66・68	河村雅之、小島亮太	1	ロイヤルメドウGスタジアム	71／7089Y	
石川遼 everyone PROJECT Challenge Golf Tournament							
2014	沖野克文	194—68・62・64	前粟藏俊太	1	ロイヤルメドウGスタジアム	71／7089Y	
2015	秋吉翔太	137—69・68	福永安伸	1	ロイヤルメドウGスタジアム	71／7202Y	
2016	塚田好宣	139—68・71	近藤啓介、丸山大輔、井上 信、高田聖斗、狩俣昇平、J・チョイ	1	ロイヤルメドウGC	72／7202Y	
2017	中里光之介	134—67・67	小木曽喬	2	ロイヤルメドウGC	72／7162Y	
2018	前川太治	197—67・66・64	嘉数光倫	3	ロイヤルメドウGC	72／7162Y	
2019	*@杉原大河	201—72・65・64	小林伸太郎	0	ロイヤルメドウGC	72／7161Y	
2020	竹内 廉	200—67・69・64	上井邦裕、高柳直人	2	ロイヤルメドウGC	72／7141Y	
2021	桂川有人	201—69・65・67	森本 雄	3	ロイヤルメドウGC	72／7171Y	
石川遼 everyone PROJECT Challenge							
2022	*比嘉拓也	208—70・69・69	@中野麟太朗	0	ロイヤルメドウGC	72／7171Y	
2023	@清水蔵之介	206—69・67・70	伊藤誠道	1	ロイヤルメドウGC	72／7195Y	

＊はプレーオフ。@はアマチュア

ディライトワークスJGTOファイナル

開催期日	2023年10月18日〜20日
競技会場	取手国際GC東C
トータル	6,804Y：パー70（35,35）

賞金総額	20,000,000円
出場人数	132名
天　候	晴・晴・晴

1日目 8アンダー62で回った長澤奨とABEMAツアー賞金王を決めている生源寺龍憲が首位スタート。**2日目** 4位で出た久保田皓也が61をマークして通算14アンダーの首位に浮上。1打差2位に生源寺、3打差3位に三木龍馬がつけた。**最終日** 首位の久保田が序盤からスコアを落として後退。生源寺と4打差4位にいた伊藤有志が首位に並んだ。1組前の伊藤が先に通算14アンダーでホールアウト。最終組・生源寺が18番で3パットのボギーを叩き推薦出場の伊藤が初優勝をつかんだ。

【優勝】伊藤　有志　196　67・63・66　3,600,000円

順位	氏　　名	トータルスコア	1R	2R	3R	4R	賞金額（円）	順位	氏　　名	トータルスコア	1R	2R	3R	4R	賞金額（円）
2	徳元　中	197	66	68	63		1,550,000		大田和桂介	205	66	70	69		114,280
	生源寺龍憲	197	62	65	70		1,550,000		髙宮　千聖	205	69	68	68		114,280
4	久保田皓也	198	65	61	72		1,040,000		金　智宇	205	68	69	68		114,280
5	前粟藏俊太	199	69	66	64		716,666		小林　正則	205	66	71	68		114,280
	木下　康平	199	68	66	65		716,666	49	原　敏之	206	71	65	70		94,640
	坂本　雄介	199	66	70	63		716,666		金田　直之	206	68	68	70		94,640
8	三重野里斗	200	67	68	65		388,333		タンヤゴーン・クロンパ	206	65	67	74		94,640
	山田　大晟	200	68	67	65		388,333		中道　洋平	206	67	70	69		94,640
	伊藤　誠道	200	65	68	67		388,333		阿部　裕樹	206	70	67	69		94,640
	尾崎　慶輔	200	65	67	68		388,333	54	新村　駿	207	67	67	73		87,800
	黒木　紀至	200	66	67	67		388,333		宇佐美祐樹	207	70	67	70		87,800
	野呂　涼	200	66	65	69		388,333		岩井　悠真	207	69	68	70		アマチュア
14	杉原　大河	201	68	67	66		246,250		安森　一貴	207	67	65	75		87,800
	木村　太一	201	67	67	67		246,250		中里光之介	207	70	67	70		87,800
	秋吉　翔太	201	66	67	68		246,250	59	黒﨑　蓮	208	68	68	72		84,500
	グラント・ゴッドフリィ	201	66	67	68		246,250		池上憲士郎	208	69	67	72		84,500
	西山　大広	201	67	66	68		246,250		大内　智文	208	69	68	71		84,500
	森下　響	201	68	65	68		246,250		石渡　和輝	208	67	70	71		84,500
	山路　幹	201	65	66	70		246,250	63	増田　将光	210	69	67	74		83,200
	三木　龍馬	201	65	64	72		246,250								
22	高柳　直人	202	71	64	67		182,500								
	福永　安伸	202	63	72	67		182,500								
	安本　大祐	202	68	67	67		182,500								
	小野田享也	202	71	65	66		182,500								
	藤田　寛之	202	68	66	68		182,500								
	内藤寛太郎	202	70	66	66		182,500								
	松田　一将	202	68	68	66		182,500								
	呉　司聡	202	65	66	71		182,500								
30	宇喜多飛翔	203	69	65	69		154,600								
	半田　匠佳	203	68	65	70		154,600								
	磯井　怜	203	68	68	67		154,600								
	長澤　奨	203	62	70	71		154,600								
34	作田　大地	204	66	68	70		138,400								
	照屋佑唯智	204	70	63	71		138,400								
	額賀　辰徳	204	68	65	71		138,400								
	古川　雄大	204	68	65	71		138,400								
	古川龍之介	204	68	69	67		138,400								
39	鈴木　敬太	205	66	69	70		114,280								
	岡村　了	205	66	69	70		114,280								
	玉城　海伍	205	69	66	70		114,280								
	森本　雄	205	67	67	71		114,280								
	海老根文博	205	70	66	69		114,280								
	平本　世中	205	69	67	69		114,280								

137ストローク（−3）までの63名が予選通過

氏名	トータルスコア	1R	2R	氏名	トータルスコア	1R	2R	氏名	トータルスコア	1R	2R	氏名	トータルスコア	1R	2R
三島 泰哉	138	70	68	河野 祐輝	139	74	65	近藤 啓介	141	70	71	塩見 好輝	144	69	75
織田 信亮	138	70	68	遠藤 健太	139	73	66	大下 勇	141	73	68	中西 直人	145	73	72
小西 奨太	138	69	69	田中 裕基	139	67	72	平本 穏	141	73	68	今野 大喜	145	71	74
砂川 公佑	138	68	70	藤島 豊和	139	72	67	佐藤 圭介	141	70	71	西脇まあく	145	73	72
比嘉 拓也	138	66	72	亀代 順哉	140	70	70	梅山 知宏	141	73	68	小袋 秀人	145	72	73
ⓐ清水蔵之介	138	72	66	山脇 健斗	140	70	70	櫻井 隆輔	141	73	68	松本 将汰	146	71	75
岡本 頼樹	138	68	70	富村 真治	140	70	70	竹谷 佳孝	141	73	68	菊田 奨	146	71	75
蛯名 大和	138	71	67	諸藤 将次	140	71	69	小斉平優和	141	70	71	津曲 泰弦	148	77	71
池村 晃稀	138	71	67	北村 晃一	140	72	68	薗田 峻輔	141	70	71	森 祐紀	148	74	74
新田 哲大	138	68	70	伊藤 勇気	140	70	70	若原 亮太	142	72	70	武藤 俊憲	149	74	75
梶村 夕貴	138	71	67	坂本 隆一	140	71	69	岡部 雄斗	142	70	72	竹山 昂成	153	75	78
矢野 東	138	69	69	佐藤 太地	140	71	69	松原 大輔	142	73	69	高花 翔太		79	棄
日高 将史	138	69	69	石過功一郎	140	72	68	大野 倖	142	72	70	加藤 輝		70	棄
石塚 祥利	138	70	68	陳 顧新	140	69	71	長谷川祥平	142	72	70	副田 裕斗		77	棄
馬渡 清也	139	67	72	宮内 孝輔	141	71	70	ⓐ吉沢己咲	143	67	76	青山 晃大		失	
小浦 和也	139	69	70	田中章太郎	141	71	70	香川 凜央	143	72	71				
吉本 翔雄	139	69	70	河合 庄司	141	69	72	神農 洋平	144	71	73				
勝亦 悠斗	139	70	69	高野 碧輝	141	72	69	森 雄貴	144	72	72				

ⓐはアマチュア

【歴代優勝者】						
年	優勝者	スコア	2位	差	コース	パー／ヤード
2021	亀代順哉	194—64・66・64	坂本雄介	2	取手国際GC東	70／6811Y
2022	大堀裕次郎	192—62・66・64	尾崎慶輔	1	取手国際GC東	70／6804Y
2023	伊藤有志	196—67・63・66	徳元 中、生源寺龍憲	1	取手国際GC東	70／6804Y

2023年度ABEMAツアー賞金ランキング

賞金ランキング1位者が2024年度ツアー出場資格、2位から上位19名が第1回リランキングまでの出場資格を獲得。※印はツアー賞金ランキングによる出場資格獲得しているため、24位まで繰り下げとなる。

順位	氏名	獲得賞金(円)	試合数	順位	氏名	獲得賞金(円)	試合数
1	生源寺龍憲	11,253,106	10	52	池上憲士郎	1,011,814	12
2※	鈴木 晃祐	5,604,835	6	53	岩田 大河	975,988	7
3※	平本 世中	4,484,230	11	54	香川 凜央	929,950	12
4	富村 真治	4,470,755	11	55	大塚 大樹	926,775	9
5	伊藤 誠道	4,250,833	4	56	原田 大雅	908,076	10
6	伊藤 有志	4,153,025	5	57	古川龍之介	902,275	7
7	木村 太一	3,865,256	11	58	田中章太郎	899,442	12
8	今野 大喜	3,838,014	9	59	内藤寛太郎	885,862	7
9※	杉原 大河	3,423,630	6	60	上平 栄道	867,078	9
10	長澤 奨	3,157,010	8	61	野呂 涼	851,458	6
11	照屋佑唯智	2,845,301	12	62	石渡 和輝	847,781	11
12	小斉平優和	2,518,810	12	63	片岡 大育	826,867	7
13	宮内 孝輔	2,496,180	12	64	A・ブランド	822,416	5
14	徳元 中	2,384,942	10	65	額賀 辰徳	811,885	10
15	久保田皓也	2,377,400	4	66	松田 一将	805,956	11
16	金田 直之	2,133,027	9	67	坂本 隆一	785,942	11
17※	金子 駆大	2,106,250	6	68	加藤 俊英	766,252	11
18	副田 裕斗	2,091,225	9	69	森下 響	763,750	3
19	日高 将史	2,085,205	9	70	作田 大地	757,234	12
20	原 敏之	2,075,165	9	71	古川 雄大	744,025	11
21	吉本 翔雄	2,014,125	9	72	A・エバンス	743,300	6
22	G・ゴッドフリイ	1,991,806	12	73	若原 亮太	728,325	8
23	森本 雄	1,878,531	12	74	勝亦 悠斗	725,855	7
24	阿部 裕樹	1,836,741	10	75	坂本 雄介	716,666	2
25	薗田 峻輔	1,836,150	10	76	北村 晃一	699,385	11
26	陳 顧新	1,818,645	9	77	中西 直人	696,250	6
27	石塚 祥利	1,804,103	12	78	宇喜多飛翔	693,410	7
28	砂川 公佑	1,781,850	8	79	三重野里斗	688,033	11
29	秋吉 翔太	1,748,200	10	80	黒﨑 蓮	685,177	12
30	木下 康平	1,682,383	12	81	富本 虎希	679,570	7
31	川上 優大	1,641,231	6	82	小浦 和也	675,318	7
32	矢野 東	1,623,261	11	83	森 祐紀	658,290	11
33	玉城 海伍	1,589,905	10	84	新村 駿	654,125	11
34	長谷川祥平	1,575,100	11	85	前田光史朗	647,225	6
35	前粟藏俊太	1,546,682	12	86	高山 忠洋	646,750	6
36	佐藤 圭介	1,546,165	12	87	芹澤 慈眼	633,750	4
37	黒木 紀至	1,434,008	12	88	櫛山 勝弘	632,500	2
38	服部 雅也	1,419,375	11	89	西山 大広	617,378	5
39	田中 裕基	1,350,000	6	90	遠藤 健太	608,515	9
40	黒川 逸輝	1,314,750	11	91	安本 大祐	603,980	5
41	三木 龍馬	1,262,791	10	92	小西 奨太	601,103	12
42	古田 幸希	1,227,415	11	93	森 雄貴	592,664	12
43	宇佐美祐樹	1,212,210	12	94	呉 司聡	588,992	6
44	青山 晃大	1,207,030	11	95	比嘉 拓也	583,200	8
45	尾崎 慶輔	1,148,533	8	96	富永 暁登	581,250	5
46	馬渡 清也	1,144,815	12	97	半田 匠佳	574,402	12
47	中道 洋平	1,080,095	12	98	竹山 昂成	570,355	11
48	米澤 蓮	1,031,725	4	99	中里光之介	567,950	8
49	平本 穏	1,027,047	9	100	永澤 翔	559,500	3
50	梶村 夕貴	1,024,657	12	101	加藤 輝	556,725	12
51	山田 大晟	1,012,583	7	102	山脇 健斗	555,000	2

順位	氏 名	獲得賞金(円)	試合数	順位	氏 名	獲得賞金(円)	試合数
103	金 誠	536,362	9	160	岩元 洋祐	226,090	5
104	高柳 直人	529,750	11	161	細野 勇策	213,900	3
105	鈴木 敬太	526,708	9	162	南 大樹	211,706	2
106	山本 太郎	516,225	4	163	鈴木 海斗	203,492	3
107	河合 庄司	514,605	11	164	井上 信	199,103	3
108	黒川 航輝	510,916	11	165	金 智宇	196,780	5
109	大田和桂介	504,838	12	166	植田 大貴	192,000	8
110	岡村 了	490,730	6	167	林 拓希	184,950	8
111	村山 駿	478,650	8	168	百目鬼光紀	184,650	6
112	小野田享也	477,500	4	169	松原 裕人	176,335	7
113	和田章太郎	477,350	5	170	岩井 亮磨	175,450	3
114	藤本 佳則	465,000	8	171	塩見 好輝	174,900	11
115	大谷 俊介	463,139	4	172	大村 浩輔	160,365	2
116	加藤龍太郎	461,040	5	173	磯井 怜	154,600	1
117	長田 真矩	457,400	11	174	石過功一郎	147,600	9
118	安森 一貴	454,831	4	175	山岡 成稔	132,450	2
119	福永 安伸	437,056	11	176	吉田 隼人	129,506	1
120	板東 寿匡	436,250	2	177	菊池 純	129,375	3
	D・ペリー	436,250	1	178	三島 泰哉	128,528	9
	丁 子軒	436,250	3	179	白 佳和	126,255	1
123	関 将太	433,500	5	180	白水 将司	123,000	3
124	海老根文博	431,030	5	181	大下 勇	122,400	12
125	小袋 秀人	429,392	12	182	日髙 裕貴	115,950	1
126	近藤 啓介	427,478	12	183	大貫渉太朗	113,250	3
127	寺岡 颯太	426,000	4	184	児玉 和生	107,850	1
128	亀代 順哉	424,075	6	185	池田 拓史	106,500	1
129	植田 晃大	398,220	11		新田 哲大	106,500	10
130	竹内 優騎	394,817	5	187	正岡 竜二	102,510	5
131	竹谷 佳孝	393,690	6		星 雄太郎	102,510	1
132	高野 碧輝	389,475	8	189	植木 祥多	101,166	2
133	丸山 奬王	373,350	6		中山 絹也	101,166	1
134	T・クロンパ	347,540	5		横田 真一	101,166	1
135	織田 信亮	345,250	10	192	藤島 晴雄	85,650	1
136	藤島 征次	343,541	9		伊藤 慎吾	85,650	2
137	石原 航輝	343,125	4		多良間伸平	85,650	1
138	武藤 俊憲	341,166	5	195	増田 将光	83,200	3
139	小林 正則	331,630	8	196	杉本スティーブ	82,500	1
140	芦沢 宗臣	323,317	10		森 正尚	82,500	4
141	井上 敬太	322,800	11	198	朴ジュンウォン	81,450	1
142	竹内 大	316,875	3	199	原 悠太郎	74,117	2
143	村上 拓海	315,690	2		渡辺龍ノ介	74,117	4
144	大内 智文	310,750	7		吉本 裕貴	74,117	4
145	櫻井 隆輔	291,707	12	202	諸藤 将次	68,250	4
146	佐藤 太地	291,190	10	203	毛利 一成	67,200	1
147	上井 邦浩	286,800	2	204	内山 遥人	65,850	4
148	宮瀬 博文	286,500	1	205	久米 朗文	64,800	1
149	河野 祐輝	283,800	5		山浦 一希	64,800	2
150	髙宮 千聖	282,730	12		田中 元基	64,800	1
151	岩本 高志	276,992	3	208	長野 京介	64,500	6
152	A・タウンゼント	263,025	6	209	池村 晃稀	64,200	5
	すし 石垣	263,025	10	210	M・グリフィン	63,900	2
154	藤田 寛之	250,985	3		中川 勝弥	63,900	1
155	梅山 知宏	248,355	7	212	松上 和弘	63,728	1
156	髙橋 竜彦	248,306	5	213	石﨑 真央	63,100	2
157	鈴木 之人	247,200	10	214	新木 豊	62,250	2
158	山路 幹	246,250	1		松井 弘樹	62,250	1
159	藤島 豊和	232,200	11	216	徳永 弘樹	61,950	3

順位	氏名		獲得賞金(円)	試合数
217	高花	翔太	61,800	9
218	堺	永遠	61,350	4
	蛯名	大和	61,350	5
	太田	祐一	61,350	3
221	増田	伸洋	61,200	1
222	松本	将汰	60,750	7
223	細川	和広	60,450	3
224	竹内	廉	60,300	3

ABEMAツアー

ABEMAツアーの主な記録

【9ホール最少ストローク】

28（－8）	新井　真一	'99後楽園カップ第4回		1R IN	TPC馬頭後楽園GC
28（－8）	塩見　好輝	'14ISPS・CHARITYチャレンジ		2R IN	静岡C浜岡C＆ホテル
28（－8）	久常　涼	'21ジャパンクリエイトチャレンジin福岡雷山		2R IN	福岡雷山GC
28（－7）	前粟藏俊太	'10静ヒルズトミーカップ		1R IN	静ヒルズCC
28（－7）	岩本　高志	'18南秋田CCみちのくチャレンジ		2R IN	南秋田CC
28（－7）	キム・ジェホ	'18HEIWA・PGM Challenge Ⅱ		2R OUT	かさぎGC
28（－7）	久保田皓也	'22太平洋クラブチャレンジ		3R IN	太平洋C江南C

【18ホール最少ストローク】

59（－11）	玉城　海伍	'22ディライトワークスJGTOファイナル1R		取手国際GC東C

【36ホール最少ストローク】

1R ～2R

125（－17）	久常　涼	'21南秋田CCみちのくチャレンジ	64・61	南秋田CC

2R ～3R

126（－16）	沖野　克文	'14石川遼 everyone PROJECT Challenge	62・64	ロイヤルメドウGスタジアム
126（－16）	丸山　大輔	'16セブン・ドリーマーズ・チャレンジ in 米原GC	62・64	米原GC

【54ホール最少ストローク】

192（－21）	丸山　大輔	'16セブン・ドリーマーズ・チャレンジ in 米原GC	66・62・64	米原GC
192（－18）	大堀裕次郎	'22ディライトワークスJGTOファイナル	62・66・64	取手国際GC東C

【72ホール最少ストローク】

264（－24）	呂　偉智	'09PRGR Novil CUP FINAL	67・68・66・63	サニーフィールドGC

【最多アンダーパー】

・36ホール競技

－17（125）	久常　涼	'21南秋田CCみちのくチャレンジ	64・61	南秋田CC

・54ホール競技

－22（194）	久常　涼	'21ジャパンクリエイトチャレンジin福岡雷山	66・61・67	福岡雷山GC

・72ホール競技

－24（264）	呂　偉智	'09PRGR Novil CUP FINAL	67・68・66・63	サニーフィールドGC

【1ホール最多ストローク】

16（パー5）	市川　雄三	'15ISPSハンダグローバルチャレンジカップ	2R16H	オークビレッヂGC

【18ホール最多バーディ（バーディ以上）】

11	永松　宏之	'13ISPS・CHARITYチャレンジ	1R	ジャパンPGAGC
	鈴木　亨	'13ドラゴンカップ	2R	千葉夷隅GC
	菊地　秀明	'14ISPS・CHARITYチャレンジ	1R	静岡C浜岡C＆ホテル
	塩見　好輝	'14ISPS・CHARITYチャレンジ	2R	静岡C浜岡C＆ホテル
	永松　宏之	'16elite grips challenge	2R	初穂CC
	佐藤　大平	'18LANDIC CHALLENGE 6	1R	芥屋GC
	永澤　翔	'21ジャパンクリエイトチャレンジin福岡雷山	3R	福岡雷山GC
	久常　涼	'21南秋田CCみちのくチャレンジ	2R	南秋田CC
	玉城　海伍	'22ディライトワークスJGTOファイナル	1R	取手国際GC東C

【18ホール最多イーグル（イーグル以上）】

3	森田　徹	'02後楽園カップ第2回	1R	TPC市原後楽園G＆スポーツ
	大堀裕次郎	'15富士ホームサービスチャレンジカップ	2R	富士スタジアムGC南C
	長野　京介	'23エリートクリップチャレンジ	2R	ゴールデンバレーGC

【連続バーディ記録】同一ラウンドでの記録に限る

7連続	T・フセイン	'05PGMシリーズ・ワールドチャレンジ	2R 3～9H	ワールドCC
	前粟蔵俊太	'10静ヒルズトミーカップ	1R 12～18H	静ヒルズCC
	塩見　好輝	'14ISPS・CHARITYチャレンジ	2R 12～18H	静岡C浜岡C＆ホテル
	阿久津未来也	'19ジャパンクリエイトチャレンジ in 福岡雷山	3R 13～1H	福岡雷山GC
	伊藤　有志	'19南秋田CCみちのくチャレンジ	2R 14～2H	南秋田CC

【アルバトロス】

入野　太	'00iiyamaチャレンジii	1R 15H	三田C27
堀　貴麿	'01PGAカップチャレンジ	1R 7H	リージャスクレストGCロイヤル
佐々木卓哉	'06PGMシリーズ・サンパーク札幌チャレンジ	1R 9H	サンパーク札幌GC
佐藤　達也	'08Novilカップ	2R 16H	JクラシックGC
江尻　壮	'11きみさらずGL・GMAチャレンジ	1R 7H	きみさらずGL
髙橋　朋載	'11きみさらずGL・GMAチャレンジ	1R 14H	きみさらずGL
川﨑　政志	'12きみさらずGL・GMAチャレンジ	2R 7H	きみさらずGL
田中　秀道	'13Novil Cup	1R 7H	JクラシックGC
永松　宏之	'13everyone PROJECT Challenge 石川遼	1R 16H	ロイヤルメドウGスタジアム
朴　玄	'16Novil Cup	3R 16H	JクラシックGC
松田　高明	'18Novil Cup	2R 1H	JクラシックGC
A・ウィルキン	'18JGTO Novil FINAL	2R 9H	取手国際GC東C
小木曽　喬	'19LANDIC CHALLENGE 7	3R 18H	芥屋GC
石川　裕貴	'19elite grips challenge	2R 1H	ゴールデンバレーGC

【最多優勝スコア】

・36ホール競技

＋2(146)	山添　昌良	'02PRGR CUP（関東）	73・73	ワイルドダックCC

・54ホール競技

±0(216)	張　棟圭	'13Novil Cup	65・74・77	JクラシックGC

・72ホール競技

−10(278)	飯島　宏明	'08PRGR CUP FINAL	68・71・69・70	GC成田ハイツリー

【最少予選カットスコア】

・18ホール

−3(68)		'21南秋田CCみちのくチャレンジ	南秋田CC
−3(69)		'06PGMシリーズ・サンパーク札幌チャレンジ	サンパーク札幌GC
−3(69)		'13ドラゴンカップ	千葉夷隅GC

・36ホール

−4(138)		'14ISPS・CHARITYチャレンジ	静岡C浜岡C＆ホテル
−4(140)		'15PGA・JGTOチャレンジカップ in 房総	房総CC房総G場東C
−4(140)		'21ジャパンクリエイトチャレンジin福岡雷山	福岡雷山GC

【最多予選カットスコア】

・18ホール

＋5(77)		'02PRGR CUP（関東）	ワイルドダックCC

・36ホール

＋9(153)		'12Novil Cup	JクラシックGC

ABEMAツアー

【年間最多優勝回数】
3勝　　S・K・ホ　　2001年
3勝　　久常　涼　　2020－21年

【最多優勝回数】
5勝　　上平　栄道

【連続優勝記録】
2試合連続　溝渕　洋介　'06カニトップ杯チャレンジⅠ、セガサミーチャレンジ
　　　　　　中田慶史郎　'06PGMシリーズ大日向チャレンジby GMA、PGMシリーズかさぎチャレンジ
　　　　　　松村　道央　'07PAR 72 チャレンジカップ、PRGR CUP FINAL
　　　　　　C・キャンベル　'09猿島JGTOチャレンジⅠ、静ヒルズトミーカップ
　　　　　　D・チャンド　'10富士カントリー可児クラブチャレンジカップ、東北やくらいカップ
　　　　　　河野　祐輝　'12秋田テレビ・南秋田CC・JGTOチャレンジⅠ、東急那須リゾートJGTOチャレンジⅡ
　　　　　　秋吉　翔太　'15セブン・ドリーマーズ・チャレンジ in 米原GC、石川遼 everyone PROJECT Challenge
　　　　　　ハムジョンウ　'19TIチャレンジ in 東条の森、ディライトワークスASPチャレンジ
　　　　　　鈴木　晃祐　'23i Golf Shaper Challenge in 筑紫ヶ丘、JAPAN PLAYERS CHAMPIONSHIP CHALLENGE
　　　　　　生源寺龍憲　'23ジャパンクリエイトチャレンジ in 福岡雷山、南秋田CCみちのくチャレンジ

【逆転優勝の最多スコア差】
7打差　　北島　泰介　'00iiyamaチャレンジ i　　　　　　　　　　　GCツインフィールズ
　　　　　市原　建彦　'02アイフルチャレンジカップ・オータム　　　鯵ヶ沢高原G場高原C
　　　　　小木曽　喬　'22エリートグリップチャレンジ　　　　　　　ゴールデンバレーGC

【優勝と2位の最多スコア差】
8打差　　浅地　洋佑　'12ISPS・CHARITYチャレンジ(54H)　　　　鶴舞CC

【予選最下位からの優勝】
　　　　　北島　泰介　'00iiyamaチャレンジ i　　　　　　　　　　　GCツインフィールズ
　　　　　高橋　朋載　'05セガサミーチャレンジ　　　　　　　　　　霞ヶ浦CC
　　　　　上平　栄道　'08有田東急JGTOチャレンジⅠ　　　　　　　有田東急GC
　　　　　鈴木　　亨　'13ドラゴンカップ　　　　　　　　　　　　　千葉夷隅GC

【最年長優勝者】
48歳362日　佐藤　剛平　'04東京ドームカップ　　　　　　　　　　馬頭後楽園GC＆ホテル

【最年少優勝者】
18歳29日　伊藤　誠道　'13PGA・JGTOチャレンジカップ in 房総　房総CC房総G場東C

【アマチュア優勝者】
※片山　晋呉　'93水戸グリーンオープン　　　　　　　　　　　　　水戸グリーンCC
　小平　　智　'10鳩山カントリークラブ・GMAチャレンジ　　　　鳩山CC
　杉原　大河　'19石川遼 everyone PROJECT Challenge　　　　　　ロイヤルメドウGC
　河本　　力　'21TIチャレンジin東条の森　　　　　　　　　　　東条の森CC東条C
　蝉川　泰果　'22ジャパンクリエイトチャレンジin福岡雷山　　　福岡雷山GC
　髙宮　千聖　'22JAPAN PLAYERS CHAMPIONSHIP CHALLENGE in FUKUI　越前CC
　山下　勝将　'22ダンロップフェニックストーナメントチャレンジ in ふくしま　グランディ那須白河GC
　杉浦　悠太　'23ダンロップフェニックストーナメントチャレンジ in ふくしま　グランディ那須白河GC
　清水蔵之介　'23石川遼everyone PROJECT Challenge　　　　　　ロイヤルメドウGC
※片山の優勝時はグローイングツアー

【最長プレーオフ】
6ホール　　貴田　和宏　'09麻倉JGTOチャレンジⅢ
　　　　　　河野　祐輝　'18JGTO Novil FINAL

【最多人数によるプレーオフ】
5人　　川添　昌良　　'03PRGR CUP関西（土山陽源／海老根文博／三橋達也／舘野成毅）
　　　　牛山　正則　　'04PRGR CUP関西（原田三夫／尾崎智勇／山下和宏／神野浩）
　　　　森田　徹　　　'12elite grips・JGTOチャレンジⅣ（神川隆志／塚田陽亮／貴田和宏／川岸良兼）

【アマチュア最年少出場者】
11歳72日　清水蔵之介　'16セブン・ドリーマーズ・チャレンジ in 米原GC　米原GC

【アマチュア最年少予選通過者】
13歳82日　森杉　大地　'06GDOチャレンジカップ　　　　　　　　静ヒルズCC

【年間最多獲得賞金額】
11,253,106円　生源寺龍憲　2023年

【ABEMAツアー最長コース】
8,024ヤード　ザ・ロイヤルGC　'17ザ・ロイヤルゴルフクラブチャレンジ（パー72）

【女子のABEMAツアー参戦】
　　小川　あい　　'05カニトップ杯チャレンジ
ⓐ山村　彩恵　　'06エバーライフカップチャレンジ
ⓐ石山　千晶　　'09サンロイヤルGCカップ
　　横峯さくら　　'18Novil Cup
　　宮里　美香　　'18 i Golf Shaper Challenge in 筑紫ヶ丘、南秋田CCみちのくチャレンジ
　　工藤　遥加　　'19 i Golf Shaper Challenge in 筑紫ヶ丘、ジャパンクリエイトチャレンジ in福岡雷山
　　川﨑　志穂　　'19 i Golf Shaper Challenge in 筑紫ヶ丘
　　服部　真夕　　'19南秋田CCみちのくチャレンジ
ⓐ垣　　優菜　　'19大山どりカップ
　　三浦　桃香　　'20PGM Challenge Ⅱ、20ディライトワークスチャレンジ
　　幡野　夏生　　'20PGM Challenge Ⅱ
　　押尾　紗樹　　'21i Golf Shaper Challenge in 筑紫ヶ丘
　　金宮みかど　　'21大山どりカップ
　　泉田　琴菜　　'21南秋田CCみちのくチャレンジ
ⓐはアマチュア

ABEMAツアー歴代賞金王と年間最多勝利選手

1999〜2023年

年度	賞金ランキング第1位	獲得賞金額（円）	年間勝利数	年間最多勝利選手（タイ含む）
1999年	牧坂 考作	3,461,294	1勝	複数優勝者ナシ
2000年	小林 正則	3,851,250	2勝	2勝＝小林正則
2001年	S・K・ホ	5,150,264	3勝	3勝＝S・K・ホ
2002年	市原 建彦	4,124,935	2勝	2勝＝市原建彦
2003年	上平 栄道	3,082,833	1勝	複数優勝者ナシ
2004年	木村 佳昭	4,199,650	1勝	複数優勝者ナシ
2005年	井手口正一	5,070,263	2勝	2勝＝井手口正一、梶川武志、谷昭範
2006年	小野 貴樹	7,710,069	2勝	2勝＝小野貴樹、溝渕洋介、中田慶史郎
2007年	松村 道央	6,685,183	2勝	2勝＝松村道央、横田真一
2008年	上平 栄道	6,329,033	2勝	2勝＝上平栄道、野仲茂
2009年	C・キャンベル	6,136,154	2勝	2勝＝C・キャンベル、佐藤えいち、貴田和宏
2010年	D・チャンド	4,780,625	2勝	2勝＝D・チャンド
2011年	額賀 辰徳	5,846,275	2勝	2勝＝額賀辰徳
2012年	河野 祐輝	4,607,237	2勝	2勝＝河野祐輝
2013年	K・T・ゴン	5,326,885	2勝	2勝＝K・T・ゴン
2014年	今平 周吾	7,444,288	2勝	2勝＝今平周吾、鈴木亨、P・ウィルソン
2015年	森本 雄	4,479,531	2勝	2勝＝森本雄、秋吉翔太、池村寛世、金子敬一
2016年	塚田 好宣	5,509,115	2勝	2勝＝塚田好宣、丸山大輔、中里光之介
2017年	大槻 智春	3,787,591	1勝	複数優勝者ナシ
2018年	佐藤 大平	7,256,163	2勝	2勝＝佐藤大平
2019年	白 佳和	6,797,444	2勝	2勝＝白 佳和、朴ジュンウォン、ハムジョンウ、T・ペク
'20-21年	久常 涼	10,922,467	3勝	3勝＝久常 涼
2022年	大堀裕次郎	7,798,551	2勝	2勝＝大堀裕次郎、小木曽喬
2023年	生源寺龍憲	11,253,106	2勝	2勝＝生源寺龍憲、鈴木晃祐

年度別ABEMAツアー賞金総額・トーナメント数　推移表

年度	試合数	賞金総額（円）
1985年	2	24,000,000
1986年	2	24,000,000
1987年	3	38,000,000
1988年	3	42,000,000
1989年	6	87,000,000
1990年	8	120,000,000
1991年	10	150,000,000
1992年	10	150,000,000
1993年	10	150,000,000
1994年	9	90,000,000
1995年	11	110,000,000
1996年	12	120,000,000
1997年	14	140,000,000
1998年	14	140,000,000
1999年	11	110,000,000
2000年	12	120,000,000
2001年	13	130,000,000
2002年	11	110,000,000
2003年	11	110,000,000
2004年	10	110,000,000
2005年	13	140,000,000
2006年	16	180,000,000
2007年	11	156,000,000
2008年	10	131,000,000
2009年	11	128,000,000
2010年	11	120,000,000
2011年	10	110,000,000
2012年	13	145,000,000
2013年	15	168,000,000
2014年	16	178,000,000
2015年	17	181,000,000
2016年	15	161,000,000
2017年	12	131,000,000
2018年	12	185,000,000
2019年	15	226,000,000
'20-'21年	16	256,000,000
2022年	14	226,000,000
2023年	12	185,000,000

ABEMAツアー

チャレンジトーナメント

年度	氏名	記録	開催コース

●ISPS HANDA ヒーローになれ！チャレンジトーナメント
2021　久常　涼　198-66・66・66…アローエースGC
2022　小林　正則　136-69・67…中伊豆グリーンC

●ISPS HANDA 燃える闘魂!! チャレンジカップ
ISPS CHARITYチャレンジトーナメント
2012　浅地　洋佑　199-65・69・65…鶴舞・西
2013　永松　宏之　197-63・70・64…ジャパンPGA
2014　秋吉　翔太　194-64・66・64…静岡・浜岡
ISPSハンダグローバルチャレンジカップ
2015　野仲　茂　205-76・65・64…オークビレッヂ
2016　中里光之介　202-69・64・69…鶴舞・東
2017　松原　大輔　135-66・69…裾野
ISPS HANDA 燃える闘魂!! チャレンジカップ
2018　木下　稜介　202-67・63・72…鶴舞・東

●アイフルチャレンジカップ
1998　(春)植田浩史　138-73・65…小野グランド
　　　(秋)北島泰介　137-70・67…ジャパンPGA
1999　(春)新関善美　137-71・66…小野グランド
　　　(秋)大井手哲　135-66・69…ジャパンPGA
2000　(春)森田幸春　136-66・70…小野グランド
　　　(秋)福澤義光　135-65・70…ザ・グリーンブライヤー
　　　　　　　　　　　　　　ウェストヴィレッジ
2001　(春)井上　信　134-67・67…小野グランド
　　　(秋)飯島博明　138-67・71…ザ・グリーンブライヤー
　　　　　　　　　　　　　　ウェストヴィレッジ
2002　(春)広田　悟　132-66・66…小野グランド
　　　(秋)市原建彦　138-71・67…鰺ヶ沢高原
2003　(春)谷口拓也　131-66・65…小野グランド
　　　(秋)上平栄道　136-68・68…鰺ヶ沢高原

●麻倉JGTOチャレンジⅢ
2009　貴田　和宏　136-68・68…麻倉

●アンダーセンコンサルティング
1998　乗竹　正和　67…TPC水戸後楽園

●インペリアルグローイングオープン
1989　坂下　定夫　137-65・72…大厚木

●エバーライフカップチャレンジ
2006　小野　貴樹　136-69・67…玄海
2007　横田　真一　133-64・69…ザ・クィーンズヒル
2008　池田　勇太　133-65・68…ザ・クィーンズヒル
2009　貴田　和宏　134-69・65…夜須高原

●elite grips・JGTOチャレンジⅣ
2012　森田　徹　135-66・69…COCOPA白山ヴィレッジ・クイーン

●カニトップ杯チャレンジ
2003　Ⅰ市原弘大　135-70・65…杜の都
　　　Ⅱ小川卓哉　137-70・67…杜の都
2004　木村　佳昭　205-67・67・71…杜の都
2005　清田太一郎　212-69・71・72…杜の都
2006　Ⅰ溝渕洋介　215-73・72・70…杜の都

　　　Ⅱ大前和也　209-71・67・71…杜の都
2007　中島　雅生　211-72・68・71…杜の都

●カバヤオハヨーカップ
関東PGAフィランスロピー
1991　河野　和重　135-68・67…静岡よみうり
1992　植田　浩史　136-69・67…南摩城
1993　小嶋　光康　139-71・68…南摩城
1994　北島　泰介　138-69・69…南摩城
1995　福永　和宏　140-68・72…南摩城
関西PGAフィランスロピー
1991　寺田　寿　139-69・70…センチュリー吉川
1992　杉山　直也　136-69・67…白竜湖
1993　大山　雄三　144-74・70…松山シーサイド
1994　白済　英純　135-68・68…武生
1995　牧坂　孝作　135-65・70…武生
カバヤオハヨーカップ
1996　加藤　仁　134-68・66…カバヤ
　　　佐藤　信人　138-67・71…伊勢中川
1997　川原　実　145-75・70…富嶽

●きみさらずGL・GMAチャレンジ
鳩山カントリークラブ・GMAチャレンジ
2010※小平　智　131-64・67…鳩山
きみさらずGL・GMAチャレンジ
2011　近藤　孝宣　140-73・67…きみさらず
2012　出水田大二郎　135-68・67…きみさらず
※はアマチュア

●キャスコカップ
2001　大山　健　136-70・66…森永高滝
2002　原口日出樹　138-66・72…森永高滝
2003　サマヌーン・スリロット　133-67・66…森永高滝

●グッジョブチャレンジ supported by 丸山茂樹ジュニアファンデーション
2015　森本　雄　133-65・68…イーグルポイント

●小松カントリーカップ
1997　リチャード・バックウェル　135-68・67…小松

●ザ・ロイヤルゴルフクラブチャレンジ
2017　大槻　智春　210-70・71・69…ザ・ロイヤル

●サンコー72オープン
1995　手嶋　多一　136-72・64…サンコー72
1996　岡野　雅之　136-69・67…サンコー72
1997　冨永　浩　136-68・68…サンコー72

●サンロイヤルGCカップ
2008　上平　栄道　130-65・65…サンロイヤル
2009　佐藤えいち　133-66・67…サンロイヤル

●GDOチャレンジカップ
2005　谷　昭範　133-65・68…宍戸ヒルズ
2006　上田　成人　133-68・65…静ヒルズ

●JGTO iiyamaチャレンジ
iiyamaチャレンジ

2000　Ⅰ北島　泰介　137-73・64 ……GCツインフィールズ
　　　Ⅱ大山　　健　136-70・66 ……………三田C27
JGTO iiyamaチャレンジ
2001　Ⅰ C・K・ホ　135-68・67 ……ワイルドダック
　　　Ⅱ S・K・ホ　134-66・68 ……GCツインフィールズ
2002　Ⅰ池内　信治　135-66・69 …………サンヒルズ
　　　Ⅱ増田　伸洋　133-67・66 ………………六石

●JGTO Novil FINAL

2010　朴　　星俊　203-68・69・66…ザ・CC・ジャパン
2011　額賀　辰徳　212-72・69・71…ザ・CC・ジャパン
2012　ホ・インへ　205-67・70・68…ザ・CC・ジャパン
2013　竹谷　佳孝　206-69・66・71…ザ・CC・ジャパン
2014　今平　周吾　137-68・69 …ザ・CC・ジャパン
2015　上平　栄道　135-68・67 …ザ・CC・ジャパン
2016　小木　曽喬　135-65・70 …ザ・CC・ジャパン
2017　岩元　洋祐　65-65 ………ザ・CC・ジャパン
2018　河野　祐輝　197-65・68・64 …取手国際GC東
2019　白　　佳和　129-63・66 ……取手国際GC東

●静ヒルズトミーカップ

BMWチャレンジカップ
2007　鈴木　一徳　203-67・67・69…………静ヒルズ
静ヒルズトミーカップ
2008　内藤寛太郎　199-66・68・65…………静ヒルズ
2009　クリス・キャンベル　205-71・70・64…………静ヒルズ
2010　すし　石垣　203-67・69・67…………静ヒルズ
2011　枚本　晃一　201-66・66・69…………静ヒルズ
2012　枚本　晃一　202-73・64・65…………静ヒルズ

●信和ゴルフクラシック

1999　高橋　竜彦　138-69・69……ゴールデンバレー
2000　高崎　龍雄　138-70・68 …………信楽・杉山
2001　飯島　博明　137-68・69 ……………………瑞陵

●スポーツ振興オープン

1987　甲斐　俊光　142-74・68 ………………泉佐野
1988　礒崎　　功　140-72・68 ………………泉佐野
1989　津田　徹哉　142-71・71 ………………泉佐野
1990　中川　敏明　141-75・66 ………………泉佐野
1991　初見　充宣　142-68・74 ………………泉佐野
1992　合田　　洋　137-71・66 …………………播磨
1993　ウェイン・スミス　137-67・70 ……スポーツ振興津山

●SRIXON／Cleveland Golf チャレンジ

SRIXONチャレンジ
2006　小野　貴樹　138-69・69 …太平洋アソシエイツ益子
2007　杉原　敏一　133-69・64 …………………南山
2008　野仲　　茂　137-70・67…有馬ロイヤル・ロイヤル
2009　森田　　徹　133-68・65…………九州・八幡
2010　前粟蔵俊太　131-65・66 ………………東蔵王
SRIXON／Cleveland Golfチャレンジ
2011　萩森　英道　139-69・70 ………オークウッド

●セガサミーチャレンジ

2005　髙橋　朋載　133-70・63 ………………霞ヶ浦
2006　溝渕　洋介　132-65・67 ………………霞ヶ浦
2007　水巻　善典　131-68・63…セゴビアGCイン・チヨダ

●セブン・ドリーマーズ・チャレンジ in 米原GC

Seven dreamers challenge in Yonehara GC
2014　稲森　佑貴　132-66・66 ……………………米原
2015　秋吉　翔太　68-68 ……………………………米原
セブン・ドリーマーズ・チャレンジ in 米原GC
2016　丸山　大輔　192-66・62・64…………………米原

●大山GC・JGTOチャレンジⅡ

PGA・JGTOチャレンジⅡ
2005　崔　　正圭　135-68・67 ……………千成GC
2006　ドンファン　132-63・69 ……………千成GC
猿島JGTOチャレンジⅡ
2007　冨山　　聡　136-70・66 ……………猿島CC
望月東急JGTOチャレンジⅡ
2008　野仲　　茂　133-67・66 ………望月東急GC
2009　高山　準平　131-67・64 ………望月東急GC
五浦庭園JGTOチャレンジⅡ
2010　小泉　洋人　64-64 ……………五浦庭園CC
東松苑GC・JGTOチャレンジⅡ
2011　弘井　太郎　129-63・66 …………東松苑GC
東急那須リゾートJGTOチャレンジⅡ
2012　河野　祐輝　130-65・65 ………那須国際CC
大山GC・JGTOチャレンジⅡ
2013　河村　雅之　133-66・67 ……………大山GC

●ダイワカップ秋田オープン

1998　堤　　隆志　65……………ノースハンプトン

●ダイワカップ高知オープン

1997　桧垣　　豪　136-66・70 …………………土佐
1998　杉山　直也　137-71・66……グリーンフィール

●ダイワカップ山梨オープン

1996　稲垣　太成　140-70・70 ……ダイワヴィンテージ
1997　佐野　修一　142-71・71 ……ダイワヴィンテージ
1998　新関　善美　138-70・68 ……ダイワヴィンテージ

●大山どりカップ

2019　杉本エリック　200-65・69・66…グリーンパーク大山GC
2020　〈新型コロナウイルス感染拡大のため中止〉
2021　成冨　晃広　199-66・67・66…グリーンパーク大山GC
2022　松本　将汰　205-68・67・70…グリーンパーク大山GC

●ツインフィールズカップ

1996　佐々木　均　133-67・66 ……ツインフィールズ
1997　藤田　寛之　137-72・65 ……ツインフィールズ
1998　堺谷　和将　133-68・65 ……ツインフィールズ

●TIチャレンジ in 東条の森

2019　ハムジョンウ　202-71・67・64…東条の森CC東条
TIチャレンジ
2020　大田和桂介　201-69・68・64 …………草津CC
TIチャレンジ in 東条の森
2021※河本　　力　204-71・69・64…東条の森CC東条
※はアマチュア

●ディライトワークスチャレンジ

ディライトワークスASPチャレンジ
2019　ハムジョンウ　198-66・65・67…太平洋C益子PGA
ディライトワークスチャレンジ
2020　小袋　秀人　196-67・68・61 …取手国際GC東

●デサントチャレンジカップ

1999　牧坂　考作　137-68・69 ……ツインフィールズ

●東京ドームカップ

後楽園カップ
1989　①中川　敏明　137-70・67 …TPC馬頭後楽園
　　　②エドアルド・エレラ　135-67・68 …TPC馬頭後楽園
1990　①佐藤　英之　139-70・69 …TPC馬頭後楽園
　　　②西川　　哲　138-70・68……札幌後楽園CC
　　　③新井　真一　139-69・70 …TPC馬頭後楽園

	④	福沢　孝秋	140-68・72	…TPC馬頭後楽園
	⑤	並木　弘道	139-66・73	…TPC馬頭後楽園
1991	①	松川　武司	133-69・64	…TPC馬頭後楽園
	②	古山　　聡	140-68・72	…札幌後楽園
	③	初見　充宣	136-68・68	…TPC馬頭後楽園
	④	小林富士夫	135-66・69	…TPC馬頭後楽園
	⑤	町野　　治	137-69・68	…TPC馬頭後楽園
1992	①	合田　　洋	135-70・65	…TPC馬頭後楽園
	②	佐々木久行	144-68・76	…札幌後楽園
	③	野口裕樹夫	132-70・62	…TPC馬頭後楽園
	④	桑原　克典	137-67・70	…TPC馬頭後楽園
	⑤	野口裕樹夫	136-67・69	…TPC馬頭後楽園
1993	①	磯村　芳幸	138-72・66	…TPC馬頭後楽園
	②	服部　　純	141-70・71	…札幌後楽園
	③	福永　和宏	138-69・69	…TPC馬頭後楽園
	④	林　　陳漢	141-70・71	…城島後楽園
	⑤	深堀圭一郎	136-68・68	…TPC馬頭後楽園
1994	①	細川　和彦	135-72・63	…TPC馬頭後楽園
	②	中山　　徹	136-69・67	…札幌後楽園
	③	坂本　義一	132-67・65	…TPC馬頭後楽園
	④	中山　　徹	138-71・67	…城島後楽園
	⑤	文山　義夫	138-68・70	…TPC馬頭後楽園
1995	①	佐藤　剛平	138-66・72	…TPC馬頭後楽園
	②	田中　秀道	67-67	…札幌後楽園
	③	齋藤　義勝	133-67・66	…TPC馬頭後楽園
	④	手嶋　多一	133-67・66	…城島後楽園
	⑤	片山　晋呉	137-73・64	…TPC馬頭後楽園
1996	①	佐藤　英之	132-64・68	…TPC馬頭後楽園
	②	宝力　寿教	139-69・70	…札幌後楽園
	③	小川　　聡	132-67・65	…城島後楽園
	④	加藤　　仁	143-73・70	…TPC水戸後楽園
1997	①	山本　昭一	139-69・70	…TPC馬頭後楽園
	②	齋藤　義勝	137-70・67	…札幌後楽園
	③	野口裕樹夫	138-69・69	…札幌後楽園
	④	羽野　隆則	132-64・68	…TPC馬頭後楽園
1998	①	柳沢　伸祐	67-67	…TPC水戸後楽園
	②	原口　鉄也	136-69・67	…札幌後楽園
	③	冨田　正行	68-68	…城島後楽園
	④	佐藤　剛平	134-69・65	…TPC馬頭後楽園
1999	①	井上　雅之	137-69・68	…TPC水戸後楽園
	②	菅谷　　拓	139-70・69	…札幌後楽園
	③	清水　洋一	132-68・64	…城島後楽園
	④	赤澤　全彦	134-66・68	…TPC馬頭後楽園
2000	①	立山　光広	138-69・69	…城島後楽園
	②	田中　　一	135-67・68	…TPC馬頭後楽園
	③	上田　諭尉	138-70・68	…TPC市原後楽園
2001	①	真野　佳晃	132-65・67	…城島後楽園
	②	Ｓ・Ｋ・ホ	67-67	…札幌後楽園
	③	グレゴリー・マイヤー	132-64・68	…TPC市原後楽園
2002	①	市原　建彦	138-72・66	…城島後楽園
	②	ポール・シーハン	132-66・66	…TPC市原後楽園
	③	立山　光広	133-70・63	…TPC馬頭後楽園

東京ドームカップ

2003	①	福永　和宏	134-66・68	…TPC馬頭後楽園
	②	前田　雄大	135-66・69	…TPC市原後楽園
	③	髙橋　朋載	130-63・67	…TPC馬頭後楽園
2004		佐藤　剛平	65-65	……………馬頭後楽園
2005		谷　　昭範	132-64・68	……………馬頭後楽園
2006		上平　栄道	131-64・67	……………馬頭後楽園

●TOSHIN CHALLENGE IN 名神八日市CC

トーシンチャレンジ

2008	青山　浩嗣	136-72・64	…トーシンレイクウッドGC
2009	木下　裕太	134-67・67	…トーシンレイクウッドGC
2010	遠藤　　彰	134-68・66	…トーシンGCセントラル

TOSHIN CHALLENGE IN 名神八日市CC

2019	トッド・ペク	200-64・68・68	…名神八日市CC

●東北やくらいカップ

2010	ディネッシュ・チャンド	133-68・65	…………………やくらい

●西野カップオープン

関東国際オープン

1985	杉田　　勇	134-68・66	……………関東国際
1986	野村　　浄	137-67・70	……………関東国際
1987	川上　　実	137-66・71	……………関東国際
1988	金子　柱憲	139-72・67	……………関東国際
1989	佐藤　剛平	137-70・69	……………関東国際
1990	西川　　哲	134-65・69	……………関東国際
1991	佐々木久行	138-68・70	……………関東国際
1992	佐々木久行	137-67・70	……………関東国際
1993	林　　陳漢	133-66・67	……………関東国際
1994	三嶽　公治	136-67・69	……………関東国際
1995	倉本　泰信	140-69・71	……………関東国際

西野カップインセントラル

1996	渡部　光洋	138-69・69	………セントラル・西
1997	小達　敏昭	137-67・70	………セントラル・東

西野カップオープン

1998	乗竹　正和	141-74・67	………セントラル・西
1999	石垣　聡志	142-69・73	………セントラル・東
2000	野上　浩壱	137-68・69	………セントラル・東

●PAR72チャンレジカップ

2006	佐藤えいち	66-66	……………西那須野
2007	松村　道央	202-65・68・69	…ファイブエイト

●PGA・JGTOチャレンジカップ in 房総

PGA・JGTOチャレンジカップⅠ in 小野東洋

2012	佐藤えいち	134-66・68	…………小野東洋

PGA・JGTOチャレンジカップ in 房総

2013	伊藤　誠道	201-68・68・65	…房総・房総・東
2014	津曲　泰弦	200-66・68・66	…房総・房総・東
2015	金子　敬一	198-65・68・65	…房総・房総・東

●PGA・JGTOチャレンジカップⅡin 房総

2012	小平　　智	131-64・67	………房総・房総・東

●PGMシリーズ

2004①若木チャレンジ

	堀之内　豊	136-65・71	………………若木

②ライオンズチャレンジ by JGTO

	相澤　敏弘	131-64・67	………ライオンズ

③セゴビアチャレンジ

	尾崎　智勇	134-67・67	…セゴビアGCインチヨダ

④松島チサンチャレンジ by JGTO

	清田太一郎	130-68・62	………松島チサン

⑤大日向チャレンジ

	梶川　武志	134-70・64	…………………大日向

2005①ワールドチャレンジ

	梶川　武志	130-68・62	…………ワールド

②かさぎチャレンジ by JGTO

	井手口正一	130-64・66	…………かさぎ

③大宝塚チャレンジ

	ヤング・ナン	135-69・66	…………大宝塚

④阿見チャレンジ by JGTO

	清水　一浩	134-69・65	……………阿見

⑤松島チサンチャレンジ

	梶川　武志	134-67・67	………松島チサン

2006①CCザ・レイクスチャレンジ

	山崎　慎一	134-68・66	…CCザ・レイクス

②若木チャレンジ by GMA
　菅谷　拓　135-67・68 ……………………若木
③サンパーク札幌チャレンジ
　松本　成太　128-65・63 ……サンパーク札幌
④大日向チャレンジ by GMA
　中田慶史郎　132-67・65 …………………大日向
⑤かさぎチャレンジ
　中田慶史郎　135-68・67 …………………かさぎ

●久光製薬KBCチャレンジ
　2000　小林　正則　139-71・68 ……ミッションバレー

●ひまわりドラゴンCUP
ドラゴンカップ
　2013　鈴木　亨　130-69・61 …………千葉夷隅
ひまわりドラゴンCUP
　2014　鈴木　亨　131-63・68 …………千葉夷隅
　2015　杁本　晃一　66-66 ……………千葉夷隅
　2016　川上　優大　132-68・64 ………千葉夷隅

●FIDRA Classic
　2016　上井　邦裕　133-68・65 ………………嵐山

●富士カントリー可児クラブチャレンジカップ
　2010　ディネッシュ・チャンド　136-68・68…富士・可児・可児・志野
　2011　白潟　英純　136-68・68…富士・可児・可児・志野
　2012　太田　直己　136-67・69…富士・可児・可児・志野
　2013　近藤　龍一　137-68・69…富士・可児・可児・志野
　2014　鈴木　亨　135-70・65…富士・可児・可児・志野

●富士ホームサービスチャレンジカップ
　2015　大堀裕次郎　129-65・64…富士スタジアム・南
　2016　塚田　好宣　138-66・72…富士スタジアム・南

●PRGR CUP
　1998　佐藤　剛平　134-68・66 ……ロイヤルメドウ
　1999　(東)リチャード・テイト　138-71・67 …ロイヤルメドウ
　　　　(西)中村龍明　138-69・69 ………三田C27
　2000　(東)服部直樹　134-66・68 ……ロイヤルメドウ
　　　　(西)小林正則　135-71・64 ……………日野
　2001　(中)矢野　東　67-67 …………………六石
　　　　(西)中村直俊　135-68・67 …太平洋・六甲
　　　　(東)矢野　東　136-68・68 ………西那須野
　2002　(東)山添昌良　146-73・73 …ワイルドダック
　　　　(西)谷原秀人　133-67・66 …旭国際東條
　2003　(東)金　亨泰　136-64・72 …ワイルドダック
　　　　(西)山添昌良　135-68・67 …北六甲・東
　2004　(東)鳴川伊三男　136-68・68 …ワイルドダック
　　　　(西)牛山正則　140-69・71 …北六甲・東
　2005　(東)富田雅哉　135-65・70 …ワイルドダック
　　　　(西)井手口正一　131-68・63 …北六甲・東
　2006　重原　啓利　208-69・70・69…ザ・CCグレンモア
　2007　太田　直己　208-72・68・68…オークビレッヂ
　2008　額賀　辰徳　209-70・72・67…オークビレッヂ

●PRGR Novil CUP FINAL
PRGR CUP FINAL
　2007　松村　道央　274-69・70・68・67…GC成田ハイツリー
　2008　飯島　博明　278-68・71・69・70…GC成田ハイツリー
PRGR Novil CUP FINAL
　2009　呂　偉智　264-67・68・66・63…サニーフィールド

●PGM Challenge I
HEIWA・PGM Challenge I ～ Road to CHAMPIONSHIP
　2013　ポール・シーハン　135-63・72……………かさぎGC

　2014　今平　周吾　134-66・68　……ライオンズCC
　2015　額賀　辰徳　134-65・69　……東広島CC北
　2016　貴田　和宏　135-69・66　……花の木GC
　2017　嘉数　光倫　130-67・63　……CCザ・レイクス
　2018　近藤　啓介　211-73・70・68　……鹿島の杜CC
　2019　金　成玹　200-68・68・64…セゴビアGCインチヨダ
PGM Challenge I
　2020　コロナウイルス感染拡大のため中止

●PGM Challenge II
HEIWA・PGM Challenge II ～ Road to CHAMPIONSHIP
　2013　簗瀬　元気　133-66・67　………若木GC
　2014　宮里　聖志　132-67・65　………中峰GC
HEIWA・PGM Challenge II in 霞ヶ浦 ～ Road to CHAMPIONSHIP
　2015　金子　敬一　65-65　…………美浦GC
HEIWA・PGM Challenge II ～ Road to CHAMPIONSHIP
　2016　中里光之介　136-68・68　………桂GC
　2017　姜　志満　129-66・63　……大山アークGC
　2018　ダッジ・ケマー　198-68・68・62　……かさぎGC
　2019　トッド・ペク　201-66・66・69　………若木GC
PGM Challenge II
　2020　佐藤　太地　197-65・66・66……PGM総成GC

●HEIWA・PGM Challenge III
　2013　桑原　克典　137-71・66…スプリングフィルズ

●房総カントリーカップ
　2009　久保　勝美　138-69・69　……房総CC房総・東
　2010　中山　正芳　139-69・70　……房総CC房総・東
　2011　小泉　洋人　132-67・65　……房総CC房総・東

●マダムシンコチャレンジ
　2014　ピーター・ウィルソン　138-71・67　……………小野東洋

●松ヶ峯オープン
　1995　倉本　泰信　137-69・68　………松ヶ峯
　1996　佐藤　信人　136-66・70　………松ヶ峯
　1997　山本　昭一　141-68・73　………松ヶ峯
　1998　北島　泰介　139-69・70　………松ヶ峯

●水戸グリーンオープン
　1985　丸山　智弘　66　………………水戸グリーン
　1986　友利　勝良　134-68・66　………水戸グリーン
　1987　合田　洋　133-64・69　………水戸グリーン
　1988　青木　基正　131-67・64　………水戸グリーン
　1989　太田　慶治　135-69・66　………水戸グリーン
　1990　時任　宏治　135-66・69　………水戸グリーン
　1991　松永　一成　134-68・66　………水戸グリーン
　1992　中村　基　139-68・71　………水戸グリーン
　1993※片山　晋呉　137-68・69　………水戸グリーン
　1994　伊藤　正己　139-69・70　………水戸グリーン
　1995　田中　秀道　136-66・70　………水戸グリーン
　1996　芹沢　大介　140-70・70　………水戸グリーン
　1997　藤田　寛之　141-70・71　………水戸グリーン
※はアマチュア

●ミュゼプラチナムチャレンジ
　2015　浅地　洋佑　133-66・67　………………矢吹

●紫CCすみれ・GMAチャレンジ
　2012　貞方　章男　136-68・68　………紫・すみれ

●ワールドウッドゴルフクラブカップ
　1997　増田　都彦　129-66・63　……鳳来イーストヒル

ABEMAツアー

2023年度
その他の競技成績
ZOZO CHAMPIONSHIP
ファイナルQT Supported by SMBCモビット
Hitachi 3Tours Championship

ZOZO CHAMPIONSHIP

開催期日　2023年10月19日〜22日	賞　金　8,500,000ドル
競技会場　アコーディア・ゴルフ習志野CC	出場人数　78名
トータル　7,079Y：パー70(34,36)	天　候　晴・晴・晴・晴

1日目 日本開催の米国PGAツアー競技。JGTO枠で12人が出場した。6バーディ、ボギーなしの64で回ったC・モリカワが首位。1打差で堀川未来夢ら5人が続いた。2日目 強風の中B・ホスラーが65をマークして通算7アンダーで1打差の首位に。米国PGAツアー側からの推薦出場となった小平智が2打差3位に浮上。3打差4位には稲森佑貴ら4人がつけた。3日目 J・サーが67で通算9アンダーで首位に立つ。1打差でE・コールとホスラー。8位に後退していたモリカワが66で2打差4位に上昇。小平は3打差5位に後退した。最終日 上位陣が足踏みする中、モリカワがアウト30で抜け出す。インでも快調にスコアを伸ばして63をマーク。通算14アンダーで6打差をつけて快勝した。日本勢は8位にいた石川遼が一時首位に2打差に迫る奮闘で4位に。平田憲聖と久常涼が6位に入った。

【優勝】コリン・モリカワ　266　64・73・66・63　1,530,000ドル

順位	氏名	トータルスコア	1R	2R	3R	4R	賞金額($)
2	ボウ・ホスラー	272	68	65	69	70	748,000
	エリック・コール	272	65	71	66	70	748,000
4	ロビー・シェルトン	273	65	72	71	65	374,000
	石川 遼	273	68	69	69	67	374,000
6	平田 憲聖	274	71	69	68	66	275,187
	J・J・スポーン	274	69	68	69	68	275,187
	久常 涼	274	69	71	68	66	275,187
	ミンウ・リー	274	69	73	64	68	275,187
10	ジャスティン・サー	275	68	66	67	74	221,000
	エミリアーノ・グリジョ	275	65	71	68	71	221,000
12	小平 智	276	67	68	69	72	178,500
	イム・ソンジェ	276	67	71	70	68	178,500
	キャメロン・デービス	276	67	70	69	70	178,500
15	マシュー・ニスミス	277	70	72	66	69	151,640
16	カート・キタヤマ	278	71	70	64	73	133,960
16	稲森 佑貴	278	69	68	71	70	133,960
16	テーラー・モンゴメリー	278	69	74	67	68	133,960
19	キーガン・ブラッドリー	279	67	70	73	69	112,710
	サヒス・ティーガラ	279	67	73	69	70	112,710
21	リー・ホッジス	280	70	72	68	70	73,610
	キース・ミッチェル	280	69	71	70	70	73,610
	永野竜太郎	280	69	75	69	67	73,610
	アーロン・ライ	280	73	70	70	67	73,610
	テイラー・ムーア	280	71	69	70	70	73,610
	ウィル・ゴードン	280	67	75	68	70	73,610
	ニック・テイラー	280	68	73	69	70	73,610
	ハリー・ホール	280	69	74	66	71	73,610
	アクシャイ・バティア	280	71	69	69	71	73,610
	アーロン・バデリー	280	68	73	68	71	73,610
31	ニコライ・ホイガード	281	65	77	69	70	46,167
	堀川未来夢	281	65	72	73	71	46,167
	宋 永漢	281	68	75	70	68	46,167
	金谷 拓実	281	69	73	69	70	46,167
	マーク・ハバード	281	70	76	69	66	46,167
	カルム・タレン	281	70	69	72	70	46,167
	デービス・ライリー	281	70	72	73	66	46,167
38	サンダー・シャウフェレ	282	67	69	75	71	36,210
	ビンセント・ノーマン	282	72	71	68	71	36,210
	ザック・ブレア	282	66	72	73	71	36,210
41	ニック・ハーディ	283	71	73	70	69	27,710
	アダム・スコット	283	70	73	71	69	27,710
	ジャスティン・ロワー	283	68	72	68	75	27,710
	マイケル・キム	283	70	75	68	70	27,710
	ネイト・ラシェリー	283	72	68	73	70	27,710
	ライ・キョンフン	283	68	76	72	67	27,710
	アダム・スベンソン	283	73	75	70	65	27,710
48	マッケンジー・ヒューズ	284	70	72	70	72	20,230
	アレックス・ノレン	284	73	74	70	67	20,230
	トム・キム	284	68	76	67	73	20,230
51	トーマス・デトリー	285	74	72	70	69	17,743
	デリアス・ファン・ドリール	285	70	73	67	75	17,743
	アダム・シェンク	285	73	73	69	70	17,743
	松山 英樹	285	69	76	68	72	17,743
	中島 啓太	285	73	75	66	71	17,743
	キム・ソンヒョン	285	69	71	73	72	17,743
	ブランドン・バク	285	72	69	73	71	17,743
	アンドリュー・パク	285	67	74	72	72	17,743
59	キャメロン・チャンプ	286	69	74	69	74	16,490
	チュンアン・ウー	286	69	74	71	72	16,490
	ディラン・ウー	286	67	72	74	73	16,490
	ジョエル・ダーメン	286	72	74	73	67	16,490
	サム・スティーブンス	286	72	76	71	67	16,490
64	サム・ライダー	287	72	72	67	76	15,725
	リッキー・ファウラー	287	71	73	67	76	15,725
	大西 魁斗	287	70	77	72	68	15,725
	ベン・グリフィン	287	70	73	70	74	15,725
68	トレバー・ウィアブロ	288	74	72	74	68	15,045
	今平 周吾	288	70	77	72	69	15,045
	マット・ウォレス	288	69	77	71	71	15,045
	オースティン・エックロー	288	73	74	71	70	15,045
72	ハイデン・スプリンガー	289	71	71	75	72	14,620
73	蝉川 泰果	290	71	75	76	68	14,280
	岩﨑亜久竜	290	73	75	71	71	14,280
	デビッド・リングマース	290	70	72	77	71	14,280

76	タイソン・アレクサンダー	291	73	71	74	73	13,940
77	ベン・テイラー	300	73	84	69	74	13,770
	ガリック・ヒーゴ		82	棄			

【歴代優勝者】

年	優勝者	スコア	2位	差	コース	パー／ヤード
2019	タイガー・ウッズ	261—64・64・66・67	松山英樹	3	アコーディア・ゴルフ習志野CC	70／7041Y
2020	パトリック・カントレー	265—67・65・68・65	J・トーマス、J・ラーム	1	シャーウッドCC（米国）	72／7073Y
2021	松山英樹	265—64・68・68・65	C・トリンガーリ、B・スティール	5	アコーディア・ゴルフ習志野CC	70／7041Y
2022	キーガン・ブラッドリー	265—66・65・66・68	R・ファウラー、A・パットナム	1	アコーディア・ゴルフ習志野CC	70／7079Y
2023	コリン・モリカワ	266—64・73・66・63	B・ホスラー、E・コール	6	アコーディア・ゴルフ習志野CC	70／7079Y

その他成績

ファイナルQT Supported by SMBCモビット

開催期日	2023年12月5日〜8日
競技会場	下関ゴールデンGC
トータル	7,015Y：パー72（36,36）
出場人数	88名

賞金総額	5,000,000円
特別賞金総額	5,200,000円
天　　候	曇・晴・晴・晴

8〜10月のファーストQT、10〜11月のセカンドQT、11〜12月のサードQTを経て12月5日より4日間でファイナルQTが行われた。

第1Rは10アンダー62の砂川公佑が首位。2打差2位に田中元基がつけた。第2Rは65で回った砂川が通算17アンダーで首位を堅持。4打差2位に65をマークした篠優希が浮上し、5打差3位に杉本スティーブ、武藤俊憲、伴真太郎。初日10位の池田勇太はスタート前に右手痛で棄権した。

第3Rを終えて砂川がスコアを1つ落としながらも通算16アンダーで依然首位。65で回った木下康平と66の小袋秀人が篠と並んで2打差2位に上がって来た。最終Rは砂川がスコアを7つ伸ばして通算23アンダーで完全優勝。2024年ツアーの1年間出場権を得た。2位はツアー3勝の片岡大育。高校3年生の大嶋港が65をマークして7位に食い込んだ。

【優勝】砂川　公佑　265　62・65・73・65　2,000,000円（特別賞金1,000,000円含む）

順位	氏　名	トータルスコア	1R	2R	3R	4R	賞金額（円）	特別賞金額
2	片岡　大育	269	67	68	68	66	500,000	500,000
3	木下　康平	269	67	70	65	67	500,000	300,000
4	野呂　涼	270	68	69	67	66	300,000	200,000
5	杉本スティーブ	273	67	65	71	70	150,000	200,000
6	篠　優希	273	66	65	71	71	150,000	200,000
7	大嶋　港	274	69	69	71	65	57,500	200,000
8	重永亜斗夢	274	67	69	69	69	57,500	200,000
9	岡田　晃平	274	67	69	68	70	57,500	200,000
10	伴　真太郎	274	67	65	71	71	57,500	200,000
11	大岩　龍一	275	71	70	67	67	30,000	200,000
12	坂本　雄介	275	70	68	70	67	30,000	200,000
13	植木　祥多	275	67	72	67	69	30,000	200,000
14	小袋　秀人	275	68	68	66	73	30,000	200,000
15	村上　拓海	276	72	70	67	67	30,000	200,000
16	田中章太郎	276	66	71	69	70	30,000	200,000
17	武藤　俊憲	276	66	66	71	73	30,000	200,000
18	玉城　海伍	278	72	73	66	67	26,500	200,000
19	北川　祐生	278	68	71	72	67	26,500	200,000
20	吉本　翔雄	278	72	67	70	69	26,500	200,000
21	余　松柏	278	72	66	71	69	26,500	
22	田中　元基	278	64	70	75	69	26,500	
23	中山　絹也	278	65	70	73	70	26,500	
24	鳥海　颯汰	278	68	72	67	71	26,500	
25	呉　司聡	278	69	69	69	71	26,500	
26	岡村　了	278	69	68	70	71	26,500	
27	山脇　健斗	278	66	70	70	72	25,500	
28	長谷川祥平	279	72	64	76	67	25,000	
29	李　尚熹	279	69	71	71	68	25,000	
30	上井　邦浩	279	69	70	72	68	25,000	
31	山田　大晟	279	70	69	71	69	25,000	
32	小鯛　竜也	279	69	67	73	70	25,000	
33	芹澤　慈眼	279	74	67	67	71	25,000	
34	加藤　俊英	279	68	69	71	71	25,000	
35	安本　大祐	279	67	68	73	71	25,000	
36	長田　真矩	279	67	68	73	71	25,000	

順位	氏名	トータルスコア	1R	2R	3R	4R	賞金額(円)
37	亥飼　台	280	69	70	73	68	25,000
38	勝亦　悠斗	280	66	70	73	71	25,000
39	田村　光正	280	67	70	70	73	25,000
40	小寺　大佑	281	72	72	73	64	25,000
41	遠藤　健太	281	68	72	73	68	25,000
42	伊藤　慎吾	281	70	72	70	69	25,000
43	貞方　章男	281	67	74	71	69	25,000
44	加藤　勇希	281	69	71	71	70	25,000
45	宮城慎太郎	281	68	70	73	70	25,000
46	大田和桂介	281	73	72	65	71	25,000
47	大嶋　宝	281	69	70	71	71	25,000
48	服部　雅也	281	72	68	68	73	25,000
49	ロイド・ジェファーソン・ゴー	282	71	72	71	68	0
50	手嶋　多一	282	68	73	71	70	25,000
51	肖　博文	282	71	70	70	71	0
52	チョウ・ラクビョン	282	68	71	71	72	0
53	芦沢　宗臣	282	67	69	74	72	25,000
54	内藤寛太郎	283	69	72	73	69	25,000
55	平本　穏	283	69	69	75	70	25,000
56	ディラン・ベリー	283	69	72	70	72	25,000
57	大内　智文	283	69	71	71	72	25,000
58	柴田　将弥	284	65	77	74	68	25,000
59	李　林強	284	68	73	75	68	0
60	金城　五貴	284	75	66	70	73	25,000
61	古川龍之介	285	70	73	75	67	25,000
62	梅山　知宏	285	71	73	73	68	25,000
63	遠藤　彰	285	70	71	72	72	25,000
64	李　圭ミン	285	70	74	68	73	25,000
65	田中　裕基	285	69	72	69	75	25,000
66	竹山　昴成	286	71	71	74	70	25,000
67	金子　敬一	286	71	67	74	74	25,000
68	下家　秀琉	287	68	74	75	70	25,000
69	大塚　大樹	287	70	73	73	71	25,000
70	弓削　淳詩	287	71	69	73	74	25,000
71	尾崎　慶輔	288	72	74	72	70	25,000
72	河野　祐輝	288	73	71	72	72	25,000
73	山ノ口章大	289	69	76	75	69	25,000
74	村山　駿	289	68	75	73	73	25,000
75	出利葉太一郎	289	71	71	74	73	25,000
76	ヤン・ガン	289	73	68	74	74	0
77	中村　勇貴	290	77	73	70	70	25,000
78	半田　匠佳	290	69	71	75	75	25,000
79	長谷川大晃	291	70	76	74	71	25,000
80	今野　匠	292	70	74	76	72	25,000
81	加藤龍太郎	292	74	69	76	73	25,000
82	上平　栄道	292	74	71	72	75	25,000
83	糸永　達司	293	74	74	71	74	25,000
84	櫻井　勝之	294	73	75	75	71	25,000
85	髙橋　竜彦	298	78	73	72	75	25,000
86	大村　浩輔	298	73	74	75	76	25,000
	竹谷　佳孝		69	76	棄		
	池田　勇太		67	棄			

【同スコアの場合の順位決定方法】
・第4R→第3R→第2R→第1Rからのカウントバックにより順位を決定する。

その他成績

【歴代1位通過者】

年	1位通過者	スコア	ファイナルQT出場人数	ファイナルQT通過人数	QT出場人数	コース
1999	水巻善典	416	240	103	1,422	UMK CC
2000	近藤智弘	412	204	94	1,899	UMK CC・青島GC
2001	国吉博一	412	204	93	2,131	UMK CC・青島GC
2002	谷原秀人	424	214	92	2,127	Kochi黒潮CC
2003	Y・E・ヤン	423	216	91	2,104	Kochi黒潮CC
2004	前田雄大	419	208	100	2,054	Kochi黒潮CC
2005	F・ミノザ	416	210	112	2,164	グランドチャンピオンGC くまもと中央CC
2006	岩崎幸司	411	201	103	2,643	セントラルGC
2007	D・チャンド	414	196	94	2,617	セントラルGC
2008	秋葉真一	410	194	91	1,785	セントラルGC
2009	K・バーンズ	416	191	96	1,662	セントラルGC
2010	桑原克典	408	184	105	1,574	セントラルGC
2011	李　京勲	417	208	99	1,568	COCOPA RESORT CLUB 白山ヴィレッジGC
2012	李　尚熹	411	222	105	1,632	COCOPA RESORT CLUB 白山ヴィレッジGC
2013	重永亜斗夢	415	202	94	1,658	COCOPA RESORT CLUB 白山ヴィレッジGC
2014	C・キム	410	196	97	1,558	COCOPA RESORT CLUB 白山ヴィレッジGC
2015	S・ハン	408	178	98	1,470	COCOPA RESORT CLUB 白山ヴィレッジGC
2016	星野陸也	401	198	97	1,467	COCOPA RESORT CLUB 白山ヴィレッジGC
2017	Y・E・ヤン	409	202	90	1,412	セントラルGC
2018	R・ジョン	403	191	93	1,307	セントラルGC
2019	趙　珉珪	397	198	106	1,299	セントラルGC
2020	矢野　東	281	78		639	ザ・ロイヤルGC
2021	A・エバンス	280	93		1,024	トム・ワトソンGC
2022	篠　優希	275	94		1,146	トム・ワトソンGC
2023	砂川公佑	265	88		1,174	下関ゴールデンGC

※2008年以降、QT出場人数は同一通過者を除く

Hitachi 3Tours Championship 2023

開催期日　2023年12月10日　　出場人数　各チーム6名
競技会場　大栄CC　　　　　　大候　晴
賞金総額　57,000,000円

【優勝】　JLPGAチーム　27ポイント

★ファーストステージ　ベストボール方式のダブルス戦

チーム	第1組		スコア	ポイント	第2組		スコア	ポイント	第3組		スコア	ポイント	合計
JGTO	蟬川　泰果 金谷　拓実		−5	2	平田　憲聖 宋　永漢		−5	1	石川　遼 稲森　佑貴		−4	0	3
PGA	P・マークセン I・J・ジャン		−4	0	藤田　寛之 山添　昌良		−5	1	久保　勝美 塚田　好宣		−6	2	3
LPGA	岩井　明愛 岩井　千怜		−6	4	申　ジエ 櫻井　心那		−6	4	小祝さくら 山下美夢有		−8	4	12

★セカンドステージ　オルタネート方式のダブルス戦

チーム	第1組		スコア	ポイント	第2組		スコア	ポイント	第3組		スコア	ポイント	合計
JGTO	平田　憲聖 蟬川　泰果		−4	4	稲森　佑貴 金谷　拓実		−1	2	石川　遼 宋　永漢		−2	4	10
PGA	山添　昌良 P・マークセン		0	2	久保　勝美 塚田　好宣		−5	5	藤田　寛之 I・J・ジャン		−2	4	11
LPGA	岩井　明愛 岩井　千怜		−5	6	申　ジエ 櫻井　心那		−5	5	小祝さくら 山下美夢有		−2	4	15

1位　LPGAチーム　27ポイント　3,000万円
2位　PGAチーム　　14ポイント　1,500万円
3位　JGTOチーム　13ポイント　1,200万円
大会MVP　岩井　明愛

★チャリティー累計金額（'05〜'22）　425,178,580円

海外の記録

4大メジャー競技歴代優勝者
日本人選手全成績
4大メジャー競技出場資格
世界に挑んだ日本人選手の足あと

マスターズ歴代優勝者

年	氏　　名	ストローク	年	氏　　名	ストローク
1934	Horton Smith	284 – 70 – 72 – 70 – 72	1980	Seve Ballesteros	275 – 66 – 69 – 68 – 72
1935	Gene Sarazen	282 – 68 – 71 – 73 – 70	1981	Tom Watson	280 – 71 – 68 – 70 – 71
1936	Horton Smith	285 – 74 – 71 – 68 – 72	1982	Craig Stadler	284 – 75 – 69 – 67 – 73
1937	Byron Nelson	283 – 66 – 72 – 75 – 70	1983	Seve Ballesteros	280 – 68 – 70 – 73 – 69
1938	Henry Picard	285 – 71 – 72 – 72 – 70	1984	Ben Crenshaw	277 – 67 – 72 – 70 – 68
1939	Ralph Guldahl	279 – 72 – 68 – 70 – 69	1985	Bernhard Langer	282 – 72 – 74 – 68 – 68
1940	Jimmy Demaret	280 – 67 – 72 – 70 – 71	1986	Jack Nicklaus	279 – 74 – 71 – 69 – 65
1941	Craig Wood	280 – 66 – 71 – 71 – 72	1987	Larry Mize	285 – 70 – 72 – 72 – 71
1942	Byron Nelson	280 – 68 – 67 – 72 – 73	1988	Sandy Lyle	281 – 71 – 67 – 72 – 71
1943~1945	第二次大戦で中止		1989	Nick Faldo	283 – 68 – 73 – 77 – 65
1946	Herman Keiser	282 – 69 – 68 – 71 – 74	1990	Nick Faldo	278 – 71 – 72 – 66 – 69
1947	Jimmy Demaret	281 – 69 – 71 – 70 – 71	1991	Ian Woosnam	277 – 72 – 66 – 67 – 72
1948	Claude Harmon	279 – 70 – 70 – 69 – 70	1992	Fred Couples	275 – 69 – 67 – 69 – 70
1949	Sam Snead	282 – 73 – 75 – 67 – 67	1993	Bernhard Langer	277 – 68 – 70 – 69 – 70
1950	Jimmy Demaret	283 – 70 – 72 – 72 – 69	1994	Jose Maria Olazabal	279 – 74 – 67 – 69 – 69
1951	Ben Hogan	280 – 70 – 72 – 70 – 68	1995	Ben Crenshaw	274 – 70 – 67 – 69 – 68
1952	Sam Snead	286 – 70 – 67 – 77 – 72	1996	Nick Faldo	276 – 69 – 67 – 73 – 67
1953	Ben Hogan	274 – 70 – 69 – 66 – 69	1997	Tiger Woods	270 – 70 – 66 – 65 – 69
1954	Sam Snead	289 – 74 – 73 – 70 – 72	1998	Mark O'Meara	279 – 74 – 70 – 68 – 67
1955	Cary Middlecoff	279 – 72 – 65 – 72 – 70	1999	Jose Maria Olazabal	280 – 70 – 66 – 73 – 71
1956	Jack Burke, Jr.	289 – 72 – 71 – 75 – 71	2000	Vijay Singh	278 – 72 – 67 – 70 – 69
1957	Doug Ford	283 – 72 – 73 – 72 – 66	2001	Tiger Woods	272 – 70 – 66 – 68 – 68
1958	Arnold Palmer	284 – 70 – 73 – 68 – 73	2002	Tiger Woods	276 – 70 – 69 – 66 – 71
1959	Art Wall, Jr.	284 – 73 – 74 – 71 – 66	2003	Mike Weir	281 – 70 – 68 – 75 – 68
1960	Arnold Palmer	282 – 67 – 73 – 72 – 70	2004	Phil Mickelson	279 – 72 – 69 – 69 – 69
1961	Gary Player	280 – 69 – 68 – 69 – 74	2005	Tiger Woods	276 – 74 – 66 – 65 – 71
1962	Arnold Palmer	280 – 70 – 66 – 69 – 75	2006	Phil Mickelson	281 – 70 – 72 – 70 – 69
1963	Jack Nicklaus	286 – 74 – 66 – 74 – 72	2007	Zach Johnson	289 – 71 – 73 – 76 – 69
1964	Arnold Palmer	276 – 69 – 68 – 69 – 70	2008	Trevor Immelman	280 – 68 – 68 – 69 – 75
1965	Jack Nicklaus	271 – 67 – 71 – 64 – 69	2009	Angel Cabrera	276 – 68 – 68 – 69 – 71
1966	Jack Nicklaus	288 – 68 – 76 – 72 – 72	2010	Phil Mickelson	272 – 67 – 71 – 67 – 67
1967	Gay Brewer, Jr.	280 – 73 – 68 – 72 – 67	2011	Charl Schwartzel	274 – 69 – 71 – 68 – 66
1968	Bob Goalby	277 – 70 – 70 – 71 – 66	2012	Bubba Watson	278 – 69 – 71 – 70 – 68
1969	George Archer	281 – 67 – 73 – 69 – 72	2013	Adam Scott	279 – 69 – 72 – 69 – 69
1970	Billy Casper	279 – 72 – 68 – 68 – 71	2014	Bubba Watson	280 – 69 – 68 – 74 – 69
1971	Charles Coody	279 – 66 – 73 – 70 – 70	2015	Jordan Spieth	270 – 64 – 66 – 70 – 70
1972	Jack Nicklaus	286 – 68 – 71 – 73 – 74	2016	Danny Willett	283 – 70 – 74 – 72 – 67
1973	Tommy Aaron	283 – 68 – 73 – 74 – 68	2017	Sergio Garcia	279 – 71 – 69 – 70 – 69
1974	Gary Player	278 – 71 – 71 – 66 – 70	2018	Patrick Reed	273 – 69 – 66 – 67 – 71
1975	Jack Nicklaus	276 – 68 – 67 – 73 – 68	2019	Tiger Woods	275 – 70 – 68 – 67 – 70
1976	Ray Floyd	271 – 65 – 66 – 70 – 70	＊2020	Dustin Johnson	268 – 65 – 70 – 65 – 68
1977	Tom Watson	276 – 70 – 69 – 70 – 67	2021	松山　英樹	278 – 69 – 71 – 65 – 73
1978	Gary Player	277 – 72 – 72 – 69 – 64	2022	Scottie Scheffler	278 – 69 – 67 – 71 – 71
1979	Fuzzy Zoeller	280 – 70 – 71 – 69 – 70	2023	Jon Rahm	276 – 65 – 69 – 73 – 69

＊2020年は新型コロナウイルス感染拡大の影響で11月に開催

全米オープン歴代優勝者

年	氏　名	ストローク	年	氏　名	ストローク
1895	Horace Rawlins	173 – 91 – 82	1962	Jack Nicklaus	283 – 72 – 70 – 72 – 69
1896	James Foulis	152 – 78 – 74	1963	Julius Boros	293 – 71 – 74 – 76 – 72
1897	Joe Lloyd	162 – 83 – 79	1964	Ken Venturi	278 – 72 – 70 – 66 – 70
1898	Fred Herd	328 – 84 – 85 – 75 – 84	1965	Gary Player	282 – 70 – 70 – 71 – 71
1899	Willie Smith	315 – 77 – 82 – 79 – 77	1966	Billy Casper	278 – 69 – 68 – 73 – 68
1900	Harry Vardon	313 – 79 – 78 – 76 – 80	1967	Jack Nicklaus	275 – 71 – 67 – 72 – 65
1901	Willie Anderson	331 – 84 – 83 – 83 – 81	1968	Lee Trevino	275 – 69 – 68 – 69 – 69
1902	Laurie Auchterlonie	307 – 78 – 78 – 74 – 77	1969	Orville Moody	281 – 71 – 70 – 68 – 72
1903	Willie Anderson	307 – 149 – 76 – 82	1970	Tony Jacklin	281 – 71 – 70 – 70 – 70
1904	Willie Anderson	303 – 75 – 78 – 78 – 72	1971	Lee Trevino	280 – 70 – 72 – 69 – 69
1905	Willie Anderson	314 – 81 – 80 – 76 – 77	1972	Jack Nicklaus	290 – 71 – 73 – 72 – 74
1906	Alex Smith	295 – 73 – 74 – 73 – 75	1973	Johnny Miller	279 – 71 – 69 – 76 – 63
1907	Alex Ross	302 – 76 – 74 – 76 – 76	1974	Hale Irwin	287 – 73 – 70 – 71 – 73
1908	Fred McLeod	322 – 82 – 82 – 81 – 77	1975	Lou Graham	287 – 74 – 72 – 68 – 73
1909	George Sargent	290 – 75 – 72 – 72 – 71	1976	Jerry Pate	277 – 71 – 69 – 69 – 68
1910	Alex Smith	298 – 73 – 73 – 79 – 73	1977	Hubert Green	278 – 69 – 67 – 72 – 70
1911	John McDermott	307 – 81 – 72 – 75 – 79	1978	Andy North	285 – 70 – 70 – 71 – 74
1912	John McDermott	294 – 74 – 75 – 74 – 71	1979	Hale Irwin	284 – 74 – 68 – 67 – 75
1913	※Francis Ouimet	304 – 77 – 74 – 74 – 79	1980	Jack Nicklaus	272 – 63 – 71 – 70 – 68
1914	Walter Hagen	290 – 68 – 74 – 75 – 73		（2位青木功）	（274 – 68 – 68 – 68 – 70）
1915	※Jerome Travers	297 – 76 – 72 – 73 – 76	1981	David Graham	273 – 68 – 68 – 70 – 67
1916	※Charles Evans, Jr.	286 – 70 – 69 – 74 – 73	1982	Tom Watson	282 – 72 – 72 – 68 – 70
1917–1918	第一次大戦で中止		1983	Larry Nelson	280 – 75 – 73 – 65 – 67
1919	Walter Hagen	301 – 78 – 73 – 75 – 75	1984	Fuzzy Zoeller	276 – 71 – 66 – 69 – 70
1920	Edward Ray	295 – 74 – 73 – 73 – 75	1985	Andy North	279 – 70 – 65 – 70 – 74
1921	James M. Barnes	289 – 69 – 75 – 73 – 72	1986	Raymond Floyd	279 – 75 – 68 – 70 – 66
1922	Gene Sarazen	288 – 72 – 73 – 75 – 68	1987	Scott Simpson	277 – 71 – 68 – 70 – 68
1923	※Robert T. Jones, Jr.	296 – 71 – 73 – 76 – 76	1988	Curtis Strange	278 – 70 – 67 – 69 – 72
1924	Cyril Walker	297 – 74 – 74 – 74 – 75	1989	Curtis Strange	278 – 71 – 64 – 73 – 70
1925	Willie MacFarlane	291 – 74 – 67 – 72 – 78	1990	Hale Irwin	280 – 69 – 70 – 74 – 67
1926	※Robert T. Jones, Jr.	293 – 70 – 79 – 71 – 73	1991	Payne Stewart	282 – 67 – 70 – 73 – 72
1927	Tommy Armour	301 – 78 – 71 – 76 – 76	1992	Tom Kite	285 – 71 – 72 – 70 – 72
1928	Johnny Farrell	294 – 77 – 74 – 71 – 72	1993	Lee Janzen	272 – 67 – 67 – 69 – 69
1929	※Robert T. Jones, Jr.	294 – 69 – 75 – 71 – 79	1994	Ernie Els	279 – 69 – 71 – 66 – 73
1930	※Robert T. Jones, Jr.	287 – 71 – 73 – 68 – 75	1995	Corey Pavin	280 – 72 – 69 – 71 – 68
1931	Billy Burke	292 – 73 – 72 – 74 – 73	1996	Steve Jones	278 – 74 – 66 – 69 – 69
1932	Gene Sarazen	286 – 74 – 76 – 70 – 66	1997	Ernie Els	276 – 71 – 67 – 69 – 69
1933	※Johnny Goodman	287 – 75 – 66 – 70 – 76	1998	Lee Janzen	280 – 73 – 66 – 73 – 68
1934	Olin Dutra	293 – 76 – 74 – 71 – 72	1999	Payne Stewart	279 – 68 – 69 – 72 – 70
1935	Sam Parks, Jr.	299 – 77 – 73 – 73 – 76	2000	Tiger Woods	272 – 65 – 69 – 71 – 67
1936	Tony Manero	282 – 73 – 69 – 73 – 67	2001	Retief Goosen	276 – 66 – 70 – 69 – 71
1937	Ralph Guldahl	281 – 71 – 69 – 72 – 69	2002	Tiger Woods	277 – 67 – 68 – 70 – 72
1938	Ralph Guldahl	284 – 74 – 70 – 71 – 69	2003	Jim Furyk	272 – 67 – 66 – 67 – 72
1939	Byron Nelson	284 – 72 – 73 – 71 – 68	2004	Retief Goosen	276 – 70 – 66 – 69 – 71
1940	Lawson Little	287 – 72 – 69 – 73 – 73	2005	Michael Campbell	280 – 71 – 69 – 71 – 69
1941	Craig Wood	284 – 73 – 71 – 70 – 70	2006	Geoff Ogilvy	285 – 71 – 70 – 72 – 72
1942–1945	第二次大戦で中止		2007	Angel Cabrera	285 – 69 – 71 – 76 – 69
1946	Lloyd Mangrum	284 – 74 – 70 – 68 – 72	2008	Tiger Woods	283 – 72 – 68 – 70 – 73
1947	Lew Worsham	282 – 70 – 70 – 71 – 71	2009	Lucas Glover	276 – 69 – 64 – 70 – 73
1948	Ben Hogan	276 – 67 – 72 – 68 – 69	2010	Graeme McDowell	284 – 71 – 68 – 71 – 74
1949	Cary Middlecoff	286 – 75 – 67 – 69 – 75	2011	Rory McIlroy	268 – 65 – 66 – 68 – 69
1950	Ben Hogan	287 – 72 – 69 – 72 – 74	2012	Webb Simpson	281 – 72 – 73 – 68 – 68
1951	Ben Hogan	287 – 76 – 73 – 71 – 67	2013	Justin Rose	281 – 71 – 69 – 71 – 70
1952	Julius Boros	281 – 71 – 71 – 68 – 71	2014	Martin Kaymer	271 – 65 – 65 – 72 – 69
1953	Ben Hogan	283 – 67 – 72 – 73 – 71	2015	Jordan Spieth	275 – 68 – 67 – 71 – 69
1954	Ed Furgol	284 – 71 – 70 – 71 – 72	2016	Dustin Johnson	276 – 67 – 69 – 71 – 69
1955	Jack Fleck	287 – 76 – 69 – 75 – 67	2017	Brooks Koepka	272 – 67 – 70 – 68 – 67
1956	Cary Middlecoff	281 – 71 – 70 – 70 – 70	2018	Brooks Koepka	281 – 75 – 66 – 72 – 68
1957	Dick Mayer	282 – 70 – 68 – 74 – 70	2019	Gary Woodland	271 – 68 – 65 – 69 – 69
1958	Tommy Bolt	283 – 71 – 71 – 69 – 72	2020	Bryson Dachambeau	274 – 69 – 68 – 70 – 67
1959	Billy Casper	282 – 71 – 68 – 69 – 74	2021	Jon Rahm	278 – 69 – 70 – 72 – 67
1960	Arnold Palmer	280 – 72 – 71 – 72 – 65	2022	Matt Fitzpatrick	274 – 68 – 70 – 68 – 68
1961	Gene Littler	281 – 73 – 68 – 72 – 68	2023	Wyndham Clark	270 – 64 – 67 – 69 – 70

※はアマチュア

年	氏　　名	ストローク	年	氏　　名	ストローク
1860	Willie Park	174	1930	※Robert T. Jones, Jr.	291 – 70 – 72 – 74 – 75
1861	Tom Morris, Sr.	163	1931	Tommy D. Armour	296 – 73 – 75 – 77 – 71
1862	Tom Morris, Sr.	163	1932	Gene Sarazen	283 – 70 – 69 – 70 – 74
1863	Willie Park	168	1933	Denny Shute	292 – 73 – 73 – 73 – 73
1864	Tom Morris, Sr.	160	1934	Henry Cotton	283 – 67 – 65 – 72 – 79
1865	Andrew Strath	162	1935	Alfred Perry	283 – 69 – 75 – 67 – 72
1866	Willie Park	169	1936	Alfred Padgham	287 – 73 – 72 – 71 – 71
1867	Tom Morris, Sr.	170	1937	Henry Cotton	290 – 74 – 72 – 73 – 71
1868	Tom Morris, Jr.	157	1938	R. A. Whitcombe	295 – 71 – 71 – 75 – 78
1869	Tom Morris, Jr.	154	1939	Richard Burton	290 – 70 – 72 – 77 – 71
1870	Tom Morris, Jr.	149	1940–1945		第二次大戦で中止
1871		中止	1946	Sam Snead	290 – 71 – 70 – 74 – 75
1872	Tom Morris, Jr.	166	1947	Fred Daly	293 – 73 – 70 – 78 – 72
1873	Tom Kidd	179	1948	Henry Cotton	284 – 71 – 66 – 75 – 72
1874	Mungo Park	159	1949	Bobby Locke	283 – 69 – 76 – 68 – 70
1875	Willie Park	166	1950	Bobby Locke	279 – 69 – 72 – 70 – 68
1876	Robert Martin	176	1951	Max Faulkner	285 – 71 – 70 – 70 – 74
1877	Jamie Anderson	160	1952	Bobby Locke	287 – 69 – 71 – 74 – 73
1878	Jamie Anderson	157	1953	Ben Hogan	282 – 73 – 71 – 70 – 68
1879	Jamie Anderson	169	1954	Peter Thomson	283 – 72 – 71 – 69 – 71
1880	Robert Ferguson	162	1955	Peter Thomson	281 – 71 – 68 – 70 – 72
1881	Robert Ferguson	170	1956	Peter Thomson	286 – 70 – 70 – 72 – 74
1882	Robert Ferguson	171	1957	Bobby Locke	279 – 69 – 72 – 68 – 70
1883	Willie Fernie	159	1958	Peter Thomson	278 – 66 – 72 – 67 – 73
1884	Jack Simpson	160	1959	Gary Player	284 – 75 – 71 – 70 – 68
1885	Bod Martin	171	1960	Kel Nagle	278 – 69 – 67 – 71 – 71
1886	David Brown	157	1961	Arnold Palmer	284 – 70 – 73 – 69 – 72
1887	Willie Park, Jr.	161	1962	Arnold Palmer	276 – 71 – 69 – 67 – 69
1888	Jack Burns	171 – 86 – 85	1963	Bod Charles	277 – 68 – 72 – 66 – 71
1889	Willie Park, Jr.	155 – 78 – 77	1964	Tony Lema	279 – 73 – 68 – 68 – 70
1890	※John Ball	164 – 82 – 82	1965	Peter Thomson	285 – 74 – 68 – 72 – 71
1891	Hugh Kirkaldy	166 – 83 – 83	1966	Jack Nicklaus	282 – 70 – 67 – 75 – 70
1892	※Harold H. Hilton	305 – 78 – 81 – 72 – 74	1967	Robert De Vicenzo	278 – 70 – 71 – 67 – 70
1893	William Auchterlonie	322 – 78 – 81 – 81 – 82	1968	Gary Player	289 – 74 – 71 – 71 – 73
1894	John H. Taylor	326 – 84 – 80 – 81 – 81	1969	Tony Jacklin	280 – 68 – 70 – 70 – 72
1895	John H. Taylor	322 – 86 – 78 – 80 – 78	1970	Jack Nicklaus	283 – 68 – 69 – 73 – 73
1896	Harry Vardon	316 – 83 – 78 – 78 – 77	1971	Lee Trevino	278 – 69 – 70 – 69 – 70
1897	※Harold H. Hilton	314 – 80 – 75 – 84 – 75	1972	Lee Trevino	278 – 71 – 70 – 66 – 71
1898	Harry Vardon	307 – 79 – 75 – 77 – 76	1973	Tom Weiskopf	276 – 68 – 67 – 71 – 70
1899	Harry Vardon	310 – 76 – 76 – 81 – 77	1974	Gary Player	282 – 69 – 68 – 75 – 70
1900	John H. Taylor	309 – 79 – 77 – 78 – 75	1975	Tom Watson	279 – 71 – 67 – 69 – 72
1901	James Braid	309 – 79 – 76 – 74 – 80	1976	Johnny Miller	279 – 72 – 68 – 73 – 66
1902	Alexander Herd	307 – 77 – 76 – 73 – 81	1977	Tom Watson	268 – 68 – 70 – 65 – 65
1903	Harry Vardon	300 – 73 – 77 – 72 – 78	1978	Jack Nicklaus	281 – 71 – 72 – 69 – 69
1904	Jack White	296 – 80 – 75 – 72 – 69	1979	Seve Ballesteros	283 – 73 – 65 – 75 – 70
1905	James Braid	318 – 81 – 78 – 78 – 81	1980	Tom Watson	271 – 68 – 70 – 64 – 69
1906	James Braid	300 – 77 – 76 – 74 – 73	1981	Bill Rogers	276 – 72 – 66 – 67 – 71
1907	Arnaud Massy	312 – 76 – 81 – 78 – 77	1982	Tom Watson	284 – 69 – 71 – 74 – 70
1908	James Braid	291 – 70 – 72 – 77 – 72	1983	Tom Watson	275 – 67 – 68 – 70 – 70
1909	John H. Taylor	295 – 74 – 73 – 74 – 74	1984	Seve Ballesteros	276 – 69 – 68 – 70 – 69
1910	James Braid	299 – 76 – 73 – 73 – 77	1985	Sandy Lyle	282 – 68 – 71 – 73 – 70
1911	Harry Vardon	303 – 74 – 74 – 75 – 80	1986	Greg Norman	280 – 74 – 63 – 74 – 69
1912	Edward (Ted) Ray	295 – 71 – 73 – 76 – 75	1987	Nick Faldo	279 – 68 – 69 – 71 – 71
1913	John H. Taylor	304 – 73 – 75 – 77 – 79	1988	Seve Ballesteros	273 – 67 – 71 – 70 – 65
1914	Harry Vardon	306 – 73 – 77 – 78 – 78	1989	Mark Calcavecchia	275 – 71 – 68 – 68 – 68
1915–1919		第一次大戦で中止	1990	Nick Faldo	270 – 67 – 65 – 67 – 71
1920	George Duncan	303 – 80 – 80 – 71 – 72	1991	Ian Baker-Finch	272 – 71 – 71 – 64 – 66
1921	Jock Hutchison	296 – 72 – 75 – 79 – 70	1992	Nick Faldo	272 – 66 – 64 – 69 – 73
1922	Walter Hagen	300 – 76 – 73 – 79 – 72	1993	Greg Norman	267 – 66 – 68 – 69 – 64
1923	Arthur G. Havers	295 – 73 – 73 – 73 – 76	1994	Nick Price	268 – 69 – 66 – 67 – 66
1924	Walter Hagen	301 – 77 – 73 – 74 – 77	1995	John Daly	282 – 67 – 71 – 73 – 71
1925	James M. Barnes	300 – 70 – 77 – 79 – 74	1996	Tom Lehman	271 – 67 – 67 – 64 – 73
1926	※Robert T. Jones, Jr.	291 – 72 – 72 – 73 – 74	1997	Justin Leonard	272 – 69 – 66 – 72 – 65
1927	※Robert T. Jones, Jr.	285 – 68 – 72 – 73 – 72	1998	Mark O'Meara	280 – 72 – 68 – 72 – 68
1928	Walter Hagen	292 – 75 – 73 – 72 – 72	1999	Paul Lawrie	290 – 73 – 74 – 76 – 67
1929	Walter Hagen	292 – 75 – 67 – 75 – 75			

年	氏　名	ストローク
2000	Tiger Woods	269 – 67 – 66 – 67 – 69
2001	David Duval	274 – 69 – 73 – 65 – 67
2002	Ernie Els	278 – 70 – 66 – 72 – 70
2003	Ben Curtis	283 – 72 – 72 – 70 – 69
2004	Todd Hamilton	274 – 71 – 67 – 67 – 69
2005	Tiger Woods	274 – 66 – 67 – 71 – 70
2006	Tiger Woods	270 – 67 – 65 – 71 – 67
2007	Padraig Harrington	277 – 69 – 73 – 68 – 67
2008	Padraig Harrington	283 – 74 – 68 – 72 – 69
2009	Stewart Cink	278 – 66 – 72 – 71 – 69
2010	Louis Oosthuizen	272 – 65 – 67 – 69 – 71
2011	Darren Clarke	275 – 68 – 68 – 69 – 70
2012	Ernie Els	273 – 67 – 70 – 68 – 68
2013	Phil Mickelson	281 – 69 – 74 – 72 – 66
2014	Rory McIlroy	271 – 66 – 66 – 68 – 71
2015	Zach Johnson	273 – 66 – 71 – 70 – 66
2016	Henrik Stenson	264 – 68 – 65 – 68 – 63
2017	Jordan Spieth	268 – 65 – 69 – 65 – 69
2018	Francesco Molinari	276 – 70 – 72 – 65 – 69
2019	Shane Lowry	269 – 67 – 67 – 63 – 72
2020	新型コロナウイルス感染拡大のため中止	
2021	Collin Morikawa	265 – 67 – 64 – 68 – 66
2022	Cameron Smith	268 – 67 – 64 – 73 – 64
2023	Brian Harman	271 – 67 – 65 – 69 – 70

※はアマチュア

全米プロ歴代優勝者

年	氏　名	ストローク	年	氏　名	ストローク
1916	James M. Barnes	1 up	1971	Jack Nicklaus	281 – 69 – 69 – 70 – 73
1917-1918		第一次大戦で中止	1972	Gary Player	281 – 71 – 71 – 67 – 72
1919	James M. Barnes	6 – 5	1973	Jack Nicklaus	277 – 72 – 68 – 68 – 69
1920	Jock Hutchison	1 up	1974	Lee Trevino	276 – 73 – 66 – 68 – 69
1921	Walter Hagen	3 – 2	1975	Jack Nicklaus	276 – 70 – 68 – 67 – 71
1922	Gene Sarazen	4 – 3	1976	Dave Stockton	281 – 70 – 72 – 69 – 70
1923	Gene Sarazen	1 up（38H）	1977	Lanny Wadkins	282 – 69 – 71 – 72 – 70
1924	Walter Hagen	2 up	1978	John Mahaffey	276 – 75 – 67 – 68 – 66
1925	Walter Hagen	6 – 5	1979	David Graham	272 – 69 – 68 – 70 – 65
1926	Walter Hagen	5 – 3	1980	Jack Nicklaus	274 – 70 – 69 – 66 – 69
1927	Walter Hagen	1 up	1981	Larry Nelson	273 – 70 – 66 – 66 – 71
1928	Leo Diegel	6 – 5	1982	Raymond Floyd	272 – 63 – 69 – 68 – 72
1929	Leo Diegel	6 – 4	1983	Hal Sutton	274 – 65 – 66 – 72 – 71
1930	Tommy Armour	1 up	1984	Lee Trevino	273 – 69 – 68 – 67 – 69
1931	Tom Creavy	2 – 1	1985	Hubert Green	278 – 67 – 69 – 70 – 72
1932	Olin Dutra	4 – 3	1986	Bob Tway	276 – 72 – 70 – 64 – 70
1933	Gene Sarazen	5 – 4	1987	Larry Nelson	287 – 70 – 72 – 73 – 72
1934	Paul Runyan	1 up（38H）	1988	Jeff Sluman	272 – 69 – 70 – 68 – 65
1935	Johnny Revolta	5 – 4	1989	Payne Stewart	276 – 74 – 66 – 69 – 67
1936	Denny Shute	3 – 2	1990	Wayne Grady	282 – 72 – 67 – 72 – 71
1937	Denny Shute	1 up（37H）	1991	John Daly	276 – 69 – 67 – 69 – 71
1938	Paul Runyan	8 – 7	1992	Nick Price	278 – 70 – 70 – 68 – 70
1939	Henry Picard	1 up（37H）	1993	Paul Azinger	272 – 69 – 66 – 69 – 68
1940	Byron Nelson	1 up	1994	Nick Price	269 – 67 – 65 – 70 – 67
1941	Vic Ghezzi	1 up（38H）	1995	Steve Elkington	267 – 68 – 67 – 68 – 64
1942	Sam Snead	2 – 1	1996	Mark Brooks	277 – 68 – 70 – 69 – 70
1943		第二次大戦で中止	1997	Davis Love Ⅲ	269 – 66 – 71 – 66 – 66
1944	Bob Hamilton	1 up	1998	Vijay Singh	271 – 70 – 66 – 67 – 68
1945	Byron Nelson	4 – 3	1999	Tiger Woods	277 – 70 – 67 – 68 – 72
1946	Ben Hogan	6 – 4	2000	Tiger Woods	270 – 66 – 67 – 70 – 67
1947	Jim Ferrier	2 – 1	2001	David Toms	265 – 66 – 65 – 65 – 69
1948	Ben Hogan	7 – 6	2002	Rich Beem	278 – 72 – 66 – 72 – 68
1949	Sam Snead	3 – 2	2003	Shaun Micheel	276 – 69 – 68 – 69 – 70
1950	Chandler Harper	4 – 3	2004	Vijay Singh	280 – 67 – 68 – 69 – 76
1951	Sam Snead	7 – 6	2005	Phil Mickelson	276 – 67 – 65 – 72 – 72
1952	Jim Turnesa	1 up	2006	Tiger Woods	270 – 69 – 68 – 65 – 68
1953	Walter Burkemo	2 – 1	2007	Tiger Woods	272 – 71 – 63 – 69 – 69
1954	Chick Harbert	4 – 3	2008	Padraig Harrington	277 – 71 – 74 – 66 – 66
1955	Doug Ford	4 – 3	2009	Y.E.Yang	280 – 73 – 70 – 67 – 70
1956	Jack Burke	3 – 2	2010	Martin Kaymer	277 – 72 – 68 – 67 – 70
1957	Lionel Hebert	2 – 1	2011	Keegan Bradley	272 – 71 – 64 – 69 – 68
1958	Dow Finsterwald	276 – 67 – 72 – 70 – 67	2012	Rory McIlroy	275 – 67 – 75 – 67 – 66
1959	Bob Rosburg	277 – 71 – 72 – 68 – 66	2013	Jason Dufner	270 – 68 – 63 – 71 – 68
1960	Jay Hebert	281 – 72 – 67 – 72 – 70	2014	Rory McIlroy	268 – 66 – 67 – 67 – 68
1961	Jerry Barber	277 – 69 – 67 – 71 – 70	2015	Jason Day	268 – 68 – 67 – 66 – 67
1962	Gary Player	278 – 72 – 67 – 69 – 70	2016	Jimmy Walker	266 – 65 – 66 – 68 – 67
1963	Jack Nicklaus	279 – 69 – 73 – 69 – 68	2017	Justin Thomas	276 – 73 – 66 – 69 – 68
1964	Bobby Nichols	271 – 64 – 71 – 69 – 67	2018	Brooks Koepka	264 – 69 – 63 – 66 – 66
1965	Dave Marr	280 – 70 – 69 – 70 – 71	2019	Brooks Koepka	272 – 63 – 65 – 70 – 74
1966	Al Geiberger	280 – 68 – 72 – 68 – 72	2020	Collin Morikawa	267 – 69 – 69 – 65 – 64
1967	Don January	281 – 71 – 72 – 70 – 68	2021	Phil Mickelson	282 – 70 – 69 – 70 – 73
1968	Julius Boros	281 – 71 – 71 – 70 – 69	2022	Justin Thomas	275 – 67 – 67 – 74 – 67
1969	Raymond Floyd	276 – 69 – 66 – 67 – 74	2023	Brooks Koepka	271 – 72 – 66 – 66 – 67
1970	Dave Stockton	279 – 70 – 70 – 66 – 73			

マスターズ日本人選手全成績

年	氏名	順位	年	氏名	順位	年	氏名	順位
1936	陳　清水	20T	1985	中島　常幸	47T	2005	丸山　茂樹	予落
	戸田藤一郎	29T	1986	中島　常幸	8T	2006	片山　晋呉	27T
1958	中村　寅吉	41		青木　功	予落		丸山　茂樹	予落
	小野　光一	予落	1987	中島　常幸	予落	2007	片山　晋呉	44T
1963	陳　清波	15T		尾崎　将司	予落		谷原　秀人	予落
	小野　光一	予落		青木　功	予落	2008	谷口　徹	予落
1964	石井　朝夫	40T	1988	青木　功	25T		片山　晋呉	予落
	陳　清波	44T		中島　常幸	33T	2009	片山　晋呉	4
1965	石井　朝夫	26T	1989	尾崎　将司	18T		今田　竜二	20T
	陳　清波	39T		中島　常幸	予落		石川　遼	予落
1966	陳　清波	22T	1990	尾崎　将司	23	2010	池田　勇太	29
	石井　朝夫	予落		尾崎　直道	33T		石川　遼	予落
1967	陳　清波	46T	1991	中島　常幸	10T		片山　晋呉	予落
	杉本　英世	予落		尾崎　将司	35T	2011	石川　遼	20T
1968	杉本　英世	35T	1992	中島　常幸	予落		@松山英樹	27T
	陳　清波	35T		尾崎　直道	予落		池田　勇太	予落
1969	河野　高明	13T	1993	尾崎　将司	45T		藤田　寛之	予落
1970	河野　高明	12T		尾崎　直道	45T	2012	@松山英樹	54T
1971	河野　高明	予落	1994	飯合　肇	41T		石川　遼	予落
1972	河野　高明	19T		尾崎　将司	予落	2013	石川　遼	38T
	尾崎　将司	予落	1995	尾崎　将司	29T		藤田　寛之	予落
1973	尾崎　将司	8T		中島　常幸	予落	2014	松山　英樹	予落
	河野　高明	51T	1996	尾崎　将司	予落	2015	松山　英樹	5
1974	尾崎　将司	予落		東　聡	予落	2016	松山　英樹	7T
	青木　功	予落	1997	尾崎　将司	42	2017	松山　英樹	11T
1975	尾崎　将司	43T		金子　柱憲	予落		池田　勇太	予落
	青木　功	予落	1998	尾崎　将司	予落		谷原　秀人	予落
1976	尾崎　将司	33T		丸山　茂樹	予落	2018	松山　英樹	19
	村上　隆	37T	1999	丸山　茂樹	31T		小平　智	28T
1977	青木　功	28T		尾崎　将司	予落		池田　勇太	予落
	村上　隆	予落	2000	尾崎　将司	28T		宮里　優作	予落
1978	尾崎　将司	予落		丸山　茂樹	46T	2019	松山　英樹	32T
	青木　功	予落		尾崎　直道	予落		@金谷拓実	58T
	中島　常幸	予落	2001	伊沢　利光	4T		小平　智	61
1979	青木　功	34T		片山　晋呉	40T		今平　周吾	予落
	尾崎　将司	予落		丸山　茂樹	予落	2020	松山　英樹	13T
1980	中村　通	予落	2002	丸山　茂樹	14T		今平　周吾	44T
	青木　功	予落		伊沢　利光	予落	2021	松山　英樹	優勝
1981	青木　功	45T		片山　晋呉	予落	2022	松山　英樹	14T
	鈴木　規夫	45T		谷口　徹	予落		金谷　拓実	予落
1982	羽川　豊	15T	2003	片山　晋呉	37T		@中島啓太	予落
	青木　功	予落		丸山　茂樹	予落	2023	松山　英樹	16T
1983	中島　常幸	16T		伊沢　利光	予落		比嘉　一貴	予落
	青木　功	19		谷口　徹	予落			
1983	羽川　豊	36T	2004	丸山　茂樹	予落			
1984	青木　功	25T		伊沢　利光	予落			
	中島　常幸	33T		伊沢　利光	予落			
1985	青木　功	16T	2005	片山　晋呉	33T			

@アマチュア

★日本人選手最高順位：優勝（松山　英樹　2021年）
★日本人選手18ホール最少ストローク：65（松山　英樹　2021年3R）
★日本人選手72ホール最少ストローク：277（松山　英樹　2015年）

全米オープン日本人選手全成績

年	氏　名	順位	年	氏　名	順位	年	氏　名	順位
1932	宮本　留吉	予落	2000	丸山　茂樹	予落	2011	石川　遼	30T
1935	中村　兼吉	58T		今田　竜二	予落		久保谷健一	68T
	陳　清水	予落	2001	伊沢　利光	44T		藤田　寛之	予落
	宮本　留吉	予落		片山　晋呉	予落	2012	藤田　寛之	51T
	戸田藤一郎	予落		谷口　徹	予落		石川　遼	予落
	浅見　緑蔵	予落	2002	丸山　茂樹	16T		谷口　徹	予落
	安田　幸吉	予落		片山　晋呉	35T		高山　忠洋	予落
1936	陳　清水	45T		田中　秀道	37T		藤田　寛之	予落
	戸田藤一郎	予落		横尾　要	予落		塚田　好宣	予落
1968	杉本　英世	予落		ⓐ清田太一郎	予落		上田　諭尉	予落
1979	青木　功	36T		伊沢　利光	棄権	2014	松山　英樹	35T
1980	青木　功	2	2003	田中　秀道	15T		谷口　徹	67
1981	青木　功	11T		丸山　茂樹	予落		矢野　東	予落
1982	青木　功	30T		谷口　徹	予落		宮里　聖志	予落
1983	中島　常幸	26T	2004	丸山　茂樹	4T	2015	松山　英樹	18T
1984	青木　功	16T		田中　秀道	36T		藤田　寛之	予落
	中島　常幸	予落		伊沢　利光	予落		川村　昌弘	予落
1985	前田　新作	予落	2005	今田　竜二	15T		石川　遼	予落
	ⓐ冨永　浩	予落		丸山　茂樹	33T		薗田　峻輔	予落
1986	中島　常幸	53T		深堀圭一郎	57T	2016	宮里　優作	23T
1987	中島　常幸	9T		片山　晋呉	予落		谷原　秀人	51T
	青木　功	14T		谷口　徹	予落		池田　勇太	予落
	尾崎　将司	17T	2006	今田　竜二	12T		松山　英樹	予落
1988	中島　常幸	32T		片山　晋呉	予落		谷口　徹	予落
	青木　功	50T		深堀圭一郎	予落	2017	松山　英樹	2T
	尾崎　将司	予落		谷口　徹	予落		小平　智	46T
1989	尾崎　将司	6T		高山　忠洋	予落		宮里　優作	60T
	青木　功	33T	2007	片山　晋呉	36T		池田　勇太	予落
1990	尾崎　将司	24T		今田　竜二	予落		谷原　秀人	予落
	青木　功	33T		増田　伸洋	予落		今平　周吾	予落
1991	尾崎　将司	予落		谷口　徹	予落	2018	松山　英樹	16T
1992	尾崎　将司	23T		横尾　要	予落		小平　智	予落
1993	尾崎　直道	25T	2008	今田　竜二	18T		星野　陸也	予落
	尾崎　将司	33T		谷口　徹	予落		秋吉　翔太	予落
	倉本　昌弘	予落		片山　晋呉	予落	2019	松山　英樹	21T
1994	尾崎　将司	28T	2009	矢野　東	27T		堀川未来夢	予落
	飯合　肇	予落		今田　竜二	予落		今平　周吾	予落
	倉本　昌弘	予落		横尾　要	予落		市原　弘大	予落
1995	尾崎　将司	28T		甲斐慎太郎	予落	2020	松山　英樹	17T
1996	尾崎　将司	67T	2010	石川　遼	33T		石川　遼	51T
1997	加瀬　秀樹	28T		藤田　寛之	58T		今平　周吾	61
	尾崎　将司	予落		池田　勇太	58T		ⓐ金谷拓実	予落
1998	尾崎　将司	予落		谷口　徹	63T			
1999	横尾　要	57T		矢野　東	予落			
	尾崎　将司	予落		横尾　要	予落			

年	氏 名	順位
2021	松山　英樹	26T
	星野　陸也	26T
	浅地　洋佑	予落
	石川　遼	予落
2022	松山　英樹	4
	小平　智	予落
	星野　陸也	予落
	ⓐ中島啓太	予落
	出水田大二郎	予落
	杉山　知靖	予落
	香妻陣一朗	予落
2023	永野竜太郎	20 T
	松山　英樹	32 T
	桂川　有人	58
	石川　遼	63

ⓐはアマチュア

★日本人選手最高順位：2位（青木　功　1980年）
　　　　　　　　　　2位タイ（松山英樹　2017年）
★日本人選手18ホール最少ストローク：65（矢野　東　2009年2R）
　　　　　　　　　　　　　　　　　　65（松山英樹　2017年2R）
　　　　　　　　　　　　　　　　　　65（松山英樹　2022年4R）
★日本人選手72ホール最少ストローク：274（青木　功　1980年）

年	氏　名	順位	年	氏　名	順位	年	氏　名	順位
1932	宮本　留吉	予落	1987	中島　常幸	59T	1998	細川　和彦	77
1956	陳　清波	33T		尾崎　健夫	66T		深堀圭一郎	予落
	石井　迪夫	36T		倉本　昌弘	予落		谷口　徹	予落
	林　由郎	予落	1988	青木　功	7T		水巻　善典	予落
1960	島村　祐正	予落		飯合　肇	予落		鈴木　亨	予落
1970	橘田　規	3R落	1989	尾崎　将司	30T	1999	米山　剛	15T
1971	橘田　規	3R落		尾崎　直道	46T		尾崎　直道	45T
1976	鈴木　規夫	10T		尾崎　健夫	52T		友利　勝良	49T
1977	鈴木　規夫	26T		芹沢　信雄	予落		片山　晋呉	71
	青木　功	3R落	1990	尾崎　直道	39T		田中　秀道	予落
1978	青木　功	7T		尾崎　将司	予落		丸山　茂樹	予落
	尾崎　将司	14T		羽川　豊	予落		細川　和彦	予落
	中島　常幸	17T		ⓐ倉本泰信	予落	2000	米山　剛	41T
	杉原　輝雄	予落		青木　功	予落		丸山　茂樹	55T
	ⓐ倉本昌弘	予落	1991	倉本　昌弘	予落		細川　和彦	70T
1979	青木　功	7T		川岸　良兼	予落		佐藤　信人	予落
	尾崎　将司	10T	1992	中島　常幸	予落		友利　勝良	予落
	中村　通	24T		尾崎　直道	予落		宮瀬　博文	予落
	島田　幸作	54T		尾崎　将司	予落		今野　康晴	予落
	山本　善隆	57T	1993	水巻　善典	27T		片山　晋呉	予落
	中島　常幸	予落		福沢　孝秋	予落		水巻　善典	予落
	波多野　修	予落		川岸　良兼	予落		尾崎　直道	予落
	横井　浄治	予落		友利　勝良	予落	2001	谷口　徹	37T
1980	青木　功	12T		須貝　昇	予落		手嶋　多一	予落
	鈴木　規夫	19T		尾崎　直道	予落		丸山　茂樹	予落
	中村　通	38T	1994	尾崎　将司	38T		佐藤　信人	予落
	尾崎　将司	60T		渡辺　司	51T		片山　晋呉	予落
	高井　吉春	3R落		友利　勝良	51T		尾崎　直道	予落
	船渡川育宏	予落		中島　常幸	55T		田中　秀道	予落
1981	青木　功	11T		飯合　肇	60T		小達　敏昭	予落
	尾崎　将司	35T		合田　洋	予落	2002	丸山　茂樹	5T
	安田　春雄	予落	1995	友利　勝良	24T		伊沢　利光	22T
1982	倉本　昌弘	4T		佐々木久行	31T		片山　晋呉	50T
	中村　通	20T		中島　常幸	49T		久保谷健一	59T
	青木　功	20T		川岸　良兼	79T		谷口　徹	69T
1983	中村　通	29T		鈴木　亨	予落		手嶋　多一	予落
	新井規矩雄	39T		髙見　和宏	予落		中嶋　常幸	予落
	倉本　昌弘	45T		尾崎　将司	予落		鈴木　亨	予落
1984	中島　常幸	36T	1996	丸山　茂樹	14T		宮里　聖志	予落
	青木　功	47T		田中　秀道	33T	2003	片山　晋呉	34T
	藤木　三郎	59		金子　柱憲	予落		友利　勝良	69
	尾崎　直道	62T		飯合　肇	予落		宮瀬　博文	予落
	倉本　昌弘	3R落		東　聡	予落		佐藤　信人	予落
	新井規矩雄	予落		福永　和宏	予落		丸山　茂樹	予落
1985	新井規矩雄	3R落	1997	丸山　茂樹	10T		谷原　秀人	予落
	前田　新作	予落		宮瀬　博文	予落		須貝　昇	予落
	尾崎　健夫	予落		佐藤　信人	予落		谷口　徹	予落
	尾崎　直道	予落		森　茂則	予落	2004	神山　隆志	27T
	中村　通	予落		金子　柱憲	棄権		丸山　茂樹	30T
1986	中島　常幸	8T		尾崎　直道	棄権		深堀圭一郎	30T
	倉本　昌弘	30T	1998	丸山　茂樹	29T		平塚　哲二	36T
	金井　清一	予落		尾崎　直道	38T		星野　英正	予落
1987	尾崎　将司	11T		友利　勝良	44T		塚田　好宣	予落

年	氏　名	順位	年	氏　名	順位	年	氏　名	順位
2005	高山　忠洋	23T	2011	石川　遼	予落	2017	池田　勇太	予落
	藤田　寛之	41T		河井　博大	予落		谷原　秀人	予落
	丸山　茂樹	予落	2012	藤本　佳則	54T		宮里　優作	予落
	谷口　徹	予落		武藤　俊憲	72T	2018	小平　智	35T
2006	谷原　秀人	5T		小田　孔明	予落		川村　昌弘	30T
	深堀圭一郎	56T		石川　遼	予落		宮里　優作	47T
	片山　晋呉	予落		谷口　徹	予落		池田　勇太	51T
	武藤　俊憲	予落		藤田　寛之	予落		松山　英樹	予落
	今野　康晴	予落		高山　忠洋	予落		時松　隆光	予落
	市原　建彦	予落		市原　弘大	予落		谷原　秀人	予落
2007	谷口　徹	60T	2013	松山　英樹	6T		市原　弘大	予落
	谷原　秀人	予落		片山　晋呉	44T		秋吉　翔太	予落
	伊澤　利光	予落		藤田　寛之	予落		小林　正則	予落
	近藤　智弘	予落		谷口　徹	予落	2019	浅地　洋佑	67T
	武藤　俊憲	予落		久保谷健一	予落		稲森　佑貴	72T
	佐藤えいち	予落		丸山　大輔	予落		@金谷拓実	予落
2008	塚田　好宣	予落		井上　信	予落		松山　英樹	予落
	矢野　東	予落		小平　智	予落		藤本　佳則	予落
	今田　竜二	予落	2014	松山　英樹	39T		堀川未来夢	予落
	谷原　秀人	予落		小田　孔明	39T		池田　勇太	予落
	岩田　寛	予落		岩田　寛	予落		今平　周吾	予落
	松村　道央	予落		塚田　好宣	予落	2021	木下　稜介	59T
	甲斐慎太郎	予落		石川　遼	予落		永野竜太郎	予落
2009	久保谷健一	27T		宮里　優作	予落		金谷　拓実	予落
	今田　竜二	64		小林　正則	予落		星野　陸也	予落
	石川　遼	予落		近藤　共弘	予落		稲森　佑貴	予落
	池田　勇太	予落	2015	松山　英樹	18T	2022	桂川　有人	47T
	矢野　東	予落		藤田　寛之	予落		松山　英樹	68T
	近藤　共弘	予落		富村　真治	予落		金谷　拓実	予落
	小田　孔明	予落		高山　忠洋	予落		@中島啓太	予落
2010	石川　遼	27T		池田　勇太	予落		星野　陸也	予落
	谷口　徹	60T		岩田　寛	予落		比嘉　一貴	予落
	宮瀬　博文	68T		小田　孔明	予落		今平　周吾	予落
	小田　龍一	予落		手嶋　多一	予落	2023	松山　英樹	13T
	小田　孔明	予落	2016	池田　勇太	72T		星野　陸也	60T
	藤田　寛之	予落		市原　弘大	79T		安森　一貴	予落
	池田　勇太	予落		今平　周吾	予落		比嘉　一貴	予落
	薗田　峻輔	予落		宮里　優作	予落		中島　啓太	予落
	宮本　勝昌	予落		松山　英樹	予落		蝉川　泰果	予落
2011	池田　勇太	38T		谷原　秀人	予落		金谷　拓実	予落
	高山　忠洋	予落		塚田　陽亮	予落		平田　憲聖	予落
	平塚　哲二	予落		小平　智	予落		岩田　寛	予落
	藤田　寛之	予落	2017	松山　英樹	14T			

@アマチュア

★日本人選手最高順位：4位タイ（倉本　昌弘　1982年）
★日本人選手18ホール最少ストローク：63（青木　功　1980年3R）
★日本人選手72ホール最少ストローク：277（谷原　秀人　2006年）

全米プロ日本人選手全成績

年	氏 名	順位	年	氏 名	順位	年	氏 名	順位
1979	青木　功	予落	1999	伊沢　利光	予落	2011	藤田　寛之	予落
1980	中村　通	59T		田中　秀道	予落		今田　竜二	予落
1981	青木　功	4T	2000	伊沢　利光	39T		石川　遼	予落
	尾崎　将司	予落		丸山　茂樹	46T	2012	石川　遼	59T
1982	倉本　昌弘	42T		尾崎　将司	78		谷口　徹	68T
	青木　功	49T		田中　秀道	79		藤田　寛之	予落
1983	青木　功	予落		片山　晋呉	予落	2013	松山　英樹	19T
	中島　常幸	予落		尾崎　直道	予落		石川　遼	29T
1984	中島　常幸	10T	2001	片山　晋呉	4T		藤田　寛之	予落
	青木　功	予落		丸山　茂樹	22T		井戸木鴻樹	予落
1985	中島　常幸	予落		尾崎　直道	予落	2014	松山　英樹	36T
1986	青木　功	36T		田中　秀道	予落		小田　孔明	41T
	中島　常幸	47T		谷口　徹	予落		石川　遼	予落
	倉本　昌弘	予落	2002	丸山　茂樹	43T		谷原　秀人	予落
1987	青木　功	予落		伊沢　利光	53T	2015	岩田　寛	21T
	中島　常幸	予落		片山　晋呉	予落		松山　英樹	37T
1988	中島　常幸	3		谷口　徹	予落		小田　孔明	72T
	青木　功	38T		手嶋　多一	予落	2016	松山　英樹	4T
1989	青木　功	17T	2003	伊沢　利光	18T		谷原　秀人	33T
	尾崎　直道	予落		丸山　茂樹	48T		池田　勇太	33T
1990	青木　功	40T		片山　晋呉	予落	2017	松山　英樹	5T
	尾崎　将司	69T		谷口　徹	予落		小平　智	48T
	尾崎　直道	予落	2004	田中　秀道	55T		谷原　秀人	67T
1991	中島　常幸	予落		片山　晋呉	62T		池田　勇太	予落
	川岸　良兼	予落		丸山　茂樹	予落	2018	松山　英樹	35T
1992	中島　常幸	21T		平塚　哲二	予落		小平　智	59T
	尾崎　直道	28T	2005	片山　晋呉	23T		池田　勇太	65T
1993	尾崎　直道	44T		丸山　茂樹	予落		今平　周吾	予落
	中島　常幸	予落		谷口　徹	予落		時松　隆光	予落
1994	尾崎　将司	47T	2006	谷原　秀人	55T		宮里　優作	予落
	中島　常幸	61T		丸山　茂樹	予落	2019	松山　英樹	16T
	飯合　肇	75T	2007	片山　晋呉	50T		今平　周吾	予落
1995	尾崎　直道	31T		谷口　徹	予落		小平　智	予落
	尾崎　将司	49T		今田　竜二	予落	2020	松山　英樹	22T
	倉本　昌弘	予落	2008	藤田　寛之	68T		石川　遼	予落
	中島　常幸	予落		谷口　徹	予落	2021	松山　英樹	23T
1996	中島　常幸	52T		今田　竜二	予落		星野　陸也	予落
	東　聡	78T	2009	藤田　寛之	56T		金谷　拓実	予落
	尾崎　将司	予落		石川　遼	56T	2022	松山　英樹	60T
	尾崎　直道	予落		今田　竜二	予落		星野　陸也	60T
1997	丸山　茂樹	23T		片山　晋呉	予落		香妻陣一朗	予落
	金子　柱憲	71T	2010	池田　勇太	予落		稲森　佑貴	予落
	尾崎　直道	予落		藤田　寛之	予落		木下　稜介	予落
1998	尾崎　直道	44T		石川　遼	予落		金谷　拓実	予落
	丸山　茂樹	65T		平塚　哲二	予落	2023	松山　英樹	29T
	尾崎　将司	予落		小田　孔明	予落		星野　陸也	62T
1999	尾崎　直道	70T	2011	池田　勇太	45T		比嘉　一貴	76
	丸山　茂樹	予落		平塚　哲二	予落			

★日本人選手最高順位：3位（中島　常幸　1988年）
★日本人選手18ホール最少ストローク：63（岩田　寛　2015年2R）
★日本人選手72ホール最少ストローク：270（片山　晋呉　2001年）

4大メジャートーナメントの主な出場資格

※変更の可能性あり

2024.3.5現在

★ マスターズトーナメント

(1) 歴代優勝者
(2) 過去5年間（2018～2023年）の「全米オープン」優勝者
(3) 過去5年間（2018～2023年）の「全英オープン」優勝者
(4) 過去5年間（2018～2023年）の「全米プロ」優勝者
(5) 過去3年間（2022～2024年）の「ザ・プレーヤーズ選手権」優勝者
(6) 2020東京オリンピック金メダリスト
(7) 2023年「全米アマ選手権」優勝者と次位者（現在もアマチュアであること）
(8) 2023年「全英アマチュア選手権」優勝者（現在もアマチュアであること）
(9) 2023年「アジア・パシフィックアマチュア選手権」優勝者（現在もアマチュアであること）
(10) 2023年「ラテンアメリカアマチュア選手権」優勝者（現在もアマチュアであること）
(11) 2023年「全米ミッドアマチュア選手権」優勝者（現在もアマチュアであること）
(12) 2023年NCAAディビジョン1個人優勝者
(13) 2023年大会の12位（タイを含む）まで
(14) 2023年「全米オープン」の4位（タイを含む）まで
(15) 2023年「全英オープン」の4位（タイを含む）まで
(16) 2023年「全米プロ」の4位（タイを含む）まで
(17) 前大会以降、PGAツアー（シーズン最終戦のツアー選手権に出場できるFedEx CUPポイント対象試合）の個人優勝者
(18) 2023年ツアー最終戦「ツアー選手権」出場有資格者
(19) 2023年「最終オフィシャル・ワールドゴルフランキング」上位50名
(20) 2024年「マスターズ」前週に発表される「オフィシャル・ワールドゴルフランキング」上位50名
(21) マスターズ委員会による国際的プレーヤーの特別推薦

★ 全米オープン

(1) 過去10年間（2014～2023年）の歴代優勝者
(2) 2023年大会上位10名（タイを含む）
(3) 2023年「全米シニアオープン選手権」優勝者
(4) 2023年「全米アマチュア選手権」優勝者（現在もアマチュアであること）
(5) 2023年「全米ジュニア・アマチュア選手権」、「全米ミッドアマチュア選手権」の優勝者、および「全米アマチュア選手権」の次位者（現在もアマチュアであること）
(6) 2020～2024年の「マスターズ」優勝者
(7) 2019～2024年の「全米プロ」優勝者
(8) 2019～2023年の「全英オープン」優勝者
(9) 2022～2024年の「ザ・プレーヤーズ選手権」優勝者
(10) 2023年欧州ツアー「BMW PGA選手権」優勝者
(11) 2023年「ツアー選手権」出場者
(12) 前年大会以降、PGAツアー（シーズン最終戦のツアー選手権に出場できるFedEx CUPポイント対象試合）での複数回優勝者
(13) 2024年5月20日のFedEx CUPランキング上位5位内で他の有資格を持たない選手
(14) 2023年コーン・フェリー・ツアーのポイントリーダー
(15) 2023年DP World Tour Rankingsから、今年の5月20日現在出場資格を有しない上位2名
(16) 2024年5月20日のRace to Dubai Rankingsから他の出場資格を持たない1位者
(17) 2023年「全英アマチュア選手権」優勝者（現在もアマチュアであること）
(18) 2023年「マーク・H・マコーマック・メダル」（男子世界アマチュアゴルフランキング第1位）受賞者（現在もアマチュアであること）
(19) 2024年NCAAディビジョン1の1位者（現在もアマチュアであること）
(20) 2024年「ラテンアメリカアマチュア選手権」優勝者（現在もアマチュアであること）
(21) 2024年5月20日の「オフィシャル・ワールドゴルフランキング」上位60名
(22) 出場資格がない場合は、2024年6月10日の「オフィシャル・ワールドゴルフランキング」上位60名以内
(23) 全米ゴルフ協会（USGA）による特別推薦

★ 全英オープン

(1) 2024年7月20日時点で60歳以下の歴代優勝者
(2) 2013〜2023年の歴代優勝者
(3) 2023年大会上位10位（タイを含む）まで
(4) 2024年第21週時点（5月20日）の「オフィシャル・ワールドゴルフランキング」上位50名
(5) 2023年DPワールドツアー賞金ランキング上位30名
(6) 2020〜2023年の「BMW PGA選手権」優勝者
(7) 2024年「BMW インターナショナルオープン」終了時点（7月7日）で、ヨーロピアンツアー賞金ランキング上位20名の中から、他に出場資格を有しないDPツアーメンバー上位5名（タイを含む）
(8) 2019〜2024年の「全米オープン」優勝者
(9) 2019〜2024年の「マスターズ」優勝者
(10) 2017〜2024年の「全米プロ」優勝者
(11) 2022〜2024年の「ザ・プレーヤーズ選手権」優勝者
(12) 2023年PGAツアー「FedExCUP Points」上位30名
(13) 2024年PGAツアー「Travelers Championship」終了時点（6月23日）のPGAツアー「FedExCUP Points」上位20名の中から、他の出場資格を有しないPGAツアーメンバー上位5名（タイを含む）
(14) 2023年「Open de Argentina」優勝者
(15) 2023−24年豪州ツアー賞金ランキング第1位者
(16) 2023−24年南アフリカPGAサンシャインツアー賞金ランキング第1位者
(17) 2023年「日本オープン」優勝者
(18) 2023年ジャパンゴルフツアー賞金ランキング上位2名
(19) 2024年ジャパンゴルフツアー「ツアー選手権」終了時（6月9日）に他の出場資格を有しない賞金ランキング第1位者（タイを含む）
(20) 2023年「全英シニアオープン」優勝者

(21) 2024年「全英アマチュア選手権」優勝者（本大会までアマチュアであること）
(22) 2023年「全米アマチュア選手権」優勝者（本大会までアマチュアであること）
(23) 2024年「ヨーロピアンアマチュア選手権」優勝者（本大会までアマチュアであること）
(24) 2023年「マーク・H・マコーマック・メダル」（男子世界アマチュアゴルフランキング第1位）受賞者（本大会までアマチュアであること）
(25) 2023年「アジア・パシフィックアマチュア選手権」優勝者（本大会までアマチュアであること）
(26) 2024年「ラテンアメリカアマチュア選手権」優勝者（本大会までアマチュアであること）
(27) 2024年「全英オープンアマチュアシリーズ」優勝者
☆「オープン・クォリファイング・シリーズ」（OQS）
(28) 南アフリカ－「Joburg open」
(29) 豪州－「ISPS HANDA Australian Open」
(30) マレーシア－「Malaysian Open」
(31) アメリカ「Arnold Palmer Invitational by Mastercard」
(32) 日本－「ミズノオープン」
(33) カナダ－「RBCカナディアンオープン」
(34) アメリカ－「the Memorial Tournament presented by Workday」
(35) オランダ－「KLM Open」
(36) 韓国－「KOLON韓国オープン」
(37) イタリア－「Italian Open」
(38) アメリカ－「John Deer Classic」
(39) スコットランド－「Genesis Scottish Open」
☆「ファイナル・クォリファイング」（FQ）
「Burnham & Berrow」「Dundonald Links」「Royal Cinque」「Ports & West Lancashir」でFQを実施

★ 全米プロ

(1) 歴代優勝者
(2) 過去5年間（2020〜2024年）の「マスターズ」優勝者
(3) 過去5年間（2019〜2023年）の「全米オープン」優勝者
(4) 過去5年間（2019〜2023年）の「全英オープン」優勝者
(5) 過去3年間（2020〜2024年）の「ザ・プレーヤーズ選手権」優勝者
(6) 2024年4月22日「インターナショナル・フェデレーションランキング」上位3名
(7) 2023年「シニアPGA選手権」の優勝者
(8) 2023年「全米プロ」上位15位以内者（タイを含む）

(9) 2024年「PGAプロフェッショナル選手権」上位20名
(10) 2023年「Charles Schwab Challenge」から2024年「Wells Fargo Championship」までで全米プロポイント獲得ランキング上位70名
(11) 2021年「ライダーカップ」出場者（2024年5月13日のOWGR100位以内にいること）
(12) 2023年「Charles Schweb Challenge」から202 4年「Wells Fargo Championship」までのPGAツアー公認試合の優勝者
(13) 出場総人数に満たない場合は、PGAオブ・アメリカが招待

世界に挑んだ日本人選手の足あと（1929年〜1980年）

★**1929年（昭和4年）ハワイアンオープンで日本人プロ初の海外遠征**
安田幸吉と宮本留吉がハワイアンオープンに参加。宮本が13位、安田が17位に入った

★**1931年（昭和6年）宮本留吉が全英オープンで日本人初のメジャー挑戦**
宮本留吉が予選会を突破して全英オープンに出場（予選落ち）

★**1935年（昭和10年）全米オープンで中村兼吉が日本人初のメジャー予選通過**
米国遠征中の6選手が全米オープンに参加。中村が日本人選手初の予選通過を果たした

★**1952年（昭和27年）日本人プロ戦後初の海外遠征**
中村寅吉、林由郎、島village祐正、石井迪夫が戦後初の海外遠征で米国のトーナメントに参加

★**1957年（昭和32年）カナダカップ（現ワールドカップ）優勝**
霞ヶ関CCで開催された第5回カナダカップで中村寅吉と小野光一の日本ペアが団体優勝。
中村は個人戦も優勝

★**1968年（昭和43年）杉本英世が日本人選手として初めて米国ツアーライセンスを取得**
杉本は66年に読売CCで行われた第14回カナダカップで個人戦プレーオフの末に敗退

★**1969年（昭和44年）河野高明がマスターズ13位**
初出場の河野が13位と健闘。身長160cmと小柄ながらダイナミックなプレーでパトロンから
「リトルコーノ」と愛される。翌70年には12位に入る

★**1973年（昭和48年）尾崎将司がマスターズ8位**
尾崎がマスターズ2回目の挑戦で4日間通算1オーバーで8位。日本人選手初のメジャートップ10入り

★**1976年（昭和51年）鈴木規夫が全英オープン10位**
全英オープン最終予選から出場した鈴木。初日に日本人選手初のメジャー首位に立ち4日間通
算1オーバーで10位

★**1977年（昭和52年）村上隆がハワイアンオープン2位。当時米国ツアーでの日本人最
高位をマーク**
村上は75年に「日本タイトル」4冠を制し、76年には米国ツアー「ワールドシリーズ・オブ・
ゴルフ」で9位

★**1978年（昭和53年）青木功が欧州ツアーのワールドマッチプレー選手権で優勝**
「コルゲートワールドマッチプレー選手権」で青木が3＆2でS・オーエンを下し、日本人選手
として初めて欧州ツアーを制する

★**1979年（昭和54年）青木功が日本人選手として初めて1年間で4大メジャーに出場**
「マスターズ」34位、「全米オープン」36位、「全英オープン」7位、「全米プロ」予選落ち

★**1980年（昭和55年）全米オープン「バルタスロールの死闘」。青木功が2打差の2位**
J・ニクラウスと4日間戦い、通算「274」の6アンダーで2打差2位。J・ニクラウスの「272」は
当時の全米オープン最少優勝スコア

★**1980年（昭和55年）全英オープンで青木功がメジャー
最少ストロークタイの「63」をマーク（写真）**
ミュアフィールドで開催され、青木は3日目に全英オープン最
少ストロークタイの「63」をマーク。最終的に12位に入る

世界に挑んだ日本人選手の足あと（1982年〜2001年）

★**1982年（昭和57年）全英オープンで倉本昌弘が歴代日本人選手最高位の4位**
ロイヤル・トゥルーンで開催され、倉本が優勝したT・ワトソンと2打差の「286」（2アンダー）で4位。この成績は現在も全英オープン日本人選手の最高位

★**1983年（昭和58年）青木功がハワイアンオープンで日本人選手として米国ツアー初優勝（写真）**
J・レナーに1打リードを許して迎えた72ホール目のパー5。青木はラフからの残り128ヤードの3打目を直接カップに沈める逆転イーグルで米国ツアー初制覇

★**1983年（昭和58年）青木功が欧州オープン優勝。欧州ツアー2勝目を飾る**
サニングデールGCでの「パナソニック欧州オープン」で、青木は6アンダー「274」でS・バレステロス、N・ファルドらを2打抑えて欧州ツアー2勝目

★**1986年（昭和61年）マスターズで中嶋常幸が日本人選手初の4日間通算アンダーパー**
優勝したJ・ニクラウスとは5打差の「284」（4アンダー）で8位

★**1986年（昭和61年）全英オープンで中嶋常幸が最終日最終組をプレー**
最終日を1打差2位で迎え、首位のG・ノーマンと最終組をプレー。「77」で8位に終わる

★**1988年（昭和63年）全米プロで中嶋常幸が日本人選手最高位の3位**
オークツリーGCで開催され、中嶋が4日間通算「278」（6アンダー）で3位。この成績は現在も全米プロ日本人選手の最高位。前年の87年全米オープンで9位の中嶋は、これによって4大メジャーすべてにベスト10入りを達成

★**1989年（平成元年）青木功が豪州ツアーで初優勝。日米欧豪の4ツアー制覇を達成**
ロイヤル・メルボルンGCで行われたコカ・コーラクラシックで青木功が「279」（9アンダー）で優勝。日本人選手で初めて日米欧豪4ツアーでの優勝を果たした

★**2001年（平成13年）マスターズで伊澤利光が日本人最高位の4位に入る**
伊澤は2日目に当時日本人選手最少ストロークの「66」をマーク。4日間通算でも当時最少の「278」（10アンダー）で4位

★**2001年（平成13年）丸山茂樹がプレーオフの末に米国ツアー初優勝**
グレーター・ミルウォーキー・オープンでC・ハウエルIIIをプレーオフで退けて米国ツアー初優勝

★**2001年（平成13年）片山晋呉が全米プロで日本人選手最少ストローク「270」（10アンダー）をマークして4位**
アトランタ・アスレチック・クラブで67-64-69-70にまとめる。2日目の「64」は当時日本人選手18ホールの最少スコア

世界に挑んだ日本人選手の足あと(2002年～2015年)

★2002年（平成14年）丸山茂樹がT・ウッズらを抑えて米国ツアー2勝目
　ベライゾン・バイロン ネルソン クラシック2日目の「63」で首位に立った丸山が4日間連算「206」
（14アンダー）で逃げ切り米国ツアー2勝目を挙げる

★2002年（平成14年）全英オープンで丸山茂樹が1打差
でプレーオフに加われず5位
　ミュアフィールドで開催され、丸山は最終日「68」と追い
上げたものの4人によるプレーオフに1打及ばす5位

★2002年（平成14年）ワールドカップで丸山茂樹＆伊
澤利光の日本チームが優勝（写真）
　メキシコで開催されたWGC－EMCワールドカップで丸山＆伊
澤の日本チームが米国チームに2打差の通算36アンダーで優勝

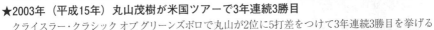

★2003年（平成15年）丸山茂樹が米国ツアーで3年連続3勝目
　クライスラー・クラシック オブ グリーンズボロで丸山が2位に5打差をつけて3年連続3勝目を挙げる

★2006年（平成18年）全英オープンで谷原秀人が日本人選
手最少ストロークの「277」で5位（写真）
　ロイヤル・リバプールで開催され、谷原秀人は72－68－66－71
の「277」（11アンダー）で5位。11アンダーも日本人選手最多
アンダーパー

★2008年（平成20年）今田竜二がプレーオフの末米国ツアー
初優勝
　AT＆Tクラシックで2年続けてプレーオフを戦った今田竜二
がK・ペリーを下して米国ツアー初優勝

★2009年（平成21年）マスターズで片山晋呉が首位と2打差
の単独4位
　01年の伊澤利光と並んで日本人選手最高位。4日通算「278」（10
アンダー）も伊澤と並ぶ当時最少ストローク

★2009年（平成21年）全米オープンで矢野東が日本人選手の18ホール最少ストローク「65」
　ベスページ・ステートパーク・ブラックコースで開催された全米オープン2日目、矢野東が日
本人選手の18ホール最少スコア「65」をマーク

★2011年（平成23年）マスターズで東北福祉大3年の松山英樹がシルバーカップを獲得
　マスターズ初出場の松山英樹が4日間通算「287」（1アンダー）でシルバーカップ（ローアマチュ
ア）を獲得

★2014年（平成26年）松山英樹がプレーオフを制して米国ツアー初優勝
　ザ・メモリアル トーナメントで松山英樹がK・ナをプレーオフで退けて米国ツアー初優勝

★2015年（平成27年）松山英樹がマスターズで4日間アンダーパーの「277」（11アンダー）で5位
　「277」は日本人選手の最少ストローク。最終日の「66」は01年伊澤と並ぶ当時の18ホール最
少ストロークタイ

★2015年（平成27年）全米プロで岩田寛が日本人選手最少ストローク「63」をマーク
　ウィスリングストレイツで行われた全米プロ2日目、岩田が当時メジャー最少ストロークタイ
の「63」をマーク

世界に挑んだ日本人選手の足あと（2016年〜2021年）

★2016年（平成28年）松山英樹がR・ファウラーとの4ホールに及ぶプレーオフを制して米国ツアー2勝目

ウェイストマネジメント・フェニックスオープンで松山がR・ファウラーをプレーオフ4ホール目に下して米国ツアー2勝目

★2016年（平成28年）松山英樹が日本人選手として初めて世界ゴルフ選手権（WGC）を制覇

中国で開催されたWGC−HSBCチャンピオンズで松山が2位に7打差をつける圧勝。日本人選手としてWGC初制覇、米国ツアー3勝目

★2017年（平成29年）松山英樹がウェイストマネジメント・フェニックスオープン連覇でシーズン2勝目

4ホールに及ぶプレーオフでW・シンプソンを下し、大会連覇を達成。米国ツアー4勝目、シーズン2勝目を挙げる

★2017年（平成29年）全米オープンで松山英樹が日本人選手最高位に並ぶ2位

2位は80年の青木に並ぶとともに、2日目にマークした「65」も09年の矢野に並ぶ日本人選手18ホールの最少ストローク

★2017年（平成29年）松山英樹が日本人選手最高位の世界ランキング2位

全米オープン2位で自身が5月に記録した日本人選手最高位の3位を更新

★2017年（平成29年）WGC−ブリヂストン招待で松山英樹がシーズン3勝目

最終日2打差4位から出た松山が「61」をマークして2位に5打差の圧勝。シーズン3勝目、米国ツアー5勝目を挙げる

★2018年（平成30年）小平智がRBCヘリテージでプレーオフ3ホール目にキム・シウを退けて米国ツアー初優勝

日本人選手5人目の米国ツアー優勝者となった小平。出場15試合目での優勝は日本人選手最速

★2019年（令和元年）東北福祉大3年の金谷拓実がオーストラリアンオープン3位タイで2020年「全英オープン」の出場権を獲得

初日「65」で首位スタートを切った金谷拓実。4日間通算「275」（9アンダー）で3位タイに入り、上位3名に与えられる2020年「全英オープン」の出場権を獲得

★2020年（令和2年）東北福祉大学4年の金谷拓実が日本人選手初の「マコーマックメダル」受賞

R&AとUSGAによってそのシーズンの世界アマチュアゴルフランキング1位に贈られる「マコーマックメダル」を日本人選手として初受賞

★2021年（令和3年）松山英樹がマスターズ優勝。日本人選手初のメジャー制覇（写真）

4打差の首位で出た最終日を4バーディ、5ボギーの「73」にまとめ、通算10アンダー「278」として1打差で悲願のグリーンジャケットを手にした

世界に挑んだ日本人選手の足あと（2021年〜2023年）

★2021年（令和3年）日本体育大学3年の中島啓太が日本人選手2人目の「マコーマックメダル」受賞

20年11月に世界アマチュアゴルフランキング1位に出た中島。シーズン終了までその座を守り、金谷に続き2年連続2人目の「マコーマックメダル」を受賞

★2021年（令和3年）日本開催の米国ツアー「ZOZO CHAMPIONSHIP」で松山英樹が米国ツアー通算7勝目

1打差で出た最終日。2イーグル、3バーディ、2ボギーの「65」で回って2位に5打差をつける通算15アンダー「265」で圧勝

★2022年（令和4年）松山英樹がプレーオフの末「ソニーオープンinハワイ」でシーズン2勝目。2021－22年シーズンのフェデックスカップポイントで首位に浮上

2打差で出た松山がR・ヘンリーとのプレーオフ1ホール目にイーグルを奪って撃破。2021－22年シーズン2勝目はチェ・キョンジュと並ぶアジア勢最多のツアー8勝目

★2022年（令和4年）中島啓太が史上初2年連続「マコーマックメダル」を受賞

日本体育大学4年の中島が2年連続でアマチュア世界一に贈られる「マコーマックメダル」を受賞

★2022年（令和4年）久常涼が初出場の欧州ツアーでいきなり2位タイに入る

11月の最終予選会7位で欧州ツアーへの切符を掴んだ久常。同月に行われた2023年ツアー開幕戦「オーストラリアPGA選手権」で4日間通算「273」（11アンダー）で3打差の2位タイ

★2022年（令和4年）金谷拓実がアジアンツアー「インターナショナルシリーズ オマーン」を制して海外初制覇

2022年からツアーに組み込まれた高額賞金の「インターナショナルシリーズ」。その第1戦「オマーン」で金谷は10アンダー「278」で2位に4打差をつけて海外初優勝

★2023年（令和5年）久常涼がDPワールドツアー（欧州）「カズー・フランスオープン」でツアー初優勝（写真）

4打差5位で出た久常は7バーディ、2ボギーの「66」で回って、2位に2打差の通算14アンダー「270」でプロ初優勝をDPワールドツアーで飾る

★2023年（令和5年）久常涼がDPワールドツアー（欧州）新人賞を受賞

2023年シーズン優勝1回、トップ10以内8回で最終ランキングを17位でルーキーイヤーを終えた久常涼が、「サー・ヘンリーコットン・ルーキー・オブ・ザ・イヤー」（DPワールドツアー新人賞）を受賞。さらに最終ランキング10位までに付与される米国ツアー出場資格も有資格者を除いたランキング10位で獲得。米欧ツアーの出場資格を得た

©Getty Images

世界に挑んだ日本人選手の足あと(2024年〜)

★2024年（令和6年）DPワールドツアー（欧州）参戦2年目の星野陸也が「コマーシャルバンクカタールマスターズ」でツアー初優勝（写真）

首位タイでスタートした星野が6バーディ、2ボギーの「68」で通算14アンダー「274」で海外ツアー初優勝。青木功、松山英樹、久常涼に次ぐ日本人選手4人目の欧州ツアー優勝者

★2024年（令和6年）松山英樹がザ・ジェネシス・インビテーショナルで逆転優勝。米国ツアー通算9勝目

6打差7位から出た松山が3連続バーディを3回奪う猛チャージで、ボギーなしの9バーディ「62」をマーク。通算17アンダー「267」で逆転優勝を飾った。米国ツアー9勝はアジア勢単独最多回数

★2024年（令和6年）幡地隆寛が豪亜共催の「ニュージーランドオープン」でプロ初優勝（写真）

1打差3位から出てボギーなしの4バーディ「67」をマークして逆転。通算17アンダー「267」で国内、海外を通じてプロ初優勝を飾る。豪州ツアー制覇は青木功に次いで日本人選手2人目

★協賛各社及び協賛トーナメント★

株式会社AbemaTV	150-0042 東京都渋谷区宇田川町40-1 Abema Towers
株式会社エリートグリップ	577-0067 大阪府東大阪市高井田西6-3-32
カシオ計算機株式会社	151-8543 東京都渋谷区本町1-6-2
くまもと中央カントリークラブ	869-1205 熊本県菊池市旭志川辺1217
The Wall Street Journal	
セントラルスポーツ株式会社	104-8255 東京都中央区新川1-21-2　茅場町タワー
株式会社大宣	591-8041 大阪府堺市北区東雲東町4-4-10
株式会社ダンロップスポーツマーケティング	108-0075 東京都港区港南1-6-41　品川クリスタルスクエア7F
ダンロップフェニックストーナメント	
テーラーメイド ゴルフ株式会社	135-0064 東京都江東区青海2-4-24　青海フロンティアビル
株式会社電通	105-7001 東京都港区東新橋1-8-1
株式会社博報堂DYメディアパートナーズ	107-6321 東京都港区赤坂5-3-1　赤坂Bizタワー
メルセデス・ベンツ日本株式会社	140-0002 東京都品川区東品川4-12-4 品川シーサイドパークタワー
森ビル株式会社	106-6155 東京都港区六本木6-10-1
株式会社Lounge Range	

〈五十音順〉

JAPAN GOLF TOUR OFFICIAL GUIDE 2024

2024年4月1日　第1刷

定価　1,500円（本体1,364円＋税）

発行　一般社団法人　日本ゴルフツアー機構
　　　東京都港区赤坂１－３－５　赤坂アビタシオンビル５Ｆ　〒107-0052
　　　電話　03(3585)7381　FAX　03(3585)7383
　　　http://www.jgto.org/

発売　一季出版株式会社
　　　東京都中央区日本橋馬喰町２－２－12　〒103-0002
　　　電話　03(5847)3366　FAX　03(5847)3367
　　　https://www.ikki-web2.com

印刷　㈱上野印刷所

落丁、乱丁本はお取り替えいたします。
本書の記事および写真を無断転載・複写することを禁じます。

ISBN978-4-87265-214-7　C0075

JGTO Official Sponsor

TOUR CHAMPIONS CLUB 2024

そのすべてに、世界が求める資質を込めて。
ゴルフの真価を知る16の提携コース。

世界で戦うゴルファーの資質は、世界基準のコースでこそ磨かれる。

「TOUR CHAMPIONS CLUB」は、

この理念のもと世界に羽ばたくゴルファーを育てるべく1999年に誕生しました。

現在、日本ゴルフツアー機構が認証している提携コースは全国に16箇所。

いずれもワールドクラスの戦略性と技術力が試される奥深いコースです。

その素晴らしきゴルフの真価を、ぜひご自身でお確かめください。

TOUR CHAMPIONS CLUB

Japan Golf Tour Organization Official-Recognition Golf Course

JFE瀬戸内海ゴルフ倶楽部
岡山県笠岡市鋼管町19-2

ホウライカントリー倶楽部
栃木県那須塩原市千本松793

くまもと中央カントリークラブ
熊本県菊池市旭志川辺1217

富岡倶楽部
群馬県富岡市藤木621-1

Kochi黒潮カントリークラブ
高知県安芸郡芸西村西分甲5207

東建多度カントリークラブ・名古屋
三重県桑名市多度町古野2692

太平洋クラブ益子PGAコース
栃木県芳賀郡益子町大字七井3302-1

宍戸ヒルズ カントリークラブ
茨城県笠間市南小泉1340

ゴルフ5カントリーオークビレッヂ
千葉県市原市国本767

ザ・ノースカントリーゴルフクラブ
北海道千歳市蘭越26

富士カントリー可児クラブ
岐阜県可児市久々利向平221-2

太平洋クラブ佐野ヒルクレストコース
栃木県佐野市船越町2854

小野東洋ゴルフ倶楽部
兵庫県小野市日吉町570-1

ザ・ロイヤル ゴルフクラブ
茨城県鉾田市大蔵200

杉ノ郷カントリークラブ
栃木県日光市塩野室町1863

奈良柳生カントリークラブ
奈良県奈良市大柳生町4800

JAPAN GOLF TOUR

一般社団法人 **日本ゴルフツアー機構**
〒107-0052 東京都港区赤坂1-3-5 赤坂アビタシオンビル5F

お問い合わせ TEL.03-3585-7381　https://www.jgto.org/

行こう!ポジティブになれる場所

セントラルスポーツは、「0歳から一生涯の健康づくりに貢献する」を企業理念とし、1964年の東京オリンピック出場選手により、健康産業のパイオニアとして創業。以来50年以上の歴史とともに、オリンピック金メダリストを含む数多くのトップアスリートを輩出してきました。

世界へ通じる選手を育成した確かな指導ノウハウを持って、全国230ケ所以上でスポーツクラブを運営しています。

セントラルスポーツ